Die Gegenwart der Psychoanalyse – die Psychoanalyse der Gegenwart

Herausgegeben von

Werner Bohleber
und
Sibylle Drews

Klett-Cotta

Klett-Cotta

Printed in Germany
Umschlaggestaltung: heffedesign, Rodgau
Gesetzt aus der Adobe Garamond von Lihs Medienhaus, Ludwigsburg
Auf säure- und holzfreiem Werkdruckpapier gedruckt
und gebunden von fgb – freiburger graphische betriebe
ISBN 3-608-94349-8

Die Deutsche Bibliothek – CIP-Einheitsaufnahme
Ein Titeldatensatz für diese Publikation ist bei
Der Deutschen Bibliothek erhältlich.

Inhalt

TEIL V
PSYCHOANALYSE IM GESUNDHEITSWESEN

PSYCHOANALYTISCHE LANGZEITBEHANDLUNGEN ALS HERAUSFORDERUNG
AN DIE EVALUATIONSFORSCHUNG

Vorwort der Herausgeber

Hundert Jahre Psychoanalyse und fünfzig Jahre Deutsche Psychoanalytische Vereinigung – Anlaß genug, von der Gegenwart her den Blick zurück auf die Vergangenheit und von dort auf die Zukunft zu richten und den Standort und die Gegenwärtigkeit der Psychoanalyse in einer rapide sich verändernden Welt erneut zu bestimmen.

Nach Jahren einer wechselvollen Geschichte der Idealisierung und Assimilierung, der vielfältigen Weiterentwicklungen und Anwendungen, aber auch der Anfeindungen und Entwertungen steht heute die Anerkennung des reichen und hochdifferenzierten Erfahrungswissens menschlicher Ausdrucks-, Entwicklungs- und Kommunikationsmöglichkeiten sowie der Besonderheit des Denkens und Forschens in der Psychoanalyse im Mittelpunkt. Wie keine andere Wissenschaft ist sie darauf angewiesen, ihre Einsichten intersubjektiv im jeweiligen historischen Kontext stets neu zu gewinnen, läßt sie sich doch nur bedingt als Summe eines vom Entdeckungszusammenhang abgelösten statischen Wissens tradieren.

Die in diesem Band versammelten Beiträge von Psychoanalytikern, Historikern und Sozialwissenschaftlern aus dem In- und Ausland sind in zwölf Kapiteln thematisch um die Brennpunkte der modernen Psychoanalyse gruppiert: um die Geschichte der Psychoanalyse und der DPV, die Auseinandersetzung mit den Katastrophen des zurückliegenden Jahrhunderts und deren Auswirkungen auf die Gegen-wart, die Reflexion des derzeitigen Entwicklungsstandes der psychoanalytischen Wissenschaft, ihrer Methoden und Anwendungen, die Erkenntnisse auf genuin klinischem Gebiet, die Ergebnisse der psychoanalytischen Evaluationsforschung, die Auseinandersetzung und den Dialog mit den Nachbarwissenschaften sowie die zeitdiagnostische und kulturkritische Sicht auf psychosoziale Problembereiche der Gegenwart. Sie spiegeln den Diskussions- und Erkenntnisstand der Psychoanalyse und ihrer Rezeption auf internationaler Ebene wider.

Wir hoffen, mit diesem Band eine kritische und produktive Diskussion über die Psychoanalyse unter interessierten Laien und in der psychoanalytisch engagierten Fachöffentlichkeit anzuregen.

Frankfurt am Main, im Juni 2001

Werner Bohleber
Sibylle Drews

Teil I

Psychoanalyse im Überblick

Werner Bohleber

Die Gegenwart der Psychoanalyse

Zur Entwicklung ihrer Theorie und Behandlungstechnik nach 1945

Die Psychoanalyse, durch Sigmund Freud am Ende des 19. Jahrhunderts in einem einzigartigen kreativen Schaffensprozeß wissenschaftlich ins Werk gesetzt, hat wie kaum eine andere Wissenschaft den Geist und das Selbstverständnis der Menschen der westlichen Zivilisation im 20. Jahrhundert geprägt. Widerständen und Anfeindungen zum Trotz hat sie sich rasch entwickelt und theoretisch und therapeutisch mannigfach ausdifferenziert. Als Wissenschaft vom Unbewußten entfaltete sich die Psychoanalyse sowohl als Krankenbehandlung und Erforschung des individuellen Seelenlebens als auch in der Analyse von Kultur und Gesellschaft. Die Schreckensereignisse des vergangenen Jahrhunderts prägten sie und spiegelten sich in der Theoriebildung. Durch die Verfolgung der Juden im nationalsozialistischen Deutschland und in Österreich wurden Sigmund Freud und alle jüdischen Psychoanalytiker vertrieben, die blühenden Zentren der Psychoanalyse in Wien und Berlin ausgelöscht und nach London und New York verlagert. Bereits im Gefolge der Katastrophe des Ersten Weltkriegs hatte Freud seine Triebtheorie revidiert und die Traumatheorie durch den Wiederholungszwang auf eine neue Basis gestellt. *Der Mann Moses* (1939a) war seine Antwort auf den sich epidemisch ausbreitenden Antisemitismus. Die extreme Erfahrung des Holocaust erzwang erneut eine Erweiterung der Traumatheorie. Der Einbruch einer derart zerstörenden Gewalt in den inneren Raum der psychischen Realität hatte bis dahin nicht gekannte Auswirkungen auf das Seelenleben der Opfer.

Den „Mutterboden" der Psychoanalyse bildet die analytische Stunde mit ihren Regeln der freien Assoziation des Patienten und der gleichschwebenden Aufmerksamkeit des Analytikers. Mit dieser analytischen Methode hat Freud einen Raum geschaffen, in dem die Innenwelt des Menschen und seine unbewußten Phantasien erforscht werden können. Die unbewußte Bedeutung subjektiver Erfahrungen wird vor allem durch die Übertragung und Gegenübertragung aktualisiert und in Szene gesetzt, so daß sie gesucht und gefunden werden kann. Die Breite der Phänomene, die Freud untersuchte, hatte eine Reichhaltigkeit klinischer Beobachtungen und kultureller Analysen zur Folge, die in den verschiedenen Phasen seines Schaffens zu unterschiedlichen theoretischen Konzeptionen führte, wobei Freud jedoch stets seine triebtheoretischen Grundüberzeugungen durchhielt. Seine Größe liegt auch darin, Widersprüche und Inkonsistenzen, die sich daraus ergaben, nicht in einem harmonischen System von theoretischen und klinischen Konzeptionen beseitigt zu haben.

Diese vielschichtige Breite der Freudschen Ideen und Theorien bildete für die nachfolgenden Psychoanalytiker Ansatzpunkte zu Ausarbeitung, Reformulierung und Explikation. Nach Freuds Tod manifestierte sich vor allem in der Ich-Psychologie die Tendenz seiner Schüler, aus Treue zu Freud und seinem Werk eine „klassische" Psychoanalyse in Behandlung und Theorie zu formulieren und damit zu bewahren. Die durchgängige triebtheoretische Ableitung allen seelischen Geschehens wurde aber zunehmend fragwürdig und erzeugte Spannungen und Risse im Theoriegebäude. So war durch die wachsende klinische Erfahrung nicht mehr zu übersehen, daß es objektbezogene Wünsche gab, die nicht in einen triebpsychologischen Bezugsrahmen paßten. Diese und andere Feststellungen erzwangen zunehmend Modifikationen des theoretischen Gerüsts. Das sog. Trieb-Abfuhrmodell des seelischen Geschehens und die Libido-Konzeption der Psyche, wie sie Freud in seiner Metapsychologie formuliert hatte, hielten lange die theoretische Struktur der Psychoanalyse zusammen, bis jene in den siebziger Jahren des vorigen Jahrhunderts auch durch die Fortschritte in den Naturwissenschaften für viele Analytiker zunehmend unhaltbar wurden. Damit verschärften sich eine Reihe grundlegender wissenschaftsmethodischer und epistemologischer Probleme, mit denen wir uns bis heute auseinanderzusetzen haben. Einige Psychoanalytiker wählten den Ausweg, das Energiemodell rein metaphorisch weiter zu benutzen. Andere hingegen verteidigten dieses metapsychologische Modell als genuin psychoanalytisches ohne Bezug auf die Ergebnisse anderer Wissenschaften. Wieder andere warnten davor, Freuds Theoriegebäude einfach in Teilen abzureißen und nur noch einige Stockwerke zu bewohnen. Für sie war der Trieb als Grundkomponente nicht einfach auf die psychologische Ebene des Wunsches zu reduzieren. Statt dessen suchten sie die Grundgedanken der Metapsychologie zu reformulieren. Eine Reihe von psychoanalytischen Theoretikern zog aus dieser Theoriekrise allerdings radikale Schlüsse und verneinte, daß die Psychoanalyse in der Naturwissenschaft zu verankern sei. Ausgehend von einer rein psychologischen Konzeption, zentrierten sie sich auf das Verstehen der Bedeutungen und des Sinns menschlichen Handelns, wodurch die Psychoanalyse zu einer hermeneutischen Wissenschaft wird. Auf diesem Boden sind die narrativen Konstruktionen des Selbst entstanden sowie die sozial-konstruktivistischen und intersubjektiven Modelle des analytischen Prozesses. Eine andere Theorierichtung wiederum will die Verbindung zu den Naturwissenschaften nicht opfern und besteht darauf, daß die Psychoanalyse in der Biologie verankert sein muß, damit die seelischen Phänomene nicht entkörperlicht werden. Die allgemeinen Grundannahmen über die unbewußten seelischen Prozesse müßten auch mit anderen wissenschaftlichen Methoden nachweisbar sein (vgl. Shevrin, 1995). Auch dürften die Hypothesen der Psychoanalyse dem gegenwärtigen Wissen in der Hirnforschung, in der kognitiven Psychologie und der Säuglingsforschung nicht widersprechen. Die Hoffnung auf eine neue Metatheorie der Psychoanalyse ist in ihren Augen insbesondere durch die Fortschritte der neurobiologischen Wissenschaft gestiegen. Deren Theorien sind gegenüber Freuds Zeiten außerordentlich komplex geworden. Der Dialog mit der Psychoanalyse wird auch für sie wegen deren Reichtum an Wissen über das dynamische Zusammenspiel unbewußter und bewußter seelischer Prozesse interessant. So prophezeite der Neurowissenschaftler und Nobelpreisträger Eric Kandel, daß die Fortschritte der Neurobiologie eine Renaissance der wissenschaftlichen Psychoanalyse mit sich bringen würden (zit. in Cooper, 1989, S. 217). Diese Annäherungen im Dialog zwischen Psychoanalyse und Naturwissenschaften bergen nun aber die Gefahr in sich, das paradoxe Erscheinungsbild der Psychoanalyse einseitig aufzulösen. Die Sache Psychoanalyse beinhaltet beides, die naturwissenschaftlich verankerte Erklärung seelischer Phänomene und die hermeneutische Explikation von Sinn und Bedeutung menschlichen Denkens und Handelns.

Auch die klinische Theorie und die Behandlungstechnik haben sich in eine Pluralität von Auffassungen und Methoden ausdifferenziert. Noch in den fünfziger Jahren wurde die Psychoanalyse als ein Verfahren definiert, das, von einem abstinenten Analytiker angewendet, die Ausformung einer regressiven Übertragungsneurose bewirkt, die dann nur durch Deutungen aufgelöst wird. Dieses Standardmodell paßte zu der sich naturwissenschaftlich begreifenden Ich-Psychologie. Wie schon bei Ferenczi gewann in der Folgezeit neben der Deutung die therapeutische Beziehung als Wirkfaktor zunehmend an Gewicht. Die Ein-Personen-Psychologie wandelte sich zur Zwei-Personen-Psychologie, und die Interaktion erhielt verstärkt Bedeutung für den therapeutischen Änderungsprozeß. Neben der Übertragung alter Interaktionsformen bekam jetzt der Analytiker die Rolle eines neuen Objekts, mit dessen Hilfe der Patient neue produktive und seelisch integrative Erfahrungen machen konnte. Diese Entwicklung ermöglichte Brückenschläge: von der amerikanischen Ich-Psychologie zu den britischen Objektbeziehungstheorien und in den USA eine Annäherung an die interpersonale Schule Sullivans, die als relationale Psychoanalyse an den Mainstream der amerikanischen Psychoanalyse heranrückte.

Die neuartigen intersubjektiven sowie narrativ-konstruktivistischen Versionen des analytischen Prozesses stellen viele bisherige Auffassungen radikal in Frage. Freud war noch der Überzeugung, daß die psychische Realität ohne den Kontext einer verifizierbaren äußeren Welt nicht verstanden werden kann und daß es eine objektive

Vergangenheit gibt, deren Kern trotz aller unbewußt gesteuerten Überformungen und Verzerrungen aufgedeckt werden kann. Heute gehen die hermeneutischen und konstruktivistischen Positionen davon aus, daß wir uns in der Psychoanalyse nur noch im Rahmen einer zweiten Realität befinden, nämlich innerhalb dessen, was das Selbst als real erlebt (Stolorow u. a.), oder innerhalb des Narrativs (Schafer) bzw. einer von Analytiker und Analysand gemeinsam konstruierten Realität (Gill, Hoffman). Alle analytischen Daten erscheinen in dieser Sicht als gemeinsame Schöpfungen, durch den Kampf mit der Ungewißheit der aktuellen Situation entstanden, die aber nicht als Entdeckungen vergangener Erfahrungen gelten können. Diese konstruktivistische Auffassung findet Entsprechungen in der modernen Forschung zur Mentalisierung. Untersucht wird darin, wie Menschen mit ihrer Erfahrung umgehen, wie sie somatische Zustände und affektiv-motorische Erfahrungen in psychische Inhalte transformieren (vgl. Lecours u. Bouchard, 1997; Mitrani, 1995; Target u. Fonagy, 1996). Auf der Grundlage dieser Konzeptionen finden in der klinischen Theorie neuerdings Brückenschläge von den intersubjektiven Ansätzen zur Psychoanalyse Bions statt (vgl. Ferro, 1999). Die analytische Situation wird dabei zu einem bipolaren Feld, in dem nicht mehr unbewußte Bedeutungen entdeckt werden, sondern die analytische Beziehung ist „ungesättigt", d. h., die Narrationen des analytischen Paares dienen dazu, darunterliegende Emotionen zu transformieren, von Beta- in Alpha-Elemente (Bion) zu überführen, was ihre Bedeutung erst erschafft.

Ein solches Verständnis der analytischen Situation greift auch die autoritative Haltung des klassischen Analytikers an, der als unabhängiger Beobachter im analytischen Prozeß wie ein Schiedsrichter zu entscheiden hatte, was im Verhalten des Patienten verzerrende Übertragung und was der Realität angemessen ist. Mit autoritativen Deutungen Bedeutung zu dekodieren und sogenannte Wahrheiten zu offenbaren führt nach neuem intersubjektivem Verständnis dazu, Kommunikation zu paralysieren, eine Bedeutung dem Patienten aufzudrängen und dadurch alle anderen auszuschließen. Diese modernen Ansätze haben damit den Boden, auf dem auch sie stehen, so weit untergraben, daß keine Autorität mehr übrigbleibt, die überzeugend darlegen kann, welche Position die richtige ist. Es gibt keine Kriterien mehr zu entscheiden, was real ist und wer recht hat. Zurück bleibt eine Psychoanalyse, die der Möglichkeit beraubt ist, darüber zu befinden, was eine unbewußte Verzerrung ist und was nicht. Übrig bleibt *eine* einzige Art des psychoanalytischen Wissens: das Wissen einer bestimmten Person zu einer bestimmten Zeit in Interaktion mit einer anderen (vgl. dazu Moore, 2000). Erstaunlich ist, wie leicht hier aus dem Blick gerät, daß Analytiker und Analysand, um sich zu verständigen, eine unabhängige Realität voraussetzen müssen, auf die sie sich zumindest implizit beziehen – dieses Argument hat vor allem Cavell (1993, 1998) stark gemacht.

Hier stellen sich nun mehrere Fragen, von denen ich aber nur eine noch kurz anreißen möchte.

Für Freud war die historische Wahrheit und deren Aufdeckung eng mit der Möglichkeit verbunden, von der Tyrannei der Vergangenheit befreit zu werden. In der heutigen Analyse verbindet sich die therapeutische Veränderung mit der Deutung und Bearbeitung der Übertragungsreaktionen und der psychischen Realität im Hier und Jetzt. Victoria Hamilton (1996, S. 228) stellt in ihrer Untersuchung fest, daß viele Analytiker sich verunsichert fühlen, welche Bedeutung der Vergangenheit für eine therapeutische Veränderung überhaupt noch zugesprochen werden kann. Vor allem die narrativen Theorien haben den Zusammenhang von psychischer Realität und Vergangenheit in einem Maße aufgelöst, daß letztere in einem Nebel von Diffusität und Vagheit verschwunden ist. Weil wir uns schon immer in Narrativen bewegen, gibt es keine Realität außerhalb, die für die psychische Realität von Bedeutung wäre. Damit werden objektive Faktoren und eine historische Realität, wie fragil deren Erkenntnis auch sein mag, stumm. Auch die konstruktivistische Theorie hebt die determinierende Macht der Vergangenheit mehr oder weniger auf, wenn die Bedeutung in jedem Augenblick der intersubjektiven Begegnung neu erschaffen werden kann (vgl. Chodorow, 1999). Die Gefahr, daß die Psychoanalyse zu einer ahistorischen Beziehungsanalyse wird, erscheint groß. Kürzlich hat Peter Fonagy (1999) unter Bezug auf neuere Gedächtnismodelle eine Debatte um diese Frage entfacht. Die Selbst- und Objektbeziehungsmodelle, die in der Übertragung aktualisiert werden, beruhten danach auf kindlichen Erfahrungen, die als generalisierte Muster und ‚procedures' autonom im prozeduralen Gedächtnis aufbewahrt sind, getrennt von spezifisch-episodischen Erinnerungen, die sich ihrerseits im autobiographischen Gedächtnis niederschlagen. Die Erinnerung wird so für Fonagy zum reinen Epiphänomen der Exploration von Selbst- und Objektbeziehungen und ist ohne therapeutische Bedeutung. Die gegenwärtige Tendenz, die Bedeutung der Erinnerung an vergangene Erfahrungen für das Verstehen des eigenen Selbst zu unterschätzen, wird hier offensichtlich. Aber die Frage nach der historischen Realität, insbesondere von traumatischen Erfahrungen, läßt sich nicht auf diese Weise erledigen, ebenso wenig wie die therapeutische Wirkung, die ein Wiederauftauchen von Erinnerungen an traumatische Erfahrungen haben kann.

In diese unterschiedlichen modernen psychoanalytischen Strömungen ist auch die Psychoanalyse in Deutschland eingebettet. Nun haben sich in den verschiedenen Kulturräumen bekanntlich auch unterschiedliche Schwerpunkte der theoretischen Auffassungen und kulturelle Prägungen der Psychoanalyse ergeben, so daß wir Entwicklungen in Amerika von denen in England und in Frankreich unterscheiden können. Welchen Weg die Entwicklung in Deutschland genommen hat, diese Frage ließ sich aufgrund der Zerstörung der psychoanalytischen Tradition durch den Nationalsozialismus und aufgrund der Schuld der Deutschen an den Verbrechen, die an den Juden begangen wurden, lange nicht stellen. So herrschte zum einen viele Jahre das Gefühl vor, gegenüber dem internationalen Standard noch viel nachholen zu müssen, zum anderen erdrückte die deutsche Schuld ebenso lange jedes psychoanalytische Selbstbewußtsein. Die naheliegende Vorstellung, diese Problematik verlöre an Brisanz, je weiter man sich von dieser Vergangenheit entfernte, erweist sich allerdings als zu einfach oder zu trügerisch. Die Sache ist verwickelter, und ich möchte die Erörterung mit einer eigenen Erfahrung beginnen.

Beim Studium von Schriften vorwiegend amerikanischer Vertreter einer narrativen und konstruktivistischen Konzeption der Psychoanalyse stößt man immer wieder auf philosophische Gewährsmänner, in erster Linie auf Hans-Georg Gadamer, Jürgen Habermas und Paul Ricœur. Dies erinnert daran, daß in den späten sechziger und in den siebziger Jahren auch in Deutschland eine intensive Diskussion um den wissenschaftlichen Status der Psychoanalyse geführt worden war, im besonderen um die Frage, ob sie als eine positivistisch-naturwissenschaftliche Disziplin oder als eine hermeneutische Wissenschaft des Sinnverstehens zu begreifen sei. Aber von dieser Debatte selbst scheint kein Strang zu der später einsetzenden Auseinandersetzung um Psychoanalyse und Hermeneutik in den USA zu verlaufen. Sie ist international offensichtlich kaum rezipiert worden. Als dann in den späten achtziger und in den neunziger Jahren vor allem durch die Arbeiten Roy Schafers eine hermeneutisch-narrative Konzeption der Psychoanalyse nach Deutschland einströmte, wurde diese vielfach als etwas Neues angesehen, dabei aber ignoriert oder vergessen, daß hierzulande Ähnliches oder Analoges bereits einmal diskutiert worden war. Dieses „Vergessen" der eigenen wissenschaftlichen Tradition war Anstoß, mich noch einmal genauer mit der Rezeptionsgeschichte der Psychoanalyse in den Nachkriegsjahrzehnten zu befassen.[1]

Mit der Machtergreifung der Nationalsozialisten endete eine kreative Phase der Psychoanalyse in Deutschland, so wie diese sich vor allem in Berlin am dortigen Psychoanalytischen Institut entfaltet hatte. Im Zuge der Gleichschaltung trennten sich die nichtjüdischen deutschen Psychoanalytiker von ihren jüdischen Kollegen. Mit der Vertreibung der jüdischen Psychoanalytiker verlagerten sich zugleich die Zentren der Psychoanalyse und ihrer Entwicklung von Wien und Berlin nach London und New York. Die deutschen Psychoanalytiker wollten in der Mehrzahl die Psychoanalyse Freuds bewahren, mußten dabei aber, mehr oder weniger gezwungen, sowohl am Zusammenschluß der psychotherapeutischen Schulen als auch am Projekt einer „deutschen" Psychotherapie mitwirken. Die meisten verschlossen die Augen davor, daß ihre vielfältigen Kompromisse die Psychoanalyse in ihrem Kern verrieten. Psychoanalyse wurde dabei in ein nationales Projekt eingebunden, das auf dem Boden eines rassenbiologischen Denkens entwickelt werden sollte.

Nach dem Zusammenbruch des NS-Regimes war unter den deutschen Psychoanalytikern weithin die Überzeugung verbreitet, daß sich – wie Werner Kemper es ausdrückte – mit einer „historischen Notwendigkeit" der Zusammenschluß der tiefenpsychologischen Schulen „hinter der Fassade des deutschen Instituts" vollzogen habe (Kemper, 1947, S. 7). Carl Müller-Braunschweig war der Exponent einer kleinen Gruppe von Analytikern, die sich aus diesem Denken lösen und dahin zurückkehren wollten, das Werk Sigmund Freuds zur Grundlage des theoretischen Forschens und der therapeutischen Arbeit zu machen.

Nun hatte sich die internationale Psychoanalyse in den Jahren seit 1933 weiterentwickelt, während in Deutschland vor allem die in den dreißiger Jahren aufgekommene und dominant gewordene Ich-Psychologie nicht rezipiert worden war. Abgeschnitten von dieser Entwicklung, war man hier in ein geistig-ideologisches Fahrwasser geraten, das vor allem aus den der Romantik entstammenden Traditionen der Psychoanalyse und von deutscher idealistischer Philosophie gespeist wurde. Die Differenzen dieser Positionen zu einer als Naturwissenschaft begriffenen Psychoanalyse lassen sich bereits in der Weltanschauungsdebatte der Psychoanalytiker zu Beginn der dreißiger Jahre ausmachen. Ende der vierziger und Anfang der fünfziger Jahre war neben dem Existentialismus auch die philosophische Anthropologie als Weltanschauung in Medizin und Psychotherapie verbreitet. Diese suchte das einsame Bewußtsein der idealistischen Philosophie in der konkreten Lebenswelt zu verankern. Ihr Fundament bildet die Dualität von Natur und Geist, wobei der Geist die Sonderstellung des Menschen in der Natur bestimmt. Jeder naturwissenschaftlichen Psychologie und damit auch der Psychoanalyse wird der Vorwurf gemacht, daß sie die Frage nach dem Selbst des Menschen verfehle, weil nur der Mensch sich zu sich selbst verhalten könne, er nicht nur Leib oder Seele sei, sondern eine Seele habe. So schreibt Ludwig Binswanger: „Wird dieses Selbst objektiviert, isoliert und theoretisiert [...] in ein Es, Ich und Über-Ich, so wird es aus seinem eigentlichen Daseinsbereich, der Existenz vertrieben und ontologisch-anthropologisch erdrosselt" (1947, S. 181).

Zu Freud zurückzukehren hieß demnach nicht nur, sich aus dem synoptischen Konglomerat der psychotherapeutischen Schulen zu lösen, sondern sich auch mit dieser Legierung von Philosophie und Psychoanalyse auseinanderzusetzen, die die Entwicklung des Patienten nicht nur in Deutung und Einsicht von Triebkonflikten begründet, sondern in der Erfahrung der therapeutischen Beziehung als einer existentiellen Begegnung. Ich will dies an zwei Psychoanalytikern jener Zeit darstellen.

Carl Müller-Braunschweig (1947, 1954) betrachtet in seinen Schriften den Menschen als ein Stück Naturwirklichkeit, aber gleichzeitig auch als ein Wesen, dessen Wirklichkeit noch nicht bestimmt ist. Ganz neukantianisch gedacht, ist der Mensch für ihn Träger eines ideellen Reiches, einer Welt des Sollens, die es erst zu verwirklichen gilt. Dadurch könne etwas Neues entstehen, das sich aus dem Vergangenen nicht ohne weiteres erwarten und voraussagen lasse. Ist das Neue in die Welt der Geschehnisse gekommen, so lasse es sich nachträglich in die Einheit der naturgesetzlichen Betrachtung einordnen. Eine solche Sichtweise sei vor allem beim neurotischen Menschen angebracht, denn bei ihm habe das seelische Leben „den Charakter eines relativ mechanistischen abgesetzten Systems, eines Staates im Staate, einer relativ selbständig wuchernden Teilorganisation im Seelischen angenommen" (1947, S. 203). Solcherart metapsychologisch-philosophische Grundlegung hat Auswirkungen auf die Theorie der psychoanalytischen Behandlungstechnik. Der Analytiker muß nach Müller-Braunschweig dem neurotischen Patienten helfen, mit diesem abgekapselten Bereich in sich selbst in Kontakt zu kommen und ein Höchstmaß an Unabhängigkeit und Führung über ihn zu gewinnen und sich als sittlich verpflichtetes Wesen neu zu verwirklichen. Die Übertragung ist nicht nur von der Vergangenheit geprägt, sondern auch von einer Tendenz, die Fesseln der Vergangenheit zu sprengen. In der therapeutischen Beziehung würden nicht nur alte „Regungen" wiederholt, sondern auch eine „bedeutsame neue menschliche Begegnung" (1954, S. 683) erfahren und neu erworben.

Dieser Begegnungsbegriff, maßgeblich durch Martin Bubers Ich-Du-Philosophie in das damalige Denken eingeflossen, nimmt auch bei Felix Schottlaender (1952) eine zentrale Stellung ein. Schottlaender entwickelt eine eigene Konzeption von Psychoanalyse, die er mit Existenzphilosophie und Daseinsanalyse verbindet. Der Analytiker kann, ihm zufolge, kein objektiver Spiegel sein, denn damit repräsentiert er nur die „gefühlskalte Naturwissenschaft" und verfehlt den Patienten, dessen Neurose als sein existentielles Problem zu verstehen ist. Der Analytiker muß mit der Welt des Patienten in einer echten Begegnung in Berührung kommen, die nicht in der Übertragungs-/Gegenübertragungsdynamik aufgeht. Die Beziehung zwischen Analytiker und Patient wird auf diese Weise zu einem eigenständigen kommunikativen Novum, das eine echte Du-Sicht und eine Hingabe an die Welt eröffnen soll.

Ein solches Verständnis von Psychotherapie war damals in Deutschland verbreitet. Was dabei als „echt" und „existentiell" gelten sollte, blieb aber letztlich unbestimmt und einigermaßen dunkel. Dem analytischen Prozeß mit der behandlungstechnischen Handhabung von Übertragung und Gegenübertragung wurde in diesem Zusammenhang häufig die zwischenmenschliche Begegnung entgegengehalten, die den

Menschen nicht wie die Psychoanalyse reduktionistisch behandle. Ergänzt wurde diese Sicht durch eine der Romantik entlehnte Auffassung des Unbewußten, dessen autochthone Heilkräfte und Selbstverwirklichungstendenzen man gewähren lassen müsse. Das Wissen um eine differenzierte Handhabung von Übertragung und Gegenübertragung war, so läßt sich erkennen, weithin verlorengegangen und wurde durch Polemik gegen eine als „mechanistisch" und „technisch" diskreditierte psychoanalytische Haltung ersetzt.

All diesen romantischen und philosophisch-anthropologischen Begrifflichkeiten und ihrem spekulativen Verständnis trat nun eine naturwissenschaftlich verstandene Ich-Psychologie gegenüber, wie sie zu Beginn der fünfziger Jahre, vor allem durch Alexander Mitscherlich vermittelt, in ihrer amerikanischen, von Heinz Hartmann geprägten Form nach Deutschland einströmte. Hatte die philosophische Anthropologie den Geist gegen die Natur ausgespielt, so verhalf jetzt das Selbstverständnis der Ich-Psychologie als einer objektiven Naturwissenschaft den Psychoanalytikern in Deutschland dazu, sich von dieser spekulativen Begrifflichkeit zu befreien.[2] Zugleich wurden damit aber auch einige fruchtbare Elemente abgeschnitten, die in den Begegnungskonzepten enthalten waren und psychoanalytisch durchaus entwicklungsfähig gewesen wären. Die damaligen Analytiker hatten unter Rückgriff auf sozialontologische Entwürfe des menschlichen Daseins von Husserl, Scheler, Buber, Plessner und Heidegger eine Grundlegung der Psychoanalyse versucht, die in Ansätzen einer Anthropologie der Intersubjektivität entsprach, die auf die konkrete Lebenswelt bezogen war und das Ich vom Du her konstituierte. In dieser Sicht bedarf es stets des Umwegs über den Anderen, um sich selbst zu erfahren. Dialog und Begegnung werden hier zu Schlüsselbegriffen des Diskurses über das Selbst und den Anderen, ebenso wie die Kategorie des „Zwischen" einen entscheidenden Stellenwert bekommt und zum Ursprungsort des Selbst avanciert.[3] Hier klingen epistemologische Fragen an und eine intersubjektive Konzeption des analytischen Prozesses, mit denen wir es in der gegenwärtigen Psychoanalyse wieder zu tun haben. Damals allerdings war es vermutlich nur durch einen klaren Schnitt und einen Bruch mit dieser Tradition möglich, die Weiterentwicklung der deutschen Psychoanalyse im internationalen Kontext in Gang zu bringen.

Die Ich-Psychologie war hierzulande in den fünfziger und sechziger Jahren vorherrschend. Auch wenn andere Schulrichtungen, die britische Objektbeziehungspsychologie und noch später die Kleinianische Psychoanalyse, schon damals durch Emigranten vermittelt in Deutschland Resonanz fanden, dauerte es relativ lange, bis es hierzulande zu einer tatsächlichen Ausdifferenzierung der psychoanalytischen Ansätze kam. Ein Grund lag sicher in der Loyalität gegenüber Freud und seiner Tochter Anna, als deren Erbe die Ich-Psychologie galt. Diese Haltung verweist aber auch auf den Einfluß der Schuldgefühle gegenüber dem jüdischen Gründervater, in die deutsche Psychoanalytiker verstrickt waren.

Ich möchte nun einige eigenständige Entwicklungen der Psychoanalyse in Deutschland skizzieren. Dabei werde ich auf die wichtigen Arbeiten aus Psychosomatik, Sozialpsychologie und einer gesellschaftskritischen Psychoanalyse, die sich vor allem mit den Namen von Alexander und Margarete Mitscherlich und Horst-Eberhard Richter verbinden, nicht eingehen können. Deren hervorragende Bedeutung für die Psychoanalyse kann ich hier nicht weiter erörtern. Ich beschränke mich auf die klinische Theorie, um dadurch auch den Umbruch ausreichend beleuchten zu können, der Anfang der achtziger Jahre erfolgte.

Auf der Tradition der Ich-Psychologie fußend, entwickelten in den sechziger und siebziger Jahren am Sigmund-Freud-Institut in Frankfurt Alfred Lorenzer und Hermann Argelander das Konzept des „szenischen Verstehens“, das sich von der naturwissenschaftlichen Fundierung in der Ich-Psychologie löste und eine psychoanalytische Hermeneutik begründete. Wesentliche Impulse entstammten der allgemeinen Hermeneutik-Debatte in Philosophie und Sozialwissenschaften, die in den sechziger Jahren in der Bundesrepublik ausgetragen wurde. Kristallisationspunkte dafür waren das Erscheinen von Hans-Georg Gadamers *Wahrheit und Methode* im Jahr 1960 und *Erkenntnis und Interesse* von Jürgen Habermas im Jahr 1968.

Die Suche nach psychischen Ursachen und Kausalbegründungen wurde beim „szenischen Verstehen“ zugunsten des Verstehens menschlicher Handlungen aufgegeben. Um dies zu ermöglichen und gegen das alltagssprachliche Verständnis einen verborgenen unbewußten Sinn aufspüren zu können, muß sich der Analytiker in der analytischen Situation vom umgangssprachlichen Bedeutungsgehalt des Gesagten distanzieren. Empathie als Haltung reicht dazu nicht aus; es bedarf vielmehr einer besonderen hermeneutischen Wahrnehmungseinstellung, deren Erforschung sich vor allem Argelander (1968, 1970a, 1970b, 1974) gewidmet hat. Das wichtigste Wahrnehmungsinstrument ist das „szenische Verstehen“. Argelander geht davon aus, daß sich die unbewußte Bedeutung nicht allein im sprachlichen Austausch repräsentiert, sondern in der Situation als ganzer. Durch diese „situative Information“ kann der Analytiker die unbewußte Phantasie entschlüsseln, die der Patient in der Interaktion mit ihm darstellt. Die unbewußte Konfliktkonstellation durchläuft einen Gestaltwandel, wenn sie in eine neue Situation eingepaßt wird. Dabei werden unbewußte Ausdrucksphänomene eigener Art produziert, deren Bedeutung sowohl vom latenten Konfliktgeschehen als auch von der aktuellen Beziehungssituation mit dem Analytiker geprägt ist. Was sich in der Szene manifestiert, ist nie ein einzelnes infantiles Erlebnis, sondern eine signifikante infantile Konfiguration, die sich aus vielen Szenen anhand von Deckerinnerungen herausgebildet hat. Sie ist eine Schöpfung des psychischen Apparats und keine einfache Wiederholung der kindlichen Realität. Sie in die aktuelle Situation einzupassen ist eine spezifische Fähigkeit, die Argelander „szenische Funktion des Ichs" nennt: ein vorbewußt ablaufender Prozeß, der sich nach allgemeinen Gestaltprinzipien richtet. Das Pendant auf seiten des Analytikers ist das „szenische Verstehen". Die Übertragung ist demnach nicht etwas Fertiges und im Patienten Vorhandenes, das nur abgerufen werden muß. Vielmehr ist die Szene eine gemeinsame dynamische Konstruktion von Analytiker und Patient, eine Schöpfung beider und nicht nur etwas Vergangenes, das vorgefunden wird. Im Grunde handelt es sich beim „szenischen Verstehen" um ein modernes konstruktivistisches Verständnis der Übertragung, das seiner Zeit voraus war. Bei Alfred Lorenzer (1970, 1983), dem eine neue Metatheorie vorschwebte, die in einer allgemeinen Kommunikationstheorie gründet, ist das „szenische Verstehen" Teil einer Sprach- und Symbolkonzeption der Psychoanalyse. Die Bedeutung des Wortes ist nicht in einer zugehörigen Sachvorstellung allein begründet, sondern das Wort ist auf ein szenisches Gefüge bezogen, dessen Repräsentant es ist. Dieses szenische Gefüge ist anders als die Sprache vorwiegend in sensomotorischen interaktiven Erinnerungsspuren gespeichert. Aus solchen szenischen Beziehungsformen bildet sich auch das Unbewußte. Bei neurotischen Konflikten verstümmeln Abwehrvorgänge die individuelle Symbolbildung, und der Konflikt drückt sich, wenn er aus der Normalsprache exkommuniziert ist, vor allem im Handeln und in interaktiven Szenen aus. Durch die Übertragung wird der Analytiker zum Teilhaber der lebensweltlichen Praxis des Patienten, was ihm die Möglichkeit verschafft, wieder Zugang zu dessen verschütteter Symbolwelt zu gewinnen. Die Gegenübertragung erhält bei Lorenzer eine herausragende Stellung. Weil Teilhaber der Szene, wird der Analytiker als Mitspieler konkordant oder komplementär in die dramatische Konzeption des Patienten einbezogen. Unbewußt gemachter Sinn kann nur aus den Interaktionsmustern, wie sie sich in der Szene niederschlagen, erkannt werden. Das heißt, der Zugang ist zunächst nicht über die Sprache zu finden, sondern über die Teilhabe des Analytikers an der Szene.

Das „szenische Verstehen", das in Deutschland Ende der sechziger Jahre als klinisches Konzept im Rahmen einer psychoanalytischen Hermeneutik formuliert wurde, blieb in seiner Bedeutung auf Deutschland beschränkt und damit von der internationalen Rezeption isoliert. Dieses Konzept sprengt die positivistische Perspektive des Analytikers als eines teilnehmenden Beobachters, der das Geschehen auf der analytischen Bühne objektiv beobachten kann. Gesprengt wird auch die Ein-Personen-Psychologie, denn das szenische Verstehen ist ein interaktionelles Modell mit einer Theorie der Übertragung, die Elemente einer modernen konstruktivistischen Auffassung vorwegnimmt.

Neben der Ich-Psychologie gewann seit den sechziger Jahren die Objektbeziehungstheorie vor allem in der von Michael Balint vertretenen Form zunehmend an Bedeutung. Wolfgang Loch (1965, 1972, 1974, 1975) hat mit seinen Arbeiten eine eigenständige Synthese aus Ich-Psychologie, Objektbeziehungstheorie und Hermeneutik geschaffen. Er versteht die psychoanalytische Methode als eine Forschungsmethode, die auf die Frage nach der Wahrheit ausgerichtet ist, aber genau deshalb auch über eine therapeutische Wirkung verfügt. Der Deutung als analytisches Instrument ebenbürtig ist für Loch die Nutzung der Objektbeziehung. In seiner Habilitationsschrift von 1965 untersucht er die Bedingungen des analytischen Prozesses und greift dabei auf die Erkenntnisse der allgemeinen Hermeneutik zurück, wie sie von Heidegger, Gadamer und anderen formuliert worden sind. Loch versteht die pathologischen seelischen Manifestationen des Patienten als chiffrierte Mitteilungen und als einen zu interpretierenden Text. Dieser Text stellt eine Antwort auf eine Frage dar, die wir nicht kennen, aber verstehen müssen, um Wort und Verhalten des Patienten interpretieren zu können. Jedem Verstehen vorauslaufend ist ein Vorverständnis des Textes, das der Interpret mitbringt, und nur indem er dieses Vorverständnis reflektiert, ist ein Verständnis des Textes überhaupt möglich. Diese hermeneutischen Einsichten über das Verstehen des Fremdseelischen hat Loch zu einer psychoanalytischen Theorie der Gegenübertragung ausgebaut. Weil jedes Wort und jedes Verhalten des Analysanden schon den Charakter einer Antwort haben, beinhalten sie auch eine Übertragung und verweisen auf eine Objektbeziehung, die der Analysand wiederholt. Seine Reaktionen hat der Patient als Antwort auf seine primären Beziehungspersonen entwickelt. Deren Verhalten ist nun für Loch nicht das primum movens einer Entwicklung, sondern er begreift diese als vorauslaufende Gegenübertragung auf den Patienten. Damit wird die Gegenübertragung zur Vorbedingung aller Verstehensprozesse und geht der Übertragung voraus. Folgerichtig muß der Analytiker die Frage erst in sich selbst zur Sprache bringen, auf die das Verhalten und die Gefühle des Patienten die Antwort sind. Loch entwickelt im Einklang mit Freud, Balint und Bion eine Konzeption des analytischen Prozesses, in der kongenial Hermeneutik und Objektbeziehungstheorie verbunden sind.

Die analytische Situation umschließt für Loch virtuell stets drei Personen, den Patienten und den in zwei Beziehungsfiguren aufgespaltenen Analytiker, nämlich in die des Übertragungsobjekts und in die des Objekts, das eine exzentrische Position einnimmt, um die Übertragung explizit zu machen und sie benennen zu können. Die Deutung ist das dritte Element der psychoanalytischen Situation. Es bleibt aber für Loch fraglich, ob die Erklärungen und Begründungen, die in der Deutung gegeben werden und die dem Patienten einleuchten, schon vorher wahr waren, also schon vorher wirklich existierten, oder ob sie erst im Moment der Überzeugung zu dem werden, was sie sind: bestimmende Beweggründe. Die Deutung schafft auf diese Weise eine neue, von beiden geteilte Realität. Um einen Konsens darüber zu erzielen, muß es einen gemeinsamen Rahmen geben. Er besteht darin, daß beide, Analytiker und Patient, stillschweigend eine von ihnen unabhängige Realität voraussetzen, die auch die Idee des wahren Lebens einschließt (Loch, 1974). Loch bezieht hier eine Mittelstellung zwischen der klassischen Auffassung von Übertragung als Wiederfinden des Vergangenen und der modernen Auffassung als einer Schöpfung von Analytiker und Patient in der analytischen Beziehung.

Die Bedeutung der therapeutischen Beziehung als kurativen Faktor betonten noch andere Psychoanalytiker, die ebenfalls der Objektbeziehungstheorie Balintscher Prägung verbunden waren. So hat sich Johannes Cremerius (1984) vielfach mit dem Standardmodell analytischer Behandlungstechnik auseinandergesetzt, wie es von Eissler 1953 formuliert worden war. Da zudem als Freuds eigene Behandlungstechnik legitimiert, erlangte das Modell überall eine lange Vorherrschaft. Diese wurde in Deutschland noch zusätzlich durch Idealisierungen gestützt, die im Zusammenspiel mit den bereits angesprochenen Schuldgefühlen im Kontext der deutschen Geschichte vielfach eine Rigidität und Inflexibilität nach sich zogen. Cremerius hat in einer historischen Untersuchung Freuds wirkliche Behandlungspraxis nachgezeichnet und diese seinen Kollegen als Spiegel vorgehalten, um Veränderungen in der Behandlungstechnik in Gang zu setzen. Die Beziehung erhält jetzt den Primat vor den technischen Behandlungsregeln. Cremerius hat das psychoanalytische Beziehungsdenken zu einem dialektischen und prozessualen Verständnis der psychoanalytischen Technik erweitert. Die Behandlungsregeln bilden kein ideales Instrument mehr, sondern sie werden, eingebettet in die analytische Beziehungsgestaltung, relativiert und auf die Ziele des analytischen Prozesses ausgerichtet. Alle Regeln kommen auf diese Weise in einen operationalen Kontext.

Für Helmut Thomä (1981, 1983; Thomä u. Kächele 1985) stehen das Verhalten des Analytikers und sein Beitrag zur Erschaffung und Aufrechterhaltung der therapeutischen Situation im Zentrum seiner konzeptionellen Überlegungen. Die Entdekkung der Übertragung als Vergangenes in der Gegenwart habe die Gegenwart und den situativen, aber umfassenden Einfluß des Analytikers auf die Situation in den Schatten gerückt. Thomä kritisiert die Rückführung des aktuellen Erlebnisses auf eine frühe Verursachung als genetischen Trugschluß. Das Hier und Jetzt werde damit als Möglichkeit, eine neue Erfahrung zu machen, vernachlässigt. Die Übertragung ist keine durch die Vergangenheit festgelegte Größe mehr, mit der man operieren kann, sondern sie konstituiert sich in funktionaler Abhängigkeit von der aktuellen Beziehung zwischen Analytiker und Patient.

In den siebziger Jahren begann die Erforschung von schweren Persönlichkeitsstörungen und deren Behandlung die psychoanalytischen Debatten zu bestimmen. Innerhalb der DPV entwickelte sich eine Technik-Debatte, die sich zunächst um die Pathologie der strukturellen Ich-Störungen zentrierte.[4] Aber im Gegensatz zu den eben geschilderten Weiterentwicklungen entstanden daraus in jener Zeit keine eigenständigen bedeutsamen Beiträge zur Behandlung dieser schweren Pathologien. In den Diskursen zu dieser Thematik ist eine eigentümlich defensive Haltung wahrzunehmen, die auch die Diskussion um Psychoanalyse versus psychoanalytische Psychotherapie in jener Zeit prägte. Sie drehte sich um die ‚essentials' der Psychoanalyse und war durchdrungen von der Besorgnis, diese könnten durch die von ihr abgeleiteten Formen der Psychotherapie verlorengehen. Es scheint, als habe die Diskussion veränderter Behandlungskonzepte für schwere Persönlichkeitsstörungen die psychoanalytische Identität bedroht. Befürchtet wurde, daß die „essentiell analytischen Aufgaben", nämlich Deutung und freie Assoziation, an Bedeutung verlieren und der Kontakt zur unbewußten Welt, deren Sinn es zu erhellen gilt, verlorengehen könnte (vgl. Argelander, 1977). Der erweiterte Indikationsbereich der Psychoanalyse drohte die Einheitlichkeit der Behandlungstechnik zu sprengen, die man als „ungeteilte integrale Technik" (Loch, 1977) erhalten wollte. Diese Ängstlichkeit schuf ein Vakuum, das durch die Aneignung der internationalen Forschung gefüllt wurde. Zunächst standen Kohuts Selbstpsychologie und Kernbergs Behandlungstechnik bei Borderline-Fällen und narzißtischen Persönlichkeitsstörungen im Vordergrund, bis dann zu Beginn der achtziger Jahre die Kleinianische Psychoanalyse in größerem Umfang nach Deutschland einströmte. Sie lieferte und bestärkte eine solche einheitliche Behandlungstechnik für Neurosen und schwere Persönlichkeitsstörungen.

Der nachhaltige Umbruch in der Psychoanalyse in Deutschland zu Beginn der achtziger Jahre wurde durch eine andere Entwicklung ausgelöst. Diese kündigte sich bereits 1977 an, als auf dem Kongreß der Internationalen Psychoanalytischen Vereinigung (IPV) in Jerusalem die Bewerbung der Deutschen Psychoanalytischen Vereinigung (DPV) um die Austragung des IPV-Kongresses 1981 in Berlin zurückgewiesen wurde. Heftige emotionale Reaktionen machten den deutschen Teilnehmern klar, daß die Vergangenheit für die jüdischen Kolleginnen und Kollegen keinesfalls vergangen war. Diese nicht bearbeitete Problematik explodierte geradezu auf der Tagung der Mitteleuropäischen Psychoanalytischen Vereinigungen in Bamberg 1980. Verleugnung und Verschweigen brachen auf. Wenig später (1983) offenbarte die Wiederveröffentlichung des Artikels von Carl Müller-Braunschweig über „Psychoanalyse und nationalsozialistische Weltanschauung", den er 1933 publiziert hatte, die Verwicklung auch einiger Gründerväter der DPV in den Nationalsozialismus.

Die Generation von Analytikern, die in den fünfziger Jahren den Weg zur Psychoanalyse fanden, erlebten diese durchweg als etwas Einzigartiges und Kostbares, das ihnen von den ausländischen Kollegen vermittelt worden war. In ihrer Identifizierung mit diesem kostbaren Gut haben sie Beachtliches für den Wiederaufbau der Psychoanalyse in Deutschland geleistet, und die nächste Generation konnte darauf aufbauen. Es gab vieles nachzuholen. Aber nach 1980 wurden von den jüngeren Analytikern Fragen an sie gestellt: Wie sie angesichts der Verbrechen, die die Deutschen an den Juden begangen hatten, mit den Schuldgefühlen gegenüber den jüdischen Repräsentanten der Psychoanalyse umgingen. Was sie fühlten, als Emigranten zurückkamen, um sie Psychoanalyse zu lehren. Welche Auswirkungen die Schuldgefühle für die eigene psychoanalytische Identitätsbildung hatten. Die Beschäftigung mit der Vergangenheit war zuvor kaum erfolgt. Dieser ganze Komplex von Fragen und Schuldgefühlen hatte den dynamischen Untergrund gebildet, auf dem eine Idealisierung der Psychoanalyse erwachsen war, die dann der nächsten Generation gelehrt wurde. Die jungen Analytiker erlebten ihrerseits Selbstzweifel und eine innere Entwertung, ob sie diesem Ideal gewachsen sein könnten, und hatten mit unflexiblen, rigiden Einstellungen zu kämpfen, ohne den untergründigen Zusammenhang mit den Schuldgefühlen ihrer Lehrer zu begreifen. Die Konfrontation mit der Verwicklung ihrer Lehrergeneration in den Nationalsozialismus löste Enttäuschung und eine Haltung des Verdachts gegenüber der analytischen Vätergeneration aus. Dieser Verdacht und das Mißtrauen mündeten in eine Geringschätzung von deren wissenschaftlichen Leistungen und in ein Vergessen der eigenen psychoanalytischen Traditionen. Die enttäuschte Abwendung führte in der Folgezeit zu einer erneuten Idealisierung der ausländischen Psychoanalyse unterschiedlicher Schulansätze, insbesondere der Kleinianischen Analyse. Damit wurden Defizite des eigenen Könnens und Wissens ausgeglichen, aber dynamisch hatte diese Idealisierung auch die Funktion einer Gegenidentifizierung.

Um dieses Phänomen besser zu verstehen, möchte ich auf den psychosozialen Generationenbegriff zurückgreifen.[5] Wie wir inzwischen aus der Traumaforschung wissen, erzeugen kollektive Traumatisierungen, Krieg und Gewalt besondere Generationskonflikte und Identifizierungsprobleme in der Aufeinanderfolge der Generationen. Das kollektive Trauma entwickelt eine amorphe Präsenz, die alles durchdringt und die innere Repräsentanz der Realität über mehrere Generationen hinweg prägt. Die traumatischen Erfahrungen müssen nicht nur individuell in ein übergeordnetes Narrativ eingebunden werden, es bedarf darüber hinaus auch eines gesellschaftlichen Diskurses über die historische Wahrheit des traumatischen Geschehens und über dessen Verleugnung und Abwehr. Findet dieser nicht statt, wird eine „besondere Bindung zwischen den Generationen" (Faimberg, 1987) gestiftet, besonders dann, wenn die eigenen Eltern ihre leidvolle Geschichte nicht bewältigen können oder sie wegen eigener Schuld und eigener Strafängste nicht verantworten wollen und zu verschweigen suchen. Sie deponieren Aspekte ihrer selbst bzw. ihrer Geschichte, die sie nicht in sich halten können oder wollen, in den Selbstrepräsentanzen ihrer Kinder, die damit zum Reservoir der Geschichte der Eltern werden (vgl. Volkan, 1999). Es entsteht nicht nur ein Phantasma über die Geschichte der Eltern in der Psyche der Kinder, sondern das Realitätsgefühl wird nachhaltig beschädigt. Auf diese Weise entstehen Verwerfungen und Verschiebungen in der psychischen Repräsentanz der Generationen.

Die zweite Generation in Deutschland hat vor allem nach 1968 die Vätergeneration heftig angegriffen und deren Verwicklung in das NS-Regime aufgedeckt. Die Lebenslüge dieser Generation, die sich oftmals als Opfer stilisierte, sollte bewußtgemacht und die eigentlichen Opfer und die Verbrechen, die an ihnen begangen worden waren, dem Vergessen entrissen werden. Die Kinder identifizierten sich mit der Schuld der Eltern und übernahmen deren Aufgabe, diese Geschichte zu enthüllen. Daß sich dabei Erinnerungsarbeit mit Abwehr vermischte, ist hinlänglich aufgezeigt worden. Was dieser Generation aus dem Blick geriet, war die Reflexion ihrer eigenen Geschichte, die nicht in den Identifizierungen mit der Elterngeneration aufging. Noch lange haben sich die Angehörigen dieser zweiten Generation darum bemüht, ihre Eltern besser zu verstehen, wenn sich diese beklagten, von ihren Kindern nicht verstanden zu werden. In diesen bekannten Debatten war von seiten der Eltern nie davon die Rede, was sie als Generation, die für Nationalsozialismus und Krieg verantwortlich war, ihren Kindern angetan hat. Die Geschichte dieser Kinder, vor allem derer, die den Nationalsozialismus und den Krieg noch erlebt haben, ist eine Terra incognita geblieben, deren Skotomisierung bis heute fortwirkt. Es ist deshalb auch nicht überraschend, in einem der wenigen Romane über diese Generation, bei Dieter Forte (1995), zu lesen, wie der achtjährige Protagonist bei einem Bombenangriff die Sprache verlor. Daß diese Generation ihre Erfahrungen weitgehend nicht zur Sprache bringen konnte, hat sicherlich viele Gründe. Einer liegt in der Verschiebung generationeller Aufgaben, die vielen Angehörigen dieser zweiten Generation den Mund verschlossen hat, so daß sie angesichts des Leids der wirklichen Opfer nicht von der eigenen Geschichte und ihren eigenen Traumatisierungen sprechen konnten. So hat diese Generation noch heute Schwierigkeiten, sich aus dem Schatten ihrer Eltern zu lösen und die eigene Erfahrung zu einer individuellen und generationsspezifischen Identität zu verarbeiten.

Lassen Sie mich diese Zusammenhänge noch mit einem Beispiel untermauern. Mit der *Unfähigkeit zu trauern* haben Alexander und Margarete Mitscherlich im Jahr 1967 klinische Konzepte der Psychoanalyse zum Verständnis des Erinnerungstabus in der Nachkriegszeit und des psychosozialen Immobilismus der damaligen bundesrepublikanischen Gesellschaft fruchtbar gemacht und damit den Ruf der Psychoanalyse als Instrument gesellschaftlicher Aufklärung begründet. Bekanntlich haben die Mitscherlichs die Abwehr der Derealisierung und eine emotionale Abkapselung als Schutz vor einer massenhaften Melancholie als Folge des Zusammenbruchs eines idealisierten Führerbildes beschrieben. Durch die neuere Traumaforschung wissen wir in der Zwischenzeit, daß eine Unfähigkeit zu trauern und eine emotionale Abkapselung Folgeerscheinungen von Traumatisierungen sein können. Diesen Einsichten war damals Alfred Lorenzer nahe, als er zwischen 1965 und 1968 eine Reihe von Arbeiten zum Krankheitsbild der traumatischen Neurose veröffentlichte (vgl. 1965, 1966, 1968a u. b; Lorenzer u. Thomä, 1965). Anhand von Kriegstraumatisierungen entwickelte er seine Konzeption der zweiphasigen Abwehr des traumatischen Geschehens. Danach folgt dem eigentlichen Trauma eine lange stumme Krankheitsphase, an der Oberfläche gekennzeichnet durch eine Pseudonormalität, die das Ergebnis einer rigiden Abwehrkonstellation ist. Erst durch ein zweites Erlebnis, das an das erste traumatische erinnert, bricht die Krankheit aus. Dieses Konzept der Pseudonormalität ist auf der klinischen Ebene mit Mitscherlichs Begriff der Derealisierung und emotionalen Abkapselung verwandt. Obwohl diese Konzepte im gleichen Institut zur gleichen Zeit entwickelt wurden, konnte deren Verwandtschaft damals nicht erkannt werden. Außerdem widmete sich Lorenzer nach 1968 anderen Forschungsgebieten. Seine Arbeiten zum Trauma blieben in Deutschland lange Zeit solitär. Ist es gewagt zu spekulieren, welche enormen aufklärenden Folgen es hätte haben können, wenn diese beiden Konzepte in bezug auf ihr klinisches Material und ihre gesellschaftskritische Potenz verglichen und weiterentwickelt worden wären? Die Katamnesestudie der DPV hat ergeben, daß viele Patienten, die Ende der achtziger Jahre behandelt worden sind, durch Krieg und Kriegsfolgen Traumatisierungen erlitten hatten, aber daß diese oft nur unzureichend analytisch verstanden worden waren. Außer einer verbesserten Behandlungsmöglichkeit hätte eine solche Entwicklung das Wissen um gesellschaftliche Katastrophen und ihre Folgen erweitert und der zweiten Generation bei der Aneignung ihrer eigenen Geschichte geholfen.

Die Psychoanalyse hat in Deutschland nach ihrer Zerstörung durch den Nationalsozialismus ein erstaunliches Wachstum erlebt und sowohl als klinische Methode als auch in den Nachbarwissenschaften und als Methode der gesellschaftlichen Aufklärung Anerkennung erfahren. Sie hat wegen ihrer Verstrickung in das NS-Regime und deren spätere Verdrängung einen schmerzlichen Reflexionsprozeß durchlaufen. Obwohl sie sich heute mit ihren wissenschaftlichen Leistungen und ihrem klinischen Niveau international nicht zu verstecken braucht, wirkt die traumatische Bruchstelle im Nationalsozialismus durch den Holocaust und den Krieg noch heute als eine Wunde, die sich nicht schließen kann. Die Identifizierung mit Freud und der Psychoanalyse kommt bei deutschen Psychoanalytikern mit den tief verankerten Identifizierungen mit den eigenen Eltern und der deutschen Geschichte in Berührung. So bildeten Scham, Schuld und Idealisierung sowie die Diffusion der Generationsgrenzen trotz aller kreativen Leistungen immer noch ein untergründiges Spannungsfeld, in dem sich die Psychoanalyse der achtziger und neunziger Jahre befand. Nur die Reflexion dieser Zusammenhänge und die Klärung der Generationsgrenzen kann dazu führen, die für die psychoanalytische Community in Deutschland spezifischen Blokkierungen produktiv zu überwinden.

Anmerkungen

[1] Ich beschränke mich darauf, wie sich die Entwicklung der klinischen Theorie und Behandlungstechnik unter den in der Deutschen Psychoanalytischen Vereinigung (DPV) organisierten Psychoanalytikern vollzogen hat.

[2] Exemplarisch Scheunert (1956, 1959).

[3] Vgl. dazu Theunissen, 1965; Schrey, 1983.

[4] Vgl. Fürstenau, 1977a, 1977b; Argelander, 1977; Loch, 1977.

[5] Die Generation wird geschaffen durch eine „Bezugnahme auf ein sozialisierendes Eindrucks- und Wirkungserlebnis, aus dem sich die Evidenz einer Gemeinsamkeit der geschichtlichen Lage trotz erkennbarer Unterschiede in der sozialen Herkunft ergibt“ (Bude, 2000, S. 568).

Literatur

Argelander, H. (1968): Der psychoanalytische Dialog. Psyche, 22, 325–339.

– (1970a): Die szenische Funktion des Ichs und ihr Anteil an der Symptom- und Charakterbildung. Psyche, 24, 325–345.

– (1970b): Das Erstinterview in der Psychotherapie. Darmstadt (Wiss. Buchges.).

– (1974): Über psychoanalytische Kompetenz. Psyche, 28, 1063–1076.

– (1977): Diskussionsbeitrag zu P. Fürstenaus Arbeit „Die beiden Dimensionen des psychoanalytischen Umgangs mit strukturell ich-gestörten Patienten. Ein Beitrag zur Erweiterung der psychoanalytischen Praxeologie“. Psyche, 31, 208–215.

Binswanger, L. (1947): Ausgewählte Vorträge und Aufsätze. Bd. I. Bern (Francke).

Bude, H. (2000): Generationen im 20. Jahrhundert. Historische Einschnitte, ideologische Kehrtwendungen, innere Widersprüche. Merkur, 54, 567–579.

Cavell, M. (1993): Freud und die analytische Philosophie des Geistes. Überlegungen zu einer psychoanalytischen Semantik. Stuttgart (Klett-Cotta) 1997.

– (1998): Triangulation, one's own mind and objectivity. Int. J. Psycho-Anal., 79, 449–467.

Chodorow, N. (1999): The Power of Feelings. Personal Meaning in Psychoanalysis, Gender, and Culture. New Haven (Yale Univ. Pr.).

Cooper, A. (1989): Will neurobiology influence psychoanalysis? In: Cooper, A. et al. (Hrsg.): Psychoanalysis. Toward the Second Century. New Haven (Yale Univ. Pr.), 202–218.

Cremerius, J. (1984): Vom Handwerk des Psychoanalytikers: Das Werkzeug der psychoanalytischen Technik. 2 Bde. Stuttgart (frommann-holzboog).

Faimberg, H. (1987): Die Ineinanderrückung (Telescoping) der Generationen. Jb. d. Psychoanal., 20, 114–142.

Ferro, A. (1999): The Bi-personal Field. Experiences in Child Analysis. London (Routledge).

Fonagy, P. (1999): Memory and therapeutic action. Int. J. Psycho-Anal., 80, 215–223.

Forte, D. (1995): Der Junge mit den blutigen Schuhen. Frankfurt a.M. (Fischer), 2. Aufl. 1998.

Freud, S. (1939a [1934–38]): Der Mann Moses und die monotheistische Religion: Drei Abhandlungen. GW 16, 103–246.

Fürstenau, P. (1977a): Die beiden Dimensionen des psychoanalytischen Umgangs mit strukturell ich-gestörten Patienten. Ein Beitrag zur Erweiterung der psychoanalytischen Praxeologie. Psyche, 31, 197–207.

– (1977b): Stellungnahme zu dem Diskussionsbeitrag von Hermann Argelander und zu den Anmerkungen von Wolfgang Loch. Psyche, 31, 361–365.

Gadamer, H.-G. (1960): Wahrheit und Methode. In: Ders.: Gesammelte Werke I. Tübingen (Mohr Siebeck) 1990.

Habermas, J. (1968): Erkenntnis und Interesse. Frankfurt a.M. (Suhrkamp).

Hamilton, V. (1996): The Analyst's Preconscious. Hillsdale (Analytic Pr.).

Kemper, W. (1947): Die Seelenheilkunde in unserer Zeit. Ihre Entwicklung, ihr Stand, ihr Anspruch, ihre Aufgaben. Stuttgart (Ernst Klett).

Lecours, S. u. M.-A. Bouchard (1997): Dimensions of mentalisation: outlining levels of psychic transformation. Int. J. Psycho-Anal., 78, 855–875.

Loch, W. (1965): Voraussetzungen, Mechanismen und Grenzen des psychoanalytischen Prozesses. Bern (Huber).

– (1972): Zur Theorie, Technik und Therapie der Psychoanalyse. Frankfurt a.M. (Fischer).

– (1974): Der Analytiker als Gesetzgeber und Lehrer. Psyche, 28, 431–460.

– (1975): Über Begriffe und Methoden der Psychoanalyse. Bern (Huber).

– (1977): Anmerkungen zum Thema Ich-Veränderungen, Ich-Defekte und psychoanalytische Technik. Psyche, 31, 216–227.

Lorenzer, A. (1965): Ein Abwehrsyndrom bei traumatischen Verläufen. Psyche, 18, 685–700.

– (1966): Zum Begriff der „traumatischen Neurose". Psyche, 20, 481–492.

– (1968a): Methodologische Probleme der Untersuchung traumatischer Neurosen. Psyche, 22, 861–874.

– (1968b): Some observations on the latency of symptoms in patients suffering from persecution sequelae. Int. J. Psycho-Anal., 49, 316–318.

– (1970): Sprachzerstörung und Rekonstruktion. Frankfurt a.M. (Suhrkamp).

– (1983): Sprache, Lebenspraxis und szenisches Verstehen in der psychoanalytischen Therapie. Psyche, 37, 97–115.

– u. H. Thomä (1965): Über die zweiphasige Symptomentwicklung bei traumatischen Neurosen. Psyche, 18, 674–684.

Mitrani, J.L. (1995): Toward an understanding of unmentalized experience. Psa. Quart., 64, 68–112.

Mitscherlich, A. u. M. Mitscherlich (1967): Die Unfähigkeit zu trauern. München (Piper) 1977.

Moore, R. (2000): The Creation of Reality in Psychoanalysis. A View of the Contributions of Donald Spence, Roy Schafer, Robert Stolorow, Irwin Z. Hoffman, and Beyond. Hillsdale (Analytic Pr.).

Müller-Braunschweig, C. (1947): Prolegomena zum Grundriß einer praktischen und theoretischen Tiefenpsychologie. Psyche, 1, 189–205.

– (1954): Zur Methodik und Technik in der Praxis der Psychoanalyse. Psyche, 7, 676–688.

Scheunert, G. (1956): Einige Entwicklungstendenzen der neueren psychoanalytischen Ich-Psychologie. Psyche, 10, 29–40.

– (1959): Zum Problem der Gegenübertragung. Psyche, 13, 574–593.

Schottlaender, F. (1952): Das Problem der Begegnung in der Psychotherapie. Psyche, 6, 494–507.

Schrey, H.-H. (1983): Dialogisches Denken. Darmstadt (Wiss. Buchges.).

Shevrin, H. (1995): Is psychoanalysis one science, two sciences, or no science at all? A discourse among friendly antagonists. J. Amer. Psa. Ass., 43, 963–986.

Target, M. u. P. Fonagy (1996): Playing with reality: II. The development of psychic reality from a theoretical perspective. Int. J. Psycho-Anal., 77, 459–479.

Theunissen, M. (1965): Der Andere. Berlin (de Gruyter), 2. Aufl. 1977.

Thomä, H. (1981): Schriften zur Praxis der Psychoanalyse: Vom spiegelnden zum aktiven Psychoanalytiker. Frankfurt a.M. (Suhrkamp).

– (1983): Erleben und Einsicht im Stammbaum psychoanalytischer Techniken und der „Neubeginn“ als Synthese im „Hier und Jetzt“. In: Hoffmann, S.O. (Hrsg.): Deutung und Beziehung. Kritische Beiträge zur Behandlungskonzeption und Technik in der Psychoanalyse. Frankfurt a.M. (S. Fischer), 17–43.

– u. H. Kächele (1985): Lehrbuch der psychoanalytischen Therapie. 2 Bde. Berlin (Springer).

Volkan, V. (1999): Das Versagen der Diplomatie. Zur Psychoanalyse nationaler, ethnischer und religiöser Konflikte. Gießen (Psychosozial).

Ludger M. Hermanns

Fünfzig Jahre Deutsche Psychoanalytische Vereinigung

Zur Geschichte der Psychoanalyse in Deutschland 1950 bis 2000[1]

„Der Mensch erkrankt, weil er etwas verdrängt, was er nicht wissen und nicht wahrhaben will – und er wird wieder gesund, so weit er den Mut und die Fähigkeit wiedergewinnt, etwas wissen und wahrhaben zu wollen. Die Gesundheit des Menschen hat etwas mit dem Wissen zu tun" (Müller-Braunschweig, 1948, S. 61). Mut – Fähigkeit – Gesundheit – Wissen. Der das im Sommer 1945 niedergeschrieben hat, war niemand anderes als der Gründer unserer Vereinigung, Carl Müller-Braunschweig. Erlauben Sie mir nur ein Wort auszutauschen, dann lautet der Text folgendermaßen: Eine psychoanalytische Gruppe erkrankt, weil sie etwas verdrängt, was sie nicht wissen und nicht wahrhaben will – und sie wird wieder gesund, so weit sie den Mut und die Fähigkeit wiedergewinnt, etwas wissen und wahrhaben zu wollen. Die Gesundheit einer psychoanalytischen Gruppe hat etwas mit dem Wissen zu tun. Dieser letzte Satz stellt – nochmals erweitert: Die Gesundheit einer psychoanalytischen Gruppe hat mit dem Wissen um ihre eigene Geschichte zu tun – die Ausgangsüberlegung meiner Arbeit dar. Da meine persönlichen Erfahrungen in die Darstellung einfließen, bin ich mir darüber im klaren, daß ich meine subjektive Sicht anbiete. Ich hoffe, daß ich nicht zuviel durch die „Berliner Brille" geguckt habe, und ich weiß, daß man viele Sachverhalte auch ganz anders beurteilen kann.

Im folgenden möchte ich zunächst an drei historisch bedeutsamen Zeitpunkten ein Querschnittsbild der Deutschen Psychoanalytischen Vereinigung (DPV) entwerfen und dabei die jeweiligen Konfliktfelder beleuchten. Es handelt sich um ihre Gründung im Jahre 1950, dann um die Feiern zu Freuds hundertstem Geburtstag 1956 und zuletzt um den Zeitraum von 1977 bis Ende der achtziger Jahre mit den heftigen Auseinandersetzungen um unsere Gruppenidentität. Anschließend werde ich im Längsschnitt einen identitätsstiftenden Faktor für die DPV im Prozeß seiner Entwicklung untersuchen: wie sich der Gründungsimpuls vor dem Hintergrund der Geschichte der Gründer in der Gruppe verstehen läßt und welches Licht damit auf die Geschichte der Psychoanalyse im Nationalsozialismus geworfen wird. Am Schluß werde ich kursorisch auf das Verhältnis zur Deutschen Psychoanalytischen Gesellschaft (DPG) und zur Psychoanalyse in der ehemaligen DDR eingehen.

Im Herbst 2000 können wir zum ersten Mal legitimerweise das fünfzigjährige Bestehen einer psychoanalytischen Gruppe in Deutschland feiern. Die alte, 1938 aufgelöste DPG hat dieses Alter nie erreicht, die Neugründung unter diesem Namen nach dem Krieg gedachte 1960 ihres angeblich fünfzigjährigen Bestehens seit der Gründung 1910 und hat dabei den Kontinuitätsbruch im Nationalsozialismus unterschlagen. Die DPV zog sich 1970 in Berlin mit einer Fünfzig-Jahr-Gedenkfeier der Gründung des Berliner Psychoanalytischen Instituts eleganter aus der Affäre, indem sie dabei das Fehlen eines eigenständigen psychoanalytischen Ausbildungsinstituts 1936 bis 1951 ausdrücklich anerkannte, auf den entsprechenden Nachfolgeanspruch aber nicht verzichtete. Die Leipziger Tagung 1989 war ein weiterer Versuch mit dem Epitheton fünfzig, hier fünfzig Jahre nach Freuds Tod, einen solchen Zeitraum zum Medium erinnernder Selbstbesinnung zu machen.

Die DPV wurde vor fünfzig Jahren gegründet. Die sechs offiziellen Vereinsgründer möchte ich hier vorstellen und kurz charakterisieren. Es handelte sich um drei Frauen und drei Männer, drei Ärzte und drei „Laien".

Dr. med. Ingeborg Kath (1906–1982), neurologisch-psychiatrische Chefärztin. Obwohl früh erblindet, hat sie trotzdem von ihrem Alterssitz in Celle aus einer ganzen Generation von Hannoveraner Intellektuellen gezeigt, was Analyse ist.

Die Psychologin und Lehrerin Margarete Steinbach (1894–1954) war Dozentin in der Lehrerausbildung. Sie hatte schon in den zwanziger Jahren an der deutschen Schule in Madrid gearbeitet und blieb der DPV nach der Gründung nur kurz erhalten, da sie bereits 1951 einem Ruf nach Madrid folgte, um dort in drei arbeitsintensiven Jahren bis zu ihrem tragischen Tod den Grundstein für eine psychoanalytische Gesellschaft zu legen.

Die Lehrerin Käte Dräger (1900–1979), als Kommunistin illegal in der Widerstandsarbeit gegen Hitler tätig, hat mit ihrem pädagogischen Eros den Stil der Ausbildung in der DPV in den ersten zwanzig Jahren geprägt, und ihr Vortrag über Psychoanalyse in den Nazijahren ist für mich das eindrucksvollste Selbstzeugnis aus jener Zeit (vgl. Dräger, 1971).

Dr. med. Hans March (1896–1973), neurologischer Chefarzt. Als Gutachter und mit zwei publizierten Gutachtensammlungen wies er schon in den fünfziger Jahren als einer der ersten auf die psychischen Leiden der Verfolgten des Nationalsozialismus hin (vgl. March, 1960).

Dr. med. Gerhart Scheunert, Nervenarzt (1906–1994), in Leipzig Schüler von Therese Benedek, war 1933 in die NSDAP eingetreten. 1949 flüchtete er nach KGB-

Verhören in Erfurt nach West-Berlin, wo er Müller-Braunschweig 1956 als DPV-Vorsitzenden ablöste und nach seiner Übersiedlung nach Hamburg zusammen mit Ulrich Ehebald und Wolf-Dietrich Grodzicki ein eigenes DPV-Institut gründete.

Der Philosoph Carl Müller-Braunschweig (1881–1958) war der Initiator der DPV-Gründung. Seit den frühen zwanziger Jahren lagen ihm Ausbildungsfragen sowie ethische Aspekte der Psychoanalyse besonders am Herzen. Sein problematischer Anpassungskurs in den Jahren der NS-Diktatur zusammen mit Felix Boehm bescherte ihm und uns unter den Bedingungen wiedergewonnener demokratischer Freiheit nach dem Krieg eine hochkontaminierte Hinterlassenschaft, mit der wir uns erst nach einer Latenz von vielen Jahren auseinanderzusetzen begannen.

Beim Studium der Archivalien und der Sekundärliteratur habe ich die einzelnen Etappen der DPV-Geschichte ein Stück weit nachvollzogen, dabei eine situative Einfühlung in die Akteure zu erreichen gesucht. Folgende markante Abschnitte ließen sich anhand der Dokumente herausarbeiten:[2]

- zu Beginn der gewaltsame Akt des Losreißens aus den in den Nazijahren gewachsenen Gruppenbindungen mit den begleitenden heftigen Affekten (Treulosigkeit, Verrat etc.);
- in der Folge die Konzentration aufs Ausbilden, Ausbilden, Ausbilden …, ohne nach links und rechts zu schauen (Betriebsblindheit);
- im Ergebnis entstanden Stolz und Selbstbewußtsein auf der Woge der „Mode“ Psychoanalyse mit entsprechendem Zulauf (Selbstgefälligkeit);
- bis zum folgenden Sturz vom hohen Roß oder dem Zusammenbruch von „Scheinblüte“ und „Als-ob“-Identität (Zerrissenheit zwischen Selbstgeißelung und projektiver Entlastung durch Vorwürfe an andere);
- schließlich die Besinnung auf die ureigensten Ressourcen, insbesondere in der eigenen Gruppenverfassung, und eine neue, tiefergehende Inanspruchnahme von Hilfe von außen (voraussetzungsloser und nicht mehr wie auf beiden Seiten in den fünfziger und sechziger Jahren so abwehrbelastet). Damit einher ging der allmähliche Beginn eines Reflektierens über den eigenen Gruppenprozeß in der Geschichte.

Wenden wir uns dem ersten Themenschwerpunkt zu – der Gründung der DPV als einer Abspaltung aus der DPG im Jahre 1950. In unserem Ausstellungskatalog von 1985, *„Hier geht das Leben auf eine merkwürdige Weise weiter …“* (Brecht et al., 1985), sowie in dem Buch von Regine Lockot *Die Reinigung der Psychoanalyse* (1994) sind alle wesentlichen Dokumente zur Geschichte dieser Spaltung versammelt. Wenn sich die Vorgänge pragmatisch und rational auf Carl Müller-Braunschweigs Wunsch zurückführen lassen, mit seiner Gruppe wieder Mitglied in der Internationalen Psychoanalytischen Vereinigung (IPV) zu werden und deshalb sowohl eine Trennung vom Mitglied Harald Schultz-Hencke, dem Begründer der Neoanalyse, als auch die Gründung eines unabhängigen psychoanalytischen Ausbildungsinstituts bewirken zu müssen, so haben uns die Gruppenprozesse der vergangenen Jahre gezeigt, wie tiefgehend dieser Gründungsakt – oder wie Eugen Mahler 1994 augenzwinkernd gesagt hat: diese „Gründungsstörung“ (Mahler, 1995, S. 375) – mit dem Versuch der Restgruppe der DPG verbunden war, in den zwölf Jahren des Naziterrors zu überwintern.

Ihre führenden Repräsentanten Felix Boehm und Carl Müller-Braunschweig waren am Ausschluß ihrer jüdischen Kollegen aus dem Vorstand und der Mitgliedschaft in der DPG aktiv beteiligt und arbeiteten in dem schulenübergreifenden sogenannten Göring-Institut in leitenden Positionen mit. Sie unterwarfen sich der verordneten Tarnsprache und versuchten auf je unterschiedliche Weise, ihre psychoanalytische Identität mit den gesundheitspolitischen Zielvorstellungen des „Dritten Reiches“ zu verbinden. Suchten sie anfänglich noch den „Segen“ von Freud und Jones und der IPV für ihren Anpassungsweg zu erlangen, waren sie nach IPV-Austritt und DPG-Auflösung, aber insbesondere seit Kriegsbeginn, auf sich allein gestellt und nicht in der Lage, ihre psychoanalytische Gruppenkultur aufrechtzuerhalten. So unterblieb der wegen seiner umfangreichen Revisionen, unter anderem der Freudschen Trieblehre, erwogene Ausschluß von Schultz-Hencke, weil er als zu mächtig galt und sich als Schutzschild für weniger angepaßte Kollegen nutzen ließ. Insofern konnte dieser innerhalb der analytischen Restgruppe als begabter Dozent eine eigene Schülerschar gewinnen, die sich kurz nach der im Herbst 1945 erfolgten Wiedergründung der DPG in dieser als neoanalytische Fraktion etablierte.

Hatten die noch jüngeren Ärzte Kemper und Schultz-Hencke sofort nach Kriegsende Nachfolgeinstitute des Göring-Instituts sowohl zur poliklinischen Versorgung der Berliner Bevölkerung in Verbindung mit der größten Versicherungsanstalt sowie zur Ausbildung des psychotherapeutischen Nachwuchses gegründet, waren die beiden Mittsechziger Boehm und Müller-Braunschweig krank und angeschlagen und von der allgemeinen Existenznot gezeichnet. Müller-Braunschweig übernahm ab 1948 einen Lehrauftrag an der frisch gegründeten FU Berlin, deren räumliche und finanzielle Kapazitäten ihn anfänglich vom Ausbau zu einem selbständigen Universitätsinstitut für Psychoanalyse träumen ließen.

Vor der Öffentlichkeit des ersten IPV-Nachkriegskongresses in Zürich 1949 demonstrierten Schultz-Hencke und Müller-Braunschweig die Spaltung in Psychoanalyse und Neoanalyse im Rahmen der DPG und erreichten deshalb als Gruppe nur die provisorische Wiederaufnahme. Die Diskussion in der Geschäftssitzung offenbarte ein differenziertes Bemühen um die Deutschen von seiten der Emigranten, wobei vor allem das Fehlen eines eigenständigen Ausbildungsinstituts zum Stein des Anstoßes wurde. Der DPG-Vorsitzende Carl Müller-Braunschweig suchte in der Folgezeit Schultz-Hencke zum freiwilligen Austritt zu bewegen. Als ihm dies nicht gelang, schritt er zur eigenen Fraktionsbildung, handelte insgeheim Beitrittskonditionen zur IPV mit deren Präsidenten Leo Bartemeier aus und gründete dann im Sommer 1950 die DPV, in der stillschweigenden Hoffnung, die Nicht-Neoanalytiker der DPG anschließend zu einem Übertritt bewegen zu können. In der Realität waren die Anfänge der frisch gegründeten DPV sehr bescheiden. Nach dem Beginn des Vorlesungsbetriebs im April 1951 erfolgte im Sommer 1951 die problemlose Aufnahme in die IPV, womit Müller-Braunschweig seinen Plan erfolgreich zum Abschluß gebracht hatte.

Eine zweite Querschnittsbetrachtung läßt sich an den hundertsten Geburtstag Sigmund Freuds 1956 knüpfen, an dem in den Gedenkveranstaltungen an verschiedenen Orten verspätete Trauer um Freuds Tod zum Ausdruck kam, die im öffentlichen Rahmen im September 1939 in Deutschland nicht geäußert werden konnte. Ich werde mich hier auf den Frankfurter/Heidelberger Festakt und die interne Feier der Berliner DPV beschränken, zumal ich an dieser Stelle die zweite Gründerfigur der deutschen Nachkriegspsychoanalyse, Alexander Mitscherlich (1908–1982), der ersten, Carl Müller-Braunschweig, an die Seite stellen will.

Beim gemeinsamen Festakt der Universitäten Frankfurt a.M. und Heidelberg zur hundertsten Wiederkehr des Geburtstages von Sigmund Freud am 6. Mai 1956 in der Aula der Frankfurter Universität handelte es sich um ein denkwürdiges historisches Ereignis. Um es mit den Worten Alexander Mitscherlichs zu sagen: „Mit dieser Hundertjahrfeier vollzog sich nun ein Durchbruch. Zur Feier und zum festlichen Bankett in Frankfurt waren der Bundespräsident Theodor Heuss, der hessische Ministerpräsident [Georg] August Zinn, Mitglieder der Universität und viele sachlich Interessierte erschienen. Dadurch hatte die Psychoanalyse nun doch endlich wieder auch in der Öffentlichkeit der Bundesrepublik Fuß zu fassen begonnen" (1980, S. 189).

An den Festakt schloß sich eine über das ganze Sommersemester 1956 sich erstreckende Vorlesungsreihe mit international bekannten Psychoanalytikern der IPV in Frankfurt und Heidelberg an, darunter die Emigranten Erik H. Erikson, René A. Spitz, Michael Balint, Franz Alexander und die Schweizer Ludwig Binswanger und Hans Zulliger, um nur die bekanntesten zu nennen (vgl. Alexander et al., 1957). Wie war das möglich gewesen? Alexander Mitscherlich, ein junger Privatdozent der Neurologie an der Heidelberger Universität, der in der Nazizeit wegen Unterstützung einer nationalbolschewistischen Widerstandsgruppe acht Monate im Zuchthaus gesessen hatte, begann sich beim Aufbau einer psychosomatischen Universitätsklinik in Heidelberg zunehmend für Freud zu interessieren. Anfang der fünfziger Jahre kam er von einem Forschungsaufenthalt in den USA als „überzeugter Freudianer" zurück. Durch seine Teilnahme als Beobachter und Berichterstatter bei den Nürnberger Ärzteprozessen, über die er eine Buchdokumentation vorlegte (1949), war er in Teilen der deutschen Ärzteschaft in den Ruf eines „Nestbeschmutzers" geraten, was seine akademische Karriere gefährdete. In seiner Isolation suchte er Unterstützung bei den aus den USA nach Frankfurt remigrierten Soziologen am Institut für Sozialforschung, Max Horkheimer und Theodor W. Adorno, die aus ihrer eigenen Tradition aus der Zeit vor 1933 die Zusammenarbeit mit Psychoanalytikern – damals Landauer, Meng, Fromm und Fuchs – schätzen gelernt hatten. Vor diesem Hintergrund entstand das Projekt zu jener Hundertjahrfeier 1956, an deren Verwirklichung einschließlich einer aufwendigen Finanzierung durch Land, Universitäten und Rockefeller Foundation Horkheimer und Mitscherlich ein ganzes Jahr arbeiteten (vgl. Berger, 1996a, S. 337 f.). Entscheidend für das Gelingen war die Tatsache, daß sie nach mühevollem Ringen eine große Zahl von Emigranten trotz begreiflicher starker Widerstände zur Teilnahme zu bewegen vermochten. Für die Zusagen war der politisch untadelige Ruf Mitscherlichs im Ausland entscheidend, den man bei seiner Mission für die Wiederetablierung der Psychoanalyse nicht im Stich lassen wollte (vgl. Brecht, 1995).

Wenn man sich vorstellt, daß es zu diesem Zeitpunkt in Frankfurt keinen einzigen praktizierenden Analytiker Freudscher Schule gab, so klingt das, was Mitscherlich in der Folgezeit in Frankfurt bewegte, wie ein modernes Märchen. Enttäuscht von der Universität, gelang ihm 1959 in der „kulturellen Nachkriegswüste" der Bundesrepublik (Jürgen Habermas, zit. n. Berger, a. a. O., S. 337) die Gründung eines staatlichen „Instituts und Ausbildungszentrums für Psychoanalyse und Psychosomatische Medizin" in Frankfurt. Mitscherlich baute das Sigmund-Freud-Institut, wie es ab 1964 hieß, zum größten deutschen psychoanalytischen Institut und zu einer sozialpsychologischen Forschungsstätte aus. Er schrieb 1963 *Auf dem Weg zur vaterlosen Gesellschaft* und 1967 zusammen mit seiner Frau Margarete Mitscherlich-Nielsen *Die Unfähigkeit zu trauern* und wurde damit zum Stichwortgeber einer Epoche der Bundesrepublik Deutschland. Kurt R. Eissler hat für ihn folgende Charakterisierung gefunden: „Mitscherlich zeigt, wie ein Einzelner einer ganzen Nation die Psychoanalyse aufzwingen kann" (1982, S. 189).[3]

Damit habe ich zeitlich weit vorgegriffen. Wie gestaltete sich das Verhältnis des Psychoanalyse-Autodidakten Mitscherlich zur DPV und zu Carl Müller-Braunschweig?

Müller-Braunschweig war auf den jungen, vielversprechenden Mitscherlich schon anläßlich dessen Habilitationsschrift über das „Vieltrinken" von 1947 positiv aufmerksam geworden und begann ihn nach seiner Vereinsgründung zu umwerben und gegen Schultz-Hencke zu „impfen". Der Briefwechsel zwischen beiden dokumentiert das hartnäckige Werben des einen und das Selbstbewußtsein des anderen, der erstaunlich souverän und nicht ohne Parade die Berliner „Kröte" schlucken mußte, daß er nach Fallvortrag und theoretischer Prüfung zwar zum außerordentlichen Mitglied gewählt wurde, aber für die ordentliche Mitgliedschaft erst eine Lehranalyse bei einem IPV-Lehranalytiker nachzuweisen hatte. Die These, daß die Berliner aus bekannten Gründen Mitscherlich als „antifaschistisches Feigenblatt" (Berger, 1996b, S. 352) gebraucht hätten, erscheint mir nicht stichhaltig. Meines Erachtens ist diese Stilisierung der Psychoanalyse zum antifaschistischen Widerstandsunternehmen erst in der Studentenbewegung und gerade aus dem Frankfurter Wirkungsumfeld von Mitscherlich selbst her erfolgt. Für die latenten Gruppenspannungen zwischen Berlin und Frankfurt, von denen die DPV-Geschichte bis heute mitgeprägt ist, soll hier exemplarisch eine Briefstelle von Mitscherlich vom 7.12.1961 stehen:

> „Persönlich hat sich niemand um uns gekümmert. Man hat uns geflissentlich geschnitten und keinerlei Kontakt über die reinen Geschäftskontakte hinaus gesucht. [...] Es ist dies nicht der erste Anlaß, der uns in solcher Weise gekränkt hat. Die Diskussionsführung, die Art der Argumentation uns gegenüber zeigt immer wieder die gleiche gereizte Grundstimmung und die Zweifel an der Qualität dessen, was wir beizutragen haben" (DPV-Archiv).

Diese letzte Beobachtung vom wahrgenommenen Zweifel an der eigenen Qualität hat nach der ab 1961 vollzogenen Dezentralisierung der DPV und der Gründung immer neuer Institute auf subtile Weise das Selbstbild der DPV durchzogen. In seiner Autobiographie schilderte Mitscherlich freimütig, nie ein Psychoanalytiker gewesen zu sein, „der sich im wesentlichen auf seine psychoanalytischen Behandlungen und die talmudische Auslegung Freudscher Texte zentrierte" (1980, S. 317). Die DPV wird in dem Buch nicht einmal erwähnt.

Zurück nach Berlin, wo die kleine DPV „zu einer internen Feier in die neuen Räume der Kollegin Werner am 12. Mai 1956" eingeladen hatte, nachdem Scheunerts Mahnung an Müller-Braunschweig, rechtzeitig eine öffentliche Veranstaltung zu planen, ungehört verhallt war. So kam es nach dem Staatsakt von Frankfurt in Berlin zu einer öffentlichen DPG-Veranstaltung im Schöneberger Rathaus und nur zu der kleinen Familienfeier der DPV. Davon hat Gerhard Maetze überliefert, daß nacheinander

Vertreter dreier Generationen des Berliner Psychoanalytischen Instituts das Wort ergriffen (1971, S. 67 f.). Für die ältere Generation teilte Carl Müller-Braunschweig persönliche Erinnerungen an Freud mit: wie er 1910 zu Freud nach Wien gegangen sei, um sich von ihm analysieren zu lassen. „Aber es scheiterte am Geld, Freud war ein bißchen zu teuer für mich, und er empfahl mir seinen Freund und Schüler Abraham. Und so ging ich dann 1911 in die Analyse zu Abraham."[4] Und weiter: „Und nun wußte er davon, daß ich mit meinem ehemaligen Analytiker [...] Abraham in eine Kontroverse unerquicklicher Natur geraten war, und schrieb mir: es liegt mir außerordentlich daran, daß Sie zu einem guten Verhältnis zu Abraham und der Berliner Vereinigung kommen und daß Sie Mitglied werden. Mein Freund Eitingon wird demnächst in Berlin auftauchen [...] ich hoffe, daß es ihm gelingen wird, die Streitpunkte zwischen Ihnen und Abraham aus dem Wege zu räumen. Das geschah dann auch [...] weil das etwas ist, was mich gerade mit Freud sehr persönlich verbunden hat, dieser eine Brief und seine Antwort und die Folge, daß ich von da an nun verpflichtet war, bis an mein Lebensende ein Psychoanalytiker zu bleiben."

Gerhart Scheunert, der neue DPV-Vorsitzende, sprach als Vertreter der mittleren Generation. Er rage noch in das „heroische Zeitalter der Psychoanalyse" im alten Vorkriegsinstitut hinein und erinnere sich, wie diese Entwicklung plötzlich abgerissen sei, er an seinem Ort isoliert dagestanden habe und wie recht Freud mit seiner Bemerkung gehabt habe: „Man gibt zunächst in der Terminolgie nach und sehr bald dann, ohne es zu merken anfänglich, auch in der Sache." Es sei ja dann sehr rasch gegangen, daß in der Sache nachgegeben wurde. Wörtlich: „Ich glaube, daß wenige meiner Generation sich von dieser Verwirrung in ihrer Stellung zur Psychoanalyse in diesen Jahren völlig frei haben halten können." Dieser Satz verdient besondere Aufmerksamkeit, da er singulär ist für die fünfziger Jahre. Er formulierte dann Aufgaben: die Kontinuität zu retten, den Boden aufzulockern und das freizulegen, worauf überhaupt erst mal weitergebaut werden konnte, „denn das war ja restlos verschüttet."

Und am Ende erzählte er aus den Erinnerungen Theodor Reiks an Freud eine jiddische Geschichte vom ostjüdischen Kaufmann, der eine lange Reise machen will und sich erst dann auf seinen Angestellten verlassen und reisen kann, als der sich voll mit dem Geschäft identifiziert hat. Scheunerts Schlußsatz: „Und ich glaube, so sollte uns die Psychoanalyse identisch mit unserem Ich werden, daß Freud guten Gewissens auf die große Reise gegangen sein kann." Also Trauerarbeit im Versprechen lebenslanger Identifizierung mit der Psychoanalyse auch in der mittleren Generation.

Wolfgang Auchter, der unlängst verstorbene Freiburger Psychoanalytiker, stand als Vertreter der jüngeren Generation „ehrfürchtig und dankbar vor diesem genialen Menschen Freud" und versprach: „Ich glaube Herrn Müller-Braunschweig die Versicherung mitgeben zu dürfen, daß wir jetzt hier an einem Zeitpunkt angelangt sind, an dem er wissen darf, daß weitergearbeitet wird, daß jetzt etwas herangewachsen ist, was sich wirklich dieser schönen Aufgabe verpflichtet fühlt [...] Daß wir auch alles tun müssen, um einen entsprechenden Kreis gut ausgebildeter Analytiker zur Verfügung zu haben."

Welch ein Kontrast zu dem groß angelegten und mit Hilfe der internationalen Psychoanalyse in Szene gesetzten Frankfurter Aufklärungsprojekt. Eine bescheidene, fast rührende Familienveranstaltung im kleinsten Kreis, in der wie bei einer Totemmahlzeit die Erbfolge festgelegt und ewige Treue geschworen wurde. Was auffällt, ist Marie Louise Werners Idee der Reden aus drei Generationen. Gerne wüßten wir, was sie damit bezweckt hat. Dieser Rahmen strukturierte die kleine Berliner Gruppe, die unter der Arbeitsbelastung fast zusammenbrach, was Käte Dräger nur einen Monat später (in einer Geschäftssitzung am 2.6.1956) zu dem Fazit veranlaßte: „Wir sehen immer wieder, wie überlastet und gesundheitlich überfordert jeder einzelne von uns ist. Wir sollten auch vor der IPV vertreten, daß wir nicht mehr seien wie eine Studiengruppe".

Ich komme zu meinem dritten Querschnitt aus der Mitte der siebziger bis zum Ende der achtziger Jahre, die Zeit vor und nach dem IPV-Kongreß in Hamburg 1985. Mitte der siebziger Jahre schien die hessische sozialdemokratische Psychoanalyse-Utopie (von 1956) insbesondere durch Mitscherlichs wirkungsvolles Auftreten über die Studentenbewegung hinaus die Öffentlichkeit der Bundesrepublik erfaßt zu haben. Sie fand Eingang nicht nur in die kassenärztliche Versorgung der Bevölkerung und unter der Rubrik Psychosomatik und Psychotherapie in die Medizinischen Fakultäten und in die Psychiatrie-Enquete, in die Auseinandersetzung mit der psychiatrischen Gutachterpraxis im Rahmen der Entschädigungsgesetze für die Opfer des Holocaust und in die klinische Beschäftigung mit Extremtraumatisierungen (vgl. Grubrich-Simitis, 1979, 1984; Lorenzer, 1965, 1966, 1968; Lorenzer u. Thomä, 1965), sondern auch in die unterschiedlichsten akademischen Fächer in den Geisteswissenschaften sowie in die Verlagsprogramme, insbesondere des S. Fischer, des Klett und des Suhrkamp Verlages. Die Psychoanalyse wurde individuell und gesellschaftlich zur Lösung vieler wichtiger Probleme herangezogen und dabei mit Idealisierungen und Allmachtsprojektionen überhäuft, so daß Desillusionierung und Enttäuschung bereits vorprogrammiert waren. Kann man heute sagen, die DPV habe sich der neuen Prosperität der Psychoanalyse opportunistisch und prinzipienlos bedient und dabei die engen Grenzen ihrer wissenschaftlich und personell vertretbaren Ausbildungskapazitäten überschritten und sei in der Folge unverhältnismäßig schnell in die Breite statt in die Tiefe gewachsen? Eine Bejahung käme einer schmerzhaften Selbsterkenntnis gleich – und doch spricht einiges dafür, wenn wir an die bescheidene Gruppenausstattung von 1956 denken. Andererseits hatte inzwischen ein Prozeß der Internationalisierung der westdeutschen Psychoanalyse eingesetzt (vgl. Schröter, 1999), der zahlreichen Mitgliedern über vielfältige, meist individuell in die Wege geleitete Kontakte (in Lehranalysen, Supervisionen und Gastaufenthalten) mit ausländischen Lehrern den Anschluß an das herrschende englische und amerikanische Theorieniveau ermöglichte. Als besonders gelungenes Beispiel muß Wolfgang Lochs Weg zum führenden Theoretiker der deutschen Psychoanalyse angesehen werden, der sich als Mitscherlich-Schüler von der Londoner Psychoanalyse „verschlucken" ließ, wie er es selbst einmal ausgedrückt hat (vgl. Jappe, 1996; Henseler, 1996). Nicht nur, daß seine Habilitationsarbeit von 1965 auch im Ausland als Beweis dafür angesehen wurde, daß in Deutschland wieder ernsthaft Psychoanalyse betrieben werden konnte (vgl. Loewald, 1967, S. 288), es gelang ihm 1971 zusätzlich die Gründung einer kreativen DPV-Gruppe aus der Stuttgarter Akademie heraus.

In dieser Situation der Blüte luden die DPV-Psychoanalytiker auf dem internationalen Kongreß in Jerusalem 1977 zu einem IPV-Kongreß nach Berlin ein. Was dann passierte, hat Martin Wangh (1996, S. 113) mit den Folgen des ersten Auftretens deutscher Psychoanalytiker bei der IPV in Zürich 1949 verglichen. In einer erregten Debatte wurde die Einladung abgelehnt – und wir im eigenen Lande so erfolgreichen deutschen Analytiker wurden plötzlich mit unserer eigenen verleugneten Nazi-Geschichte konfrontiert und erst in zweiter Linie als Kollegen und potentielle Gastgeber gesehen. Diese Zurückweisung hatte erstaunliche Auswirkungen. In der bis dahin starren, unlebendigen Vereinsstruktur polarisierten sich in einem mehrjährigen Prozeß Subgruppen, teils zwischen, teils quer zu den Generationen, mit teilweise heftigen primitiven Affekten und einer Fülle von Streitgesprächen, Briefen und Aufsätzen. Im Verlauf drohte die DPV fast auseinanderzubrechen.

Die Bamberger Tagung der Mitteleuropäischen Psychoanalytischen Vereinigungen an Ostern 1980 stellte eine Art Wendepunkt dar. Eine hauptsächlich aus Frankfurt stammende Kandidatengruppe hatte die unpolitische Formulierung des Tagungsthemas „Die Wiederkehr von Krieg und Verfolgung in Psychoanalysen" in einem zirkulierenden Papier kritisiert. Dies und insbesondere die bewegenden Vorträge teils selbst verfolgter Analytiker wie Hans Keilson, Erich Simenauer und Lutz Rosenkötter sowie der Versuch der Darstellung eines Gruppenprozesses in der ob dieses Themas zerstrittenen Wiener Psychoanalytischen Vereinigung stellten eine intensive emotionale Gruppenlernerfahrung her (vgl. Henseler u. Kuchenbuch, 1982; Simenauer, 1981; Rosenkötter, 1981). Was dort insbesondere in unserer deutschen Gruppe aufbrach und in Bewegung kam, machte angst und gleichzeitig neugierig. Vor dem Hintergrund der Bamberger Gruppenerfahrung erwuchs aus der DPV heraus die glückliche Idee, zur Erinnerung an den letzten IPV-Kongreß fünfzig Jahre zuvor die Herbsttagung der DPV 1982 wieder in Wiesbaden stattfinden zu lassen. Anders als 1950, als man mit dem Rückgriff auf die Zeit vor 1933 da weitermachen wollte, als ob nichts geschehen sei, gelang es, die Wiesbadener Herbsttagung seitdem zu einer kontinuierlichen Heimstatt der DPV-Großgruppe zu machen, zu einem Symbol für die bewußte Anknüpfung an die alte psychoanalytische Tradition (vgl. Luft, 1990). Gleichzeitig – und das war das Entscheidende – war hier der Ort für die sukzessive Selbstkonfrontation mit dem „Naziintrojekt" in unserer psychoanalytischen Identität, wobei Begegnungen mit Hillel Klein und Herbert Rosenfeld auf den folgenden Wiesbadener Tagungen eine wesentliche Hilfe waren (vgl. Klein, 1983; Rosenfeld, 1985). Die historische Vergegenwärtigung dessen, was die nichtjüdischen Psychoanalytiker nach 1933 in Deutschland gemacht und unterlassen hatten, wurde angestoßen von Publikationen in der *Psyche* (vgl. Brainin u. Kaminer; Lohmann u. Rosenkötter; Dahmer et al.; alle in: Lohmann, 1984). Nachdem die Schleusen der Verleugnung und Verdrängung der eigenen Nazibelastung einmal geöffnet waren, konnten schrittweise angemessene neue Kanäle zur Kommunikation untereinander geschaffen werden. Es gab ab sofort diskutierende Großgruppenveranstaltungen und zahlreich besuchte Mitgliederversammlungen, es wurde endlich nach dem Vorbild der Kandidatenzeitschrift ein internes Diskussionsorgan (die DPV-Informationen) gegründet, ohne das wir uns heute die Verständigung unter den Mitgliedern gar nicht mehr vorstellen können. Die Begegnung mit der internationalen psychoanalytischen Gemeinschaft auf dem Hamburger IPV-Kongreß im Jahre 1985 und insbesondere die dafür erarbeitete historische Ausstellung waren wichtige Schritte zur Anerkennung unserer Schuldbelastung. Daß es seit Jahren Gruppenkonferenzen zwischen deutschen und israelischen Psychoanalytikern und Gruppenkonferenzen zwischen DPG und DPV gibt, daß sich die jüdischen Psychoanalytiker hierzulande organisiert haben, zeigt, daß die Auseinandersetzung mit unserer eigenen belasteten Integrität eine größere innere Freiheit gebracht hat. War es Mitscherlich 1956 gelungen, daß mit der Feier des hundertsten Geburtstages von Sigmund Freud und der Vorlesungsreihe namhafter Vertreter der internationalen Psychoanalyse diese in Deutschland allmählich wieder Fuß zu fassen begann, fand nun seit den siebziger Jahren von hier aus eine Öffnung nach draußen statt – z. B. mit der Auseinandersetzung mit Heinz Kohuts Selbstpsychologie, mit der Gruppenanalyse nach Foulkes und in jüngerer Zeit intensiver mit der Kleinianischen Psychoanalyse und dem Denken und der Gruppentheorie Wilfred R. Bions. Die Zerstörung der psychoanalytischen Gruppenkultur im Nationalsozialismus ist unbeschadet der historischen Abwägungen, ob die Psychoanalyse unter Hitler völlig liquidiert worden sei oder doch beschädigt überlebt habe, das Entscheidende gewesen und in unserem Gruppenprozeß nacherlebbar geworden.

Der Ausschluß der Juden aus der DPG hat in besonderer Weise die Integrität unserer Gründerpersönlichkeiten beschädigt. Vor diesem Hintergrund ist es verständlich, daß sich, von wenigen Ausnahmen abgesehen (u. a. Erich Simenauer), jüdische Kollegen nicht zur Remigration ins Nachkriegsdeutschland entschließen konnten. Nach inzwischen jahrelanger Auseinandersetzung mit dieser Schuldlast unserer Geschichte stehen wir noch immer fassungslos davor, daß eine ganze Generation jüdischer Psychoanalytikerinnen und Psychoanalytiker ausgegrenzt, ausgeschlossen und schließlich vertrieben worden ist. Hier soll daran erinnert werden, welche Kolleginnen und Kollegen zwischen 1933 und 1945 durch nationalsozialistischen Terror ermordet oder in den Tod getrieben worden sind. Soweit ich bisher weiß, sind dies: Paul Bernstein, Blaßberg, Therese Bondy, Otto Brief, Geza Dukes, Josef M. Eisler, Miklos Gimes, Ernst Paul Hoffmann, Erzsebet Petö-Kardos, Salomea Kempner, Janos Kerenyi, Karl Landauer, Sophie Morgenstern, Graf Karl von Motesiczky, Sigmund Pfeifer, Laszlo Revesz, John F. Rittmeister, Isidor Sadger, Sabina Spielrein, Nikolaus Sugar, Rosa Walk, August Watermann und Annemarie Wolff.[5] Jeder einzelne von ihnen hat es verdient, daß wir uns mit ihm beschäftigen.

Rafael Moses hat am 17.11.2000 im Berliner Psychoanalytischen Institut über die Möglichkeiten gesprochen, Unrecht anzuerkennen und sich zu entschuldigen (unveröff.). Das geht nur zwischen Täter und Opfer – und glaubwürdig erst nach ernsthafter Wiedergutmachung und vor allem in einer persönlichen Beziehung. Drei überzeugende Beispiele möchte ich dazu aus der westdeutschen Nachkriegsgeschichte anführen, wovon nur zwei mit der Psychoanalyse zu tun haben. Der Kniefall von Willy Brandt 1970 am Denkmal des Warschauer Ghettos ist als gelungenes Symbol in guter Erinnerung. Alexander Mitscherlichs frühe Dokumentation zu den Nürnberger Ärzteprozessen ist in der Emigration vielfach als eine solche Geste aufgefaßt worden, hier aber weitgehend unverstanden geblieben, möglicherweise weil sie weit vor der Zeit kam. Und in Hamburg 1985? Da blieb es einem Politiker, dem Ersten Bürgermeister der Hansestadt, Klaus von Dohnanyi, vorbehalten, in der Eröffnungsrede folgenden Satz zu wählen: „Wer sagt: unser Bach und unser Beethoven, der muß auch sagen: unser Hitler“ (1986, S. 863).

Ob es ein Zufall ist, daß alle drei, Brandt, Mitscherlich und von Dohnanyi, mit dem Widerstand gegen Hitler zu tun gehabt haben?

Wenn ich nun in einem Längsschnitt das geschichtliche Selbstverständnis der DPV von den Anfängen bis in die neunziger Jahre darstelle, versuche ich aus Verlautbarungen eines führenden Repräsentanten, hier ausschließlich der Ansprachen bzw. Grußworte zum zehn-, fünfundzwanzig- und vierzigjährigen Bestehen der DPV von Gerhart Scheunert, etwas von den inneren Prozessen der DPV zu erfassen.[6] Zuvor möchte ich noch einmal auf Carl Müller-Braunschweig eingehen, von dem ich keinen Text kenne, in dem er sich selbstkritisch zu seiner Vergangenheitsbelastung und der seiner Gruppe geäußert hätte. Deshalb möchte ich den Kunstgriff benutzen, zu schauen, wo er möglicherweise seine „Erfahrungen in einer wissenschaftlichen Begriffssprache" chiffriert hat (Sombart, 1991, S. 182). In seinem 1948 erschienenen Büchlein *Streifzüge durch die Psychoanalyse* wollte er „den drückenden Bann ganz [...] durchbrechen, in den eine versklavende Geisteshaltung selbst den Wissenschaftler gezwungen hatte" (S. 7). Und weiter: „Seit 1936 ist es uns in steigendem Maße versagt worden, in Wort und Schrift die psa. Wissenschaft darzustellen" (S. 9). Ausgehend von dieser unpersönlichen und passivierten Ausdrucksweise – „es ist uns versagt worden" –, fiel mir im Kapitel über die psychoanalytische Pathologie der Abschnitt über das Moment der Versagung auf:

„Dieser Begriff hat in unserem Zusammenhang in dreifacher Bedeutung Gültigkeit. Einmal in dem Sinne, daß der Gang der Geschehnisse die Erfüllung eines Wunsches oder einer Befriedigung, die Verwirklichung eines Impulses oder Planes versagt, dann in dem Sinne, daß ein Mensch sich selbst die Erfüllung solcher Strebungen versagt, und drittens – man verzeihe diese Mehrdeutigkeit des Wortes – in dem Sinne, daß das Individuum während eines Strebens, während einer Bemühung um eine Aufgabe versagt" (S. 69 f.). In einer Fußnote wird erläutert: „Es handelt sich also hier – bei richtiger Wortbezeichnung nicht um eine ‚Versagung', sondern um ein ‚Versagen'." Er untersuchte die jeweiligen Folgeerscheinungen: „Ähnlich sind die Folgen in dem Falle, wo ein Mensch ‚versagt'. Er versagt entweder, weil die Wirklichkeit zu hohe Anforderungen stellt oder weil er sich selbst überfordert."

Ich vermute, daß der Verfasser in diesen kryptischen Passagen auch über sich selbst gesprochen hat. Nach der unbarmherzigen „Selbstreinigung" der DPG, dem erzwungenen Ausschluß der jüdischen Mitglieder, gerieten Müller-Braunschweig und Boehm in einen gefährlichen dialektischen Prozeß von Versuchung und Versagung. Versuchung, die Nachfolge der vertriebenen jüdischen Vorstandsmitglieder Eitingon, Simmel und Fenichel als die neuen „Führer" zu genießen, Versagung insofern, als nach Müller-Braunschweigs gescheiterter „Wiener Mission" (d. h., Verlag und Wiener Verein durch „Anschluß" zu retten) alle zeitweiligen Hoffnungen mit Publikations- und Lehrverbot zunichte gemacht wurden. Über sein „Versagen" will ich mir hier eine Beurteilung versagen. Dieser Text ist im Sommer 1945 kurz nach der Befreiung und vor seiner Gründung der DPG als eine Art Manifest entstanden und daraufhin drei Jahre unvollendet in der Schublade liegengeblieben. Ich verstehe ihn als ein Kondensat seiner Selbstanalyse, verbunden mit dem für sein Schreiben so typischen hohen moralischen Gehalt.

Von Gerhart Scheunert, seinem Schüler und Nachfolger, haben wir den bei der Berliner 100-Jahr-Feier schon erwähnten klassischen Satz gehört, in dem zwar auch nicht „ich“ gesagt wurde, aber doch von der kollektiven Verwirrung der Gruppe die Sprache war. Versteckt inmitten einer Rede, eingebettet in der Generationenkette und schriftlich überliefert durch einen Dritten, stellte die Aussage, vor allem weil sie in Gegenwart von Müller-Braunschweig erfolgte, gleichwohl ein erstes Innehalten dar.

In seiner unveröffentlichten Festansprache „Die Stellung der Psychoanalyse in Vergangenheit und Gegenwart“ zum zehnjährigen Bestehen der DPV und des Berliner Psychoanalytischen Instituts am 9.9.1960 leitete Scheunert die Faszination seiner in den zwanziger Jahren zur Psychoanalyse gestoßenen Generation von der kulturkritischen Funktion der psychoanalytischen Erfahrungen ab (zit. nach einem Durchschlag im Archiv des BPI). Er sprach davon, daß nach 1933 der größte Teil der Mitglieder wegen ihrer jüdischen Herkunft oder politischen Mißliebigkeit emigrieren mußte. Der „Rest“ hätte zunächst weitergearbeitet, nach der Eingliederung ins Reichsinstitut nur noch im privaten Kreise. Nach 1938 sei der Kontakt zu den Analytikern „der nichtdeutschen Welt“ abgerissen. Er beklagte die „Zwangsehe“ am Göring-Institut und distanzierte sich von denen, die diesen Eklektizismus in der Ausbildung nach dem Krieg weiterführen wollten, und meinte, sie seien in den Nazijahren von der Analyse abgedrängt und ihr entfremdet worden, zumal der Nachwuchs „gar keinen Zugang zu den wirklichen Quellen der Psychoanalyse“ mehr gehabt hätte. Deshalb hätten unter Müller-Braunschweigs Führung „überlebende Mitglieder der alten DPG aus der Zeit vor 1933“ die DPV gegründet, um eine neue Generation von Psychoanalytikern auszubilden. Was auffällt, ist die Unterscheidung in die überlebenden Mitglieder aus der Zeit vor 1933 und die ab ca. 1936 unzureichend ausgebildeten, die auch nach dem Krieg am Eklektizismus festhalten wollten. Was die Vordreiunddreißiger in den Hitlerjahren gemacht hatten, fiel unter den Tisch. Die erst 1975 posthum publizierten „Gedanken anläßlich des 25jährigen Bestehens“ der DPV zeigen eine deutliche Akzentverschiebung: Nun war „die Basis für psychoanalytische Arbeit und Forschung zerstört worden“ im „Dritten Reich“. Wenn es auch einigen gelungen war, Freud in sich zu retten, hieß es doch: „Wir steckten noch tief in dem verkleisterten methodischen Mischmasch, der das Resultat der von außen kommenden Versuche, die ‚jüdische Wissenschaft Psychoanalyse‘ auszumerzen und unter Oktroi eine sog. ‚deutsche Seelenheilkunde‘ an deren Stelle zu setzen, gewesen war“ (Scheunert, 1995, S. 284). Im Schlußsatz seiner zahlreichen guten Wünsche für die DPV hieß es dann: „Ich wünsche dieser Vereinigung Menschen, die bereit sind, für diese Arbeit zu leisten, in ihr Funktionen zu übernehmen und das besser zu machen, was wir nicht gut gemacht haben“ (S. 290). Mit diesen beiden Selbstzuschreibungen – wir steckten noch tief im Mischmasch, und wir haben etwas nicht gut gemacht –

kamen nachdenkliche Töne zum Tragen, die auf projektive Erledigung an anderen nicht angewiesen waren.

In Scheunerts Brief an die Generalversammlung der DPV am 24.11.1990 in Wiesbaden (Scheunert, 1991, S. 13–16) finden sich zunächst vertraute Muster: „Die Reichsinstituts-Psychotherapie war unmöglich, die Schultz-Henckesche Neoanalyse gar nicht überzeugend", so daß mit der DPV-Gründung eine Wiederanknüpfung an den Stand der Freudschen Lehre vom Anfang der dreißiger Jahre unabdingbar schien, „um in einem Zustand der Orientierungslosigkeit wieder Boden unter die Füße zu bekommen". Dann aber kam etwas Neues: „Bei mir war es noch etwas anderes: ein gewisses Schuldgefühl, anpasserischen Verfälschungen der Psychoanalyse nicht hinreichend widerstanden zu haben." Er erzählte dann die Geschichte seines Aufsatzes über psychotherapeutische Kurzbehandlungen im *Zentralblatt für Psychotherapie* und fuhr fort: „Das war wohl die Abwehr des Unerträglichen und des Schuldgefühles – auch wenn man sich keine moralische oder gar juristische Schuld vorzuwerfen hatte – anfänglich candidehaft die Situation verkannt zu haben und später zu feige gewesen zu sein, offen wieder auszusteigen – weil das zugegeben tödlich hätte sein können" (S. 14). Am Ende dankte er allen, die ihm während seiner aktiven Jahre bei der Arbeit geholfen hatten. „Diese Arbeit war für mich auch ein Stück realer Wiedergutmachung – soweit so etwas überhaupt möglich ist. Vielleicht ist es mir ein kleines Stück gelungen" (S. 16). Wir wissen inzwischen genauer, worauf Scheunert hier angespielt hat. Er sagte über sein individuelles Fehlverhalten hinaus etwas über den Zustand der Gruppe zur Zeit der Gründung aus: sie seien damals so sehr mit dem Überleben, Enttrümmern und Wiederaufbauen beschäftigt gewesen, daß sie „zur vollen Reflexion des Geschehenen [...] gar nicht fähig" waren. „Alles andere mußte und konnte erst später kommen."

Könnte es nicht sein, daß auf dem ehemaligen NSDAP-Mitglied Scheunert in der kleinen DPV-Gruppe ein Großteil der politischen Belastung abgeladen worden ist? Wie hätte seine erneute zweijährige Analyse ausgerechnet beim ebenfalls vielfältig belasteten Müller-Braunschweig Licht in die unbewußten Motive seines politischen Handelns bringen sollen? Ähnlich wurde die fachliche Korrumpierung durch die NS-Psychotherapie vorwiegend Schultz-Hencke zugeschrieben. Beide Zuschreibungen erfüllten hauptsächlich Entlastungsfunktionen für den „unschuldigen Rest", der sich im „Dritten Reich" insgesamt weitgehend politisch und leider auch fachlich angepaßt hatte.

Die beklagte Unfähigkeit zur vollen Reflexion des Geschehenen war ein Gruppenschaden. Dadurch, daß in den späten sechziger und siebziger Jahren der Generationendialog in der DPV und damit das Wissen um Scheunerts Parteimitgliedschaft in weiten Teilen verlorengegangen war und schließlich mehr oder weniger geheimgehalten wurde, konnte erst jene mißtrauisch-vorwurfsvolle Stimmung entstehen, in der Scheunert zum Sündenbock gemacht wurde. Nachdem er individuell seinen Frieden mit seiner Art von „Wiedergutmachung" geschlossen hatte, wurde er tragischerweise kurz vor seinem Tod durch ein Zusammenwirken mehrerer Faktoren in unserer Vereinigung wegen seiner sogenannten „Jugendsünde" angegriffen, diesmal nicht um Müller-Braunschweig zu entlasten, sondern um vom viel tiefer gehenden Integritätsschaden unserer gesamten Gruppe abzulenken, aufgrund dessen es uns schwerfiel, die Konfrontation mit unserer eigenen Selbstunzufriedenheit und Verunsicherung auszuhalten.

Horst-Eberhard Richter, Scheunerts Schüler sowie Nachfolger in der Leitung des Berliner Psychoanalytischen Instituts und im Vorstand der DPV, später in Gießen und heute im Sigmund-Freud-Institut tätig, hat in mehreren autobiographischen Darstellungen die familiäre Berliner Institutsatmosphäre der fünfziger Jahre plastisch geschildert, in der die Kandidaten über die Vergangenheitsbelastung ihrer Lehrer Bescheid wußten, aber gleichwohl spürten, daß „gewisse Differenzen in der Bewertung des Geschehenen" (Richter, 1986, S. 74) nicht ausgetragen wurden, um Konflikte in der kleinen Gruppe zu vermeiden. In seinen eigenen Familienuntersuchungen über die Weitergabe unbewältigter Konflikte von einer Generation an die nächste (1963) sieht er heute Ähnlichkeiten mit den damaligen „familiären" Beziehungen am Institut.

Hermann Beland hat 1981 in einem Vortrag über die psychoanalytische Gruppenidentität die These aufgestellt, „daß sich die Identität des Analytikers bildet und erhält unter dem Schutz eines Gruppenprozesses, der weitgehend unreflektiert ist, der nur partiell mit analytischen Mitteln zu erfassen ist" (1983, S. 36). Und obwohl „die ‚Erfindung' der psychoanalytischen Gruppe als Ausbildungs- und Kommunikationsgruppe eine der wichtigsten Leistungen Freuds und der ersten Analytikergeneration" (S. 48) sei, erhob er den bemerkenswerten Befund, daß die psychoanalytischen Gruppen sich selbst kein Problem seien und z. B. die Steuerung der psychoanalytischen Gruppenidentität durch primitive Zustimmungs- und Ablehnungsaffekte nicht Gegenstand bewußter, als notwendig empfundener Reflexion geworden sei (S. 52, 55). Die Gruppenidentität wirke in der Psyche der einzelnen Analytiker wie ein herrschendes Introjekt, mit dem sich das Ich zu identifizieren trachte (S. 57 f.). Belands Plädoyer für eine kritische Bewußthaltung der Gruppenmentalität war seinerzeit etwas Neues und Aufregendes in der DPV, wahrscheinlich für die Psychoanalyse in der BRD überhaupt.

Bevor ich zu meinen Schlußüberlegungen komme, möchte ich zur DPG und zur Psychoanalyse in der DDR ein paar kurze Bemerkungen machen: Für die – bis auf Ansätze von Baumeyer (1971) und im berlinbezogenen Tagungsband von Kohte-

Meyer (1998) – ungeschriebene 55jährige Geschichte der Nachkriegs-DPG scheint mir die prophetische Aussage von Felix Boehm aus dem Jahr 1950 wie ein Damoklesschwert über der Gesellschaft gehangen zu haben: „Das Ressentiment gegen alles Deutsche wird noch 1/2 Jahrhundert dauern“ (Brecht et al., a. a. O., S. 190). Als 1951 in Amsterdam die vorläufige Mitgliedschaft der DPG in der IPV gelöscht wurde, fühlte sich Boehm in seiner Diagnose bestätigt. Es hat tatsächlich im Selbstverständnis der DPG dieses halben Jahrhunderts untergründiger Sühneleistung bedurft, um ernsthaft mit der IPV wieder in Kontakt zu kommen. Ob das ein vermeidbarer Umweg war oder aber eine notwendige organische Entwicklung, die Vergeltungsängste und narzißtische Kränkungen integrieren mußte und dafür ihre Zeit gebraucht hat, ist schwer zu entscheiden und womöglich gar nicht alternativ zu sehen. Sicher scheint es mir, daß Müller-Braunschweig durch seinen Rückzug aus der DPG diese sozusagen kampflos der zu jener Zeit attraktiven Theorie der Neoanalyse Schultz-Henckes ausgeliefert hat, die so in einer psychoanalytischen Gesellschaft mehr als zwanzig Jahre Hochkonjunktur behalten konnte. Müller-Braunschweig fürchtete sich davor, daß Boehm und die DPG nach dem Amsterdamer Kongreß und insbesondere der einladenden Abschiedsbemerkung von Anna Freud schon bald einen erneuten Aufnahmeantrag stellen würden. Das veranlaßte ihn zu einem besorgten Brief an Anna Freud (vom 18.3.1952), in dem er u. a. schrieb: „Gesetzt den Fall, es würde neben unserer neu gegründeten ‚Deutschen Psychoanalytischen Vereinigung‘ jemals die alte Gesellschaft wieder in die IPV zurückgenommen werden und so zwei deutsche psychoanalytische Gruppen nebeneinander in der IPV existieren, so würde es außerordentlich schwer halten, wenn nicht gar unmöglich werden, in Deutschland, zumindest in Berlin, einen Nachwuchs wirklicher Psychoanalytiker zu schaffen, [. . .] unsere Neugründung hätte nicht nur ihren Sinn verloren, sondern auch ihre Existenzfähigkeit eingebüßt“ (unveröff., DPV-Archiv). Zehn Jahre später gab es in einem Brief von Scheunert an den stellvertretenden DPG-Vorsitzenden Baumeyer vom 21.2.1962 andere Töne und – wie ich finde – einen brauchbaren Vorschlag: „Wir sollten beiderseitig respektieren lernen, daß die historische Entwicklung es mit sich gebracht [hat], daß aus der früher einheitlichen Gruppe sich seit dem Ende der Nazizeit zwei entwickelt haben, die beide aus der alten analytischen Tradition der alten analytischen Gesellschaft erwachsen sind. Wir sollten beiderseitig darauf verzichten, uns gegenseitig als den eigentlichen und wahren Traditionsträger, den alleinigen Traditionsträger hinzustellen“ (unveröff., DPV-Archiv). Das ist von beiden Seiten nicht das letzte Wort in der Debatte geblieben. Das Jahr 1985 mit dem IPV-Kongreß drückte einen Wendepunkt in der Beziehung zwischen beiden Gruppen aus. Die DPV-Ausstellung von 1985 wurde ebenfalls auf die Jahrestagung der DPG nach Berlin eingeladen, und in der Entdeckung der gemeinsamen Vorgeschichte im Nationalsozialismus wurde die früher wechselseitig betriebene „Verteufelung“ zunehmend obsolet.

Haben sich die Beziehungen zwischen unseren beiden großen westdeutschen Gruppen inzwischen normalisiert, so sind zwischen Ost und West in der Einschätzung der Psychoanalyse in der DDR neue Gräben entstanden. Mit Recht hat kürzlich Michael Froese darauf hingewiesen, daß „das politische System der frühen DDR [. . .] die Psychoanalyse radikaler als der NS-Staat“ verfolgt habe. „1953, nach der Pawlow-Konferenz, war die Psychoanalyse in der DDR wissenschaftlich tot (Bernhardt 1998)“ (Froese, 1999, S. 177).[7] Er leitet daraus ab, daß wir heute bei der Beurteilung der im Sozialismus dennoch gediehenen psychotherapeutischen Ansätze wie der „Intendierten Dynamischen Gruppenpsychotherapie“ Kurt Hoecks, die er mit Schultz-Henckes Theorieentwicklung im „Dritten Reich“ vergleicht, den Mut und Widerstandsgeist ihrer Protagonisten anerkennen sollten, quasi aus dem Nichts Psychotherapiemethoden mit Anerkennung des unbewußt Psychischen entwickelt zu haben. Er fordert damit Respekt für die Lebensleistung seiner Lehrergeneration, die einer gerechten historischen Würdigung unterzogen werden sollte, ein Plädoyer, dem ich mich nur anschließen kann.

Wenn ich die Gesamtentwicklung der DPV in den letzten fünfzig Jahren betrachte, so erscheint mir der Schritt zur Gründung durch Carl Müller-Braunschweig als mutig und bewundernswert. Der Unterschied zu seinem 1949 gescheiterten Ein-Mann-Unternehmen, seiner *Zeitschrift für Psychoanalyse*, lag in der Kreation einer Gruppe von Mitarbeitern, die mit ihrem Enthusiasmus und ihrer Liebe zur Freudschen Psychoanalyse den Grundstein dafür legte, daß trotz der Vergangenheitsbelastung ihrer Mitglieder nach langer Latenz eine fruchtbare Gruppenkultur entstehen konnte. Die Dreigenerationenperspektive in den Reden zum hundertsten Geburtstag war ein erster Versuch, die Generationen abzugrenzen, aber auch den Fluß unbewußter Tradierung zwischen ihnen aufzuspüren. In den nächsten zwanzig Jahren des Wachstums und der föderativen Entwicklung geriet im neuen Zentrum Frankfurt neben Ausbildung, klinischer Forschung und der besonders gepflegten sozialpsychologischen Sichtweise auf gesellschaftliche Probleme der Zustand der eigenen Fachgesellschaft zeitweise ganz aus dem Blick. In der Offenheit, oder kritisch gesprochen, mangelnden Selbstreflexion als Gruppe dieser Entwicklungsphase wirkte die Zurückweisung von Jerusalem geradezu wie ein heilsamer Schock, und das ausgerechnet, als mit Berlin ein altes Symbol wiederbelebt werden sollte. Nach dem Aufbruch von Bamberg griff die ab 1982 etablierte wissenschaftliche und gruppendynamische Tagungskultur mit dem dreischaligen Brunnen von Wiesbaden nach 25 Jahren implizit wieder auf die Dreigenerationenmetapher von 1956 zurück. Es setzte ein heftiger Prozeß des Durcharbeitens ein, der noch nicht abgeschlossen ist.

Schließen möchte ich mit einem Gedicht von Jehuda Amichai, dem im September 2000 verstorbenen israelischen Lyriker, der in seinem Gedicht „Der Ort, an dem wir recht haben" (1998, S. 21) das poetisch in wenige Worte gefaßt hat, was ich in dieser Arbeit über die DPV zum Ausdruck bringen wollte.

Der Ort, an dem wir recht haben

An dem Ort, an dem wir recht haben,
werden niemals Blumen wachsen
im Frühjahr.

Der Ort, an dem wir recht haben,
ist zertrampelt und hart
wie ein Hof.

Zweifel und Liebe aber
Lockern die Welt auf
Wie ein Maulwurf, wie ein Pflug.
Und ein Flüstern wird hörbar
an dem Ort, wo das Haus stand,
das zerstört wurde.

Anmerkungen

[1] Für die kritische Durchsicht des Vortragsmanuskripts danke ich Edna Baumblatt-Hermanns, Ulrike May und Michael Schröter. Karen Brecht († 2001), die zwei vorbereitende Vortragsmanuskripte eingehend kommentiert hat, gedenke ich mit besonderer Dankbarkeit.

[2] Stellvertretend für die umfangreiche bearbeitete Literatur seien hier einige der wichtigsten Titel genannt: Thomä, 1963; Maetze, 1971; Beland, 1987; Eickhoff, 1995; Jappe, 1995; Lürßen, 1996. Autobiographische Dokumente zur DPV-Geschichte in den 4 Bänden *Psychoanalyse in Selbstdarstellungen* (Hermanns, 1992–98).

[3] Nicht unerwähnt bleiben sollte hier aber die Tatsache, daß der S. Fischer Verlag bereits 1960 Freuds *Gesammelte Werke* als die gegenwärtig umfassendste Ausgabe seines Œuvres im Originalwortlaut veröffentlichte und sich damit – auch DPV-unabhängig – unschätzbare Verdienste um die Wiedereinführung der Psychoanalyse in Deutschland erwarb und maßgeblich zur Blüte der Psychoanalyse in den sechziger und siebziger Jahren beitrug (vgl. Grubrich-Simitis, 1993, S. 70–99).

[4] Ich folge hier und bei den folgenden Zitaten in diesem Zusammenhang einer unveröffentlichten Tonbandabschrift aus dem Archiv des Berliner Psychoanalytischen Instituts.

[5] Eine erste Totenliste hat Volker Friedrich 1985 für den Hamburger Kongreß erarbeitet, die von mir in den letzten Jahren wesentlich ergänzt wurde. Die Namen von Sophie Morgenstern und Rosa Walk habe ich erst kürzlich auf Hinweise von Josef Ludin und Thomas Aichhorn hinzugefügt.

[6] Regine Lockot hat auf der Tagung zum fünfzigjährigen Bestehen der DGPT im Herbst 1999 in Hamburg eine hochinteressante vergleichende Geschichtsschreibung der deutschen Psychoanalyse der letzten fünfzig Jahre vorgelegt, auf die ich hier verweisen möchte (Lockot, 2000).

[7] Froese zitiert hier: Heike Bernhardt (1998): Mit Sigmund Freud und Iwan Petrowitsch Pawlow im Kalten Krieg. Vom Untergang der Psychoanalyse in der frühen DDR. In: Diederichs, P. (Hrsg.): Psychoanalyse in Ostdeutschland. Göttingen (Vandenhoeck & Ruprecht).

Literatur

Alexander, F. et al. (1957): Freud in der Gegenwart. Ein Vortragszyklus der Universitäten Frankfurt und Heidelberg zum hundertsten Geburtstag. Frankfurt (EVA).

Amichai, J. (1998): Zeit. Gedichte. Frankfurt a. M. (Suhrkamp).

Baumeyer, F. (1971): Zur Geschichte der Psychoanalyse in Deutschland. 60 Jahre Deutsche Psychoanalytische Gesellschaft. Zeitschr. f. psychosomat. Med. u. Psychoanalyse, 17, 203–240.

Beland, H. (1983): Was ist und wozu entsteht psychoanalytische Identität? Jb. d. Psychoanal., 15, 36–67.

– (1987): Wie verstehen sie sich selbst? – Zur Geschichte der Auseinandersetzung mit der eigenen Vergangenheit in der Deutschen Psychoanalytischen Vereinigung. DPV-Informationen, 2, 9–14.

Berger, F. (1996a): „Das Tragen eines Smokings wäre ein Fauxpas". Die Veranstaltung zum 100. Geburtstag Sigmund Freuds im Jahre 1956. In: Plänkers, T. et al. (Hrsg.): Psychoanalyse in Frankfurt am Main. Zerstörte Anfänge, Wiederannäherung, Entwicklungen. Tübingen (edition diskord), 335–348.

– (1996b): Zur „Biographie" einer Institution. Alexander Mitscherlich gründet das Sigmund-Freud-Institut. In: Plänkers, T. et al. (Hrsg.): Psychoanalyse in Frankfurt am Main. Zerstörte Anfänge, Wiederannäherung, Entwicklungen. Tübingen (edition diskord), 349–372.

Brecht, K. (1995): Vom Gebrauch der Psychoanalyse durch Alexander Mitscherlich und vom Gebrauch Alexander Mitscherlichs durch die DPV in den Nachwirren des 3. Reiches. In: Holm-Hadulla, R. (Hrsg.): Vom Gebrauch der Psychoanalyse heute und morgen. Frühjahrstagung der DPV in Heidelberg 24.-27.5.1995. Frankfurt a. M. (Geber + Reusch), 85–106.

– et al. (Hrsg.) (1985): „Hier geht das Leben auf eine sehr merkwürdige Weise weiter ..." Zur Geschichte der Psychoanalyse in Deutschland. Hamburg (Kellner).

Dohnanyi, K. von (1986): Eröffnungsrede zum 34. Kongreß der Internationalen Psychoanalytischen Vereinigung am 28. Juli 1985. Psyche, 40, 860–863.

Dräger, K. (1971): Einige Bemerkungen zu den Zeitumständen und zum Schicksal der Psychoanalyse und der Psychotherapie in Deutschland zwischen 1933 und 1949. In: Psychoanalyse in Berlin. 50-Jahr-Gedenkfeier des Berliner Psychoanalytischen Instituts (Karl

Abraham-Institut). Beiträge zur Geschichte, Theorie und Praxis. Meisenheim (Hain), 40–49.

Eickhoff, F.-W. (1995): Über die Herausforderung der Nachkriegszeit aus der Sicht eines Analytikers der Deutschen Psychoanalytischen Vereinigung. In: Hermanns, L.M. (Hrsg.): Spaltungen in der Geschichte der Psychoanalyse. Tübingen (edition diskord), 120–140.

Eissler, K.R. (1982): Psychoanalytische Aspekte des Briefwechsels zwischen Freud und Jung. Jb. d. Psychoanal., Beiheft 7.

Froese, M.J. (1999): Zur Wiederbelebung der analytischen Psychotherapie in der DDR. Eine Erwiderung an Roland Härdtle und Wolfgang Schneider. Forum Psychoanal., 15, 175–186.

Grubrich-Simitis, I. (1979): Extremtraumatisierung als kumulatives Trauma. Psyche, 33, 991–1023.

– (1984): Vom Konkretismus zur Metaphorik. Gedanken zur psychoanalytischen Arbeit mit Nachkommen der Holocaust-Generation – anläßlich einer Neuerscheinung. Psyche, 38, 1–28.

– (1993): Zurück zu Freuds Texten: Stumme Dokumente sprechen machen. Frankfurt a.M. (S. Fischer).

Henseler, H. (1996): „... da hat mich die Psychoanalyse verschluckt." In memoriam Wolfgang Loch. Tübingen (Attempto).

– u. A. Kuchenbuch (Hrsg.) (1982): Die Wiederkehr von Krieg und Verfolgung in Psychoanalysen. Ulm, Berlin (photokopierte Vortragsmanuskripte).

Hermanns, L.M. (Hrsg.) (1992–1998): Psychoanalyse in Selbstdarstellungen. 4 Bde. Tübingen (edition diskord).

– (Hrsg.) (1995): Spaltungen in der Geschichte der Psychoanalyse. Tübingen (edition diskord).

Jappe, G. (1995): Tradition – Identifikation – Imitation. Versuch über psychoanalytische Identität in der Bundesrepublik Deutschland. In: Haas, J.-P. u. G. Jappe (Hrsg.): Deutungs-Optionen. Für Wolfgang Loch. Tübingen (edition diskord), 408–436.

– (1996): Gedenken an Wolfgang Loch. In: H. Henseler (Hrsg.): „... da hat mich die Psychoanalyse verschluckt." In memoriam Wolfgang Loch. Tübingen (Attempto), 30–35.

Klein, H. (1983): Von Schuld zur Verantwortung. In: Luft, H. u. G. Maas (Hrsg.): Psychoanalytische Psychosomatik und aktuelle Probleme der Psychoanalyse. Arbeitstagung der DPV, 30.11.-3.12.83. Wiesbaden (o. Verl.) 1986, 245–252.

Kohte-Meyer, I. (Hrsg.) (1998): Über die Schwierigkeit, die eigene Geschichte zu schreiben. 50 Jahre Institut für Psychotherapie Berlin. Tübingen (edition diskord).

Lockot, R. (1994): Die Reinigung der Psychoanalyse. Die Deutsche Psychoanalytische Gesellschaft im Spiegel von Dokumenten und Zeitzeugen (1933–1951). Tübingen (edition diskord).

– (2000): Psychoanalytiker eignen sich ihre deutsche Geschichte an. In: Schlösser, A.-M. u. K. Höhfeld (Hrsg.): Psychoanalyse als Beruf. Gießen (Psychosozial), 135–162.

Loewald, H.W. (1967): Buchbesprechung von W. Loch: Voraussetzungen, Mechanismen und Grenzen des psychoanalytischen Prozesses (1965). Psyche, 21, 288–295.

Lorenzer, A. (1965): Ein Abwehrsyndrom bei traumatischen Verläufen. Psyche, 18, 685–700.

– (1966): Zum Begriff der „traumatischen Neurose". Psyche, 20, 481–492.

– (1968): Methodologische Probleme der Untersuchung traumatischer Neurosen. Psyche, 22, 861–874.
– u. H. Thomä (1965): Über die zweiphasige Symptomentwicklung bei traumatischen Neurosen. Psyche, 18, 764–684.
Lohmann, H.-M. (Hrsg.) (1984): Psychoanalyse und Nationalsozialismus. Beiträge zur Bearbeitung eines unbewältigten Traumas. Frankfurt a. M. (Fischer Tb) 1994.
Lürßen, E. (1996): Fortsetzung oder Neubeginn? Persönliche Betrachtungen zur Geschichte der Psychoanalyse vom Kriegsende bis heute. In: Deutsche Psychoanalytische Vereinigung, Kommission West-Ost (Hrsg.): Viertes Symposium: Psychoanalyse und Psychotherapie. Klinische Fragen aus Ost und West. Berlin (o. Verl.), 13–38.
Luft, H. (1990): Psychoanalytische Kongresse in Wiesbaden – ein Vergleich nach 50 Jahren. In: Luft, H. u. G. Maas (Hrsg.): Psychoanalyse damals und heute. Ein Vergleich nach 50 Jahren. Arbeitstagung der DPV vom 10.-13.11.1982 in Wiesbaden. Hofheim, Wiesbaden (o. Verl.), 79–88.
– u. G. Maas (Hrsg.) (1986): Psychoanalytische Psychosomatik und aktuelle Probleme der Psychoanalyse. Arbeitstagung der DPV, 30.11.-3.12.83. Wiesbaden (o. Verl.).
– u. G. Maas (Hrsg.) (1990): Psychoanalyse damals und heute. Ein Vergleich nach 50 Jahren. Arbeitstagung der DPV vom 10.-13.11.1982 in Wiesbaden. Hofheim, Wiesbaden (o. Verl.).
March, H. (Hrsg.) (1960): Verfolgung und Angst in ihren leib-seelischen Auswirkungen. Dokumente. Stuttgart (Klett).
Maetze, G. (1971): Psychoanalyse in Berlin von 1950 bis 1970. In: Psychoanalyse in Berlin. Beiträge zur Geschichte, Theorie und Praxis. 50-Jahr-Gedenkfeier des Berliner Psychoanalytischen Instituts (Karl-Abraham-Institut). Meisenheim (Hain), 50–75.
Mahler, E. (1995): Die Liebe zur radikalen Vernunft. Anmerkungen zur Krise und zur Chance der DPV. Psyche, 49, 373–391.
Mitscherlich, A. (1947): Vom Ursprung der Sucht. Eine pathogenetische Untersuchung des Vieltrinkens. Stuttgart (Klett).
– u. F. Mielke (Hrsg.) (1949): Medizin ohne Menschlichkeit. Dokumente des Nürnberger Ärzteprozesses. Frankfurt a.M. (Fischer Tb) 1960.
– (1963): Auf dem Weg zur vaterlosen Gesellschaft. Ideen zur Sozialpsychologie. München (Piper).
– (1980): Ein Leben für die Psychoanalyse. Anmerkungen zu meiner Zeit. Frankfurt a. M. (Suhrkamp).
– u. M. Mitscherlich (1967): Die Unfähigkeit zu trauern. Grundlagen kollektiven Verhaltens. München (Piper).
Müller-Braunschweig, C. (1948): Streifzüge durch die Psychoanalyse. Reinbek (Parus).
Richter, H.-E. (1963): Eltern, Kind und Neurose. Psychoanalyse der kindlichen Rolle. Stuttgart (Klett).
– (1986): Die Chance des Gewissens. Düsseldorf (Econ) 1995.
Rosenfeld, H. (1985): Narzißmus und Aggression – Klinische und theoretische Beobachtungen. In: Luft, H. u. G. Maas (Hrsg.): Narzißmus und Aggression. Arbeitstagung der Deutschen Psychoanalytischen Vereinigung in Wiesbaden vom 21.-24.11.1984. Hofheim, Wiesbaden (o. Verl.), 65–81.
Rosenkötter, L. (1981): Die Idealbildung in der Generationenfolge. Psyche, 35, 593–599.

Scheunert, G. (1991): An die Generalversammlung der Deutschen Psychoanalytischen Vereinigung (IPV) am 24. November 1990 in Wiesbaden. In: Luft, H. u. G. Maas (Hrsg.): Der psychoanalytische Prozeß. Zum 40jährigen Bestehen der DPV. Arbeitstagung der DPV in Wiesbaden vom 21.-24. November 1990. Hofheim, Wiesbaden (o. Verl.), 13–16.

– (1995): Gedanken anläßlich des 25jährigen Bestehens der DPV 1975. Jb. d. Psychoanal., 34, 284–290.

Schröter, M. (1999): Zurück ins Weite: Die Internationalisierung der deutschen Psychoanalyse nach dem Zweiten Weltkrieg. In: Bude, H. u. B. Greiner (Hrsg.) (1999): Westbindungen. Amerika in der Bundesrepublik. Hamburg (Hamburger Edition), 93–118.

Simenauer, E. (1981): Die zweite Generation – danach. Die Wiederkehr der Verfolgermentalität in Psychoanalysen. Jb. d. Psychoanal., 12, 8–17.

Sombart, N. (1991): Die deutschen Männer und ihre Feinde. Carl Schmitt – ein deutsches Schicksal zwischen Männerbund und Matriarchatsmythos. München (Hanser).

Thomä, H. (1963): Die Neo-Psychoanalyse Schultz-Henckes. Eine historische und kritische Betrachtung. Psyche, 17, 44–79, 81–128.

Wangh, M. (1996): Die Durcharbeitung der Nazivergangenheit in der deutschen psychoanalytic community. Versuch einer Einschätzung aus naher Ferne. Psyche, 50, 97–122.

Arnold M. Cooper

Psychoanalytischer Pluralismus

Fortschritt oder Chaos?

Von Beginn seiner Forschungen an bis zu seinem Tod hielt Freud an der Idee fest, die Psychoanalyse, seine Entdeckung und Schöpfung, sei einer ständigen Bedrohung von innen wie von außen ausgesetzt. Diese Haltung behielt er auch noch bei, als er bereits ein gefeierter Kulturheros war, wie seine triumphale Reise durch die Vereinigten Staaten zeigte. Vermutlich mißtraute Freud seinen Anhängern nicht weniger als der Kultur im allgemeinen. Er befürchtete die Entstellung, Ausdünnung und Zerstörung der Psychoanalyse durch eine Kultur, die aufgrund eines allen Kulturen inhärenten Widerstands die schmerzlichen Wahrheiten, die die Psychoanalyse aufdeckt, nicht ertragen würde, wie auch durch Anhänger, die sich als unloyal, überehrgeizig, psychisch blind oder sonstwie durch psychische Schwierigkeiten eingeschränkt erweisen könnten. Der Briefwechsel zwischen Freud und Bleuler aus dem Jahr 1910 ist in dieser Hinsicht bezeichnend (vgl. Alexander u. Selesnick, 1965). Bleuler trat aus der neugegründeten Internationalen Psychoanalytischen Vereinigung aus, weil er mit ihrer Wissenschaftspolitik der verschlossenen Türen, die die Vereinigung seiner Meinung nach betrieb, nicht übereinstimmte. In dem Versuch, ihn zu einem Wiedereintritt zu bewegen, schrieb Freud an Bleuler:

> „Die Motive [der Vereinsgründung] waren: 1. die Nötigung, vor dem Publikum die echte Psychoanalyse vor den Contrefaçons, die bald auftauchen würden, zu schützen [...] 2. [...], daß wir jetzt uns bereit machen müßten, unseren Gegnern Rede zu stehen, und daß es nicht angehe, diese Art von Tätigkeit dem Belieben des einzelnen zu überlassen, daß es im Interesse der Sache wäre, hier ein persönliches Opfer zu bringen und die Leitung der Polemik einer Zentralstelle zu übertragen."

Bleuler, der einen akademischen Standpunkt vertrat, antwortete:

> „Hier besteht aber noch eine Differenz zwischen uns, die ich mich doch entschließen will hervorzuheben, obschon ich ein wenig fürchte, daß das Ihrerseits die affektive Verständigung eher erschwere. Für Sie ist es selbstverständlich zur Lebensaufgabe, zum Le-

bensinteresse geworden, Ihre Lehre fest zu begründen und annehmen zu lassen. Ich selbst unterschätze sie gewiß nicht. Man hat, gerade von hier aus, zum Vergleiche Darwin, Kopernikus, Semmelweiss herbeigezogen. [...] Aber für mich kann [...] die Lehre nur eine neue Wahrheit unter andern sein. Ich trete dafür ein, weil ich sie für richtig halte und weil ich vermöge meines damit zusammenhängenden Arbeitsgebietes mich zu einem Urteil befähigt wähne. Aber es ist für mich nicht eine Kapitalfrage, ob die Richtigkeit der Ideen ein paar Jahre früher oder später allgemein anerkannt werde."

Die Vorstellung einer besonderen Verletzlichkeit ihrer Profession und die Notwendigkeit, eine geschlossene Front zu bilden, hat sich seither bei den Psychoanalytikern in den meisten Teilen der Welt gehalten. Wiewohl sie damals zu einem großen Teil aufgrund der ökonomischen Schwierigkeit, ein psychoanalytisches Umfeld aufrechtzuerhalten, der intellektuellen Schwierigkeit, den Gegnern der Psychoanalyse entgegenzutreten, sowie aufgrund des allgemeinen kulturellen Widerstands gegen die Psychoanalyse berechtigt war, scheint mir für unser heutiges Thema vor allem von Bedeutung zu sein, daß wir Angst haben, ohne Freuds Autorität über keine ausreichende Einheit von Theorie und Praxis zu verfügen, um eine kontinuierliche berufliche und intellektuelle Identität sichern zu können. Jetzt, über ein halbes Jahrhundert nach Freuds Tod, zeigen das Tempo und die Kühnheit der Innovationen im psychoanalytischen Denken, daß die Entwicklung entgegen Freuds Wünschen mehr den von Bleuler gewünschten Verlauf genommen hat. Das führt zu einem psychoanalytischen Pluralismus, den manche heute als Krise der Psychoanalyse wahrnehmen. Gibt es eine Psychoanalyse oder viele, und wenn letzteres zutrifft, was verbindet sie? Mit dieser Frage werde ich mich hier beschäftigen.

Zwar tue ich dies aus der Perspektive eines Psychoanalytikers, der mit der internationalen Szene vertraut ist, wie es sich für einen der Mitherausgeber des *International Journal of Psycho-Analysis* gehört, doch zwangsläufig ist meine Sicht von der Tatsache geprägt, daß ich persönlich wie psychoanalytisch in der nordamerikanischen Tradition stehe. Meine Sicht des psychoanalytischen Pluralismus ist die eines Nordamerikaners, dessen persönliche psychoanalytische Reise mit einer Revolte gegen die orthodoxe Ich-Psychologie der vierziger bis sechziger Jahre begann. Ich war stark beeinflußt von Rado und auch von Kardiner, der einen mehr kulturalistischen und adaptiven Ansatz vertrat. Die amerikanische Psychoanalyse wurde jahrelang von einem recht puristischen, ich-psychologischen Ansatz dominiert, der von den geflüchteten europäischen Psychoanalytikern vertreten wurde. Sie schlüpften in Freuds Kleider und versuchten in einer ähnlich autoritativen und faktisch autoritären Weise aufzutreten. Kurt R. Eisslers Arbeit über psychoanalytische Technik aus dem Jahr 1953 definierte für Jahrzehnte verbindlich, was als Psychoanalyse zu gelten hatte.

Die Grenzen waren scharf gezogen und beschränkten psychoanalytische Interventionen im wesentlichen auf das Deuten und Fragen. Bis vor einem Vierteljahrhundert gab es in der nordamerikanischen Psychoanalyse keinen Platz für Pluralismus. Im Jahr 1978 hielt ich einen Vortrag mit dem Titel „Psychoanalyse – eine einzige Methode oder mehrere?" und wurde daraufhin von meinem Diskutanten scharf kritisiert. Er stellte klar, daß seiner Meinung nach der korrekte Titel des Referats hätte lauten müssen: „Psychoanalyse – eine einzige Methode". Zugleich aber waren diejenigen von uns, die sich für so fortschrittlich, flexibel und neuen Ideen gegenüber aufgeschlossen hielten, völlig unbedarft, was die großen Veränderungen im psychoanalytischen Denken anbetrifft, die von Melanie Klein und Jacques Lacan ausgingen, um nur zwei Beispiele zu nennen. Erst in letzter Zeit haben amerikanische Psychoanalytiker – und vermutlich auch die Psychoanalytiker in anderen Teilen der Welt – die Notwendigkeit erkannt, sich mit der psychoanalytischen Theorie und klinischen Praxis anderer Kulturen auseinanderzusetzen.

Nur vor diesem Hintergrund der Isolation, der Orthodoxie, des Autoritarismus und des Versagens der Kommunikation ist zu verstehen, wie sehr uns der neue Pluralismus vitalisiert und angeregt hat. Dabei mag die Darstellung der Lage in Nordamerika ein wenig übertrieben sein, doch ich vermute, daß sie sich qualitativ nicht sonderlich von der Situation in den meisten anderen Teilen der psychoanalytischen Welt unterscheidet.

In den verschiedenen Teilen der Welt gab es bedeutende Neuerer, die eine spezielle schöpferische Variante der Freudschen Theorie geprägt haben. In Amerika war Heinz Kohut ähnlich einflußreich wie Melanie Klein in England und Jacques Lacan in Paris. Es würde meine Kompetenz überschreiten zu sagen, wer eine ähnliche Rolle in Deutschland gespielt hat, da ich mich mit der Entwicklung der Psychoanalyse in den letzten Jahrzehnten in Deutschland zu wenig auskenne. Ich vermute, daß es in Südamerika Wilfred R. Bion war, der eine ähnliche Rolle spielte.

Die jüngsten Diskussionen auf der Website des *International Journal of Psycho-Analysis* haben uns gezeigt, welche Schwierigkeiten Psychoanalytiker verschiedener Überzeugungen gegenwärtig haben, wenn sie einen produktiven Dialog führen wollen. Die Diskussion des sehr interessanten Aufsatzes von André Green (2000) schien davon auszugehen, daß die Psychoanalyse als Methode der freien Assoziation definiert sei. Ein Korrespondent bezog sich auf die „Puristen der freien Assoziation" (Jack, 2000), im Unterschied zu jenen, die sich in ihrer psychoanalytischen Arbeit auf ein breiteres Spektrum von Informationsquellen stützen. In der Diskussion des Aufsatzes von Green kam auch die zu erwartende Bandbreite von alternativen Deutungen des präsentierten Materials zum Vorschein. Jeder, der sich an der Diskussion beteiligte, hatte seine eigene Sicht des Bezugsrahmens, in dem die Mitteilungen des

Patienten zu verstehen und auf den die Interventionen des Psychoanalytikers abzustimmen seien.

Auch die Website-Diskussion des Aufsatzes von Julia Kristeva (2000) förderte eine bestürzend breite Palette an Reaktionen zu Tage. Während ein Diskussionsteilnehmer feststellt, daß Kristevas Aufsatz „nichts als Bewunderung verdiene" und daß sie ein Meisterstück geschrieben habe, in dem sie „das Wesen der Dialektik von Analytiker und Patient zutreffend darlegt" (Betelstein-Dolev, 2000), meint ein anderer, Kristevas Aufsatz habe sich beim ersten Leseversuch als „völlig unlesbar" erwiesen (L. Klein, 2000). Im weiteren schildert er, wie er beim dritten Lesen dennoch die Poesie der Darstellung erfaßt habe. Ein dritter Diskussionsteilnehmer begrüßt den Versuch, Kristevas Ideen „in eine für andere verständliche Sprache zu übersetzen", meint aber, „für die Psychoanalyse als universellen Diskurs" genüge das nicht: „Die Psychoanalyse hat über die Jahre eine solche Bandbreite von Subkulturen und Dialekten hervorgebracht, daß es sehr schwer, wenn nicht unmöglich geworden ist, sich zu verständigen" (Perlow, 2000). Ein weiterer Teilnehmer schreibt: „Ich bin mir nicht sicher, ob die Lacanianer oder auch andere abgrenzbare Schulen sich selbst als Subkulturen innerhalb einer breiteren psychoanalytischen Gruppierung sehen. Meiner Ansicht nach wird es zunehmend schwerer, die Parameter und Inhalte dieser breiteren Gruppierung in einer Weise zu bestimmen, die akzeptabel und bedeutsam für all jene wäre, die sich als Teil der kulturellen Mehrheit begreifen. Ich will damit nicht sagen, daß es keine Basis gebe, auf der man ein Verständnis der verschiedenen Konzepte innerhalb der Psychoanalyse entwickeln könnte. Ich meine nur, daß es einer erheblichen intellektuellen Anstrengung bedarf, um es zu erreichen. Die Übersetzung einiger Schlüsselbegriffe versetzt einen noch nicht in die Lage, die Weite, Tiefe und Spezifität einer theoretischen Position beurteilen zu können, was m. E. wichtig wäre, wenn man wissen will, was man aus einer neuen Entwicklung lernen kann" (Welles, 2000).

Diese wenigen Bemerkungen zeigen deutlich das Dilemma, mit dem wir heute konfrontiert sind. Der Versuch, sich auf einen ‚common ground' innerhalb der Psychoanalyse zu verständigen, der in den letzten beiden Jahrzehnten mit Nachdruck verfolgt wurde, hat lobenswerterweise bewirkt, daß Analytiker verschiedener Überzeugungen und aus verschiedenen Teilen der Welt miteinander ins Gespräch gekommen sind. Dabei konnten manche Differenzen beigelegt werden, aber andere sind nicht nur geblieben, sondern haben sich verschärft. Die Diskussion über Greens Aufsatz zeigt interessanterweise, daß die verschiedenen Argumente sich nicht auf Beweise stützen. Aber natürlich besteht ein Teil des Problems darin, daß keinem von uns so ganz klar ist, was als Beweis gelten könnte.

Inzwischen sind wir alle zumindest halbwegs vertraut mit den verschiedenen psychoanalytischen Schulen, die um unsere Zustimmung werben. Dazu gehören Ich-

Psychologen, Lacanianer, Kleinianer, Selbstpsychologen, der intersubjektivistische, sozialkonstruktivistische, interpersonale, transaktionale, beziehungstheoretische, existentiale oder der moderne Ansatz, die französische Schule und andere, die ich jetzt sicher versäumt habe zu erwähnen. Innerhalb und zwischen diesen Schulen gibt es eine große Bandbreite signifikant unterschiedlicher Auffassungen zu einer ganzen Reihe von Fragen. Auf die Gefahr einer übertriebenen Systematisierung hin möchte ich versuchen, in loser Folge einen Teil dieser Differenzen aufzulisten, und meine, daß wir anfangen sollten zu überlegen, inwieweit es sich dabei um grundlegende Differenzen handelt.

1. Was sind die grundlegenden Motive für individuelles Verhalten? Bindung, affektive Systeme, das Bedürfnis nach Sicherheit, der Sexual- und Aggressionstrieb, Objektbezogenheit, Selbstverwirklichung – all das ist verschiedentlich als grundlegende Antriebskraft des psychischen Lebens betrachtet worden. Ist der Ödipuskomplex ein Kernkomplex der Entwicklung, oder ist er nur eine späte Folge früherer Ereignisse, die prägender und besser geeignet sind, die Persönlichkeit zu verstehen? Sind die Schwierigkeiten unserer Patienten mehrheitlich die Folge von psychischen Konflikten oder von Defiziten?
2. Worin besteht der „gewachsene Fels" (Freud)? Aus unserer Geschlechtsausstattung? Wie viele Geschlechter gibt es, und kann man uns alle zuordnen? Haben wir oder sollten wir Konzepte der Normalität haben?
3. Was sind Triebe? Sind sie unsere grundlegende Antriebskraft, die von zwei Bereichen der körperlichen Ausstattung abgeleitet ist – der Sexualität und der Aggression? Oder sind sie frühe, aber bereits komplexe Motivationssysteme, die aus den kindlichen Objektbeziehungen und ihren affektiven Komponenten resultieren? Ist die Aggression ein Trieb oder die Folge von Frustration? Bleibt der Triebbegriff wesentlich und wichtig für unseren Zugang zu all den anderen mannigfaltigen Quellen unserer Motive? Nicht alle Psychoanalytiker würden diese Frage mit „ja" beantworten.
4. Was ist Übertragung? Handelt es sich um eine Wiederholung früher infantiler Wünsche und Objektbeziehungen in der analytischen Situation? Oder kommt noch die spezifische Art dazu, wie diese Wiederholung in Reaktion auf die individuellen Merkmale des Psychoanalytikers organisiert wird? Kann man die Übertragung primär als ein Produkt des Patienten sehen, oder ist es immer eine gemeinsame Konstruktion? Unterscheidet sich die Übertragung in der Psychoanalyse von der Art, wie alle Beziehungen teilweise durch frühere Erfahrungen geformt werden? Besteht der Inhalt der Übertragung primär aus primitiven Aspekten früher Objektbeziehungen oder aus Ablagerungen früher Phantasietätigkeit? Läßt sich das überhaupt voneinander trennen?

5. Was ist das Ziel der Psychoanalyse? Sollte der Analytiker überhaupt Ziele haben, beinhalten sie immer eine medizinische Absicht? Wollen wir heilen? Besteht das Ziel der Psychoanalyse in der Entwicklung von Freude und Kreativität oder im Erreichen des normalen Niveaus menschlichen Unglücks? Fördern wir die Selbsterforschung und die Neugierde um ihrer selbst willen? Wahrscheinlich gehen wir davon aus, daß irgendwelche Veränderungen stattfinden sollten – egal welche? Können wir zwischen analytischen und therapeutischen Zielen unterscheiden? Welche Kriterien haben wir dafür? Inwieweit sind wir durch die bewußten Ziele des Patienten gebunden?
6. Welche Faktoren sind für den Prozeß der analytischen Kur, für die Veränderungen in der Analyse oder für den Erfolg entscheidend? Ist es die Deutung oder die neue Beziehung? Findet Veränderung in der Psychoanalyse primär infolge der Wiederherstellung gestörter und beschädigter Strukturen statt oder durch das Wiedereinsetzen der psychischen Entwicklung in einer Umwelt, die jetzt gutartig und fördernd ist? Wie entscheidend ist die Regression für die analytische Kur? Ist die kontinuierliche Fähigkeit zur Selbstanalyse ein Kriterium für eine erfolgreiche Behandlung? Ist die strukturelle Veränderung ein notwendiges und definierbares Kriterium?
7. Was ist die richtige analytische Haltung? Gelten noch die traditionellen Kriterien der Anonymität, Neutralität und Abstinenz? Oder sind sie durch unser Interesse für Empathie, Rollen-Ansprechbarkeit, Selbstoffenbarung und für die reale Präsenz des Analytikers überholt?
8. Was ist ein Säugling? Ist er ein chaotisches Bündel von Affekten, die gezähmt werden müssen, oder ist er ein Wesen, das über eine angeborene Anpassung an eine normale, ausreichend gute Mütterlichkeit verfügt? Besitzt der Säugling ein Kernselbst mit einem inhärenten Entwicklungsprogramm, oder ist das Selbst das Ergebnis komplexer Substrukturen, die sich teilweise unabhängig und separat voneinander entwickeln?
9. Was sind die tief unbewußten Inhalte der Psyche? Besitzen wir alle einen psychotischen Kern, oder belegt die Aufdeckung eines solchen Kerns das Vorhandensein einer gravierenden individuellen Pathologie? Kann man die wüst verzerrten, seltsamen und häufig beängstigenden Inhalte, die in psychotischen Phänomenen und in Träumen zum Vorschein kommen können, als einen absehbaren Ausdruck normaler Entwicklung verstehen, oder repräsentieren sie immer die Abwehr einer Pathologie? Sind die tief unbewußten Inhalte stets lebendig und aktiv, so daß sie in der Analyse aufgedeckt werden können, oder sind sie, wie die Sandlers (1984) vorgeschlagen haben, Abkömmlinge des Vergangenheits-Unbewußten, das während des analytischen Prozesses nicht wiederbelebt wird?

10. Was ist die philosophische und wissenschaftliche Substanz der Psychoanalyse als wissenschaftliche Disziplin? Inwieweit ist unsere Disziplin eine Wissenschaft, deren zentrale Annahmen, Methoden und Ergebnisse einer wissenschaftlichen und empirischen Forschung zugänglich sind? Oder ist die Psychoanalyse sui generis weder ableitbar von noch rückführbar auf, noch verstehbar in Begriffen anderer wissenschaftlicher Disziplinen? Wie sollte unsere Beziehung zu anderen wissenschaftlichen Disziplinen aussehen – zur Psychologie, Philosophie, Säuglingsforschung, zu den Neurowissenschaften etc.? Dieser Punkt berührt die zentrale Frage des Verhältnisses von Psychoanalyse und Psychotherapie, die Frage, ob es legitim ist, Medikamente innerhalb von Analysen einzusetzen, und die noch radikalere Frage nach dem therapeutischen und philosophischen Verhältnis zwischen Psychoanalyse und einer Reihe verwandter psychotherapeutischer Disziplinen, einschließlich kognitiver Therapie, interpersonaler Therapie usw. Wo hört für uns Psychoanalyse auf?
11. Bedeutet Psychoanalyse die Suche nach der Wahrheit, und wenn dem so ist, um welche Art von Wahrheit handelt es sich? Repräsentiert psychische Realität in adäquater Weise die Wahrheit? Liegen da die Grenzen der psychoanalytischen Wahrheit? Wie verhält sich der Begriff der Wahrheit zur Suche nach Bedeutung und zum Narrativ? In welchem Maße müßte die Psychoanalyse auch das kulturelle und soziale Umfeld berücksichtigen? Inwieweit sind die zentralen Aspekte des psychoanalytischen Modells der Psyche universell und inwieweit kulturgebunden?
12. Worin besteht eine legitime psychoanalytische Technik? Ist sie durch die Technik der freien Assoziation definiert? Ist die freie Assoziation unsere zentrale Technik oder nur eine unter vielen? Kann man von Psychoanalyse sprechen, wenn die Couch entweder gar nicht oder nur zeitweise benutzt wurde? Ist die Stundenfrequenz das Kriterium? Ist es Psychoanalyse, wenn Träume nie eine Rolle gespielt haben?

Jeder könnte diese Liste noch erweitern. Manche dieser Fragen mögen vielen trivial oder dumm vorkommen, aber irgendwo auf der Welt gibt es durchaus Gruppen von seriösen Psychoanalytikern, für die jede dieser Fragen sehr wichtig, sogar entscheidend ist. Je nachdem, wie man sie beantwortet, kann man so unterschiedliche Varianten der Psychoanalyse konstruieren, daß es schwerfallen würde, sie noch auf einen gemeinsamen Nenner zu bringen.

Seit wir den Autoritarismus aufgegeben haben, der für die Psychoanalyse in ihrem ersten Jahrhundert charakteristisch war, befinden wir uns in einer Periode psychoanalytischen Überschwangs. Es würde zu weit führen, hier die Ursachen dieser stillen

Revolution zu erörtern, ich möchte nur erwähnen, daß die Psychoanalyse stark von den Veränderungen des intellektuellen Klimas in der zweiten Hälfte des 20. Jahrhunderts beeinflußt worden ist. Zu dieser sich verändernden intellektuellen Atmosphäre gehörten u. a. der Aufstieg des Postmodernismus und die relativistischen, dekonstruktivistischen und sozial-konstruktivistischen Ansätze, die ihn begleitet haben, der Niedergang des positivistischen Denkens, das Interesse für nonlineare dynamische Systeme und für die Chaostheorie sowie das Studium der Hermeneutik. In der psychoanalytischen Epistemologie hat es eine wesentliche Verschiebung von der monadischen zur dyadischen Perspektive gegeben, die nicht von allen begrüßt oder übernommen worden ist, und damit einhergehend eine zunehmende Anerkennung der Grenzen der psychoanalytischen Autorität, was den antiautoritären Charakter unserer neuen Freiheit zum Ausdruck bringt und mit einer Zunahme intersubjektiver, interaktionistischer und konstruktivistischer Auffassungen verbunden ist. Es ist schwer zu beurteilen, welcher Anteil dieser Veränderungen auf Fortschritte im Grundlagenwissen der Psychoanalyse selbst zurückzuführen ist und welcher unserer Einstimmung auf das politische und philosophische Klima der Zeit geschuldet ist. Ich würde gerne behaupten, daß unsere heutige Vielfalt eher die Folge akkumulierten Wissens in unserer Disziplin ist als die Folge kultureller Streuwirkungen, eher auf wissenschaftliche Befunde zurückgeht als auf anekdotische Erfahrung, eher auf Forschungsdesign als auf klinische Notwendigkeit, aber leider ist das nicht der Fall.

1985 habe ich in einem Buchkapitel mit dem Titel „A Historical Review of Psychoanalytic Paradigms“ folgendes geschrieben:

> „In der psychoanalytischen Literatur wurde an der Vorstellung festgehalten, daß es eine enge Verbindung zwischen psychoanalytischer Theorie und psychoanalytischer Praxis gibt. Da aber psychoanalytische Theorie häufig auf einem hohen Abstraktionsniveau entwickelt worden ist, ist die Einheit zwischen Theorie und Praxis nicht ganz so klar, wie wir es gerne hätten. Theorien, die keine bedeutsamen Schlüsse für die Praxis nahelegen, mögen aus anderen Gründen interessant sein, haben aber für die klinische Arbeit keinen Wert [...] Bei komplexen Wissensgebieten wie Kosmologie, Evolution, Sozialwissenschaften und Psychologie scheint es typisch zu sein, daß umfassende, weitreichende Theorien konstruiert werden, um dem Forscher Orientierung und Legitimation in einem Terrain zu geben, das sonst als zu desorganisiert erlebt werden könnte. Diese Theorien beinhalten in der Regel einen Versuch, den Ursprung der Dinge zu erklären. Man bemüht sich gewissermaßen, den Schöpfungsakt zu verstehen, um alle nachfolgenden Beobachtungen vereinheitlichen zu können. In der Psychoanalyse schien sich das Bemühen, diese erfahrungsfernen Theorien zu konstruieren, d. h. die

> Metapsychologie der Psychoanalyse, besonders weit von der Arbeit der Befunderhebung und -organisation zu entfernen" (S. 5 f.).

Ich glaube, diese Kluft ist nach wie vor groß.

Wie wir alle wissen, hat Vielfalt nicht immer zur Einheit geführt – ob in der Politik, in der Wissenschaft oder in der Psychoanalyse. In der Regel ist das Gegenteil der Fall. Es bleibt abzuwarten, ob sich im Gefolge unserer gegenwärtigen theoretischen und technischen Pluralität – oder präziser gesagt: Unterschiedlichkeit – Fortschritt und Einheit einstellen werden. Auch wenn wir uns bemühen müssen, unsere gemeinsame Basis weitgehend zu erhalten, sollten wir ebenso große Anstrengungen unternehmen, unsere Differenzen zuzuspitzen, und die Frage, welcher Standpunkt als nützlich und überlegen zu betrachten ist, in wissenschaftlichen Auseinandersetzungen ausfechten. Wallersteins Ruf nach einem ‚common ground' (1990) sollte uns als Ausgangspunkt dienen, unsere Differenzen deutlich zu machen und nach Wegen zu suchen, sie bewerten zu können.

Wenn wir die Zeit, in der Freud seine Ideen entwickelt hatte und wir uns bemühten, sie zu verdauen und uns, in der Überzeugung, sie seien der unerschütterliche Grundfels, in ihnen zurechtzufinden, als die erste große Epoche der Theoriebildung ansehen, dann können wir überlegen, ob gegenwärtig nicht eine zweite Phase der Theoriebildung zu Ende geht, in der mit einer Reihe wechselnder Theorien nach unterschiedlichen Lösungen für die Aufgabe gesucht wurde, die Freud sich gestellt hatte – die Bildung einer allumfassenden Theorie, die eine psychoanalytische Version der Suche des Physikers nach der großen, einheitlichen Theorie des Universums sein sollte. Ich hoffe, daß wir uns jetzt an der Schwelle zu einer dritten Phase der Theoriebildung befinden – der Entwicklung von Theorien, die zwar partieller, spezifischer, ästhetisch weniger befriedigend sind, aber dafür den besonderen Bedürfnissen verschiedener Gruppen von Patienten, Klinikern und Forschern mehr gerecht werden.

Ich glaube, daß wir heute am Ausgangspunkt der Entwicklung von mindestens drei verschiedenen Richtungen psychoanalytischer Theorie stehen: einer Theorie des psychischen Apparats, die der Frage nachgeht, wie dieser in den unterschiedlichsten psychischen Zuständen funktioniert und wie diese Zustände verstanden werden können; einer Theorie der lebenslangen psychischen Entwicklung, die davon handelt, wie psychisches Leben entsteht und was die behindernden bzw. förderlichen Faktoren für seine Entwicklung sind; und einer Theorie der Behandlung, die untersucht, wie durch verschiedene Arten der Intervention psychische Veränderung bewirkt werden kann. Es wären auch andere Untergruppen von Theorien denkbar, z. B. Theorien des Verhaltens in der Gruppe oder Theorien für angewandte Psychoanalyse. Es ist zu erwarten, daß in diesen begrenzteren theoretischen Feldern der Einfluß der

Forschung in verwandten Disziplinen eine große Rolle spielen wird und daß im Zuge dessen die einzelnen Theorien sich in unterschiedlichem Tempo entwickeln könnten, wobei auch denkbar wäre, daß sie ganz unterschiedliche Richtungen einschlagen, je nachdem, welche Stücke aus der riesigen Datenbasis der Psychoanalyse die jeweiligen Forscher sich herauspicken. Wenn das der Fall wäre, dann wäre der theoretische Pluralismus, den wir gegenwärtig beobachten, möglicherweise nur der Beginn einer enormen Expansion psychoanalytischen Wissens.

Im Unterschied zu anderen wissenschaftlichen Disziplinen hat Freud nicht nur ein theoretisches System entwickelt, sondern gleichzeitig eine Technik für die Erforschung des unbewußten Seelenlebens entdeckt, das er zum eigentlichen Gegenstand psychoanalytischer Untersuchung erklärte – die Technik der freien Assoziation. In ihrem Beharren darauf, daß eine technische Methode – die freie Assoziation – einen konstitutiven Bestandteil der Psychoanalyse als wissenschaftliche Disziplin bildet, steht die Psychoanalyse m. E. einzigartig in der Welt der Wissenschaft da. Nicht daß ich im Moment eine bessere Methode als die der freien Assoziation wüßte, um die unbewußten psychischen Repräsentanzen zu erforschen, aber wir sollten zumindest die Möglichkeit, daß es auch andere Methoden geben könnte, in Erwägung ziehen. Das Beharren auf der freien Assoziation als einem zentralen Bestandteil der *Definition* von Psychoanalyse ist aus meiner Sicht nur vergleichbar mit einem Arzt, der darauf besteht, sein Ohr auf den Brustkorb des Patienten zu legen, weil die Herztöne ursprünglich auf diese Weise entdeckt worden sind, oder mit einem Astronomen, der alle Daten, die mit anderen Methoden als mit dem optischen Teleskop gewonnen worden sind, verwirft. Wenn es zu unseren Zielsetzungen gehört, den tiefstmöglichen Einblick in das unbewußte psychische Erleben zu gewinnen, dann sollten wir jede diesbezügliche Information begrüßen, egal aus welcher Quelle sie stammt.

Ich habe hauptsächlich über die neue Vielfalt gesprochen, mit der wir es heute zu tun haben, und über die Begeisterung, mit der Analytiker verschiedener Schulen gegenwärtig bereit scheinen, sich aufeinander einzulassen. Ich möchte einen weiteren Punkt in diesem Zusammenhang erwähnen. Zwar haben sich unsere Konzepte und Theorien inzwischen sehr verändert, doch tendierten Analytiker lange Zeit in der Geschichte der Psychoanalyse dazu, ihre neuen Ideen einzuschmuggeln, indem sie sich der traditionellen Sprache bedienten und damit sozusagen neuen Wein in alte Schläuche gossen. Das unterscheidet uns von den meisten anderen Gebieten der Wissenschaft, die neue Ideen als Durchbrüche begrüßen und neue Begriffe erfinden, um die Kraft und Brillanz ihres Unternehmens zu feiern. Statt stolz zu sein auf die Originalität einer Idee, tun wir alles, um nicht der Preisgabe irgendeines Teils der psychoanalytischen Tradition bezichtigt zu werden. Man kann allerdings im Bereich der Sprache schwerlich mit Freud konkurrieren, was zu Problemen eigener Art in der

Psychoanalyse führt. Manche, die versucht haben, neue Begriffe für neue Ideen zu erfinden, wie zum Beispiel Sandor Radó oder Harry Stack Sullivan, sind kläglich gescheitert. Die Folge unseres sprachlichen Konservatismus ist eine große Ungenauigkeit unserer Sprache, da wir Bedeutungen geändert haben, ohne die Wörter zu ändern, um nicht offenlegen zu müssen, welch große Herausforderung an die traditionellen Konzepte sie darstellen. Elastizität und Ungenauigkeit können für eine Weile in den Geistes- oder Sozialwissenschaften von Vorteil sein, aber schnell ist der Punkt erreicht, an dem wir aneinander vorbeireden, weil jeder den Wörtern, die wir benutzen, seine eigene, private Bedeutung gibt.

An anderer Stelle habe ich über die Übertragungsneurose (vgl. 1987) geschrieben, ein Konzept, dem Freud einst eine klare Bedeutung gegeben hatte, das später aber unscharf wurde und auf inzwischen unhaltbaren entwicklungspsychologischen Annahmen beruht. Ich schlug vor, das Konzept aufzugeben, da es unseren Diskurs nur verworrener macht. Auf einem Panel (vgl. Cooper, 1988) hatte jeder der Panelisten den Begriff der Übertragungsneurose auf jeweils radikal unterschiedliche Weise expliziert, aber alle bestanden zugleich darauf, daß es sich dabei um einen Schlüsselbegriff für das Verstehen des psychoanalytischen Prozesses handelt, der deshalb auf keinen Fall aufgegeben werden dürfe. Es schien die Panelisten nicht zu stören, daß sie offenbar nicht von ein und demselben Phänomen sprachen, auch wenn sie dieselben Worte benutzten. Eine solche Verworrenheit der Bedeutungen hilft uns nicht weiter und würde auf keinem anderen wissenschaftlichen Gebiet geduldet werden. Meiner Meinung nach ist dieser Aspekt unserer Soziologie ein ernsthaftes Hindernis für unsere Forschungsanstrengungen. Eine solche Einstellung wird sich nur ändern, wenn sich die soziologische Zusammensetzung und die Ausbildungsgrundlagen unserer Profession einschneidend ändern.

Meines Wissens gibt es heute keinen Grund, ein bestimmtes System psychoanalytischen Denkens zugunsten eines anderen aufzugeben. Unter dem Dach des gegenwärtigen Pluralismus haben wir alle die Freiheit, uns unterschiedlicher Ideen und Techniken zu bedienen. Es gibt zwar einige Erneuerer wie auch Konservative, die versuchen, sich an eine reine Fassung ihrer Art von Psychoanalyse zu halten, aber ich glaube, daß die meisten von uns schließlich bei Mischkonstruktionen landen. Wir nehmen uns nützlich erscheinende Teile aus anderen Theorien und pfropfen sie unserem bisherigen System von Überzeugungen auf. Die meisten Psychoanalytiker in Nordamerika mischen heute meines Erachtens Teile der traditionellen, auf dem Triebkonzept basierenden Ich-Psychologie mit der Objektbeziehungstheorie, dem beziehungstheoretischen und dem interpersonalen Ansatz, nehmen dazu die Kleinianischen Konzepte der Projektion und projektiven Identifizierung, Kohuts Vorstellungen einer empathischen Resonanz und der vertikalen Spaltung und kombinieren das alles mit Vorstellungen unterschiedlicher Herkunft über die frühe kindliche Entwicklung. Es gibt vor allem keine überzeugenden Belege, daß die eine Form der Psychoanalyse – ob alt oder neu – zu besseren Ergebnissen führen würde als eine andere.

In den letzten zwanzig Jahren sind zwar enorme Fortschritte erzielt worden, was die Verbesserung der Kommunikation zwischen Analytikern verschiedener Schulen anbetrifft, doch wir stoßen dabei auf ein Problem, das spezifisch für unsere Disziplin ist. In der psychoanalytischen Arbeit kann man eine Idee nicht wirksam umsetzen, wenn man an sie nicht glaubt. Unseren Patienten können wir nichts vormachen. Ein Vorgehen, das aber nur halbherzig experimentell ausprobiert wird, muß scheitern. Ein gewisses Maß an Leidenschaft, an emotionaler Attraktion der Theorie muß uns ergreifen, bevor wir ein gültiges Experiment durchführen können.

Wohin bewegen wir uns also? Machen wir Fortschritte, oder gehen wir dem Chaos entgegen? Ich kann nur die ernüchternde Antwort geben, daß wir diese Frage zur Zeit noch nicht beantworten können. Die Antwort wird von institutionellen Entwicklungen abhängen, bei denen meines Wissens in den meisten Teilen der Welt wenig Fortschritte zu verzeichnen sind. Ich werde darzulegen versuchen, was aus meiner Sicht not tut, damit psychoanalytische Ausbildung und Forschung gedeihen. Mir ist klar, daß vieles, wenn nicht alles, was ich dazu ausführen werde, von Helmut Thomä und Horst Kächele (1999) bereits gesagt worden ist.

Ich gehe davon aus, daß unsere gegenwärtige Vielfalt Fragen aufwirft, die den Kern des Selbstverständnisses der Psychoanalyse berühren. Wir sprechen miteinander und beeinflussen einander. Es ist aber nicht klar, ob unser kontinuierliches Bemühen, unsere Ideen innerhalb unseres eigenen Bezugssystems zu entwickeln, dazu führt, daß unser ‚common ground' wächst, oder ob sich dabei nicht eigene Sprachen entwickeln, die zunehmend unverständlicher für andere werden. Was sollen wir tun? Louis Aron (1999) hat kürzlich in einem Artikel gemeint, daß wir unsere theoretische Sicherheit aus der Zuverlässigkeit und Stabilität unserer Ausbildungsinstitute und Gesellschaften beziehen müßten. Lawrence Friedman (1997) wiederum hat behauptet, daß vor allem die von den psychoanalytischen Instituten bewahrte Tradition für das Festhalten an einer fragwürdigen und schädlichen Technik verantwortlich war. Ich meine, daß unsere Institutionen sehr fragile Pflänzchen sind, die nicht mehr tun können, als ein System von Überzeugungen zu kultivieren und jene an sich zu binden, die schöne Theorien oder die intellektuelle Anregung durch psychoanalytische Ideen suchen. Weder die Tradition noch unsere Institutionen sind darauf angelegt, gute Ideen aus schlechten herauszudifferenzieren oder die Suche nach und Entdeckung von neuen Ideen zu unterstützen, die möglicherweise das Aufgeben liebgewonnener alter Ideen erforderlich machen. Ich glaube, ich könnte belegen, daß es bis heute keinen Teilaspekt der von Freud entwickelten Begrifflichkeit, Theorie oder Praxis gibt, der ganz aufgegeben worden wäre.

David Tuckett hat kürzlich dargelegt, daß Wissen und die Übermittlung von Wissen ein gesellschaftlicher Vorgang seien. Zustimmung zu Wissen

> „hängt von Prozessen der Beweisführung und Ableitung ab, die innerhalb einer gesellschaftlichen Gruppe stattfinden und den Überzeugungen, Verfahrensregeln und Beweisen, die in dieser Gruppe anerkannt sind, unterliegen. Das setzt den mehr oder weniger etablierten Umgang mit solchen Annahmen voraus, wie z. B. der Behauptung, daß die Erde rund sei oder daß Rauchen zu schweren Krankheiten führen könne, die nicht im Rahmen persönlicher Erfahrung überprüft werden können, sondern irgendeine Art spezialisierter Beweisführung verlangen" (2000, S. 238).

Tuckett erörtert dann die vorhandenen Methoden, um Theorien innerhalb psychoanalytischer Gruppen zu legitimieren. Gegenwärtig hänge diese Legitimierung eher von der Stärke der Gruppe ab als von der Stichhaltigkeit der Beweise, auch wenn manche Gruppen, wie die Londoner Kleinianer z. B., ernsthafte Anstrengungen unternommen haben, klinische Beweise für ihre Annahmen darzulegen. In Übereinstimmung mit Tuckett möchte ich deutlich machen, daß unsere Legitimierung schlußendlich davon abhängen wird, ob es uns gelingt, Anschluß an die Tradition der Universität und an die Regeln der Beweisführung zu finden, die in der akademischen und wissenschaftlichen Welt gelten.

Gegenwärtig findet innerhalb und außerhalb der Psychoanalyse eine wichtige Debatte über das Wesen der intellektuellen Grundlagen unserer Disziplin statt – sind wir eine Wissenschaft, eine Form der Ästhetik, ein Zweig der Hermeneutik, oder sind wir Scharlatane? Das letztere können wir verneinen. Doch die Alternative Natur- oder Geisteswissenschaft (science or humanities) wird dem Problem nicht gerecht. Wir sind eindeutig beides. Die Psychoanalytiker, die sagen, daß die Psychoanalyse keine Naturwissenschaft sei und auch nicht sein könne, möchte ich darauf hinweisen, daß wir – was immer sonst wir sein mögen – den Anspruch erheben, ein Heilberuf zu sein, unabhängig davon, ob wir psychische Strukturen oder gestörtes Verhalten heilen, einen Zuwachs an Autonomie erzielen wollen oder ob wir meinen, daß Heilung ein Nebenprodukt der Suche nach Selbsterkenntnis sei oder nicht. Wenn wir uns als Heilberuf begreifen, gibt es nur zwei Möglichkeiten, entweder sich der wissenschaftlichen Untersuchung unserer Überzeugungen und Methoden zu widmen, um fortlaufend herauszufinden, was wir wissen und was wir nicht wissen, welche Wirkungen wir erzielen und wie wir unsere Technik verbessern könnten, oder die Heilung zu einer Glaubenssache zu erklären. Wir behaupten zu wissen, was gut und damit unveränderbar ist. Die Gläubigen werden davon profitieren, diejenigen, denen es an Glauben mangelt, nicht. Ich formuliere es sehr zugespitzt, aber ich kann mir nichts dazwischen vorstellen. Gehen wir davon aus, daß wir auf einer wissenschaftlichen Grundlage stehen, dann werden sich Veränderungen in unserer Wissenschaft zwangsläufig aus dem kumulierten Wissen über das ergeben, was wir tun und was daran wirkungsvoll ist und was nicht. Sind wir keine Wissenschaft, dann ändern wir unsere Überzeugungen höchstens im Gefolge kultureller Moden, aber sonst nicht, da wir keine Methode haben, um unsere Glaubenssysteme und unsere Verfahren zu überprüfen.

Die jüngste Debatte im *Journal of the American Psychoanalytic Association* über die Bedeutung der Säuglingsbeobachtung für die psychoanalytische Theorie ermöglicht es, unsere Differenzen über den wissenschaftlichen Status der Psychoanalyse genauer zu fassen. Peter Wolff (1996), einst Pionier der Säuglingsforschung, drückt sich über seine heutige Position mit bemerkenswerter Klarheit aus: „Meine Schlußfolgerung ist, daß alles, was für die Psychoanalyse relevant ist, von der Couch kommen muß" (S. 473). Er ist gegen die Verschiebung im Verständnis der Ätiologie der Neurosen, die diese als Langzeitfolge tatsächlicher Erfahrung und sozialer Interaktion und nicht mehr als Folge des „inhärenten und unauflösbaren Konflikts zwischen persönlichen Wünschen und Kultur" begreift (S. 387). Und weiter meint er:

> „[...] die revidierten Varianten psychologischer Behandlung, die von der Säuglingsbeobachtung abgeleitet werden, unterscheiden sich so grundlegend von der üblichen Praxis, daß ihre Verbindung zu der psychoanalytischen talking cure nicht mehr erkennbar ist" (ebd.).

Das heißt soviel, wie zu behaupten, daß die Psychoanalyse unveränderbare Grenzen, Verfahren und Informationsquellen habe und daß alles Wissen, das zu ihrer Veränderung führen könnte, a priori irrelevant sei. Selbstverständlich bin ich der genau entgegengesetzten Meinung. Es besteht kein Zweifel, daß das letzte Vierteljahrhundert der Säuglingsbeobachtung mit den überraschenden Entdeckungen der Komplexität psychischer Organisation von Identität und Wünschen beim Säugling viel dazu beigetragen hat, den Ödipus-Komplex als zentralen Punkt der Neurose abzulösen, ein vermehrtes Interesse an einer Vielfalt präödipaler Konstellationen anzuregen sowie eine Verschiebung unserer Perspektive in Richtung einer intersubjektiv-interpersonalen Sichtweise herbeizuführen. Es liegt im Wesen einer Wissenschaft, daß Entdeckungen in anderen wissenschaftlichen Gebieten zu ihrer Erneuerung beitragen können. Wir wissen, wieviel Freud den Neurowissenschaften seiner Zeit entlehnt hat.

Wenn die Psychoanalyse eine Wissenschaft sein will, die der Selbstkritik zugänglich ist, darf sie sich nicht vom Wissen isolieren, das aus dem Bereich der Säuglingsbeobachtung, der kognitiven Psychologie, der Linguistik, der Anthropologie, der Geschichte oder der Neurowissenschaft etc. kommt. Die Befunde aus nichtpsychoanalytischen Quellen werden der psychoanalytischen Theorie zumindest Grenzen setzen. Im günstigen Fall könnten Entdeckungen in anderen Gebieten auch neue Ideen bei uns generieren. Die weitreichende Wirkung der ethologischen Sicht, die Bowlby in die Psychoanalyse eingeführt hat, ist trotz ihrer anfänglichen Ablehnung als nichtpsychoanalytisch und irrelevant ein gutes Beispiel dafür. Es gibt viele andere Beispiele dieser Art. Die Arbeit von Bowlby, Sander, Emde, Stern, Greenspan, Fonagy und anderen, die detailliert die Bedeutung der Mutter-Kind-Abstimmung, die Folgen unsicherer Bindung, die frühe Fähigkeit der Selbst-Objekt-Differenzierung sowie der Unterscheidung zwischen Realität und Phantasie aufzeigen, werden zwangsläufig unsere Konzeptualisierungen der Pathologie von Bindung, Selbstorganisation und Phantasie bei unseren Patienten beeinflussen. Wir werden als Sekte enden, wenn wir nicht im Diskurs mit anderen Wissenschaften bleiben.

An der Schnittstelle von Psychoanalyse und Neurowissenschaften rückt heute Freuds alter Traum, die Wissenschaft vom Seelenleben mit der Wissenschaft vom Gehirn zu vermählen, für uns in greifbare Nähe. Die neueste Hirnforschung belegt die außergewöhnlich hohe Lernkapazität sehr kleiner Kinder, die Rolle unbewußter Gefühle bei Entscheidungsfindungen, den komplexen Charakter des Gedächtnisses, den riesigen Umfang von Neurotransmitter-Aktivität im ruhenden Gehirn und vieles andere mehr. Diese Befunde fügen einigen unserer zentralen Annahmen über Denken, Gedächtnis und Affekt eine neue Dimension hinzu und scheinen die Realisierung von Freuds Projekt möglich zu machen.

Wir brauchen Wissenschaftlichkeit nicht nur, um uns von Wunderheilern zu unterscheiden, sondern auch, um uns von liebgewordenen Theorien und Techniken zu verabschieden, die sich als falsch, nutzlos oder schädlich erwiesen haben, und wir hatten durchaus Theorien, auf die diese Beschreibung zutrifft. Bei dem heute vorherrschenden freieren Austausch von Ideen wird es zunehmend wichtiger für uns, bessere Methoden zu entwickeln, um unsere Ideen zu überprüfen. Unsere gemeinsame Basis muß auch akzeptierte Wege beinhalten, auf denen entschieden werden kann, ob ein Konzept falsch ist und aufgegeben werden müßte. Zur Zeit findet die Konkurrenz zwischen unseren Theorien mehr auf der Basis von Marketingstrategien als auf der Basis wissenschaftlicher Daten statt. Wir brauchen Methoden der Validierung und Wege der Entscheidungsfindung zwischen konkurrierenden Konzepten. Wobei wir alle schon einmal Erfahrungen gemacht haben, die die Schwierigkeit eines solchen Unterfangens verdeutlichen. Bei einer beliebigen Fallvorstellung in einem

Institut können wir feststellen, daß erfahrene Analytiker, die theoretisch ähnlich denken oder zumindest meinen, es zu tun, dasselbe klinische Material völlig unterschiedlich deuten. Im Gegensatz dazu konnte manch einer von uns, der die Gelegenheit hatte, Falldarstellungen von Vertretern einer ganz anderen theoretischen Richtung zu hören – von Hanna Segal oder Betty Joseph zum Beispiel – mit Erstaunen feststellen, daß sie mit dem klinischen Material genauso umgingen, wie wir es auch gerne getan hätten. Was geht da also vor sich? Welchen Wert haben theoretische Unterschiede, wenn sie zu keinen klinischen Konsequenzen führen? Wir konnten bedauerlicherweise auch die Erfahrung machen, Deutungslinien bei Fallvorstellungen zu hören, die uns verwirrten und nicht in Verbindung zu dem zu stehen schienen, was wir über den Patienten erfuhren. Joseph Sandler (1983) hat darauf hingewiesen, daß viele Analytiker mit zwei Theorien arbeiten – mit einer bewußten, offiziellen und einer inoffiziellen, vorbewußten, möglicherweise dissidenten Theorie, die ihre klinischen Interventionen bestimmt. Beide Theorien sind häufig nicht miteinander verbunden, und es wird keine Anstrengung unternommen, sie aufeinander zu beziehen.

Theoretische Unterschiede wären nur dann bedeutsam, wenn wir in einer klinischen Darstellung entdecken könnten, welche Theorien der Analytiker benutzt, zu welchen unterschiedlichen Konsequenzen sie in der Behandlungstechnik führen und wie sie das Behandlungsergebnis beeinflussen. Doch das ist uns im Moment nicht möglich. Wir haben keine etablierten Strategien, um Theorien zu überprüfen. Wir müssen aber auch darauf achten, Techniken und Theorien nicht durcheinanderzubringen. Ein Kriterium für eine gute Hypothese kann sein, daß sie neue Ideen und Untersuchungen hervorbringt, und in dieser Hinsicht war die Psychoanalyse äußerst produktiv. Dafür muß eine Theorie aber nicht klinisch überprüfbar sein, im Gegenteil – sie kann sogar falsch sein. Hypothesen müssen nur nützlich sein, sie brauchen nicht wahr zu sein. Möglicherweise besteht eine der Hauptaufgaben psychoanalytischer Ideen darin, Anregungen für die Forschung in anderen Wissenschaften zu liefern und dabei vielleicht überprüfbare Hypothesen in diesen Disziplinen zu generieren.

Doch jede optimistische Vorstellung über den Beitrag, den die Psychoanalyse zu einer ganzen Reihe von wissenschaftlichen Fächern leisten könnte, muß einem gravierenden Mangel ihrerseits Rechnung tragen. Wir haben keinen wissenschaftlichen Kader, der sich ganztägig der Forschung widmen könnte, so wie jede wissenschaftliche Disziplin ihn braucht, um sich über ihre Anfänge hinaus entwickeln zu können. Kein anderes Feld der Geistes- oder Naturwissenschaften ist so spärlich in der akademischen Welt vertreten wie wir. Daß wir trotzdem noch Gehör finden, wenn es um Untersuchungen über das psychische Leben geht, spricht für die enorme Produktivität der Couchforschung wie auch der wenigen psychoanalytischen Wissenschaftler, die auf anderen Wegen geforscht haben. Aber ich glaube, daß wir uns zur Zeit an einem Wendepunkt befinden. Wenn es uns jetzt nicht gelingt, eine breite Palette psychoanalytischer Forschung zu unterstützen, werden wir die kulturelle Position, die wir noch haben, verlieren. Es ist eine Ironie des Schicksals, daß wir unsere lebendige Präsenz in der intellektuellen Welt solchen Feinden der Psychoanalyse wie Fred Crews verdanken. Aber wenn wir uns ernsthaft auf Forschung einlassen wollen, sollten wir das mit offenen Augen tun. Forschung ist gefährlich. Theoretischer Pluralismus gilt nur so lange, bis sich unter dem Gewicht der Beweise ein neues Paradigma herausbildet.

Die freien Ausbildungsinstitute werden sich im 21. Jahrhundert mit einer weitreichenden Krise auseinandersetzen müssen. In den meisten Teilen der Welt hat die Zahl der Kandidaten wie der Analysepatienten abgenommen. Die finanzielle Unterstützung, ob durch die Regierung oder die Abteilungen für Psychiatrie, ist drastisch zurückgegangen. Wir haben Probleme, Patienten für unsere Kandidaten zu finden, und die Kosten stellen ein gravierendes Hindernis für die Ausbildung dar. Es ist heute leider so, daß die meisten Analytiker sehr wenige Analysen machen und gerne mehr machen würden, aber wenig Gelegenheit dazu haben.

Wir sind uns sicher einig, daß das Curriculum eines analytischen Instituts deutlich die Konzeption des psychoanalytischen Unterfangens wiedergeben sollte. Während die Welt um uns herum sich verändert hat, ist der Schwerpunkt der psychoanalytischen Ausbildung, klinisch tätige Analytiker zu produzieren, für die die Ernennung zum Lehranalytiker den Höhepunkt ihrer Karriere darstellt, unverändert geblieben. Die Relevanz eines solchen Curriculums im 21. Jahrhundert wird man in Frage stellen müssen.

Was uns entscheidend daran hindert, unseren theoretischen Pluralismus produktiv zu nutzen, ist der fast vollständige Mangel an Ausbildung zum Forscher innerhalb der psychoanalytischen Profession. Viele verfügen nicht einmal über elementare Kenntnisse der Methoden, die zur Validierung wissenschaftlicher Ideen erforderlich sind. Es mag Teil unseres Pluralismus sein, daß viele von uns behaupten, Psychoanalyse sei keine Naturwissenschaft und könne deshalb nicht an deren Standards und Methoden gemessen werden. Doch solange wir den Anspruch erheben zu therapieren, haben wir eine tiefe moralische Verpflichtung, sicherzustellen, daß unsere Patienten die beste verfügbare Therapie erhalten. Das bedeutet in allen anderen Bereichen der Heilkunst, daß der Praktiker unausweichlich vor der Verantwortung steht, Fortschritte in seinem Feld zur Kenntnis zu nehmen, die Bedeutung neuer Ideen und Verfahren zu begreifen und jene Verfahren zu erlernen, die sich als wirksam erwiesen haben, um sie bei der entsprechenden Patientenpopulation anwenden zu können. Die Beweiskraft der traditionellen psychoanalytischen Vignette sollte uns nicht allzu optimistisch stimmen. Die Geschichte der medizinischen Heilkunst ist voll von Beispielen hochgeschätzter Behandlungsmethoden, die über Jahrhunderte mit Überzeugung angewendet wurden, um sich am Ende als wertlos oder schädlich zu erweisen.

Wenn es stimmt, daß wir so dringend full-time tätige klinische Forscher, Wissenschaftler und Gelehrte benötigen, dann müssen wir umdenken, was unsere Methoden und Prioritäten in der Ausbildung anbetrifft. Wir waren lange zerrissen zwischen dem Ziel, kompetente Praktiker auszubilden, die unsere Standardverfahren anwenden können, und dem Anspruch einer umfassenden Ausbildung, in der die Teilnehmer aufgefordert wären, alles tradierte Wissen aufs neue zu überprüfen. Ich wiederhole da nur eine Schlußfolgerung, die Thomä und Kächele überzeugend und wiederholt begründet haben.

Soweit ich sehe, sind wir die einzige ernsthafte intellektuelle Disziplin, in der eine wissenschaftliche Vollzeit-Arbeit in ihrem Bereich weder möglich ist noch unterstützt wird. Professoren für Psychoanalyse kann man in der Welt an den Fingern einer Hand abzählen. Immer häufiger kommen ernst zu nehmende Gelehrte im psychoanalytischen Feld von außerhalb der Psychoanalyse. Einige wenige sind zwar voll ausgebildete Psychoanalytiker und tragen reichlich zu unserer Literatur bei, aber die meisten haben nur wenig oder keinen Kontakt mit der psychoanalytischen Ausbildung. Im akademischen Leben wird Psychoanalyse oft für das gehalten, was Freud vor langer Zeit gesagt hat, und so kommen verzerrte Vorstellungen über unser Denken zustande. Um dieses Problem zu lösen, müßten wir unsere erodierende Position an den Universitäten wiederaufbauen.

Wir leben in einer Zeit, in der die Erkenntnisse der Psychoanalyse von großem Wert für zahlreiche medizinische Disziplinen wie auch für die Psychologie, die Geisteswissenschaften und für die Neurowissenschaften sein könnten, und es ist die Aufgabe der psychoanalytischen Institute, Menschen auszubilden, die diesen Möglichkeiten gerecht werden könnten. Wir müssen sie aktiv rekrutieren, und um das tun zu können, müssen wir engere Verbindungen zur Universität knüpfen. Wir können als Psychoanalytiker nicht angemessen am intellektuellen Leben teilnehmen, wenn wir außerhalb der entscheidenden intellektuellen Zentren verbleiben. Während wir in der Vergangenheit von der Angst bestimmt waren, von anderen Disziplinen kontaminiert oder aufgefressen zu werden, sollten wir mittlerweile auf die Kraft psychoanalytischer Ideen setzen, im intellektuellen Wettstreit zu bestehen. Wir brauchen den Luxus totaler Autonomie nicht mehr und können ihn uns auch nicht mehr leisten. Wir sollten uns auf das Risiko des universitären Lebens einlassen. Unsere intellektuelle Kreativität verlangt nach einer psychoanalytischen Wissenschaft, wie wir sie bisher nicht hatten. Die Strategie und politische Taktik, um Verbindungen zur universitären Forschung zu schmieden, werden von Ort zu Ort unterschiedlich sein, doch wir müssen diese Aufgabe in Angriff nehmen. Seit vielen Jahren hat die Universität den sichersten Hafen für neue und unpopuläre Ideen geboten, und das ist nach wie vor so, auch wenn Freud keine freundliche Aufnahme an der Universität fand.

Machen wir also Fortschritte, oder bewegen wir uns auf ein Chaos zu? Das explosive Anwachsen neuer und alternativer Theorien stellt potentiell einen Fortschritt dar. Es ist durchaus möglich, daß wir uns am Ende in so disparate Schulen aufgeteilt wiederfinden wie in der Frühzeit die von Adler, Jung und Freud oder wie die unterschiedlichen philosophischen Schulen heute. Das ist keine schlechte Nachricht, aber wie ich schon gesagt habe, ist die Psychoanalyse kein Zweig der Philosophie, und unsere Zukunft wird von unserer Fähigkeit abhängen, eine unsere verschiedenen Schulen übergreifende intellektuelle Schärfe zu entwickeln. Das kann nur mit Hilfe der Herausbildung wissenschaftlicher Methodologien bewerkstelligt werden, die alle noch am Anfang stehen. Ich bin ein entschiedener Verfechter der Überzeugung, daß wir das nur mit Hilfe der Universität erreichen können. Sie war zwar genauso wie andere Institutionen verantwortlich für die Verbreitung von Dummheit, charismatischen Spaltungen und selbstbezüglichen Abstrusitäten, aber langfristig betrachtet war sie die beste Einrichtung zur Bewahrung unseres intellektuellen Erbes, die die Gesellschaft bisher hervorgebracht hat, und der einzige Ort, an dem alle Disziplinen letztendlich zum Gegenstand des Skeptizismus wissenschaftlicher Überprüfung werden. Die Psychoanalyse sollte daher um ihrer eigenen gesunden Zukunft willen einen angemessenen Platz im universitären Leben anstreben.

Übersetzung aus dem Englischen von Anna Leszczynska-Koenen (Frankfurt a.M.)

Literatur

Alexander, F. u. S.T. Selesnick (1965): Freud-Bleuler Correspondence. Archives of General Psychiatry, 12, 4–5.

Aron, L. (1999): Clinical choice and the relational matrix. Psychoanalytic Dialogues, 9, 1–30.

Betelstein-Dolev, Y. (2000): Int. J. Psycho-Anal. Discussion Group Bulletin 354, 11. August 2000.

Cooper, A.M. (1978): Clinical psychoanalysis: One method or more? The relationship of diagnosis to psychoanalytic technique. Vortrag vor der Association for Psychoanalytic Medicine, New York.

– (1985): A historical review of psychoanalytic paradigms. In: Rothstein, A. (Hrsg.): Models of the Mind. Their Relationships to Clinical Work. New York (Int. Univ. Pr.), 5–20.

– (1987): The transference neurosis: A concept ready for retirement. Psa. Inq., 7, 569–585.

– (1988): Concepts and controversies about the transference neurosis. Vortrag auf der Jahrestagung der American Psychoanalytic Association, Montreal, Kanada.

Eissler, K.R. (1953): The effect of the structure of the ego on psychoanalytic technique. J. Amer. Psa. Ass., 1, 104–137.

Friedman, L. (1997): Ferrum, ignis and medicina: return to the crucible. J. Amer. Psa. Ass., 45, 1–21.

Green, A. (2000): The central phobic position: A new formulation of the free-association method. Int. J. Psycho-Anal., 81, 429–452.

Jack, A. (2000): Int. J. Psycho-Anal. Discussion Group Bulletin 338, 21. Juli 2000.

Klein, L. (2000): Int. J. Psycho-Anal. Discussion Group Bulletin 357, 26. August 2000.

Kristeva, J. (2000): From symbols to flesh: The polymorphous destiny of narration. Int. J. Psycho-Anal., 81, 771–788.

Perlow, M. (2000): Int. J. Psycho-Anal. Discussion Group Bulletin 359, 31. August 2000.

Sandler, J. (1983): Die Beziehungen zwischen psychoanalytischen Konzepten und psychoanalytischer Praxis. Psyche, 37, 577–595.

– u. A.-M. Sandler (1984): Vergangenheits-Unbewußtes, Gegenwarts-Unbewußtes und die Deutung der Übertragung. Psyche, 1985, 39, 800–829.

Thomä, H. u. H. Kächele (1999): Memorandum on a reform of psychoanalytic education. Int. Psychoanal., 8, issue 2, 33–35.

Tuckett, D. (2000): Theoretical pluralism and the construction of psychoanalytic knowledge. In: Sandler, J. et al. (Hrsg.): Changing Ideas in a Changing World: Revolution in Psychoanalysis, Essays in Honour of Arnold Cooper. London, New York (Karnac Books), 237–246.

Welles, J. (2000): Int. J. Psycho-Anal. Discussion Group Bulletin 360, 1. September 2000.

Wolff, P. (1996): The irrelevance of infant observation for psychoanalysis. J. Amer. Psa. Ass., 44, 369–493.

Otto F. Kernberg

Wie entsteht gesellschaftliche Gewalt?

Eine psychoanalytische Betrachtung*

Ich möchte zunächst einige psychoanalytische Theorien zusammenfassen, die mit dem Thema Gewalt in der Gesellschaft in Beziehung stehen, und dann einige vorbeugende und behandelnde Maßnahmen erörtern. Was Ursachen und Mechanismen von sozial bedingter Gewalt betrifft, so verfügen wir heute über eine Reihe psychoanalytischer Theorien, die zu einem kleineren Teil empirisch bewiesen sind, zum größeren Teil aber ausgedehnter klinischer Erfahrung entstammen.

Unter sozial bedingter Gewalt verstehe ich das Auftreten von gewalttätigem Verhalten als Massenphänomen unter bestimmten sozioökonomischen, politischen und ideologischen Bedingungen. Dieses Verhalten in der Masse steht charakteristischerweise in scharfem Kontrast zu den üblichen Standards und sozialen Verhaltensweisen von gewalttätigen Individuen.

Die psychoanalytische Objektbeziehungstheorie

Die psychoanalytische Objektbeziehungstheorie beschäftigt sich mit den Internalisierungen wichtiger Beziehungen, die vom Anfang des Lebens an stattfinden. Ich möchte mich hier auf die frühen Internalisierungen wichtiger Objektbeziehungen konzentrieren.

Unter relativ niedrigen Affektaktivierungen vollziehen sich normale Internalisierungen unserer Erfahrungen im Kontakt mit anderen Personen dergestalt, daß sich vom Beginn des Lebens an normale Ich-Funktionen entwickeln: das Gedächtnis, das logische Denken, das Verstehen der realistischen Aspekte des Verhaltens von anderen und unserer Interaktionen mit ihnen. In Situationen aber, in denen das Baby oder Kleinkind unter intensiven positiven oder negativen Affekten, den sog. Spitzenaffekten, leidet – in Momenten etwa der Euphorie, der Freude, des Glücks des Zusammenseins einerseits, der Angst, des Schreckens, der Wut, des Schmerzes andererseits –, entstehen je nachdem folgende Bilder des Selbst in Beziehung mit dem Anderen: entweder ein Bild einer idealisierten Beziehung, etwa das glückliche Mo-

* Transkribierte, von Sibylle Drews ergänzte, überarbeitete und vom Verfasser autorisierte Fassung.

ment des Kleinkindes an der Brust, das einen Wunsch nach Verschmelzung weckt, oder Phantasien und Wünsche der Zugehörigkeit, der Verschmelzung; oder aber ein Bild des Selbst voller Wut und intensiver Aggression, das der Gefahr des Angriffs von seiten einer anderen Person ausgeliefert ist, weil die innere Wut leicht auf den anderen projiziert wird. Je größer die Frustration und der Schmerz, desto größer die Aktivierung von aggressiven Impulsen, die sofort projiziert werden und so die Beziehung zwischen einem gefährdeten Selbst und einem gefährdenden anderen herstellt. Natürlich ist bei realer Traumatisierung – etwa physischem oder sexuellem Mißbrauch – die Aktivierung aggressiver Regungen maximal, und ein wirklicher Verfolger steht einem wuterfüllten Selbst gegenüber. In Momenten der Spitzenaffektentladung gibt es also eine Tendenz, Erlebnisse in absolut gute oder absolut schlechte oder böse und die Beziehung in einen idealisierten und in einen verfolgenden Teil im psychischen Erleben aufzuspalten. Unter normalen Bedingungen entwickelt sich allmählich Toleranz gegenüber solchen extremen Situationen, so daß diese entgegengesetzten Erfahrungen schließlich integriert werden können. Dies setzt aber eine Verringerung der extrem primitiven Affekte voraus und ermöglicht das Ertragen der Ambivalenz. Diese Integration ist mit dem Konzept des Selbst und des wichtigen Anderen, in der Ich-Psychologie mit der Objektkonstanz und in der kleinianischen Theorie mit der depressiven Position im Gegensatz zur primitiven gespaltenen, paranoid-schizoiden Position gemeint – paranoid wegen der Tendenz, die eigene Aktion anderen zuzuschieben, zu projizieren, schizoid wegen der abwehrenden Spaltung zwischen dem idealisierten und dem verfolgenden Teil.

Diese Grundkonzeption, die heute alle psychoanalytischen Schulen teilen – obwohl immer wieder diskutiert wird, zu welchem Zeitpunkt denn diese Entwicklung vom primitiven gespaltenen zum reifen integrierten Konzept des Selbst und des Anderen stattfindet –, wirkt sich auf unsere Beobachtungen von schweren Persönlichkeitsstörungen aus. Es ist charakteristisch für diese Störungen, daß das frühe Stadium der gespaltenen Objektbeziehungen – also eine fundamentale Spaltung des Selbst oder des Ichs – bei den betreffenden Individuen erhalten bleibt. Die beiden paradigmatischen Störungen sind die narzißtische und die paranoide Persönlichkeit. Sie stellen zwei fundamentale „Lösungen" der Problematik dar, die eine derartige Spaltung mit sich bringt. Im Falle der narzißtischen Persönlichkeitsstörung entsteht ein pathologisch grandioses Selbst durch die abnormale Integration aller idealen internalisierten Objektbeziehungen. Der Patient betrachtet sich so, als sei er durch Fusion mit dem Idealbild der Mutter sein eigenes ideales Selbst, mit allen idealisierten Aspekten dieser Beziehung, so daß das Selbst alles Gute in sich zusammenfaßt, während alle anderen äußeren Objekte entweder entwertet oder als Bewunderer des Selbst gesehen werden oder, wenn sie nicht in dieses Bild passen, als potentielle Feinde, von denen man sich fernhalten soll, die aber mit der generellen Entwertung von Objektbeziehungen eliminiert werden. Die narzißtische Persönlichkeit ist unter idealen Bedingungen, wenn Bewunderung und Anerkennung tatsächlich von außen erfolgen, sicher und vor der Gefahr dieser fundamentalen Spaltung geschützt. Im Fall der paranoiden Persönlichkeit dagegen erlebt sich der Betreffende in verfolgende Sektoren aufgespalten, projiziert dauernd eigene Aggressionen auf andere und sieht sich deshalb von Gefahr umringt. Anders als die narzißtische Persönlichkeit wünscht sie nicht, bewundert zu werden, sondern ist unsicher, wachsam, mißtrauisch, übersensibel und antwortet auf jede kleine Kränkung mit subjektiv „berechtigter" Aggression. Es ist also eine paranoide Einstellung dem Leben gegenüber, und solange man andere kontrollieren und unterdrücken kann, ist man vor ihnen sicher. Diese beiden entgegengesetzten Persönlichkeitsstörungen sind also die jeweilige Synthese der beiden Extreme Idealisierung und Verfolgung.

Theorie der Gruppe und der Masse

Diese Befunde der psychoanalytischen Objektbeziehungstheorie werden von der psychoanalytischen Theorie der Gruppen- und der Massenpsychologie bestätigt und erweitert. Freud (1921c) hatte als erster erkannt, daß in Massenbewegungen das fundamentale psychologische Merkmal die Identifizierung aller Mitglieder der Masse mit dem Führer ist, der idealisiert wird. Diese von allen geteilte Idealisierung verleiht ein Gefühl der Zusammengehörigkeit und unerhörten Macht und, damit zusammenhängend, ein Gefühl der Befreiung. Denn das Überich, die individuelle Instanz des ethischen und moralischen, bewußten und unbewußten Gewissens, wird auf den Führer projiziert, so daß die Befreiung vom persönlichen Gewissen es ermöglicht, primitive Impulse auszudrücken: Mord und Totschlag sind erlaubt, wenn der Führer sie befiehlt. Diese Verbindung von Freiheit, Macht und Zusammengehörigkeit der Masse gibt dieser die Kraft und den dynamischen Entschluß, Aggression nach außen zu entladen.

Bion (1961) untersuchte das Verhalten von *Kleingruppen*, die keine andere Aufgabe haben, als sich für eine begrenzte Zeit zu treffen, um zu studieren, was sich unter diesen Bedingungen in ihrer Beziehung entwickelt. Er entdeckte eine allgemeine Tendenz zur Regression zu den Grundanschauungen der Abhängigen-, der Kampf-Flucht- und der Paar-Gruppe. Da diese drei Konzepte sicher bekannt sind, möchte ich sie nur kurz zusammenfassen:

In der *Abhängigen-Gruppe* verhalten sich alle so, als ob sie eng verbunden und eigenständige Fähigkeiten, persönliche Kenntnisse und unabhängiges Denken nicht mehr wichtig seien; sie sind unfähig zu unabhängigem Handeln, vielmehr abhängig vom Leiter der Gruppe. Diese hat die Tendenz, eine narzißtische Persönlichkeit als Führer zu wählen, jemand, der sie beruhigt, einen guten Vater oder eine gute Mutter darstellt, sie nicht bedroht und dessen Selbstsicherheit ihre Sicherheit als Mitglieder dieser Gruppe stärkt.

Aber dieselbe Gruppe kann in anderen Momenten einer *Kampf-Flucht-Einstellung* verfallen: Es ist dann so, als ob sie sich gegen äußere Feinde zusammenschließen müßte. Es entsteht eine Tendenz zu Wachsamkeit, Mißtrauen, Aggression gegen Außengruppen oder im schlimmsten Fall, wenn es keine äußeren Feinde gibt, zur Spaltung der Gruppe in eine Innen- und eine Außengruppe, die sich gegenseitig bekämpfen, und zur Suche nach einem Führer, der die Berechtigung dieses Kampfes bestätigt – typischerweise eine paranoide Persönlichkeit. Das heißt, daß Kleingruppen zwischen einem narzißtischen und einem paranoiden Pol oszillieren.

Die *Paar-Gruppe*, die dritte Variante, hat eine ganz andere Einstellung: Sie idealisiert ein Paar, sei es ein heterosexuelles oder homosexuelles, mit der Phantasie, daß die Beziehung zwischen diesem Paar die Lösung für alle möglichen Probleme der Gruppe bringt und ihre Zukunft garantiert; es ist eine sexualisierte, man könnte fast sagen: eine ödipalisierte Gruppe, die gegen die Gefahr der narzißtischen Abhängigkeit und der paranoiden Regression schützt.

Abschließend weise ich darauf hin, daß Turquet (1975) dieselbe Untersuchung in *Großgruppen* durchgeführt hat. Großgruppen umfassen dreißig bis hundertfünfzig Mitglieder, typisch im Kreise sitzend, so daß sich alle sehen und hören können, aber keine persönlichen Beziehungen bestehen. Wenn eine solche Großgruppe sich anderthalb Stunden lang nur damit beschäftigt, was in diesem Setting in ihr vorgeht, entdeckt man sofort das Entstehen unerhörter Angst, einer unruhigen Suche nach Verbündeten und Untergruppen, mit denen man sich verständigen kann – was aber nie gelingt, denn dazu ist die Gruppe zu groß, zu verteilt –, sowie eine Tendenz, im anderen feindseliges Verhalten zu entdecken, das unkontrollierbar ist. Es ist Angst vor Aggression, die sich manchmal dadurch beruhigen läßt, daß entweder eine Untergruppe aggressiv wird und die anderen zu unschuldigen Mitläufern werden, so daß sich die Aggression auf eine Untergruppe konzentriert, die sich gewalttätig verhalten darf, ohne von der Mehrheit gebremst zu werden. In dieser Mehrheit drückt sich dieses unschuldige Mitlaufen oft durch eine merkwürdige Lähmung aus, so daß sich Individuen, die dies normalerweise nicht tolerieren würden, in einer Situation befinden, in der sie mit gespannter Erregung diesen Entwicklungen zuschauen.

Eine andere Lösung für die Großgruppe ist es, sich eine Leitung zu suchen, die die Großgruppe zusammenschweißt. Es gibt hier zwei typische Entwicklungen: eine, in der eine narzißtische Persönlichkeit, die im Grunde genommen von allen verachtet wird, weil sie mittelmäßig ist und nur mit Klischees arbeitet, zum Leiter ernannt wird, der alle in eine abhängige, narzißtische Stimmung bringt; oder die Wahl einer paranoiden Persönlichkeit, die die Großgruppe in eine paranoide Masse im Sinne von Freuds Beschreibung verwandelt. Wenn aber eine solche Leitung nicht vorhanden ist, dann entstehen Unruhe und Angst, ein Gefühl der Ohnmacht aller Mitglieder dieser Großgruppe, zugleich aber eine Unfähigkeit, jemandem zuzuhören, der dieser Gruppe zu helfen, rational ihre Situation zu verstehen versucht. Es ist, als ob diese Großgruppe Neid gegen jede Autonomie und Rationalität entwickele und eben nur narzißtische oder paranoide Leiter ertragen würde. Diese Polarität der narzißtischen und paranoiden Entwicklung ist also sowohl in den primitivsten Schichten des Individuums als auch im Regressionspotential aller Gruppen vorhanden.

Freud (a. a. O.) beschrieb auch, daß sich das Denken einer Person, die sich als Mitglied einer Masse fühlt, auf primitivere Art entwickelt, daß eine Regression stattfindet, in der eine erhöhte Disposition besteht, entweder narzißtischen Gewinn aus der Entwicklung der Masse zu ziehen oder sich paranoid zu dem zu verhalten, was ihr geboten wird. Canetti (1960) beschrieb die „Fest-Massen", die Feier, das große Fußballspiel, das große Theater als eine Situation, die typisch für eine derartige narzißtische Regression ist. Und die Entstehung eines Mobs, der plötzlich raubt, zerstört, in Brand setzt, zeigt die Transformation des Individuums unter solchen momentan entstehenden Entwicklungen in der Masse. Moscovici (1981), ein französischer Soziologe, der die psychoanalytische Theorie der Massenpsychologie weiterentwickelte, beschrieb, wie die moderne Medien-Massenpsychologie sich auf uns alle auswirkt, indem sie uns das Gefühl gibt, mit Informationen versorgt zu werden, die zugleich auch alle anderen erhalten: durch die Zeitung, viel stärker noch durch das Radio – von den Diktatoren des 20. Jahrhunderts ausgenutzt, zuerst in Rußland, dann in Deutschland – und in hohem Maße durch das Fernsehen, das eine Massenpsychologie produziert, die wiederum auf die Inhalte des Fernsehens Einfluß nimmt, nämlich im Sinne der Oberflächlichkeit, die sein attraktivstes Element darstellt. Die Psychologie des Internet ist erst seit kurzem Thema psychoanalytischer Untersuchungen, aber im Unterschied zum Fernsehen ist die Information des Internet so multipel, daß zwar schon bestehende Gruppierungen oder Massen miteinander kommunizieren, es aber nicht die verallgemeinernde Massenpsychologie hervorbringt wie das Fernsehen.

Ich habe von der psychoanalytischen Theorie der individuellen Entwicklung und der Massenpsychologie gesprochen. Ein dritter Aspekt der psychoanalytischen Theorie ist die Untersuchung von Dispositionen zu *Massenreaktionen* in der Geschichte, die durch primäre Internalisierungen von Wertsystemen der Eltern entstehen – Wertsystemen, die gleichzeitig eine kulturelle und eine historische Dimension haben, so daß Aspekte der historischen Tradition und der jetzigen kulturellen Dimension in die individualpsychologischen Entwicklungen eingebunden werden und Dispositionen zur Massenreaktion verstärken. Besonders Volkan (1999) hat in den letzten Jahren wichtige Beiträge zur psychoanalytischen Untersuchung von internationalen und nationalen Konflikten vorgelegt.

Wenn ich hier von Kultur spreche, dann verstehe ich darunter die kulturellen Muster in einem bestimmten Land oder Staat, in einer Gesellschaft, die ethische und moralische Einstellungen, ästhetische Dispositionen, Kenntnisse und das Wissen und konventionelles Verhalten im täglichen Leben verbinden – die Soziologen nennen das Instrumentalität. Diese kulturellen Werte werden zusammen mit den ersten Objektbeziehungen internalisiert. Dabei überlappen sich die elterlichen Verbote und Gebote, aus denen sich das normale Überich entwickelt, mit sozialen und kulturellen (Vor-)Urteilen, die ganz automatisch in solche Wertsysteme einfließen und die wir als väterliches Gesetz und als mütterliche Zugehörigkeit bezeichnen können. Wenn ich väterlich und mütterlich sage, meine ich nicht, daß sie vom Vater oder von der Mutter stammen, denn es gibt väterliche wie auch mütterliche Aspekte bei beiden Geschlechtern – es ist wichtig, das nicht zu verwechseln. In diesem Sinne ist das väterliche Gesetz, das, was geboten und verboten ist, auch ein Miteinbeziehen: So sollst du dich verhalten, du bist nicht so wie andere, die das nicht tun. Die Beschreibung der anderen, die nicht der Familienkultur angehören, derer, die nicht so sind, wie du sein solltest, vermischt persönliche präödipale und ödipale Verbote mit dem Entstehen einer Welt des anderen, der mißtraut wird und der man sich entgegensetzen soll. Mütterliche Zugehörigkeit zeigt sich in alledem, was uns mit den vielen anderen verbindet, die zuerst mißtrauisch als Fremde betrachtet wurden. Hierzu gehören die Sprache, die Musik, all das, was der tägliche Kulturschatz eines Landes dem Kleinkind bietet und das Gefühl der Abhängigkeit, der Verschmelzung mit einer sozialen Gruppe bewirkt. Wenn diese primären Internalisierungen, die das idealisierte und das verfolgende Segment der primitiven Entwicklung mit späteren sozialen und kulturellen Konzepten verstärken und entwickeln, mit der Geschichte eines Landes, eines Volkes, einer Kultur, einer Religion, ihrer Verfolgungen und historischen Traumata in Beziehung gebracht werden, dann bildet sich in diesen idealisierten und verfolgenden Teilen ein klares Bewußtsein der Zugehörigkeit zur traumatischen Entwicklung dieses Landes, dieser Religion, dieses Volkes, die nach Monaten, Jahrzehnten, Jahrhunderten als Tradition wichtig sind. Das heißt also, sie werden bereits in die tiefsten Schichten der Persönlichkeit eingelassen und nicht nur als objektive Kenntnisse in der Schule vermittelt, die diese Grundeinstellungen nur verstärken. Die „Liebe zur Fahne", das Mißtrauen gegen die, die sich vollkommen anders verhalten, gehören dazu. Und so haben wir alle entfremdete und bedrohende Objekte, die ein Teil unserer frühesten Entwicklung sind und im Gegensatz zu den beschützenden und abhängigkeitswürdigen und -verstärkenden Objekten in unserer Kultur stehen.

Diese Theorie der historischen Einflüsse auf die Persönlichkeitsentwicklung und die Beziehung zu Massenprozessen wird schließlich von drei sozialen Elementen unterstützt: der Qualität der Leitung oder Führung, dem Einfluß der Bürokratie und der Ideologie. Elliot Jacques, Psychoanalytiker, Sozialpsychologe und einer der bekanntesten Theoretiker der Bürokratie, untersuchte den Einfluß von Leitung und Bürokratisierung auf soziale Organisationen (1976). Normale Führung oder Leitung verlangt hohe Intelligenz, moralische Integrität und die Fähigkeit, Objektbeziehungen zu verstehen, und ein gewisses Maß an narzißtischen und paranoiden Fähigkeiten: narzißtische Züge im Sinne eines sicheren Selbstgefühls und Selbstbewußtseins, die den Leiter oder Führer gegen die Ambivalenz und unvermeidlichen Aggressionen der Großgruppe, der Organisation, der Gesellschaft, schützen, und paranoide Züge im Sinne der Wachsamkeit gegen unbewußte oder bewußte Aggressionen und Gefahren, die im sozialen Leben unvermeidlich sind und von deren Fehlen auszugehen gefährliche Naivität bedeuten würde. Das Problem ist, daß solche narzißtischen und paranoiden Merkmale in leichter Ausprägung den Leiter stärken, in massiver Ausprägung jedoch gefährlich für Organisationen sind, denn ein narzißtischer Führer kann Kritik nicht tolerieren, muß sich mit Ja-Sagern umgeben und verliert daher die Beziehung zur Masse, die ihm nur zujubelt und die er nicht versteht. Ein paranoider Führer muß die Unterdrückung der Masse zu seiner Sicherheit haben und kann kein Feedback tolerieren. Und doch werden eben diese beiden Arten der Persönlichkeit vom Sog der Massen und der Gruppenregression immer wieder angezogen.

Es gibt eine Kombination der narzißtischen und paranoiden Persönlichkeit, die ich als das Syndrom des destruktiven Narzißmus beschrieben habe (1992), Persönlichkeiten, die sowohl ausgeprägt narzißtisch als auch paranoid sind. Sie zeichnen sich durch antisoziales Verhalten und intensive Aggressivität gegen sich selbst oder andere aus. Es besteht kein Zweifel, daß der Führer eines Landes oder ein Diktator mit diesen Zügen sowohl Unterwerfung als auch Liebe für sich fordert, also Unterwerfung unter Regression auf primitive Abwehr und Spaltung. Wenn eine solche Person an die Regierung kommt, ist eine aggressive Entwicklung der ganzen Gesellschaft praktisch unvermeidlich, insbesondere wenn sie von einer starken Bürokratie und durch die Kontrolle des Staates, der Medien, der Ökonomie und des Heeres geschützt wird, was nach Bracher (1982) typisch für totalitäre Systeme ist. Zweifellos entsprach sowohl die Persönlichkeit Hitlers als auch die Stalins, nach allem, was wir wissen, diesem Syndrom des destruktiven Narzißmus. Eine gut organisierte Bürokratie dagegen beschützt Gruppen und Massen in ihren Funktionen, d. h., sie verhindert, daß diese sich in regressive Gruppen verwandeln; das ist der positive Aspekt einer funktionierenden Bürokratie, der negative ist die sofortige Verstärkung des zentralen Machtsystems, so daß eine Diktatur oder ein totalitärer Staat mit einer guten bürokratischen Organisation überaus gefährlich wird.

Schließlich gibt es als weiteren Aspekt den der Ideologiebildung, die alle diese massenpsychologischen Entwicklungen prägt. Aber was verstehen wir unter Ideologie? Es sind die von Gruppen oder Massen geteilten Anschauungen, Systeme, in denen sich eine Gruppe, eine Gesellschaft, in ihrer Funktion, ihrem Ursprung, ihrem Ziel, ihrer Bestimmung darstellt. Sehr oft wurzeln Ideologien in gesellschaftlich entwickelten Mythen, die aber typischerweise rationale Wertsysteme sind, die in einem recht weiten Spektrum von Möglichkeiten funktionieren. Wir können praktisch in fast jedem ideologischen System einen zentralen Sektor humanistischer Einstellungen beschreiben, der im Gegensatz zu den polarisierenden Verzerrungen narzißtischer Art einerseits und paranoider Art andererseits steht. Ein kleines Beispiel – man kann jede Ideologie nehmen, auch jede Religion ist ein systematisches Wertsystem: Wenn wir beispielsweise den Marxismus als Ideologie untersuchen, können wir einerseits den humanistischen Marxismus im Westeuropa der siebziger und achtziger Jahre des 20. Jahrhunderts und die trivialisierte Form des Marxismus als offizielles Kommunikationssystem in der Sowjetunion, und natürlich auch in der DDR, unterscheiden, d. h. also ein offizielles Kommunikationssystem, an das im Grunde niemand mehr glaubte – eine Trivialisierung, die sozialem Wohlbefinden und narzißtischem Zusammengehören entsprach. Andererseits können wir als den paranoiden Pol die Entwicklung von marxistischen Terrorgruppen in Südamerika, im Nahen Osten, auch in Deutschland in den siebziger Jahren erkennen, in denen die marxistische Ideologie auf ein ganz primitives fundamentalistisches Niveau abgesunken war. Eine Ideologie kann also unter unterschiedlichen historischen Bedingungen ins Paranoide und ins Narzißtische verzerrt werden.

Fundamentalistische Ideologien sind also charakterisiert durch typische paranoide Züge: Sie teilen die Menschen in gute und schlechte ein, alle anderen sind definitionsgemäß Feinde. Wenn die „Guten“ triumphieren, dann bestehe, so die Ideologie, die Möglichkeit des Glücks, des Paradieses für die Menschheit. Wenn aber die „Bösen“ triumphieren, dann bestehe die Gefahr von Zerstörung, Zersetzung, Tod, Katastrophe. Deshalb müßten die bösen Kräfte eliminiert oder entwertet, entmenschlicht und zerstört werden, denn nur dies ermögliche es, die Zukunft glücklich und zufriedenstellend zu gestalten. Typischerweise tolerieren derartige Ideologien weder Individualität, Autonomie noch die Unabhängigkeit des Paares, d. h. dessen unabhängiges privates und sexuelles Leben (vgl. Green, 1969). Wenn fundamentalistische Ideologien sozial und kulturell dominieren, bedrohen sie die Gesellschaft unmittelbar mit einer massiven Regression in paranoide Massenpsychologie.

Die Entwicklung fundamentalistischer Ideologien wirkt sich in besonders schwierigen sozialen Situationen viel stärker aus. Es gibt aber auch Dispositionen zu fundamentalistischen religiösen Einstellungen, z. B. in den islamischen Religionen in Staaten des Nahen Ostens; es gibt den historischen Rassismus, z. B. Haß gegen Schwarze in den Vereinigten Staaten. Fundamentalistische Ideologien fördern paranoide Regressionen auf massenpsychologische Reaktionen. Aber auch historische Situationen, Krisen und eine destruktiv-narzißtische, durch rigide soziale Strukturen gestärkte Führung können eine derartige paranoide Regression auslösen – wenn zum Beispiel eine Gesellschaft von Fremdgruppen überschwemmt wird, was Spaltungen mit sich bringen kann, wie in Ländern mit großer Immigration, etwa in Deutschland; die Entwicklung von Führern mit schwerer narzißtischer oder paranoider oder kombinierter Symptomatik, also das Syndrom des destruktiven Narzißmus, und parallele Entwicklungen in sozialen Strukturen, in denen zentralisierte Kontrolle der Bürokratie, Wirtschaft, Streitkräfte und Medien stattfindet oder stattgefunden hat. Dazu kommen noch traditionelle Formen der Vergeltung gegen Feinde in Kulturen, in denen deren physische Zerstörung oder Bestrafung Teil der vererbten Kultur ist, wie z. B. Säuberungsrituale, wie Volkan sie bei Konflikten zwischen entgegengesetzten Nationalitäten beschrieben hat. Unter diesen Bedingungen droht die Zerstörung des Rechtsstaates, die solche Regressionen noch verstärkt.

Zusammengefaßt besteht unter folgenden Bedingungen die Gefahr paranoider Regressionen von großen Gruppen oder Massen:

1. Zusammenbruch der Arbeitsstruktur in Situationen ökonomischer und finanzieller Krisen, wenn etwa die Moral einer Organisation oder sozialen Struktur zusammenbricht. Arbeitslosigkeit, Zusammenbruch eines sozialen Systems sind typische Bedingungen, unter denen die Zerstörung der sozialen Struktur die sofortige Regression verursacht. Man könnte vielleicht sagen, daß der plötzliche Zusammenbruch der sozialen Struktur der DDR eine derartige Situation in Ostdeutschland bewirkte.
2. Natürlich gibt es Individuen, die von solchen Gruppen oder Gruppensituationen aufgrund persönlicher Traumatisierung und schwerer Persönlichkeitsstörung mit heftiger Aggressionsneigung und projektiven Tendenzen besonders angezogen werden.
3. Historische Traumatisierung, die von einer gegenwärtigen gesellschaftlichen Entwicklung wieder aktiviert wird. Das typische Beispiel ist Jugoslawien, wo die chronisch traumatischen Beziehungen der unterschiedlichen Völker und Religionen durch das Ende der kommunistischen Diktatur sofort aktiviert wurden.

Ursachen und Mechanismen, Behandlung und Vorbeugung

Unsere Kenntnisse der bisher beschriebenen Phänomene sind größer als unsere Fähigkeit, ihnen vorzubeugen und sie zu behandeln. Das ist frustrierend, aber realistisch. Daß wir rational die dünne Schicht der Zivilisation vor den mit Massenregressionen einhergehenden aggressiven Dispositionen schützen könnten, ist eine Illusion, wir können sie vielleicht reduzieren und kontrollieren, aber diese Problematik nicht völlig lösen. Und ich möchte darauf hinweisen, daß ich natürlich nur eine psychoanalytische Sicht dieser Probleme dargelegt habe, die Psychoanalyse aber nicht alle Antworten auf diese Probleme anbieten kann. Wir müssen vielmehr historische, politische und soziologische Erkenntnisse mit einbeziehen. Vor dem Hintergrund dieser Überlegungen möchte ich folgende allgemeine Prinzipien der Vorbeugung und der Behandlung nennen: Interventionen auf individuellem Niveau, auf dem Niveau der unorganisierten und der organisierten Gewalt in den Städten und der internationalen Gewalttätigkeit.

Kinder mit großer Aggressivität müssen diagnostiziert und behandelt werden, ebenso Familien, die ein hohes Maß von Aggressivität zeigen, Familien z. B., in denen Mißbrauch stattfindet. Wir verfügen heute über Kenntnisse, mit denen wir solche schweren Aggressionsdispositionen bei Kindern diagnostizieren und zum Teil auch behandeln können. Auch Untersuchungen von schwangeren Frauen, Müttern und Kleinkindern sind Ansatzpunkte für solche vorbeugenden Maßnahmen und Behandlungen.

Was die *unorganisierte* Gewalt in den Städten betrifft, spreche ich von Gewalttätigkeit in Verbindung mit Drogen, von adoleszenten Banden, auch vom Phänomen des Rechtsradikalismus etwa in Deutschland, auf das ich noch eingehen werde, von Überfällen und Entführungen, von Problemen also, die in verschiedenen Kulturen und Ländern unterschiedlich aussehen. Die organisierte Gewalt in den Städten entspricht organisiertem Terrorismus, der organisierten Gewalttätigkeit fundamentalistischer Gruppen religiöser oder nationalistischer Art, wie z. B. heute in Spanien und dort, wo nationale Gruppen sich bekämpfen, wie in Jugoslawien, Nordirland oder Palästina. Das fundamentalste Prinzip der Vorbeugung besteht, glaube ich, darin, die sozialen Strukturen zu schützen bzw. wiederherzustellen und so Regressionen zu verhindern. Die Hauptursache der Regression ist das Fehlen von Autoritätsstrukturen, das heißt der Anerkennung normaler Autorität im Gegensatz zu Autoritarismus: Autorität ist Ausübung von Macht auf funktioneller Ebene, um Strukturen zu schützen; Autoritarismus dagegen ist exzessive Macht in der Leitung oder Führung, die das Funktionelle überschreitet. Wir müssen nicht autoritär sein, sondern Autorität ausüben. Für die Behandlung von Familienkonflikten bedeutet dies, die Struktur der Familie, die Autorität der Eltern zu schützen, asoziales Verhalten zu kontrollieren, keine Toleranz gegenüber asozialem Verhalten zu üben, nicht im Sinne strenger routinierter Strafen, sondern mit abgewogenen Interventionen, die überzeugend klarmachen, daß die Strukturen des Rechtsstaates geschützt werden müssen: die Familie, Frauen und Kinder, gefährdete Minderheiten und die Schule – ein konkretes Problem in den Großstädten der Vereinigten Staaten, wo sich Lehrer sehr oft nicht trauen, gegen das Chaos in der Klasse aufzutreten aus Angst, persönlich angegriffen, verletzt oder gar getötet zu werden. Kontrolle der Schule und der Straße bedeuten Gemeindeorientierung der Polizei, Zusammenarbeit zwischen Sozialfürsorge und Polizei, Arbeit mit antisozialen Banden, um sie zu resozialisieren, also ein Versuch der Resozialisierung zusammen mit einem Nichttolerieren von strafbaren Handlungen.

Ich komme nun auf Rechtsradikale in Deutschland zu sprechen, möchte eine kurze Analyse des Rechtsradikalismus anfügen und einige Maßnahmen nennen, die zu treffen wären, beschränke mich also auf Prävention oder Behandlung. Ich glaube, daß die Aufrechterhaltung des Rechtsstaates mit einer Einschränkung der individuellen Rechte einhergehen muß, um die Zerstörung des Rechtsstaates durch antidemokratische Kräfte zu verhindern. Praktisch bedeutet das ein Verbot von Organisationen, die rechtsradikale Ideologien vertreten, unter anderem selbstverständlich der NPD, aber nicht nur der NPD. Das Argument, daß ein Verbot solcher Organisationen diese in den Untergrund treibe, ist damit zu beantworten, daß der Untergrund weiter beobachtet und bekämpft werden muß. Es ist deshalb wichtig, daß die Polizei sich völlig mit dem Rechtsstaat identifiziert und Versäumnisse der Polizei gegenüber Rechtsradikalen nicht toleriert werden. Der Schutz des Rechtsstaates muß Hand in Hand mit einer Erziehung und Ausbildung gehen, die Neugier, Toleranz und Interesse an der jeweiligen anderen Kultur eines Landes, einer Gesellschaft wecken. Ich weiß, daß in Deutschland gerade eine Diskussion über „Leitkultur" und „Multikulturalismus" stattfindet. Ich glaube, daß beide Konzepte verzerrt sind. Der unglückliche Ausdruck „Leitkultur" vermittelt das Gefühl, damit sei eine höhere Wertigkeit der deutschen Kultur gemeint. Es geht aber vielmehr darum, daß die Kultur eines Landes, ob das nun Deutschland oder Frankreich oder Indonesien ist, von Einwanderern oder Minderheiten respektiert und im öffentlichen Leben übernommen wird. Multikulturalismus als Interesse an und Toleranz gegenüber anderen Kulturen ist ein wichtiger Aspekt der Erziehung und Bildung von Kindheit an, der systematisch in den Schulen vermittelt werden sollte. Aber das Nebeneinander von unterschiedlichen Kulturen fördert natürlich die Spaltungen zwischen Gruppen, die in regressiven Zuständen zu paranoiden Entwicklungen führen können.

Wenn es zu *organisierter* sozialer Gewalt kommt – was in Deutschland weniger der Fall ist, aber in einem Land wie Kolumbien z. B., in dem das soziale Zusammenleben praktisch zerstört wird durch die Kombination von bewaffneten extremistischen

Gruppen rechts und links, von Drogenhändlern, durch die Korruption des Staates durch Drogen –, ist es wichtig, die Strukturen und Toleranz und Eingliederung in die Kultur (wieder) herzustellen. Praktisch heißt dies: Entkriminalisierung, d. h. Freigabe von und hohe Steuern für Drogen, Nutzung dieses Geldes für Aufklärung, Behandlung von Süchtigen und strikte Kontrolle von antisozialem Verhalten in Verbindung mit Drogen. Manchmal wurde der Irrtum begangen, z. B. in den Niederlanden und in manchen Städten in der Schweiz, Drogen ohne gleichzeitige Protektion der sozialen Struktur zu tolerieren. In den Vereinigten Staaten, einem Land, in dem Mord und Totschlag durch Waffen ein fundamentales soziales Problem ist, würde dies das Ende des freien Waffenverkaufs bedeuten.

Bei internationalen Konflikten heißt das, sich gegenseitig bekämpfende Minderheiten voneinander zu trennen, denn klare Grenzen bedeuten Struktur und Versöhnung. Wenn aber Minderheiten oder gegensätzliche Gruppen nicht voneinander getrennt werden können und zum Zusammenleben verurteilt sind, wie z. B. in Nordirland, dann ist es von fundamentaler Bedeutung, die Führer dieser beiden Gruppen zusammenzubringen, um Versöhnung und Schlichtung zu erreichen.

Volkan (a. a. O.) hat überzeugend von drei Prinzipien gesprochen, die eine solche Schlichtung ermöglichen: 1. Respektierung der objektiven Bedürfnisse beider Gruppen in einer rationalen Kompromißlösung, die ihre gegensätzlichen Ansprüche zum Teil bestätigt, zum Teil nicht; 2. Berücksichtigung der historischen Traumatisierungen dieser gegensätzlichen Gruppen, so daß die „Lösungen" der Traumatisierungen dieser Gruppen respektiert werden; und 3. Einbeziehung der individuellen Psychologie der Führer dieser Gruppen, deren persönliche Konflikte immer bei der internationalen Lösung dieser intergruppalen Konflikte mit berücksichtigt werden müssen.

Diese allgemeinen Prinzipien gehen allerdings davon aus, daß die Interessen der Führer beider Gruppen symmetrisch sind, sie also wirklich eine Schlichtung wollen. Wenn eine oder beide Seiten von destruktivem Narzißmus kontrolliert werden, dann sind solche Schlichtungsprozesse unmöglich. Aber natürlich können nicht alle internationalen Konflikte auf diese Weise gelöst werden.

Das Durcharbeiten historischer Traumatisierungen bedeutet gleichzeitig durchzuarbeitende Trauer über jene Ideologien, die die Welt in Gute und Böse spalten, d. h. die eigene Gesellschaft oder Religion als gut und die der anderen als böse betrachten. Dies Durcharbeiten ist ein Prozeß, den wir aus der Psychoanalyse kennen: die Integration von idealisierten und abgespaltenen projizierten paranoiden Segmenten des subjektiven, des sozialen Erlebens, der Ideologie. Es bedeutet gleichzeitig eine Affirmation dessen, was der Rechtsstaat psychologisch bedeutet, nämlich Toleranz des Privaten, des Paares, der Sexualität, der Familie, und die Erziehung gegen Vorurteile und Intoleranz mit der Verantwortung nicht nur der Mehrheit gegenüber Minderheiten, sondern der Verpflichtung auch der Minderheit, nicht im öffentlichen Leben gegen die Kultur, die sie aufgenommen hat, zu protestieren. Ein kleines Beispiel: Das Tragen des Schadors in Frankreich ist ein Protest gegen die französische Kultur, d. h. gegen die Gleichheit von Frauen und Männern. Das Tragen des Sari eines indischen Mädchens in der Schule hat dagegen keine derartige ideologische Implikation und kann deshalb viel leichter als das Tragen des Schadors in französischen Volksschulen toleriert werden. Die Aufgabe des Staates, der Mehrheit wie auch der Minderheit ist es also, Spaltungen zwischen sozialen Gruppen zu verringern. Die Kontrolle der Medien ist eine problematische Maßnahme wegen der Gefahr von paranoiden Ideologiebildungen. Aber wenn wir den Medien die Verbreitung fundamentalistischer Ideen überließen, dann bestünde jene Gefahr für den Rechtsstaat, die ich schon dargelegt habe und die es nötig macht, ihn vor seiner Zerstörung zu schützen.

Zusammenfassung

Die verschiedenen Dimensionen zusammenfassend, die die Gewalt in der Gesellschaft fördern, läßt sich aus psychoanalytischer Perspektive sagen, daß *unbewältigte primitive Aggression* eine wesentliche Quelle für gesellschaftliche Gewalt ist. Diese Aggression ist ein Potential eines jeden Individuums, das es normalerweise unter Kontrolle hat und in die normale Ambivalenz bzw. in die sublimierten und im Charakter verankerten Manifestationen dieser Ambivalenz in familiären und Statusrollen-Interaktionen zu integrieren vermag. Eine generelle Tendenz zur ‚groupishness' spiegelt die ständig latent vorhandenen internalisierten ersten, noch primitiven Objektbeziehungen wider, die der Objektkonstanz vorausgehen. Die innere Welt dieser Objektbeziehungen mit den zugehörigen Abwehrmaßnahmen wird in unstrukturierten Gruppenprozessen aktiviert, die als Folge sozialer Desorganisation entstehen können.

Massenpsychologische Reaktionen, zu denen wir individuell disponiert sind, werden durch die Massenmedien stimuliert, durch paranoide Ideologien verstärkt und können rasch zur Gewalt gegen die Mitglieder jener sozialen Minoritäten eskalieren, auf die die primitive Aggression projiziert worden ist.

Pathologisch beeinträchtigte Führung, die narzißtische und paranoide Regressionen innerhalb des sozialen Gefüges fördert, kann ihrerseits potentiell die Kombination von paranoider Massenregression und paranoider Ideologiebildung noch verschlimmern, und dies insbesondere dann, wenn sie durch historische Traumen verstärkt wird, die die bereits bestehenden Spaltungen in der Gesellschaft noch vertiefen. Individuen mit schweren Psychopathologien und antisozialen Neigungen bilden die Speerspitze mörderischer Massen.

Erschreckend viele Menschen jedoch, deren soziale Interaktionen normalerweise von einem individuell ausgeprägten Überich-System und moralischen Werten reguliert werden, können in paranoide Reorganisation des sozialen Prozesses und letztendlich in Menschenfeindlichkeit und sadistische Angriffe auf wehrlose Minderheiten abrutschen. Ein sadistischer Tyrann, der die Wirtschaft, die Armee, eine effektive Bürokratie und die Massenmedien kontrolliert, die, verstärkt durch historische Traumen, eine totalitäre Ideologie zu propagieren in der Lage sind, kann die Bevölkerung eines Landes gegen eine unterdrückte Minderheit mobilisieren, indem er eine paranoide Massenbewegung in Gang setzt, die rationalisierten Haß und Zerstörung befriedigt.

Es ist ein ironisches Paradoxon, daß humanistische ideologische Systeme wie etwa die Religionen, die der Menschheit ein universell gültiges Moralsystem verkünden, viel weniger Attraktion und dynamische Spannung besitzen als die Gegensätze von narzißtischer und paranoider Regression, die für die Massenpsychologie mit ihrer Neigung zu sozialer Gewalt charakteristisch sind. Demokratie als Ideologie verfügt nicht über die dynamische Anziehungskraft des totalitären Fundamentalismus. Die Erziehung des Individuums in einem toleranten sozialen System kann die Entwicklung einer normalen Ich-Identität und eines integrierten, autonomen Moralsystems fördern. Aber die Menschheit muß mit den utopischen Strebungen nach Perfektion umgehen, denen das Bedürfnis innewohnt, die Erkenntnis der aggressiven und selbstdestruktiven Komponenten menschlichen Lebens – und das gilt für Individuen wie für die Gesellschaft im weitesten Sinne – abzuspalten. Wenn eine utopische Ideologie Aggression abspaltet und projiziert, dann sind die Voraussetzungen für die Entstehung einer bedrohlichen und bedrohten Randgruppe, der Feinde der Utopie, gegeben. Hinter der Idealisierung von Utopien verbirgt sich die Verleugnung der unvermeidlichen menschlichen Aggression. Der Trauerprozeß, der diese Aggression anerkennt, sorgt für ein Gegengewicht zu den historischen Traumatisierungen und kann eine heilende Wirkung auf die Teilungen zwischen sozialen Gruppen haben. Rationale humanistische Systeme aber werden der Dynamik paranoider, fundamentalistischer und totalitärer Ideologien immer ausgesetzt bleiben.

Literatur

Bion, W. R. (1961): Erfahrungen in Gruppen und andere Schriften. Frankfurt a.M. (S. Fischer) 1990.

Bracher, K.D. (1982): Demokratie und Ideologie im 20. Jahrhundert. Bonn (Bouvier).

Canetti. E. (1960): Masse und Macht. Düsseldorf (Claassen).

Freud, S. (1921c): Massenpsychologie und Ich-Analyse. GW 13, 71–161.

Green, A. (1969): Sexualité et idéologie chez Marx et Freud. Études Freudiennes, 1–2, 187–217.

Jacques, E. (1976): A General Theory of Bureaucracy. New York (Halstead).
Kernberg, O. F. (1992): Aggression in Personality Disorders and Perversion. New Haven (Yale Univ. Pr.).
Moscovici, S. (1981): L'Age des Foules. Paris (Librairie Arthème Fayard).
Turquet, P. (1975): Threats to identity in the large group. In: Kreeger, L. (Hrsg.): The Large Group: Dynamics and Therapy. London (Constable), 87–144.
Volkan, V. (1999): Das Versagen der Diplomatie. Zur Psychoanalyse nationaler, ethnischer und religiöser Konflikte. Gießen (Psychosozial).

Teil II

Trauma, Trauer und Geschichte

Holocaust, kollektives Gedächtnis und Geschichtsbewusstsein

Jörn Rüsen

Holocaust-Erfahrung und deutsche Identität

Ideen zu einer Typologie der Generationen

Ich möchte die Formierung deutscher Identität durch die historische Wirkung und interpretierende Vergegenwärtigung der Nazi-Zeit und insbesondere des Holocaust in Form einer *idealtypischen Unterscheidung von drei zeitlich einander folgenden Einstellungen* charakterisieren.[1] Als übergreifender Zusammenhang läßt sich vorab festhalten, daß der Holocaust nach 1945 zunächst gar nicht das entscheidende Ereignis der Epoche des Nationalsozialismus war, auf das sich die Deutschen bezogen, wenn sie sich mit dieser Epoche auseinandersetzten. Im Gegenteil: Die Nachkriegsentwicklung des deutschen Geschichtsbewußtseins läßt sich als ein Vorgang beschreiben, in dem der Holocaust mit wachsendem zeitlichem Abstand immer größere Bedeutung bekommen hat (vgl. Broszat, 1988). Da ein solcher wachsender Abstand zugleich den Unterschied zwischen Erinnerung und historischem Bewußtsein austrägt, d. h. die Transformation von Erinnerung in Geschichtsbewußtsein naturwüchsig mit sich bringt, kann man sagen, daß der Holocaust seine historische Bedeutung genau in dem Maße bekommen hat, in dem die Erinnerung an die Nazi-Zeit die Züge eines dezidiert historischen Bewußtseins annahm.[2]

Ich möchte diese Entwicklung und die Rolle, die die Nazi-Zeit und der Holocaust in der historischen Selbstverständigung der Deutschen gespielt haben, in drei Phasen einteilen. (Dabei beschränke ich mich auf die westdeutsche Entwicklung. Ob und inwieweit die Geschichtskultur der DDR vergleichbare Züge aufweist und welche Rolle der staatsoffizielle Antifaschismus dabei gespielt hat, bedarf einer eigenen Untersuchung.) Man könnte die Phasen durch die Wendezeiten 1968 und 1989 (mit der üblichen Mischung von Willkür und Symbolkraft solcher Zahlen) chronologisch voneinander trennen und *drei Generationen* zuordnen: der Kriegs- und Wiederaufbaugeneration, der Nachkriegsgeneration und ihrer Kinder. Diese drei Abschnitte sind keine einfach aufeinander folgenden Zeitphasen, sondern stellen *idealtypische Konstruktionen* dar, d. h., mit ihnen lassen sich charakteristische einzelne Züge zeitspezifisch bezeichnen und hervorheben. Die drei Epochen sind nicht so konzipiert, daß sie einander einfach ablösen, sondern sie stehen in einem komplexen Überlappungsverhältnis: Sie koexistieren miteinander und bilden unterschiedliche Konstellationen und Mischungsverhältnisse in der Entwicklung der westdeutschen Geschichtskultur. Das heißt also beispielsweise, daß die Strategie des *Beschweigens* der ersten Epoche (auf die ich gleich eingehen werde) auch späterhin, ja bis heute eine Rolle gespielt hat oder zumindest mental wirksam geblieben ist. Das gilt erst recht für die *moralistische negative Vergegenwärtigung des Holocaust* der zweiten Epoche; die hier entwickelten mentalen Konstellationen und Kräfte deutscher Identität blieben auch in der dritten Generation wirksam. Beim dritten Generationstyp handelt es sich sowieso nur um *Neuansätze*, von denen abzuwarten ist, wie stark sie sich im neuen deutschen Nationalstaat zur Geltung bringen werden.

Die Generationstypen sind nicht so zu verstehen, daß sie sich im realen Leben ausschließen, so als könne man nur dem Eigenschaftsbündel des einen und nicht dem des anderen angehören. Im Gegenteil: Gerade die klare Unterscheidung der Typen soll den Blick auf komplexe Mischungsverhältnisse ihrer Merkmale in den komplizierten Entwicklungen des deutschen Umgangs mit der Zeit des Nationalsozialismus schärfen. Die typisierte Zeitfolge von Generationen mit scharfen Merkmalsunterschieden z. B. läßt Aussagen über die Gleichzeitigkeit des Ungleichzeitigen in der deutschen Geschichtskultur der Nachkriegszeit zu. Sie erlaubt klare periodisierende Charakterisierungen und Zuordnungen, sie spricht Entwicklungsschritte an, beansprucht entwicklungslogische Kohärenz und schließt die Fülle der Phänomene begrifflich auf.

Beschweigen und Exterritorialisieren

In der ersten Epoche der Nachkriegszeit blieb natürlich der Nationalsozialismus im Bewußtsein und erst recht im Unbewußten aller Zeitgenossen lebendig. Seine Verbrechen hatten sich in die Erinnerung der Täter und der Opfer und all derer, die über sie Bescheid wußten oder sie zumindest ahnten, eingebrannt. Der Nationalsozialismus mit dem Holocaust war daher von Anfang an ein historisches Ereignis, *gegen* das die kollektive Identität der Deutschen nach Kriegsende formiert werden mußte. Zumindest hatte seine Erfahrung großen Einfluß (bewußt oder unbewußt) auf die Identitätsbildungsprozesse der Nachkriegszeit in Deutschland.

Für die Deutschen begann diese Zeit als Erfahrung einer vollständigen Niederlage, nicht nur militärisch, sondern auch in der kollektiven Selbstachtung und im nationalen Selbstverständnis. Das Kriegsende und die unmittelbare Nachkriegszeit wurden als radikaler Kontinuitätsbruch erfahren, in dem die Vergangenheit abgestoßen werden mußte und Zukunft als konturierte Handlungsperspektive noch nicht gewonnen war. Friedrich Meinecke (1946) hat diese Zeiterfahrung durchaus signifikant *Die deutsche Katastrophe* genannt.

Diese Katastrophe war (im Unterschied zur Niederlage des Ersten Weltkrieges) zugleich ein tiefer Identitätsbruch. Sie machte das bis dahin vorherrschende Nationalbewußtsein zutiefst fragwürdig. Die für jede Identität notwendige Selbstachtung der Betroffenen konnte nicht mehr ohne weiteres aus den kulturellen Ressourcen des traditionellen Nationalismus gespeist werden; denn diese Ressourcen waren vom Nationalsozialismus in hohem Maße aktiviert und ausgeschöpft und durch seinen Untergang dann auch erschöpft worden.

Um mental überleben zu können, mußte der Bruch der historischen Identität überbrückt und ihre fundamentale Krise überwunden werden. Dies geschah – zumindest auf der Ebene der intellektuellen Debatte und des Erziehungssystems – durch Berufung auf Traditionen, die als Gegensatz zur nationalsozialistischen Ideologie verstanden und affirmiert werden konnten. So schlug Meinecke (a. a. O.) z. B. einen Goethe-Kult zur Heilung deutscher Identitätsschäden vor.

An irgendwelche gemeinschaftsbildenden Traditionen konnte freilich nur angeknüpft werden, wenn die Blockade ihrer historischen Erstreckung in die Gegenwart durch den Nationalsozialismus beseitigt wurde. Um überhaupt wieder historischen Grund gemeinschaftsbildender Zugehörigkeit und Handlungsfähigkeit zu gewinnen, mußte die Nazi-Zeit und mit ihr der Holocaust aus derjenigen Geschichte eliminiert werden, auf die identitätsbildend Bezug genommen wurde. Nationalsozialismus und Holocaust waren keine historischen Ereignisse, die in *unsere* Geschichte gehörten. Sie wurden vielmehr dezidiert mit der Qualität des Andersseins behaftet, des Fremden, des von außen Hereinbrechenden, ja des Widerhistorischen schlechthin, *gegen* das das Eigene und Besondere artikuliert und behauptet werden mußte. Ganz typisch dafür ist die Art und Weise, wie Leopold von Wiese auf dem ersten deutschen Soziologentag nach Kriegsende die Zeit davor angesprochen hat: „Die Pest [kam] über die Menschen von außen, unvorbereitet, als ein heimtückischer Überfall. Das ist ein metaphysisches Geheimnis, an das der Soziologe nicht zu rühren vermag" (1948, S. 29).

Später ist diese Haltung vielfach kritisiert worden. Diese Kritik unterstellt als Gebot der Stunde nach 1945 eine Einsicht in die Verstrickung eines großen Teils der deutschen Bevölkerung in die Verbrechen des Nationalsozialismus. Daß eine solche Einsicht – so wünschenswert sie natürlich ist – nur unter bestimmten mentalen Bedingungen möglich gewesen wäre und ob und inwieweit solche Bedingungen gegeben waren, wurde weniger erörtert. Bewußtsein einer Niederlage, Kampf mit materieller Not und Schuldzuweisung von außen (durch die Sieger als die Anderen) verhinderten vielfach eine Disposition der Erinnerung zur Übernahme und Anerkennung dieser Verstrickung und Schuld als Teil der eigenen Lebensgeschichte. Es fehlte zumeist an innerer Freiheit zu einer solchen selbstkritischen Leistung, durch die einzig der Bann über diese Vergangenheit hätte gebrochen werden können (vgl. Paul, 1999). (Bemerkenswerte einzelne Ausnahmen bestätigen diese Regel.)

Die deutsche Identitätskrise wurde überwunden, indem in der öffentlichen Diskussion der Holocaust und die mit ihm zusammenhängenden Verbrechen beiseite geschoben wurden. Es wäre irreführend, hier von Verdrängung oder gar von Verleugnung zu reden. Daß diese Verbrechen geschehen waren, wurde einfach nicht zum Gegenstand eines intensiven und breit angelegten öffentlichen Diskurses gemacht. Unterschwellig blieben sie präsent und traten immer wieder andeutungsweise an die Oberfläche. Diese Nicht-Thematisierung hatte einen eigentümlichen Charakter, der am besten mit dem Ausdruck *kollektives Beschweigen* bezeichnet werden kann. Dieses Beschweigen gehört zur Gründungsgeschichte der neuen westdeutschen Demokratie. Sie gewann erstaunlich schnell an Boden, und eine Bedingung für diesen Erfolg war die Integration des größten Teils der Elite des Nazi-Systems in die neue Republik. Diese Integration hatte eine mentale Seite, denn es gab eine unausgesprochene Übereinstimmung darüber, daß die Verstrickung dieser Elite in die Nazi-Herrschaft und ihre Verbrechen einfach als Tatsache hingenommen, also nicht geleugnet, aber auch nicht thematisiert, sondern eben *beschwiegen* wurde. Das ist die bekannte These von Hermann Lübbe (1983). Seine These traf auf heftige und polemische Widerstände. In der Zwischenzeit ist sie durch ausgedehnte Forschungen empirisch bestätigt worden (vgl. dazu vor allem Frei, 1996). Das *kollektive Beschweigen der Naziverbrechen* war eine erfolgreiche politische Strategie der Integration (nicht nur) der Eliten in die neue Bundesrepublik Deutschland. Sie baute die mentalen Hemmungen ab, die eine explizite Verurteilung der (Mit-)Täterschaft als Bedingung dafür bedeutet hätte, den neuen demokratischen Staat aufzubauen.

Man sollte aber nicht übersehen, daß das Beschweigen bei allem politischen Erfolg eine mentale Innenseite hatte und dort einen hohen kulturellen Preis forderte. Da man die Vergangenheit ja nicht einfach durch Beschweigen zum Verschwinden bringen kann, blieb sie als beschwiegene mental präsent und wurde im Schweigen der Öffentlichkeit so verarbeitet, daß sie auf der Oberfläche des Bewußtseins ihren störenden und belastenden Charakter verlor. Das geschah teilweise durch schlichte Verdrängung. Aber viel wichtiger für die Mentalitätsgeschichte der Bundesrepublik waren die (noch wenig erforschten) mentalen Vorgänge der *Umdeutung*, die sie erträglich machten. Zusammen mit der Kraft unbewußt gemachter Erinnerung braute sich eine Konstellation des Erinnerns und Vergessens zusammen, die von der nachfolgenden Generation als schwere Belastung empfunden wurde und in den Prozessen ihrer Bewältigungsversuche wirksam blieb: „[...] daß angesichts der Millionen von Opfern der nationalsozialistischen Politik die Mehrzahl der Täter [...] in der Bundesrepublik beinahe ungeschoren davonkommen sollten, war ein allen Vorstellungen von Moral so grundlegend widersprechender Vorgang, daß dies unmöglich ohne schwerwiegende Folgen für diese Gesellschaft [...] bleiben konnte" (Herbert, 1992, S. 15).[3] Man kann also vom Zerbrechen einer intergenerationellen Erinnerungsgemeinschaft sprechen. Ein solches Zerbrechen stellt eine schwere Störung der historischen Identität dar.

In den mentalen Strategien der Identitätsbildung in der ersten Generation wurden die Schreckenszüge der Nazi-Periode in das Anderssein der Täter projiziert, das jenseits der Grenzen des eigenen Selbst liegt. Die Nazis wurden dämonisiert und aus der deutschen Geschichte exterritorialisiert. Die *normalen* Deutschen – und das waren eben die, die mit ihrer Vergangenheit zurechtkommen mußten – erschienen als hilflose Opfer teuflischer Verführung. Die psychologische Strategie dieser Art historischer Identitätsbildung, ursprünglich eigene Geschichte in das Anderssein der Anderen zu exterritorialisieren, läßt sich mit den psychoanalytischen Kategorien der *Verschiebung* und der *Verkehrung* beschreiben. Sie kann ohne weiteres auch in den intellektuellen Höhen des akademischen Diskurses nachgewiesen werden.[4] Später bestätigte die Totalitarismustheorie diese Exterritorialisierung: Während des Kalten Krieges waren die Anderen jenseits des Eisernen Vorhangs zu identifizieren, und die belastende Erfahrung des Nationalsozialismus konnte in die Züge des Feindes, des Kommunismus, hineingeschrieben werden. So war man eben nicht selbst schuld, sondern die Anderen.

Später wurde diese politische Strategie des öffentlichen Beschweigens und der Exterritorialisierung als strukturelle Deformation des deutschen Geistes in der Bundesrepublik kritisiert. Diese Kritik war die Folge einer neuen Annäherung an die Nazi-Zeit, diesmal in Form einer *moralistisch-distanzierenden Vergegenwärtigung*. Sie konstituiert die zweite Epoche. Das prominenteste Zeugnis dieser Kritik und dieses Moralismus ist das Buch von Alexander und Margarete Mitscherlich *Die Unfähigkeit zu trauern* (1967; vgl. Schneider, 1993). Die Kritik übersah freilich die begrenzten Möglichkeiten des mentalen Überlebens im kollektiven Identitätsbruch und die Rolle, die das Vergessen (auch das Verdrängen) spielt, wenn eine tiefe Identitätskrise durch die Zerstörung bislang wirksamer historischer Kontinuitätsvorstellungen überwunden werden muß.

Moralische Distanzierung

Die nächste Generation der Nachkriegszeit mußte ihr eigenes Konzept kollektiver Identität in der kritischen Auseinandersetzung mit der Generation ihrer Väter und

Mütter entwickeln. Ihre Vorstellung historischer Zugehörigkeit ist im Verhältnis zum Holocaust durch zwei widersprüchliche Absichten geprägt: Die eine bringt den Nationalsozialismus bewußt in das kollektive Gedächtnis der Deutschen ein und gibt ihm dort eine wichtige Funktion in der Identitätsbildung. Zum ersten Mal bekam er einen Stellenwert in der historischen Perspektive, die im mentalen Feld des deutschen Selbstverständnisses endete. Allerdings war es nicht speziell der Holocaust, sondern die Nazi-Zeit insgesamt, die nun eine neue Rolle in der historischen Selbstverständigung der Deutschen spielte. Nazi-Zeit und Holocaust werden zum (negativ) konstitutiven Ereignis, zum *Gegenereignis* in der Geschichte, die die deutsche Identität konstituiert. Sie wurden durch Absetzung und Abgrenzung von ihnen zum integralen Teil des deutschen Selbstverständnisses.

Die neue Generation gründete ihr Selbstverhältnis und ihre Selbsteinschätzung auf eine strikte moralistische Kritik dieses Teils der deutschen Geschichte. Sie verwendete dabei universalistische Standards der politischen Kultur (in der westlichen Tradition), die für ihre politische Sozialisation im Konstitutionsprozeß der westdeutschen Demokratie bestimmend wurden. Martin Broszat hat die politischen Konsequenzen dieses kritischen Umgangs mit der deutschen Zeitgeschichte betont: Durch den „selbstkritischen Umgang mit ihrer älteren und jüngeren Geschichte" hätten die „Bürger der Bundesrepublik Deutschland [...] eines der besten Elemente politischer Gesittung" gewonnen, „das seit den späten fünfziger Jahren allmählich in diesem Staatswesen entwickelt worden ist" (1986, S. 194 f.). *Der Nationalsozialismus wurde durch bewußte negative Abgrenzung zum konstitutiven Element der eigenen Identität.*[5] Tiefenpsychologisch kann man von einer *Gegenidentifizierung* sprechen.[6] Diese Abgrenzung führte im Blick auf den Holocaust zu einer Identifikation mit den Opfern. Die Anderen waren die Täter (und untätigen Zuschauer). Anderssein als notwendiges Element des eigenen Selbst verlor seinen transhistorischen Status und wurde ein Teil der deutschen Geschichte selber, *gegen* die das neue Deutschland historisch gesetzt wurde.

Diese Integration des Holocaust in die deutsche Geschichte veränderte die Vorstellung kollektiver Identität. Hinsichtlich ihrer Besonderheit verlor die deutsche Geschichte die Züge einer verbindlichen Tradition. Tradition wurde durch universalistische Werte und Normen ersetzt. Dieser Universalismus wurde zum (positiv) konstitutiven Faktor für ein neues deutsches Selbstverständnis. Dafür steht eindrucksvoll die Philosophie von Jürgen Habermas und ihre intellektuelle Wirkung seit den sechziger Jahren. Er gewann seine mentale Überzeugungskraft durch das negative historische Beispiel der Nazi-Zeit. Eingebracht in den Horizont deutscher Selbstwahrnehmung, drängte der vergegenwärtigte Nationalsozialismus die neue Generation in die mentale Attitüde, für sein Gegenteil zu stehen. Sie positionierte sich streng jenseits eines historischen Verhältnisses zu ihm, das in das Zentrum des eigenen Selbst hineinreichen könnte. Das eigene Selbst bewegte sich also, indem es diesen moralischen Grund unter die Füße bekam, aus den Besonderheiten der deutschen Geschichte heraus. Damit wurde die zweite Generation fähig, sich von der mentalen Erblast des Beschwiegenen zu befreien und sich zugleich von der Tätergeneration zu distanzieren. Insofern gehört zu ihrem geistigen Inventar in der Tat eine *Moralkeule*.[7]

In diesen mentalen Vorgängen wurde Anderssein zum Teil der eigenen Geschichte. Das Anderssein wurde in der Vergangenheit des eigenen Volkes angesiedelt, aber eben so, daß es zugleich aus dem Bereich des eigenen Selbst ausgeschlossen wurde. Historisches Denken wurde *kritisch* (vgl. Welskopp, 1999).[8] Diese merkwürdige Mischung von Integration und Exklusion ist fragil. Ein metahistorischer Universalismus von Normen und Werten wird auf historische Erfahrung in der Form des Widerspruchs bezogen. Diese fragile Form herrscht bei vielen Deutschen noch heute vor.

Die Problematik dieser Verarbeitung des Holocaust in die historischen Züge der eigenen Identität liegt auf der Hand. Mit Widerspruch und Exklusion allein läßt sich der reale historische Zusammenhang der deutschen Geschichte des 20. Jahrhunderts im Blick auf Nazi-Zeit und Holocaust nicht plausibel machen.

Historisierung und Aneignung

Eine dritte Epoche in der Gestaltung dieses Verhältnisses scheint anzubrechen. Es ist eine offene Frage, ob sich wirklich eine neue politisch wirksame Form kollektiver Identität durch ein neues Verhältnis zum Holocaust bildet. Aber es gibt einige symptomatische Indikatoren dafür.[9] Das entscheidende neue Element, das die deutsche Identität umgestaltet, ist eine Öffnung der deutschen Geschichtskultur auf einen *genealogischen Zusammenhang mit den Tätern*. Dieser ist im Blick auf die Kette der Generationen eine objektive Tatsache, deren Bedeutung für die jüngere Mentalitätsgeschichte der Deutschen gar nicht überschätzt werden kann. Die moralistische Holocaustkritik und die ihr konforme Identifikation mit den Opfern hielt den intergenerationellen Zusammenhang aus den konstitutiven Elementen des historischen Selbstverhältnisses der Deutschen heraus – in der eigentümlichen Form einer *negativen Vergegenwärtigung*.

Der wachsende Abstand zum Holocaust im Generationswechsel eröffnet nun die Chance, den mentalen Bruch zu schließen, der die Deutschen von heute von ihren Vätern und Großvätern in der historischen Perspektive ihres Selbstverhältnisses trennt. Die Täter des Holocaust waren *die Anderen*. Aber diese *Anderen* waren zugleich Deutsche wie diejenigen, die sich mit ihnen im Generationswechsel der deutschen Geschichte nicht (oder nur negativ) ins Benehmen setzen konnten. Genau dieses Benehmen, diese intergenerationelle Vermittlung scheint nun zu beginnen.

Ich zähle einige Indizien dafür auf:[10] eine exemplarische Studie zum intergenerationellen Verhältnis auf psychoanalytischer Grundlage (vgl. Schneider et al., 1996), eine neue Perspektivierung der deutschen Zeitgeschichte über den Kontinuitätsbruch von 1945 hinweg mit der Frage nach der personellen Kontinuität (vgl. Herbert, 1996),[11] eine erstaunliche Häufung von Promotionsprojekten über den Nationalismus in den letzten Jahren[12] und dann vor allem die Tatsache, daß angesehene Teilnehmer an der öffentlichen Debatte über den Umgang mit dem Holocaust in Deutschland damit beginnen, bewußt und manchmal sogar provozierend *wir* zu den Tätern zu sagen. So plädiert zum Beispiel Christian Meier dafür, den Holocaust in die identitätsbildende Perspektive der deutschen Geschichte zu integrieren. Im Vorwort der Neuauflage seines Buches *40 Jahre nach Auschwitz* spricht er unmißverständlich von einem „hypothetischen Versuch, die Deutschen von 1933 bis 1945 in ein historisches *Wir* einzuschließen" (1990, S. 10). Ernst Nolte hat in seiner Polemik gegen seine Kritiker Meier als „Protagonisten des *großen Wir*" bezeichnet (1987b, S. 49). Meier selber hat dieses *Wir* in anderem Zusammenhang als *postnationales* spezifiziert und dabei betont, daß es aus einer Entlastung vom Erfahrungsdruck durch Historisierung und Generationendifferenz heraus möglich wurde: „Die Nachkommen können sich so frei gegenüber dieser Geschichte *betroffen* zeigen, weil sie sich nicht mehr als Nachkommen betroffen fühlen. Mit dem Abtreten der unmittelbar Beteiligten reißt für uns der Faden zur eigenen Geschichte, die ja an sich auch die Geschichte der toten Vorfahren ist. Wir sind insofern postnational" (1997b, S. 123). Ich sehe in dieser Ambivalenz Meiers eine Nachwirkung der moralischen Distanzierung, die für die zweite Generation typisch ist. Das Echo auf Goldhagen beim breiten Publikum der Interessierten steht m. E. eher dafür, daß der Faden nicht zerrissen ist, sondern sich neu – eben spezifisch historisch und nicht mehr unmittelbar moralisch – spinnt. Meier ist den Schritt von einer bloßen Hypothese zu einer positiven Aussage selber gegangen. In einem Artikel in der *Zeit* kommentiert er die Kontroverse über das Holocaustdenkmal in Berlin und bezeichnet den Holocaust als „unsere Verbrechen" (1997a, S. 48). Ähnliche Äußerungen finden sich bei Reinhart Koselleck (1997).[13] Tilman Moser – um eine Äußerung eines Nicht-Historikers und prominenten Psychoanalytikers zu zitieren – bemerkt in seinem Vorwort für die deutsche Ausgabe von Dina Wardis *Siegel der Erinnerung* (Wardi, 1997): „Wir Deutschen haben den Holocaust [...] organisiert und durchgeführt" (Moser, 1997, S. 17). Besonders eindrucksvoll hat dieses *Wir* Klaus von Dohnanyi in einem Beitrag zur Walser-Bubis-Debatte zur Sprache gebracht: „Wer in unseren Tagen zu diesem Land in seiner Tragik und mit seiner ganzen Geschichte wirklich gehören will, wer sein Deutschsein wirklich ernst und aufrichtig versteht, der muß sagen können: Wir haben den Rassismus zum Völkermord gemacht; wir haben den Holocaust begangen; wir haben den Vernichtungskrieg im Osten geführt. Diese Verbrechen sind, um mit Walser zu sprechen, deswegen auch unsere persönliche Schande. Nicht *Deutschland*, die abstrakte Nation; nicht das *Deutsche Reich*, die staatliche Organisation; nicht die anderen Deutschen – nein, wir selbst sind es gewesen. [...] Die deutsche Identität [...] wird heute eben durch nichts deutlicher definiert als durch unsere gemeinsame Abkunft aus dieser schändlichen Zeit [...]" (von Dohnanyi, 1998). Es ist erstaunlich, wie wenig dieses *Wir* in der Debatte als bemerkenswertes sprachliches Indiz eines neuen identitätsträchtigen Umgangs mit dem Holocaust wahrgenommen und erörtert wurde.[14]

Solche Äußerungen zeigen eine herausfordernde Notwendigkeit an, deutsche Identität im Blick auf den Holocaust neu zu konzipieren. Die objektiv vorgegebene genealogische Kette der Generationen ist ein strukturelles Element der historischen Perspektive geworden, innerhalb deren sich deutsche Identität formiert. Die Deutschen beginnen damit (vielleicht sollte ich vorsichtiger sagen: sollten oder könnten damit beginnen), sich selbst als Ergebnis einer historischen Transformation zu verstehen, in der die Täter, Nutznießer und Zuschauer des Holocaust integrale Teile der historischen Erfahrung werden, die als Spiegel der Selbstreflexion die Züge der deutschen Besonderheit erscheinen läßt. Die überzeitliche moralische Distanz der zweiten Epoche wird in eine *spezifisch historische Distanz* verändert. Der Holocaust scheint einen Stellenwert in der Kette der Ereignisse zu bekommen, die die Gestalt der deutschen Identität konstituiert. Natürlich verliert er an diesem neuen historischen Ort seinen Charakter als das Gegenteil des Wertsystems nicht, dem sich die Deutschen kollektiv verpflichtet fühlen. Natürlich nicht. Das Entscheidende dabei ist, daß mit der neuen historischen Plazierung dieses Anderssein nun ein Teil des eigenen Selbst geworden ist.

Die historischen Züge dieses neuen deutschen Selbstverständnisses müssen in ihren Einzelheiten erst Gestalt gewinnen. Die Inkonsistenzen in den bisherigen politisch und kulturell wirksamen Versuchen der Holocaust-Erinnerung müssen zugunsten einer neuen historischen Konsistenz überwunden werden. Eine Bedingung dieser Konsistenz besteht darin, daß die Kette der Generationen, die die Deutschen von heute mit den Tätern von gestern verbindet, nicht einfach zerrissen werden kann.

Von einer „Aussöhnung mit der nationalen Vergangenheit" (Konrad, 1998) wird so lange keine Rede sein können, als der Holocaust zu dieser Vergangenheit gehört, und daran dürfte sich auf absehbare Zeit nichts ändern. Es ist eine andere Frage, ob und wie die Integration des Holocaust in die deutsche Geschichte als Prozeß der

Normalisierung anzusehen ist. Wenn Normalität bedeutet, daß diese verstörende Negativität aus den historischen Zügen des deutschen Selbstverständnisses verschwindet, dann wäre sie nur um den Preis eines Ausstiegs aus dem intergenerationellen Zusammenhang möglich, und das wäre in der Logik der drei Typen schlicht widersinnig. Wenn es zur Normalität gehört, negative historische Erfahrung der eigenen Geschichte deutend anzueignen und mit ihr zu leben, dann ließe sich dieser Begriff verwenden. Saul Friedländer (1998) hat diesen Sinn von Normalität unmißverständlich deutlich gemacht: „Die Deutschen *sind* jetzt ein normales Volk, eine gewöhnliche Gesellschaft, wie jede andere. Niemand, der dies ausspricht, sollte und würde deswegen in irgendeinen Verdacht geraten. Aber ist eine normale Gesellschaft eine Gesellschaft ohne Erinnerung, eine, die sich der Trauer entzieht, eine, die sich von der eigenen Vergangenheit abwendet, um nur noch in Gegenwart und Zukunft zu leben?“ (Friedländer, 1998).

Anmerkungen

[1] Eine ausführlichere Fassung meiner Überlegungen erscheint in: Rüsen, J.: Zerbrechende Zeit. Über den Sinn der Geschichte. Köln 2001.

[2] Diese Überlegungen beziehen sich nicht auf die Erinnerungen und Deutungen des Nationalsozialismus durch die Deutschen insgesamt, sondern auf die öffentlich wirksame Geschichtskultur.

[3] Beispiele dieser Schwierigkeiten des intergenerationellen Diskurses über die Nazi-Zeit und ihre Folgen für die Identität der Betroffenen finden sich in der Untersuchung von Schneider et al. (1996).

[4] Ich verweise nur auf die Argumentation von Ernst Nolte im Historikerstreit, der zionistische jüdische Weltkongreß habe Deutschland den Krieg erklärt und daher sei Hitler zumindest dazu legitimiert gewesen, die Juden zu internieren (Nolte, 1987a).

[5] Avishai Margalit und Gabriel Motzkin sprechen vom Holocaust als „negativem Ursprungsmythos“ in der Nachkriegszeit; bei ihm handle es sich um eine Geschichte, die „jenen Punkt in Zeit und Raum“ erzählt, „von dem die Welt unserer Werte ihren Ausgang nahm“ (1997, S. 16). Ich halte den Begriff *Mythos* für irreführend, da das fundierende Ereignis hier ein faktisches innerweltliches Vorkommnis ist und nicht der mythischen *Ur*-Zeit als einer der irdischen entgegengesetzten göttlichen *anderen* Zeit angehört. Treffend ist demgegenüber der Ausdruck „grundlegender Augenblick“ (a. a. O.).

[6] Ich danke Werner Bohleber für seine anregenden psychoanalytischen Kommentare zu meinen Überlegungen.

[7] Martin Walser hat diesen polemischen Ausdruck in seiner umstrittenen Rede zur Verleihung des Friedenspreises des deutschen Buchhandels benutzt. Er unterstellt, es hätte dazu eine Alternative gegeben. Wie eine Befreiung von der Bürde des Beschweigens anders hätte erfolgen können, hat er nicht dargelegt.

[8] Das repräsentiert am eindeutigsten die sog. Bielefelder Schule der neuen Sozialgeschichte.

[9] Eine empirische Untersuchung der dritten Generation (ohne typologische Charakteristik) in Form von Intensivinterviews bietet Kohlstruck (1997).

[10] Im folgenden zitiere ich Autoren ganz unterschiedlichen Alters. Ich betone noch einmal, daß

es mir um eine typologische Charakteristik von Positionen im Diskurs und nicht um eine altersmäßige Einordnung der Autoren geht. Einige von ihnen stehen mit früheren Äußerungen für andere Typen.

[11] Ein spektakulärer Fall fand jüngst öffentliche Aufmerksamkeit und fachhistorische Deutung: die Verwandlung des SS-Mannes Schneider in den Germanistikprofessor und späteren Rektor der TH Aachen Schwerte; vgl. dazu König et al. (1997); Loth und Rusinek (1998).

[12] Darauf hat mich Christian Geulen hingewiesen.

[13] Ein weiterer Fund: „Als Deutscher stehe ich unvermeidlich auf der Seite der Täter. [...] Wenn ich mich in meinem Land verwurzelt fühlen möchte, muß ich mich auch in die Geschichte seiner Menschen hineinversetzen. So werde und bleibe ich verantwortlich verbunden mit dem, was Deutsche getan haben", so Thomas Auchter (1997, S. 231).

[14] Nur anmerkungsweise sei darauf verwiesen, daß sich das *Wir* der Zugehörigkeit nicht auf den Horizont deutscher Zugehörigkeit beschränken muß. Ian Kershaw z. B. sagte in einem Interview zu seiner Hitler-Biographie: „Hitler hat uns auf schlimmste Weise gezeigt, wozu wir fähig sind" (*FAZ* vom 1.10.1998). Hier hat die Holocaust-Erfahrung Bedeutung für die universale menschheitliche Dimension von Selbstverständnis gewonnen.

Literatur

Auchter, T. (1997): Jenseits des Versöhnungsprinzips. Die Grenzen des Erinnerns. Universitas, 52, 230–240.

Broszat, M. (1986): Wo sich die Geister scheiden. In: „Historikerstreit". Die Dokumentation der Kontroverse um die Einzigartigkeit der nationalsozialistischen Judenvernichtung. Texte von Augstein u. a. München, Zürich (Piper) 1987, 189–195.

– (1988): Nach Hitler. Der schwierige Umgang mit unserer Geschichte. München (dtv).

Dohnanyi, K. von (1998): Eine Friedensrede. Martin Walsers notwendige Klage. FAZ, 14.11.1998.

Frei, N. (1996): Vergangenheitspolitik. Die Anfänge der Bundesrepublik und die NS-Vergangenheit. München (Beck).

Friedländer, S. (1998): Die Metapher des Bösen. Über Martin Walsers Friedenspreis-Rede und die Aufgabe der Erinnerung. Die Zeit, Nr. 49.

Herbert, U. (1992): Zweierlei Bewältigung. In: Herbert, U. u. O. Groehler (Hrsg.): Zweierlei Bewältigung. Vier Beiträge über den Umgang mit der NS-Vergangenheit in den beiden deutschen Staaten. Hamburg (Ergebnisse-Verlag).

– (1996): Best. Biographische Studien über Radikalismus, Weltanschauung und Vernunft 1903–1989. Bonn (Dietz).

König, H. et al. (Hrsg.) (1997): Vertuschte Vergangenheit. Der Fall Schwerte und die NS-Vergangenheit der deutschen Hochschulen. München (Beck).

Kohlstruck, M. (1997): Zwischen Erinnerung und Geschichte. Der Nationalsozialismus und die jungen Deutschen. Berlin (Metropol).

Konrad, G. (1998): Die Freiheit des Erinnerns. Nachtrag zu der Kontroverse zwischen Martin Walser und Ignaz Bubis. Die Zeit, 22.12.1998.

Koselleck, R. (1997): Vier Minuten für die Ewigkeit. FAZ, 09.01.1997.

Loth, W. u. B.-A. Rusinek (Hrsg.) (1998): Verwandlungspolitik. NS-Eliten in der westdeutschen Nachkriegsgesellschaft. Frankfurt a.M., New York (Campus).

Lübbe, H. (1983): Der Nationalsozialismus im deutschen Nachkriegsbewußtsein. Historische Zeitschrift, 236, 579–599.

Margalit, A. u. G. Motzki (1997): Die Einzigartigkeit des Holocaust. Deutsche Zeitschr. Philosophie, 45, 3–18.

Meinecke, F. (1946): Die deutsche Katastrophe. Betrachtungen und Erinnerungen. Wiesbaden (Brockhaus).

Meier, C. (1990): 40 Jahre nach Auschwitz. Deutsche Geschichtserinnerung heute. München (Beck).

– (1997a): Die Zeit, 11.04.1997.

– (1997b): Goldhagen und die Deutschen. Internat. Zeitschr. f. Philosophie, Heft 1, 119–123.

Mitscherlich, A. u. M. Mitscherlich (1967): Die Unfähigkeit zu trauern. Grundlagen kollektiven Verhaltens. München, Zürich (Piper) 1990.

Moser, T. (1997): Über die Weitergabe des stummen Entsetzens. In: Wardi, D. (Hrsg.): Siegel der Erinnerung. Das Trauma des Holocaust. Psychotherapie mit Kindern von Überlebenden. Stuttgart (Klett-Cotta), 9–18.

Nolte, E. (1987a): Zwischen Geschichtslegende und Revisionismus? In: „Historikerstreit". Die Dokumentation der Kontroverse um die Einzigartigkeit der nationalsozialistischen Judenvernichtung. Texte von Augstein u. a. München, Zürich (Piper), 13–35.

– (1987b): Das Vergehen der Vergangenheit. Antwort an meine Kritiker im sogenannten Historikerstreit. Berlin (Ullstein).

Paul, H. (1999): Brücken der Erinnerung. Von den Schwierigkeiten, mit der nationalsozialistischen Vergangenheit umzugehen. Pfaffenweiler (Centaurus-Verl.-Ges.).

Rüsen, J. (2001): Zerbrechende Zeit. Über den Sinn der Geschichte. Köln (Böhlau).

Schneider, C. (1993): Jenseits der Schuld? Die Unfähigkeit zu trauern in der zweiten Generation. Psyche, 47, 754–774.

– et al. (Hrsg.) (1996): Das Erbe der Napola. Versuch einer Generationengeschichte des Nationalsozialismus. Hamburg (Hamburger Ed.).

Wardi, D. (1997): Siegel der Erinnerung. Das Trauma des Holocaust. Psychotherapie mit Kindern von Überlebenden. Stuttgart (Klett-Cotta).

Welskopp, T. (1999): Westbindung auf dem „Sonderweg". Die deutsche Sozialgeschichte vom Appendix der Wirtschaftsgeschichte zur Historischen Sozialwissenschaft. In: Küttler, W. et al. (Hrsg.): Geschichtsdiskurs. Bd. 5: Globale Konflikte, Erinnerungsarbeit und Neuorientierungen seit 1945. Frankfurt a.M. (Fischer Tb), 191–237.

Wiese, L. von (1948): Die gegenwärtige Situation, soziologisch betrachtet. In: Verhandlungen des Achten Deutschen Soziologentages vom 19. bis 21. September 1946 in Frankfurt/M. (1948), 29.

Rolf Vogt

Typische Abwehrformen bei Deutschen gegen die Erinnerung an die Ermordung der Juden

Sozialpsychologische und individuell-klinische Aspekte

Spätestens seit Freuds und Breuers *Studien über Hysterie* (1895d) wissen wir, daß Erinnerungen, die sich nur auf die Vorstellungsseite des erinnerten Vorgangs beziehen, keinen adäquaten Ansatzpunkt dafür bieten, sich von den möglichen damit verbundenen unbewußten Belastungen zu befreien. Günstiger sind die Bedingungen für einen Befreiungsversuch, wenn sich die zu dem erinnerten Ereignis gehörenden Gefühle einstellen.

Diese Verbindung von Vorstellung und der zu ihr gehörenden Emotion stellt im therapeutischen Prozeß den Ausgangspunkt dar, um die Macht vergangener Ereignisse auf die Gegenwart des Subjektes zu relativieren. Diese Vollständigkeit der Erinnerung bedeutet für das sich erinnernde Subjekt vor allem Schmerz. Um den Schmerz zu vermeiden, kann die bewußte Repräsentanz einer Erinnerung durch Abwehrprozesse eingeschränkt werden. Freud beschreibt schon in der *Traumdeutung* (1900a) drei basale Formen der Abwehr: sie kann sich prinzipiell entweder auf die mit dem erinnerten Ereignis verbundenen Gefühle richten oder gegen die Vorstellungsinhalte oder gegen beides, die Vorstellungsinhalte und die damit verbundenen Emotionen. Im ersten Falle erinnert sich das Subjekt an die äußeren Fakten des Ereignisses relativ affektlos, also ohne besondere emotionale Resonanz. Diese Form des Erinnerns schmerzt nicht. Im zweiten Falle trifft die Abwehr nicht die emotionale Erlebnisseite der Erinnerung, sondern den Vorstellungsinhalt. Die im Bewußtsein verbliebenen Emotionen verknüpfen sich mit anderen Vorstellungsinhalten, die das ursprüngliche Spektrum der Vorstellungen zudecken und es ersetzen. Im dritten Falle ist die Abwehr total. Sie bezieht sich sowohl auf die Vorstellungs- als auch auf die emotionale Erlebnisseite. Diese pauschale Kategorisierung der Erinnerungsstörung aus der Frühzeit der psychoanalytischen Theoriebildung mag zwar etwas schematisch und mechanistisch sein, doch leistet sie für eine erste Orientierung gute Dienste.

An die Stelle des Begriffes Erinnerung können wir auch den Terminus Bewußtsein setzen. Der Vorgang des Sicherinnerns entspricht in der Psychoanalyse dem Prozeß des Sich-bewußt-Werdens. Volle Erinnerung bedeutet volles Bewußtsein, Einschränkung des Erinnerns auf der Ebene der Vorstellung oder der Gefühle dagegen Einschränkung des Bewußtseins, d. h. Dominanz der Unbewußtheit im Bereich der Vorstellung oder der Emotion oder in beiden psychischen Bereichen.

Wenn wir uns dem Mord der Deutschen an den Juden zuwenden, ist die totale Abwehrform in Deutschland nur bei Rechtsextremisten zu finden. Einige von ihnen leugnen den Vorstellungsinhalt, Mord an den Juden, vollständig und deklarieren ihn als eine Erfindung der „Feinde" Deutschlands. Ebensowenig gibt es Raum für bewußte Gefühle von Schuld, Scham, Trauer und Wiedergutmachung. Wie es damit auf der unbewußten Ebene steht, ist schwer zu sagen, die Vermutung scheint aber angebracht, daß diese Emotionen wahrscheinlich bei Rechtsradikalen nicht oder kaum vorhanden sind. Aber vielleicht ist die Schreibweise „Au*ss*chwitz" bei einer Schändung jüdischer Gräber durch Rechtsradikale mehr als ein Zufall – es kann sein, daß es doch etwas zum Ausschwitzen gibt. Andere Rechtsextremisten stellen die Realität der Ermordung von sechs Millionen Juden nicht in Frage, nennen aber den Mord nicht Mord, sondern eine „notwendige Tötung", die gutzuheißen sei. In diesem Falle wird der Vorstellungsinhalt nicht total verdrängt, sondern manipuliert: Aus Mord wird „notwendige Tötung". Der Hintergrund der rechtsextremen Haltung ist eine intensive Identifizierung mit einer hochgradigen Idealisierung des deutschen Volkes, an dem kein Makel haften bleiben darf, schon gar nicht ein derart monströses Verbrechen. Die massive Idealisierung der eigenen Nation hat die Funktion, ihre Mitglieder aufzuwerten, sie großartig zu machen als Gegengewicht gegen die niederdrückende Realität ihrer psychosozialen Situation: keine tragfähige Zukunftsperspektive, Arbeitslosigkeit, Wurzellosigkeit, gesellschaftliche Randexistenz, Ohnmacht und Schwäche.

Mit der Selbstidealisierung wird das negative Selbstbild auf die Fremden, die Nicht-Deutschen, die Ausländer und die Juden, die als Nicht-Deutsche deklariert werden, projiziert und an diesen in destruktiver Weise im Sinne einer Selbstentlastung bekämpft. Die rechtsextreme Gruppenzugehörigkeit schafft Gemeinsamkeit. Die gemeinsam vollbrachten kriminellen Taten erhöhen die Gruppenbindung und erfüllen ein heldisches Ideal, weil eine in der deutschen Bevölkerung historisch verankerte antisemitische und ausländerfeindliche Haltung, die sich üblicherweise hinter der vorgehaltenen Hand oder am Stammtisch äußert, „mutig" in die Tat umgesetzt wird.

Bei den deutschen Linksextremisten der siebziger und achtziger Jahre war eine andere Abwehrform verbreitet. Hinsichtlich der Vorstellungsinhalte erschien die Erinnerung intakt. Der Mord an den Juden wurde als historisches Faktum anerkannt und verurteilt. Gegenüber den heute lebenden Juden, vor allem gegenüber dem Staat Israel, zeigte sich aber eine überwiegend feindselige Haltung. Der Slogan „Macht den Nahen Osten rot, schlagt die Zionisten tot" (vgl. Chasseguet-Smirgel, 1986) fand in linksextremen Kreisen viel Zustimmung. Die Israelis sind in dieser Wahrnehmung eine mächtige und rücksichtslose Tätergemeinschaft, wobei die Palästinenser nur in der Rolle der bemitleidenswerten, verfolgten, entrechteten und ohnmächtigen Opfer gesehen wurden. Die engen und solidarischen politischen Kontakte zwischen den deutschen Linksextremisten und terroristischen Palästinensergruppen sind allgemein bekannt. Die Haltung der Linksradikalen erscheint nicht ganz so irrational wie die der Rechtsradikalen. Die im Vergleich zu den Palästinensern überwältigende Militärmacht der Israelis und manche harte Entscheidungen der israelischen Politik bieten zwar rationale Ansatzpunkte für die Täter-Opfer-Klassifikation durch deutsche Linksextremisten, doch verrät diese Klassifikation und massive Überspitzung bei der Interpretation der politischen Verhältnisse, daß hier intensive Abwehrprozesse der Verleugnung, Rationalisierung und Verkehrung ins Gegenteil wirksam sind. Die Tendenz, den Israelis einen Völkermord anzuhängen und sie in die Position der Nationalsozialisten zu schieben, ist offensichtlich.

Welches Motiv und welche Funktion hat diese Abwehr? Es ist die Aufrechterhaltung der Abwehr von Schuld und Scham. Wenn die den Staat Israel tragenden Nachkommen der ermordeten Juden genauso schlecht sind wie die Nazis, dann wiege die deutsche Judenvernichtung nicht mehr so schwer. Auch hier sehen wir eine Verfälschung des Erinnerungsprozesses.

Nach dieser nur groben Skizze des rechten und linken Randes der deutschen Gesellschaft möchte ich mich nun deren Mitte zuwenden. Bevor ich in die empirischen Details gehe, sind einige Überlegungen zum Begriff der Schuld angebracht, da er für meine Argumentation von zentraler Bedeutung ist. Die während der NS-Zeit geschichtstragende deutsche Generation hat mit der Ermordung der Juden eine reale und persönliche Schuld auf sich geladen, die entweder durch Taten oder Unterlassung von Taten bestimmt ist.

Goldhagen hat die Seite der persönlichen Verantwortung in seinem Buch *Hitlers willige Vollstrecker* (1996) drastisch vor Augen geführt. Die Mitscherlichs haben sich in ihrem Buch *Die Unfähigkeit zu trauern* (1967) mit den Formen der Abwehr gegen die reale Schuld der während der NS-Zeit geschichtstragenden deutschen Generation befaßt. Giordano (1987) zählt noch eine zweite deutsche Schulddimension ebenfalls realer Natur dazu, die nach dem Ende des Zweiten Weltkrieges in Erscheinung trat:

> „Hauptthema ist die historische Fehlentscheidung einer Mehrheit der heute älteren und alten Generationen, sich mit der nationalsozialistischen Vergangenheit und der eigenen Rolle in ihr nicht ehrlich auseinanderzusetzen, belastende Erinnerungen abzuwerfen und sich aus einem kompromittierenden Abschnitt selbsterlebter und mitgestalteter Nationalgeschichte herauszustehlen. Dies in Mittäterschaft einer Vielzahl bundesdeutscher Politiker aller Parteien, die um der Wählerstimmen willen dem nationalen Kollektiv der Hitleranhänger bei Verdrängung und Verleugnung weit entgegengekommen sind und damit ihren Anteil zur zweiten Schuld beigetragen haben“ (S. 12).

Wenn wir bedenken, daß diese Zeilen 1987 geschrieben worden sind, müssen wir heute wohl weniger von den älteren als von den alten deutschen Generationen sprechen. Diese zweite Schuld der deutschen Nachkriegsgesellschaft bezeichnet er auch als „großen Frieden mit den Tätern“:

> „Wir leben in einem Land, wo dem größten geschichtsbekannten Verbrechen mit Millionen und Abermillionen Opfern, die hinter den Fronten umgebracht worden sind wie Insekten, das größte Wiedereingliederungswerk für Täter folgte, das es je gegeben hat“ (a. a. O., S. 9 f.).

Die politischen und psychologischen Konsequenzen der ersten und zweiten Schuld sind heute noch wirksam. Die Vereinigung der beiden deutschen Teilstaaten hat daran wohl nichts Prinzipielles verändert. Unter dem staatlich verordneten „Antifaschismus" in Ostdeutschland scheint die mangelnde Verarbeitung der NS-Vergangenheit ebenfalls noch virulent zu sein. Als wesentlichen Aspekt der zweiten Schuld bezeichnet Giordano die Belastung der Söhne, Töchter und Enkel durch die ungelösten Verstrickungen der alten Generation in den Nationalsozialismus. Es gibt dazu inzwischen eine umfangreiche Literatur, auf die ich hier nicht eingehen kann (vgl. Eckstaedt, 1989; Eickhoff, 1986; Hardtmann, 1982; Hinze, 1986; Rosenkötter, 1979, 1982; Simenauer, 1981; Moser, 1996).

Bei dem Schuldthema ergibt sich die Frage: Wie stellt sich die Schulddimension im Erleben und in der Haltung der jüngeren deutschen Generationen dar, die während der NS-Zeit entweder noch unmündige Kinder oder gar nicht geboren waren? Auf bewußter Ebene finden wir alle Formen der Auseinandersetzung mit Taten und Unterlassungen der alten Generation, die von heftigen Vorwürfen über vorsichtige Abgrenzungen und resignative Relativierungen der eigenen Fähigkeit, damals anders gehandelt haben zu können, bis zu Indifferenz oder positiver Bejahung reichen. Auf unbewußter und teils auch bewußter Ebene erscheinen bei Angehörigen der jüngeren deutschen Generationen, die während der NS-Zeit unmündige Kinder oder noch nicht geboren waren, Schuldgefühle, als seien sie selbst an den Untaten während der NS-Zeit beteiligt gewesen. Eickhoff (1986, 1991) hat dieses Gefühl des Schuldigseins an nicht selbst begangenen Taten bei der Analyse der Tochter eines Nationalsozialisten beschrieben und nennt es im Anlehnung an Freud (1923b, S. 279) ein „entlehntes Schuldgefühl", das sich aus der Identifizierung der Analysandin mit den Taten ihres NS-Vaters speist. Das „entlehnte Schuldgefühl" bezieht sich also nicht auf eine reale eigene Schuld, sondern auf die Identifizierung mit den Taten wichtiger Bezugspersonen, deren Handlungen gewertet werden, als seien sie eigene Taten. Das Schuldgefühl bei Angehörigen der jüngeren deutschen Generationen ist also ein „entlehntes", das einerseits auf der Identifizierung mit den Taten der Eltern und Großeltern während der NS-Zeit beruht, andererseits aber auch eine Identifizierung mit der Schuld beinhaltet, die die deutsche Nation gegenüber den Juden auf sich geladen hat. Die Intensität des „entlehnten Schuldgefühls" scheint mit der Größe der Schuld der Personen, auf die sich die Identifizierung bezieht, zu wachsen. Die ausgeprägteste Form dieses Gefühls habe ich ähnlich wie Eickhoff (1986) bei einer Analysandin erlebt, die einen nationalsozialistischen Vater hat. Es ist wichtig festzuhalten, daß der familialistische Blick der klinischen Psychoanalyse die familiären Identifizierungsprozesse bei der Entstehung des „entlehnten Schuldgefühls" überbetont, denn der nationale Identifizierungsmodus scheint von nicht geringerem Gewicht zu sein, doch bleibt er in der Regel stumm und unsichtbar, obwohl er weit über die Eltern und Großeltern hinausgehend das ganze Spektrum der deutschen Sozialisationsinstanzen umfaßt. Lediglich bei Rechtsradikalen wird „das Phantasma der Nation" (Bohleber, 1992, S. 684) in verzerrter Weise konkret und üblicherweise erst dann zu einem klar abgegrenzten, konkreten und spezifischen Erlebnisinhalt, wenn Deutsche sich im Ausland aufhalten, z. B. in einem Land, das früher unter den nationalsozialistischen Deutschen zu leiden hatte. Dort wird die Last der deutschen Geschichte plötzlich zu einer persönlichen Belastung, sobald wir nicht als Individuen, sondern als Angehörige der deutschen Nation wahrgenommen werden. Wir erleben nun bewußt Schuldgefühle, die wir ebenfalls als „entlehnte" klassifizieren können, da es ja nicht persönlich begangene Taten betrifft, sondern Ergebnis von nationalen Identifizierungen ist.

Wie haben wir nun das „entlehnte Schuldgefühl" als Resultat der Identifizierung mit Personen der eigenen Familie und der deutschen Nation, vielleicht besser: mit dem deutschen Volk, zu bewerten? Zunächst können wir darauf verweisen, daß Schuld als wesentliche Errungenschaft der Aufklärung sich nur auf persönlich verantwortete Taten beziehen darf. „Sippenhaft" und Kollektivschuld entsprechen nicht den moralischen Bewertungskategorien der zivilisierten Welt. Demnach ist das „entlehnte Schuldgefühl" ein irrationaler Vorgang. Aus der Perspektive der Moral sind die

Dinge also klar. Da dürfte es auch keinen Unterschied zwischen dem „entlehnten Schuldgefühl" als familiärem Identifizierungsmodus und als nationalem Identifizierungsmodus geben. Nun stellt sich die Frage, wie sich diese Verhältnisse aus psychologischer Sicht darstellen. Hier ergeben sich markante Unterschiede. Hinsichtlich des familiären Identifizierungsmodus kann ich sagen und innerlich kognitiv und emotional realisieren (vielleicht auch mit Hilfe einer Analyse): „Ich bin nicht mein Großvater, ich bin nicht mein Vater. Ihre Taten sind die ihrigen, meine Taten sind die meinigen". Mein Großvater und mein Vater überdauern nicht mich, sondern umgekehrt, ich überdauere beide. Hinsichtlich des nationalen Identifizierungsmodus ist die Situation eine andere. Ich kann nicht sagen: „Ich bin kein Deutscher". Das ergibt keinen Sinn, und es entsteht durch die Behauptung auch keine neue Realität. Ich kann lediglich sagen: „Ich will kein Deutscher sein". Ich kann versuchen, das zu realisieren, indem ich die deutsche Staatsbürgerschaft abgebe und mir eine andere zulege. Trotzdem trage ich alle kulturellen Prägungen meiner deutschen Sozialisation in mir. Anders als die familiären Generationenfolgen existierte Deutschland lange vor mir und wird mich überdauern. Die über das Geschichtsbewußtsein und die über den damit verbundenen Identifizierungsprozeß zwischen den Generationen vermittelte Lebensdauer der Nation übersteigen zwar die Lebensdauer einer Person, doch gründet sich die aktuelle Existenz der Nation auf ihre jetzt lebenden Mitglieder. Diese repräsentieren und tragen sie. Das historische Faktum, daß Deutschland durch die Ermordung von sechs Millionen Juden schwere Schuld auf sich geladen hat, bedeutet, daß die heute geschichtstragende Generation für die Folgen dieser Untaten die politische Verantwortung zu übernehmen hat, obwohl sie dafür persönlich keine Schuld trifft. Das sozialpsychologische Korrelat dieser historischen und politischen Verhältnisse sind, trotz der Ablehnung der Kollektivschuld aus moralischer Sicht, kollektive, teils bewußte, teils unbewußte „entlehnte Schuldgefühle" der Deutschen, die den aus Psychoanalysen und Selbstzeugnissen (vgl. von Westernhagen, 1987; Frank, 1988) von Nazikindern bekannten „entlehnten Schuldgefühlen" qualitativ ähneln. Im individuellen Fall besteht immer eine Mischung aus familiären und nationalen Identifizierungsmodi. Die Möglichkeit, den nationalen Identifizierungsmodi zu entkommen, dürfte noch geringer sein als bei den familiären. Eingeschlossen in diese psychischen Aneignungsprozesse sind auch die unbewußten, familiär und kollektiv unverarbeiteten Relikte der nationalsozialistischen Vergangenheit. Insofern setzt der Identifizierungsprozeß nicht relativ abstrakt an der weit zurückliegenden Ermordung der Juden an, sondern konkret an den immer noch aktuell wirksamen unbewußten Resten der nationalsozialistischen Haltung, die sie überhaupt erst ermöglicht hat. Das sind Relikte des alten Antisemitismus, die sich mit neuen Formen des Antisemitismus verbinden, den Bodek (1991, S. 335) treffend als „Schuldabwehrantisemitismus“ bezeichnet. Hier besteht ein fließender Übergang von einem irrationalen „entlehnten Schuldgefühl“ zu beginnender realer Schuld ähnlicher Qualität wie im Falle der von Giordano (a. a. O.) beschriebenen „zweiten Schuld“. Diese reale Schulddimension entsteht dort, wo wir es als Deutsche versäumen, uns mit unseren persönlichen und kollektiven nationalsozialistischen Anteilen auseinanderzusetzen. Es hat den Anschein, als beginne diese sich bei den jüngeren deutschen Generationen abzuschwächen.

Ich habe für meine Ausführungen bisher keine Belege beigebracht und möchte diese wenigstens mit knappen Hinweisen nachholen. Ich habe das Theaterstück *Die Stadt, der Müll und der Tod* von Fassbinder und die 1985 darum entstandene heftige Kontroverse untersucht, den sog. „Historiker-Streit“ im Jahre 1986, die 1988 vom damaligen Parlamentspräsidenten Philipp Jenninger gehaltene Rede bei der „Gedenkveranstaltung des Deutschen Bundestages aus Anlaß der Pogrome des nationalsozialistischen Regimes gegen die jüdische Bevölkerung vor 50 Jahren“ und die ebenfalls sehr heftige Debatte darüber (1995) und legte zusammen mit B. Vogt (1997) eine Analyse der Auseinandersetzung um das Buch von Goldhagen, *Hitlers willige Vollstrecker* (a. a. O.), vor.

In Fassbinders Theaterstück ist die Hauptfigur der „reiche Jude“, der einerseits mit allen gängigen antisemitischen Klischees behaftet ist, andererseits aber auch markant davon abweicht. Es ging in dem überaus heftig und mit internationalen Verwicklungen geführten Streit darum, ob dieses Dramolett antisemitisch sei oder nicht und ob es in Deutschland, vor allem in Frankfurt, aufgeführt werden sollte – ein Streit, der zeigte, daß die Thematik des Theaterstücks einen zentralen Punkt im politischen Selbstbild der Deutschen traf.

Ausgangspunkt des „Historiker-Streits“ war die These des konservativen Historikers Ernst Nolte, daß der deutsche Judenmord nur eine Kopie der sowjetischen Vernichtungslager im „Archipel Gulag" sei. Dementsprechend habe Hitler keine deutsche, sondern eine „asiatische Tat“ vollbracht.

Die Jenninger-Rede betraf die Nichtbeachtung der Differenz zwischen dem gesprochenen und dem geschriebenen Wort. Während im geschriebenen Text die zitierten Ansichten der Nazis durch Anführungszeichen erkennbar waren, erschien in der gesprochenen Rede die Differenz zwischen nationalsozialistischen Anschauungen und den Meinungen des Redners nicht mehr deutlich genug.

Goldhagen betont in seinem Werk in pointierter Weise die persönliche Verantwortung der NS-Täter und verweist alle politischen und sozialpsychologischen Erklärungen des Mordes an den Juden in die zweite Reihe. Seine Thesen setzten vor allem in Deutschland eine intensive und wiederum heftige Auseinandersetzung in Gang.

Die Ergebnisse der psychoanalytischen Untersuchung der erwähnten Debatten sind kurz umrissen folgende: Der zentrale Punkt ist eine massive Schuldabwehr bei den deutschen Diskutanten. Motiv dieser Schuldabwehr ist das entlehnte kollektive unbewußte deutsche Schuldgefühl. Die wichtigste generalisierte Erscheinungsform der beobachteten Abwehrvorgänge ist die schon von den Mitscherlichs (a. a. O.) beschriebene Form der „Derealisierung". Dieser Begriff ist der Psychopathologie entlehnt und bezeichnet ein Gefühl von Entwirklichung. Die Abwehr trifft hier nicht die Vorstellungsseite einer erlebten oder erinnerten Situation, sondern die emotionale Seite, d. h., der Vorstellungsinhalt ist präsent, doch fehlen weitgehend die damit verbundenen Gefühle, also die Erlebniskomponente. Die Entsetzlichkeit des Mordgeschehens wird ohne besondere Gefühlsregung erinnert, so als sei es nicht wirklich passiert.

Vor dem Hintergrund der „Derealisierung" entwickelt sich als besonders konstante Abwehrform die „Verkehrung der Opfer-Täter-Relation". Die Juden werden zu Tätern, die Deutschen zu Opfern. Weitere Abwehrmechanismen sind ebenfalls spezifische Manifestationen der Verdrängung, nämlich Verleugnung, Rationalisierung, Intellektualisierung und Projektion. Zur Veranschaulichung des bisher Gesagten will ich zwei Beispiele aus der Goldhagen-Debatte und eine klinische Vignette vorstellen.

Der bekannte bayerische SPD-Politiker Peter Glotz schreibt in seiner Rezension von Goldhagens Buch:

> „Wir haben gemordet, und zwar systematisch, massenhaft und aufgrund eines ideologischen Wahns. Deshalb sind auch die Nachkommen der Mörder oft genug unsicher, liebedienerisch, feige. Könnte uns die kühle, fachgerechte, nüchterne Kritik des Erstlings aus der Feder eines jungen jüdischen Gelehrten nicht als unsensibles Leugnen ausgelegt werden? Auf dem Feld der Holocaust-Forschung, so denken viele, ist ein rasches ‚Ja-ja' ungefährlicher als trockene Abwägung" (1996, S. 125).

Der 1939 geborene Politiker hat natürlich nicht selbst gemordet. Das „Wir" zielt sofort auf die kollektive Dimension, die selbstverständliche Identifizierung mit der deutschen Nation. Glotz spricht dezidiert als Deutscher und weniger als Individuum. Ebenso selbstverständlich bezeichnet er die Deutschen der zweiten Generation als Nazi-Kinder, als „Nachkommen der Mörder", zu denen er sich auch selbst zählt. Die „Nachkommen der Mörder", die politische Verantwortung tragende deutsche Generation von heute, sind „oft genug unsicher, liebedienerisch und feige", weil sie das „entlehnte Schuldgefühl" niederdrückt. Glotz will diesem Druck zur „liebedienerischen" Anpassung nicht einfach nachgeben, nicht einfach „jaja" sagen, sondern eine

„kühle, fachgerechte, nüchterne Kritik" vorbringen. Natürlich ist Goldhagen in diesem Zusammenhang kein amerikanischer, sondern ein „jüdischer Gelehrter". Glotz hat die nicht unbeträchtlichen Schwierigkeiten im Umgang mit Goldhagens Buch erkannt und versucht, damit zurechtzukommen.

Der Publizist Jost Nolte, Jahrgang 1927, schrieb unter dem Titel „Sisyphos ist Deutscher" (1996) einen Kommentar zu Goldhagens Buch, in dem er den Mythos von Sisyphos kurz umreißt und auf die deutschen Konzentrationslager verweist, wo in dem Programm Vernichtung durch Arbeit die Sisyphosthematik für die Häftlinge zur schrecklichen Realität wurde. „Die SS hat an den Leiden des Sisyphos Maß genommen" (a. a. O., S. 110), schreibt er nachdenklich. Dann bezieht er den Sisyphosmythos auf die Deutschen von heute, die sich vergeblich aus den Niederungen der NS-Zeit herauszuarbeiten versuchen. Sie würden immer wieder vom „Kreislauf der Argumente", vom Vorwurf der „Kollektivschuld" eingeholt:

> „Als jüngster Interpret der deutschen Schuld ist jetzt der amerikanische Soziologe Daniel Jonah Goldhagen aufgetreten [...] Wenn sein Pamphlet im August auf deutsch herauskommt, kann es bei uns für einen neuen Historikerstreit sorgen [...] Auf direktem Weg wird so der Völkermord wieder zu Kollektivschuld und darüber unversehens zur Erbsünde [...] Mehr als ein halbes Jahrhundert nach Hitlers Tod und nach der Wende von 1989/90, die an den Ergebnissen des Zweiten Weltkrieges rüttelte, sah es endlich so aus, als habe die Geschichte die Deutschen vom Schicksal des Sisyphos erlöst. Goldhagen hat sich alle Mühe gegeben, sie in die Verdammnis zurückzustoßen" (S. 111 f.).

In diesem Beitrag fällt zunächst eine für die Auseinandersetzung in Deutschland typische Abwehrfigur auf, nämlich die Gleichsetzung des Opferstatus der Deutschen mit dem der Juden: Zunächst sind die Juden durch den Zwang zu sinnloser Arbeit, die ihrer Vernichtung diente, Sisyphos, dann sind es die Deutschen in ihrem vergeblichen Bemühen, ihre Verbrechen während der NS-Zeit im Bewußtsein der Weltöffentlichkeit in den Hintergrund treten zu lassen. Goldhagen, der Sohn eines jüdischen Überlebenden, wird zum gnadenlosen Täter, der die Deutschen in die Verdammnis zurückstößt. Die Umkehr der Täter-Opfer-Relation ist – wie gesagt – wahrscheinlich in Deutschland die häufigste und markanteste Abwehrform des Mordes an den Juden. Goldhagen bewerkstelligt seine „Verdammnis" nach Noltes Meinung durch seinen Vorwurf der Kollektivschuld der Deutschen, die dieser jedoch prinzipiell ablehnt, indem er dezidiert die persönliche Verantwortung eines jeden NS-Täters hervorhebt. Hier scheint bei Nolte eine Abwehr eigener, vermutlich entlehnter Schuldgefühle gegenüber Goldhagen eine wichtige Rolle zu spielen. Die weitere Ausgestaltung der Kollektivschuld als „Erbsünde" verweist auf eine Schulddimension, die nicht durch eigenes Verschulden, sondern durch das Verschulden der Vorväter bedingt ist. Die Parallelen zum „entlehnten Schuldgefühl" sind deutlich.

Zum Abschluß eine klinische Vignette.

> Eine zweiunddreißigjährige Analysandin erzählte kurz vor dem Ende einer Analysestunde folgenden Traum: „Aus einer alten Villa werden durch uniformierte Männer Menschen hinausgeschafft. Es sind Juden, die in ein KZ abtransportiert werden sollen. Ich gehöre auch dazu. Ich bin eine Jüdin und habe schon einen gestreiften Sträflingsanzug an. Ich glaube, das ist alles. An mehr kann ich mich nicht erinnern."

Die Plazierung des Traums ans Stundenende verweist wohl auf einen Abwehrvorgang, der eine Deutung verhindern soll. Die Thematik, die der Erzählung des Traums vorausging und die ganze Stunde füllte, war die sehr emotionale Schilderung der in einem naturwissenschaftlichen Forschungsinstitut als Assistentin arbeitenden Patientin, wie sehr sie von den männlichen Vorgesetzten ihres Forschungsteams klein gehalten und gezielt in ihrer wissenschaftlichen Karriere behindert werde. Sie erlebte diese Schikanen gezielt gegen sich als Frau gerichtet. Sie sprach dabei auch von einem Forschungsstipendium in Frankreich, das sie erhalten solle. Der Vorsitzende der französischen Stipendienvergabestelle sei ein Jude. Er sei der einzige, der sie fördern wolle. Es habe sich zwischen ihm und ihr eine freundschaftliche Beziehung eingestellt, in der auch etwas von gegenseitiger Verliebtheit mitschwinge.

In der nächsten Stunde, als sie fortfuhr, sich als Opfer von Intrigen darzustellen, erwähnte ich den Traum, in dem sie ja auch ohnmächtiges Opfer gewalttätiger Männer gewesen sei. Zögernd bestätigte sie die Parallele, meinte aber, daß der Traum wohl doch „sehr massiv" sei. Die Frage, ob ihr zu der NS-Thematik des Traums etwas einfalle, verneinte sie. Ich äußerte die Vermutung, daß der Traum auch mit ihrer Annäherung an den jüdischen Kollegen etwas zu tun haben könnte. Wenn sie darin plötzlich eine Jüdin sei, bestehe bei ihr vielleicht eine Schwierigkeit, sich ihm als Deutsche zu nähern. Nach längerer Pause bemerkte sie, daß sie öfter solche Träume habe. Auf meine Entgegnung, daß das der erste Traum dieser Art im Laufe ihrer sechsjährigen Analyse sei, erzählte sie folgende Erinnerung: Als Schülerin sei sie bei einer Zugfahrt durch Frankreich mit einem älteren Mann aus Belgien ins Gespräch gekommen. Als er erfuhr, daß sie eine Deutsche sei, berichtete er, er sei während der NS-Zeit in Deutschland Zwangsarbeiter gewesen. Das sei so schrecklich gewesen, daß er Deutschland überhaupt aus seiner Vorstellung verbannt habe. Die Patientin sagte nun, sie habe sich damals so geschämt und sich so schuldig gefühlt, daß sie am liebsten „im Boden versunken“ wäre. Darauf angesprochen, ob sie etwas von diesen Gefühlen auch gegenüber dem jüdischen Kollegen, von dem ihr Stipendium abhänge, verspüre, erwiderte sie, daß das in der damaligen Intensität nicht zutreffe, aber ein „leicht mulmiges“ Gefühl habe sie schon bekommen, als der Kollege einmal davon sprach, er wolle sie in Deutschland besuchen. Auf meine Frage antwortete sie, daß der Nationalsozialismus in ihrer Familie keine besondere Rolle gespielt habe, ihre Eltern seien damals noch unmündige Kinder und die Großeltern keine Nazis gewesen. Ich war sehr unzufrieden mit meinem Versuch, den Traum der Patientin zu verstehen, und vermutete, daß sie ihrem jüdischen Kollegen gegenüber in eine jüdische Opferrolle schlüpfte, die bevorzugte kollektive deutsche Abwehrposition. Die aktuell erlebte Opferrolle der Patientin in der Auseinandersetzung am Arbeitsplatz hat wohl den Tagesrest für diesen Traum abgegeben.

Ich habe es bisher unterlassen, die Einfälle der Analysandin zum Traum in der analytischen Beziehung anzusprechen: die Parallele zwischen dem jüdischen Kollegen, der sie fördert, und mir, durch den sie sich auch gefördert fühlt. Tiefer: ich als der gewalttätige Mann, der sich ihrer bemächtigt. Warum ich nicht mit der zugänglichen positiven Oberflächendimension begonnen hatte, verstand ich erst später. Ich hatte wohl eine unbewußte Scheu, mich an die Stelle des jüdischen Kollegen der Patientin zu setzen, so als wäre das ungehörig, als würde ich dadurch die Abwehrform der Analysandin (als Jüdin im Traum) mitmachen. Die folgenden Analysestunden boten keine für mich erkennbaren Anknüpfungspunkte an die Thematik des Traumes. Hier liegt möglicherweise ein Unterschied zu älteren Analysanden, deren Eltern während der NS-Zeit erwachsen und deren Väter Kriegsteilnehmer waren. In diesen Fällen treten verkappte nationalsozialistische Anteile wesentlich markanter und kohärenter hervor. Allerdings muß ich einräumen, daß ich nicht der Überzeugung bin, diesen Traum ausreichend verstanden zu haben.

Das kollektive entlehnte unbewußte Schuldgefühl darf als wesentliches Motiv für vielfältige Abwehrformen gegen die Erinnerung der Deutschen an die Ermordung der Juden bezeichnet werden. Dabei ist aber nicht zu verkennen, daß die Übergänge von einem entlehnten zu einem real begründeten Schuldgefühl fließend sind, und dies um so mehr, je mehr destruktive judenfeindliche Phantasien eine Rolle spielen. Dies ist durch sozialpsychologische Untersuchungen nicht gut zu klären, klinische Erkenntnisse hingegen führen hier wesentlich weiter. Die eindrücklichste Erfahrung zu dieser Thematik machte ich durch die Analyse der Tochter eines Nationalsozialisten, für deren Publikation ich aber leider keine Genehmigung habe.

Literatur

Bodek, G. (1991): Die Fassbinder-Kontroversen. Entstehung und Wirkung eines literarischen Textes. Frankfurt a.M. et al. (Peter Lang).

Bohleber, W. (1992): Nationalsozialismus, Fremdenhaß und Antisemitismus. Psychoanalytische Überlegungen. Psyche, 46, 679–709.

Chasseguet-Smirgel, J. (1986): Zwei Bäume im Garten. München, Wien (Verl. Internat. Psychoanal.) 1988.

Eckstaedt, A. (1989): Nationalsozialismus in der „zweiten" Generation. Psychoanalyse von Hörigkeitsverhältnissen. Frankfurt a.M. (Suhrkamp).

Eickhoff, F.W. (1986): Identification and its vicissitudes in the context of the Nazi-phenomenon. Int. J. Psycho-Anal., 67, 33–44.

– (1991): Über das „unbewußte entlehnte Schuldgefühl". Einige fallbezogene Nachgedanken zum 34. Kongreß der IPV in Hamburg. In: Juelich, D. (Hrsg.): Geschichte als Trauma. Frankfurt a.M. (Nexus), 45–58.

Frank, N. (1988): Der Vater. München (Bertelsmann).

Freud, S. (1900a): Die Traumdeutung. GW 2/3.

– (1923b): Das Ich und das Es. GW 13, 237–289.

– u. J. Breuer (1895d): Studien über Hysterie. GW 1, 75–312.

Giordano, R. (1987): Die zweite Schuld oder von der Last, Deutscher zu sein. Hamburg (Rasch u. Röhring) 1992.

Glotz, P. (1996): Nation der Killer? In: Schoeps, J. (Hrsg.): Ein Volk von Mördern? Die Dokumentation zur Goldhagen-Kontroverse um die Rolle der Deutschen im Holocaust. Hamburg (Hoffmann u. Campe), 125–129.

Goldhagen, D.J. (1996): Hitlers willige Vollstrecker. Ganz gewöhnliche Deutsche und der Holocaust. Berlin (Siedler).

Hardtmann, G. (1982): Die Schatten der Vergangenheit. In: Bergmann, M.S. u. M.E. Jucovy (Hrsg.): Kinder der Opfer – Kinder der Täter. Frankfurt a.M. (Fischer Tb) 1995, 239–261.

Hinze, E. (1986): The influence of historical events on psychoanalysis – a casehistory. Int. J. Psycho-Anal., 67, 459–467.

Mitscherlich, A. u. M. Mitscherlich (1967): Die Unfähigkeit zu trauern. München (Piper).

Moser, T. (1996): Dämonische Figuren. Die Wiederkehr des Dritten Reiches in der Psychotherapie. Frankfurt a.M. (Suhrkamp).

Nolte, J. (1996): Sisyphos ist Deutscher. In: Schoeps, J. (Hrsg.): Ein Volk von Mördern? Die Dokumentation zur Goldhagen-Kontroverse um die Rolle der Deutschen im Holocaust. Hamburg (Hoffmann u. Campe), 110–113.

Rosenkötter, L. (1979): Schatten der Zeitgeschichte auf psychoanalytischen Behandlungen. Psyche, 33, 476–493.

– (1982): Die Idealbildung in der Generationenfolge. In: Bergmann, M.S. u. M.E. Jucovy (Hrsg): Kinder der Opfer – Kinder der Täter. Frankfurt a.M. (Fischer Tb) 1995, 209–216.

Simenauer, E. (1981): Die zweite Generation – danach. Die Wiederkehr der Verfolgungsmentalität in Psychoanalysen. Jb. d. Psychoanal., 12, 8–18.

Vogt, R. (1995): Rainer Werner Fassbinders: „‚Der Müll, die Stadt und der Tod' – eine deutsche Seelenlandschaft". Psyche, 49, 309–372.

– (1997): Zur „Wiederkehr des Dritten Reiches in der Psychotherapie". Eine Auseinandersetzung mit Tilmann Moser über psychoanalytische Behandlungstechnik. Psyche, 51, 996–1015.
– u. B. Vogt (1997): Goldhagen und die Deutschen. Psychoanalytische Reflexionen über die Resonanz auf ein Buch und seinen Autor in der deutschen Öffentlichkeit. Psyche, 51, 494–569.
Westernhagen, D. v. (1987): Die Kinder der Täter. München (Kösel).

Hermann Beland

Gestillt mit Tränen – vergiftet mit Milch

Bericht von den Nazareth-Gruppenkonferenzen „Germans and Israelis – The Past in the Present"

Nazareth-Gruppenkonferenzen sind so etwas wie ein Selbstversuch von Deutschen und Israelis, um der unbewußten Identität beider Völker nach dem Holocaust in der Gegenwart der jeweils anderen Gruppe gewahr zu werden. Wir deutschen Analytiker hatten diese Konferenzen nötig, unsere israelischen Kollegen haben sie ermöglicht und hatten sie vielleicht selber auf eine ganz andere Weise auch nötig. Es geht um die kollektive Gegenwart der Vergangenheit, um das Problem der ‚second and third generations' auf je beiden entgegengesetzten Seiten, die die zerstörenden Erfahrungen der ersten Generation irgendwie tief abgewehrt oder psychosomatisch in sich tragen. Es geht um die Sehnsucht nach dem Zerreißen des Zwangs der unbewußten Weitergabe an die Kinder. Das ist das Unausweichliche an diesen Konferenzen: sie versehen jeden Teilnehmer mit bisher noch nicht gemachten massiven Selbsterfahrungen, ausgelöst durch die Begegnung in Gruppen, mit Identitätskonflikten, die zum Thema gehören. Diese Erfahrungen taugen unbedingt zum „Lernen aus Erfahrung" (Bion). Sie sind evident, so daß Theorien aus ihnen entwickelt werden können. Die bisher geleistete Arbeit steckt allerdings fast völlig in der *Toleranz der Erfahrung*, noch kaum in der Reflexion. Soweit hinter diesen Konferenzen eine geprüfte gruppendynamische Theorie steht, behauptet sie, daß die hier gemachten Erfahrungen auch für die großen Kollektive gültig sind, die durch unsere kleinen nationalen Gruppen vertreten wurden. Das bedeutet, daß sie auch von den großen Kollektiven gemacht werden können. Für die Deutschen geht es um die quälenden Familienerinnerungen, um eine beschämende Vergeltungsangst gegenüber den Völkern der Erde, um paranoide Schuldzustände und (für die Empfänger) um schwer erträgliche Wiedergutmachungsversuche, um private und kollektive Lähmungen von Mitleiden und internationaler Zusammenarbeit, um Anerkennung und Trauern. Auf seiten der Israelis geht es um Verlustschmerzen, die nicht enden, um belastende, bisher nicht geteilte Erinnerungen, um die Hoffnung auf eine Integration deutscher Wurzeln, um familiäre Haßverpflichtungen, um die Bewältigung von Angst vor einer Wiederholung des Holocaust. Alle, die sich zur Konferenz anmeldeten, hatten Angst vor den Erfahrungen, die sie vor sich hatten und noch nicht kannten. So heißt denn der Name unserer Konferenzen: „Germans und Israelis – The Past in the Present", und die Hauptaufgabe der Konferenz lautete (sehr zurückhaltend): den Teilnehmern eine Möglichkeit zur Untersuchung zu bieten, wie während der Konferenz die Gefühle und Phantasien über „Deutsch-Sein" und „Israelisch-Sein"/„Jüdisch-Sein" die Beziehungen in beiden Gruppen und zwischen den beiden Gruppen beeinflussen.

Eine Israelin gab an, daß sie an der Konferenz teilnehmen wollte, weil ihre therapeutische Arbeit mit den Kindern von Überlebenden davon profitieren könnte. Allerdings spürte sie eine starke Abneigung gegen die Begegnung mit den Deutschen, und dahinter entdeckte sie, daß ihr Haß auf die Deutschen nicht aufhören sollte. Hassen bedeutete, den Holocaust zu erinnern, das eigene Volk und die eigene Familie nicht zu verraten. Hassen machte auch stark. Das alles war ihr vor der Konferenz klar.

Die Begegnung mit dem eigenen Haß gehörte bei allen Teilnehmern zu den erschütternden Konferenzerfahrungen, unterdrückt bei den Deutschen, um nicht wiederum zu traumatisieren, für viele Israelis hingegen in mehreren Gruppenerfahrungen verwirrend negativ und positiv zugleich, ausgelöst durch die Deutschen als Gruppe.

Am Ende der zweiten Nazareth-Konferenz wurde ein deutsches Mitglied massiv angefeindet, weil er sich am Sabbat eine jüdische Gebetskappe, eine Kippa, aufgesetzt hatte. Er wurde im Plenum gefragt, weshalb er das gemacht hätte. Er schwieg. Das sei wie die Verhöhnung frommer Juden durch deutsche Soldaten. Er solle sich rechtfertigen, warum er, ein Deutscher, sich eine Kippa aufsetzt, es wäre Blasphemie. Er schwieg. An ihm entlud sich eine enorme Vorwurfsspannung, die in beiden Gruppen existierte, eine Form von Haß. Später erfuhr man, daß er zuerst nicht antworten wollte, um etwas kostbares Eigenes zu schützen, daß er dann jedoch nicht mehr reden konnte. Hinter der Vorwurfsspannung, dem Haß, mußte sich nichtakzeptierte Schuld, Scham, Angst und Empörung verbergen. Man mußte sie merken und akzeptieren.

Ich möchte von der schärfsten Erfahrung berichten, die ich selbst während der drei Konferenzen mit mir gemacht habe. Es gehört zu den Ergebnissen der Konferenz, daß ich jetzt davon berichten kann, was ich in Bad Segeberg noch nicht über mich gebracht habe.

Die Staff-Mitglieder saßen an dem freien Abend der Konferenz zusammen im Restaurant. Wir wußten, daß wir in den vergangenen Tagen wirklich gearbeitet hatten und fühlten, daß wir gute Arbeit geleistet hatten. Ich saß am Ende eines langen Tisches, gegenüber von mir Jona Rosenfeld, ursprünglich aus Hamburg, neben ihm Karin Lüders, rechts von mir Rafael Moses, ursprünglich aus Berlin, einer der Väter dieser Konferenzen, ein Freund, dem ich eine ganze Entwicklung verdanke. Er aß

Hirschbraten mit Preiselbeeren, der Braten schien etwas zäh. Wir scherzten herum. Ich sagte zu ihm: „Du mußt die Preiselbeeren zum Fleisch essen. Es schmeckt sonst zu sehr nach Buchenwald." Ich sagte Buchenwald. Mir wurde eiskalt, als ich hörte, was ich gesagt hatte, und ich blickte in einen Abgrund. Karin versuchte mich aufzufangen.

Jeder Mensch kann die Dimension dieser Fehlleistung ahnen. Ich wagte sie auf der Konferenz noch nicht zu veröffentlichen. Mir tut leid, was ich gesagt habe, ich kann gar nicht sagen, wie sehr. Aber die Hauptsache ist: Ich lerne mich aus der scharf enthüllenden Erfahrung kennen. Sie ist eine Wirkung der Konferenz. Sie gehört meiner Meinung nach zu dem Antisemitismus *nach* dem Holocaust, den ich noch mehr fürchte, als jenen, der zum Holocaust geführt hat. Die Fehlleistung besteht aus der Projektion einer deutschen Melancholie nach dem Holocaust, verbunden mit einer Rache an den Opfern, an einem Freund, für meine sich vertiefende, auch kollektiv viel stärker fühlbare Teilhabe und Verantwortung, die ich nicht immer wieder fühlen will.

Erfahrungen der deutschen Vorgeschichte auf dem Wege zu diesen Konferenzen

Spielte auf den Konferenzen die Tatsache eine Rolle, daß die Mitglieder Analytiker waren? Wahrscheinlich keine entscheidende. Viel entscheidender war die Vorgeschichte der beteiligten deutschen Gruppen. Ich möchte zwei Vorgänge in den deutschen Analytikergruppen hervorheben. Es gab seit den siebziger Jahren ein wachsendes Bewußtsein von einem Zusammenhang zwischen der analytischen Identität und der klinischen Kultur in der DPV einerseits und der deutschen Vergangenheit, der Verantwortung für sie und dem Beschädigtsein durch sie andererseits. Vielleicht gab es tatsächlich so etwas wie ein Aneignungstabu: die deutschen Analytiker fühlten sich nach dem Krieg unbewußt nicht berechtigt, sich mit der Psychoanalyse als einem guten jüdischen Erbe in Freuds deutscher Sprache zu identifizieren, weil sie Deutsche waren, und haben deshalb als Großgruppe unverhältnismäßig lange gebraucht, das Beste der Psychoanalyse sich wieder anzueignen. Zu dieser depressiven und kollektiven unbewußten Phantasie (wenn sie denn richtig erfaßt ist) gehörte eine Art von paranoider ‚self-consciousness', von den Analytikern anderer Nationen schweigend als belastetes Kollektiv angesehen zu werden.

Während der fast fünfzehnjährigen Vorbereitungszeit bis zum Beginn der ersten Konferenz 1993 gab es eine weitere kollektive Grunderfahrung: Es geschah in Köln und Wiesbaden 1983 und 1984, als Hillel Klein und Rafael Moses zu den deutschen Analytikern sprachen („Von Schuld zu Verantwortung") und ihnen mit ihrer eigenen vorangehenden seelischen Arbeit halfen. Es waren israelische Kollegen, die als

Stimme des großen jüdischen Kollektivs gehört wurden, die die deutsche Situation erfahrbar machten, indem sie die deutschen Analytiker nicht in ihr alleine ließen. Für einen unvergeßlichen kollektiven Moment zerriß der historische Schleier. In der Tagungsbroschüre der Nazareth-Konferenzen heißt es hierzu:

> „As a group, they repeatedly experienced that the presence of an Israeli colleague was necessary to help them to become emotionally aware of aspects of their own personal involvement with the Holocaust."

Ergebnisse der Konferenzen

Ich glaube, daß die meisten Teilnehmer an den drei Konferenzen bejahen würden, daß dort vieles von dem erreicht wurde, was als Hauptaufgabe formuliert war. Einige hundert zentrale Erfahrungen sind gemacht worden, waren und sind individuell gültig und kollektiv wichtig. Sie strahlen aus. Jede und jeder einzelne, beide Gruppen haben Erfahrungen gemacht und Erkenntnisse gewonnen, die vertiefte Identitätswahrnehmungen beider Völker als subjektive Erfahrung enthielten, die, wie es ein Teilnehmer von Nazareth I formulierte, einer Reise dahin glichen, wo noch niemand vor uns gewesen ist, mit den einzig möglichen Partnern, um dorthin zu kommen.

Wenn ich trotz meines begrenzten Blickwinkels und vielleicht vorzeitig versuche, einige Veränderungen auf beiden Seiten zu beschreiben, die ziemlich ersichtlich kollektiv strukturiert waren, dann waren es folgende:

- Die Teilnahme an den Familienschicksalen auf beiden Seiten beendete die kollektiv gehaltenen Vorurteile über die Angehörigen der anderen Nation. Die Entwicklungsschäden, je jüdische, je deutsche, von denen jeder hörte, beendeten die unpersönlichen und stereotypen Vorstellungen von „den" Kindern der Nazis und „den" Kindern der Überlebenden, „den" Deutschen, „den" Israelis.
- Es gab eine Verringerung von paranoider Angst vor unentrinnbarer Beschuldigung und vor kollektiver Vergeltung bei vielen deutschen Teilnehmern und eine Zunahme im Anerkennen deutscher Motive und Taten, die zum Holocaust und zum Völkermord geführt haben.
- Es gab eine Befreiung von der familiären Verpflichtung bei einigen Israelis, die Deutschen als Nazis hassen zu müssen.
- Es gab Freundschaften bei großer Aufmerksamkeit für entgegengesetzte Erfahrungen und nicht verleugnete Unüberbrückbarkeiten.
- Die Anerkennung eines deutschen kollektiven Symptoms wurde erreicht, das bei Anwesenheit anderer Völker virulent wird und die Verantwortung für den Holocaust widerspiegelt, zu normaler sozialer Kompetenz (das Kain-Syndrom) nicht berechtigt zu sein.

- Die Integration von deutschen Wurzeln vieler israelischer Teilnehmer wurde eingeleitet.

Ich finde, daß das außerordentlich große und wichtige Veränderungen sind, die, ausgelöst durch das gruppendynamische Erfahrungswissen solcher Gruppenkonferenzen, nur durch die Gegenwart von Menschen beider Nationen möglich wurden.

Erfahrungen aus einer Small Study Group

Die Sitzung, von der ich berichte, wurde sehr stark durch zwei Frauen bestimmt, die sich im ersten Plenum in Bad Segeberg als Töchter gewöhnlicher Nazimütter, ‚ordinary Nazi mothers', bezeichnet hatten. Dieser Schockbegriff bewies eine neue Stufe von Offenheit, die nach meinem Eindruck auf den ersten beiden Konferenzen noch nicht möglich war. Die erste der beiden Frauen berichtete unter Tränen von einem massiven Neidanfall auf eine israelische Frau, auf deren körperliche Lebendigkeit, auf ihre Existenz. Es war für alle spürbar, daß hier eine deutsch-israelische Kain-und-Abel-Geschichte bekannt wurde, deren inneren Zwang alle mitempfanden. Sie berichtete, daß sie als Kind nicht gewußt hatte, wer sie war, wie sie „stimmte", weil ihre Mutter ohne Rücksicht auf die seelische Realität immer behauptete zu wissen, wie sie wäre, was sie jetzt erlebt hätte, was sie fühlte, was sie wollte. Sie wurde umdefiniert, es war undenkbar, sich zu wehren. Im Neidanfall hatte sie jene Frau ausgelöscht und sich ihre lebendige Eigenart angeeignet. Eine Israelin sagte darauf, daß sie schreckliche Kopfschmerzen bekommen hatte. Eine deutsche Teilnehmerin mußte den Raum verlassen. Sie kam zurück. Es war jene andere Tochter einer ‚ordinary Nazi mother'. Ich sagte, daß etwas Unerträgliches in der Gruppe sein müsse, das alle anginge, das sich jetzt körperlich ausdrücke. „It's me", sagte jene Zweite in das Schweigen, „do you want to share with me a poison?" Sie saß sehr gerade, sprach ruhig, den Kopf leicht zur Seite geneigt, während unaufhörlich Tränen ihr Gesicht herunterflossen. Sie sprach über die starre, vergiftete Atmosphäre zu Hause, die sie mit der Muttermilch aufgenommen hatte. Sie berichtete, wie sie auf dem Weg zum Kongreß an die Israelis gedacht hatte, die kommen würden. Sie hatte nur kollektiv an sie gedacht, daß „sie" alle gleich wären. Jetzt auf dem Kongreß hatte es sie wieder und wieder beschäftigt, wie verschieden alle waren, nur Individuen, beseelte Persönlichkeiten, die sie selbst waren und es spürbar wußten. Gestern abend nun hatte sie sich an die Gedanken auf der Reise erinnert, und sie hatte in ihren Gedanken *die auslöschende Denkweise ihrer Mutter* wiederentdeckt. Ihr Denken im Kollektiv hätte alle Individualität ausgelöscht, in Wirklichkeit hätte sie alle getötet. Tränen, Tränen, Tränen. Sie wäre stundenlang draußen im Regen herumgegangen, unaufhörlich weinend, etwas dadurch erleichtert, daß der Regen sich mit ihren Tränen mischte. Es wären nicht eigentlich Schuldgefühle gewesen, was sie so geschmerzt hätte und weiter schmerzte, es wäre das Gift der Denkweise, das Auslöschen der Person, das in ihr wäre. „I was milked with poison."

Erfahrungen aus den System Events

Die am stärksten bewegenden, um nicht zu sagen, die am stärksten erschütternden Konfrontationen der mitgebrachten nationalen Selbstverständnisse gingen generell von der Dynamik der System Events aus. Es gab auf jeder Konferenz sieben neunzigminütige Gruppenereignisse, die auf drei Tage verteilt waren, mit denen die Konferenzen am zweiten Tag sozusagen ein zweites Mal begannen, und zwar in national getrennten Gruppen. Sie hatten weiterhin die Hauptaufgabe, die deutschen und die israelischen Identitätsgefühle, und was alles dazu gehört, zu erforschen, wenn sich beide Gruppen begegnen.

In Bad Segeberg breitete sich in der israelischen Gruppe sehr bald enorme Angst vor den Deutschen aus. Die Entscheidung für einen deutschen Konferenzort war in Israel gefallen. Es war uns allen deutlich, daß eine Konferenz auf deutschem Boden die Angst der israelischen Teilnehmer vor den Deutschen, aber auch die Bedrückung wegen eines möglichen Verrats der eigenen Familien enorm erhöhen würde. Als ich in der zweiten System Event-Sitzung die israelische Gruppe miterleben konnte, war ich beeindruckt von dem Konkretismus der Angstüberzeugungen. Einige zitterten. Sie erlebten sich ohne jeden Schutz und führerlos. Sie würden in den Holocaust gehen, hieß es, wenn sie nach nebenan zu den Deutschen gehen würden. Vernichtungsangst und Erniedrigung waren massiv gegenwärtig. Kathy Pogue-White, unsere stellvertretende Direktorin, eine schwarze Professorin und Analytikerin aus New York, gab als Consultant die Interpretation, daß die Gruppe den eigenen israelischen Faschismus, den es zu Hause doch gäbe, auf die Deutschen nebenan projiziert hätte. Deshalb die enorme Angst. Die Deutung war so freundlich und nüchtern, daß sie wirkte. Die Gruppe konnte besser arbeiten. Sie bildete eine Anzahl von Themen, um die Deutschen einzuladen.

Heute weiß ich nicht, ob die Deutung dem Phänomen richtig entsprach, das wir miterlebten. Ich vermute heute, daß es sich um das Bewußtwerden eines israelischen Kollektivsymptoms handelte, eine traumatische Vergegenwärtigung des Holocausts, gegen die die Gruppe sich nicht wehren konnte, die zugleich die Toten ehrt, um sie nie zu vergessen, und die mit der Wiederkehr der Vernichtungsmentalität rechnet und sie verhindern will. Vielleicht ergänzen sich beide Interpretationen.

Aus den Arbeitsgruppen *Die Katastrophe ihres Gewissens* und *Grausamkeit, Allmacht und Herrschaft in der Konferenz* kam in der vierten System Event-Sitzung folgende Hypothese an alle, die die durchgemachte Angst vor den Deutschen ausdrückte:

> Die Begegnung von Israelis und Deutschen auf deutschem Boden ruft das Gefühl einer sich nähernden Katastrophe hervor ... Es gab eine Unfähigkeit in der israelischen Gruppe, irgendeine Führerschaft hochkommen zu lassen. Eine Hypothese zur Erklärung dessen lautete, daß jede Führerschaft entweder als grausame Diktatur oder als impotent geglaubt wird, was zu unsteuerbarer Anarchie führt. Jede Führerschaft wird deshalb als Machtausübung im schlimmsten Sinne des Wortes erlebt. Ein Teil der Anarchie äußert sich als perverse Auslöschung von Unterschieden ... zwischen Macht und Schwäche, zwischen Opfern und Verfolgern.
>
> Um uns von dieser sich wiederholenden paranoiden Position lösen zu können, brauchen wir die deutsche Gruppe, um darüber zu sprechen und um zu sehen, wie sie mit ihrer eigenen Katastrophe umgehen.

Folgende Hypothese des Staff resümierte die Dynamik des ganzen System Event:

> Die Teilnehmer, die zu dieser Konferenz gekommen sind, haben sich in eine schmerzhafte Situation gebracht, die als grausam erlebt werden kann. Das führt zu größerer Abhängigkeit vom Staff, führt zu Ängsten, ob er überhaupt aufnehmen kann, was er soll, und geht einher mit der Enttäuschung darüber, er würde sich nicht kümmern. Diese Verunsicherungen könnten zu tun haben mit unerwarteten, aber wirksamen Veränderungen im eigenen Identitätsgefühl, besonders mit der Angst, wertgeschätzte Teile der eigenen Identität aufzugeben, wie die Rolle des Opfers (bei den Israelis) oder die Schuld der Täter (bei den Deutschen).

Es war das erste Mal, daß eine derart zentrale Änderungsidee, und die Angst davor, im Rahmen der Konferenzen auftauchte. Ich fand sie außerordentlich wichtig. Sie machte die Konferenzdynamik verständlich und wirkte befreiend. Besonders der zweite Teil der Deutung nahm für mein Gefühl Entwicklungen vom Ende der zweiten Konferenz in Nazareth auf, auf der sich auf deutscher Seite eine Hoffnungslosigkeit und kollektive Lähmung abzeichneten, nicht zur Menschheit zu gehören. Diese merkwürdige Lähmung kann als kollektives Symptom, als akzeptiertes Kainszeichen angesehen werden. Auf der dritten Konferenz gab es zum ersten Mal eine interpretierende Infragestellung dieser deutschen Lähmung, die in Gegenwart anderer Nationen auftritt, als in gewissem Sinne (für die Nichtdeutschen) ärgerliche Verweigerung gemeinsamer Arbeit. Das ging mir zu schnell, aber ich war dankbar, daß dieses merkwürdige Phänomen erstmalig Existenzberechtigung als Kollektivsymptom bekam. Ich denke, daß es unbedingt weiter erforscht werden muß, bevor es als heimlich wertgeschätzter leidvoller Teil der eigenen Großgruppenidentität in Arbeit genommen und vielleicht beherrscht werden kann.

Konferenzen in Progreß?

Es sind zwei Evidenzen, die mir ausreichend erscheinen, im Prozeß der drei Konferenzen eine progressive Tendenz in Richtung auf eine Zunahme des Bewußtwerdens zu sehen: 1. eine Steigerung der individuellen Schmerztoleranz bei erweiterter Erfahrungstoleranz in kollektiven Tabubereichen; 2. das Bewußtwerden kollektiv konkretistischer Identitätsphänomene in beiden nationalen Gruppen, einhergehend mit zunehmender Bereitschaft, wertgeschätzte traumatisierende und traumatisierte Identitätsanteile in Frage stellen zu lassen und belastende Elemente zu integrieren. Beides legt meiner Meinung nach die Vermutung nahe, daß die Dynamik der bisherigen Konferenzen in einer gerichteten Bewegung verläuft.

H. Shmuel Erlich

Milch, Gift, Tränen

Bericht von den Nazareth-Gruppenkonferenzen „Germans and Israelis – The Past in the Present“

„Ich bin so enttäuscht – warum sind nur so wenige Israelis hier?“ Diese Frage eines deutschen Analytikers eröffnete die erste Nazareth-Konferenz. Von einer älteren israelischen Frau kam die spontane Antwort: „Wenn ihr nicht so viele von uns umgebracht hättet, wären mehr hier.“

Dieser schmerzhaft dramatische Wortwechsel leitete eine Serie von drei Arbeitskonferenzen ein, zu denen sich deutsche Analytiker mit ihren israelischen Kollegen getroffen hatten. Diese Konferenzen entwickelten nach und nach ein Eigenleben: Sie haben ihre eigene Historie, eine eindrückliche und fesselnde Gegenwart, unterschiedlich für jeden Teilnehmer, und eine noch unbekannte Zukunft. Bisher haben drei Konferenzen stattgefunden: 1994 und 1996 in Nazareth und 2000 in Bad Segeberg. So gut ich kann, will ich beschreiben, was sich bei diesen Treffen ereignet hat und sichtbar wurde, und hoffe, es macht deutlich, warum wir glauben, daß diese Konferenzen große Bedeutung haben. Vorweg möchte ich sagen, daß dieser Versuch nicht ganz gelingen kann, sosehr ich mich auch bemühe. Was ich beschreibe, ist mein persönliches Erleben: Genau wie in der Analyse hat es mit Lernen durch eigenes Erleben zu tun. Im Grunde hat jeder, der an der Konferenz teilgenommen hat, seine bzw. ihre eigene, jeweils unterschiedliche und einzigartige Konferenz. Es ist nahezu unmöglich, und zu einem gewissen Grad irreführend, darüber allgemeingültige Aussagen zu machen.

Kurzer historischer Abriß

Die Konferenzen sind aus verschiedenen Wurzeln hervorgegangen:

- persönlichen Verbindungen und Beziehungen zwischen israelischen und deutschen Psychoanalytikern, die sich über viele Jahre hin entwickelt haben;
- der Weiterentwicklung der Group Relations-Arbeit[1] in der Klein-Bion- und der Tavistock-Institute-Tradition (vgl. Miller, 1989), speziell in Israel, und durch Psychoanalytiker;

- der wachsenden Überzeugung, daß Erfahrungen im Zusammenhang mit dem Holocaust eine bedeutende, wenn auch noch nicht ausreichend verstandene Rolle bei der psychoanalytischen Arbeit sowohl in Israel als auch in Deutschland spielen, wenngleich in sehr unterschiedlicher Form;
- der Überzeugung, daß Analytiker aufgrund ihrer Ausbildung und ihrer Interessen weniger Abwehr entwickeln und deshalb eher bereit sind, mit emotionalen und unbewußten Prozessen umzugehen;
- der Überzeugung, daß unerträgliche Schuld und Trauer eher zu ertragen sind, wenn sie nicht allein ertragen werden müssen.

All dies führte zu der Erkenntnis, daß jede Gruppe für ihre Arbeit die Gegenwart der anderen braucht. Als geeigneter Ort für die ersten beiden Konferenzen wurde Nazareth gewählt. Eric Miller vom Tavistock Institute Group Relations Program wurde als Direktor benannt, der Staff bestand aus Deutschen, Israelis und „Anderen". Für diese Konferenzen wurde ein spezielles Design entwickelt.

Eine von der Deutschen Psychoanalytischen Vereinigung und der Israel Psychoanalytic Society zusammen mit der Israel Association for the Study of Group and Organizational Processes (OFEK) und dem Sigmund Freud Center der Hebrew University geförderte Konferenz war für 1993 geplant, mußte aber wegen mangelnder Teilnahme sowohl von israelischer als auch von deutscher Seite abgesagt werden. Trotz aller Hindernisse und Widerstände beschlossen wir, das Projekt weiterzuverfolgen. Wir entschieden auch, den Teilnehmerkreis zu erweitern. Die Deutsche Psychoanalytische Gesellschaft und die Israel Association of Psychotherapy wurden als Mitveranstalter eingeladen und waren dazu sofort bereit.

Die erste Konferenz „Germans and Israelis: The Past in the Present" fand im Juni 1994 in Nazareth statt. Dort waren 46 Teilnehmer (33 Deutsche und 13 Israelis) und 10 Staff-Mitglieder zugegen. Viele der Teilnehmer, einschließlich des Staff, beschrieben anschließend ihre Lernerfahrungen während der Konferenz als sehr wichtig, sowohl für sie persönlich als auch für ihre berufliche Arbeit. Die zweite Nazareth-Konferenz fand im Oktober 1996 mit 33 Teilnehmern (19 Deutschen, 14 Israelis) und 7 Staffmitgliedern statt. In vieler Hinsicht war es eine Fortsetzung der ersten Konferenz und bestätigte wiederum ihre Wichtigkeit für die Teilnehmer.

Die Anregung, eine dritte Konferenz, möglicherweise in Deutschland, abzuhalten, kam von seiten der Teilnehmer. In Israel und in Deutschland bildeten sich Gruppen, die das Interesse an einer weiteren Konferenz eruierten und die Arbeiten im Vorfeld übernahmen. Die Deutschen wollten sehr gerne, daß die dritte Konferenz in Deutschland stattfindet, hätten aber auch eine andere Entscheidung der Israelis verstanden und akzeptiert. Nach schwierigen Beratungen entschied sich die israelische

Gruppe für Deutschland. Die Evangelische Akademie Nordelbien in Bad Segeberg, Holstein, war hierfür ein geeigneter Ort. In einem offenen Brief, veröffentlicht in der *Psyche*, wurden die in Deutschland lebenden und arbeitenden jüdischen Kollegen – unter Hinweis auf ihre besondere und schwierige Position – eingeladen, an der bevorstehenden Konferenz teilzunehmen. Obwohl dieser Brief große Resonanz hervorrief, kamen die angesprochenen jüdischen Kollegen nicht nach Bad Segeberg. Gleichwohl war die Konferenz besser besucht als jede andere zuvor: 50 Teilnehmer, 29 Deutsche und 21 Israelis (fast doppelt so viele wie in Nazareth).

Struktur und Abläufe (Events) der Konferenz

Struktur und Abläufe dieser Konferenz spiegeln die binationalen und die multiplen Identitäten der Gruppenzusammensetzung. Im folgenden will ich verschiedene Events herausgreifen, um die emotionalen und die unbewußten Themen, die in dem entsprechenden Material auftauchten, genauer zu beschreiben. Statt die drei Konferenzen zu vergleichen, nehme ich nur Vignetten aus der letzten Bad Segeberger Konferenz.

„Zoom" ins Plenum

Alle Beteiligten, Teilnehmer und Staff, sind in den Sitzungen des Plenums versammelt. In der Eröffnungssitzung, dem Beginn der Konferenz also, stellte sich eine Frau aus Israel die Frage, warum sie nach Deutschland gekommen sei. Jetzt, da sie hier sei, schien das keinen Sinn zu machen. Eine Frau aus Deutschland sprach über ihren Angst-Wunsch, an der Konferenz teilzunehmen. Seit vier Jahren hatte sie ihr Kommen geplant. In der Vorausschau darauf hatte sie ihre Eltern zum ersten Mal gefragt, was diese während des Krieges getan hätten. Daraufhin brachen die Eltern die Beziehung ab. Sie fühlte sich verheerend und weinte bitterlich. Eine andere Frau aus Deutschland stellte in einem flachen, affektlosen Ton fest: „Ich bin die Tochter einer gewöhnlichen Nazi-Mutter." Dieser Satz hatte eine ungeheure Wirkung. Sofort wurde er zum Stichwort für viele nachfolgende Beiträge.

In einem Plenum gegen Ende der Konferenz nahm ein Israeli Bezug auf ein Telefongespräch mit seiner Mutter. Er hatte ihr von seinem Vorhaben erzählt, mit seinen deutschen Freunden nach Berlin zu fahren. Seine Mutter hatte daraufhin gesagt: „Geh nicht mit ihnen – sie haben Deine Großeltern umgebracht!"

Das Thema Mütter, „gewöhnliche Nazi-" und andere Mütter, und was diese ihren Söhnen und Töchtern weitergegeben hatten, war ein Hauptthema dieser Konferenz. Es wurde bearbeitet und ausgedehnt auf „gewöhnliche jüdische" Mütter und „jüdische Nazi-Mütter". Eine der weiblichen Consultants fand dafür ein schmerzhaftes Bild: „Ich bin mit Tränen gemilcht[2] (milked) worden." Unmittelbar darauf sagte eine deutsche Frau: „Ich bin mit Gift gemilcht (milked) worden." Das war ein starkes, fast körperlich zu spürendes Bild, an der Brust mit der Muttermilch das Gift einzusaugen.

Diese merkwürdige sprachliche Wendung war allen unmittelbar verständlich und wurde ganz normal weiter verwendet. Vielleicht rührte dies aus der Doppeldeutigkeit, daß die Mütter von den Kindern als stillend und gleichzeitig als sie „melkend" und sie dadurch entleerend (draining) erlebt werden.

In diesem Zusammenhang erbrachte die Auswertung der Altersstruktur der Teilnehmer einen auffälligen Befund. In allen zeitlichen Perioden (bis 1938, 1939–1945 und nach 1950) war die Anzahl der Mitglieder beider Nationalitäten bezogen auf ihr Geburtsjahr in etwa gleich. Eine Ausnahme machte die Periode zwischen 1946–1950, also die unmittelbar nach dem Krieg geborenen Kinder, die jetzt zwischen 50–54 Jahre alt sind. Fast die Hälfte der Konferenzteilnehmer kam aus dieser Altersstufe und übertraf die anderen Perioden im Verhältnis von 2:1 bzw. 3:1.

Dieses Auswertungsergebnis unterstreicht, was intuitiv bereits erahnt wurde: Die unmittelbar nach dem Krieg Geborenen hatten Mütter, die, möglicherweise unbewußt, ihre Kinder als Quelle von Lebendigkeit, Hoffnung und Bestätigung von Leben und Zukunft unbedingt brauchten. Insbesondere deutsche Mütter gaben ihren Nachkommen ihr eigenes Gefühl von Zerstörtsein weiter, zusammen mit dem Gift ihrer emotionalen Unerreichbarkeit, ihrer mitunter unverhohlenen Grausamkeit und vor allem ihrer Unfähigkeit zu trauern. Dabei machte es kaum einen Unterschied, ob die fehlende Trauer das zerbrochene persönliche Leben betraf, eine zerstörte Familie, oder das Aufgeben völkischer und nationaler Mythen, die für das Überleben wichtig gewesen waren.

Weiter ist erwähnenswert, daß in dieser Altersgruppe (50–54 Jahre) die Zahl der weiblichen die der männlichen Teilnehmer im Verhältnis 6:1 übertraf, wohingegen dieses Verhältnis innerhalb der Gesamtgruppe 2:1 bzw. 3:1 betrug. Obwohl es dafür keine schlüssige Erklärung gibt, kann es als Hinweis darauf verstanden werden, daß die auf beiden Seiten vom Krieg betroffenen Mütter eine besonders starke Wirkung auf ihre Töchter hatten. Diese könnten das Gift und die Tränen der Mütter in einer Weise internalisiert haben, die dazu beigetragen hat, einen professionellen Helferberuf zu ergreifen, und auch dazu, auf dieser Konferenz Antworten und Verständnis zu suchen.

Die Teilnehmer aus dieser Altersgruppe kamen zur Konferenz in Deutschland und brachten die schwere Last von Tränen und Gift mit, die sie mit der Milch ihrer „normalen" Mütter aufgenommen hatten. Für sie bot die Konferenz Gelegenheit, ihre Last mit den anderen, die sie verstanden, zu teilen, denn sie alle waren auf die gleiche Weise gemolken/gestillt worden. Diese Thematik einer erschreckenden Grausamkeit, die die deutschen Teilnehmer bei ihren Eltern und innerhalb ihrer engsten Familie erlebt hatten, war bereits auf früheren Konferenzen aufgetaucht und wurde jetzt fortgeführt und weiterentwickelt.

„Zoom“ in die Small Study Groups (SSGs)

Ich beziehe mich hier hauptsächlich auf meine eigene Small Study Group. Small Study Groups bestehen aus 9–12 Teilnehmern aus beiden nationalen Gruppen und einem/r Consultant. Hier rückte die Sprache und deren Fähigkeit, unbewußte und verschüttete Inhalte an die Oberfläche zu bringen, unmittelbar in den Brennpunkt. „Unschuldige“ Wörter, die im Gebäudeplan der Akademie auftauchten, wurden mit Bedeutung aufgeladen: „Lager“ wurde mit Konzentrationslager, „Gruppenraum“ mit „Lebensraum“ in Verbindung gebracht. Das deutsche Milieu wurde überzogen mit seinen kulturellen Symbolen und ihren Untertönen.

Geruch und Geschmack von Essen und Kochen, der Anblick von Bäumen und Pflanzen und Besonderheiten der Umgebung waren für einige der Israelis schmerzlich – es waren lange vermißte, ebenso eindringlich wie unerwartet auftauchende Geruchs- und Geschmackserinnerungen aus der Kindheit.

Die Plötzlichkeit des Auftauchens so vieler vergessener, verbotener und verdrängter Erinnerungen machte es anfänglich schwer, darüber in der Kleingruppe zu sprechen. Es wurde sehr leise gesprochen, in fast unhörbarem Flüstern – wie in einem Trauerhaus. Man machte sich nicht miteinander bekannt und wurde auch nicht nach seinem Namen gefragt. Dies änderte sich plötzlich, als eine Israelin sagte: „Mein Name ist Sara, genannt nach meiner Großmutter.“ Sie selbst und die Gruppe erlebten diese ganz alltägliche Bemerkung, als hätte eine Bombe eingeschlagen.

Eine andere Szene: Alle Frauen sind schwarz gekleidet, die Gruppe ist gemischt, auch gemischte Nationalitäten. Tod und Trauer sind spürbar und gleichzeitig der Wunsch, die Last der nationalen Identität abzuwerfen. Das manifeste Thema ist *Gift* und *Paranoia*: von den Eltern betrogen worden zu sein; die Welt als ein kranker, krebserregender Ort. Die latente Gefahr jedoch ist eine Veränderung der eigenen Identität. Das Gespräch geht in Richtung Schnee und Winter. Der Consultant bietet Schuberts „Gefrorene Tränen“ als Assoziation an. Abgestorbene Teile des Selbst sind unter Schnee begraben, vielleicht jedoch noch am Leben. Es kommt die Frage auf, ob die Israelis nach Deutschland gebracht wurden, um gefrorene (Selbst-)Anteile der Deutschen aufzutauen?

In der letzten Sitzung sitzen die Mitglieder derselben Nationalität paarweise zusammen. Wieder sprechen sie mit tonloser Stimme wie in Gegenwart von Toten. Es ist, als ob die verstorbenen Eltern in einem Kreis um die Gruppe herumsäßen. Neben Gefühlen von Trauer und Ehrfurcht ist die Furcht spürbar, in den Raum des

Anderen einzudringen. Die Arbeit, eigene verlorene Anteile wiederzufinden, muß vorsichtig angegangen werden, um Raum und Identität des Anderen, die jetzt so kostbar sind, nicht zu verletzen.

„Zoom" ins System Event (SE)
Vielleicht das aufschlußreichste und zentralste Ereignis ist das System Event. Die beiden nationalen Gruppen beginnen jede für sich in jeweils verschiedenen Räumen mit der Option, kleinere Gruppen zu bilden, für die auch Räume zur Verfügung stehen. Die Staffgruppe befindet sich ebenfalls in einem eigenen Raum und ist auf zweierlei Weise beteiligt: Sie tut ihre gewohnte Arbeit, jetzt öffentlich. Die Teilnehmer können als Beobachter dabeisein und auch mit dem Staff interagieren. Außerdem steht er den Gruppen für Konsultationen zur Verfügung. Zu dem Geschehen im Event kann er Arbeitshypothesen – Deutungen – liefern. Die Atmosphäre im System Event ist bezeichnenderweise ziemlich angespannt und geladen. Von Euphorie und einem manischen Gefühl von Macht und Tatendrang kann sie umschlagen in Konfusion, depressive Passivität und gefährliche Resignation.

Auf den beiden Nazareth-Konferenzen schien die Gruppe der Deutschen aktiv, effizient und durchsetzungsbereit zu sein, während die Israelis passiv, hilflos und resignativ erschienen. Die Intervention eines Consultant auf der ersten Nazareth-Konferenz dazu war: „Während die Deutschen marschierten, saßen die Juden und debattierten, was zu tun wäre." In Bad Segeberg war die Gruppe der Israelis sehr aktiv, ganz anders als auf den vorherigen Konferenzen. Es gab Führungskämpfe, die damit endeten, daß eine dominante Gruppe, die entschlossen und durchsetzungsfähig war und glaubte, das Spiel zu kennen, die Oberhand gewann. Dies ließ Empörung und Uneinigkeit zwischen den Israelis entstehen. Einige erlebten das als eine Art faschistischer Machtübernahme, womit sie sich nicht identifizieren wollten. Eine Reihe von Israelis verließ die Großgruppe, um entweder eine eigene Gruppe zu gründen oder sich einer anderen anzuschließen. Der erste Israeli, der hinausging, gehörte zur Vorkriegsgeneration. Er wollte zusammen mit Deutschen eine Gruppe bilden, um die Ereignisse von 1933–1945 in Deutschland zu untersuchen. Eine Zeitlang war er eine Ein-Mann-Gruppe, verwirrt umherwandernd wie ein Flüchtling auf der Flucht, seine Habseligkeiten in einer Plastiktüte mit sich führend. Sieben oder acht Deutsche, die ihm zuvor Zuflucht und Schutz geboten hatten, schlossen sich ihm später an. Die Gruppe gab sich den Namen „Die deutsche Katastrophe". In hochgradig emotional aufgewühltem Zustand kam eine Israelin zum Staff, bezweifelte, ob dieser tatsächlich wüßte, was vorging. Sie war verwirrt, wütend und desorientiert. Sie konnte nicht sehen, was dies alles mit ihren in Auschwitz ermordeten Großeltern zu tun haben sollte.

Die deutsche Gruppe, die auf den vergangenen Konferenzen ziemlich aktiv gewesen war, war diesmal eher passiv und in gedrückter Stimmung. Sie bemühte sich, korrekt und demokratisch zu arbeiten, und belastete sich mit prozeduralen Debatten. Die Gruppe verblieb in dieser Lähmung, die sich erst auflöste, als sie um Consultation bat und diese auch bekam. Daraufhin bildeten sich verschiedene Untergruppen, denen sich israelische Teilnehmer anschlossen. Die Namen, die sich die Gruppen gaben, waren aufschlußreich: „Gewalt und Empfindsamkeit" (alle Mitglieder weiblich); „Mangel an Sicherheit"; „Die Ermordeten und die Mörder"; und die bereits erwähnte Gruppe „Die deutsche Katastrophe".

In schroffem Gegensatz zu Nazareth I und II zeigten die Deutschen während der gesamten Konferenz in Bad Segeberg, zunächst völlig unbewußt, wiederholt Inkompetenz als Form der Abwehr. Diese hatte verschiedene Gesichter: die Deutschen idealisierten die Kompetenz der Israelis und werteten unangemessen ihre eigene ab. Es war evident (z. B. in der SSG), daß die Deutschen sich „lobotomisierten", Kopf und Gehirn abtrennten, und sich dadurch ihrer Fähigkeit, zu denken und zu fühlen, beraubten. Wiederholt beklagten sie ihre Unfähigkeit, zu denken und ihren Verstand zu gebrauchen, eine Erfahrung, die an Wahnsinn grenzt. Dazu paßte die Beobachtung, daß Deutsche dazu neigen, sich in internationalen Gremien inadäquat, inkompetent und stumm zu verhalten. Dies ging mit sehr großer Scham und Schuld einher, die Deutschen sehnten sich aber auch nach ihren jüdischen Kollegen und Gegenüber. Ohne diese fühlten sie sich depriviert, sehr behindert und so, als fehlte ihnen etwas. Sie sehnten sich nach dem Geschmack der „jüdischen Brust und Milch", deren sie sich selbst beraubt hatten.

Diskussion

Es gab viele Zweifel und Vorbehalte gegenüber diesen Konferenzen. Einige jüdische Kollegen, die in Deutschland leben, fühlten sich verletzt: Warum haben die deutschen Kollegen nicht die Diskussion mit ihnen geführt? Warum mußten sie israelische Juden „importieren"? Starke Einwände gab es auch auf israelischer Seite. Von vielen wurde der Besuch der Konferenz als Akt der Entlastung und Vergebung angesehen und stieß deswegen auf Widerstand und Verweigerung. Auf beiden Seiten des Zaunes bestanden große Schwierigkeiten, das diesen Konferenzen zugrunde liegende Prinzip nachzuvollziehen und was daraus zu lernen ist: *Die Gegenwart des Anderen ist eine notwendige Bedingung, um die eigene innere Arbeit tun zu können.*

Unter der Last des traumatischen und entsetzlichen Holocaust schwinden normale innerpsychische Fähigkeiten. Dies beschränkt in gravierender Weise die Fähigkeit des einzelnen, sein inneres Befinden alleine zu bearbeiten. Die Grenzlinie, die Deutsche und Israelis trennt, führt sie auch als Partner zusammen, wenngleich klar und unmißverständlich verschieden – in bezug auf die traumatischen historischen Ereignisse und deren Folgen.

In der Analyse brauchen wir die Gegenwart des Anderen, um unsere eigene Arbeit zu tun, obwohl und vor allen Dingen weil dieser Andere keine Verbindung zu unserer eigenen Geschichte hat. Bei dem Versuch, die Folgen des Holocaust *in* den Deutschen und Israelis zu bearbeiten, muß auch berücksichtigt werden, was sich *zwischen* ihnen ereignet. Es macht einen riesigen Unterschied, ob diese Arbeit ausschließlich im Bereich der inneren Phantasie oder in der Gegenwart des Anderen stattfindet. Besonders eindrücklich wird es, wenn dieser Andere die betreffende psychische und historische Realität repräsentiert. Deswegen geht es bei dieser Arbeit nicht um eine fromme Absolution oder falsche Entlastung. Es geht vielmehr um die eigene persönliche und nationale Identität und um Beziehungen – zu Eltern und Großeltern, Freunden und Nachbarn, Kultur und Geschichte.

Identität war tatsächlich ein zentrales und wesentliches Thema dieser Konferenz. Die „gewöhnliche Nazi-Mutter" ist das Bild für eine giftige Brust, die Boshaftigkeit und Tod von sich gibt, deren Opfer das Kind ist. Es war beeindruckend zu beobachten, welch ungemeine Bedeutung das Essen in der Beziehung zu den Eltern und der jeweiligen Kultur hatte. Ein Deutscher hielt dem ärgerlich entgegen: „In meiner Beziehung zu meiner Mutter ging es immer um ‚frische Kartoffeln'!" Essen, Geruch und Berührung sind einige der Elemente, aus denen sich das frühe Selbst und Identitätsgefühl, das Gefühl von psychosomatischer Existenz und die kulturelle Verwurzelung bilden. Identität aber, das lebensbegleitende Gefühl von Selbstsein und Ichsein, wird mitgeformt von dem Bild des Anderen, dem Nicht-Ich, das sie mit einschließt und gebraucht. Die deutsche Identität war belastet mit Scham und Schuld und wurde als Behinderung und unfähig machend erlebt. In der deutschen Identität nimmt der Jude als der Andere einen besonderen Platz ein. Er oder sie werden betrachtet, als würden sie Lebendigkeit und Weisheit besitzen, was sie sowohl zu einem begehrten als auch neidisch attackierten Objekt macht. In die deutsche Identität scheint ein elementarer Bestandteil des Jüdischen als ein idealisierter, beneideter oder gehaßter Anderer eingebettet zu sein.

In der israelisch/jüdischen Identität wurden andere Aspekte deutlich. Der Anteil „Anderer" ist nicht eindeutig deutsch. Der Andere kann für die Israelis verschiedene Gesichter haben – europäisch, arabisch oder alles Nicht-Jüdische. Teil der jüdischen Identität ist in der Tat, daß *jeder* die Rolle des Fremden und Verfolgers einnehmen kann. Bei dieser Konferenz jedoch war für die Israelis der nichtisraelische Diasporajude der Andere. Gefürchtet und abgelehnt, drohte sich der Ärger der Gruppe auf ihn zu konzentrieren und ihn zum Sündenbock zu machen. Bis zu einem gewissen Grad lag dies an seiner größeren Affinität zu den Deutschen. In anderer Hinsicht hatte dieser Haß auf den Diasporajuden damit zu tun, daß er als Verneinung (negativ) und damit als Bedrohung der neugewonnenen israelischen Identität angesehen wurde.

Diese Identitätsfragen werden natürlich noch drängender, wenn die Identität einem Wandel unterworfen ist. Das veränderte Bild des Anderen ist Grund, die Selbstwahrnehmung zu verändern. Bestimmt der Andere in nicht einzuschätzender Weise die eigene Identität, erfordert eine veränderte Wahrnehmung des Anderen eine persönliche und kollektive Identitätsveränderung. Ein solcher Wandel wird als ernste Bedrohung auf allen psychischen Ebenen erlebt: er erschüttert das Bild der Welt als geordneter, kohärenter und sinnvoller Ort. Er untergräbt die klare Trennungslinie zwischen guten und bösen Objekten. Dabei werden gewohnte Projektionsmuster umgestoßen, es kommt zu einer verheerend ambivalenten Spaltung von Liebe und Haß. Zwar wird die frühe schizoid-paranoide Ordnung gestört, eine progressive Bewegung in Richtung depressiver Integration aber findet nicht statt. Am schlimmsten jedoch ist, daß die Bindungen und Wurzeln in der psychischen und sozialen Realität untergraben werden. Die veränderte Sicht auf den Anderen liegt im Widerstreit mit der gewohnten Sicht der Welt, die Teil der emotionalen Bindungen an die eigenen Eltern und die Familie war. Dies ist ein Angriff auf das Familien-Ego (vgl. Klein u. Erlich, 1976).

Im System Event entstanden solche Identitätsbedrohungen dadurch, daß Deutsche und Israelis in engen Kontakt kamen. Weil die Konferenz etablierte Identitätsmuster durch den veränderten Blick auf einen selbst und den Anderen erschüttert hat, entstanden Verwirrung, Spannung und die bereits beschriebene Erschütterung. Es ist schwer, vertraute Rollen wie die des Täters im Falle der Deutschen und die des Opfers im Falle der Israelis aufzugeben. Veränderung wurde durch die alles beherrschende Furcht vor Verrat blockiert, Verrat an den Eltern, den Verwandten und an der Kultur – und die damit einhergehende Scham und Schuld.

Wie geht es weiter?

Die Zukunft dieser Konferenz ist paradoxerweise ebenso ungewiß wie sicher. Es besteht kein Zweifel, daß sie sich als eine lebensfähige Institution in den Köpfen sowohl der deutschen als auch der israelischen Psychoanalytiker und Psychotherapeuten etabliert hat. Dies findet seine Bestätigung darin, daß dieser Bericht auf der Tagung zum fünfzigjährigen Bestehen der DPV vorgetragen wurde. Insofern wird und muß diese Konferenz eine Zukunft haben. Im Anschluß an Bad Segeberg haben wir eine der Konferenz gewidmete Website eröffnet, zusammen mit einem offenen Forum, an das man schreiben und in dem man kommunizieren kann. Alle Anzeichen sprechen dafür, daß es sehr schnell ein lebendiges Forum werden wird.

Die Ungewißheit der Zukunft der Konferenz liegt anderswo. Dadurch, daß sie in Deutschland stattfand, schloß sich für einige Teilnehmer ein Kreis. Die beiden ersten Nazareth-Konferenzen haben es den Israelis ermöglicht, das Wagnis einzugehen, nach Deutschland zu kommen. Für einige Teilnehmer war dies bereits Veränderung genug, als ob durch ihr Kommen allein die Arbeit getan wäre. Für andere bedeutete es, daß nun ein Wechsel in Fokus und Ziel der Konferenz ansteht. Es wurde schon angeregt, sie über den engeren deutsch-israelisch-jüdischen Bereich hinaus auf andere Konfliktfelder auszudehnen und dabei die bisher gewonnenen Erfahrungen zu nutzen. Dies ist sicherlich ein Vorhaben, das der Unterstützung und des Einsatzes wert ist. Allerdings ist es nicht notwendig, daß diese Ausweitung auf Kosten der deutsch-israelischen Konferenz geht. Ich denke, daß beide, ehemalige Teilnehmer als auch solche, die noch mit sich ringen teilzunehmen, in Zukunft noch ausreichend Gelegenheit haben werden, mit dieser ganz ungewöhnlichen Konferenz ihre Erfahrungen zu machen.

Ich möchte diesen kurzen Bericht mit einer eher persönlichen Bemerkung schließen, die noch einmal zeigt, daß die Aufgabe des Berichtens, obwohl gern übernommen, nahezu unmöglich ist. Ich kann nicht genug betonen, wie besonders und anders es für mich gewesen ist, an und auf dieser Konferenz zu arbeiten. Sie unterschied sich völlig von allen anderen Group-Relations-Konferenzen, an denen ich bislang mitgewirkt habe. Die Art und Weise, wie die professionelle Rolle und Verantwortung wahrgenommen wurden, war durch diesen Unterschied beeinflußt. Meine Kollegen und ich hatten das Gefühl, daß wir einen Auftrag erfüllten, daß wir beitrugen und teilhatten an einem Bemühen von historischer und sozialer Bedeutung weit über den Augenblick hinaus. Es gab auch eine starke Verbundenheit, fast eine Identifizierung mit den Teilnehmern, wir beneideten sie um das Privileg *ihrer* Rolle als Teilnehmer. Ein Teil von mir, und ich weiß dies auch von anderen Kollegen im Staff, wäre lieber Teilnehmer als im Staff dieser Konferenz gewesen. Diese Identifizierung mit den Mitgliedern, die Berufskollegen und oft auch Freunde waren, erschwerte die Arbeit, weil leicht zu große Nähe oder zu große Distanz zu ihnen entstehen konnte. Die SSG-Consultants berichteten, daß die Art und Weise, wie sie ihre Rolle erfüllten, im Vergleich mit den üblichen Konferenzen sehr verschieden war. Unsere bevorzugte Arbeitsposition war die an der Grenze zwischen einer Group-Relations- und Facilitation-Arbeitsweise, zeitweilig sogar an der Grenze zur Gruppenpsychotherapie. Wir waren einverstanden mit der Definition unserer Rolle als *Partner bei der Suche nach Verstehen.*

Meine Gegenübertragungsverwicklungen waren aber noch schwieriger und komplizierter als solch professionelles Dilemma. Diese Konferenz rührte in beängstigend heftiger Weise an den Grund der persönlichen Identität. Tatsächlich geht es auf der Konferenz um Gefühle und Phantasien aus drei Bereichen: „Deutsch-Sein", „Israelisch-Sein" und „Jüdisch-Sein". Dies ist meine eigene Erweiterung der Thematik, denn in der Broschüre wurden nur zwei und nicht drei benannt. Ich persönlich bin von allen dreien geprägt. Es war, als ob mich die verschiedenen Teile meiner eigenen Geschichte, Entwicklung und alles, was mich ausmacht, in verschiedene Richtungen zerren würden, mir sehr unterschiedliche Antworten und Aktionen vorschrieben und abverlangten. Ich kann mich als Diasporajuden sehen, ich kann mich als Israeli sehen und zugleich Verbindung zu meinem deutschen Anteil haben. Dieser deutsche Anteil kam mit der Muttermilch und Sprache. Meine Teilnahme an diesen Konferenzen, daß ich nach Deutschland gekommen bin und die Tatsache, daß ich hier darüber berichte, hat also auch einen persönlichen Grund. Es ist die Suche danach, diese inneren Anteile in mir zu verankern, ohne von ihnen auseinandergerissen zu werden, aber auch ohne sie zu verleugnen. Diese Konferenzen machten es möglich, Verbindungen zu inneren Teilobjekten zu entdecken, die bis dahin als nicht zum Selbst gehörig betrachtet wurden. Letztendlich war es dies, worum es ging.

Übersetzung aus dem Englischen von Karin Lüders (Frankfurt a.M.)

Anmerkungen der Übersetzerin

[1] Einige Begriffe wie Group Relations, Staff, Event etc. bleiben besser unübersetzt.

[2] Gemeint war: gestillt worden; gesagt wurde: gemolken worden. „Gemilcht" soll die verbale Kondensierung beider Bedeutungen erfassen, auf denen die Deutung der unbewußten Mitteilung beruht.

Literatur

Klein, H. u. H.S. Erlich (1976): Some psychoanalytic structural aspects of family function and growth. Adolescent Psychiat., 6, 171–194.

Miller, E.J. (1989): The ‚Leicester' Model: Experiental study of group and organizational processes. Occasional Paper Number 10, Tavistock Institute of Human Relations.

Gertrud Hardtmann

Nachträglichkeit und das Trauma der Erinnerung

Vom Geist, der stets das Gute will und doch das Böse schafft
Die Walser-Rede und -Debatte 1998

Die Rede von Martin Walser 1998 anläßlich der Verleihung des Friedenspreises des deutschen Buchhandels hat Unfrieden gestiftet und einen heftigen Meinungsstreit ausgelöst, nachzulesen in der Dokumentation, die Frank Schirrmacher, der auch die Laudatio hielt, 1999 herausgegeben hat. Nach den ‚standing ovations' im Anschluß an die Rede zu urteilen, wäre es möglicherweise nicht dazu gekommen, wenn nicht Ignaz Bubis heftig reagiert und Walser einen „geistigen Brandstifter" genannt hätte, eine Formulierung, die er später zwar abschwächte, dennoch im Kern aufrechterhielt. Ganz zweifellos hat der Anlaß zu dieser „Sonntagsrede/-predigt" von Anfang an bei Walser, wie er selbst freimütig gesteht, zwiespältige Gefühle ausgelöst. In die Freude über die Glückwünsche mischten sich bald Zweifel, was man seitens der Medien von ihm erwarte: Eine „schöne" Rede, gar ein „Potpourri des Schönen"? Oder eine kritische über die Übel der Welt? Ehe noch der Zuhörer weiß, worum es inhaltlich geht, begegnet Walser kritischen Erwartungen mit Sätzen wie:

> „Ich verschließe mich Übeln, an deren Behebung ich nicht mitwirken kann. Ich habe lernen müssen wegzuschauen. – Auch im Wegdenken bin ich geübt. – An der Disqualifizierung des Verdrängens kann ich mich nicht beteiligen. Freud rät, Verdrängung durch Verurteilung zu ersetzen. Aber soweit ich sehe, gilt seine Aufklärungsarbeit nicht dem Verhalten des Menschen als Zeitgenossen, sondern dem vom eigenen Triebschicksal Geschüttelten" (1998a, S. 10 f.).

Die letzte Äußerung enthält zwei Fehler: Freud wollte die Verdrängung durch ein Urteil, eine Ichleistung ersetzen, nicht durch eine Verurteilung, und seine Aufklärungsarbeit galt ohne Zweifel auch dem Verhalten des Menschen als Zeitgenossen. Beide Argumente dienen Walser zur Qualifizierung des Verdrängens. Da dies am Beginn der Rede gesagt wird, wird der aufmerksame Hörer/Leser geradezu darauf gestoßen, nach dem Verdrängten, nach Wunsch und Abwehr, zu fragen; und das nicht nur auf der individuellen Ebene, sondern auch auf der politischen und gesellschaftlichen. Denn die Rede wurde im öffentlichen Raum gehalten, und Walser konnte sich, nach dem Beifall zu urteilen, in seinen Grundannahmen mit den Zuhörern – bis auf einige wenige – einig sein. Er bittet zunächst um Gnade für einen Spion, der von Brüssel aus NATO-Dokumente an Ostberlin verraten hat, einen idealistischen Alt-68er. Zuvor hatte Walser einen ähnlichen Fall in einer Novelle dargestellt und fühlt sich deshalb verpflichtet, nicht zu schweigen. Selbstkritisch fragt er sich allerdings, ob er das nur aus Anlaß dieser „Sonntagsrede" tut. Die Frage bleibt unbeantwortet.

Deutlicher wendet er sich dann gegen namentlich nicht genannte Intellektuelle, Schriftsteller und Kritiker, die er – angesichts von Auschwitz, „dem Gewissensthema der Epoche" – ironisch als „Treuhänder des Gewissens" tituliert. Er zitiert, daß sie anläßlich von rechtem Terror von „moralisch-politischer Verwahrlosung" gesprochen oder bei Tischgesprächen in Salzburg festgestellt haben, daß es immer noch Menschen gibt, die von „Ausrottung und Gaskammern träumen". Walser kann das nicht glauben und unterstellt, daß zu weit gehende und schlagende Beschuldigungen Beweise erübrigen. Im gleichen Atemzug beschuldigt *er* die Ungenannten:

> „Ich kann diese Schmerz erzeugenden Sätze, die ich weder unterstützen noch bestreiten kann, einfach nicht glauben. Es geht sozusagen über meine moralisch-politische Phantasie hinaus, das, was gesagt wird, für wahr zu halten. Bei mir stellt sich eine unbeweisbare Ahnung ein: Die, die mit solchen Sätzen auftreten, wollen uns wehtun, weil sie finden, wir haben das verdient. Wahrscheinlich wollen sie auch sich selbst verletzen. Aber uns auch. Alle. Eine Einschränkung: alle Deutschen" (S. 17).

Die mit solchen Sätzen auftreten, sind nicht nur Nestbeschmutzer, das Argument ist sattsam bekannt, sie haben, so Walser, sadistische und masochistische Motive, wollen „allen Deutschen" (es scheint, daß er dabei an die jüdischen Deutschen nicht gedacht hat), sich selbst und den anderen weh tun, aber Beweise dafür liefert er nicht. Doch damit sind die Motive nicht erschöpft: Wollen sie sich näher bei den Opfern als bei den Tätern fühlen? Wollen sie die unerbittliche Entgegengesetztheit von Täter und Opfer einen Moment mildern? Oder zeigen sie eine reine „Routine des Beschuldigens"? Selbst Walser beläßt es bei diesen Vermutungen. Er schaue bei den schlimmsten Filmsequenzen aus Konzentrationslagern weg, nicht weil er Auschwitz leugne, sondern weil ihm die Medien jeden Tag diese Vergangenheit vorhielten. Er wehre sich gegen diese „Dauerpräsentation unserer Schande", weil es dabei nicht um das Gedenken und Nichtvergessen gehe, sondern um eine „Instrumentalisierung unserer

Schande zu gegenwärtigen Zwecken", z. B. zur „Einschüchterung" oder als „Pflichtübung" oder zum Gebrauch der „Moralkeule". Ähnlich aufgebracht äußert er sich über das geplante Holocaust-Mahnmal in Berlin:

> „Die Betonierung des Zentrums der Hauptstadt mit einem fußballfeldgroßen Alptraum. Die Monumentalisierung der Schande. Der Historiker Heinrich August Winkler nennt das ‚negativen Nationalismus'. Daß der, auch wenn er sich tausendmal besser vorkommt, kein bißchen besser ist als sein Gegenteil, wage ich zu vermuten. Wahrscheinlich gibt es auch eine Banalität des Guten [...] Daß solche Verläufe schwer zu vermeiden sind, muß mit unserem Gewissen zu tun haben" (S. 20 f.).

Diese Sequenz der Rede könnte die Vermutung nahelegen, daß es um das Wie der Botschaft, nicht um die Botschaft selbst geht; doch läßt Walser offen, wie man an etwas erinnern soll, ohne es zu beschreiben und zu benennen. Die folgenden Sätze zeigen, daß es auch um die Botschaft selbst geht, die „Kopfweh" macht und das gute Gewissen stört. Wenn das Gewissen, wie Walser meint, die „tiefste innerliche Einsamkeit", die „durchgängige Zurückgezogenheit in sich selbst" ist, wobei er sich auf Heidegger und Hegel beruft, dann allerdings ist für „die Stimme des Anderen in mir", so verstehe ich das Gewissen, kein Platz. Folgerichtig heißt es dann auch: „Ein gutes Gewissen ist keins. Mit seinem Gewissen ist jeder allein" (S. 22).

Diese „durchgängige Zurückgezogenheit in sich selbst" sei nicht repräsentierbar. Sie müsse „innerliche Einsamkeit" bleiben. Als Kronzeuge für seine These zieht Walser den „Prinzen von Homburg" von Kleist heran, der aufgrund befehlswidrigen Verhaltens zum Tode verurteilt, wegen seines Gefühls, daß er im Recht gewesen sei, freigesprochen worden sei. Es macht den Eindruck, als sei sich Walser der Ungeheuerlichkeit dieser Sätze angesichts des „Gewissensthemas der Epoche", angesichts der Opfer des Holocaust nicht bewußt, selbst wenn er diese Sätze „zitternd vor Kühnheit" eingeleitet hat. So wird der Zuhörer unfreiwillig Zeuge der Einsamkeit eines Gewissens, das sich mit sich selbst in einem Monolog der Schmerzvermeidung befindet und damit, vermutlich unfreiwillig und unbewußt, mitunter auch sprachlich, in eine Nähe rückt, die die Spur des Giftes verrät, mit dem die Seelen der Kinder und Jugendlichen in der NS-Zeit vergiftet wurden. Zwar meint er, daß ein Gewissen – sich selbst überlassen – noch Schein genug produziere, weil jeder ein „auf Selbstachtungsproduktion angelegtes Spiegelkabinett" sei oder „eine Anstalt zur Lizenzierung der unvereinbarsten Widersprüche" oder „ein Fließband der unendlichen Lüge-Wahrheit-Dialektik" oder ein „von Eitelkeiten dirigierter Gewissenskämpfer". Nicht sich selbst überlassen, produziere es jedoch nur Schein. Als Kronzeuge dafür, daß die Öffentlichkeit nicht ärmer oder gewissensverrohter sei, wenn Dichter und Denker nicht als „Gewissenswarte der Nation" aufträten, zitiert er Schiller, Fichte, Hegel, Hölderlin, Goethe, Thomas Mann und Gerhart Hauptmann, die alle ihr je eigenes privates Gewissen pflegten, ohne daß es jemanden störte. Ihre wirkliche Moralität teile sich nicht in ihren politischen Reden, sondern in ihren Romanen und Erzählungen mit. Deshalb wolle er sich auch nicht von den – wieder heftig angegriffenen, aber ungenannten – intellektuellen „Meinungssoldaten" in den „Meinungsdienst" nötigen lassen. Er idealisiert dann die „unschuldig schönste Zusammenarbeit der Welt" zwischen Autor und Leser. Sie führe das „Buchstabierenmüssen unserer Existenz" zusammen. Auch wolle die literarische Sprache – im Gegensatz zu allen anderen Sprachen – dem Leser nichts verkaufen. Anläßlich dieser Rede aber verschließe sie sich ihm, wache nicht auf, ziehe sich gekränkt zurück über die ihr zugedachte Rolle der „Predigtersatzfunktion". Gleichzeitig fürchte er, sie einfach assoziativ laufen zu lassen, weil sie zuviel von ihm verraten und seine „Unvorzeigbarkeit" enthüllen könne und ziehe deshalb die „sprachliche Verbergungsroutine" vor. Das Ziel sei, daß die Zuhörer nach dem letzten Satz weniger von ihm wissen als bei seinem ersten Satz.

Die Sprache dient hier nicht einem Mehr an Wissen, sondern einem Weniger, einem –K mit den Begriffen von Bion (1963).[1] Oder sollte Walser gemeint haben, daß mit seiner Rede Illusionen, die sich andere über ihn gemacht haben, abgebaut werden? Wenn dem so wäre, dann enthielte die Rede ein bewußtes selbst- und zuhörerkritisches Potential, und dann müßten wir ihn am Ende doch besser kennen als zuvor. Der Satz macht jedoch nur Sinn, wenn die „sprachliche Verbergungsroutine" auch diese Rede gestaltet hat, wenn das, was gesagt werden soll, verborgen worden ist.

Nun spricht Walser aber zweifellos offene Worte über die bei ihm Schmerz erzeugende und Schmerzabwehr stimulierende Präsentation der NS-Schande. Was schmerzt? Walser, Jahrgang 1927, war 1945 achtzehn Jahre, bei Kriegsende gerade den Hitlerjungen entwachsen und Soldat geworden. In den zitierten Äußerungen ungenannter Kritiker geht es jedoch nicht um Auschwitz, sondern um Rassismus, rechten Terror und Vernichtungsphantasien 1998, nicht um Vergangenheit, sondern um Gegenwart und um die Frage, wie wir angesichts der Vergangenheit mit dieser Gegenwart umgehen: verschließen? wegschauen? wegdenken? verdrängen? Selbst wenn in der Presse sprachliche Übertreibungen und Entgleisungen im Spiel sind, bleiben doch die Fakten, auf die Walser nicht eingeht. Deshalb führt er teilweise Scheingefechte auf einem Nebenkriegsschauplatz. Es geht bei den zitierten Äußerungen nicht um vergangene, sondern um gegenwärtige „Brandstiftungen". Das Nichtstun, das nicht aktive Verhindern, hat aber für Walser nicht den Charakter eines Gewissensphänomens, weder damals noch heute. Über fünfzig Jahre nach Kriegsende, nach vielen öffentlichen Diskussionen über Mitläufer und Sympathisanten, über Nichtsgesehen-, Nichtsgehört- und Nichtsgetanhaben will sich Walser immer noch das gute Gewissen und fehlendes Kopfweh erhalten. Daß das nur mit einem Rückzug aus der Welt möglich ist, beschreibt er anschaulich. Dennoch gelingt ihm der Rückzug nicht, und er meint, daß das nur die Schuld der Intellektuellen sei. Spricht er nicht in diesem Zusammenhang eher von seinem eigenen intellektuellen Ich, das wegsehen möchte (–K, Bion, a. a. O.) und nicht kann, das ihn zwingt, öffentlich etwas zur Sprache zu bringen, wogegen er sich innerlich verschließen möchte, und das aufgrund dieser Tatsache ambivalente Gefühle in ihm auslöst? Sein Ich scheint sich in einem Dialog mit seinem Überich zu befinden, präsentiert sich ihm als „schuldunlustig" – wann hätte Schuld je Lust gemacht? – und relativiert Schuldgefühl mit dem Satz von Heidegger: „Das Schuldgefühl gehört zum Dasein selbst". Walser entwickelt eine fast perverse Vorstellung, daß es auch Lust machen könnte, anderen und sich selbst weh zu tun. Dieses Phänomen ist psychoanalytisch als ein neurotisches Symptom bekannt. Ein Gewissen, das in dieser Weise arbeitet – es gibt auch ein sadistisches Überich –, arbeitet destruktiv und instrumentalisiert tatsächlich wie der Wolf im Schafspelz den Feldzug für das Gute zu bösen Zwecken. Nur, wie kann Walser sich da bei den nicht genannten Kritikern und Schriftstellern sicher sein? Und benutzt und instrumentalisiert er nicht selbst die moralische Attacke gegen diese für seine Zwecke der „Selbstachtungsproduktion", der Abwehr von unvereinbaren Widersprüchen durch Spaltung und Projektion und eine Lüge-und-Wahrheit-Dialektik, die – weil angeblich unendlich – schließlich nur noch das Wegschauen und Wegdenken als einzig mögliche rationale Entscheidung offenläßt? Daß Wissen nicht glücklich macht, hat Bion ausführlich beschrieben. Es kann im Gegenteil frustrieren, Schmerzen auslösen, kränken. Was ist, wenn sich narzißtische Wünsche und Überichansprüche begegnen und diese Begegnung peinigende Schamgefühle auslöst, weil man die psychische Wahrheit über sich selbst erfährt und nicht die Fähigkeit besitzt, diese neue Wahrheit über sich zu integrieren? Kann nicht aus dem Zusammenkommen von Ichideal und realem Selbst auch etwas Neues entstehen, das allen dreien zugute kommt: ein realistischeres Selbstbild (Abschied von Selbstidealisierung), das für die Abweichung von einem menschenfreundlichen Ichideal nicht mehr mit unerträglichem Scham- oder Schuldgefühl bezahlt, sondern mit einem gestärkten wachen Gewissen und einem inneren „Gesetz", das darüber wacht, daß eine Wiederholung verhindert wird? Bion weist darauf hin, daß man das Wissen von sich selbst entweder benutzen kann, um einer schmerzhaften Erfahrung regressiv auszuweichen, oder aber, um sich ihr zu stellen und für weitere Selbsterfahrungen zu öffnen. Im ersteren Fall spielt Neid (auf die Opfer z. B.) eine wichtige Rolle und führt dazu, daß die Bedeutung des Ereignisses und die entsprechenden Emotionen – im Sinne von: Gefühle bedeuten nichts – heruntergespielt werden. Damit werden neue Erfahrungen unmöglich gemacht. Das gilt nicht nur für die psychotische Persönlichkeit, zu deren Verständnis sich Bion dieses Modells bedient, sondern auch für die psychotischen Anteile eines jeden Menschen: diese Anteile sind bemüht, eine innere oder äußere Realität zu unterdrücken und zu verleugnen, daß es überhaupt eine Wahrheit über sich selbst gibt.

Walser meint, daß sich die Moralität eines Schriftstellers eher in seinen Romanen und Erzählungen mitteile. Aber warum nicht auch in seinen politischen Reden? Und wenn Meinungsfreiheit nur ein leeres Wort ist und „Meinungssoldaten" uns zum „Meinungsdienst" nötigen, wieso sollten sie dann vor den Romanen und Erzählungen haltmachen? Wir haben genügend Erfahrung mit Diktatur in Deutschland, um zu wissen, daß das nicht der Fall ist; und daß auch die Zusammenarbeit zwischen Autor und Leser nicht „unschuldig" ist, weil es auch da eine Komplizenschaft der Brandstiftung oder Seelenvergiftung geben kann.

Walser ist in der Paulskirche nicht allein; die Ovationen zeigen, daß er weitgehend den Wünschen und Bedürfnissen der vielen Zuhörer entsprochen hat, die sich in seinen Grundannahmen mit ihm solidarisiert haben bis auf einige wenige, u. a. Bubis, der – als Deutscher ebenfalls angesprochen(!) – sich vereinnahmt oder ausgeschlossen gefühlt haben muß. Die Zuhörer waren in bester Absicht zusammengekommen, die Verleihung des Friedenspreises feierlich und friedlich zu begehen. Doch Walser eröffnet seine Rede mit einer Kampfansage, produziert Feindbilder und zwingt damit die Anwesenden, sich der einen oder anderen Seite anzuschließen. Der dann stattfindende Solidarisierungsprozeß war ein Prozeß der Verleugnung, Verdrängung, Spaltung und Projektion, ob aus Gefolgschaft oder aus echter Überzeugung muß dahingestellt bleiben. Walser repräsentiert – im Sinne Bions (1961) – die Gruppenmentalität in einem gegebenen Augenblick, der sich die Zuhörer – bis auf wenige Ausnahmen – faktisch unterworfen haben. Die Grundannahme, sich nicht von seinem Gewissen beunruhigen zu lassen, wurde damit faktisch – wenn auch vielleicht unbewußt und/oder nicht aus eigener Überzeugung – geteilt. Manche wollten vielleicht ihre Wünsche nach Harmonie und Frieden befriedigt sehen und kamen mit der regressiven Erwartung, von Walser – als dem „Führer der Gruppe" – entsprechend bedient zu werden. Die Identifizierung mit den Angriffen gegen die namentlich nicht genannten Kritiker bot dem Publikum ein Rezept an, diese Wünsche zu befriedigen. Das Rezept war, nicht die ganze Existenz, sondern nur einen Teil zu buchstabieren. Die Gruppe zeigte damit sowohl die Merkmale der Abhängigkeit als auch die des Kampfes und der Flucht. Das muß Walser entgegengekommen sein, da es seinem Ideal der „unschuldig schönsten Zusammenarbeit der Welt" entspricht.

Nachdenken über Walser?

Ist Walser ein unverbesserlicher Ästhet, der sich seine schöne heile Bodenseewelt nicht verderben lassen will? Der die Kunst benutzt – was erlaubt ist (vgl. Kris, 1952) –, um in ästhetischem Gewand das, was abstoßend und verpönt ist, so darzustellen, daß es uns als Leser möglich wird, das Abstoßende zu genießen? Diese Rede ist jedoch nicht einmal ästhetisch und sprachlich gut. An manchen Stellen bekommt sie einen assoziativen Beigeschmack von NS- und HJ-Jargon (Gewissenswarte/Blockwarte beispielsweise). Es ist eine Streitrede mit vielen beleidigten und gekränkten Untertönen gegen vermeintliche und tatsächliche Kritiker, was um so erstaunlicher ist, als er sich mit diesem Preis doch geehrt fühlen konnte. Der Zuhörer wird ihm in seinen Vorwürfen kaum folgen können, wenn ihm nicht alle zitierten Stellen im Kontext bekannt und präsent sind. Der Kontext wird aber in keinem Zitat dargestellt; insofern handelt es sich um eine demagogische Rede, die weniger zum Mitdenken, um so stärker aber zum Mitfühlen – im Sinne einer Affektübertragung – einlädt, eine Rede, die polarisiert, was tatsächlich auch geschehen ist. Walser benutzt die Gelegenheit, öffentlich mit seinen Kritikern abzurechnen, und tut das in einer Radikalität, die möglicherweise seine eigene Verletztheit zum Ausdruck bringt. Der durchgehende Affekt scheint der der gekränkten und verleumdeten Unschuld, die sich auf idealistische oder pietistische Traditionen beruft, das eigene Gewissen zum allein gültigen Maßstab zu machen. Als Kronzeugen benennt er viele „Väter", die alle für ihn zu sprechen scheinen. Aber die Vielzahl macht diese Interpretation nicht überzeugender, im Gegenteil: es entsteht der Eindruck, daß Walser damit seine Unsicherheit verdeckt und sich unangreifbar machen will. Wer Walser angreift, müßte dann auch Schiller, Fichte, Hegel, Hölderlin, Goethe, Thomas Mann und Gerhart Hauptmann angreifen. So könnte ein Mensch sprechen, der nicht erwachsen geworden ist, der, wie ein Kind, einerseits nicht selbst für seine Überzeugungen einstehen und sich andererseits – mit einem gewissen Trotz – die Freude am Schönen und den Spaß nicht nehmen lassen will. Ich kann mich, was diese Seite anbetrifft, ein paar Jahrgänge jünger als Walser, gut in ihn einfühlen. Ich hatte den gleichen Wunsch 1945 mit zwölf Jahren, als wir – Kriegskinder – endlich einmal wieder lachen wollten. Daß das eine Flucht nach vorn und keine Bearbeitung der Kriegs- und Holocaust-Erfahrung war, ist klar. Ist Walser in der Bearbeitung steckengeblieben, und zwar nicht in der kognitiven – er leugnet Auschwitz keineswegs –, sondern in der emotionalen und affektiven? Ist das ein Hinweis auf eine Traumatisierung durch eine für unerträglich gehaltene Wahrheit? Es ist nicht das erste und wird möglicherweise auch nicht das letzte Mal sein, daß Walser sich in Reden und auch in seinem literarischen Werk hierzu äußert:

> „Vielleicht könnte man sagen: wir haben uns emanzipiert. Dann lebt unsere Vergangenheit in uns als eine überwundene. Als bewältigte. Wir müssen gut wegkommen. Aber nicht so lügen, daß wir es selbst merken" (1998b, S. 283).

Ich habe von Schülern gehört, daß sie von Auschwitz in der Schule nichts mehr hören wollten, wenn sie den Eindruck gewonnen hatten, daß sie von den Erwachsenen zur Entlastung ihres eigenen Gewissens mißbraucht wurden. Darüber kann man reden und muß man reden, aber in einer ernstzunehmenden Weise. Sicher ist Auschwitz, wie alles andere auch, nicht vor Mißbrauch für private und politische Zwecke geschützt (vgl. Novick, 1999). Walser selbst gebraucht das Forum an dem historischen Ort der Paulskirche nicht, um die Freiheit des Andersdenkenden für sich zu reklamieren, sondern um Andersdenkende zu diffamieren. Diese scheinen auch als Objekte wahrgenommen zu werden, die ihn beschämen, ihn angreifen, verletzen und ihm weh tun wollen. Verletzt nicht *er* seine Kritiker, indem er ihnen unlautere und sadistische Motive unterstellt, nur weil er ihre Meinung nicht teilt? Seine heftige Reaktion könnte zeigen, daß die Kritik bei ihm schmerzhaft eine Wunde oder Verletzung berührt hat, was aber nicht in der Absicht der Kritiker gelegen haben muß. Mitunter stehen kritische Äußerungen auch für die kritischen Anteile des eigenen Selbst, die man nicht hören will und von denen man sich deshalb verfolgt, angegriffen und gequält fühlt. Folgende Beobachtungen könnten auf eine Traumatisierung hinweisen: Es wird Inkommensurables verglichen bzw. zusammen genannt: ein NATO-Spion und die Täter des Holocaust, als habe es sich bei dem Genozid um ein „normales" Verbrechen gehandelt. Sowohl die rechtliche als auch die emotionale und affektive Dimension des Holocaust wird damit verleugnet oder auf ein Maß zurechtgestutzt, das – vergleichbar dem Verrat von NATO-Dokumenten aus idealistischen Motiven – verarbeitbar und per Gnadenerweis aus der Welt zu schaffen ist. Gegenwart und Vergangenheit schieben sich teleskopartig ineinander, als sei bei Walser etwas angerührt worden, das ihn zurückversetzt in seine Jugend während der NS-Zeit: Es gibt eine doppelte Wahrheit, eine innere und äußere Moral, ein Scheingewissen und ein Gewissen und die unüberbrückbare Einsamkeit dessen, der mit seinem Gewissen allein gelassen ist. Man spürt den Schmerz an der heftigen affektiven Reaktion, aber die Quelle der Verletzung und die Verletzung selbst bleiben unklar.

Für den Analytiker, und nicht nur für ihn, ist nicht in erster Linie die moralische Ver- und Beurteilung von Walser wichtig. Wichtig ist es vielmehr, zu verstehen, um welche Wunde oder Verletzung es sich – hypothetisch – handeln könnte und ob der Autor in seiner Rede oder in seinem Werk, auf das er ausdrücklich verweist, mehr, vielleicht mehr, als ihm selbst klar ist, davon mitteilt.

Im Roman *Ein springender Brunnen* (1998b), der zeitgleich mit der Rede 1998 veröffentlicht wurde, wird die Kindheit, Jugend und Adoleszenz von Johann, einer Figur, die autobiographische Züge trägt, geschildert. Johann wächst, früh vaterlos geworden, in der NS-Zeit mit einer Mutter auf, die sich aus wirtschaftlichen Gründen mit den örtlichen Nazis verbündet und in die Partei eintritt. Sie wird als sehr realistisch, lebenstüchtig und durchsetzungsfähig geschildert im Gegensatz zu dem recht schwachen, aber gegenüber den Nazis dezidiert kritischen Vater, mit dem Johann eine tiefe Liebe auch über den Tod hinaus verbindet. Johann selbst steht im Schatten des älteren, musikalisch begabten Bruders, der, zwangsweise eingezogen, im Zweiten Weltkrieg fällt. Von der NS-Gewaltherrschaft wird immer wieder berichtet: Ein Zigeuner und Zirkusclown wird wegen kritischer Äußerungen zum „Anschluß" Österreichs zusammengeschlagen; ein jüdischer Mischlingsjunge wird von Klassenkameraden angegriffen und mißhandelt; der Vater entgeht der Verfolgung nur durch seinen frühen Tod; der Großonkel Anselm wird wegen politischer Äußerungen inhaftiert; Krieg und Verwüstung kommen über die Flüchtlinge und Ausgebombten in der dörflichen Idylle. Aber das alles ändert nichts an dem gemächlich dahinfließenden Erzählstrom, der wesentlich stärker und intensiver von ersten Liebesabenteuern geprägt ist, von der Begeisterung für das Soldatenleben, insbesondere das Schießen, eine Stärke von Johann, der breiten Schilderung des Alltagslebens im Krieg, der Sorge der Mutter um die ökonomische Zukunft des Restaurantbetriebes. Der Roman, der Vorkriegs-, Kriegs- und Nachkriegszeit zum Thema hat, vermittelt nur andeutungsweise und kaum emotional nachvollziehbar etwas von der Zerstörung und den Verbrechen.

Joachim Kaiser schrieb in der *Süddeutschen Zeitung*, daß dieses Buch eines der großen „Erinnerungsbücher unserer Literatur" sei. Tatsächlich befaßt sich Walser darin immer wieder kritisch reflektierend mit dem Erinnern: Die eigene Vergangenheit sei nicht begehbar (wie ein Archiv); selbst wenn sie etwas preisgebe, werde sie nicht deutlicher als ein Traum; sobald man sie nach ihrer Bedeutung befrage, werde sie zerstört (a. a. O., S. 13). Dennoch beschreibt er durchaus einfühlsam die Geschwisterrivalität des Johann mit dem zwei Jahre älteren Bruder Josef, die Sprachspiele des Kindes mit dem Vater, die wirtschaftlichen Schwierigkeiten der Eltern Ende der zwanziger Jahre, die praktische und lebenstüchtige Mutter im Gegensatz zum Vater und damit auch den Grund für ihren Eintritt in die Partei, die ersten Liebesabenteuer des Johann (Walser), kann sich einfühlen und trotz aller Beteuerungen, daß es „nichts gibt als die Gegenwart" (S. 281), die ersten sexuellen Regungen des Adoleszenten Johann schildern. Aber schon „Dachau" (S. 123) bleibt merkwürdig blaß, obgleich die Jungen überraschend einem bewaffneten flüchtigen Gefangenen begegnen. „Woher hätte man wissen sollen, was das, was passierte, dem Gedächtnis wert ist?" heißt es da, als wenn Johann alltäglich bewaffneten Gefangenen in gestreiften Anzügen begegnen würde. Als der „dumme August" mit den Worten „99,7 % lassen grüßen" abgestraft worden und fast an seinem Blut erstickt ist, ist – kindgemäß? – die wichtigste Frage, ob die nächste Zirkusvorstellung stattfindet; Nachfragen kommen nur von dem älteren Bruder Josef, der die Stimme des Gewissens und die Stimme des inzwischen toten Vaters vertritt. Der Krieg bringt die ersten Verwundeten. Sie werden beschrieben, aber ihre Leiden werden für den Leser nicht fühlbar. Als der Großonkel Anselm eingesperrt wurde, heißt es: „Von da an hatte die Mutter von ihm nur noch als von dem armen, armen Anselm gesprochen" (S. 312). Zu einem Affektausbruch der Mutter kommt es jedoch, als der Ortsgruppenleiter ihr den Tod ihres Sohnes Josef mitteilt:

> „Die Mutter sieht ihn und schreit. Und Anselm [der jüngere Bruder von Johann; Anm. G. H.] auch [. . .] Der Schrei hört nicht auf. Ein einziger Ton. Von Anselm hört man nichts mehr. Johann spürt selber nichts. Er erlebt nur, was die Mutter erlebt [. . .] Johann hat das Gefühl, ihre Augen sehen nichts [. . .] Johann stellt sich neben die Mutter, aber nicht auf die Seite, auf der schon der kleine Anselm steht. Die Mutter muß merken, daß er da ist. Die Mutter, der kleine Bruder und er müssen ein einziges Wesen sein gegen dieses Toben [. . .] [der Ortsgruppenleiter; Anm. G.H.] sagt etwas vom Felde der Ehre, soldatischer Pflichterfüllung getreu seinem Fahneneid und von Großdeutschland, dann streckt er der Mutter plötzlich die Hand hin und sagt leiser: mein Beileid. Da die Mutter seine Hand nicht ergreift, nimmt er sie zurück, sagt plötzlich noch leiser: Herzliches Beileid" (S. 339 f.).

Der Aufschrei verhallt bei Johann anscheinend sehr schnell. Er will selbst Soldat werden, ist stolz darauf, im Schießen konkurrenzlos zu sein, und gerät schließlich kampflos in Gefangenschaft. Er ist bald wieder zu Hause, und in kurzer Zeit scheint alles fast so wie früher. Er verliebt sich in Lena.

Daß er von den Zeitläuften so wenig mitbekommen hat und weiß, wundert ihn nicht. Wolfgang, den Halbjuden, hingegen wundert es, der – ein ehemaliger Schulkamerad von Johann und von der Schule verwiesen – nur durch die Hilfe eines anderen Schulleiters die Schule weiter besuchen konnte. Plötzlich steigt in Johann die Angst auf, der jüdischen Mutter von Wolfgang zu begegnen, als wenn er erst in diesem Moment – nachträglich – gewahr würde, was sie in der NS-Zeit gelitten hat. Josef, den Bruder, den er nie tot gesehen hatte, konnte er sich nicht tot vorstellen. Johann beeindruckt durch eine partielle Vorstellungs- und Einfühlungsverweigerung. Gegen Ende des Romans träumt er:

„Lena und er in einem Doppelbett, sie sind allein im Zimmer, Lena ist Josefs Frau, Josef kommt dazu, das hätten Lena und er wissen müssen, daß sie so etwas nicht tun können, hier in Josefs Bereich, und Johann hatte Lena noch vorher gefragt, ob das nicht zuviel sei, die Frau des Bruders. Josef hatte von der Tür her nur ein Wort gesagt: Räuberzivil. Johann war in Josefs Jacke vor dem Spiegel gestanden. Aber er war auch ohne Kleider neben Lena im Bett gelegen. Als Johann nach diesem Traum aufgewacht war, hatte er sich geschämt. Nie mehr würde er eine der schönen Jacken, die Josef gehört hatten, anziehen. Den Traum wurde er nicht los. Er wich den Einzelheiten aus, aber die Stimmung blieb wie eine Farbe in allem. Er versuchte zu lesen. Der Traum drang durch" (S. 403).

Bereits im nächsten Absatz erzählt ihm Lena, daß Herr Krohn aus Friedrichshafen noch im April 1945 eine Brücke mit fünf Franzosen in die Luft gesprengt hat.

Hier zeigt sich etwas von der Abwehr von Johann, die Walser – vielleicht ohne es zu wissen – meisterhaft beschreibt: Ganz zweifellos weiß Johann unbewußt, daß er seinen Bruder, der möglicherweise auch für den ödipalen Vater steht, beerbt hat und daß das schon zu dessen Lebzeiten sein Wunsch gewesen ist. Er steigt wie ein Räuber und äußerlich höchst zivil – was ihm durch den Soldatentod des Bruders „legal" möglich wurde – in dessen Anzug. Er fühlt sich darin wohl, solange ihm nicht bewußt wird, daß das seinen unbewußten Wünschen, den Bruder zu berauben, entspricht, und schämt sich, als ihm das – nachträglich – bewußt wird. Er ist ein Räuber, der dem Bruder die Frau wegnehmen möchte.

Johann kann Lena den Traum nicht erzählen. Überhaupt gibt es jeden Tag etwas, was er ihr nicht mehr sagen konnte. Er hat also zunehmend Geheimnisse vor Lena, die zwischen ihnen stehen wie eine Wand. Gleichzeitig ist ihm der Traum präsent, er kann ihn nicht vergessen und möchte vor allem das peinigende Schamgefühl loswerden. Daß gerade das Schamgefühl nicht nur eine schmerzhafte, sondern auch eine liebevoll behütende Seite hat, scheint ihm nicht bewußt zu sein. Ihm fehlt die innere Objektrepräsentanz eines liebevollen Bruders/Vaters, der die räuberischen Anteile nicht übersieht und ihn damit konfrontiert, aber ihm aufgrund des Schamgefühls auch verzeiht und diese Erfahrung zu seinem Schutz – vor ähnlichen beschämenden Handlungen – in seine Seele pflanzt. Johann fühlt sich nur angegriffen, und sein einziger Gedanke ist, wie er das Schamgefühl loswerden kann. Er hat die Idee, vielleicht durch Aufschreiben den Traum beruhigen oder erreichen zu können, daß die „Beschämungskraft" nachläßt:

„Eine Art Hoffnung, daß er durch das Aufschreiben den Traum beruhigen könnte. Oder daß die Beschämungskraft des Traums nachließe. Er mußte den Traum aufschreiben. Er mußte sich wehren. Den Traum aufschreiben, das kam ihm vor wie etwas, was man nicht tun darf. Aber er tat's. Er mußte es tun [...] Sich einfach der Sprache anvertrauen. Vielleicht kann sie etwas, was du nicht kannst" (S. 404).

Johann zeigt ein „counter-schamhaftes" Verhalten, und Walser beschreibt das sehr einfühlsam. Anstatt in sich zu gehen, versucht er gegen das Schamgefühl anzuschreiben, anstatt innerlich eine Instanz zu errichten, die ihn vor zukünftigen beschämenden Wiederholungen schützt, versucht er durch Aufschreiben (Veröffentlichen) – eine exhibitionistische Vorwärtsverteidigung – die Erfahrung ihres beschämenden Charakters zu entkleiden. Die Sprache selbst wird ihm zum Zaubermittel, mit dem man das – brennende und peinigende – Schamgefühl verringern kann. Etwas, was aufgeschrieben und veröffentlicht werden kann, kann nicht so schlimm sein. Ein Gedanke, den aufzunehmen sich lohnt, weil er nicht nur Walser betrifft.

Es ist nicht zulässig, Walser mit der Romanfigur des Johann gleichzusetzen, selbst dann, wenn es sich um einen autobiographischen Roman handelt. Die Parallele zwischen Johanns Schamerlebnis, daß er seinen Bruder berauben will, oder der erst nachträglichen Einsicht, was die Mutter von Wolfgang während der NS-Zeit gelitten hat, und der Rede in der Paulskirche ist jedoch unübersehbar: Walser in der Jacke des Predigers, die er gar nicht hätte anziehen müssen, macht eine schlechte Figur, weil er das, was er anderen predigt, nicht auf sich selbst anwendet. Entwertet er die Kritiker, um sein eigenes Gewissen zu beschwichtigen, das ihn peinigt, wenn er mit dem Holocaust und Auschwitz konfrontiert wird? Diese Abwehr ginge auf Kosten der toten Opfer, die keine Stimme mehr haben, wenn nicht sein/unser Gewissen für sie spricht. Seine Worte und Sätze könnten Gefahr laufen, zum Mittel zu werden, mit dem man unangenehme Gefühle aus der Welt schaffen kann, und dienten dann der Verleugnung und Verdrängung.

Mit dem Schreiben von „Sätzen" kann sich Johann über Wasser halten:

„Als er den Traum aufgeschrieben hatte, sah er, daß er nicht den Traum aufgeschrieben hatte, sondern das, was er für die Bedeutung des Traums hielt. Vom Traumüberfluß war nichts zurückgeblieben. Solange er träumte, hat er alles verstanden, jetzt, aufgewacht, versteht er nur noch die Bedeutung. Er hat den Traum durch Aufschreiben zerstört. Er hat sich nicht der Sprache anvertraut, sondern geschrieben, was er hatte schreiben wollen. Er hatte dem Traum durch das Aufschreiben die Beschämungskraft nehmen wollen. Er hatte gezielt, anstatt sich anzuvertrauen. Er mußte sich das Zielen abgewöhnen. Sich den Sätzen anvertrauen. Der Sprache. Das stellte er sich so vor: Auf einem Floß aus Sätzen über das Meer kommen, auch wenn dieses Floß, schon im Entstehen, andauernd zerflösse und andauernd, falls man nicht untergehen wollte, aus wei-

> teren Sätzen wieder geschaffen werden müsse. Wenn er anfängt zu schreiben, soll schon auf dem Papier stehen, was er schreiben möchte. Was durch die Sprache also von selbst aufs Papier gekommen wäre, müßte von ihm nur gelesen werden. Die Sprache, dachte Johann, ist ein springender Brunnen“ (S. 404 f.).

Solange er über die Sprache verfügt und ihm die Worte nicht ausgehen, wird er nicht untergehen. Auf diese Weise verschließt sich ihm vielleicht auch die Dimension des „Wohin-die-Sprache-nicht-reicht“. Fürchtet Johann das Untergehen in einer abgrundtiefen Traurigkeit? Fürchtet er die Depression? Der „springende Brunnen“ ist im Roman verknüpft mit dem Tod des Vaters in Johanns Pubertät. Da der Vater wegen seiner Krankheit das Buch nicht mehr selbst halten konnte, pflegte Johann ihm Rabindranath Tagore vorzulesen, bis der Vater eingeschlafen war. Im Buch wird zitiert:

> „Eines Tages saß der Knabe unter der Tür des väterlichen Hauses und schaute hinaus. Und er sah ein Zeburind und einen Esel nebeneinander stehen. Die Kuh aber leckte liebreich dem Esel das Fell. Gleich wie die beiden Tiere, einander völlig fremd und von gänzlich anderer Artung, doch hinter allem Trennenden die gemeinsame, ewige Einheit spürten, so also erschaute der Knabe plötzlich den inneren Zusammenhang der ganzen Welt und aller Wesen. Und durchdrungen vom Allgefühl erlebte er das Nicht-anders-sein-Können denn Liebe, und sprach: Ich muß lieben, muß lieben.“ (Am liebsten aber war dem Vater das Nachtlied von Zarathustra.) „Wenn er las ‚Nacht ist es: nun reden lauter alle springenden Brunnen‘ hatte er das Gefühl, seine Stimme singe ganz von selbst“ (S. 165).

Aus psychoanalytischer Perspektive wird in der Urszene das Gemeinsame in allem Trennenden erlebt und erkannt, weil neidische und rivalisierende Gefühle gänzlich ausgeschaltet sind. Diese tauchen hingegen im Traum auf, wo Johann vom Bruder als ein „Räuber in Zivil“ benannt wird. Eine ambivalenzfreie Liebe kennen wir nur im Zustand der Verliebtheit und Ekstase, der Auflösung der Ich-Grenzen, oder als ozeanisches religiöses oder poetisches Gefühl, wenn der Dichter mit seiner Sprache eins wird. Die Sprache ist dann nicht mehr ein Mittel der Verständigung. Sie wird bei Johann zum Träger eines überwältigenden Gefühls, das im intermediären Raum ihn und den verstorbenen, aber – im Medium der Sprache – als Übergangsobjekt anwesenden Vater verbindet. In dieser Bedeutung ist sie ihm lieb. Es wird einfühlsam und ausführlich geschildert, wie ihn mit dem Vater ihre Liebe zum springenden Brunnen der Sprache verband. Diese regressive Verschmelzungsphantasie geht jedoch auf Kosten der Beziehung zum realen Objekt, der unvermeidlichen Ambivalenz und der Identifikation mit dem gehaßten und geliebten, dem peinigenden – weil Schuld- und Schamgefühle und Traurigkeit hervorrufenden – und dem tröstenden Vater. Während im Buch einfühlsam geschildert ist, wie die Kinder die bei der Nachricht vom Tod ihres ältesten Sohnes vom Schmerz überwältigte Mutter halten, wird nicht einmal die Frage gestellt: Und wer hält die Kinder? Spricht Walser da vielleicht – in seinen Auslassungen – für eine ganze Kriegsgeneration?

Vielleicht ist das auch der tiefere unbewußte Grund des Konsenses mit Walser: Auf der Seite der Täter sind wir fast alle während der NS-Zeit guter väterlicher Objekte beraubt gewesen. Was als ein Triumph der Jugend oberflächlich gesehen gefeiert wurde, führte nicht in die Progression, sondern in die Regression. Bion schreibt über schmerzhafte Erfahrungen, und dazu gehören vor allem Scham- und Schuldgefühle und Trauer, daß sie beides enthalten, die Tat, die Reaktion des Gewissens und die Chance, daß aus beiden etwas Neues, Drittes entsteht, das beides enthält: den Schmerz der Opfer und die Scham- und Schuldgefühle der Täter und die Trauer um das verlorene Gute. Wo aber können sich Täter und Opfer anders begegnen als in dem gemeinsamen „Nie wieder" oder in dem Gesetz, daß die „Würde des Menschen unantastbar" ist, wie es die Väter des Grundgesetzes, das hoffentlich unlöslich mit dem Holocaust verknüpft bleibt, genannt haben? Sie wußten aus bitterer eigener Erfahrung, daß die Würde des Menschen angetastet werden kann und daß das auch in Zukunft möglich ist und man deshalb Gesetze braucht. Schuld- und Schamgefühle sind zwar schmerzhaft; aber sie bringen individuell Wachstum und Reife und anstelle des „schwankenden Floßes" festen Boden unter die Füße. Die gesellschaftliche Anerkennung des Anderen läuft jedoch nicht wie die private über die Liebe, sondern über das Gesetz (vgl. Honneth, 1992). Hier zeigen sich sowohl die strukturellen Ähnlichkeiten als auch die Unterschiede und damit auch die begrenzte Reichweite des ödipalen Paradigmas.

Anmerkung

[1] Mit –K (minus K) bezeichnet Bion (1963) eine aktive Beziehung zwischen zwei Personen oder zwischen einer Person und einer Sache des Nichtwissen- und Nichtkennenlernenwollens (K = knowledge = Wissen), wobei das Nichtwissen bewußt oder unbewußt beabsichtigt ist, weil Wissen auch emotional Frustration und Enttäuschung hervorrufen kann.

Literatur

Bion, W.R. (1961): Erfahrungen in Gruppen und andere Schriften. Frankfurt a.M. (Fischer) 1991.

– (1963): Elemente der Psychoanalyse. Frankfurt a.M. (Suhrkamp) 1992.

Honneth, A. (1992): Kampf um Anerkennung. Zur moralischen Grammatik sozialer Konflikte. Frankfurt a.M. (Suhrkamp) 1994.

Kris, E. (1952): Die ästhetische Illusion. Phänomene der Kunst in der Sicht der Psychoanalyse. Frankfurt a.M. (Suhrkamp) 1977.

Novick, P. (1999): Nach dem Holocaust. Der Umgang mit dem Massenmord. Stuttgart, München (DVA) 2001.

Schirrmacher, F. (1999): Die Walser-Bubis-Debatte. Eine Dokumentation. Frankfurt a.M. (Suhrkamp) 1999.

Walser, M. (1998a): Erfahrungen beim Verfassen einer Sonntagsrede. Friedenspreis des Buchhandels 1998. Mit einer Laudatio von Frank Schirrmacher. Frankfurt a.M. (Suhrkamp) 1999.

– (1998b): Ein springender Brunnen. Frankfurt a.M. (Suhrkamp).

Vergessen und Erinnern in den postkommunistischen Gesellschaften

Volkhard Knigge

Anamnestische Erinnerung

Zum antifaschistischen Staatsgedächtnis der DDR

Ich werde im folgenden in groben Strichen Genese und Wirkung des antifaschistischen Staatsgedächtnisses der DDR, wie es bis 1989/90 bestand und noch heute nachwirkt, rekonstruieren. Wenn ich in diesem Zusammenhang von *anamnestischer* Erinnerung spreche, nutze ich mit Bedacht ein Kunstwort, das aus der lautlichen Verschränkung von Anamnese und Amnesie entstanden ist. Nicht Verleugnung oder Verharmlosung kennzeichneten – im Gegensatz vor allem zur frühen Bundesrepublik – das politisch inszenierte und funktionalisierte öffentliche Gedächtnis der DDR in bezug auf den Nationalsozialismus, sondern eine spezifische Mischung von Erinnern und Auslassen, oder anders gesagt, von Erinnerung als Vergangenheitsentlastung. Um es in psychoanalytischer Perspektive zu formulieren, das antifaschistische Staatsgedächtnis der DDR in bezug auf den Nationalsozialismus läßt sich als gesellschaftliche Deckerinnerung verstehen, deren Genese und deren „Wesentliches" im folgenden grob umrissen werden soll, und zwar am Beispiel von Entstehungsgeschichte und Erinnerungsprogramm der am 11. September 1958 auf dem Ettersberg bei Weimar vom Ministerpräsidenten der DDR, Otto Grotewohl, eingeweihten „Nationalen Mahn- und Gedenkstätte Buchenwald". Auf deren Geschichte und Bedeutung konzentriere ich mich nicht nur aus Gründen der Plastizität, sondern weil sie als Nationaldenkmal der DDR konzipiert und genutzt worden ist und deshalb im Sinne eines Leitsymptoms für das politische Gedächtnis der DDR dechiffriert werden kann. Solche Dechiffrierung darf allerdings auch im Falle autoritär regierter Staaten wie der DDR keinesfalls auf die Analyse expliziter, manifester erinnerungspolitischer Programmatiken und damit verbundener Rituale, Zeremonien und gesellschaftlicher Aktionen beschränkt bleiben. Vielmehr ist zugleich der Bedeutungsüberschuß mit ins Auge zu fassen, der jeder symbolischen, insbesondere jeder ästhetischen Inszenierung und Deutung von Geschichte eignet. Denkmäler repräsentieren dann nicht nur die Intentionen derjenigen, die sie geschaffen haben oder auswählten, sie geben nicht nur wieder, spiegeln nicht nur oder bilden ab, sondern sie verweisen einerseits auch auf vorbewußte Prägungen und Motive im Sinne vorreflexiver kultureller Selbstverständlichkeiten, vor allem auf seiten der Denkmalsetzer, aber auch auf seiten der Denkmalrezipienten, und sie implizieren einen über die Intentionen der Denkmalsetzer hinausgehenden „Mehrsinn", der sowohl in der Geschichte der verwendeten Bilder und Symbole gründet wie in deren wechselseitigem Verweisen, also in ihrer Stellung als Signifikanten in einem Netzwerk von und mit anderen Signifikanten. So gesehen sind Denkmäler letztendlich womöglich nichts anderes als Traumtexte einer Gesellschaft, jedenfalls deren normsetzender Schichten, was im Falle der DDR heißt: der Spitze der SED und der dieser Partei und ihrem Geschichtsbild loyal verbundenen Menschen.

Kaum eine Losung hat das Selbstverständnis der DDR so knapp, prägnant und umfassend zum Ausdruck gebracht wie die: „Wir haben den Schwur von Buchenwald erfüllt!" Seit Anfang der fünfziger Jahre zunehmend nachweisbar, blieb sie bis zum politischen Ende der DDR in permanentem Gebrauch. Am 19. April 1945, neun Tage nach der Befreiung des KZ Buchenwald, hatte das von deutschen kommunistischen Häftlingen dominierte Internationale Lagerkomitee vor einem auf dem Appellplatz des Lagers aufgestellten hölzernen Obelisken die erste Gedenkfeier für die Toten von Buchenwald abgehalten. („Nicht jedem erzählen, daß alle Organe nach den Anweisungen der Partei arbeiten. Die maßgebliche Instanz für die Lageröffentlichkeit ist das Internationale Lagerkomitee",[1] hatte es auf der ersten legalen Sitzung des KPD-Parteiaktivs am 12. April 1945 geheißen.) Nach Nationen gegliedert, in Blöcken formiert, waren Überlebende, die dazu körperlich in der Lage waren, unter Fahnen und begleitet von ihren Nationalhymnen am Obelisken vorbeimarschiert. Die Mitglieder des Lagerwiderstandes waren unter den Klängen der Internationale in national gemischten Blöcken angetreten. Als Höhepunkt der Feier hatten Mitglieder des Internationalen Lagerkomitees in mehreren Sprachen eine von der Häftlingslagerleitung formulierte Erklärung, die mit einer Schwurformel endete, verlesen: „Unsere sadistischen Peiniger sind noch frei. Deshalb schwören wir hier vor der ganzen Welt an dieser Stätte faschistischer Greuel: ‚Wir werden den Kampf erst aufgeben, wenn der letzte vom Gericht der Nationen verurteilt ist'. Die endgültige Zerschmetterung des Faschismus ist unsere Losung. Der Aufbau einer neuen Welt des Friedens und der Freiheit ist unser Ideal. Dies schulden wir unseren ermordeten Kameraden und ihren Familien" (Ritscher, 1983, S. 6). Durch den Charakter der Feier – der Form nach war sie militärische Totenehrung, soldatische Vereidigung und Siegesparade zugleich – wurden alle Toten des KZ unter die Kategorie des Kampfes subsumiert und alle Überlebenden zu diesem verpflichtet. Er erschien dabei vordergründig als Kampf gegen das am 19. April 1945 noch nicht vollends geschlagene nationalsozialistische Deutschland. Die spätestens ab Ende 1945 mit den ersten umfassenderen Darstellungen der Geschichte des KZ Buchenwald aus kommunistischer Feder popularisierte Schwurformel macht allerdings deutlich, daß es ihren Verfassern um mehr als den endgültigen Sieg über Hitler-Deutschland ging. Sie lautete: „Noch laufen unsere sadistischen Peiniger frei herum! Wir schwören deshalb vor aller Welt auf diesem Appellplatz, an dieser Stätte faschistischen Grauens: Wir stellen den Kampf erst ein, wenn auch der letzte Schuldige vor den Richtern der Völker steht! Die Vernichtung des Nazismus mit seinen Wurzeln ist unsere Losung! Der Aufbau einer neuen Welt des Friedens und der Freiheit ist unser Ziel! Das sind wir unseren Gemordeten, ihren Angehörigen schuldig“.[2] Zwei Umformulierungen verweisen auf den zentralen politischen Subtext des Schwurs. Mittels der Verwandlung des „Ideals“, eine „neue Welt des Friedens und der Freiheit“ aufzubauen, in ein „Ziel“ wurde die Gesamtheit der Überlebenden von einer Überzeugungs- und Haltungsgemeinschaft auf eine politische Programmatik und Praxis verpflichtet, auf deren volle Bedeutung die neue Formulierung „die Vernichtung des Nazismus *mit seinen Wurzeln*„ aufmerksam macht. Als *Wurzeln des Faschismus* galten in kommunistischer Sicht entsprechend der von Georgi Dimitroff 1935 formulierten, kanonisierten Faschismusdefinition – und diese war den Autoren des Schwures selbstverständlich bekannt und blieb bis zum Untergang der DDR in Geltung – „Konzernherrschaft und Monopolbesitz an Grund, Boden und Rohstoffen“.[3] Die politische Reichweite, die der Schwur implizierte, wird den meisten Teilnehmern der Totengedenkfeier am 19. April 1945 verborgen geblieben sein. Zu sehr verstand sich das manifest erklärte Ziel, den Nazismus vollends zu vernichten, vor dem Hintergrund des Kriegsgeschehens und der Konzentrationslagererfahrung von selbst.

Gleich welche politische Überzeugung Überlebende der Konzentrations- und Vernichtungslager hatten – und sie waren, zunächst häufig genug ganz auf sich gestellt, die ersten, die Denkmäler in Erinnerung an die Toten der nationalsozialistischen Lager einforderten bzw. planten –, grundsätzlich sahen sie sich vor zwei Aufgaben gestellt: einerseits den in der Regel namenlos Verscharrten bzw. denen, deren Asche namenlos verstreut worden war, wenigstens ersatzweise Grabdenkmäler zu schaffen, um ihnen auf diese Weise zumindest symbolisch die ihnen abgesprochene Menschenwürde zurückzuerstatten, und andererseits Geschichtszeichen zu setzen, die die nationalsozialistischen Verbrechen und die Geschichte der ihnen zum Opfer gefallenen Menschen trotz des Vergehens der Zeit gegenwärtig hielten. Sie mußten, wie es der Architekt und erste Nachkriegsdirektor der Staatlichen Hochschule für Baukunst und Bildende Kunst in Weimar, Hermann Henselmann, 1946 im Zusammenhang mit den Planungen für ein Buchenwalddenkmal formulierte, zwischen dem „Bestattungsgedanken“ und dem „Erinnerungsgedanken“[4] unterscheiden. Hinsichtlich des ersten, des „Bestattungsgedankens“, ist weit über Buchenwald hinaus der Rückgriff auf überkommene, durch Tradition nobilitierte, im Blick auf das Geschehen selbst inhaltlich arbiträre (Grab-)Denkmalformen nachweisbar. Der Obelisk vom 19. April steht hierfür. Es schien, als könnten durch die überkommene Würdeform hindurch die aus der Gattung Mensch Ausgestoßenen in diese wieder aufgenommen und in ihrer Menschenwürde rehabilitiert werden. Hingegen taugten solche Denkmalformen allein zur Vergegenwärtigung und Deutung des Geschehenen nicht. Hierzu bedurfte es der ehemaligen Lager in ihrer Verschränkung von Friedhof und Tatort, von Corpus delicti und „Denkmal an die Zeit“ (Johann G. Droysen), zunächst jedenfalls. In der Formulierung eines auf Buchenwald bezogenen uramerikanischen Befehls vom 30. April 1945: „Viele der Toten, die über das gesamte Lagergelände verstreut waren, wurden begraben, man sollte jedoch Ansammlungen von Leichen als Beweis für die früheren Bedingungen lassen.“[5] Und in den Worten des jüdisch-politischen deutschen Häftlings Werner A. Beckert vom Juni/Juli 1945: „Das Lager Buchenwald soll auf Wunsch der Häftlinge nicht vernichtet werden. Dieses Lager soll allen Nationen ein Mahnmal für ihre kommenden Geschlechter sein.“ Am 9. Oktober 1950 beschloß das Sekretariat des Zentralkomitees der SED allerdings das genaue Gegenteil zu dieser Forderung, nämlich den Abriß des ehemaligen KZ Buchenwald bis auf das Torgebäude, die Wachtürme links und rechts davon sowie den Stacheldrahtzaun dazwischen und das Krematorium. Das abgeräumte Areal sollte aufgewaldet werden.[6] Was auf den ersten Blick gerade vor dem Hintergrund des antifaschistischen Selbstverständnisses der DDR als frappierend erscheint, nämlich die weitgehende Tilgung eines bedeutenden Sachbeweises für den verbrecherischen Charakter des Nationalsozialismus, war durchaus folgerichtig. Blicken wir noch einmal in das gerade befreite KZ zurück. Am 12. April 1945 trat um 11.30 Uhr, weniger als vierundzwanzig Stunden nach der Befreiung also, das Parteiaktiv der deutschen kommunistischen Häftlinge unter der Leitung Walter Bartels, dem Vorsitzenden der Lager-KPD und ehemaligen Vorsitzenden des illegalen Internationalen Lagerkomitees sowie späteren Nestor der DDR-Buchenwaldgeschichtsschreibung, zu seiner ersten legalen Sitzung zusammen. Das Protokoll des Treffens vermerkt: „Genosse Bartel gedachte in bewegten Worten aller Opfer des Faschismus und vor allem unseren im Kampf gegen die Barbaren gefallenen Genossen. Die Liste unserer Toten [...] sei zu lang, um jeden einzelnen namentlich zu verlesen. Doch wir haben keinen vergessen und schwören mit vielfacher Kraft und Energie, in ihrem Geiste weiterzukämpfen und sie zu rächen. Ihr Opfer ist nicht umsonst gewesen, dafür werden wir überlebenden Kommunisten mit unerschütterlicher Entschlossenheit sorgen. Während des Totengedenkens haben sich alle Genossen von ihren Plätzen erhoben und grüßten sie mit einem dreifachen Rot-Front."[7] Was kennzeichnet dieses Totengedenken, das der Feier vom 19. April noch vorausging? Die Konzentrationslagerhaft erscheint als besondere Etappe in einem Kampf, der keinesfalls mit der Befreiung des Lagers abgeschlossen ist, sondern mit Entschlossenheit bis zum endgültigen Sieg fortgesetzt werden wird. Der Tod im KZ gilt als politischer Opfertod, von daher bezieht er seinen Sinn. Totengedenken bedeutet politische Selbstverpflichtung. Zwischen „Opfern des Faschismus" und „im Kampf gegen die Barbaren gefallenen Genossen" wird ein deutlicher Unterschied gemacht. Die durch einen Schwur besiegelte Selbstverpflichtung bezieht sich nicht auf die Opfer, sondern auf die Kämpfer, d. h. auf deren politische Überzeugungen, Taten und Ziele, die allerdings erst durch die Nachlebenden vollends verwirklicht werden sollen. Die bereits zu diesem frühen Zeitpunkt kenntlich werdende Unterscheidung zwischen vermeintlich passiven Opfern einerseits und politischen Widerstandskämpfern andererseits sollte das Geschichtsbild der DDR sowie deren Vergangenheitspolitik dauerhaft prägen.

Im Zusammenhang mit der Gründung der – formal zwar selbständigen, aber von der SED kontrollierten, im Frühjahr 1953 wieder zwangsaufgelösten – Vereinigung der Verfolgten des Nazi-Regimes (VVN) wurde diese Unterscheidung und Hierarchisierung von Verfolgtengruppen im Zuge der Diskussion, wer Anrecht auf Mitgliedschaft – und damit auch ein Anrecht auf entsprechende finanzielle Entschädigungen – haben sollte, weiter ausgeführt. So hieß es beispielsweise im Protokoll einer Arbeitstagung des OdF (Opfer des Faschismus) Mecklenburgvorpommern im November 1946: „Die Diskussion drehte sich um die Frage, wer Mitglied dieser Organisation werden soll. Es wurde festgestellt, daß gewisse Kategorien, die während der Hitlerzeit nur als Verfolgte galten, wie z. B. Bibelforscher, Zigeuner, jüdische Leute, sehr wenig oder gar nicht an unserem politischen und demokratischen Aufbau teilnehmen. Für die sei in erster Linie ihre materielle Betreuung maßgebend. Wogegen die politischen Kämpfer fast durchweg alle, soweit sie nicht durch Krankheit und dergleichen gehindert sind, äußerst rege und aktiv sich betätigen" (zit. n. zur Nieden, 1996, S. 79). Die politische Differenzierung und Hierarchisierung der Opfer fand schließlich 1947 förmlichen Ausdruck in drei verschiedenen Ausweisen, die staatlich anerkannten NS-Verfolgten zuerteilt werden konnten: den Ausweisen für Kämpfer, für Verfolgte und für Teilverfolgte.

Sollte diese Kategorisierung der Verfolgung im Nationalsozialismus entsprechen, also historisch begründet sein, so kam mit dem Übergang der SED zur Partei neuen Typs ab 1948, d. h. mit ihrer gezielten Stalinisierung, ein offen gegenwartspolitisches Anerkennungskriterium hinzu: Systemloyalität (vgl. Groehler, 1996). Wie kalt und unnachgiebig dieses von je aktueller politischer Auslegung und Parteilinienbestimmung abhängige Kriterium gehandhabt wurde, zeigt der Umstand, daß selbst die führenden Mitglieder des Buchenwalder KPD-Aktivs zwischen 1946 und 1953 zunehmend verdächtigt, teils verhaftet, teils politisch kaltgestellt und erst Ende 1955, Anfang 1956 nichtöffentlich rehabilitiert wurden.

Kehren wir zum Beschluß der SED-Spitze zurück, das KZ Buchenwald weitgehend zu schleifen – mit den anderen Konzentrationslagern auf dem Gebiet der DDR wurde nach dem gleichen Prinzip verfahren. Dessen eigentliche Bedeutung wird nun verständlich. Das Lager als solches wäre vor dem Hintergrund der Unterscheidung zwischen Opfern und Kämpfern ein Denkmal für die Opfer gewesen, insofern es aus der Sicht der SED für Gefangenschaft, Ausgeliefertsein und Ohnmacht gestanden hätte. Demgegenüber war das geschleifte Lager ein Denkmal für die Kämpfer und ihren Sieg, insofern das Abtragen, wie es die Gedenkstättenplanungskommission der VVN Ende 1949 formulierte, „bewußtes Zerschlagen des faschistischen Grauens" symbolisieren sollte.[8] Die geplante Aufwaldung des Lagergeländes hätte diesen Leitgedanken unterstrichen. Das ehemalige KZ wäre in einen Waldesdom bzw. Ehrenhain verwandelt worden, wie sie mit den Befreiungskriegen und insbesondere im Verlauf des Ersten Weltkrieges als Krieger- und Heldengedenkstätten in Deutschland üblich geworden waren. Sein Zentrum hätte das Krematorium in der Stellung einer säkularen Märtyrerkapelle gebildet, denn es sollte vom Abriß deshalb verschont bleiben, weil hier im Sommer 1944 der letzte Vorsitzende der KPD in der Weimarer Republik, Ernst Thälmann, ermordet worden war.

Auch wenn Abriß und Aufwaldung – nicht zuletzt aus pragmatischen Gründen – nicht ganz das beschlossene Maß erreichten, der „Erinnerungsgedanke" blieb: Bruchsteinfelder markierten die Standorte ehemaliger Häftlingsblocks im Hauptlager und versahen diese so mit einer dreifachen, ineinander verschränkten Botschaft: das Lager war lebensfeindlich, unwirtlich und öde; trotzdem war es hier zu einem Kampf gekommen, und dieser wurde, trotz aller Schwierigkeiten, siegreich ausgefochten. „Durch Sterben und Kämpfen zum Sieg", so faßt Roselene Willumat-Decho (1963, S. 28) das Erinnerungsprogramm der Nationalen Mahn- und Gedenkstätte Buchenwald in einer pädagogischen Erläuterung des Volksbildungsministeriums knapp und prägnant zusammen.

1954 war der Abriß des Lagers beendet. Faktisch hatte eine Minimierung der Relikte zur Maximierung historischer Sinnbildung im Sinne des oben genannten Leitmotivs stattgefunden, eine Praktik, die auch für den Umgang mit den ehemaligen KZs auf westdeutschem Gebiet nachweisbar ist, wenn auch die mit ihr verbundenen Sinngebungen differieren. In der Bundesrepublik wurden die ehemaligen Lagergelände, sofern sie nicht ganz oder teilweise überbaut (Neuengamme, Dachau, Flossenbürg), untergepflügt (Osthofen) oder als Brach- bzw. Weideland (Esterwegen) liegengelassen wurden, in Friedhöfe von allenfalls geringer historischer Informationskraft verwandelt.

Für den so konnotierten Standort des ehemaligen KZ Buchenwald wurde 1951 mittels eines eingeschränkten, nur auf Künstler der DDR bezogenen, unter dem Signum der VVN ausgelobten Wettbewerbs das passende Denkmal gesucht. Der Ausschreibungstext war überwiegend floskelhaft und nur in einer Hinsicht konkret: abstrakte Formensprache wurde entsprechend der Doktrin des sozialistischen Realismus apodiktisch ausgeschlossen. Gleichwohl existierten konkrete Vorstellungen in bezug auf die Monumentalität der Denkmalanlage, die neben dem ehemaligen KZ, am Südhang des Ettersberges, dort, wo sich die Massengräber befanden, erbaut werden sollte, und auch hinsichtlich der Funktion von Kunst in ihrem Zusammenhang. So hatte Staatssekretär Helmut Holtzhauer, der Vorsitzende der Staatlichen Kommission für Kunstangelegenheiten, der Vorläufereinrichtung des 1954 gegründeten DDR-Kulturministeriums, am 24. November 1951 darauf hingewiesen, daß bei der Gestaltung Buchenwalds mit der „Großzügigkeit nach dem Vorbild des sowjetischen Ehrenmals in Treptow gearbeitet werden (soll)“.[9] Was nichts anderes heißt, als daß mittels der Denkmalanlage die kommunistischen Häftlinge Buchenwalds – stellvertretend für die gesamte KPD – als unbesiegbare Träger des historischen Fortschritts in Deutschland auf eine Ebene mit den äußeren Befreiern in Gestalt der Soldaten der Roten Armee und der Sowjetunion gestellt werden sollten. Anders gesagt: das Buchenwalddenkmal wurde als nationales Siegesdenkmal parallel zum sowjetischen explizit als nationales aufgefaßt, insofern das ZK der SED bereits Ende Juli 1949, also noch vor der Staatsgründung der DDR (7. Oktober 1949), einem auf eine „Anregung“ der Sowjetischen Militäradministration in Deutschland zurückgehenden Antrag zugestimmt hatte, „im KZ Buchenwald [...] ein Nationalmuseum“ einzurichten.[10] Kunst hatte in diesem Zusammenhang nicht nur die Aufgabe zu zeigen, wie es gewesen war, sondern ihr Hauptzweck bestand darin, „bei Wahrung der wissenschaftlichen Wahrheit und der sozialistisch-antifaschistischen Parteilichkeit, insbesondere den politisch-wissenschaftlich weniger interessierten Besuchern, rein sinnlich eine richtige Vorstellung zu vermitteln“.[11]

Um diese richtige Anschauung ist trotz aller politischen Vorgaben zwischen 1952 und 1955 hinter den Kulissen heftig gekämpft worden. Auslöser für die Auseinandersetzungen war der erste Entwurf für die Buchenwald-Plastik Fritz Cremers. Sein erster Entwurf der Gruppenplastik für den Ehrenhain Buchenwald knüpfte direkt an Auguste Rodins 1884/1885 geschaffene „Bürger von Calais“ an, der ersten nicht hierarchisch gegliederten, einer Aufopferung für das Gemeinwesen gewidmeten – in diesem Sinne demokratischen – Gruppenplastik in der Geschichte der Kunst. Ebenbürtig und gleichberechtigt stehen acht Häftlinge beisammen, sich gemeinsam und als einzelne gegen einen unsichtbaren Feind anstemmend. Keiner ist über die anderen erhoben, alle sind gleichermaßen durch das ihnen angetane Unrecht gezeichnet. Erniedrigt, geschunden und an den Rand des Todes gebracht, stehen sie da – anklagend und ungebrochen zugleich. Kein Sockel erhöht sie, nur ihre Unbeugsamkeit hebt sie als Vorbilder von den Betrachtern ab. Einer – kein Anführer, sondern einer aus ihrer Mitte – hat die Hand zum Schwur gehoben, und dieser Schwur – ein „Dennoch!" – reiht die Häftlinge und ihre Leidensgeschichte in die Traditionslinie der männlichen Freiheitsschwüre ein – vom Schwur der Horazier über den Rütli-Schwur, den Schwur im Ballhaus bis hin zum Schwur von Buchenwald. Die Konzentrationslagerhaft erscheint so weniger als Unterbrechung oder Endpunkt des Weges in die Freiheit, sondern vielmehr als eine weitere – wenn auch grausame – Zwischenstufe auf dem beschwerlichen Weg in eine glückliche Zukunft.

Trotz der Aura innerer Unbeugsamkeit und trotz der in der Plastik zum Ausdruck kommenden impliziten Zukunfts- und Siegesgewißheit wird der Entwurf am 2.7.1952 von Wilhelm Girnus, ehemaliger Häftling des KZ Sachsenhausen und Leiter der Kulturredaktion, später Chefredakteur des „Neuen Deutschland", daselbst in einem ausführlichen Artikel vernichtend kritisiert. „Es bleibt [...] unverständlich, wie das Preisrichterkollegium zu einem der Entwürfe sagen konnte, er sei ideologisch richtig", eröffnet Girnus den Generalangriff. Cremer habe das „Unwesentliche" zum Hauptinhalt seiner Plastik gemacht. „Unsere Plastiker, z. B. Peter Göttsche und Prof. Cremer, haben das Unwesentliche, die äußere Erscheinung, die Lumpenkleidung, die kurzgeschorenen Haare, die verzerrten Züge Sterbender und Hungernder zum Wesentlichen gemacht und sind infolgedessen in den ideenlosen Sumpf des schamhaft mit hysterisch-expressionistischen Zügen verdeckten Naturalismus geraten. Die Seele der ganzen Idee ist dabei zuschanden gekommen. Sie haben nur die Leiden gesehen [...] sie haben das Entscheidende nicht gesehen: den Kampf, den Sieg" (Girnus, 1952).

Mag es auf den ersten Blick so scheinen, als habe Girnus nur kritisiert, daß die Plastik in ihrer Siegesgewißheit hinter die Gestaltung des Lagergeländes zurückfiel – es ging um mehr, nämlich darum, wie der Widerstand der deutschen kommunistischen Häftlinge im KZ Buchenwald und damit der gesamte innerdeutsche kommunistische Widerstand zu bewerten sei. Als man sich am 9. Oktober 1952 zu einer Sitzung im Atelier Cremers traf, um den Konflikt zu bereinigen, standen sich zwei Fronten gegenüber. Für die meisten Vertreter der VVN, darunter der KZ-Häftling und Maler Hans Grundig, galt, daß Cremers Entwurf das Typische der deutschen Situation getroffen hatte. Zwar habe der Faschismus durch seine Konzentrationslager versucht, den Willen der Menschen durch Hunger und moralische Erniedrigung zu brechen, gleichwohl sei es ihm nicht gelungen, ihren inneren Widerstandswillen zu zerstören. Ebendieser und der Glaube an die Freiheit seien „das Typische der deutschen Situation" gewesen, und dies komme in Cremers Plastik zum Ausdruck. Girnus hielt dem apodiktisch und gleichsam stellvertretend für die neue Machtelite in der SED, die dem innerdeutschen Widerstand nicht angehört, sondern den Nationalsozialismus im sowjetischen Exil überstanden hatte, entgegen, daß „es doch so [war], daß unsere Häftlinge von den Amerikanern befreit worden sind" (sie sich also nicht selbst befreit hatten, wie es die Buchenwalder Kommunisten und später auch die SED darstellten; Anm. v. V.K.). Und: „Die typische deutsche Situation war doch, daß das deutsche Volk nicht gekämpft hat." Gekämpft hätten andere, vor allem die Sowjetbürger. Vor allen anderen stünden sie für den unvermeidlichen Sieg derjenigen, die den Kampf gegen Hitler weitergeführt hätten. Für Girnus stand deshalb fest, daß die ganze Plastik ein anderes Gesicht bekäme, „wenn ein sowjetischer Soldat in der Gruppe stehen würde".[12] Hier wurde das eigentliche Dilemma deutlich, vor das die staatlichen Denkmalsetzer sich gestellt sahen: Den deutschen Kommunisten war es nicht gelungen, Hitler in entscheidender Weise die Stirn zu bieten. Das deutsche Volk hatte sich ihm nicht entgegengestellt, ganz im Gegenteil. Das KZ Buchenwald war von den falschen Befreiern befreit worden. Wessen Sieg, welche Helden, welches andere Deutschland konnte an diesem Ort eigentlich verewigt werden?

Cremers zweiter Entwurf löste diese Widersprüche nicht auf. Er übersprang sie. Nach dem Bildtopos der über die Barrikaden stürmenden Freiheit gebildet, war die Häftlingsgruppe nunmehr hierarchisch gegliedert, bewaffnet und unter dem Banner der Partei nach dem Sieg dargestellt, zum nächsten Kampf bereit. Und auch der über den Schwur sich verbürgende Weg in die Freiheit hatte ein eindeutiges Gesicht bekommen: das Gesicht Ernst Thälmanns. Bürge und uneingeschränkter Sachwalter von Fortschritt und Freiheit war nun eindeutig die KPD bzw. deren legitimer Sproß, die Sozialistische Einheitspartei.

Rehabilitierte und legitimierte dieser zweite Denkmalentwurf die KPD gleichsam überzeitlich, so taugte er doch nicht dazu, ein aus eigener Kraft gewordenes neues Deutschland unter Beweis zu stellen. Dazu bedurfte es einer dritten Variante. Diese dann realisierte Fassung entstand, sieht man von einigen Änderungen im Detail ab, durch das Aneinanderfügen der ersten beiden Entwürfe. Eine nun stärker gereihte Gruppe unbewaffneter Häftlinge wurde mit der Gruppe um den Fahnenträger und den Schwörenden verbunden. Obwohl die Kernelemente der jetzt auf elf Figuren erweiterten Plastik – Schwur, Fahne, Vorwärtsschreiten durch den Tod, Sieg – unverändert blieben, sind zwei wesentliche Neuerungen für den dritten Entwurf kennzeichnend: Zum einen ist das historische Kollektivsubjekt KPD/SED um der breiteren, nicht zuletzt auch internationalen politischen Akzeptanz gewissermaßen in „antifaschistische Widerstandskämpfer" aufgelöst und verallgemeinert worden, und zum anderen hat Cremer die visuelle Botschaft gleichsam didaktisiert, insofern er von rechts nach links gestaffelt Haltungstypen zeigt, die in optisch aufsteigender Linie die Genese unbesiegbaren antifaschistischen Bewußtseins vorführen: Zyniker, Zweifler, Rufender, Diskutierende, Kämpfer, Fahnenträger, Schwörender. Sie fordern, dem Brechtschen Lehrstück ähnlich, die Betrachter zum Nachvollziehen und zur Übernahme der Haltungen bis hin zum Schwur auf. Das KZ erscheint so als eine dem Fortschritt nützliche Schule bzw. als Höllenfeuer, in dem eine neue Geistes- und Tatenelite geschmiedet worden ist, die unbedingten Anspruch auf Nachfolge hat.

Beanspruchte die Cremer-Plastik, tatsächlich Geschehenem Ausdruck zu geben, so sprach die landschaftsgärtnerisch-architektonische Gestaltung der Mahnmalanlage diesem Geschehen überzeitliche Gültigkeit und Geltung zu. Die Kernkulturen des klassischen Altertums zitierend, wurde ein Weiheraum geschaffen, dessen Anlage das Leitmotiv „Durch Sterben und Kämpfen zum Sieg" quasi naturgesetzlich beglaubigte: Abstieg auf dunkel und blutrot gepflasterten Stufen an sieben Bildstelen vorbei, die die Geschichte des KZ als gelungenen Befreiungskampf memorierten, in die „Nacht des Faschismus". Innere Zwiesprache und Kommunion mit den Toten beim Durchschreiten der die Massengräber miteinander verbindenden „Straße der Nationen". Aufstieg durch Massengrab III hindurch auf hell gepflasterten Stufen ins Licht der Freiheit, das heißt zum Aufmarschplatz mit der aufgesockelten Cremer-Plastik vor dem fünfzig Meter hohen „Turm der Freiheit". Auf dessen lichtdurchfluteter Plattform sollte der Durchgang eigentlich enden, mit einem Blick ins befreite Land und unter den Klängen des Liedes der russischen Revolution „Unsterbliche Opfer ihr sanket dahin" und – danach – der Nationalhymne der DDR „Auferstanden aus Ruinen".[13]

Es ist evident, daß Buchenwald für das Staatsgedächtnis der DDR ursprungsmythologische Bedeutung hatte: hier, neben der Stadt Goethes und Schillers, war aus dem von deutschen Kommunisten angeführten Widerstand trotz schlimmster Bedrängnis ein neues, antifaschistisches Deutschland geboren worden. Sich des Nationalsozialismus zu erinnern bedeutete, sich durch die antifaschistischen Widerstandskämpfer hindurch mit diesem neuen, besseren Deutschland zu identifizieren und diese Identifikation durch politische Loyalität und staatsnützliches Handeln unter Beweis zu stellen. Die Mahnmalanlage selbst, eigentlich ein säkularisierter Kreuzweg, fungierte dabei wie ein politischer Läuterungspfad, den zu durchschreiten hieß, die alten Schlacken abzuwerfen und durch die Identifikation mit den Toten und dem aus ihrem Opfertod hervorgegangenen neuen Deutschland selbst zum neuen Menschen zu werden. Zugleich wurde durch die Umdeutung der größten Niederlage der deutschen Arbeiterbewegung in ihren größten Sieg der geschichtsteleologisch begründete Zukunftsoptimismus des Kommunismus wieder in Kraft gesetzt und bestärkt. Was umgekehrt hieß, Auschwitz als das Ereignis, an dem jede geschichtsgesetzlich verankerte Zukunfts- und Fortschrittsgewißheit endgültig zerbrechen muß, außer Kraft zu setzen. So ließ sich der Nationalsozialismus *tatsächlich* als eine – wenn auch fürchterliche – Etappe auf dem Weg ins bessere Leben, d. h. auf dem Weg „zum Sieg des Kommunismus im Weltmaßstab", erinnern. De facto bedeutete diese Form des Gedächtnisses Entlastung von der Vergangenheit. Nicht nur, „weil die Wurzeln des Faschismus" in der DDR durch die Verstaatlichung von Grundeigentum und Produktionsmitteln als ausgerottet galten und man sich deshalb allenfalls mit einer abgeschlossenen Vergangenheit auseinandersetzte – sondern auch, weil dieses Gedächtnis manichäisch strukturiert war.[14] Bereits Bertolt Brecht, der anfangs mit Fritz Cremer zusammengearbeitet hatte, hatte 1951 vorgeschlagen, dessen Plastik möge in den noch unbefreiten Westen schauen.[15] Weitestgehend auf der Strecke blieb so die konkrete, realgeschichtlich fundierte Auseinandersetzung mit dem Nationalsozialismus, seinen über den Antibolschewismus hinausgehenden weltanschaulichen Grundlagen sowie den Gründen für seine breite und tiefe Verankerung im deutschen Volk. Nicht in den Blick geriet insbesondere die Mitverantwortung der zahllosen „Alltagsdeutschen", was auch hieß, daß die konkrete Auseinandersetzung vieler DDR-Deutscher mit sich selbst unterbleiben konnte und unterblieb. Demokratisierungsschübe, wie sie trotz aller gesellschaftlichen und politischen Widerstände mit den Auseinandersetzungen um die NS-Vergangenheit in der Bundesrepublik immer wieder verbunden waren, konnten – sieht man von der autoritären Verfassung des Staates ab – schon aus diesem Grund aus dem DDR-Gedächtnis nicht folgen. Schon gar nicht konnte die Frage aufkommen, wie eine Gesellschaft verfaßt sein müßte, die Auschwitz als Zivilisationsbruch ernst nähme.

Postskriptum I: Antifaschismus gehörte zum offiziellen Wertegefüge der DDR. Massenmanifestationen, Jugendweihen, Vereidigungen junger Pioniere und der FDJ (Freien Deutschen Jugend) oder der Nationalen Volksarmee, Klassen- und Betriebsausflüge, Schulungen und Sportveranstaltungen wurden nach Buchenwald und in die anderen großen Gedenkstätten der DDR verlegt. Je weniger dem Sozialismus die Zukunft zu gehören schien, desto wichtiger wurde die Ersatzwert-Tradition einer antifaschistischen Vergangenheit. Deren Beschwörung durch immer wiederkehrende Formeln und Rituale verschliß allerdings das aufgebaute Vergangenheitsbild. Über den in der staatlich formierten Erinnerung bereits selbst angelegten Gedächtnisverlust lief Erinnerung in ihren eigenen Ritualen zunehmend leer.

Postskriptum II: Ein eigenständig postkommunistisches Gedächtnis existiert in der ehemaligen DDR nicht. Eher muß man von einem (gesamtdeutschen) Gemenge aus überkommenen Bewußtseinsbeständen, Neuansätzen in der Formulierung demokratischer Erinnerungskultur sowie der Verwerfung von allem, was mit der ehemaligen DDR zu tun hat, sprechen. An die Stelle der Minimierung der Relikte, der historischen Aufmerksamkeits- und Auseinandersetzungsrichtungen zur Maximierung staatlich gewollter historischer Sinnbildung ist gleichsam die Maximierung der Relikte, der historischen Tatsachenbeschreibungen und -deutungen, der Wahrnehmung von Opfergruppen usw. bei damit zwangsläufiger Minimierung prästabilierter historischer Sinnbildung getreten. Geschichte hat ihre Gerichtetheit, ein verbindliches Ziel, ihren immanenten Sinn und damit ihren Charakter als letztendlich bergendes Gehäuse verloren. So wie man nach 1945 plötzlich auf der Seite der Sieger und nicht der Verursacher des Nationalsozialismus stand, findet man sich heute ebenso plötzlich als gewöhnlicher Deutscher in *einer* deutschen Geschichte und sieht sich – wenn man es zuläßt – mit Fragen individueller Schuld, zumindest aber persönlicher politischer Haftung und Verantwortungsübernahme konfrontiert. Die Reaktionen auf Entbergung und Konfrontation sind vielfältig und nicht selten mehr oder weniger ineinander verschränkt: Festhalten und wütende Verteidigung des Alten; Suche nach einem neuen historischen Subjekt oder Glauben, mit dem sich zu identifizieren neuerlich rettet, wenigstens auf der richtigen Seite stehen läßt; Verwirrung und Angst angesichts des Umstandes, wieviel gewußt werden kann und gewußt werden müßte und daß doch Wissen nicht zugleich Sinn bedeutet oder *eine* Handlungsweise zwingend zur kollektiven Pflicht macht; Rückzug in Desinteresse oder auf die Nation und Nationalstolz als alt-neue Formen quasi natürlich verbürgter gesellschaftlicher Homogenität und individueller Würde – beide allemal von der SED kompensatorisch genutzt und nicht zuletzt deshalb wieder schnell zur Verfügung; Verunsicherung in bezug auf die Frage historischer Wahrheit, was wahr ist, wem man glauben kann oder wie man Wahrheit erkennt; Ablehnung jeder Auseinandersetzung, weil doch zu nichts nutze und jeder mit Geschichte macht, was er will; Vermeidung der Konfrontation mit der Scham, die unvermeidlich mit dem unbevormundeten konkreten historischen Rückblick auf Verbrechen, Tatorte und Personal der Verbrechen verbunden ist; Erschrecken darüber, wie marginal der Widerstand tatsächlich war; Zynismus, das heißt, wenn schon nichts Rettendes in der Geschichte wirkt und Solidarität wie Mitmenschlichkeit eher Ausnahmen sind, wenigstens nicht a priori als verläßlich vorhanden unterstellt werden können, fragen, wo denn heute die Stärkeren sind, um sich auf deren Seite zu schlagen; Freude daran, daß historische Bevormundung nicht mehr existiert und Maßstäbe für die Gegenwartsgesellschaft durch Auseinandersetzung mit der Vergangenheit selbst formuliert werden können. Letztere

Haltung scheint mir allerdings nach wie vor noch die einer Minderheit zu sein – unter anderen Vorzeichen auch unter ehemaligen Westdeutschen.

Postskriptum III: Woran wäre in bezug auf eine wirklichkeitsgerechte Auseinandersetzung mit den nationalsozialistischen Verbrechen im ehemaligen Ost- und im ehemaligen Westdeutschland gemeinsam zu arbeiten? Bildlich gesprochen: an der Wiederkehr des ersten Entwurfs von Fritz Cremers Buchenwaldplastik.

Anmerkungen

1 Thüringisches Hauptstaatsarchiv Weimar BW 45.

2 Kommunistische Partei Deutschlands, Stadt und Kreis Leipzig (Hrsg.): Das war Buchenwald Ein Tatsachenbericht. Leipzig o. J. (1945), S. 119. Der Bericht ist „eine Kollektivarbeit einer Anzahl Buchenwald-Häftlinge aus Leipzig. Zusammengestellt und bearbeitet von Rudi Jahn/ Leipzig. Buchenwald-Häftling Nr. 5495". Internationales Lagerkomitee: Konzentrationslager Buchenwald. Bericht des Internationalen Lagerkomitees. Mit einem Vorwort von Ernst Busse. Weimar o. J. (1945), S. 174.

3 Archiv der Gedenkstätte Buchenwald (im folgenden: BwA) 011 Bd. 3.

4 BwA 06 2–28.

5 National Archives, Washington, Record Group 331/SHAEF/G-5/DP2711/7.1 Report of General Drapa to SHAEF (30.4.1945).

6 Stiftung Archiv der Parteien und Massenorganisationen der DDR im Bundesarchiv ZPA J IV2/3/144.

7 Thüringisches Hauptstaatsarchiv Weimar BW 45.

8 BwA 06 2–14.

9 Helmut Holtzhauer an den Generalsekretär der VVN Fritz Beyling, 22.11.1951. BwA 06 2–28.

10 In einem Brief des Generalsekretariats der VVN vom 23.7.1949 an das ZK der SED heißt es dazu: „In einer Unterredung mit Major *Olympiew* in der Informationsabteilung der SMAD regte derselbe an, in Buchenwald ein Nationalmuseum zu schaffen. Er gab uns den Rat, einen diesbezüglichen Antrag an den Befehlshaber der Sowjetischen Streitkräfte in Deutschland General *Schutjkow* (gemeint ist Wassili I. Tschuikow; V. K.) zu richten, evtl. auch eine solche an den Deutschen Volksrat. Dabei könnten wir von uns aus darauf verweisen, daß in Polen – Auschwitz – Österreich – Mauthausen – in der Tschechoslowakei – Theresienstadt – eben solche Museen eingerichtet sind" (BwA 06 2–13).

11 Otto Halle in einem undatierten „Entwurf-Plan für das Museum Buchenwald" aus der ersten Hälfte der fünfziger Jahre. Deutsches Historisches Museum, Archiv Museum für Deutsche Geschichte, Abt. Gedenkstätten, o. Signatur.

12 Stiftung Archiv der Akademie der Künste, ZAA, N 254, Mappe 4.

13 Stadtarchiv Weimar, Rat der Stadt ab 1945, 1227, Bd. 2.

14 Zum Beispiel Walter Bartel in einem Brief zur Vorbereitung des internationalen Buchenwaldtreffens vom 10. bis 16. April 1952: „Unter dem Motto ‚Bericht über die Einhaltung des Buchenwaldschwures: Ausrottung des Nazismus mit allen seinen Wurzeln – Aufbau einer Welt des Friedens', geben wir von deutscher und französischer Seite einen Bericht der Verwirklichung des Schwurs. Deutscher Berichterstatter bin ich selbst. Hauptgedanke wird dabei sein,

daß die Grundlage des Faschismus, das Monopolkapital, bei uns zerschlagen wurde, in Westdeutschland aber bestehen blieb. Deshalb besteht bei uns keine faschistische Gefahr, während sie in Westdeutschland vorhanden ist" (BwA 012 Bd. 3).

15 Bundesarchiv Potsdam DR 1/7515 und Brecht, B.: Arbeitsjournal 1942 bis 1955, Frankfurt a.M., 1974, S. 582.

Literatur

Bartel, W. et al. (Hrsg.) (1949): Konzentrationslager Buchenwald. Bericht des Internationalen Lagerkomitees. Bd. I, S. 214 f. (Bd. II und III. nicht mehr erschienen). Weimar (Thüringer Volksverl.).

Beckert, W.A. (1945): Die Wahrheit über das Konzentrationslager Buchenwald. Weimar-Buchenwald (Selbstverl.).

Girnus, W. (1952): Die Entwürfe zum Buchenwald-Ehrenmal. In: Neues Deutschland, 2.7.1952.

Groehler, O. (1996): Integration und Ausgrenzung von NS-Opfern in der Sowjetischen Besatzungszone Deutschlands bis 1949. In: Morsch, G. (Hrsg.): Von der Erinnerung zum Monument. Die Entstehungsgeschichte der Nationalen Mahn- und Gedenkstätte Sachsenhausen. Berlin (Hentrich), 87–92.

Ritscher, B. (Hrsg.) (1983): Buchenwalder Nachrichten Nr. 1 (14. April 1945) – Nr. 28 (16. Mai 1945). Weimar-Buchenwald (Selbstverl.).

Willumat-Decho, R (1963): Mahn- und Gedenkstätte Buchenwald. Vom Ministerium für Volksbildung der Deutschen Demokratischen Republik als Schulbuch bestätigt. Berlin (Verl. Volk u. Wissen) 1969, 1–32.

zur Nieden, S. (1996): Antifaschismus und kalter Krieg. Vom Hauptausschuß für die Opfer des Faschismus zur Vereinigung der Verfolgten des Naziregimes. In: Morsch, G. (Hrsg.): Von der Erinnerung zum Monument. Die Entstehungsgeschichte der Nationalen Mahn- und Gedenkstätte Sachsenhausen. Berlin (Hentrich), 77–86.

Jochen Schade

Wie gegenwärtig ist die Vergangenheit?

Psychoanalytische Beobachtungen zu gewöhnlichen Abwehrvorgängen in der ostdeutschen Gesellschaft

Auf die Phänomene, die ich erörtern möchte, bin ich durch die Analyse eines jetzt 45jährigen Mannes aufmerksam geworden. In den Assoziationen zu seinen Träumen sprach er oft über die Scham über sein Leben in der DDR. Er leitete sie von seiner Subalternität gegenüber den Machtstrukturen in der DDR ab. Er hatte sich auf die übliche Weise angepaßt und entdeckte nachträglich die Scham über seine Unterwerfung unter die Vertreter des Systems, die er wegen ihrer Borniertheit verachtete. Er litt unter der Phrasenhaftigkeit der offiziellen Sprache und der erzwungenen passiven Teilhabe an den Veranstaltungen des Systems, an den Wahlen, Maidemonstrationen und Gewerkschaftsversammlungen. Er verachtete sich für seine rituellen Unterwerfungsgesten, seine feige Bereitschaft, politische Referate zu übernehmen, deren Verlogenheit schon vor dem Niederschreiben des ersten Satzes feststand. Er litt besonders darunter, daß er sich mit den ästhetischen Mängeln des Systems, der dumpfen Häßlichkeit seines Erscheinungsbildes und der Skrupellosigkeit, mit der es die Innenstädte zerfallen ließ, abgefunden hatte. Er sagte: „Im privaten Leben schämen wir uns, wenn ein Besucher entdeckt, wie verkommen und verdreckt unsere Wohnung ist, oder wenn wir Eltern vorstellen müssen, die wir wegen ihrer Mediokrität verachten. Warum schämen wir uns nicht alle für die Verkommenheit der DDR und ihrer Paten?"

Die große Schambereitschaft des Patienten hat individuelle Wurzeln, auf die ich hier nicht eingehen werde. Die gesellschaftliche Dimension der Scham, auf die er sich in bestimmten Phasen der Analyse konzentrierte, beeindruckte mich viel mehr.

Er war nicht mit diesen Einsichten in die Therapie gekommen. Sie begannen, als wir folgenden Traum analysierten: „Ich war in einer unbekannten Gegend. Da waren viele aufgeregte Leute, die darüber klagten, daß sie dem Hut des Landgrafen Geßler Ehre erweisen sollten. Dann sah ich eine Stange mit einem Hut darauf. Er war schäbig und schmutzig. Ich spürte einen Drang in mir, mich zu verbeugen. Als ich es getan hatte, hörte ich ein höhnisches Gelächter."

Danach sprach er erstmals über sein Leben in der DDR, und sturzbachartig kam das Material zutage, das uns in den nächsten Stunden beschäftigen sollte.

Er berichtete sehr plastisch und eindringlich von diesen sozialen Erfahrungen. Seine Erzählungen riefen bei mir heftige Affekte und Erinnerungen hervor, die sich meiner mit großer Kraft bemächtigten. Ich verlor zeitweise jede analytische Distanz zu dem Geschehen und identifizierte mich mit dem Patienten. Einerseits wurden eigene genuine Schamerfahrungen freigesetzt – Erfahrungen, die ich wohl kannte, aber deren heftigen Gefühlsanteil ich unterdrückt hatte –, andererseits setzte ich mich ungeschützt seinen Projektionen aus und verlor das Unterscheidungsvermögen zwischen beiden Vorgängen. Meine Identität als gleichbetroffener DDR-Bürger wirkte stärker als meine analytische Identität.

In der späteren Therapiephase wurde eine Übertragungsbedeutung des Traumes offenbar. Der Patient erörterte nachdenklich, ob er sich mir gegenüber in einem ähnlichen Konflikt befinde wie gegenüber der DDR. Er beuge sich jetzt den Regeln der Analyse. Die Regeln seien vielleicht ähnlich hohl wie der Hut. Die Psychoanalyse hätte doch auch etwas Ideologisches und Schäbiges. Mache er mir gegenüber einen ähnlichen Fehler der Unterwerfung?

Dieses Übertragungsgeschehen erreichte jedoch nie die zwingende Kraft der oben beschriebenen Passagen. Es blieb Episode und wurde nicht vertieft und wirklich analysiert. Bis zum Ende der Analyse zogen mich die Erinnerungen des Patienten in einen Sog von Schamgefühlen hinein, in dem ich die Distanz zu dem analytischen Geschehen verlor. Später und zum Teil erst nach Beendigung der Analyse konnte ich die Übertragungs-/Gegenübertragungsdynamik besser verstehen. Vorerst war ich durch die Erfahrungen des Patienten angeregt und vertiefte mich in die Problematik der gesellschaftlich vermittelten Scham.

Die Scham entsteht aus einer Spannung zwischen dem Ich und dem Ich-Ideal, vor allem aus dem Versagen des Ichs, bestimmte Ziele des Ich-Ideals zu erreichen. Dieses Versagen führt zu Ängsten vor Liebesverlust und weckt die Furcht, aus Gruppen ausgestoßen zu werden. Gegen den Schamaffekt besteht eine hohe Abwehrbereitschaft. Es scheint deshalb auf den ersten Blick nicht verwunderlich, daß die schamerfüllten Vorgänge, die der Patient schilderte, so selten in Berichten von Ostdeutschen auftauchen, selten bekannt und zum Gesprächsgegenstand werden. Ein so weitgehendes Fehlen ist wiederum verdächtig und der analytischen Aufmerksamkeit wert. Sind denn die Empfindungen meines Patienten so rätselhaft und unverständlich?

Er redete nicht über die mangelnden Schamgefühle der Täter, opportunistischen Nutznießer und Stasidenunzianten. Das Fehlen der Scham ist bei ihnen ja notorisch und wäre einer besonderen Untersuchung wert. Mein Patient redete über die unterdrückte Scham der durchschnittlich und gewöhnlich angepaßten DDR-Bürger. Ist zu ihrer Verhütung eine kollektive Abwehr am Werk? Lebten wir in der DDR der letzten Jahrzehnte nicht in einer Dauerkonstellation, die Scham generieren mußte?

Ich meine die Scham, die doch entstehen sollte, wenn man sich verordneter Dummheit unterwirft, sich bedingungslos Redeverboten fügt und Demutsgesten vollbringt. Wer von uns kennt nicht die erfahrungsnahe, geradezu körperliche Registrierung peinigender Gefühle der Subalternität, die der öffentliche Alltag im Sozialismus so oft bereithielt? War deren Wahrnehmung mit unserem Ich-Ideal vereinbar? Wollten wir nicht oft davonlaufen und hielten mit dem Gefühl quälender Selbstmängel doch in der Situation aus?

Mußten wir nicht die ungeheure Tatsache verdrängen, die es jedem kritischen Menschen unter uns verwehrte, in öffentlichen Situationen seine unzensierte Meinung über gesellschaftliche Vorgänge zu formulieren? Heute sagen viele selbstkritische Ostdeutsche, daß sie sich den Zwängen stärker beugten als unbedingt notwendig war. In der Differenz zwischen dem wirklichen Handeln und den Handlungsmöglichkeiten müssen die Schamquellen nisten.

Mein Patient hatte einen ausgeprägten Sinn für den grotesken Humor, mit dem wir bestimmte öffentliche Vorgänge in der DDR betrachten können. Er konnte sich nachträglich an der Absurdität eines „nicht enden wollenden einhelligen Beifalls" (ND-Jargon) nach einer Parteitagsrede oder dem Irrsinn eines Parlaments, das – mit einer gelegentlich gerühmten Ausnahme – immer einstimmig votierte, ergötzen.

Nicht selten benutzten wir diese Schilderungen als eine gemeinsame Abwehr gegen das unterirdische Grauen, das sich darunter verbergen mochte. Er hatte Sinn für die vertrackte Dogmatik und Scholastik der Parteireden und machte auf die Verwandtschaft der Kafkaschen Schloß- und Gerichtsbürokratie mit dem Stasiapparat aufmerksam. Er fragte sich: Waren wir denn so verächtlich, daß uns dies alles zugemutet werden durfte: die offenkundigen Abgründe zwischen Propaganda und Realität, die Dummheit der Argumentation und die Sorglosigkeit, mit der die Gewalt nur notdürftig verborgen wurde? Er wurde nicht müde, in immer neuen Varianten die Geschmacklosigkeit des „Hutes" zu beschreiben, den wir ständig grüßen mußten.

Im Lauf der Analyse wurde es möglich, die Folgeerscheinungen der lange unterdrückten Scham zu verstehen: Depressivität (vgl. Wurmser, 1981), Minderwertigkeitsgefühle, chronische Wutbereitschaft und projektive Mechanismen. Reflexartig habe er auf jede westdeutsche Kritik mit der zornigen Antwort: „Faßt Euch doch an Eure eigene Nase!" reagiert.

Wie gut kennen wir dieses Phänomen aus dem öffentlichen Gespräch zwischen Ost und West. Auch während ich diese Arbeit schrieb, entdeckte ich oft den Impuls, nach äquivalenten westlichen Schamanlässen zu suchen, und fragte mich, welche inneren Dispositionen die Schamabwehr begünstigten. Darauf fanden sich Hinweise in einem anderen Traum meines Patienten:

„Ich war zu Besuch in der Grabstätte eines chinesischen Kaisers und lief zwischen vielen tausend mannsgroßen, gleichförmig gestalteten Tonsoldaten hin und her. Ich spürte einen Drang, mich in einen der Soldaten zu verwandeln. Das geschah mir auch immer wieder. Ich wurde zu einem der Soldaten, gleichzeitig bestand aber der Wunsch, mich wieder zurückzuverwandeln, was auch gelang. Aber die Rückverwandlung wurde zunehmend quälend schwer. Endlich fühlte ich mich wohl als Tonsoldat. Ich verspürte ein dumpfes Behagen und hörte auf zu kämpfen. Ich sah einen anderen Besucher nahen und schämte mich wieder für meine tönerne Soldatenexistenz. Schließlich beruhigte ich mich, weil ich glaubte, den Besucher zu kennen."

Seine Assoziationen betrafen Dr. Jekyll und Mister Hyde und einen Fernsehbericht über die berühmte chinesische Grabstätte. Den unbewußten Sinn fand er in einer Beschreibung seiner DDR-Wirklichkeit. Er habe dem Anpassungsdruck nicht nur aus Feigheit nachgegeben – so viel Mut habe nicht dazu gehört, sich abzugrenzen –, sondern aus einer Art regressiven Behagens am Aufgehen in der Gruppe. „Ich darf mich nicht von den Soldaten unterscheiden, nur dann gehöre ich zu ihnen." In der gemeinsamen Arbeit wurde die Übertragungsbedeutung offenkundig. Der Besucher war ich. Anfangs glaubte er sich vor mir schämen zu müssen, aber dann sagte er: „Wahrscheinlich haben Sie genauso gelebt wie ich. Warum sollte ich mich vor Ihnen schämen?"

Ich fühlte mich brüskiert und gekränkt, reflektierte dann aber die Berechtigung seiner impliziten Vorwürfe. Ich konnte keine ausreichende Distanz dazu gewinnen und in eine analytische Erkenntnishaltung umwandeln, sondern identifizierte mich mit den Vorwürfen. Er assoziierte dann, daß der Besucher sich auch bald in einen der Tonsoldaten verwandeln werde, und malte sich genüßlich unsere nachbarschaftliche Existenz als Tonsoldaten aus.

In der Tat erzeugten seine Schilderungen über Verlockungen der DDR-Einheitsexistenz einen nostalgischen Sog. Idyllische Schilderungen von DDR-Lebenswelten riefen regressiv lustvolle Erinnerungen an die behaglichen Momente der Nischenkultur hervor, die vom öffentlichen politischen Leben auf eine strikte und bequeme Art abgetrennt war.

Nachträglich – vor allem nach Gesprächen mit Kollegen – wurde mir klar, wie sehr die Übertragungs-/Gegenübertragungsdynamik, die ich nicht vollständig analysieren konnte, die untersuchte Problematik widerspiegelte. Der Zusammenklang der Erfahrungen des Patienten mit eigenen, nur unvollständig reflektierten Erinnerungen erschwerte die Gewinnung einer analytischen Distanz. Die ansteckende Wirkung der Scham verhinderte die Fragen, die erst zu einer wirklichen Individualisierung der Schuld- und Schamgefühle geführt hätten. Das Vermeiden von Differenzierung und

Konflikt reproduzierte das Phänomen, das ich untersuchen wollte: eine imaginäre Einheit und Gleichheit der Beteiligten. Die gemeinsame Partizipation an der Tonsoldatenphantasie verhinderte eine genaue Untersuchung der Anpassungs- und Unterwerfungsprozesse des Patienten. Er erreichte, was er unbewußt angestrebt hatte. Er phantasierte uns als gleich und verhinderte damit die Etablierung einer unabhängigen Instanz, vor der er sich wirklich hätte schämen müssen. Wir versenkten uns gemeinsam und ungetrennt in die verdrängte und jetzt aufgebrochene Scham unserer DDR-Existenz und triumphierten nachträglich narzißtisch über sie.

Ist das Traumbild des Patienten von den Tonsoldaten und die verführerische Kraft, die es birgt und sich in der Gegenübertragungsdynamik manifestierte, nicht eine treffende symbolische Darstellung für die psychische Situation vieler DDR-Bürger? Der Patient trug eine Reihe von Indizien für eine allgemeine Bedeutung der Tonsoldatenphantasie zusammen. Aus eigener Erfahrung füge ich anderes hinzu und will es hier kursorisch schildern (vgl. hierzu Engler, 2000, S. 298 ff.).

Die Vorstellungen von sozialer Gleichheit, das Fehlen gesellschaftlicher Eliten und einer breiten gesellschaftlichen Opposition sind soziologische Belege dafür. Die einzige relevante Elite – die Künstler, besonders die Schriftsteller – war möglicherweise durch ihre Teilhabe an dieser unbewußten Einstellung an einer radikalen Opposition gehindert. Die erzwungene Intimität in der Kulturnische DDR, die weitverbreitete unkeusche Nähe im Verhältnis des Bürgers zum Staat (vgl. Hondrich, 1992, S. 42) und die Homogenisierung der Alltagskultur sind weitere Zeugnisse. Psychologisch erhellend ist das Phänomen der Nähe von Stasioffizieren und ihren IM, die gelegentlich verwirrende Berührung, fast Ununterscheidbarkeit zwischen Opfern und Tätern und die personale Identität von führenden Wendepolitikern und Stasileuten. In Parenthese: Diese Verwechslungsmöglichkeit darf selbstredend nicht als Argument mißbraucht werden. In rechtlichen und politischen Zusammenhängen können und müssen wir sehr wohl zwischen Tätern und Opfern unterscheiden. Aber psychologisch geht es um diese merkwürdigen Komplizenschaften und Grenzverwischungen wie im Fall Stolpe, in dem kein abschließendes Urteil über schuldhafte Verstrickungen mehr möglich scheint.

Die Folgen für die bewußten Einstellungen der Menschen sind naturgemäß auf verschiedenen Kulturniveaus angesiedelt. Sie können die Grundlage sehr respektabler Einstellungen sein: über soziale Gerechtigkeit, über das Festhalten an der linken Utopie einer befriedeten Gesellschaft von Gleichen; und es gibt sie auf heruntergekommenem Niveau – die Einheitspartei, die Nationale Front, der Einheitsbrei der Parteireden. Gab es nicht eine suchthafte Betonung der Einigkeit und Geschlossenheit und eine große Empfindlichkeit gegenüber jeder Abweichung? Der Begriff Individualität wurde ja nur noch pejorativ benutzt. Das waren namentlich offizielle Anschauungen, aber haben sie nicht in uns Fuß gefaßt, sind sie nicht auf bereitliegende Einstellungen gestoßen? Denn sie haben ihre Rolle in der Alltagskultur gespielt. Wachte nicht jedes Kollektiv eisern darüber, daß niemand ausscherte, sich niemand hervorhob? Konformität war ein hoch geschätztes Gut.

Wir haben in der Analyse die Bedeutung der Tonsoldatenphantasie nicht klar definiert, sondern damit einen Komplex von Einstellungen beschrieben: Sehnsucht nach Aufgehen in einer Gruppe und Zurückweichen vor Individualisierung und Differenz, weil deren Ausbildung die Trennung von der Gruppe zur Folge hätte; Unschärfe der Grenzen zwischen persönlicher und kollektiver Verantwortung; reflexhafte Abwehr des Fremden und der Differenz (vgl. Bohleber, 1992). Ich mußte mich von dem Sog, den diese Phantasien ausübten, befreien, indem ich mir klarmachte, daß die Homogenisierung der Lebensstile einerseits eine Realität, andererseits eine große Lüge war. Denn dahinter traten die gewalttätigen Machtverhältnisse brutal hervor (vgl. Engler, 1992, S. 32): in dem Herrschaftsgebaren der Funktionäre, in der Macht der Stasi, in den Schüssen an der Grenze.

Die Tonsoldatenphantasie ist ein regressives Abwehrphänomen gegen brutale Formen der Ungleichheit. Nach der Wende zeigte sich in Gesprächen zwischen Ost und Ost der phantasmatische Charakter der Einheit der Ostdeutschen (vgl. Simon, 2000b). Auf der bewußten Ebene gab es viele gedachte und formulierte Einwände gegen diese verordneten Einstellungen, aber unsere Frage muß doch sein: Schlugen diese Verordnungen und die von ihnen erzeugte Lebenswirklichkeit nicht durch in unsere vorbewußten Einstellungen und mentalen Dispositionen? Nach Waelder (1967, S. 178) fordert ein totalitäres System eines jeden Pflicht und Seele zugleich. Hat die DDR mehr von unserer Seele bekommen, als wir ahnen? Partizipierten wir stärker an den ideologischen Prämissen des Systems, als uns genehm sein kann? Konnten wir so souverän mit den zwei Sprachen (für die Öffentlichkeit und für das Private) umgehen? Möglicherweise hatte deren gewohnheitsmäßige Benutzung beträchtliche Folgen für unsere seelische Konstitution. Da ich davon ausgehe, möchte ich eine Hypothese formulieren: Die gleichen Dispositionen, die unsere Subalternität beförderten, verhinderten auch die Entstehung von bewußten Schamgefühlen und ersetzten sie durch andere Affekte wie Kränkung, Wut und Depression. Unsere unbewußte Teilhabe an der Tonsoldatenphantasie erleichterte die Unterdrückung und Verleugnung von Schamgefühlen. Wenn alle Tonsoldaten sind, vor wem müssen wir uns dann schämen? Wenn alle gleich sind und einheitlich organisiert, wer ist dann verantwortlich? Das Wort von der organisierten Verantwortungslosigkeit ist nicht die schlechteste Charakterisierung des Systems.

Eine kurze historische Reflexion soll hier ihren Platz finden: Diese Tonsoldatenphantasie ist selbstredend nicht ohne geschichtliche Voraussetzungen entstanden. Sie ist nicht ursprünglich, sondern Ergebnis tiefgreifender geschichtlicher Erfahrungen. Jeder von uns wußte um den stalinistischen Terror in Rußland und in den frühen Jahren der DDR und um die immensen Ängste, die daran geknüpft waren. Außerdem ist zu bedenken, daß dem russischen Stalinismus eine tief traumatisierte Bevölkerung begegnete, traumatisiert durch seine eigenen Untaten. Da galt es tiefe Schuldgefühle abzuwehren. Ich vermute, daß die Wurzeln für das Überborden der Gleichheitsphantasie tief sind und auf die Ängste vor den zwei großen Terrorsystemen des 20. Jahrhunderts zurückgehen. Die besondere geschichtliche Konstellation der DDR ist vielleicht nur präzise zu verstehen, wenn die Wandlung eines offenen Terrorsystems in das System des bürokratischen Sozialismus ins Auge gefaßt wird.

Vor der letzten klinischen Vignette und dem Abschluß meines Beitrages muß ich unvermeidlich auf meine methodischen Mittel eingehen, denn ich muß mit der Frage rechnen: Gibt Ihnen das klinische Material das Recht, von einer gewöhnlichen Abwehrmaßnahme der Ostdeutschen zu sprechen? Das ist gewiß ein riskanter Rückschluß. Ist aber ein spekulativer Sprung vermeidbar, wenn wir die Ebene des Individuums verlassen und Aussagen über Gruppen oder Bevölkerungen machen wollen? Die Zusammenführung von Erkenntnissen einer individuellen Analyse mit soziologischen und historischen Aussagen hat gewiß einen hohen Grad von subjektiver Beliebigkeit und setzt sich deshalb leicht dem Verdacht der Parteilichkeit aus.

Wissenschaftlich stoßen diese Erkenntnisabsichten regelmäßig auf die gleichen Schwierigkeiten. Haben wir Kriterien, nach denen beurteilt werden kann, was an dem Material mit der verschwiegenen Geschichte respektive der gesellschaftlichen Unbewußtheit oder der gemeinen Individuation zusammenhängt? Für eine systematische Antwort sollten vorher wichtige methodische Grundfragen geklärt sein. Meine Überlegungen sind aber nicht systematisch, verstehen sich vielmehr als Streifzüge, und deshalb möchte ich zu dieser Frage nur mit einigen kurzen Bemerkungen Stellung nehmen. Suchen wir nach veränderten seelischen Strukturen, nach besonderen inneren Objekten (vgl. Šebek, 2000, S. 197 f.), nach veränderten Über-Ich-Strukturen (vgl. Kerz-Rühling et al., 2000, S. 59 f.), wenn wir das Weiterleben bestimmter Dispositionen, Reaktionsbereitschaften oder Denkpräferenzen beschreiben wollen? Oder sollten wir lieber nach vorherrschenden unbewußten gesellschaftlichen Phantasien im Sinne der „gesellschaftlichen Unbewußtheit" (Erdheim, 1984) fahnden?

In einer neuen Arbeit beschreibt Busch (2000) die unauflöslichen Schwierigkeiten, auf die wir stoßen, wenn wir die Verschränkung je individueller Entwicklungsdynamiken mit den durch die Familie vermittelten gesellschaftlichen Kräften beschreiben wollen. Er schlägt deshalb vor, typische Einstellungen, mentale Dispositionen, Wertvorstellungen und die Präferenzen für politische Entscheidungen bestimmter Gruppen im Vorbewußten der Menschen anzusiedeln. Weil ich mich diesem Vorschlag anschließe, habe ich im Titel auch nicht von Abwehrmechanismen, die ja im strengen Sinn dem dynamischen Unbewußten angehören, sondern unspezifischer von Abwehrvorgängen gesprochen. Dieser Titel fragt: Überdauern manche Einstellungen ihre Entstehungszeit und ihren Entstehungsort und widerstehen damit dem Vergehen ihres geschichtlichen Ursprungs? Denn wir müssen nach den psychischen Folgen fahnden, wenn wir die Verstrickungen und die unbewußte Weitergabe unverdauter Auswirkungen der DDR-Zeit erhellen und ihren Einfluß im politischen Leben heute abschätzen wollen. Gibt es nicht sogar die vertrackte und witzige Beobachtung, daß bestimmte Konturen der ostdeutschen Identität erst nach dem Untergang der DDR zu entstehen schienen, nachträglich „zu sich kamen"?

Ich beginne mit drei allgemeinen Beobachtungen zum Überdauern bestimmter psychischer Prägungen und schließe mit einer Fallvignette über einen Patienten mit Fremdenhaß ab.

1. Der gleichgültige und entwertende Umgang mit Bürgerrechtlern und die nachlässige Behandlung der politischen Opfer sind Indizien dafür, daß wichtige Mahner an unsere unterdrückten Schamgefühle an den Rand gedrängt werden.
2. Zahlreiche Umfragen führen zu einem verwunderlichen Ergebnis: Die große Mehrzahl der Befragten beschreibt ihre persönlichen Lebensverhältnisse als gut und besser als zur DDR-Zeit. Eine beträchtliche Anzahl davon beurteilt aber die allgemeine soziale Lage sehr negativ. Diese Differenz ist im Westen nicht annähernd so groß. Das ruft nach einer analytischen Erklärung. Warum besteht keine größere Übereinstimmung zwischen der persönlichen Situation und der allgemeinen Einschätzung? Ist es Ausdruck einer größeren Verantwortlichkeit für das Ganze oder Folge antikapitalistischer Vorbehalte? Vielleicht ist es aber auch Ausdruck einer verstärkten vorbewußten Identifikation mit einem imaginären Kollektiv und der Schwierigkeit, individuell begründete Urteile abzugeben.
3. Die statistisch unbestreitbare Tatsache, daß die rechten gewalttätigen Ausschreitungen gegenüber Fremden in Ostdeutschland vielfach häufiger sind, muß uns doch zu denken geben. Sind hier die dunklen und unheimlichen Komplemente der Tonsoldatenphantasie anzutreffen, nämlich die Unterdrückung und der gewaltsame Umgang mit dem Fremden und den Fremden? Die gewalttätigen jungen Leute haben diese Impulse nicht aus sich selbst erzeugt. Sie müssen Folge einer Vermittlung durch die in der DDR sozialisierten und jetzt ihre Aggressionen an die Kinder delegierenden Eltern sein (vgl. Simon, 2000a).

In diesem Zusammenhang möchte ich folgende klinische Vignette vorstellen. Der Grundvorgang in dem berichteten Traum ähnelt dem Geschehen im Tonsoldatentraum. In beiden Träumen wird eine beunruhigende Differenz durch Verwandlung und Angleichung aufgehoben. Dieser Ähnlichkeit verdanke ich meinen ersten Impuls zu den heutigen Überlegungen.

Ein 38jähriger Patient mit einer schweren narzißtischen Pathologie, der in einer einstündigen Psychotherapie mit mir arbeitet, grämt sich sehr über seine heftigen Haßimpulse gegen Ausländer, die erst nach der Wende aufgetreten seien. Er erzählte von folgenden blitzartig auftauchenden Phantasien, wenn er – wie in seinem Beruf *vor* und nach der Wende häufig – ausländischen Kollegen begegnet. Wenn sie sich ihm nähern, hat er Phantasien über ihre Überlegenheit – besonders über ihre sexuelle Überlegenheit, die sich in bildhaften Imaginationen ihres größeren Penis äußern. Oft wandelt er die Phantasien in das Gegenteil. Er fühlt sich überlegen und verachtet sie als kulturlose Barbaren. Nun hatte er oft Träume, die nahezu deckungsgleich mit den Tagphantasien waren. Die Träume endeten aber immer mit einer katastrophalen Begegnung zwischen ihm und dem Fremden, die er nicht näher beschreiben konnte, von der er aber regelmäßig tief verängstigt erwachte.

Als wir intensiver seine Kindheit und Jugend in der DDR bearbeiteten, änderten sich die Träume. Nun verwandelten sich die Fremden vor den unglücklichen Begegnungen: entweder wurden sie zu einem der harmlosen deutschen Kollegen, oder sie verloren ihre Gestalt und wurden zu diffusen weißen Wesen, die sich auflösten und ihren Schrecken verloren.

In seinen Assoziationen ging er ausdrücklich auf die DDR-Zeit ein. Er habe die ausländischen Kollegen damals kaum wahrgenommen. Fremdenhaß habe er nicht gespürt. Er kommt regelmäßig und gequält auf den Traum zurück und erinnert sich der verdeckten, kaum aussprechbaren antisemitischen Überzeugungen seines Vaters und ihrer wortarmen Vermittlung an ihn. Möglicherweise habe er einen rassistischen Keim in sich, den er vor der Wende kaum habe formulieren können. Die Traumveränderung illustriere vielleicht diesen Wandel. In der DDR-Zeit werde das Fremde ohne größeren Aufwand und ohne Katastrophe dadurch vernichtet, daß es sich auflöse.

Ich erinnere mich: Der Träumer des Tonsoldatentraumes verliert seine Identität. In diesem Traum verlieren die Fremden ihre Identität. So fundamental verschieden die Lösungen zu sein scheinen, haben sie doch die gleiche Grundstruktur. Differenz wird ausgelöscht. Der Schrecken der Einzelexistenz und der Schock bei der Begegnung mit dem Fremden werden vermieden. Die Kosten sind hoch. Es ist die Auslöschung der eigenen Individualität oder die Verleugnung des Fremden.

Nach der Wende ist die katastrophale Begegnung mit den Ausländern nicht mehr aufzuhalten. Der Patient entwickelt als Symptom die beschriebenen Haß- und Angstphantasien. Die bestürzende Parallele: Nach der Wende – gleichsam als gesellschaftliche Symptomhandlung – entlädt sich in Ostdeutschland der Haß durch Übergriffe auf Ausländer. In beiden Fällen werden verleugnete seelische Dispositionen in Zeiten erhöhter Anforderung an Eigenständigkeit und persönliche Verantwortung gewaltsam freigesetzt. Die erhöhte Anfälligkeit der Ostdeutschen für xenophobe, autoritäre und undemokratische Haltungen wird weder von ihren ehemaligen Gegnern noch von ihren Anhängern gern eingestanden, obwohl die Kriminalstatistik und demoskopische Erhebungen keinen Zweifel daran gestatten. Wie sollte denn auch eine ununterbrochene Diktaturerfahrung von 1933–1989 seelisch folgenlos geblieben sein? Unliebsame Tatsachen werden schamhaft verschwiegen. Das Verschweigen aus Scham oder aus Angst zu beschämen gehört zu der Dynamik der Konstellation und verweist auf ihre Entstehungsbedingungen. Die Erfahrungen von Subalternität und Angleichung sind nicht leicht in ein gesellschaftliches Gespräch einzubringen. So verzehren wir Ostdeutsche uns nicht selten in der Abwehr gegen westdeutsche Vorwürfe, haben aber kaum einen eigenen Diskurs begonnen. Meine Vermutungen verweisen auf beschädigte Individualisierungsprozesse und unterdrückte Scham als Folge *und* Reproduktionsbedingung der Subalternität in der DDR. Sie verweisen gleichzeitig auf sie als Werkzeuge zur Unterdrückung eines breiten gesellschaftlichen Gespräches über diese Fragen. Für mich ist der Gedanke wesentlich geworden, daß nicht die Schuldabwehr oder ein Äquivalent der „Unfähigkeit zu trauern" die mächtigste Abwehrkraft gegen das Verstehen der DDR und ihrer Hinterlassenschaft ist, sondern die Schamabwehr.

Der Kreis schließt sich durch folgendes Phänomen: Die Schamanlässe aus der DDR-Zeit werden nach der Wende auf eine zynische Weise bestätigt und übertroffen. Wie können wir ohne Scham auf die große Anzahl rechtsradikaler Übergriffe in Ostdeutschland reagieren? Die Wahrnehmung stolz verkündeter „ausländerfreier Zonen" in manchen unserer Städte und deren stillschweigende Duldung durch die Bürger ist schwer erträglich. Mahnt uns diese nachträgliche Scham auf eine bittere Weise an unterlassene Aufklärung und Aussprache?

Literatur

Bohleber, W. (1992): Nationalismus, Fremdenhaß und Antisemitismus. Psychoanalytische Überlegungen. In: Krovoza, A. (Hrsg.) (1996): Politische Psychologie. Ein Arbeitsfeld der Psychoanalyse. Stuttgart (Verl. Internat. Psychoanal.), 143–164.

Busch, H.J. (2000): Gibt es ein gesellschaftliches Unbewußtes? Psyche im Internet.

Engler, W. (1992): Die zivilisatorische Lücke. Versuch über den Staatssozialismus. Frankfurt a.M. (Suhrkamp).

– (2000): Die Ostdeutschen. Kunde von einem verlorenen Land. Berlin (Aufbau).

Erdheim, M. (1984): Die gesellschaftliche Produktion von Unbewußtheit. Frankfurt a.M. (Suhrkamp).

Hondrich, K.O. (1992): „Das Leben ist ein langer ruhiger Fluß ..." Vergangenheitsbewältigung in Deutschland. In: Stephan, C. (Hrsg.) (1992): Wir Kollaborateure. Der Westen und die deutschen Vergangenheiten. Hamburg (Rowohlt), 34–50.

Kerz-Rühling, I. et al. (2000): Kontinuität und Wandel – Zur psychischen Verarbeitung der politischen Wende von 1989. Eine empirisch-psychoanalytische Studie an Lehrern in Tschechien und Ostdeutschland. In: Kerz-Rühling, I. u. T. Plänkers (Hrsg.): Sozialistische Diktatur und psychische Folgen. Tübingen (edition diskord), 37–90.

Šebek, M. (2000): Das Schicksal der totalitären Objekte. Wo stehen wir mit unseren Patienten? In: Kerz-Rühling, I. u. T. Plänkers (Hrsg.): Sozialistische Diktatur und psychische Folgen. Tübingen (edition diskord), 197–216.

Simon, A. (2000a): Unsere bösen Kinder. Berliner Zeitung vom 15. 8. 2000.

– (2000b): Die „innere Einheit" – Wunschbild oder Zerrbild? In: Simon, A. u. J. Faktor: Fremd im eigenen Land? Gießen (Psychosozial), 139–144.

Waelder, R. (1967): Grundzüge des Totalitarismus. In: Krovoza, A. (Hrsg.) (1996): Politische Psychologie. Ein Arbeitsfeld der Psychoanalyse. Stuttgart (Verl. Internat. Psychoanal.), 176–196.

Wurmser, L. (1981): Die Maske der Scham. Berlin, Heidelberg, New York (Springer) 1990.

Michael Šebek

Zeit, Raum und Gedächtnis für totalitäre Objekte

Einführung

Einige meiner Arbeiten (Šebek, 1996, 1998, 2000) habe ich der Entwicklung einer Theorie der totalitären Objekte gewidmet, mit der ich die innere Realität von Patienten klinisch zu erfassen und zu verstehen versuchte, wie deren Persönlichkeit – auch meine eigene – unter den Bedingungen eines totalitären, kommunistischen Regimes geprägt wurde. „Totalitäre Objekte" sind nicht nur in Ländern des ehemaligen Ostblocks zu finden, sondern auch in den USA, in Deutschland, Frankreich und anderswo. Möglicherweise ist dies eine Bestätigung ihrer Allgemeingültigkeit, die kulturgeschichtlich zu verstehen ist. Denn mit Diktaturen und Regime, die man aus heutiger Sicht als totalitär bezeichnen könnte, kämpfte die Zivilisation während ihrer ganzen Geschichte. Bereits Platon und Aristoteles haben mit tiefer Einsicht tyrannische Systeme beschrieben (vgl. Boesche, 1996). Aus der Geschichte ist aber nur wenig überliefert, was mit Menschen passiert ist, die eine Diktatur überlebt haben oder an ihr beteiligt waren. Erst im 20. Jahrhundert, das zwei Weltkriege mit immensen menschlichen Verlusten brachte und der Welt den faschistischen Holocaust sowie ethnische Säuberungen durch die Kommunisten und durch andere bescherte, entstanden Fragen nach dem Erfolg jener Bemühungen, zu verhindern, was sich in der Geschichte bisher immer wiederholt hat: tyrannische Regierungen verschwinden, aber neue entstehen. Als müßte sich Platons Theorie der Geschichte in der Praxis ständig beweisen, nach der tyrannische Regime regelmäßig den demokratischen folgen. Denn die Freiheit, so sehr sie die Demokratie charakterisiert, endet mit Tyrannei, wenn eine bestimmte Gruppe, oder auch Einzelpersonen, zur Befriedigung eigener Bedürfnisse für sich einen größeren Teil der Freiheit beansprucht. So kann es einer Gruppe oder Einzelperson – dem zukünftigen Diktator – sogar gelingen, freie Wahlen zu gewinnen.

In den postkommunistischen Ländern, auch in Tschechien, gelingt die Auseinandersetzung mit der kommunistischen Vergangenheit nicht. Ehemalige wie heutige Kommunisten empfinden keine Schuld, und innerhalb weniger Jahre entwickelte sich die Haltung, es sei fast unanständig, sie überhaupt an die kommunistische Vergangenheit zu erinnern. Wenn das biographische und kollektive Gedächtnis für die Vergangenheit nachläßt, ist es vielleicht um so mehr in die Strukturen von Ich und Über-Ich eingebaut und kommt in Einstellungen, Charaktereigenschaften, Wertsystemen und Denkstrukturen, die an nachfolgende Generationen weitergegeben werden, zum Ausdruck. Wenn eine Diktatur als politisches System endet, lebt sie in den Charakteren der Überlebenden weiter. Freud (1930a) sah die Möglichkeit, eine Tyrannei zu verhindern, eher pessimistisch, denn in jeder Gesellschaft bestimme eine Minderheit über die Mehrheit. Und was es noch schwieriger macht: die Notwendigkeit, die Triebwünsche zu beherrschen, erfordere die Verinnerlichung der väterlichen Autorität sowie die Bildung des Über-Ichs, mit dessen Hilfe jeder sein eigener Herrscher und Untertan ist, da die Zivilisation uns im Dienste der Familie zwinge, das eigene Ich zu „tyrannisieren". Das Über-Ich sichere die Kontinuität von Vergangenheit und Gegenwart; so werde die Kultur mitsamt der Tyrannei reproduziert. Freud hat deutlich gezeigt, daß jene, die am heftigsten gegen ihre Väter rebellieren, sich später genauso tyrannisch verhalten wie diese. Kinder, die in einem autoritären Familienmilieu aufgewachsen sind, haben gelernt, sich der Autorität zu unterwerfen.

Die große Verbreitung und Intensität, mit der sich das totalitäre Objekt in der posttotalitären inneren wie äußeren Realität, in der Gesellschaft, im Verhalten von Gruppen und im Denken und Fühlen von Individuen zeigt, zwingt einerseits zumindest zu erhöhter Aufmerksamkeit für dieses Phänomen bei der Beobachtung des Alltagslebens oder, spezifischer, bei der psychoanalytischen oder psychotherapeutischen Arbeit mit Patienten (vgl. Šebek, 1992, 2000). Andererseits kann man nicht behaupten, daß das totalitäre Objekt und das Problem der eindringenden und den einzelnen nicht respektierenden Macht bei allen klinischen Fällen zu finden ist. Die Arbeit am totalitären Objekt stellt einen bestimmten Blickwinkel dar, den vielleicht nur wenige Therapeuten mit mir teilen werden.

Eigenschaften von totalitären Objekten

Die folgenden Zuschreibungen sind eine Sammlung von klinischen Hypothesen und Konstruktionen, überwiegend aus klinischem Material und teilweise aus der sozialen Erfahrung mit totalitären äußeren Objekten im kommunistischen Regime abgeleitet.

1. Die Familie als Träger der totalitären Macht

Totalitären Objekten begegnet man vor allem in Familien, aber auch in Schulen und anderen Institutionen, in kleinen und großen Gruppen. Die Internalisierung sichert deren fortgesetzte Existenz auch dann, wenn sie physisch als äußere Objekte nicht mehr existieren. Sie können aber wieder externalisiert werden und bleiben als äußere Objekte erhalten. Diese Tatsache wird im praktischen Leben wenig beachtet. Totalitäre Objekte können beide Elternteile als Einheit umfassen, häufiger bestehen sie aus einem dominanten (sadistischen) Elternteil, der die totalitäre Kraft darstellt, und einem zweiten, komplementären Teil, der ein submissives, gehorsames (masochistisches) Objekt repräsentiert.

2. Die Allmacht des totalitären Objekts als Weg zu uneingeschränkter Triebbefriedigung

Das totalitäre Objekt, soweit es Bestandteil des Ichs ist, benützt seine Macht zur größeren Befriedigung seiner sexuellen, polymorph perversen und aggressiven Wünsche. Dies geschieht offen oder im Verborgenen. Es kann sexuell oder auf andere Weise mißbrauchen, aber auch quälen oder töten. Sitzt es im Über-Ich, kann es ein mächtiges bis grausames Hindernis der Triebbefriedigung sein.

3. Expansion und Intrusion des totalitären Objekts

Das äußere oder innere totalitäre Objekt benützt seine Macht, um das Ich zu totalem Gehorsam und zur Unterwerfung zu nötigen – etwa in der Sauberkeitserziehung, wenn ein autoritärer Elternteil das Kind zur Sphinkterkontrolle oder zum Essen zwingt, später zum Lernen oder zu sportlichen Leistungen. Die Macht wird hier benützt, um Gedanken, Gefühle und Handeln anderer Objekte zu beherrschen. Das totalitäre Objekt will auch die innere Welt der anderen beherrschen und keinen Raum zulassen, der sich der Kontrolle entzieht, vor allem nicht den psychischen Raum und die Spontaneität. Das „wahre Selbst", in Winnicotts Terminologie, ist zerstört oder stark eingeschränkt. Die intrusive Macht des totalitären Objekts beruht auf der Voraussetzung, daß der andere nicht getrennt und nicht unabhängig ist und daher manipuliert werden kann. Das totalitäre Objekt ist oft ein traumatisierendes: es beachtet nicht die Grenzen des Individuums, versucht, das „wahre Ich" zu zerstören oder einzuschränken, geht mit anderen wie mit seinem Eigentum um. Häufig entstehen sadomasochistische Beziehungskombinationen. Die traumatischen Erfahrungen mit totalitären Objekten finden ihren Niederschlag in pathogenen Einstellungen zur Welt und zu sich selbst (z. B. im Glauben, die Welt sei im Grunde schlecht, voller Gewalt und das Ich könne in ihr nur mit Hilfe von Täuschung und Verstellung überleben). Totalitäre Objekte sind narzißtisch: der Raum um sie herum ist meistens nur für Spiegelungen und dienende Objekte geeignet. Sie haben unreife Objektbeziehungen, in denen oral-anale Elemente überwiegen.

4. Fehlende Toleranz für Unterschiede

Totalitäre Objekte haben eine geringe oder fehlende Toleranz für Unterschiede zwischen Objekten, betonen vielmehr deren Einheit und Gleichheit. Diejenigen, die sich für anders halten, gelten als offene oder versteckte Feinde. Xenophobie, Rassenhaß oder die Tendenz, Unterschiede abzuschaffen, beruhen meist auf der Wirkung von totalitären Objekten.

5. Hindernis einer normalen psychischen Entwicklung

Das totalitäre Objekt versucht die normale Entwicklung zum Ödipuskomplex und zur Geschlechtsdifferenzierung zu hemmen. Statt diese Entwicklung zu stimulieren, führt es vorgefertigte und statische Lösungen ein, die in der Identifikation mit dem omnipotenten Objekt (Partei, Ideologie oder Führerperson) bestehen. Wer mit diesem mächtigen Objekt verschmilzt, bekommt das Gefühl der Sicherheit (das Leben im Schatten eines starken Objekts) und der Stärke durch phantasierte wie reale Beteiligung an der Macht. Verschmelzung mit dem mächtigen Objekt schützt vor Schwäche und Kastrationsmonstern und führt zu verschiedenen Formen des Pseudoerwachsenseins.

6. Die Wahrheit als Feind

Das totalitäre Objekt hat kein Interesse an der Enthüllung der Wahrheit. Neugier und Entdeckerlust sind Eigenschaften, die die Macht der totalitären sozialen Struktur schmälern könnten, deshalb bietet es fertige dogmatische „Wahrheiten" an und versucht, die Kreativität, das Denken und die Entdeckungen (inklusive Psychotherapie) zu neutralisieren, unterstützt den Monolog und unterdrückt den Dialog. Ich-Fähigkeiten, die nach Erkenntnis streben, werden gehemmt.

7. Die Idealisierung der totalitären Objekte

Äußere wie innere totalitäre Objekte können unreifen Persönlichkeiten, die sich gerne mit starken Autoritäten verbinden, um das Gefühl der Wichtigkeit (Wertigkeit) und der Ganzheit zu bekommen, ein Gefühl der Sicherheit geben. Die Idealisierung des totalitären Objekts ist ein wichtiges Mittel zum Schutz vor der drohenden Zerstörung und führt zu Spaltungsmechanismen. Die abgespaltene Aggression wird verschoben oder auf fremde Gruppen und Individuen sowie Ideologien projiziert.

8. Der Raum der totalitären Objekte in der psychischen Struktur

Die Internalisierung der totalitären Objekte führt zu komplizierten Ergebnissen. Einige Objekte sind – bewußt oder unbewußt – depersonalisiert in der Ich-Struktur als private Ziele, Pläne, Verhaltensmodi oder Persönlichkeitszüge enthalten. Andere, oder sogar dieselben, sind auch Teil des Über-Ichs und finden sich als Einheiten, die an frühere äußere Objekte erinnern (Vater, Mutter, Geschwister, Kindermädchen,

Großeltern, andere Verwandte oder Lehrer). Andere Male finden wir totalitäre Objekte in externalisierter Form: sie werden auf andere Objekte projiziert.

Ein Fallbeispiel

Im folgenden klinischen Material versuche ich einige Eigenschaften totalitärer Objekte zu illustrieren.

Vor einiger Zeit habe ich die Supervision einer Kollegin übernommen, die mir den Fall eines jungen bildenden Künstlers vorstellt. Ihr Patient, Herr P., war offenbar begabt, aber bisher wenig erfolgreich. Trotzdem verdiente er genug, um nicht unter Geldmangel zu leiden. Er war das einzige Kind einer Familie, die in einer tschechischen Bezirksstadt wohnte. Der Vater war in der Zeit des Kommunismus Direktor eines bedeutenden Unternehmens der Stadt gewesen, die Mutter war Lehrerin. Die Familie engagierte sich in der Kommunistischen Partei und hatte davon offensichtlich ökonomische und gesellschaftliche Vorteile. Herr P. und sein Vater verstanden sich nicht. Der Vater war sehr autoritär und hatte zudem wenig Zeit für seinen Sohn und seine Frau. Er war „hoch oben", der Patient und die Mutter „unten", aber auf dem Weg der Identifizierung mit dem Vater teilweise auch „oben". Herr P. erlebte seine Mutter als schwach, unterwürfig, leidend und unfähig. Sie idealisierte ihren Mann und war unfähig, sich gegen ihn zu wehren. Zudem hatte er eine Geliebte und überließ dem Patienten die Mutter als wertloses Objekt, auch akzeptierte er den Beruf des Patienten nicht, der ihm wenig praktisch erschien. Charakteristisch war, daß der Patient die Behandlung mit der Klage aufsuchte, daß ihm keine Beziehung zu einer Frau gelänge. Er kam sich klein und unmöglich vor, fühlte sich uninteressant, im Grunde kastriert, mit einem zu kleinen Penis ausgestattet. Er litt unter dem Gefühl, kein Thema zu finden, das ein Mädchen interessieren könnte. Über seine sexuellen Befriedigungen schwieg er. In den Stunden wechselte er schnell die Themen, so daß die Therapeutin das Gefühl hatte, er befinde sich ständig auf der Flucht. Er klagte über seine Schüchternheit und Scheu, Mädchen, die ihm gefielen, konnte er nicht ansprechen. Die Therapeutin wollte ihn zunächst noch stützen und loben, wenn ihm etwas gelang, z. B. wenn er Mut faßte und sich mit einem Mädchen verabredete, aber er zeigte keine Dankbarkeit. Er las Freud und meinte, daß er davon nicht sehr überzeugt sei. Statt über Freud sprach er dann über Frankl, so daß die Therapeutin sich ausgeschlossen fühlte und das Bedürfnis spürte, dagegen zu polemisieren. Als sie einige Sitzungen aus persönlichen Gründen absagte, was zum Teil so zu verstehen war, daß sie ihn eigentlich ablehnte, rächte sich der Patient und versäumte mehrere Sitzungen. Dann kam er wieder, als sei nichts passiert, er kritisierte vielmehr die Therapeutin, daß sie ihn nicht verstehe, weil sie eine Frau sei und er mit Frauen nicht könne. Es wurde aber deutlich, daß die Therapeutin den Patienten tatsächlich nicht genügend verstehen konnte. Sie fühlte selbst, daß sie dazu neigte, verschiedene Deutungsmuster zu benutzen, und in Anwesenheit des Patienten unter Spannung stand, weil sie das Gefühl hatte, er lehne sie ab. Sie versuchte zum Beispiel, die negative Übertragung zu deuten, erreichte damit aber nichts, denn der Patient behauptete einfach, es sei nicht so. In den Augen der Therapeutin wollte Herr P. die Oberhand behalten, und sie selbst hatte zunehmend das Gefühl, daß sie nichts könne und nutzlos sei – hatte also im Grunde die gleichen Gefühle wie der Patient. Andererseits ärgerte sie sich über ihn wie über ein widerspenstiges Kind, das ihre gute psychoanalytische Nahrung ablehnte.

Ich sagte der Kollegin, daß der Patient sie quäle und sie die Tendenz habe, ihn zu quälen. Herr P. hatte Angst, die Therapeutin in seine Nähe zu lassen, aber auch in sich hineinzulassen, er hatte Angst vor Penetration. Auch die Therapeutin hatte Angst vor seinen Versuchen, sie zu beherrschen, sie hatte Angst vor „Frankl", vor dem Vater des Patienten und vor seinen Versuchen, sich in den Sitzungen einen Penis gegen ihren imaginären Penis zu verschaffen. Der Kampf um die Beherrschung des anderen war die Kehrseite der Gefühle von Schwäche, Ohnmacht und Unterwerfung, die weder der Patient noch die Therapeutin ertragen konnten. Nach einigen Supervisionen räumte die Therapeutin spontan ein, daß ihr klargeworden sei, wie sehr sich die Eltern des Patienten und ihre eigenen Eltern ähnelten, sogar in der Zuneigung zur kommunistischen Ideologie. Sie selbst war und ist das „unartige Kind", das mit den Eltern praktisch nicht kommuniziert. Sie hatte das Gefühl, „entweder die oder ich, gemeinsam geht es nicht". Es wurde ihr bewußt, daß sie zu Herrn P. eine ähnlich manipulative Beziehung hatte wie die eigenen Eltern zu ihr und daß sie die Psychoanalyse vor dem Patienten fast genauso verteidigte wie ihre Eltern die kommunistische Ideologie ihr gegenüber. Sie konnte ihre geringe Toleranz in der Beziehung zum Patienten sowie ihre Gegenübertragungsreaktionen erkennen. In der Beziehung zu mir als Supervisor äußerte sie Respekt, benahm sich aber gleichzeitig wie ein „unbelehrbares Kind". Obwohl wir wiederholt die Übertragungssituation erörtert hatten, tendierte sie dazu, den Patienten weiterhin zu loben oder zu tadeln, in ihren Deutungen kreidete sie ihm verschiedene Fehler an. Sie verhielt sich eher wie eine manipulative Erzieherin und weniger wie eine Psychoanalytikerin. Ich fühlte, ich würde mich im Laufe der Zeit auch über sie ärgern und sie zunehmend dirigieren, damit sie meinem Bild einer guten Therapeutin entspräche. Das totalitäre Objekt hatte begonnen, in die Supervisionssituation einzudringen. Nur langsam kam es zu einer Entspannung. Ich hatte die Therapeutin auf die Ähnlichkeit zwischen dem Geschehen in der Supervision und zwischen ihr und dem Patienten hingewiesen. Es gelang allmählich, die Ausstrahlung der totalitären Objekte in der Therapie und Supervision zu bearbeiten: Die Therapeutin konnte nun ohne größere Bedrohung die

„Frankls" des Patienten annehmen sowie sein Bedürfnis, für sich eigene Autoritäten zu finden, und der Patient fing an, ihren Deutungen zuzuhören und diese interessant zu finden. Ich verstand, daß ich unbewußt die Tendenz hatte, die Therapeutin dazu zu bringen, so zu arbeiten, wie ich in meiner Vorstellung mit dem Patienten arbeiten würde. Der Raum, der bisher undurchdringlich mit totalitären Objekten gefüllt war, fing an, sich zu öffnen und zu atmen. Die Therapeutin stellte fest, sie sei kreativer in der Arbeit mit dem Patienten und höre auf, Deutungsschablonen zu benutzen. Ich wurde öfter von Einfällen der Therapeutin überrascht, auf die ich selbst nicht kam. Ich denke, wir alle fingen an, aus der Erfahrung zu lernen.

In diesem Zusammenhang ist es interessant, die Funktion des totalitären Objekts in der Beziehung zur Sexualität und Aggressivität des Patienten zu betrachten. In seiner Phantasie konnten nur Mächtige und Allmächtige ausreichend aggressiv sein, unbegrenzte Sexualität jeglicher Art leben und Frauen als erotische Wesen besitzen. Es war unzweifelhaft die Gestalt seines Vaters, die gehaßt und bewundert wurde. Deshalb strebte er in der Therapie auch danach, mächtig zu werden, den Vater und schließlich auch die Mutter, zu der er vom Vater verurteilt worden war, zu besiegen. Er brauchte auch die Auseinandersetzung mit der Ideologie der Eltern, um seine eigene einzusetzen. In der Therapie setzte er dann der Psychoanalyse der Therapeutin, die ihn stark anzog, seinen Frankl und andere, der Therapeutin fremde Auffassungen entgegen.

Die Angst vor Eindringen und Penetration sowohl beim Patienten als auch bei der Therapeutin zeigte sich eher als Angst vor Vernichtung als vor Kastration. Die Therapeutin konnte kein Material des Patienten annehmen, ohne vorher zu prüfen, ob es „gut" oder „schlecht" sei, und der Patient konnte kaum eine Deutung annehmen aus Angst vor „Intoxikation". Andere charakteristische Merkmale der gesamten therapeutischen Situation waren die Unmöglichkeit jeglicher Weiterentwicklung, die Undurchlässigkeit, die Unbeweglichkeit und Rigidität sowie die prägenitale, überwiegend anale Ebene des gemeinsamen Austausches zwischen Therapeutin und Patient. Herr P. machte alle Bemühungen der Therapeutin, ihm etwas „Gutes" anzubieten, zu Faeces und fühlte sich selbst auch wertlos. Diese Situation spiegelte sich teilweise in der Supervision. Beziehungen, die durch totalitäre Objekte bestimmt werden, erinnern an ein Gefängnis: ein kleiner, enger Raum, in dem es minimale Bewegungsfreiheit gibt und den man mit dem Anus vergleichen kann, weil der, der zurückhalten kann, allmächtig ist, und derjenige, der zurückgehalten und eingeschränkt wird, nichts kann, schon gar nicht sich zu einer reiferen und freieren Beziehungsform entwickeln.

Die Möglichkeit, die Wahrheit zu entdecken und Erkenntnisse zu gewinnen, war in der Behandlung von Herrn P. fast gelähmt. Die Behandlerin glaubte den Grund der Schwierigkeiten von Herrn P. zu kennen und bemühte sich, ihm diese Wahrheiten in omnipotenter Weise zu vermitteln. Zum Beispiel teilte sie ihm mit, er leide an Kastrationsängsten und sei stark an die Mutter gebunden. Den Patienten kränkten solche Interpretationen, was die Therapeutin aber nicht reflektieren konnte, sie reflektierte nur ihren eigenen gekränkten Narzißmus, wenn der Patient ihre wertvollen Wahrheiten ablehnte. Die Erstarrung der Behandlung im Dogmatismus war der Grund für das drohende Scheitern.

Zeit und Raum für totalitäre Objekte

Der beschriebene Fall zeigt die Notwendigkeit des Dritten als Vermittler. Der Kerkermeister braucht den Gefangenen, um Kerkermeister sein zu können, aber auch der Gefangene hält den Kerkermeister in Schach und gönnt ihm keine Ruhe. Beide sind letztendlich beides zugleich, wie es in sadomasochistischen Beziehungen vorkommt. Das ist eine fast zeitlose Perspektive. Erst die Ankunft des Dritten ist ein wichtiger zeitlicher Augenblick, der die Möglichkeit der Entwicklung und Veränderung, also die zeitliche Perspektive, eröffnet. Diese Möglichkeit entsteht in der Supervision. Der triadische Raum existiert seit langem in der Kultur in Form etwa der sozialen Rolle des Richters oder Schiedsrichters. Es ist eine väterliche Gestalt, die den Sohn und die Mutter aus der gefährlichen Bindung befreien kann, welche eine Weiterentwicklung des Sohnes behindern könnte. Umgekehrt ist es die Mutter, die der Tochter ähnliche Impulse gibt, um so die infantilen Bindungen an den Vater zu lösen. Auch in der Politik ist die Möglichkeit, den Dritten zu nutzen, eine Hoffnung für die Weiterentwicklung von Beziehungen, die in der totalitären Undurchlässigkeit erstarren.

Der Raum der totalitären Objekte ist eine kompliziertere Angelegenheit. Aus der Sicht des einzelnen kann das totalitäre Objekt außen vorhanden oder im Inneren angesiedelt sein. Ist das totalitäre Objekt im Über-Ich angesiedelt, wird es regelmäßig zum strengen Richter, der das Ich gefangen hält. Wenn sich Herr P. in den Sitzungen selbst verurteilt, sich klein und unfähig fühlt und der Liebe unwürdig, hat er seinen totalitären Vater eher im Über-Ich. Wenn er die Therapeutin entwertet und ihre Deutungen zu Dreck macht, ist sein totalitäres Objekt im Ich. Wenn er sich wünscht, wie der eigene Vater zu sein und so viel Macht zu haben, daß er alle schönen Frauen der Welt besitzen und alle seine vermeintlichen wie tatsächlichen Gegner liquidieren könnte, befindet sich das totalitäre Objekt im Ideal-Ich. Es scheint also, daß das totalitäre Objekt aus einer Struktur in die andere wandert oder, wie man es von einem totalitären Objekt auch erwartet, überall anwesend ist. Es siedelt sich auch im Zwischenraum zwischen Patient und Therapeut an und weckt die internalisierten totalitären Objekte im Therapeuten. So entsteht eine maligne Struktur mit „Metastasen", die vorübergehend sogar den Supervisionsraum, also den triadischen Raum, ergreift. Es scheint, daß genau dies zwischen Herrn P., der Therapeutin und auch mir passierte. Wie ich schon angedeutet habe, ist der Ur-Raum, den das totalitäre Objekt besetzt und in dem es seine primitive Befriedigung gewinnt, der anale Raum.

Das Gedächtnis für totalitäre Objekte

In der westlichen Kultur herrscht die Überzeugung, daß Ereignisse, die der Menschheit Unheil, Tyrannei, Krieg und andere Bedrohungen brachten, nicht vergessen werden sollten, vor allem deswegen, weil sie sich wiederholen könnten. Das Vergessen ist die beste Voraussetzung für die Wiederholung: sei es einfaches Auslöschen des Gedächtnisses, Verneinung oder Verdrängung im Dienste der Abwehr oder ein Prozeß, in dessen Verlauf konkrete Erlebnisse in psychische Strukturen verwandelt werden (Ich und Über-Ich), so daß ursprüngliche elterliche Objekte depersonalisiert werden.

Die Psychoanalyse als Prozeß löst Verdrängungen auf, vergessene Erlebnisse werden enthüllt, was eine rückläufige Personifizierung der psychischen Struktur beinhaltet sowie Erinnerungen an zahlreiche Erlebnisse mit elterlichen Objekten und mit Objekten, die ihnen folgten, wachruft. Das Erinnern beinhaltet dabei die Verbindung bestimmter unbewußt gesteuerter Verhaltensmuster mit der vergessenen oder augenblicklich wenig erreichbaren historischen Wirklichkeit, deren Internalisierung ein Grundstein der Ich- und Überich-Haltungen geworden ist.

Die Therapeutin von Herrn P. hat sich nach einigen Supervisionsstunden die Frage gestellt, warum ihre Behandlung von Herrn P. eher ein Versuch war, ihn zu steuern, als eine psychoanalytisch orientierte Behandlung. Und sie gab sich auch die Antwort, denn es fiel ihr mehrmals, wenn auch nicht deutlich genug, die Ähnlichkeit der historischen Situation von Herrn P. mit ihrer eigenen auf. Zwar verschwanden ihre totalitären Objekte nicht aus ihrer Persönlichkeitsstruktur, sie konnten es gar nicht, sie wurden aber auch zu einer bedeutsamen Erinnerung, die ihr Verhalten und ihre Strategie in der Therapie klärte. Diese Tatsache ermöglichte ihr erst das Erreichen einer einfühlsamen Haltung gegenüber Herrn P.: Ihr Ich befreite sich teilweise von dem Druck alter, scheinbar ahistorischer Objekte, die sie bisher nicht verstehen und daher nicht beherrschen konnte. Dieses Erinnern bringt psychische Veränderung mit sich. Im bisherigen Ich, das unter dem Druck alter Objekte arbeitet, entsteht ein neuer Teil, ein neuer Raum, der sich den alten Raum unterwirft. Ein Prozeß der Diversifikation und der Differenzierung beginnt.

Diskussion und Schlußfolgerungen

Es scheint, daß totalitäre Objekte und die auf ihnen basierenden Beziehungen, Erlebnismodi, Denkmuster und Modi der Realitätsinterpretation einen archaischen Teil der Psyche darstellen, aus dem im Lauf der Geschichte sich wiederholt totalitäre soziale Netze und Systeme reproduziert haben. Das gilt selbstverständlich auch für sehr kleine Gruppen wie die triadische Supervisionssituation, die ich als Materialquelle für die Charakterisierung der totalitären Objekte benutzte. Diese primitiven Objekte ähneln denjenigen, die Rosenfeld (1971, 1987) als „Gangs" oder als „Mafia" beschrieben hatte, die idealisiert werden und sich dem libidinösen Selbst als Helfer anbieten. Aber dieses falsche Versprechen führt beim Patienten zur pathologischen Abhängigkeit des normalen Selbst vom omnipotenten. Diese destruktiven Elemente verhindern eine Weiterentwicklung der Persönlichkeit. Rosenfeld meinte, daß diese narzißtischen Zustände eine Undurchdringlichkeit (impass) in der psychoanalytischen Behandlung verursachen. Steiner (1993) betonte die psychologische Funktion solcher Objekte in sadistischen und perversen Akten.

Die Undurchlässigkeit für Psychoanalyse oder psychoanalytische Psychotherapie klingt so pessimistisch wie Freuds Theorie des Todestriebes und Platons Theorie der Geschichte. Neben dem Pessimismus existiert noch ein anderer Aspekt der archaischen Objekte, und das ist zweifellos die Hoffnung, die historisch mit allmächtigen „göttlichen" Objekten in Zusammenhang gebracht wird. Diese Hoffnung ist ein starkes, motivierendes Element. Die Supervisionssituation, in der ich mich mit der Therapeutin und dadurch auch mit dem Patienten befand, hatte solche Elemente der Hoffnung bei allen Beteiligten. Der Patient glaubte, daß er aus seiner ausweglosen Situation herausfinden könnte. Die Therapeutin hatte eine ähnliche Hoffnung, die auch ich teilte.

An der vorgestellten Supervision ist zuerst eine maligne Wucherung der totalitären Beziehungen durch allgegenwärtige Projektionen und Introjektionen zu beobachten. Der allmählich mögliche psychoanalytische Prozeß förderte die Selbstreflexion der totalitären Pathologie und die Akzeptanz des Dritten als Hoffnung auf eine Lösung. Ich habe beschrieben, wie sich dabei der Raum und die Zeit des totalitären Objekts verändern. Die Verbreitung der totalitären Seuche auf ein immer größeres soziales Netz verursacht eine große Einengung des inneren psychischen Raumes, der zum Gefängnis wird, in dem das Gedächtnis wegen der Undurchlässigkeit und der Unmöglichkeit der Veränderung nicht für produktives Denken zu nutzen ist. Erst Einsicht ändert Zeit und Raum: die Zeit bekommt wieder ihre historische Dimension, und das Denken kann sich zwischen biographischem Material, Wahrnehmung und Imagination frei bewegen. Die totalitären und anderen archaischen Objekte werden zum Gegenstand der Erforschung statt zur treibenden Kraft des Ichs und Überichs.

Die Psychoanalyse hilft, die pathogene Situation und das destruktive Verhalten als Folge der totalitären Objekte nicht blind zu wiederholen, zeigt aber auch, wie schwierig dieser Prozeß ist. Menschen in postkommunistischen und postfaschistischen Ländern haben die Hoffnung und die Chance, die destruktiven Greueltaten vergangener Regime nicht zu wiederholen, sie verkörpern aber gleichzeitig die potentielle Gefahr, mit ihrem Verhalten die nächste totalitäre Herrschaft zu reproduzieren, denn die heilsame Aufarbeitung der totalitären Vergangenheit ist in der posttotalitären Kultur nur minimal vorhanden oder entwickelt sich nur langsam. Nichts spricht dafür, daß die menschliche Psyche heute besser ausgestattet und geschützt wäre, um weniger anfällig für den mächtigen Einfluß eigener archaischer Anteile zu sein.

Übersetzung aus dem Tschechischen von René Fischer (Unterliederbach)

Literatur

Boesche, R. (1996): Theories of Tyranny from Plato to Arendt. Univ. Park, PA (Pennsylvania State Univ. Pr.).

Freud, S. (1930a [1929]): Das Unbehagen in der Kultur. GW 14, 419–506.

Rosenfeld, H. (1971): A clinical approach to the psychoanalytic theory of the life and death instincts: An investigation into the aggressive aspects of narcissism. Int. J. Psycho-Anal., 52, 169–178.

– (1987): Impass and Interpretation. London (Tavistock).

Steiner, J. (1993): Orte des seelischen Rückzugs. Stuttgart (Klett-Cotta) 1998.

Šebek, M. (1992): Anality in the totalitarian system and psychology of post-totalitarian society. Mind Hum. Interaction, 4, 52–59.

– (1996): Fates of totalitarian objects. Int. Forum Psychoanal., 5, 289–294.

– (1998): Posttotalitarian personality: Old internal objects in a new situation. J. Amer. Acad. Psychoanal., 26, 295–309.

– (2000): Das Schicksal der totalitären Objekte. Wo stehen wir mit unseren Patienten? In: Kerz-Rühling, I. et al. (Hrsg.): Sozialistische Diktatur und psychische Folgen. Tübingen (edition diskord), 197–216.

Erinnerung, Mentalisierung, Symbolisierung. Theoretische Grundlagen der Verarbeitung traumatischer Erfahrungen

Michael Huber

Aktivierung thalamocorticaler Funktionsschleifen während posttraumatischer Flashbacks

Eine Positronen-Emissions-Tomographische (PET) Studie*

Zu den klinischen Charakteristika veränderten Erlebens nach schweren Traumata gehören die sog. Flashback-Phänomene. Dabei handelt es sich um subjektiv unabweisbare, intrusive, hochgradig realitätsnahe und alarmierende Reaktualisierungen und Revisualisierungen traumatischer Erfahrungen, die sich von normalen Erinnerungen vor allen Dingen darin unterscheiden, daß sie nicht die subjektive Erlebnisqualität des „vergangenen Erlebten" haben, vielmehr meint der Betroffene, die Situation erneut zu durchleben. Hierzu gehören auch oft massive vegetative Erregungszustände und gegebenenfalls das Erleben von Todesangst. Opfer traumatischer Erlebnisse berichten, daß sich diese Flashback-Phänomene in ihrer subjektiven Erlebnisqualität deutlich von anderen angstvollen biographischen Erinnerungen unterscheiden.

Gegenstand der hier vorgestellten neurobiologischen experimentellen Untersuchung war die Fragestellung, ob während eines Flashbacks andere Cluster von Hirnarealen aktiviert werden als während einer „einfachen" angstvollen Erinnerung. Die Untersuchung bedient sich der Positronen-Emissions-Tomographie (PET) der regionalen Hirnperfusionen mittels des mit dem ^{15}O-Isotop markierten Wassers entsprechend dem in der Fachliteratur angegebenen Verfahren (vgl. Quarles et. al., 1993).[1]

---

* An dieser Studie haben neben dem Autor dieser Zusammenfassung mitgewirkt: vom Institut und Poliklinik für Psychosomatik und Psychotherapie der Universität zu Köln Dr. med. Torsten Siol und Prof. Dr. med. Karl Köhle und vom Max Planck Institut für Neurologische Forschung Köln Prof. Dr. med. Karl Herholz, Dr. med. Olaf Lenz und Prof. Dr. med. Wolf-Dieter Heiß.

Anlaß für diese Untersuchung war die klinische Arbeit mit einer größeren Gruppe (ca. 70) Lokführer, die bei ihren Zugfahrten durch das Überfahren von Suizidanten auf den Schienen traumatisiert worden waren. Für eine erste Pilotuntersuchung wurden fünf dieser Probanden gebeten, an der Studie teilzunehmen. Es handelte sich um rechtshändige, neurologisch, internistisch und psychiatrisch gesunde Männer im mittleren Alter von ca. 38 Jahren, die alle die DSM IV-Kriterien für die posttraumatische Belastungsstörung (PTSD) erfüllten und unter ausgeprägten Flashback-Erinnerungen litten. Die Diagnose wurde mittels SCID-Interview gestellt. Zwischen dem Trauma und der PET-Untersuchung lagen 4 bis 24 Monate. Die Probanden wurden vollständig über die Untersuchungsverfahren aufgeklärt. Die Studie erfolgte mit Einverständnis der Ethikkommission der Medizinischen Fakultät der Universität zu Köln. Allen Teilnehmern wurde intensive psychotherapeutische Hilfe angeboten.

Testpsychologisch wurde die deutsche Version der Impact of Event-Scale (Horowitz et al., 1979; Maercker u. Schützwohl, 1998) verwendet. Dabei zeigten sich Werte im Extrembereich. Das Stimulationsparadigma, das für die PET-Untersuchung verwendet wurde, basierte auf der Standardmethode dieser Untersuchung, drei verschiedene Bedingungen jeweils vierfach zu wiederholen, um einen statistischen Vergleich der intraindividuellen Unterschiede sowie eine Gruppenstatistik durchführen zu können.

Als eine Stimulationsbedingung („C") wurde die Erinnerung an das traumatische Ereignis, also das Überfahren des Suizidanten, verwendet. In einem ausführlichen Gespräch mit dem Probanden wurde die Situation erörtert und dann mit einem Stichwort markiert. Darüber hinaus wurde in Vorgesprächen sorgfältig jeweils eine biographische Situation ausgewählt, die von ausgeprägter Angst gekennzeichnet war, sich jedoch retrospektiv nicht als traumatisierend herausgestellt hatte, vor allen Dingen, weil die in Frage stehende kritische Situation hatte überwunden werden können („B"). In Frage kamen z. B. Situationen drohender Kündigung des Arbeitsplatzes, die noch hatte abgewendet werden können, oder drohende Trennungen mit gutem Ausgang. Als dritte Situation, als Neutralbedingung („A"), wurde eine Situation ausgewählt, die nach den visuellen Inhalten den beiden anderen Situationen entsprach, d. h., es mußten Menschen, Gesichter und auch die anderen Charakteristika der Situationen B und C vorkommen. Sie sollte jedoch nicht durch einen bedeutsamen positiven oder negativen Affekt gekennzeichnet sein. Die Auswahl dieser Neutralbedingung gestaltete sich durchaus problematisch, jedoch konnte in jedem Einzelfall eine mindestens für den Untersucher überzeugende Auswahl getroffen werden.

Die Untersuchung erfolgte dann so, daß zehn Sekunden vor Injektion des Positronen emittierenden Tracers das jeweilige Stichwort, dessen Reihenfolge dem Probanden nicht bekannt war, genannt wurde und die Aufforderung erfolgte, sich die betreffende Situation noch einmal so lebhaft wie möglich vorzustellen bzw. diese wieder zu erleben. Nach der Messung erfolgte eine Ruhezeit, in der mit Hilfe der PANAS-Skala (Watson et al., 1988) und mit einer einfachen 1–5-Skala die Kernemotionen Freude, Traurigkeit, Wut, Überraschung, Ekel und Furcht in ihrer Ausprägung während der gerade durchlebten Erinnerung abgefragt wurden. Darüber hinaus wurde auf einer „Ähnlichkeitsskala" zwischen 1 und 10 angegeben, ob die soeben erlebte Flashback-Reaktualisierung einem vom Probanden früher erlebten spontanen Flashback entsprach oder nicht. Es zeigte sich, daß die auf diese Art und Weise induzierten Flashbacks als subjektiv fast vollständig übereinstimmend mit den spontanen Flashbacks erlebt wurden. Eine Auswertung des simultan ablaufenden EKG zeigte, daß die Herzfrequenz während der traumatischen Erinnerung signifikant höher lag als in der neutralen Situation.

Die Auswertung der funktionellen Bildgebung, die sich auch auf dreidimensionale Rekonstruktionen und – als morphologische Referenz – eine Kernspintomographie (MRT) der Probanden stützen konnte und mit Hilfe eines „Matching-Verfahrens" durchgeführt und den statistischen Prozeduren des SPM 96 (Statistical Parametric Mapping) unter Bezugnahme auf das Talairach-Koordinatensystem (Talairach u. Tournoux, 1988) unterworfen wurde, ergab folgende Befunde:

1. Während angstvoller, nichttraumatischer Revisualisierung im Vergleich zur Neutralbedingung fanden sich signifikante Aktivierungen im Bereich des rechten Praecuneus. Tendenziell, jedoch möglicherweise wegen der geringen Gruppengröße statistisch nicht signifikant, fanden sich auch erheblich erhöhte Aktivierungen im rechten Gyrus parahippocampalis sowie im rechten Gyrus cinguli.
2. Der Vergleich der traumatischen Flashbacks mit der neutralen Situation ergab die signifikante Aktivierung eines Clusters von Regionen, bestehend aus dem rechten primären und sekundären visuellen Cortex, dem rechten Thalamus (Corpora mammillaria) und im rechten Cerebellum. Eine tendenzielle, noch nicht signifikante Erhöhung ergab sich auch in cingulären Arealen beidseits. Desaktivierungen fanden sich im linken inferioren Parietallappen sowie bilateral in mittleren temporalen Regionen.
3. Der statistische Vergleich zwischen den induzierten Flashbacks und der angstvollen, nichttraumatischen biographischen Erinnerung zeigte schließlich eine signifikant stärkere Aktivierung während des Flashbacks im rechten mediodorsalen Thalamus, dem rechten Praecuneus, dem rechten Cerebellum und dem linken Gyrus praecentralis. Tendenziell fanden sich auch Erhöhungen rechts paracentral, rechts praecentral und rechts postcentral. Stärkere Desaktivierungen wurden im rechten mittleren Temporallappen und im linksseitigen angulären Cortex gesehen.

Ein Vergleich mit publizierten Studien ergibt, daß diejenigen Areale, die in unserer Studie signifikant aktiviert gefunden wurden, während der Erinnerung biographisch angstvoller Situationen mit episodischem Gedächtnis, der Verarbeitung emotionaler Information (vgl. Andreasen et al., 1995, 1999) sowie phobischer Furcht (vgl. Rauch et al., 1995) in Zusammenhang gebracht werden. In der Literatur veröffentlichte Angaben über Aktivierungen während induzierter Flashbacks stehen teilweise in Übereinstimmung mit unseren Ergebnissen. Aktivierungen im visuellen Cortex sind auch von Rauch und Mitarbeitern (Rauch et al., 1996) beschrieben worden, die, wie in unserer Studie auch, ein rechtshemisphärisches Überwiegen der Aktivierungen gesehen hatten. Der primäre und sekundäre Cortex, der sich anatomisch in der Nähe des Gyrus parahippocampalis befindet, ist mehrfach mit visuellem Gedächtnis, dem Gedächtnis für Gesichter (vgl. Kapur et al., 1995) sowie der Hirnaktivierung, die durch emotionale Bilder induziert wird, in Verbindung gebracht worden (vgl. Lang, 1985). Die von uns gefundene Aktivierung der Corpora mammillaria und des Thalamus mag einen Hinweis darstellen, daß die Hypophysen-Nebennieren-Schilddrüsen-Achse bei PTSD-Patienten verändert ist, wie dies auch in der Literatur beschrieben wurde (vgl. Bremner et al., 1999a, b). Möglicherweise handelt es sich aber auch lediglich um die Abbildung der anatomischen Verbindung zwischen den vorderen limbischen thalamischen Kernen, dem Hypothalamus und dem Hippocampus und Gyrus cinguli.

Der bedeutsamste Aspekt dieser Pilotstudie besteht darin, daß der statistische Vergleich der Flashback-Aktivierung mit der Aktivierung mittels einer biographisch angstvollen Erinnerung ein Cluster von Regionen ergab, das den rechtsseitigen medialen dorsalen Thalamus, den rechten Praecuneus, das rechte Cerebellum und den linksseitigen Gyrus praecentralis umfaßte. Bremner (Bremner et al., 1999b), der Vietnam-Veteranen mit Hilfe der Exposition von Bildern untersuchte, die Kampfhandlungen zeigten, hatte die These vertreten, daß eine Aktivierung des linksseitigen Gyrus praecentralis möglicherweise bei rechtshändigen Probanden eine Art motorische Flucht- oder Kampfbereitschaft signalisiert. Aktivierungen des Cerebellums fanden sich oft bei Untersuchungen, die Aufmerksamkeit und episodisches Gedächtnis in Anspruch nahmen (vgl. Andreasen et al., 1999; Bremner et al., 1999a).

Besondere Bedeutung hat unseres Erachtens die Aktivierung des medialen dorsalen Thalamus, des medialen parietalen Assoziationscortex (Praecuneus), die den traumatischen Flashback von einer einfachen angstvollen Erinnerung in der funktionellen Bildgebung unterschied. Die funktionelle Neuroanatomie des medialen dorsalen Thalamus ist bekannt, es handelt sich um einen limbischen thalamischen Kern, dessen Output proisocorticale präfrontale Areale (BA 9, 10, 11, 12) sowie die frontalen Augenfelder (BA 8) erreicht, während sein Input von der Amygdala und anderen limbischen Arealen sowie multisensorischen Assoziationscortices kommt. Dementsprechend wurde dieser thalamische Kern lange als ‚key gate structure' für sensorische, vorwiegend visuelle und limbische Einflüsse zum präfrontalen Cortex gesehen. Läsionen des mediodorsalen Thalamus führen im Experiment zu einer Verminderung der emotionalen Responsibilität und Einschränkung episodischer Gedächtnisfunktionen (vgl. Armstrong, 1990). Der Praecuneus, eine multimodale corticale Assoziationsregion, ist oft in Verbindung mit episodischem Gedächtnis und gedächtnisbezogenem visuellem Vorstellungsvermögen (vgl. Krause et al., 1999; Fletcher et al., 1995) gebracht worden.

Vor einigen Jahren haben Llinas und Mitarbeiter (Llinas u. Ribary, 1994) sich mit der funktionellen Neuroanatomie des thalamocorticalen Systems in traumähnlichen Zuständen und während des Wachzustandes befaßt und Argumente für die Annahme zusammengetragen, daß die Konnektivität zwischen Thalamus und Cortex funktionell und morphologisch bidirektional ist. Die Autoren vertreten die These, daß bewußte sensorische Wahrnehmung von der Simultaneität der Aktivität im thalamocorticalen System bestimmt wird. Während des Wachzustandes wird dieses System durch von außen kommende sensorische Stimuli angeregt, während des Traums durch die Aktivität neuronaler Ensembles, die die Ausbildung von Gedächtnisinhalten unterstützen. Nach Ansicht dieser Autoren sind Traumzustände durch eine erhöhte Aufmerksamkeit nach innen, einen ‚closed intrinsic functional state' charakterisiert, der nicht oder nur wenig durch externe Stimuli beeinflußt wird. In diesem ist sensorischer Input von außen nicht in der Lage, die „Maschinerie, welche Bewußtheit generiert", zu erreichen (Llinas u. Ribary, a. a. O.).

Diese Untersuchungsergebnisse und Thesen erscheinen für das Verständnis der neuroanatomischen Basis der Flashback-Revisualisierungen und unserer Befunde besonders attraktiv. Andere Autoren wie Lang (Lang, a. a. O.) und Pitman (Pitman u. Orr, 1995) haben in ähnlicher Weise Emotionen im PTSD als pathologische emotionale Netzwerke konzeptualisiert, die durch bestimmte Stimuli aktiviert werden und durch eine erhöhte Wahrscheinlichkeit gekennzeichnet sind, spontan aufrechterhalten zu bleiben.

Aus unseren Daten im Zusammenhang mit den oben genannten theoretischen Überlegungen formulieren wir die Hypothese, daß das „alptraumähnliche" Erleben, „als ob das traumatische Erlebnis sich wiederholt", das so charakteristisch für die Flashbacks im PTSD ist, hyperaktive geschlossene funktionelle thalamocorticale Schleifen repräsentiert, die limbische thalamische Kerne (mediodorsaler Kern) und multimodale corticale Assoziationsareale umfassen. Hierbei kommt es durch die Hyperaktivität dieser geschlossenen Schleifen zu einer Bindung der Aufmerksamkeit an das intrinsische Geschehen und zu einem Verhindern der Ausrichtung der fokussierten Aufmerksamkeit auf die Wahrnehmung der Außenwelt, ein Phänomen, das viele PTSD-Patienten klinisch so auch beschreiben. Hierin liegt offenbar ein wesentlicher Unterschied zur einfachen Angstsituation, wobei nach unseren Untersuchungen nicht klar ist, ob es sich um einen qualitativen oder um einen quantitativen Unterschied handelt.

Ein weiterer interessanter Aspekt hinsichtlich des mediodorsalen Thalamus ist, daß seine lateralen Anteile bekanntlich eine wesentliche Rolle für die funktionelle Neuroanatomie der Blickfolgebewegung spielen. Diese Funktion des mediodorsalen Thalamus mag eine gewisse Rolle bei der Erklärung der Wirksamkeit der sog. EMDR-(Eye Movement Desensitization and Reprocessing)-Therapie (Shapiro, 1996) spielen, die induzierte rhythmische sakkadische Augenbewegungen verwendet, um Patienten aus dem Flashback herauslösen und mit der Außenwelt wieder in Kontakt zu bringen. Ausgehend von unseren Daten erscheint die spekulative Annahme begründet, daß eine Aktivierung des mediodorsalen Thalamus von außen über die Induktion von Augenfolgebewegungen diesen aus der intrinsischen funktionellen Schleife gewissermaßen „löst“ und somit den ‚closed intrinsic functional state‘ unterbricht.

Zusammenfassend ist zu sagen, daß unsere Pilotstudie Hinweise dafür liefert, daß die funktionelle Neuroanatomie von Flashback-Phänomenen bei PTSD-Patienten durch die Aktivität geschlossener Funktionskreise zwischen limbischen thalamischen Kernen und corticalen Assoziationsarealen charakterisiert ist, die ähnlich auch bei traumähnlichen Zuständen aktiviert werden. Diese Analogie macht vielleicht verständlich, warum PTSD-Patienten sich in den Flashbacks als in der wiederholten Erfahrung der traumatischen Situation „gefangen“ erleben und das subjektive Charakteristikum des Erlebens der „Vergangenheit“ wie in einer normalen Erinnerung fehlt.

Untersuchungen dieser Art, vor allen Dingen, wenn sie noch an größeren Probandenstichproben durchgeführt werden, können möglicherweise zum Verständnis klinisch relevanter psychologischer Phänomene beitragen, wie der „Geschlossenheit“ bestimmter posttraumatischer psychischer Zustände und der Ausbildung dissoziativer seelischer „Rückzugsräume“, wie sie für die klinische psychoanalytische Arbeit von wesentlicher Bedeutung sind.

Anmerkung

[1] In der hier veröffentlichten Zusammenfassung der PET-Studie wurde zugunsten besserer Lesbarkeit auf eine Wiedergabe des gesamten Zahlen- und Datenmaterials einschließlich der Abbildungen verzichtet. Diese finden sich in den Originalpublikationen der Autoren.

Literatur

Andreasen, N.C. et al. (1995): Remembering the past: two facets of episodic memory explored with positron emission tomography. Am. J. Psychiat., 152, 1576–1585.

– et al. (1999): The cerebellum plays a role in conscious episodic memory retrieval. Hum. Brain Map, 8, 226–234.

Armstrong, E. (1990): Limbic Thalamus: Anterior and Mediodorsal Nuclei in the Human Nervous System. Los Angeles (Academic Pr.).

Bremner, J.D. et al. (1999a): The Neurobiology of Posttraumatic Stress Disorder: An Integration of Animal and Human Research in Posttraumatic Stress Disorder: A Comprehensive Text. Neddham Heights, MA (Allyn u. Bacon).

– et al. (1999b): Neural correlates of exposure to traumatic pictures and sound in Vietnam combat veterans with and without posttraumatic stress disorder: a positron emission tomography study. Biol. Psychiat., 45, 806–816.

Fletcher, P.C. et al. (1995): The mind's eye-precuneus-activation in memory-related imagery. Neuroimage, 2, 195–200.

Horowitz, M. et al. (1979): Impact of Event Scale: a measure of subjective stress. Psychosom. Med., 41, 209–218.

Kapur, N. et al. (1995): Activation of human hippocampal formation during memory for faces: a PET study. Cortex, 31, 99–108.

Krause, B.J. et al. (1999): Episodic retrieval activates the precuneus irrespective of the imagery content of word pair associates. A PET study. Brain, 122, 255–263.

Lang, P.J. (1985): The Cognitive Psychophysiology of Emotion: Fear and Anxiety in Anxiety and the Anxiety Disorders. Hillsdale, NJ (Erlbaum).

Llinas, R.R. u. U. Ribary (1994): Perception as an Oneiriclike State Modulated by the Senses in Large-Scale Neuronal Theories of the Brain. Cambridge, MA (MIT Pr.).

Maercker, A. u. Schützwohl, M. (1998): Erfassung von psychischen Belastungsfolgen: Die Impact of Event Skala – revidierte Version (IES-R). Diagnostica, 44, 130–141.

Pitman, R.K. u. S.P. Orr (1995): Psychophysiology of Emotional Memory Networks in Posttraumatic Stress Disorder in Brain and Memory. New York, Oxford (Oxford Univ. Pr.).

Quarles, R.P. et al. (1993): Measurement of regional cerebral blood flow with positron emission tomography: a comparison of [^{15}O]water to [^{11}C]butanol with distributed-parameter and compartmental models. J. Cereb. Blood Flow Metab., 13, 733–747.

Rauch, S.L. et al. (1995): A positron emission tomographic study of simple phobic symptom provocation. Arch. Gen. Psychiat., 52, 20–28.

– et al. (1996): A symptom provocation study of posttraumatic stress disorder using positron emission tomography and script-driven imagery. Arch. Gen. Psychiat., 53, 380–387.

Shapiro, F. (1996): Eye movement desensitization and reprocessing (EMDR): evaluation of controlled PTSD research. J. Behav. Ther. Exp. Psychiat., 27, 209–218.

Talairach, J. u. P. Tournoux (1988): Co-Planar Sterotaxic Atlas of the Human Brain. New York (Thieme Med. Publ.).

Watson, D. et al. (1988): Development and validation of brief measures of positive and negative affect: the PANAS scales. J. Pers. Soc. Psychol., 54, 1063–1070.

Henry Krystal

Trauma und Affekte

Posttraumatische Folgeerscheinungen und ihre Konsequenzen für die psychoanalytische Technik

Die Fähigkeit, ausgereifte Emotionen empfinden zu können, ist Voraussetzung für eine erfolgversprechende psychoanalytische Behandlung. Ich möchte zeigen, wie man diese Fähigkeit eines Analysanden vor der Behandlung einschätzen kann, insbesondere aber bestimmte Modifikationen der psychoanalytischen Technik vorschlagen, mit deren Hilfe diesen Patienten ihre Emotionen besser zugänglich werden können. Dem möchte ich aber einige Beobachtungen, die ich im Laufe der Jahre über die Affekte gemacht habe, voranstellen. Ich werde sie nicht theoretisch ausloten, sondern nur insoweit ansprechen, als sie mir in diesem Zusammenhang wichtig sind.

Affekt

Vier Komponenten des Affekts

Das affektive Erleben kann unter vier Aspekten beschrieben werden:

Der *kognitive Aspekt* betrifft die *Bedeutung* des Affekts. Sowohl Furcht als auch Angst signalisieren, daß etwas passieren könnte: Im Falle der Furcht gilt die Gefahr als von *außen* kommend und real, bei der Angst dagegen kommt die Gefahr von *innen*, ohne daß eine bewußte Erklärung für sie vorhanden wäre.

Der *physiologische Aspekt* der Emotionen wurde als die Gesamtheit des Affekts verstanden. Wenn die Triebabfuhr nach außen blockiert ist, so Freud, werde sie ins Körperinnere abgeleitet. Diese Metapher spielt auf die Verbindung zwischen Emotionen und psychosomatischer Erkrankung an, die Vorstellung von einer direkten Abfuhr der Gefühle, sei es sprachlich, sei es handelnd, ist jedoch eine subjektive, die nicht durch zeitgenössische Beobachtungen belegt werden kann.

Der *hedonistische Aspekt* ist ebenfalls irreführend und zu einfach, denn in der Tat sind Emotionen nicht eindeutig lust- oder peinvoll. Wir müssen die Vorstellung der Lust von der der Befriedigung und den Schmerz vom Leiden trennen. Gefühle interagieren nämlich auf unterschiedliche Weise und treten auf verschiedenen Bewußtseinsebenen auf: ein Erlebnis mag bewußt schmerzlich sein, während es unbewußt durchaus befriedigend ist; Angst z. B. kann durchaus lustvoll sein, wenn ein eigentlich riskantes Verhalten durch ein phantasiertes oder realistisches Gefühl der Sicherheit „gedeckt" ist.

Der *aktivierende Aspekt* der Emotionen betrifft nicht nur die psychomotorische Verlangsamung, wie z. B. in der Depression, und die Erregung, etwa in der Manie, er ist vielmehr ein Mittel zur Regulation aller Funktionen des Organismus. Während der physiologische Aspekt der Emotionen die Verbindung zu den psychosomatischen Erkrankungen darstellt, verbindet der aktivierende Aspekt sie mit der Psychobiologie.

Affekttoleranz

Diese Funktion betrifft die Frage, wie eine Person ihre Emotionen erlebt, d. h., wofür sie sie hält. Damit hängt des weiteren die Frage zusammen, wie sie darauf reagiert, diese Emotionen überhaupt zu haben. Menschen, bei denen diese vier Aspekte differenziert und erkennbar vorliegen und die zu adäquatem selbstreflexivem Bewußtsein fähig sind, nehmen ihre Gefühle subjektiv wahr und können unter optimalen Bedingungen beurteilen, in welchem Ausmaß sie von einem gegenwärtigen Ereignis ausgelöst werden und angemessen sind, und sie von vergangenen Situationen unterscheiden, die diese momentane Gefühlsreaktion mobilisieren und gegebenenfalls verzerren oder verstärken. Daß affektiv gestörte Patienten oft erst nach langen Umwegen bei ihrem Arzt erscheinen, ist das Ergebnis ihrer Reaktion darauf, daß sie überhaupt Affekte empfinden (vgl. Krystal, 1975).

Die genetische Sicht der Affekte

Die Fähigkeit des Menschen, Gefühle zu erleben, durchläuft eine Entwicklung mit einer bestimmten Abfolge. Die Neurowissenschaften und die Psychophysiologie, die sich mit der Entwicklung beschäftigen und dabei klinische Beobachtungen der Entwicklungspsychologie und unsere eigenen Langzeitstudien einbeziehen, belegen die Bedeutung des genetischen Aspekts der Emotionen. Meine klinische Arbeit mit Überlebenden des Holocaust und anderen posttraumatischen psychosomatischen wie auch Sucht-Patienten machte mir – insbesondere in Zeiten des Rückzugs – die Regression ihrer Affekte deutlich.

Emotionen entwickeln sich aus drei Uraffekten des Neugeborenen, denen drei globale Reaktionsmuster zugehören: 1. ein Zustand des Wohlbefindens und der Zufriedenheit; 2. ein Zustand des Unwohlseins und 3. ein Reaktionsmuster des Erstarrens, das uns allerdings nicht so vertraut ist, da es beim normalen Säugling im Alter von etwa zwei Monaten verschwindet (vgl. Papousek u. Papousek, 1975), es ist aber deshalb wichtig, weil es im traumatischen Zustand wieder auftaucht und als dauerhafte

Reaktionsbereitschaft auf überwältigende Erlebnisse erhalten bleibt – wie etwa in Trance- und kataleptischen Zuständen.

Diese Uraffekte zeichnen sich durch bestimmte Entwicklungslinien aus: *Affekt-Differenzierung*, *Verbalisierung* und *Desomatisierung*. Reifungsbedingte Veränderungen der Emotionen werden durch die primären Beziehungspersonen gefördert: die ‚good-enough mother' ist entzückt über die ersten spezifischen Laute, mit denen ihr Baby ein Bedürfnis signalisiert, und sie versucht, es sofort zu befriedigen. Dadurch „belohnt" sie den Prozeß der Affekt-Differenzierung. Wenn das Kind zu sprechen lernt, wird das Unterscheiden und Benennen bestimmter Gefühle zu einem wichtigen Teil der „Erziehung", nämlich das Kind zu lehren, *was* es fühlt und *wie* mit seinen Gefühlen in einer gegebenen Situation umzugehen sei, d. h., sie zu erkennen, zu ertragen und als Signale zu nutzen. Sind sie einmal unterschieden und in Worten faßbar, dann führen sie effektiver und schneller dazu, sich verständigen zu können, und unterstützen die Entwicklung von Vertrautheit mit diesen Affekten. Je präziser das Kind einen immer spezifischeren Affekt benennen kann, desto besser kann ihm dieser als Signal und als Affektregulativ im Leben dienen. Das meine ich mit Affekttoleranz.

Affektregression

Stillstand und Regression der Funktion von Affekten sind Folgen eines psychischen Traumas. Eine Traumatisierung kann von Kindheit an jederzeit hereinbrechen, weswegen sie in Ursache, Phänomenologie und Auswirkungen in hohem Maße variiert. Regression eines reifen erwachsenen Affekts bedeutet *Ent-Differenzierung*, *Ent-Sprachlichung* und *Re-Somatisierung*. Mildere Formen der Regression lassen den Affekt diffus, undifferenziert und unmoduliert erscheinen, in schweren Fällen zeigen sich die Emotionen dagegen meist in körperlichen Reaktionen. Sie haben keine Verständigungsfunktion, sondern werden nur als Last und Herausforderung erlebt. Manche Menschen geben dann dem einen von zwei möglichen Verhaltensmustern den Vorzug: Sie werden stoisch und unterdrücken und/oder ignorieren ihre Gefühle. Der Preis, den sie dafür zu zahlen haben, ist der Verlust der Fähigkeit, sie zu erkennen und zu nutzen: Sie versuchen, sich nur auf ihren Verstand zu verlassen, und ihre Sicht der Welt ist eine rein intellektuelle. Sie werden ihren Gefühlen gegenüber sozusagen „farbenblind". Die Konsequenz ist eine Neigung zu narzißtischer Überlegenheit, Gleichgültigkeit und zur Beherrschung und Ausbeutung anderer Menschen. Die andere Strategie besteht darin, äußere Faktoren für ihre Blockade schmerzlicher Affekte durch somatische Reaktionen anzuführen. Der Tendenz nach entwickeln diese Menschen die eine oder andere Sucht. Bei der Affektregression kann man für gewöhnlich beobachten, daß der Schmerz wiederkehrt und ein Teil der Affekte zum einzigen Symptom, z. B. zur Depression, wird.

Die Anerkennung der genetischen Entwicklung der Affekte und ihres Potentials zur Regression hat wichtige diagnostische und therapeutische Konsequenzen. Anstatt psychosomatische Erkrankungen nach dem Modell der Konversion als Folge einer Organ-Hyperaktivität anzusehen, müssen wir verstehen, welche Faktoren die Desomatisierung von Affekten behindern.

Das Trauma und seine Folgen

Infantiles psychisches Trauma

Ein wichtiger Teil der Förderung der Entwicklung der Affekttoleranz besteht, wie ich bereits ausgeführt habe, darin, es dem Kind zu ermöglichen, die zunehmende Intensität und Dauer von Affekten zu ertragen, jedoch auch einzuschreiten, bevor sie das Kind überwältigen. Insbesondere beim Säugling sind der Spannungstoleranz entschiedene Grenzen gesetzt. Aufgrund seiner Unreife und der Art der Uraffekte wachsen diese schnell lawinenartig an, so daß die ganze psychische Verfassung und praktisch der ganze Organismus des Kindes in einen Zustand höchster Erregung geraten kann und es nahezu untröstlich ist, wenn die Mutter nicht rechtzeitig eingreift. Schwere, sich wiederholende Vorfälle dieser Art stellen den Beginn eines psychischen Traumas für das Kind dar. Mit anderen Worten: Das infantile Trauma entsteht, anders als beim Erwachsenen, durch die Intensität und Dauer schmerzlicher Affektvorläufer und führt zum Scheitern der Entwicklung. Die Folgen sind vielfältig: Die Neigung zu heftigen Wut-, Rache-, Scham- und Schuldgefühlen bleibt lebenslang bestehen und hat viele Ausdrucksformen. Das Scheitern der Entwicklung aus einem befriedigenden Präobjekt-Status zur glückenden Bindung an ein Objekt hat akute wie sich chronifizierende Folgen, die sich in psychosomatischen Störungen des Kindes, z. B. Schlaf- und Eßstörungen, aber z. B. auch in Koliken, Ekzemen oder Asthma äußern. Die für unsere Überlegungen relevanteste ist eine *generalisierte Furcht vor Gefühlen*, weil sie als Vorboten der erwarteten Wiederkehr des infantilen psychischen Traumas empfunden werden. Oft sind diese Störungen der Affekte nicht total, variieren aber beträchtlich.

Als Erwachsene haben diese Menschen typischerweise keine Erinnerung an die Tragödie ihrer Kindheit, ahnen sie oft noch nicht einmal. Zwar fühlen sie sich von ihren Eltern verraten, die doch omnipotent und perfekt hätten sein sollen, müssen ihre Aggression aber gegen sich selbst richten und schreiben sich die Schuld an ihren Problemen selbst zu. Als Patienten begegnen sie uns mit Scham- und Schuldgefühlen, die nicht leicht zu identifizieren sind, weil diese Affekte noch nicht differenziert sind und noch nicht verbalisiert werden können. Sie glauben unbewußt, aber mit absoluter Überzeugung, daß der „Blitz immer zweimal einschlägt".

In besonders gravierenden Fällen, in denen das Vertrauen in die elterliche Fürsorge untergraben ist, begegnen wir der Furcht des erwachsenen Patienten vor möglichen „guten Objekten“: Die Angst vor der Liebe ist nicht selten ein überaus lähmendes, das Leben verstörendes Problem – die Folgen für eine bearbeitbare Übertragung liegen auf der Hand.

Katastrophenbedingtes Trauma beim Erwachsenen

Im Unterschied zum infantilen psychischen Trauma wird beim Erwachsenen ein Trauma nicht durch intensive Affekte ausgelöst, sondern vielmehr, wie Freud es konzeptualisierte, durch „die Einschätzung unserer Stärke im Vergleich zu [der] Größe [der Gefahrsituation], das Zugeständnis unserer Hilflosigkeit gegen sie [...] Wir [heißen] eine solche erlebte Situation von Hilflosigkeit eine traumatische“ (1926d, S. 199).

Traumatisch ist also die subjektive Hilflosigkeit angesichts einer drohenden, aber unausweichlichen Gefahr, der das Subjekt ausgeliefert ist. Mit dem völligen Ausgeliefertsein verwandelt sich der Affekt der Furcht in die katatone Reaktion, und damit beginnt ein Prozeß zunehmender Abstumpfung gegenüber physischem und psychischem Schmerz, Dissoziationen und Spaltungen der Selbstrepräsentanz werden beschleunigt. Wenn dieser Prozeß nicht durch einen roboterähnlichen Zustand angehalten werden kann, setzt die *maligne* Phase des Traumas ein: die progressive Einschränkung und das Abschalten aller psychischen Funktionen bis auf ein letztes Aufflackern von Selbstbeobachtung bis zum psychogen bedingten Tod durch diastolischen Herzstillstand (vgl. Krystal, 1978a).

Als die Opfer in den Konzentrationslagern aus den Waggons ausgeladen wurden und Entmenschlichung, Terror und dem Verlust aller ihrer Lieben ausgesetzt waren, mußten sie in der Lage sein, sofort ihre affektive Reaktion auf das Schicksal ihrer Familien zu blockieren und roboterartig nur noch darauf zu reagieren, was das Überleben momentan erforderte. Mißlang dieser Versuch, dann verschlimmerte sich der traumatische Zustand und äußerte sich in zunehmender „emotionaler Abgestumpftheit“ gegenüber Schmerz und schmerzlichen Affekten, wie dies Minkowsky bereits 1948 beschrieb. Ihr folgte der Verlust aller Initiative und des Gefühls, sich auf sich selbst verlassen und etwas tun zu können. Das Recht und die Fähigkeit, „nein“ zu sagen und sich selbst zu verteidigen, wurden zunehmend gelähmt. In diesem Zustand brechen die meisten narzißtischen Funktionen, d. h. Selbsterhaltung, Selbstachtung, Selbstverteidigung, Selbstrespekt und Sorge um sich selbst, zusammen, und der Mensch erstarrt. Er erleidet einen vorübergehenden *symbolischen Tod*, um den physischen oder psychischen Tod zu vermeiden. Die katatonoide Reaktion selbst ist wahrscheinlich die Bedingung, die eine primäre Regression mit bestimmten Auswirkungen erzwingt. Die Fähigkeit, den Tod zu verleugnen, die wir brauchen, um normal funktionieren zu können, ist oft schwer beeinträchtigt, und daraus resultiert ein Zustand von offener oder latenter Depression, Angst, Scham, Schuld und Schmerz.

Die Folgen des infantilen sowie des Traumas, das Erwachsenen widerfahren ist, bestehen in jedem Falle in chronifizierter Unsicherheit, die sich in Überwachheit und einer Fixierung an das einst erlittene Trauma äußern. Diese posttraumatischen Störungen der *normalen* Überreste des primären Narzißmus beeinträchtigen den Lebensmut und den Optimismus der Betroffenen, ihr Leben erfolgreich gestalten zu können, und sie erwarten kaum, daß die Menschen, denen sie begegnen, sie mögen. Die Erinnerungen und Bilder der traumatischen Situation dringen auf die eine oder andere Weise immer wieder blitzartig ins Bewußtsein.

Alexithymie und psychosomatische Symptomatik

Bei erwachsenen Überlebenden des Holocaust, denen es gelang, den traumatischen Prozeß durch einen roboterartigen Zustand aufzuhalten, die aber eine beträchtliche Zeit in diesem Zustand zu überleben gezwungen waren, ließen sich unter all den gravierenden, lebenslangen Nachwirkungen die *alexithymen* Merkmale relativ leicht identifizieren. Bei der Alexithymie handelt es sich um eine Regression des Affektes durch Ent-Differenzierung, Ent-Sprachlichung und Re-Somatisierung. Anstelle einer erwachsenen Form von Emotionen, die vornehmlich durch das Vorstellungsvermögen charakterisiert sind, reagieren alexithyme Patienten meist mit körperlichen Symptomen. Fragt man sie, was sie fühlen oder wie sie sich in Ausnahmesituationen fühlen würden, antworten sie in Termini von „Handlungen" (vgl. Nemiah u. Sifneos, 1970a, b), d. h., sie beschreiben, was sie *tun*, und *nicht*, was sie *fühlen* (würden): Sie können ihre Gefühle nicht benennen und nicht erkennen, daß sie ein Gefühl haben. Ihre Art zu reagieren ist eine direkte Fortsetzung einiger jener Funktionsweisen, die sich im Zustand der Traumatisierung beobachten lassen. Analysanden mit alexithymen oder anderen Anzeichen von Traumatisierungen, die aber keine traumatische Vorgeschichte haben, leiden meist unter den Auswirkungen eines infantilen psychischen Traumas.

Die *kognitiven* Funktionen zeichnen sich durch Sterilität und Monotonie und eine Beeinträchtigung der Vorstellungskraft und der Kreativität aus. Eine Gruppe von Pariser Psychoanalytikern erkannte als erste, daß psychosomatische Patienten mit der auf Neurotiker zugeschnittenen Technik nicht erfolgreich behandelt werden können. Das Hindernis sei diese kognitive Störung, die sie „operatives Denken" („pensée opératoire") nannten: eine dingorientierte, mechanische, prosaische Denkweise, monoton vorgetragen, auf Kosten des symbolischen Denkens (vgl. Marty u. De M'Uzan, 1963; Marty et al., 1963).

Ihren *Objektbeziehungen* fehlt die emotionale Bindung und Anerkennung des Anderen, sie haben etwas Ausbeuterisches. Da ihnen Gefühle nicht zugänglich sind, bekommen ihre Beziehungen keine Wärme, und ihre Assoziationen sind selten freundlich oder heiter. Ihre Fähigkeit, sich um sich selbst zu kümmern, zu beruhigen und zu steuern, ist oft ernsthaft beeinträchtigt, und dies nicht selten in bedrohlichem Ausmaß.

Eng verbunden mit alexithymen Merkmalen ist eine *Hemmung von wunscherfüllenden Phantasien*, die ich der traumabedingten Unterbrechung der normalen Funktion des Übergangsobjekts, insbesondere bei infantiler Traumatisierung, zugeschrieben habe (vgl. Krystal, 1978b). Erfahrungen, die normalerweise hilfreiche Signale für die Informationsverarbeitung, Entscheidungen etc. liefern würden, verursachen wegen der in der Alexithymie vorherrschenden Affektregression tendenziell eine *organische Reaktion* in Gestalt chronischer Hyperaktivität. Sie vollzieht sich unbemerkt, bis das Organ geschädigt ist. Das Ergebnis ist eine körperliche Erkrankung gemischter Ätiologie, da Veranlagung und Umweltfaktoren mit hineinspielen.

Psychosomatische Störungen sind äußerst stabile Schutzvorrichtungen gegen das Gewahrwerden narzißtischer Defekte und unzulänglicher Objektbeziehungen, d. h. der Folgen von schweren narzißtischen Verletzungen (vgl. McDougall, 1974). Alexithymie mit psychosomatischer Erkrankung geht immer mit einer Affektregression einher. Wenn also ein Patient sowohl unter Alexithymie als auch unter Lustlosigkeit leidet, dann ist dieses Syndrom mit ziemlicher Sicherheit ein posttraumatisches.

Zusammenfassend läßt sich also sagen, daß alle diese Probleme die größten Hindernisse für die Wirksamkeit der Psychoanalyse darstellen, insbesondere auch, weil diese Patienten unfähig sind, wirklich zu trauern oder den Prozeß der Trauerarbeit zu einem Ende zu bringen.

Zur psychoanalytischen Behandlungstechnik

Die Behandlung

Ergebnis des Traumas ist eine *intrapsychische Spaltung*, die sich in einer Fixierung an die Vergangenheit und, in unterschiedlichem Maße, in Dissoziationen äußert, die bis zu Identitätsspaltungen reichen können. Die Beeinträchtigung der Fähigkeit zu echter Trauer stellt ein erfolgreiches Ergebnis der Analyse in Frage. Da die für die Neurosen formulierte Technik zur Behandlung von traumatisierten Patienten mit Alexithymie, psychosomatischen Störungen und/oder Suchtproblemen allein nicht erfolgreich ist, macht insbesondere die Anfangsphase der Analyse intensive vorbereitende Arbeit erforderlich. In der posttraumatischen Phase werden alle Signalaffekte rigide und führen zu einem intensivierten, hyperwachen Zustand. Diese Hypervigilanz und die Vorherrschaft von „Notzuständen" müssen wie Widerstände behandelt werden. Wir sollten jede Gelegenheit nutzen, den Patienten die Art ihrer emotionalen, affektiven und kognitiven Störungen zu zeigen und zu erklären (vgl. Krystal, 1982, 1982/83; Krystal u. Raskin, 1970; McDougall, a. a. O.) und damit rechnen, daß sie ihre Affekte als magische Bestrafung, als Zeichen von Schwäche oder gar Dummheit ansehen. Ihre affektive „Farbenblindheit" bedarf also stets besonderer Aufmerksamkeit. Die Vorstellung, daß verdrängte Inhalte unverändert erhalten bleiben, ist längst durch die Erkenntnis widerlegt, daß sie kontinuierlich modifiziert werden; und da wir, insbesondere aus den Arbeiten von Dorpat (1985), wissen, daß die Konfrontation mit einer Angst auslösenden Situation sofort deren Verleugnung und diese wiederum weitere Abwehrmaßnahmen mobilisiert, die sich insbesondere dagegen wenden, die Erinnerung mit dem Objekt des Affektes zusammenzubringen, sind wir zur Vorsicht bei Rekonstruktionen gemahnt.

Diese Patienten erzählen kaum je Träume, und wenn sie es tun, dann sind es meist Ein-Satz-Produktionen, zu denen sie nicht assoziieren können. Sie sind für das kooperative Unterfangen Analyse also definitiv nicht geeignet. Sifneos (1972/73) warnte, daß eine für neurotische Patienten angemessene Deutung bei einem psychosomatischen Patienten eine lebensbedrohliche Verschlimmerung herbeiführen könne.

Die Arbeit an der Affekt-Differenzierung bedeutet, die Affekte zu benennen und die hinter ihnen verborgene Geschichte zu „deuten". So können die Patienten allmählich ihre sehr *schwach ausgeprägte Fähigkeit zur Symbolisierung* entwickeln und verbessern. Wenn es ihnen gelingt, eine symbolische statt der konkreten Befriedigung ihrer Wünsche und Bedürfnisse – wie sie sie zu Beginn der Behandlung einfordern – zu akzeptieren, dann stellt dies einen wichtigen Schritt in der therapeutischen Wirksamkeit des analytischen Prozesses dar. Die Botschaft, die alexithyme Patienten brauchen, die zu registrieren und zu fühlen ihnen aber außerordentlich schwerfällt, ist die, daß Liebe real und daß sie wirksam ist.

Die Übertragung

Wenn wir uns den Übertragungen dieser Patienten zuwenden, dann muß uns klar sein, daß viele Aspekte derselben präverbal sein und aus der Zeit der Präobjektbeziehungen stammen können. Hinweise auf ihre Bedeutung sind nicht in den Worten der Patienten enthalten, sondern in ihrer Intonation, Gestik und Mimik. Da darüber hinaus im traumatisierten Zustand eine Einschränkung des Wirklichkeitssinnes und des Symbolisierungsprozesses vorliegt, ist das, *was* wir sagen, möglicherweise gar nicht so wichtig wie das, *wie* wir es sagen und welche Gefühle wir dabei vermitteln. Für manche Patienten mag es deshalb wichtig sein, ihren Analytiker anschauen zu können.

Die wichtigsten Übertragungen posttraumatischer, psychosomatisch-alexithymer Patienten unterscheiden sich also von jenen, die wir aus der Arbeit mit „guten neurotischen“ Patienten kennen. Erstere sind oberflächlich gesehen kooperativ, höflich und willens, regelmäßig zu ihren Analysestunden zu kommen, und warten geduldig darauf, daß „der Doktor sie heilt“. Aber sie präsentieren das immer gleiche Material: Chronologisch angeordnete Einzelheiten seit der letzten Stunde, ohne jede Einsicht vorgetragen, führen in der Gegenübertragung zu Langeweile. Das Auftauchen von aggressiven und sexuellen Phantasien im Analytiker ist ein wichtiger Hinweis auf die gehemmte Assoziationsfähigkeit des Patienten und seine fehlenden Affekte (vgl. Taylor, 1984a, b). Die oben erwähnte französische Gruppe nannte ihre Übertragung „schwach libidinisiert“.

Nachdem ich selbst über viele Jahre mit diesen Patienten gearbeitet hatte, kam ich zu dem Schluß, daß es sich bei ihnen um eine „götzendienerische“ (‚idolatrous‘) Übertragung handelt. Sie verbrachten ihr Leben damit, sich den Ersatzfiguren für ihre Primärobjekte zu unterwerfen, was eine Rückkehr in einen infantilen Zustand bedeutet, in dem alle eigenen Lebens- und Affektanteile dem Primärobjekt zugeschrieben werden. Die Zuständigkeit für den eigenen Körper ist verboten und dem Primärobjekt vorbehalten, sie können sich nur dann um sich selbst kümmern, trösten und selbstregulierende Funktionen übernehmen, wenn ihnen dies eine Primärobjekt-Übertragung genehmigt. Sie sind – fast unbewußt – zutiefst davon überzeugt, daß die Verletzung dieses Verbots einem prometheischen Übergriff gleichkommt und mit einem Schicksal bestraft wird, das schlimmer ist als der Tod, nämlich mit der Wiederkehr des traumatischen Zustandes (vgl. Krystal, 1978a, 1988, 1999).

Eines der zutiefst verdrängten Geheimnisse dieser Patienten ist die unbewußte Identifizierung mit der anderen Seite der Opfer/Täter-Dyade. Diese streng gehütete Abwehrorganisation enthüllt sich manchmal bei der der bewußten Selbstintegration dienenden Arbeit an den Dissoziationen. Auch wenn die bewußte Reaktion auf die Identifikation mit der anderen Seite in Entsetzen und Zurückweisung besteht, so gibt es doch eine stark verdrängte primitive unbewußte Liebe zwischen Opfer und Täter, die dem regressiven Zustand völliger Unterwerfung bzw. des sadistischen Angriffs entstammt. Deshalb ist die *projektive Identifizierung* in der Analyse dieser Menschen so wichtig: Sie dient der Verweigerung der Anerkennung, selbst der Urheber aller eigenen psychischen Repräsentanzen zu sein, besonders jener, die zu lieben so außerordentlich schwer ist.

Nur durch einen gelungenen Trauerprozeß sind Selbstintegration, wechselseitige Beziehungen und gegenseitige Abhängigkeit sowie Intimität zu erlangen (vgl. Wetmore, 1963; Krystal, 1999). Stereotype Interpretationen schlagen bei diesen Patienten fehl. Anders als durchschnittlich gute Analysanden brauchen sie die Hilfe des Analytikers, um zu entdecken, daß alle Affekte Abwandlungen der Liebe sind.

Obwohl viele dieser Patienten eine „chirurgische Lösung“ von uns erwarten und das Ansinnen an uns richten, ihren bösen Teil „herauszuschneiden“, ist es unsere Aufgabe, alle Anteile der Selbstrepräsentanz und alle Erinnerungen liebevoll anzuerkennen. Alle psychischen Konstruktionen, Erinnerungen, Objekt- und Selbstrepräsentanzen sind durch freundliche und bewußte Selbsterkenntnis zu heilen. Nur so kann der Trauerprozeß zu einem Ende kommen und innere Harmonie entstehen.

Zusammenfassung

Im Anschluß an meinem Überblick über verschiedene Aspekte und Funktionen des Affektes habe ich ausgeführt, daß eine Analyse nur dann erfolgreich sein kann, wenn der Patient über ausgereifte Affekte verfügt und sich mit diesen Gefühlen auf die analytische Arbeit einlassen kann. Die Phantasietätigkeit ist bei den in Rede stehenden Patienten jedoch an unmittelbare Wunschbefriedigung geknüpft, andernfalls würde sie ihnen sinnlos erscheinen. Diese Reaktion ist eine unmittelbare Folge einer Traumatisierung, die vor allem in der Verwerfung von Wünschen und Phantasien besteht, womit Teile der Selbst- und Objektrepräsentanzen aufgegeben und durch nichts ersetzt werden.

Zum Gelingen der Analyse dieser Patienten ist es erforderlich, daß sie jeden Teil ihres Selbst, einschließlich der Erinnerungsspuren an schrecklichste Erlebnisse, als einen bewußt erkannten Anteil der eigenen Selbstrepräsentanz reintegrieren. Das ist der Grund, warum bei diesen Behandlungen das Erkennen der psychischen Realität als der einzig wißbaren Realität das leitende Grundprinzip sein muß.

Historisch haben sich unsere Erkenntnisse aus der Arbeit mit einzelnen Patienten entwickelt. Waren sie für die Analyse begabt, dann brauchte man nicht viel Zeit und Mühe darauf zu verwenden, die Zusammenhänge zwischen ihren Emotionen und ihren Störungen zu untersuchen. Die Erweiterung der psychoanalytischen Technik hat uns inzwischen Patienten zugeführt, die unsere Aufmerksamkeit auf diese Zusammenhänge lenkten. Beobachtungen aus der Arbeit mit posttraumatischen, alexithympsychosomatischen Patienten können Wesentliches zur alltäglichen Praxis beitragen, denn kein Patient ist frei von „unpopulären“ Problemen dieser Art. Als die psychoanalytische Theorie noch davon ausging, daß das Trauma die Neurosen verursache, steckte das Verständnis des Traumas im Anfangsstadium. Heute stehen uns die Erkenntnisse aus langjährigen Forschungen zur Verfügung, und es ist im Interesse aller Beteiligten, unsere Technik dynamisch diesen erweiterten Erkenntnissen anzupassen.

Übersetzung aus dem Amerikanischen von Sibylle Drews (Frankfurt a.M.)

Literatur

Dorpat, Th.L. (1985): Denial and Defense in the Therapeutic Situation. New York, London (Aronson).

Freud, S. (1926d): Hemmung, Symptom und Angst. GW 14, 111–205.

Krystal, H. (1975): Affect tolerance. Ann. of Psychoanalysis, 3, 179–220.

– (1978a): Trauma and affect. Psychoanal. St. Child, 33, 81–118.

– (1978b): Self-Representation and the Capacity for Self-care. Ann. of Psychoanalysis, 6, 209–247.

– (1982): Psychotherapy with alexithymic patients. In: Krakowski, A.J. u. C.P. Kimball (Hrsg.): Psychosomatic Medicine: Theoretical, Clinical and Transcultural Aspects. New York, London (Plenum Pr.) 1983, 737–744.

– (1982/83): Alexithymia and the effectiveness of psychoanalytic treatment. Int. J. Psycho-Anal., 9, 353–388.

– (1988): Integration and Self-Healing. Hillsdale, NJ (Univ. Pr.).

– (1999): Psychoanalytic approaches in trauma, alexithymia, psychosomatic and addictive problems. The Michigan Psychoanalytic Society. „Milestone Program", May 22, 1999.

– u. H. Raskin (1970): Drogensucht. Göttingen und Zürich (Vandenhoeck e opératoire"). Psyche, 1978, 32, 974–984.

– et al. (1963): Der Fall Dora und der psychosomatische Gesichtspunkt. Psyche, 1979, 33, 888–925.

McDougall, J. (1974): The psychosoma and the psychoanalytic process. Int. Rev. Psycho-Anal., 1, 437–459.

Minkowsky, E. (1948): L'anesthésie affective. Ann. Medicopsychologique, 104, 8–13.

Nemiah, J.C. u. P.E. Sifneos (1970a): Affect and fantasy in patients with psychosomatic disorders. Hill, O.W. (Hrsg.): Modern trends in psychosomatic medicine. Bd. 2. London (Butterworth), 26–34.

– u. P.E. Sifneos (1970b): The psychological management and treatment of patients with peptic ulcer. Advances in Psychosomatic Medicine, 6, 169–173.

Papousek, H. u. M. Papousek (1975): Cognitive Aspects of Preverbal Social Interaction Between Human Infants and Adults. New York (New York Ass. Publ.)

Sifneos, P. (1972/73): Is dynamic psychiatry contraindicated for a large number of patients with psychosomatic diseases? Psychotherapy and Psychosomatics, 21, 133–136.

Taylor, G. J. (1984a): The boring patients. Can. J. Psych., 29, 217–222.

– (1984b): Alexithymia: Concept, measurement, and application to psychotherapy. Amer. J. Psychiatry, 141, 725–732.

Wetmore, B.J. (1963): The role of grief in psychoanalysis. Int. J. Psycho-Anal., 44, 97–103.

Marion M. Oliner

Über die Schwierigkeiten, seine Feinde zu hassen

Einleitung

Ich möchte in diesem Beitrag untersuchen, weshalb es den Opfern eines Traumas so schwer fällt, jene Personen zu hassen, die für ihre Leiden verantwortlich waren. Das Problem tritt nicht ohne weiteres zutage, denn den Opfern selbst ist nicht bewußt, in welch hohem Maße ihre Erinnerungen Anklagen enthalten, die sich gegen sie selbst, nicht aber gegen diejenigen richten, die ihnen das Trauma zugefügt haben. Unbewußt liefern die Erinnerungen an die Ereignisse das Rohmaterial für grandiose Phantasien, selbst ihr Verursacher gewesen zu sein, wenngleich sie bewußt abgetrennt, auf Fakten reduziert und ohne emotionale Verbindung zu der Person bleiben, die sich erinnert. Selbst Individuen, die eine präzise und deutliche Erinnerung an die Vorgänge haben, die sie erleiden mußten, können den Internalisierungsprozeß, der in unbewußten, mit der Macht des Opfers und des Täters zusammenhängenden Phantasien manifest wird, nicht verhindern. Da sich aber die Internalisierung unbewußt vollzieht, während die Erinnerungen an die historischen Fakten bewußt sind, können diese Erinnerungen nicht zu einer wirklichen Entlastung von der phantasierten Schuld beitragen. Statt dessen führen sie zu unbewußter Omnipotenz und zu Selbstbeschuldigungen, so daß diese Erinnerungen im Kampf gegen die Selbstanklage im Dienste einer defensiven Externalisierung, nicht aber genuiner Historisierung stehen. In dieser Hinsicht erfüllen die Erinnerungen die gleiche Funktion wie die Projektion: Obwohl sie auf Fakten beruhen, werden die Schuldgefühle auf den realen Täter „projiziert", während die des Opfers unbewußt bleiben.

Woran liegt es, daß gerade diejenigen, die auf eine integrierte Kenntnis ihrer eigenen Geschichte ganz besonders angewiesen sind, die größten Schwierigkeiten haben, sie zu erwerben? Eine – wenngleich nur teilweise zufriedenstellende – Antwort findet sich in der symbolischen Bedeutung, die Mißgeschick und Unglück (vgl. Freud, 1930a, S. 485) zugeschrieben wird: Danach ist die Person, die ein Unglück erleidet, selbst dafür verantwortlich, und insoweit handelt es sich um eine analysierbare Phantasie. Die Psychoanalyse stützt sich auf die Logik des Lustprinzips, das heißt auf das Phänomen, daß die dem Trauma inhärenten Gefühle der Hilflosigkeit, Scham und völligen Passivität verleugnet und durch Omnipotenzphantasien ersetzt werden, als sei es erträglicher, schuld als hilflos ausgeliefert zu sein, „coupable, donc capable" (Pasche). Die Verleugnung jeglicher Verletzlichkeit könnte also die Schwierigkeit erklären, jene zu hassen, die das Trauma zugefügt haben. Behandlungstechnisch formuliert, bedeutet dies, daß die posttraumatische Reorganisation der Persönlichkeit unter der Vorherrschaft unbewußter, vom Lustprinzip geleiteter Phantasien erfolgt und daß die Verleugnung der realen Ereignisse zum Bestandteil dieser Reorganisation wird. Ich sollte hier einfügen, daß ich hier einen Gegensatz zwischen dem Lustprinzip und einem Realitätsprinzip, das die perfekte Abstimmung auf die äußere Welt verlangt, herstelle, und lasse deshalb das Realitätsprinzip im Dienste des Lustprinzips, für das der Lustgewinn ebenfalls eine beherrschende Rolle spielt, unberücksichtigt. Diese Deutung wirkt zwar stichhaltig, ist jedoch unvollständig, denn sie enthält nichts, was die spezifischen Konsequenzen des Traumas erhellen könnte. Sie enthält zudem keinen Hinweis darauf, wodurch sich das Trauma von andersartigen Entstellungen, wie sie durch Wunschdenken verursacht werden, unterscheidet, und erklärt ebensowenig, weshalb die traumatische Einwirkung der äußeren Realität auf die Persönlichkeitsorganisation einen gravierenden Bruch in der Wechselwirkung zwischen Phantasie und Realität herbeiführt. Die reziproke Beziehung, in der die äußere Realität ständig im Dienst der Phantasie benutzt und die Selbstrepräsentanz gemäß diesen Erfahrungen verändert wird, ist durch das Trauma geschädigt.

In früheren Arbeiten bin ich zu dem Schluß gelangt, daß sich dieser Bruch in der Rolle zu erkennen gibt, die der Sinneswahrnehmung – der *Präsentation* – im psychischen Leben Traumatisierter zukommt. Unter Präsentationen verstehe ich reale Abbildungen der materiellen Welt ohne seelische Bearbeitung, die klar erinnert werden. Da die Sinneswahrnehmung ein in der psychoanalytischen Literatur relativ vernachlässigtes Thema darstellt, war mir die Arbeit des französischen Analytikers Roussillon (1995) besonders hilfreich. Er schreibt der Wahrnehmung genau jene wichtige Rolle zu, die sie meiner Meinung nach spielt. Darüber hinaus zeigt er, daß Freuds Werk das theoretische Instrumentarium, das uns die Auswirkungen des Traumas zu verstehen hilft, immer enthalten hat. Indem er Freuds letzte Revision der Regulationsprinzipien (Freud, 1920g) ernst nimmt, zeigt Roussillon, daß Wunschdenken und Lustprinzip eine spätere psychische Erscheinung, d. h. sekundär sind und daß sie die Funktion haben können, eine Spaltung in der posttraumatischen Persönlichkeitsstruktur zu verdecken, zu organisieren und ihr Bedeutung zu geben. Roussillon nutzt Freuds späteres Denken, dem zufolge die Phantasie insofern keine primäre Rolle spielt, als es eine entwicklungsmäßig frühere Schicht unterhalb der Phantasie, „jenseits des Lustprinzips", gibt, die ohne Bedeutung existiert: etwas existiert, weil es geschah.

Wenn wir diese Überlegungen auf das Trauma beziehen, können wir seine Wirkung besser erklären: Die Organisation von Gedanken, die zwar auf Fakten beruhen, für die Person aber, deren Leben davon betroffen ist, keine persönliche Bedeutung haben, d. h., daß sie nicht dafür verantwortlich sind, aber zu ihren Erlebnissen gehören, erklärt die Schwierigkeit Traumatisierter, die erinnerten Ereignisse einzuordnen und wirklich anzuerkennen, daß sie außerhalb ihres Kontrollbereichs, das heißt in der äußeren Welt, und zu einem bestimmten Zeitpunkt in ihrer Lebensgeschichte stattgefunden haben. Das Fehlen dieser persönlichen Verbindung zu den eigenen Erlebnissen, die nur als Tatsachen im Gedächtnis bleiben, erklärt die Schuldgefühle – bedingt durch das Fehlen einer subjektiven Beteiligung, die dann auch implizit das Objekt betrifft –, die in Patienten ebenso wie in Analytikern angesichts genuiner Traumatisierung hervorgerufen werden.

Wie ich in der Arbeit aus dem Jahr 1996 feststellte, gibt es Schwierigkeiten und Mißverständnisse, wenn der Analytiker die äußere Realität nur als Täter sieht und den Patienten als deren Opfer. Der Analytiker läuft Gefahr, dieser Täterschaft aufzusitzen und sich nicht zu getrauen, seines Amtes zu walten und realistisch die libidinösen und aggressiven Regungen und die damit zusammenhängenden unbewußten Schuldgefühle des Patienten zu untersuchen, aus Angst, selbst wieder zum Täter zu werden. Das aber verbietet sein Überich – womit er als Analytiker dem Patienten aber keineswegs hilfreich ist. Dies gilt insbesondere bei traumatisierten Patienten, wenn man mit ihnen so umgeht, als müßten sie von der „Anklage" ihrer eigenen aggressiven Regungen verschont werden. Also wird Realität oft eingeführt oder zu Hilfe genommen (die „realen" Wahrnehmungen über den Analytiker z. B.), um unbewußte Schuldgefühle durch Vermeidung der psychischen Realität zu umgehen.

In derselben Arbeit habe ich zu zeigen versucht, welche Rolle die äußere Realität spielt, wie die Existenz der äußeren Welt und die Wahrnehmung dieser Welt die Konstitution der psychischen Welt beeinflussen und wie nützlich Erinnerungen für die Integration der Persönlichkeit sind, die in ihren historischen Kontext eingebunden werden können und ihr ein Gefühl der Kontinuität von Vergangenheit und Gegenwart geben, und dies der Nutzlosigkeit bestimmter wichtiger Erinnerungen traumatisierter Individuen gegenübergestellt. Wenn man letztere mit den allgemeinen Gesetzen vergleicht, die das Gedächtnis regieren, denen zufolge Erinnerungen im Laufe der Zeit verblassen, während das sich erinnernde Individuum gleichwohl das Gefühl hat, sie selbst erlebt zu haben, erscheinen die Erinnerungen an ein Trauma, abgesehen von ihrem nichttrivialen Charakter, wie Deckerinnerungen. Diese sind bekanntlich lebendig, gegenwärtig und werden von der Person emotional nicht assimiliert, sie sind *Präsentationen* im Gegensatz zum übrigen psychischen Leben, das auf *Repräsentation* beruht, d. h. auf der Internalisierung früher Objektbeziehungen, die von unbewußten Phantasien gestaltet werden. Solche Erinnerungen sind „der Entwicklung einer neuen Idee nicht verfügbar", bilden statt dessen „Vorgänge, bei denen die Aufmerksamkeit für das Erleben so gespalten war [...], daß die unbewußten Prozesse blockiert wurden" (Meltzer, 1991, S. 60). Zu der Schwierigkeit, eine zuverlässige äußere Welt zu etablieren, kommt eine Tendenz des Gedächtnisses hinzu: man vergißt die äußere Ursache bestimmter Ereignisse und schreibt sie eher einer eigenen inneren Disposition zu.

Mit Hilfe dieser Erkenntnisse habe ich in einer späteren Arbeit über das Trauma (Oliner, 1999) die Spaltung der Persönlichkeit zu erklären versucht, die durch die wiederkehrenden Erinnerungen hervorgerufen wird, die aufgrund des durch sie ins Gedächtnis gerufenen *selbst- und objektlosen Ich-Zustandes während der traumatischen Ereignisse* nur durch beträchtliche Anstrengungen in die Persönlichkeit integriert werden können. Ich habe diese Dualität der Persönlichkeitsstruktur auf die Art und Weise zurückgeführt, wie die Auswirkungen des traumatischen Vorgangs intrapsychisch behandelt werden; diese Erinnerungen werden abgespalten, ohne daß dem Individuum die Stärke des Abwehrversuchs und die das Abgewehrte umgestaltende Omnipotenz bewußt ist. Ich hatte vermutet, daß narzißtische Persönlichkeiten vor allem wegen ihres unbewußten Machtbedürfnisses verletzlich auf die Bearbeitung traumatischer Erfahrungen reagieren, eine Vermutung, die auf der Annahme einer dem Lustprinzip gehorchenden Organisation des Denkens beruht, die zu einer defensiven Verleugnung der durch äußere Umstände auferlegten Zwangslage führt. Diese Organisation ermöglicht auch die Befriedigung der Vorstellung des Narzißten, selbst der aktive Urheber der Zwänge gewesen zu sein, denen er unterworfen war; das heißt, er nimmt lieber die Verantwortung für das, was er zu erleiden hatte, auf sich: als sei es in Wahrheit seine „Tat" gewesen.

Nach genauerer Betrachtung gelangte ich zu der Überzeugung, daß diese Überlegung die durch das Trauma verursachte Dualität der Persönlichkeit und die Nutzlosigkeit bestimmter faktischer Erinnerungen erklärt, nicht jedoch die Unfähigkeit der Opfer, präzise und nichtdefensiv zu externalisieren. Es ist bemerkenswert, daß die Externalisierung gewöhnlich lediglich als Abwehr betrachtet und tatsächlich nicht zur Bezeichnung der psychischen Fähigkeit verwendet wird, sich von dem, was als historisches Ereignis akkurat erinnert wird, zu entlasten. Ich benutze den Begriff jedoch, weil er sehr treffend das Gegenteil von Internalisierung beschreibt.[1]

Das Trauma wird Teil der inneren Welt, weil der Täter oder das Ereignis in der Psyche des Opfers nicht den Status bedeutungsvoller Objekte annehmen konnte. Vielmehr sind die Opfer gezwungen, die Erinnerungen, sobald sie geweckt werden, zu einem vergeblichen Versuch zu benutzen, die durch den traumatischen Vorgang hervorgerufenen unbewußten Schuldgefühle durch Projektion zu lindern; so trägt die bewußte Erinnerung nicht dazu bei, ein Bewußtsein für die eigene, persönliche Geschichte zu erzeugen. Und anstatt die Unfähigkeit zu historischer Wahrheit auf das Bedürfnis der Opfer nach unbewußter Omnipotenz zurückzuführen, halte ich es für wahrscheinlicher, daß beide Faktoren – die Omnipotenz und die Unfähigkeit, die Erinnerungen an die Ereignisse als Teil der eigenen Geschichte zu benutzen – die gleiche Ursache haben: die versuchte Reintegration der Persönlichkeit als Reaktion auf das Trauma. An dieser Stelle möchte ich nun jene Faktoren eingehender untersuchen, die sowohl an der Unfähigkeit, die bewußte Erinnerung zu nutzen, um die Internalisierung traumatischer Ereignisse abzuwehren, als auch an der Unfähigkeit beteiligt sind, die eigenen Feinde zu hassen, nachdem sie den Schauplatz ihres Verbrechens verlassen haben.

Die Fähigkeit, die äußere Realität zu benutzen

Diese Funktion ist in den vergangenen Jahren auf geringes Interesse gestoßen. Selbst die derzeitige Beschäftigung mit der Rolle, die das Objekt in der menschlichen Entwicklung spielt, hat die Funktion, als Teil der äußeren Realität in der Außenwelt zu sein und zu bleiben, kaum näher erhellt. Statt dessen weisen aktuelle Untersuchungen dem Objekt insofern einen mehrdeutigen Status zu, als sie häufig zwischen dem inneren und dem äußeren Objekt nicht unterscheiden. Die Tatsache, daß der Internalisierung des Objekts in der psychoanalytischen Literatur ein weit größeres Gewicht beigemessen wird als den Vorteilen, die sich aus seiner Existenz in der Außenwelt herleiten, leistet der Vernachlässigung der äußeren Realität zusätzlich Vorschub. Winnicott (1969) bildet hier eine bemerkenswerte Ausnahme, denn er betonte, daß ein Objekt, das in der Außenwelt bleibt und die mit seiner Internalisierung durch das Subjekt verbundene Destruktion überlebt, für die gesunde Entwicklung ebendieses Subjekts eine wichtige Rolle spielt.[2] Das Objekt, das in der äußeren Welt überlebt, schafft die Basis für das Vertrauen in eine geordnete, nichtpersönliche Welt, in der das Subjekt weder über vollständige Kontrolle verfügt noch die alleinige Verantwortung trägt. Obschon dies auch eine gewisse Machtlosigkeit mit sich bringt, wird sie bei normaler Entwicklung durch ein Abhängigkeitsgefühl ergänzt, denn, wie es Winnicott (a. a. O.) sagt, ein Objekt, das die Zerstörung überlebt, ist ein brauchbares Objekt.

Historische Erinnerungen, die ein Bewußtsein für die wichtigen Ereignisse des eigenen früheren Lebens enthalten, erfüllen die gleiche Funktion wie das Überleben des Objekts: Sie ermöglichen es der äußeren Welt, der dem Vergessen inhärenten Zerstörung zu entgehen. Das beste und schönste Beispiel hierfür ist Prousts Werk *Die wiedergefundene Zeit* (1927). Integrierte Erinnerungen ermöglichen dem Individuum ein Kontinuitätsgefühl, das die innere und zu einem hohen Grad die äußere

Welt sowie den eigenen Platz in ihr umfaßt. Das Trauma beeinträchtigt diese persönliche Historisierung, denn es hat zur Folge, daß der traumatische Kontext auf der bewußten Ebene nicht integriert werden kann und die der Verleugnung dienende Omnipotenz auf der unbewußten Ebene ungemildert bestehen bleibt, denn „Geschichte ist nur in dem Maße nützlich, in dem das Gefühl des eigenen Selbst beim Erleben mitspielte" (Oliner, 1996), sonst kann sie keinen Anteil an der Entwicklung der Persönlichkeit haben.

Das Erleben des Traumas

Ich bin der Ansicht, daß sich das spezifische Merkmal von traumatischen Erinnerungen auf den Zustand des Ichs während des realen Erlebens zurückführen läßt. Es handelt sich dabei um Zustände, in denen das Ich von einer vollständigen Einstimmung auf die äußere Realität und von der Gewißheit beherrscht wird, daß „ein Teil meiner selbst hier keinen Platz hat" (Roussillon, 1999, S. 84). Die traumatisierenden Vorgänge, die potentiell zu einem Bestandteil der persönlichen Geschichte werden sollten, können diese Funktion aber nicht erfüllen, weil das Subjekt abwesend ist oder weil das Selbst fehlt. Ich will diese These im folgenden anhand von vier Berichten verdeutlichen.

Ein kurzer Auszug aus einem Bericht, der vom Überleben unter extremen Bedingungen handelt, illustriert die Notwendigkeit, emotionale Reaktionen auf die eigene traumatische Geschichte unbedingt zu vermeiden. Der Erzähler berichtet 1945 über einen Freund, dem er auf dem Todesmarsch, zu dem die Nazis die letzten Häftlinge der Konzentrationslager zwangen, vergeblich beizustehen versuchte. Der Freund konnte nicht weiter, und als der Erzähler den Schuß hörte, der den Freund tötete, brach er zusammen und weinte untröstlich:

> „Alle meine Nachbarn redeten auf mich ein, mich doch nicht gehenzulassen, ob ich denn ganz verrückt sei, ich hätte wahrlich genug Tote gesehen, und wenn ich lebend davonkommen wolle, dürfte ich nun nicht sentimental werden und wie ein Kind zu heulen anfangen" (Hesdörffer, 1998, S. 213).

Ein weiteres Beispiel stammt von Viktor Klemperer (1995), der während der Kriegsjahre Tagebuch führte. Er beschreibt dort eindringlich das Fehlen des Zeitgefühls – einer weiteren Dimension der Geschichte –, das ihm bewußt wurde, als er eine Zeitung aus dem Vorjahr fand:

„[Die] Ohnmacht des Gedächtnisses, dies alles, dies qualvoll Miterlebte, in der Zeit zu fixieren. Wann war dies und jenes – soweit es überhaupt noch gegenwärtig war –, wann war es gewesen? [...] Man ist mit Gegenwart überschwemmt, es gibt keine Zeitgliederung; alles ist unendlich lange her, alles läßt unendlich lange auf sich warten, es gibt kein Gestern, kein Morgen, nur eine Ewigkeit. Auch das ist ein Grund, warum man von erlebter Geschichte nichts weiß: Das Zeitgefühl ist aufgehoben; man ist gleichzeitig zu stumpf und zu überreizt, man ist überfüllt mit Gegenwart“ (S. 582).

„Die Stumpfheit oder Abgestumpftheit der Phantasie! Ich bin so an die Nachrichten von bombenzerstörten Städten gewöhnt, daß mir das gar nichts ausmacht“ (S. 584).

Delbo, die Auschwitz überlebte, verwendet die Metapher der ledernen Haut einer Schlange, um damit zu illustrieren, wie die Erinnerung an den Holocaust eingeschlossen ist: die Erinnerung ist von einer Art Lederhaut umgeben, die nichts vom Inhalt, den sie nicht kontrollieren und den sie nicht fühlen kann, nach außen dringen läßt.

„In Auschwitz war die Realität so überwältigend, das Leiden, die Erschöpfung, die Kälte so extrem, daß wir keine Energie mehr hatten. [...] Wenn ich versuchte, ein Gedicht aufzusagen oder den Kameraden an meiner Seite von einem Roman oder einem Drama zu erzählen, während wir im Sumpf weiterschaufelten, dann tat ich dies, um mich selbst und meine Erinnerungen lebendig zu halten, ich selbst zu bleiben und mich meiner selbst zu vergewissern. Es ist mir niemals gelungen, den Moment, den ich gerade durchlebte, zu negieren, nicht für eine Sekunde. Denken und erinnern zu können war ein großer Sieg über den Horror, der aber nie aufhörte. Die Realität war hier und jetzt und mörderisch. Es gab kein Entkommen [...] Dann leben Sie also mit Auschwitz? Nein, ich lebe in seiner Nähe. Auschwitz ist da, unveränderbar, eindeutig, aber umgeben von der Haut der Erinnerung, eine undurchlässige Haut, die Auschwitz von meinem gegenwärtigen Selbst isoliert“ (1985, S. 2).

Delbo schreibt, daß sie die Person, die sie in Auschwitz war, nicht wiedererkennen kann, sie sei nicht mehr wirklich.

In seinem Buch *Holocaust Testimonies* schildert Langer (1991) den Bericht einer Tochter, deren Mutter zusehen mußte, wie ein Soldat gerade abdrücken wollte, um ihre Tochter zu erschießen. Aber er hatte keine Munition mehr, und deshalb ging er einfach weg.

> „Deshalb sagte niemand was [...] Es lohnte sich nicht, mich umzubringen, er ging einfach davon. Nun können Sie verstehen, warum die Leute schweigen: Hätte meine Mutter auch nur ein einziges Wort gesagt, wäre ich heute nicht mehr hier" (S. 72).

Langer will damit sagen, daß das Leben im Konzentrationslager wie ein zum Stillstand gebrachter, jeglichen Sinnes beraubter und von jeder Zukunftsperspektive isolierter Prozeß erscheint. Er zieht daraus den Schluß, daß all diejenigen, die in der Erfahrung des Holocaust irgendeinen Sinn suchen wollen, vergeblich Ausschau halten. Die Erforschung der Geschichte ist lebensfördernd, aber hier liegt ein Übermaß an Geschichte vor. Gedemütigte Erinnerung verweigert den Impuls zur Geschichtserforschung.

Diese Beispiele zeigen, daß extreme Bedingungen es dem Individuum unmöglich machen, seine Wahrnehmungen der Wunscherfüllung und dem Lustprinzip entsprechend zu formen. Es ist gezwungen, sie den Erfordernissen der äußeren Realität anzupassen, und dies erzwingt häufig eine Reaktion, die weder der Lust noch der Moral, sondern den Gesetzen der Zweckdienlichkeit gehorcht. Zahlreiche Autoren haben über diesen psychischen Zustand geforscht. Grubrich-Simitis bezeichnet ihn als „Armierung des Ichs" (1979). Van der Kolk spricht von der zunehmenden Einengung des Bewußtseins (2000), Krystal von den Veränderungen des Bewußtseins, die eine bewußte Wahrnehmung zulassen, ohne eine gefährliche Reaktion zu provozieren, und beobachtete zudem, daß eine unvermeidbare Gefahr nicht Furcht, sondern eine kataton zu nennende Reaktion hervorruft (1985, vgl. auch in diesem Band). Wangh vergleicht die der Abwehr dienende Depersonalisation und Derealisation mit einem hypnoiden Zustand (1968, S. 320), und Shengold schreibt den Mangel an Selbstbewußtsein einer autohypnotischen Reaktion zu (1989).

Menschen, die ihre Reaktionen auf Gefahr schildern, sind selbst verblüfft darüber, zu welchen Gedanken oder Taten sie imstande waren, um die Bedrohung überleben zu können. Aber angesichts der anscheinend übermenschlichen Ressourcen, die uns unter extremen Bedingungen zur Verfügung stehen, hängt das Überleben gerade von einer Verengung des Fokus und einer Suspendierung des Selbstgefühls ab, wie die obigen Beispiele zeigen.[3]

Die geschilderten Zustände spiegeln eine Entwicklungsphase wider, die vom *Selbsterhaltungstrieb* beherrscht wird. Vor einigen Jahren hat sich der französische Analytiker Bergeret (1984, 1994, 1996) mit diesem Thema auseinandergesetzt und die Auffassung vertreten, daß es sich um eine *objektlose* Entwicklungsphase handele und der Feind eben deshalb zum Feind werde, weil er eine Gefahr für den Narzißmus oder das Überleben verkörpere. Haß hat kein Objekt und ist daher von der Wahrnehmung einer Gefahr abhängig.

Integration der Ereignisse

Nach den traumatischen Ereignissen müssen die mit kognitiven, faktischen, ahistorischen und leblosen Elementen – für die es keinerlei Bestätigung in der Außenwelt mehr gibt und gegen die sich die Außenwelt schützen muß – getränkten Erinnerungen in die individuelle Geschichte integriert werden. Wie ich zuvor jedoch gezeigt habe, zeichnen sich traumatische Ereignisse durch ein Merkmal aus, das sich dem Gefühl für Zeit entzieht. So schreibt F. Stern (1997):

> „[Die] Erinnerung [an den Holocaust; M.M.O.] wird ahistorisch, zu einer Szene aus der Hölle, da sie aus jeglichem Kontext gerissen ist. Historiker jedoch suchen und durchsuchen alles nach Beweisen, bestehen auf Abfolgen und Chronologie und versuchen die Vergangenheit so präzise wie nur irgend möglich zu rekonstruieren“ (S. 12).

Dieses Merkmal stellt sich der Schaffung einer persönlichen Kontinuität entgegen. Wie bereits ausgeführt, wird mit der posttraumatischen Wiedererlangung des Selbstgefühls der Versuch, die Erfahrungen zu integrieren, aufgrund der symbolischen Bedeutung, die dem Unglück beigemessen wird, noch problematischer: Diese Überlegung geht davon aus, daß die vom Lustprinzip gelenkte unbewußte Phantasie die psychische Reorganisation übernimmt und daß, wie auch De Masi (2000) meint, die Verbindungen zwischen dem emotionalen und dem kognitiven System robuster seien als die in die umgekehrte Richtung, weshalb das Unbewußte einen vorherrschenden Einfluß auf unser Verhalten habe, mit dem wir die Schicksale des Lebens angehen. Auf diese Weise dominiert die symbolische Bedeutung des Unglücks mit der implizit in ihr enthaltenen Omnipotenz die Assimilation des Traumas und die posttraumatische Reintegration der Persönlichkeit. Deshalb sann ich darüber nach, ob diese Schwierigkeit vermeidbar ist und unter welchen Bedingungen die unbewußte Omnipotenz durch den Reintegrationsprozeß verringert werden kann, und bin zu der Überzeugung gelangt, daß die von mir beobachtete Persönlichkeitsstruktur der von Roussillon beschriebenen intrapsychischen Situation des Kindes entspricht, das eine infantile Traumatisierung erlitten hat. Aus dieser Sicht wende ich nun sein Verständnis der Auswirkungen eines Traumas auf die frühkindliche Persönlichkeitsstruktur auf die Folgen des im späteren Leben erlittenen Traumas an.

Während meiner Arbeit mit Roussillons Modell hatte ich mit einer Art Widerstand in mir selbst zu kämpfen: Ich mußte anerkennen, wie nahe die Rückkehr zu einer früheren Entwicklungsstufe und eine den Geboten der Nützlichkeit, der Abwehr oder des Überlebens gehorchende Reorganisation der Persönlichkeit beieinanderliegen. In Anbetracht seines adaptiven Wertes zögere ich, das Muster als Regression zu bezeichnen; selbst die Formulierung „Regression unter der Kontrolle des Ichs", die von den Ich-Psychologen so gern verwendet wird, erscheint mir ungeeignet. Nichtsdestoweniger müssen wir die Reaktion auf ein Trauma als Rückkehr zu einer früheren Persönlichkeitsorganisation verstehen, die mit einer Unterbrechung der „Kontinuität des Seins" (Winnicott, 1974) sowie mit einer Suspendierung des Selbstgefühls[4] einhergeht, in das die Erinnerungen integriert werden müssen, um als persönliche Geschichte dienen zu können (die Suspendierung trifft nicht das Gesamt-Ich – eine Unterscheidung, die Freud [1915c, S. 229] getroffen hat). Da das Selbst durch die unbewußte Phantasie strukturiert wird, während die traumatischen Ereignisse dem Realitätsprinzip gehorchen, das nicht der Erbe des Lustprinzips ist, muß die Integration dieser Erinnerungen mit den größten Schwierigkeiten verbunden sein – wie wenn man eine Computerdatei mit einem Programm zu lesen versucht, in dem es nicht abgespeichert wurde.

> „Die Erinnerung bleibt ‚draußen', außerhalb der Persönlichkeit, ist unvergeßlich, kann aber nicht in einer Weise integriert werden, daß das reifende Ich sich als eine Person sieht, die bestimmte Ereignisse durchlebt hat und von ihnen verändert wurde. Die Erinnerungen sind so ihres persönlichen Sinnes beraubt, sie geschehen eben" (Oliner, 1996, S. 27).

Es ist das eigentliche Merkmal des Traumas, daß diese Integration häufig nicht stattfinden kann. Die Person, die ihre Geschichte erzählt, ist in der Vergangenheit nicht in dem erforderlichen Maße anwesend, daß ihr Bericht eine hilfreiche persönliche Geschichte werden könnte, oder sie wird von ihr überwältigt. Die Abtrennung der Ereignisse, der äußeren Realität, macht, daß die Erinnerungen nur von unbewußten Phantasien strukturiert werden, obwohl sie von einem anderen Teil der Persönlichkeit faktisch und klar erinnert werden. Und so kommt es denn, daß „Bruchstücke erinnert [werden] ohne ein Wissen davon, daß das Ich oder das Subjekt, das die Dinge erlebt hat, verschieden ist von dem, das sie erinnert [...] Das Erlebnis geschieht einfach – ohne irgendein Subjekt" (Oliner, a. a. O., S. 26).

Erinnerungen, die als Fakten registriert werden, Erinnerungen, die Gedanken ohne einen Denker sind (vgl. Green, 1998), ihrer Bedeutung entkleidete Repräsentation (vgl. McDougall, 1972), wurden von zahlreichen Analytikern beobachtet und sind damit zu erklären, daß sie dem Lustprinzip zuwiderlaufen. Die Begriffe, die von verschiedenen Analytikern benutzt werden, bringen uns zu Bions Arbeiten zurück. Eine Untersuchung seiner Konzepte ist im Rahmen dieser Arbeit unmöglich; zweifellos aber ähneln die unverbundenen, faktischen Erinnerungen, die ich beschrieben habe, Bions Beta-Elementen, von denen Caper (1999, S. 40) sagte: „Beta-Elemente sind zum Denken unter anderem deshalb ungeeignet, weil sie verfolgend und monoton moralistisch sind“. Damit statuiert er auf recht mysteriöse Weise einen Zusammenhang zwischen Bedeutungslosigkeit und Moralismus, der einer detaillierteren Erklärung bedarf. Dieses Rätsel wurde weitgehend gelöst, als ich Roussillons Schema aus der von ihm formulierten Entwicklungstheorie herauslöste, die er für das schwer zu fassende Problem der Überlebensschuld formuliert hat.

Roussillon nimmt Freud beim Wort und behauptet, daß das psychische Leben mit Sinneswahrnehmungen beginne, die dem Wiederholungszwang unterworfen seien. Die sensorischen Wahrnehmungen selbst sind „jenseits des Lustprinzips“, und so erschien mir die Annahme vielversprechend, daß traumatische Erinnerungen, die sich der Herrschaft des Lustprinzips entziehen, dem Wiederholungszwang unterworfen sind oder von ihm vereinnahmt werden. Aber dies ist Roussillon (1999) zufolge nicht das einzige Schicksal des Wiederholungsbedürfnisses:

> „Der kategorische Imperativ, dem das menschliche Subjekt gehorchen muß, verlangt von ihm, zum Subjekt (was nicht gleichbedeutend ist mit Urheber) der Ereignisse zu werden, denen es ausgesetzt war; dies ist die moderne Formulierung des Wiederholungszwangs“ (S. 106).

Der Wiederholungszwang, der automatisch und bedeutungslos ist, ermöglicht es also auch, Erinnerungen so zu bearbeiten, daß das Subjekt sie als bedeutsam wiedererleben kann. Insofern wird er in den Dienst des Lebens gestellt: in den Dienst des Bedürfnisses, Erfahrungen in Worte zu fassen und in einen Zusammenhang mit der Gesamtpersönlichkeit zu bringen. In der menschlichen Entwicklung, so Roussillon, werden Wahrnehmungen von der dem Lustprinzip gehorchenden psychischen Organisation so bearbeitet, daß eine Modifizierung der automatischen Wiederholung erfolgt. Roussillon geht nicht davon aus, daß die Wiederholung irgendwann zum Erliegen kommt, sondern daß sie schließlich dem Lustgewinn und der Befriedigung dient. Meiner Ansicht nach ist die Tatsache, daß Vertrautheit an sich zu einer Lustquelle wird, das beste Beispiel für eine solche Umwandlung vom Wiederholungszwang zum Lustprinzip. Erschwert wird die Integration von Wiederholungszwang und Lustprinzip durch die traumabedingte Abwehrstruktur:

> „Es ist keine Abwehr, die sich eines Prozesses bedient oder die einem Prozeß zugrunde liegt, sondern eine Abwehr durch Struktur [...] es ist eine Abwehr, die Historisierung und Kausalität an sich auslöscht [...] das Ereignis wird weder im betreffenden Augenblick noch nachträglich symbolisiert, weil nämlich das Subjekt, das es hätte empfinden, registrieren können, nicht anwesend ist“ (Roussillon, a. a. O., S. 74 ff.).

Roussillon versteht diese traumabedingte Rückkehr zur Dominanz sensorischer Wahrnehmungen – der Präsentationen – als Wiederbelebung der allerersten Entwicklungsstufe und der mit ihr verbundenen Dominanz des Wiederholungszwangs. Auf dieser Stufe werden Ereignisse nicht deshalb wiederholt, weil sie Lustgewinn vermittelten, sondern schlicht deshalb, weil sie geschahen und in die kontinuierliche Geschichte des Individuums nicht integriert werden konnten. In der normalen Entwicklung liefern Wahrnehmungen das Rohmaterial, das in der Interaktion mit hinreichend guten Betreuungspersonen zu psychischen Elementen mit affektiver Bedeutung metabolisiert wird. Ohne die Interaktion mit einem Objekt bleiben sie bedeutungslos und ohne jegliche Beziehung zu einem Subjekt oder einem Objekt.

> „Wenn die erste Phase objektlos ist, was bedeutet, daß es kein subjektiv konstituiertes Außen gibt, dann ist primärer Narzißmus zugleich primärer Masochismus. Aufgabe des Objekts nach der Entdeckung seiner Externalität wird es, dem Subjekt dabei zu helfen, die Erfahrungen der Nicht-Befriedigung und die mit ihnen einhergehende Destruktivität ‚nach außen' abzulenken" (Roussillon, 1995, S. 1411).

Meiner Ansicht nach zeigen die oben geschilderten Beispiele, daß das Überleben unter traumatischen Bedingungen auch von einem Außen abhängt, das zumindest in sehr begrenztem Umfang subjektiv konstituiert wird. In Anbetracht der geschärften Einstimmung des Opfers auf die äußere Realität und seiner Fähigkeit, sich im Fall der Holocaust-Opfer zum Überleben auf effektives Handeln zu konzentrieren, leuchtet die Problematik nicht ohne weiteres ein. Jedoch fehlen diesem Verhalten bedeutsame Beziehungen zum Selbst und Objekt, was bedeutet, daß der Feind kein Objekt ist. Was uns, wenn wir die Selbsterhaltung betrachten, als überhöhter Narzißmus erscheint, betrifft letztlich möglicherweise das Gesamt-Ich, wie Freud es bezeichnete, nicht aber das Subjekt in Relation zu einer als Objektwelt erfahrenen Außenwelt. Es handelt sich um eine Organisation, die auf sensorischer Wahrnehmung beruht, und dies erklärt die Schwierigkeit, die disruptiven Folgen des Traumas nach außen abzulenken, sobald sie nicht mehr als aktueller realer Vorgang erlebt werden. Das Subjekt hat gelernt, sich auf sensorische Stimulierung zu verlassen und sie übersensibel wahrzunehmen. Der Versuch, eine bedeutsame posttraumatische Reintegration der Persönlichkeit zu entwickeln, wird häufig dadurch vereitelt, daß niemand verfügbar ist, der diesen Prozeß unterstützen könnte.

An die Stelle des Hasses auf jene, die das Leid zugefügt haben, tritt eine andere Entwicklung, die Roussillon als Reaktion auf das Bedürfnis charakterisiert, „sich den Erfordernissen der Umgebung zu beugen, die sich dem Subjekt aufgezwungen und den psychischen Raum seiner Subjektivität usurpiert haben" (1999, S. 83).[5] Das bedeutet, daß die Spaltung zwischen dem durch Präsentationen belasteten oder gestörten Subjekt und der Objektwelt, die eine Symbolisierung dieser Präsentationen nicht unterstützt, in der menschlichen Entwicklung zu einem Unbehagen führt, mit dem sich das Subjekt dann identifiziert. „Anstelle der Illusion: ‚Ich bin die Brust' steht eine negative Illusion am Ursprung primärer Schuldhaftigkeit: ‚Ich bin (das) Böse'. Dieser Kern primärer Schuldhaftigkeit ist nichtambivalent, er geht der Organisation der Differenzierung zwischen Subjekt und Objekt voraus und beruht auf einer primären Konfusion zwischen Selbst und Nicht-Selbst" (Roussillon, a. a. O., S. 83). Dies konstituiert, Roussillon zufolge, die Verbindung zwischen primärer Schuldhaftigkeit und Trauma, die schließlich durch aktives Handeln rationalisiert wird, das diese basale irrationale Gewißheit bestätigt. Die „Akteure" in diesem Drama von Schuld und Sühne können verschoben werden, sogar auf die realen Täter, ohne daß klar würde, daß eine Spaltung zwischen der Kenntnis der Verbrechen, die andere am Subjekt begangen haben, und der primären Schuldhaftigkeit besteht, unter der das Subjekt leidet, weil es diesen Verbrechen ausgesetzt war. Wie Roussillon sagt, kann Kriminalität eine Abwehrreaktion darstellen, sie „versucht, die frühere Erfahrung mit dem gnadenlosen Objekt wiederzufinden; dies geschieht jedoch durch einen Prozeß, dem das Trauma der Zerstörung der subjektiven Position bereits innewohnt" (a. a. O., S. 84).

Das Paradoxe an der posttraumatischen Reintegration der Persönlichkeit besteht darin, daß diese Ereignisse, die außerhalb des Selbstgefühls gehalten werden, nicht in die Konstituierung einer subjektiv bedeutungsvollen äußeren Welt eingearbeitet werden können. Die traumatische Welt wurde um sensorische Stimulation und Narzißmus organisiert, und der durch sie erzeugte Haß hat kein Objekt. Mit dem Verschwinden der Gefahr und der Wiederkehr zu einem Selbst, das mit der Objektwelt in Beziehung steht, taucht das Bedürfnis nach ständiger Wiederholung auf: Wiederholung ist automatisch, aber sie hilft auch, die vergangene Gefahr in der emotionalen Welt des traumatisierten Individuums zu validieren. Ohne eine solche Validierung können diese Ereignisse nicht Teil der von Winnicott beschriebenen Welt werden: einer Welt, die innere Zerstörung überlebt, die wiedergefunden werden kann und der Omnipotenz des Opfers Grenzen setzt. Im Prozeß der Reintegration wird deutlich, daß die gegen die Auswirkungen des Traumas aktivierte Abwehr dem Bedürfnis zuwiderläuft, auf bedeutungsvolle Weise das Unrecht zu erinnern, von dem man getroffen wurde, und jene zu hassen, die es begangen haben.

Aus dem Englischen übersetzt von Elisabeth Vorspohl (Frankfurt a.M.)

Anmerkungen

[1] Roussillon kennzeichnet diese Funktion mit dem einschüchternden Begriff ‚absentification objectalisante' (... etwas verschwindet und wird zum Objekt erhoben).

[2] Winnicotts Gleichsetzung von Internalisierung und Zerstörung beruht wahrscheinlich auf Freuds Theorie der Einverleibung, ist aber zugleich ein typisches Beispiel für seinen Stil: eine brillante Erkenntnis wird ohne weitere Erklärung statuiert, als handele es sich um eine Binsenweisheit, die keines Kommentars bedarf. Roussillon hat dieses Thema ausführlich untersucht, aber seine Analyse sprengt den Rahmen dieses Beitrags.

[3] Nach meiner Kenntnis der Ergebnisse der Neurowissenschaft (vgl. Yovell, 2000) ist es erwiesen, daß die auf bewußter Ebene getroffene Unterscheidung zwischen Kognition und Emotion auch in der Neurophysiologie gilt.

[4] Ich spreche mich gegen Winnicotts Formulierung eines „wahren" und eines „falschen" Selbst aus, und zwar aufgrund der Annahme, daß ein „wahres" Selbst angesichts der entscheidenden Beeinträchtigung, die zu einem „falschen" Selbst führt, verborgen bleiben kann.

[5] Dies entspricht der von Fonagy und Target (2000) beschriebenen Pathologie, in der Kleinkinder, die sich in den Gedanken (mind) zu finden versuchen, statt dessen die Mutter finden.

Literatur

Bergeret, J. (1984): La Violence Fondamentale. Paris (Dunod).

– (1994): La Violence et la Vie. Paris (Éditions Payot et Rivages).

– (1996): La Pathologie Narcissique. Paris (Dunod).

Caper, R. (1999): A Mind of One's Own. London, New York (Routledge).

Delbo, C. (1985): Day and Memory. Marlboro, Vermont (Marlboro Pr.) 1990.

De Masi, F. (2000): The unconscious and psychosis. Int J. Psycho-Anal., 81, 1–20.

Fonagy, P. u. M. Target (2000): Playing with reality: III. The persistence of dual psychic reality in borderline patients. Int. J. Psycho-Anal., 81, 853–873.

Freud, S. (1915c): Triebe und Triebschicksale. GW 10, 210–232.

– (1920g): Jenseits des Lustprinzips. GW 13, 1–69.

– (1930a): Das Unbehagen in der Kultur. GW 14, 419–506.

Green, A. (1998): The primordial mind and the work of the negative. Int. J. Psycho-Anal., 79, 649–665.

Grubrich-Simitis, I. (1979): Extremtraumatisierung als kumulatives Trauma. Psyche, 33, 991–1023.

Hesdörffer, H. (1998): Bekannte traf man viele ... Zürich (Chronos).

Klemperer, V. (1995): Ich will Zeugnis ablegen bis zum letzten. Tagebücher 1933–1945. Berlin (Aufbau Verl.).

Krystal, H. (1985): Trauma and stimulus barrier. Psa. Inq., 5, 131–161.

Langer, L. (1991): Holocaust Testimonies. New Haven, London (Yale Univ. Pr.).

McDougall, J. (1972): Primal scene and sexual perversion. Int. J. Psycho-Anal., 53, 371–384.

Meltzer, D. (1991): Facts and fictions. In: Hartocollis, P. u. I. Davidson (Hrsg.): The Personal Myth in Psychoanalytic Theory. Madison, CT (Int. Univ. Pr.), 49–62.

Oliner, M.M. (1996): Äußere Realität. Die schwer faßbare Dimension der Psychoanalyse. Jb. d. Psychoanal., 37, 9–43.

– (1999): Analytiker stellen sich dem Holocaust. Das ungelöste Rätsel „Trauma“: Auswirkungen des Holocaust auf die Sexualität. Psyche, 53, 1115–1136.

Proust, M. (1927): Auf der Suche nach der verlorenen Zeit. Bd. 7: Die wiedergefundene Zeit. Frankfurt a.M. (Suhrkamp) 1957.

Roussillon, R. (1995): La métapsychologie des processus et la transitionnalité. Rev. Franç. de Psychanal., 59, 1351–1519.

– (1999): Agonie, Clivage et Symbolisation. Paris (Pr. Univ. de France).

Shengold, L. (1989): Soul Murder. New Haven (Yale Univ. Pr.).

Stern, F. (1997): The worst was yet to come. Review of ‚Nazi Germany and the Jews‘ by Saul Friedländer. New York Times Book Review, Febr. 23th, 12.

Van der Kolk, B. (2000): From hysteria to posttraumatic stress disorder: Psychoanalysis and the neurobiology of traumatic memories. The Ass. for Psychoanalytic Medicine. New York (Monthly Meeting, May 2).

Wangh, M. (1968): A psychogenic factor in the recurrence of war: Symposion on psychic traumatization through social catastrophe. Int J. Psycho-Anal., 49, 319–323.

Winnicott, D.W. (1969): Objektverwendung und Identifizierung. In: Ders.: Vom Spiel zur Kreativität. Stuttgart (Klett-Cotta) 1974, 101–110.

– (1974): The fear of breakdown. Int. Rev. Psycho-Anal., 1, 103–107.

Yovell, Y. (2000): From hysteria to posttraumatic stress disorder: Psychoanalysis and the neurobiology of traumatic memories. The Ass. for Psychoanalytic Medicine. New York (Monthly Meeting, May 2).

Teil III

Zwischen Konflikt und Anerkennung: Zum Wechsel der Paradigmen in Psychoanalyse und Sozialwissenschaften

Psychoanalyse und kritische Theorie – Neubewertung des Projekts

Peter Dews

Kritische und konservative Paradigmen der Psychoanalyse

Keiner würde bei einem Rückblick ins 20. Jahrhundert bestreiten, daß Freuds Vermächtnis eine Vielzahl von erstaunlich unterschiedlichen Interpretationen gefolgt sind, die sich sowohl für konservative als auch für kritische Sozialtheoretiker als attraktiv erwiesen haben. Überdies, und hier stimmen die meisten Kommentatoren überein, liegen die Wurzeln dieser Divergenzen im Werk Sigmund Freuds selbst. Ein recht offenkundiges Beispiel hierfür ist Freuds eigene Ambivalenz hinsichtlich der Funktionen und Folgen sozialen Zwanges. Er betonte häufig, gerade in seinen frühen Schriften, daß in den übermäßigen Anforderungen zivilisierter Moralität – sexueller Moralität im besonderen – die Ursache neurotischer Erkrankungen zu finden sei. In *Das Unbehagen in der Kultur* (1930a) hingegen bezieht er sich auf das alte pessimistische Konzept des *homo homini lupus*, das impliziert, daß nur die überdauernden Strukturen sozialer Kontrolle die unterschwelligen destruktiven und gesellschaftsfeindlichen Tendenzen der Menschen im Zaum halten können.

Mit dem Titel meines Beitrags möchte ich allerdings auf etwas Spezifischeres hinaus. Mir geht es nicht so sehr um den Konflikt zwischen linken und rechten Interpretationen des Freudschen Erbes. Gegenstand meiner Betrachtungen ist vielmehr ein Konflikt, der sich innerhalb jener theoretischen Traditionen zuträgt, die sich der Psychoanalyse bedienen, um ihre Kritik an den bestehenden sozialen Verhältnissen durch eine Theorie der ihnen zugrunde liegenden psychologischen Mechanismen anzureichern. Dies sind auf der einen Seite all jene Theorien, für die die Radikalität der Psychoanalyse gerade in der prinzipiellen Unabhängigkeit ihrer Grundkategorien von soziologischen Konzepten liegt. Dem gegenüber stehen die Theorien, die – meist mit ähnlichem kritischem Ziel – behaupten, daß die Psychoanalyse so lange implizit konservativ sei, solange die soziale Dimension ihrer eigenen grundlegenden Kategorien ausgeblendet bleibt. Folglich kritisieren einige Theoretiker die „Aufweichung“ der

Psychoanalyse durch derart „revisionistische" oder „kulturalistische" Positionen, was jene wiederum gerade als notwendiges Korrektiv des fundamentalen Konservatismus der Freudschen Theorie erachten. Diese Debatte möchte ich im folgenden skizzieren, wobei ich mich in der Hauptsache auf Herbert Marcuse und dessen Kritik durch die feministische Objektbeziehungstheoretikerin Nancy Chodorow beziehen werde.

Wahrscheinlich hat keiner die Auffassung, daß radikale Sozialkritik die Autonomie der psychoanalytischen Kategorien voraussetzt, polemischer vertreten als Herbert Marcuse in seinem Angriff gegen den Revisionismus im Epilog zu *Triebstruktur und Gesellschaft* (1955). Er argumentiert hier, ganz im Einklang mit der frühen Frankfurter Schule, daß „revisionistische" Psychoanalytiker durch die Hervorhebung sozialer und kultureller Faktoren in der Formierung des Individuums das Aufeinanderprallen von Individuum und Gesellschaft, das im Zentrum von Freuds Vision liegt, verharmlosen. Für Marcuse liegt die irritierende Wahrheit der Freudschen Theorie in der Entdeckung von „Unterdrückung und Verdrängung noch in den höchsten Werten der Kultur – die Unfreiheit und Leiden voraussetzt und zur Dauer erhebt" (S. 204). Der einzige Weg, diese radikale Botschaft beizubehalten, liegt nach seiner Auffassung darin, an den offensichtlich fundamentalistischen, biologistischen Elementen der Freudschen Theorie festzuhalten:

> „Wenn die ‚Wunde' in der menschlichen Existenz sich nicht in der biologischen Konstitution des Menschen auswirkt, und wenn sie nicht gerade durch die Struktur der Gesellschaft verursacht und durch sie fortdauernd erneuert wird, dann geht die Psychoanalyse ihrer Tiefendimension verlustig und der (ontogenetische und phylogenetische) Konflikt zwischen vor-individuellen und über-individuellen Kräften erscheint als ein Problem des vernünftigen oder unvernünftigen, des moralischen oder unmoralischen Verhaltens des bewußten Individuums" (a. a. O., S. 226).

Wie auch andere aus der ersten Generation der Frankfurter Schule besteht Marcuse also auf der Zentralität der Freudschen Trieblehre. Diese Lehre, so seine Argumentation, impliziere einen materialistischen Einspruch gegen idealisierte, sublimierte Formen von Befriedigung, die als einzige von unserer gegenwärtigen Gesellschaft akzeptiert werden. In dem Aufsatz „Das Veralten der Psychoanalyse" aus dem Jahre 1963 bekräftigt Marcuse dies:

> „Die psychoanalytischen Kategorien brauchen nicht auf die gesellschaftlichen und politischen Verhältnisse ‚bezogen' zu werden – sie sind selbst gesellschaftliche und politische Kategorien. Psychoanalyse konnte zu einem wirksamen gesellschaftlichen und politischen Instrument werden, positiv wie negativ, in einer administrativen wie

kritischen Funktion, weil Freud die Mechanismen sozialer und politischer Kontrolle in der Tiefendimension der Triebregungen und -befriedigungen entdeckt hatte" (S. 85 f.).

Marcuses Konzept des Ödipuskomplexes entspringt ebenfalls diesen Annahmen, wie in seiner Polemik gegen Fromms Revisionismus deutlich wird: „Freuds Theorie bedeutet, daß der ödipale Wunsch der ewige infantile *Protest* gegen diese Trennung ist [d. h. von der befriedigenden sinnlichen Einheit mit der Mutter; P.D.] – ein Protest nicht gegen die Freiheit, sondern gegen schmerzliche repressive Freiheit" (1955, S. 228). Daher läßt sich sagen, daß „[in] der Ödipus-Situation [...] die individuellen, triebmäßigen Wurzeln des Realitätsprinzips [liegen], das die Gesellschaft regiert" (1963, S. 87).

Aber: diese Behauptung läßt aufhorchen. Könnte man das psychoanalytische Konzept der menschlichen Triebe und ihrer psychologischen Verästelungen als reine philosophische Anthropologie verstehen, dann wäre der Vorwurf des „Kulturalismus", der sich gegen jene Entwicklungen in der psychoanalytischen Theorie richtet, die soziale Faktoren in die Formierung des Individuums mit einbeziehen, unproblematisch. Aber man kann schwer leugnen, daß Freuds Vorstellung vom Ödipuskomplex in sich eine kulturelle Dimension aufweist. Und weiter: Da Marcuse und andere Mitglieder der frühen Frankfurter Schule den Ödipuskomplex hinsichtlich der bürokratischen und technologischen Unterminierung väterlicher Autorität für obsolet erklären, verschwindet darüber hinaus in zunehmendem Maße seine *deskriptive* Funktion zugunsten einer *normativen.* So schreibt Marcuse am Ende des oben genannten Aufsatzes:

> „Wenn die fortschreitende Industriegesellschaft und ihre Politik das Freudsche Modell des Individuums und seiner Beziehung zur Gesellschaft haben hinfällig werden lassen, wenn sie die Kraft des Individuums, sich von den anderen abzulösen, ein Selbst zu werden und zu bleiben, untergraben haben, dann beschwören die Freudschen Begriffe nicht nur eine hinter uns liegende Vergangenheit, sondern auch eine neu zu gewinnende Zukunft" (a. a. O., S. 105).

Genau an dieser Stelle jedoch gerät die Argumentation der frühen Frankfurter Schule ins Wanken. Denn was geschieht, wenn die sozialen und kulturellen Voraussetzungen des Ödipuskomplexes als Dreh- und Angelpunkt der Persönlichkeitsbildung selbst von Ungleichheit und Ausschluß geprägt sind? Weit entfernt von der Idee, daß in ihm die Grundlage des Widerstands gegen soziale Hierarchien und Kontrolle zu sehen sei, indem er, nach Marcuse, das Individuum dazu zwingt, im Konflikt mit der Autorität des Vaters nach „[relativer] Autonomie inmitten einer Welt der Heteronomie“ (a. a. O., S. 87) zu streben, würde der Ödipuskomplex seine eigenen, ihm gleichsam innewohnenden Formen von Ungerechtigkeit reproduzieren. Er wäre also Teil des Problems und nicht Teil der Lösung.

Tatsächlich wurde im Laufe der letzten zwei Jahrzehnte genau dieser Kritikpunkt von feministisch geprägten psychoanalytischen Theoretikern und Theoretikerinnen vorgebracht. Aus der Perspektive von Autorinnen wie der Amerikanerin Nancy Chodorow und anderer, die in ihrer Tradition stehen, führt Marcuses Insistieren auf der fundamentalen Bedeutung der Trieblehre zu einer Vision, in der „Befreiung [...] entweder Freiheit von der Gesellschaft bedeutet – das Individuum getrennt von jeglichen sozialen Beziehungen – oder, alternativ, die Auflösung aller sozialen Beziehungen im Selbst“ (1985, S. 115). Wegen seiner Fundierung in der Trieblehre behält Marcuses Konzept der Emanzipation nach Chodorow „eine Perspektive individueller Befriedigung und verneint dem Anderen Befriedigung und Selbstsein“ (a. a. O., S. 124). Gegen Marcuses Betonung der Triebe und ihrer Verdrängung als Hauptschauplatz des Konflikts zwischen Individuum und Gesellschaft verteidigt Chodorow nun ihrerseits den von der Objektbeziehungstheorie initiierten „intersubjektiven Turn“ im psychoanalytischen Denken. In ihrer Kritik der utopischen Visionen von Marcuse und Norman O. Brown, erstmals veröffentlicht im Jahr 1985, argumentiert Chodorow folgendermaßen:

> „Das Realitätsprinzip ist in erster Linie die Subjektivität der Anderen – die Erkenntnis, daß Andere ihre eigenen Intentionen, Ziele und Erfahrungen von Lust und Schmerz haben. Für das Kind ist das Erlernen der Unterscheidung zwischen Selbst und Anderem sowie des Bezugs auf ein differenziertes Anderes das gleiche wie das Realitätsprinzip und daher der Konstitution des Selbst intrinsisch. [...] Der narzißtische Modus des Weltbezugs und des uneingeschränkten körperlichen Genusses entspricht der psychologischen Haltung des Kindes und macht Intersubjektivität unmöglich“ (a. a. O., S. 136).

Für Chodorow und andere, ähnlich ausgerichtete Psychoanalytiker verknüpft sich dieser Einwand mit einer feministischen Kritik an der Tatsache, daß dem Vater im Ödipuskomplex die wesentliche Bedeutung für die fortschreitende Individuation des Kindes zugeschrieben wird. In dieser Auffassung, so Chodorow, erscheine die Mutter in der Erfahrung des Kindes nämlich nur als Objekt des verbotenen Begehrens:

„Die Dynamik der Triebverdrängung [...] ist eine ödipale Theorie – sicherlich eine Theorie der Generation und des Potentials von Beziehungen –, aber eine Theorie des Vaters. Sie benötigt keine Frauen, außer als Objekt der ödipalen Kathexis" (a. a. O., S. 153).

Diese Auffassung verkenne aber die präödipale Phase der elterlichen Fürsorge, die entscheidend für die Entwicklung des autonomen Selbst sei, in der der Mutter eine zentrale Rolle als dem aufziehenden Subjekt zukomme – eben nicht nur als dem libidinösen Objekt. Bei Marcuse hat die Begegnung des Kindes, so Chodorow, mit dieser „alternativen Subjektivität" der Mutter keinen systematischen Ort. Sie verbindet diesen Mangel ausdrücklich mit Marcuses Vernachlässigung der klinischen Basis der Psychoanalyse zugunsten der spekulativsten Annahmen im Freudschen Œuvre:

„[...] den klinischen Aspekt zu vernachlässigen, weil er dem persönlichen Bezug von Analytiker und Analysanden sowie dem Übertragungsverhältnis entspringt, bedeutet, die Aspekte der Interaktionen und Relationen zu vernachlässigen [...] Die Bedürfnisse sind völlig (wie sie das in der Trieblehre sein müssen) individualistisch sowie individuell geprägt und erlebt. Genauso sind ‚Freiheit' und ‚Befriedigung' der Beschränkung entgegengesetzt, die Beziehungen implizieren würden" (a. a. O., S. 130).

Nur eine entsprechend erweiterte Form der Objektbeziehungstheorie vermag es Chodorow zufolge, dieser Tendenz entgegenzuwirken und dem intersubjektiven Aspekt der elterlichen Fürsorge sowohl in bezug auf die Mutter als auch auf das Kind Rechnung zu tragen.

Hier nun, so scheint es, haben wir einen Stillstand der Argumente erreicht. Das Modell einer sozialkritischen Psychoanalyse, die auf der Trieblehre gründet, wird von Autoren und Autorinnen wie Chodorow verworfen, da sie darin die Fortsetzung eines solipsistischen und infantilen Konzepts vom utopischen Zustand der Wunscherfüllung sehen – Chodorow umschreibt es mit „vagen Vorstellungen freier libidinöser Beziehungen" (a. a. O., S. 129). Auf der anderen Seite lehnt Marcuse die Hinwendung zur Objektbeziehung ab, da sie ein idealisiertes Bild der gegenwärtigen zwischenmenschlichen Beziehungen impliziere, das die entfremdete Realität des technologisierten und bürokratischen Kapitalismus verschleiere. Verkompliziert wird die Lage nun außerdem noch dadurch, daß viele Feministinnen und vom Feminismus beeinflußte Psychoanalytiker die von Chodorow begründete Richtung der feministischen psychoanalytischen Theorie ablehnen. In ihren Augen finde sich darin nämlich die naive Bevorzugung traditioneller mütterlicher Qualitäten wie Einfühlung und

Fürsorge, die als eine unzureichende und limitierende Auffassung von Weiblichkeit angeprangert werden.

Im folgenden möchte ich nun versuchen, diesen Stillstand der Argumente mindestens aufzulockern, wenn nicht aufzulösen. Mir erscheint es wichtig, das Konzept eines spezifisch psychoanalytischen Untersuchungsfeldes aufrechtzuerhalten, ohne dabei den Preis eines inadäquaten Modells der intersubjektiven Dimension der Gesellschaft und der Kultur zahlen zu müssen. Für ein solches Unternehmen bietet sich das Denken eines Theoretikers an, der einer ganz anderen intellektuellen Tradition entstammt: Jacques Lacan.

Lacan entwickelte sein eigenes Werk unter dem Schlachtruf einer „Rückkehr zu Freud". Dieser Slogan hat seine Richtigkeit in dem Sinne, daß einige Hauptelemente der Freudschen Theorie, wie der Ödipuskomplex und die entscheidende symbolische Rolle der Kastration, auch in Lacans Denken zentral bleiben. Gleichzeitig aber unterwirft Lacan Freuds Theorie im ganzen einer so umfassenden philosophischen Neuformulierung, daß viele der elementaren theoretischen Annahmen Freuds, etwa seine biologische Ausrichtung, nicht mehr wiederzuerkennen sind. Es war insbesondere Lacan, der im Frankreich der dreißiger und vierziger Jahre die von Kojève und Hyppolite verordnete Hegellektüre völlig verinnerlicht hatte und als einer der ersten Psychoanalytiker intersubjektive Vorgänge in den Mittelpunkt seiner Theorie stellte. Infolgedessen zeigt seine Theorie sowohl Züge des kommunikationstheoretischen Ansatzes, der zeitgenössische relationale und feministische Psychoanalytiker beeinflußt hat, als auch Züge der Kritik an der „vaterlosen Gesellschaft" und an der Unterminierung der sozialisierenden Funktion des Ödipuskomplexes, die die erste Generation der Frankfurter Schule entwickelt hatte. Ich werde dies etwas genauer erläutern.

In seinem berühmten Bericht „Funktion und Feld von Sprechen und Sprache in der Psychoanalyse" aus dem Jahre 1953 argumentiert Lacan, daß

> „[die] Wiederherstellung der Kontinuität in den Motivationen des Subjekts [...] nur in der intersubjektiven Kontinuität des Diskurses erfüllt [wird], in der sich die Geschichte des Subjekts konstituiert" (1966b, S. 97).

Mit anderen Worten: Es ist fundamental für die Psychoanalyse, daß sie den angeblich „internen" psychischen Prozeß des Individuums niemals isoliert betrachtet. Im Gegenteil erscheint individuelle Subjektivität immer als Dimension eines intersubjektiven Vorgangs. Lacan geht sogar weiter, indem er folgert, daß das Unbewußte selbst seinem Wesen nach intersubjektiv sei – eine Annahme, die vielen „relationalen" Analytikern zu weit gehen würde. In Lacans Worten:

„Das Unbewußte ist der Teil des konkreten Diskurses als eines überindividuellen, der dem Subjekt bei der Wiederherstellung der Kontinuität seines bewußten Diskurses nicht zur Verfügung steht“ (ebd.).

Gleichzeitig war Lacan ein entschiedener Verfechter der normativen Funktion des Ödipuskomplexes. In einem frühen Lexikonartikel aus dem Jahre 1938, „Die Familie“, betont er, daß das besondere Merkmal der ödipalen Identitätsentwicklung der extremen psychologischen Spannung entspringt, die in der Rolle des Vaters sowohl als „Agent des Verbots und als Beispiel seiner Übertretung“ angelegt ist. Anders ausgedrückt: der paradoxe väterliche Befehl: „Sei und sei nicht wie ich“, mit dem sich das Kind in der ödipalen Situation konfrontiert sieht, ermöglicht erst eine Identifikation, die Nachahmung und Differenz in einer gesteigerten Form von Individuation vereint. Lacan erklärt:

„Wenn nun der Psychoanalytiker wie der Soziologe im Verbot der Mutter die konkrete Form der ursprünglichen Verpflichtung empirisch erkennen können, so können sie gleichermaßen einen realen Prozeß der ‚Öffnung‘ von Sozialbindungen in der väterlichen Autorität erkennen und sagen, daß sie durch den funktionalen Konflikt des Ödipus in die Unterdrückung ein Ideal der Verheißung einführt“ (a. a. O., S. 74).

Auf der Basis dieser generellen Charakterisierung gibt Lacan drei Gründe für den Vorrang der ödipalen Identitätsbildung vor anderen korrespondierenden Vorgängen an: Erstens sei die Autorität, die die nächste Generation sich familiär aneignet, offener für kreative Subversion. Da die Psyche sich nicht einfach durch den Zwang des Erwachsenen, sondern aus dessen positivem Bild forme (Lacan betrachtet die Vater-Sohn-Beziehung hier als das überragende Beispiel), ergäbe sich zweitens eine „positive Selektion der Tendenzen und der Gaben, eine progressive Realisierung des Ideals im Charakter“ (S. 76). Drittens steigere die „Sichtlichkeit“ des Sexuallebens auf seiten derjenigen, die moralische Zwänge erleben, „die Spannung der Libido und die Reichweite der Sublimation im höchsten Grad“ (ebd.). Diesen Gedanken entspringt Lacans Lob der Errungenschaften der modernen, auf der Ehe basierenden Familie:

„Weil der Komplex der konjugalen Familie den Konflikt des Menschen mit seiner archaischsten Angst am menschlichsten realisiert, [...] schafft dieser Komplex die höchsten Erfolge in Charakter, Glück und Schöpfung“ (ebd.).

Das klingt zunächst wie Marcuse. Aber während dessen Befund vom „Veralten“ des Ödipuskomplexes seine Verteidigung desselben als normatives Ideal in keinster

Weise beeinträchtigt, ist sich Lacan darüber im klaren, daß der moderne Individualismus und die Herausforderung der traditionellen Geschlechterrollen in der Familie dazu tendieren, einen sozialen „Stillstand" zu bewirken. Der Ödipuskomplex erscheint bei Lacan immer in positivem Licht, nicht aber als eine Vergangenheit, die unproblematisch als Zukunft recycelt werden könnte.

Lacans Position zieht Chodorows Annahme deutlich in Zweifel, nach der eine psychoanalytische Theorie, die der Kategorie der „Intersubjektivität" Priorität einräumt, automatisch mit der „konservativen" Konzeption eines normativen Status des Ödipuskomplexes etwa der frühen Frankfurter Schule in Konflikt geraten müsse. Tatsächlich tut Chodorow sich mit der Einordnung von Lacans Werk in ihre eigene Konzeption schwer, was sich in widersprüchlichen Bewertungen in ihren Schriften beobachten läßt. In ihrem Aufsatz „Beyond drive theory" bringt Chodorow Lacans „psychoanalytische Sozialtheorie" mit der Position von Triebtheoretikern wie Marcuse in Zusammenhang, da beide auf der Unvereinbarkeit von individuellem Impuls und sozialem Zwang bestünden. Chodorow argumentiert dabei folgendermaßen:

> „Aufgrund seiner These, daß der Eintritt in das ‚Symbolische' das entfremdete Individuum konstituiert, nahm man an, daß für Lacan das ‚Imaginäre' wahrer ist (wenn es auch im weiteren Fortgang der Entwicklung unvermeidbar aufgegeben wird) und es folglich ein Echo der Idealisierung des Es darstellt" (1989, S. 245, Anm. 9).

Hierbei handelt es sich um ein ernsthaftes Mißverständnis, denn Lacan versteht das „Imaginäre" (den Bereich einer angenommenen unmittelbaren, vorverbalen Erfahrung) als „wahrer" als das „Symbolische" (das kulturell strukturierte Feld von Bedeutung), obwohl er – aus Gründen, denen ich mich gleich zuwenden werde – davon ausgeht, daß „Entfremdung" ein der Subjektivität inhärenter Aspekt ist. Chodorow korrigiert später ihre Beurteilung, indem sie anerkennt, daß Lacans Sichtweise der „Entwicklung" als einer „Bewegung in die Kultur hinein, und nicht nur in eine außerkulturelle Individualität, ein wichtiges allgemeines Korrektiv und eine methodische Warnung für Psychoanalytiker" darstelle (1999, S. 70). Dennoch: Entscheidend ist, daß keine dieser beiden Reaktionen die Zentralität der Intersubjektivität in Lacans Werk richtig erfaßt. Dies resultiert zweifellos daraus, daß Chodorow die Verlagerung hin zu einem intersubjektiven Ansatz automatisch mit einer Neubewertung der präödipalen Beziehung zur Mutter gleichsetzt und von daher nicht in der Lage ist, zu erkennen, daß Lacan den Ödipuskomplex gerade als Ansatzpunkt zur Intersubjektivität versteht. Ganz klar sind hier zwei unterschiedliche Konzeptionen von Intersubjektivität am Werk, die wir etwas genauer vergleichen müssen.

Wie wir gesehen haben, sieht Chodorow die Mutter in der klassischen Ödipus-Theorie zum bloßen Objekt degradiert, dem der Zugang zum Kind durch das Gesetz des Vaters ultimativ verwehrt bleibt. Daraus folgt, daß der Erfahrung des weiblichen Kindes in einem solchen Konzept nicht adäquat entsprochen werden kann. Vor allem aber kritisiert Chodorow, daß die klassische Theorie eine Anerkennung der mütterlichen Subjektivität auf seiten des Kindes, unabhängig von seinem Geschlecht, ausschließe. Marcuse bemerke nicht, so Chodorow, daß

> „seine Vision keine intersubjektive Welt beinhaltet, da er ignoriert, daß Mütter im besonderen, und Frauen im allgemeinen, Subjekte sind. Wir können das Erwachsenwerden nur verweigern und in einem prä-ambivalenten Kindheitsstatus verweilen, wenn die anderen für uns nur Objekt oder Erweiterung sind. Die Mutter – die die Frau im allgemeinen symbolisiert – ist dieses Objekt" (1985, S. 141).

Genau betrachtet, ist ihre These, daß die Anerkennung der Bedürfnisse des Anderen „das Wesen des kindlichen Lernprozesses" (S. 136) darstelle, ganz in Lacans Sinne. Was für Chodorow und andere feministische, an der Objektbeziehungstheorie orientierte Psychoanalytiker allerdings völlig unakzeptabel ist, ist Lacans Interpretation des Ödipus- und Kastrationskomplexes als Zentralmoment im Heraustreten der Mutter als der „alternativen Subjektivität" im Chodorowschen Sinne. Bei Lacan existieren Mutter und Kind vor der Entdeckung der Kastration in einem Zustand imaginärer Komplementarität. In der Entdeckung der Kastration, die für Lacan in erster Linie immer die Kastration der Mutter ist, liegt das Heraustreten der Mutter als eines *begehrenden Subjekts*, als eines Wesens mit essentiellem Mangel, das sich nach einer ultimativen Erfüllung sehnt, die sogar das Kind nicht ermöglichen kann. Unbewußt wird diese ultimative Erfüllung durch den väterlichen Phallus symbolisiert, dem reinen Zeichen symbolischen Austauschs und intersubjektiver Anerkennung, den *kein* menschliches Wesen, weder männlich noch weiblich, tatsächlich besitzen kann.

Daraus entspringt allerdings ein weiterer bedeutsamer Unterschied. Für feministische Objektbeziehungstheoretiker ist es das männliche Subjekt, das den Ödipuskomplex erfolgreich durcharbeitet und dabei die sinnliche Verbindung zur Mutter – mit allen Abhängigkeitsimplikationen – zugunsten von Autonomie aufgibt, das wiederum das moderne Ideal subjektiver Beherrschung der Objektwelt in all ihren destruktiven Folgen darstellt. Für Lacan aber findet sich diese illusionäre Machtposition im präödipalen Narzißmus des „Spiegelstadiums" mit seinen Illusionen von Unabhängigkeit und Ganzheit. Der Kastrationskomplex, die Entdeckung, daß Subjektivität nicht Erfülltheit, sondern wesentlich Mangel und Begehren nach dem Anderen ist, stellt die fundamentale Kränkung dieses Narzißmus dar. Das wiederum bedeutet, daß das Subjekt die von ihm unabhängige Existenz anderer Subjekte nur in dem Maße erkennt, wie es seine eigene Unvollständigkeit akzeptiert. Und diese Unvollständigkeit kann dann wiederum als die Unfähigkeit des Subjekts, sich vollständig zu begreifen oder zu besitzen, verstanden werden, die aus der Undurchsichtigkeit seiner Position im intersubjektiven Feld resultiert.

Aus dieser Perspektive heraus verwendet Lacan während der fünfziger Jahre das Konzept der Intersubjektivität in abnehmendem Maße und entwickelt statt dessen den Begriff vom „Großen Anderen", symbolisiert durch den Großbuchstaben *A*. In seinem Seminar „Le Transfert" gehalten 1960/61, erläutert er diesen Begriff:

> „Dieses A ist kein absolutes Anderes, ein Anderes, das wir in unserem normalen Sprachgebrauch als respektiertes Subjekt, als den uns moralisch gleichgestellten Anderen beschreiben würden. Nein, dieses Andere [...] ist sowohl eine Notwendigkeit als auch ein notwendiger Ort, aber es ist gleichzeitig ständig der Frage ausgesetzt, wodurch es garantiert ist. Es ist ein Anderes, das immer zu verschwinden droht und das uns in der Folge auch in eine Position ständigen Verschwindens versetzt" (1991, S. 202).

Lacan gelangt, mit anderen Worten, zu der Ansicht, daß Intersubjektivität, oder was er gelegentlich auch als „symbolischen Austausch" bezeichnet, durch die symbolischen Strukturen, die das Medium dieses Austauschs sind, immer fragmentiert und verschleiert wird. Diese Spannung zwischen intersubjektiver Anerkennung und den kulturellen Mustern, die es sowohl ermöglichen als auch stören, ist entscheidend für seine Neulektüre von Freud. Gerade deshalb kann er so weit gehen, zu behaupten, daß es die „Äußerlichkeit der symbolischen Ordnung in ihrem Verhältnis zum Menschen" ist, die „das Konzept des Unbewußten konstituiert" (1966a, S. 709).

Stellen wir vor diesem Hintergrund einige Fragen an den „relationalen Individualismus" von Chodorow und ähnlichen Theoretikern. Ein offensichtliches Problem ergibt sich aus folgender Passage:

> „[...] das Selbst ist intrinsisch sozial, und da es über eine relationale Matrix konstruiert wird und einen Aspekt des Anderen enthält, kann es den Anderen als Selbst besser anerkennen und letztlich zu der Intersubjektivität gelangen, die die Gesellschaft entstehen läßt" (1986, S. 159).

Dagegen ist zweierlei einzuwenden: Erstens haben wir bei Lacan gesehen, daß aus der Gesellschaftsfähigkeit des Subjekts nicht notwendigerweise ein gegenseitiger Zugang von Selbst und Anderem resultiert. Zweitens droht aus der Behauptung des „intrinsisch sozialen" Selbst die vollständige Auflösung des Selbst in sozialen Beziehungen. Dies aber beraubt nicht nur die Psychoanalyse ihres Gegenstandes, sondern legt vielmehr nahe, daß soziale Beziehungen und die Identitäten, die sie vermitteln, fließende Strukturen sind, die außerstande sind, ein essentielles „Selbst" zu definieren.

Dies ist erkennbar z. B. bei der New Yorker Psychoanalytikerin Virginia Goldner, die aus einer feministischen und relationalen Perspektive schreibt. In ihrem Aufsatz „Toward a critical relational theory of gender" macht sie folgende, wie sie zugibt, paradoxe Aussage:

> „Da ‚Geschlecht' eine psychische und kulturelle Kennzeichnung des Selbst ist, die sich gegensätzlicher Tendenzen ‚bereinigt', ist es [das Geschlecht] grundsätzlich ein universales System des ‚unechten' Selbst, das in Komplizenschaft mit der Regel des Zwei-Geschlechter-Systems entsteht" (1991, S. 258).

Und sie fährt fort:

> „Aus einer solchen relationalen Perspektive ist es nicht sinnvoll, von Geschlecht als etwas Erworbenem zu sprechen. Vielmehr formt und organisiert die symbolische Struktur von Geschlecht die konfliktbeladenen Schichten internalisierter Selbst-Repräsentationen und Objektbindungen, aus denen das Kind sich formt" (S. 262).

Goldner beendet ihren Aufsatz mit der These, nur durch einen solchen Ansatz könne das Dilemma von Maskulinität und Femininität wieder zur „dramatischen raison d'être für die Psychoanalyse als kritische Tradition" (S. 270) werden.

Goldners Ansatz ist dort erstaunlich nahe am Lacanschen, wo sie von Geschlecht als „symbolischer Struktur" spricht. Der Unterschied liegt jedoch an der Stelle, an der sie und andere feministische Analytiker den vagen, uneindeutigen Begriff eines unterschwelligen „Selbst" heraufbeschwören, dem Lacan ganz explizit seine Definition des Subjekts als eines Mangels – man könnte auch als einer „ontologischen Lücke" sagen –, also eines Begehrens, entgegenhält. Das Lacansche Subjekt kann keine Position besetzen, von der aus es die symbolischen Kategorien wie Geschlecht – aber auch andere symbolische Kategorien – als fließend und inessentiell betrachten könnte. Es kann nur existieren, indem es mit den symbolischen Strukturen verschmilzt, die es tragen. Gleichzeitig kann das Subjekt als Mangel oder Lücke nie positiv von diesen symbolischen und kulturellen Strukturen unterschieden werden, noch kann man es völlig mit ihnen identifizieren. Auf diese Weise bewahrt Lacan die unerläßliche Spannung zwischen sozialen, kulturellen und psychoanalytischen Erklärungsebenen, ohne auf die fundamentalistische Trieblehre zurückgreifen zu müssen.

Interessanterweise scheint Chodorow in einer jüngeren Studie, *The Power of Feelings*, ihrerseits von der Behauptung Abstand zu nehmen, daß das Selbst „intrinsisch sozial“ sei: „Menschen bedienen sich kultureller Bedeutung und Bilder, aber sie erfahren sie *emotional* und *imaginär*“ (1999, S. 71). Persönliche Gefühle und Phantasien werden also zu den Mitteln, mit denen sie die Tiefe und Hartnäckigkeit von Identifikationen erklärt. Allerdings läßt sie dies mit einem neuen heuristischen Dualismus von Individuum und Gesellschaft zurück.

Wie wir gesehen haben, vermeidet Lacan auf subtile Weise einen derartigen Dualismus. Aber trotz der Vorteile seines Ansatzes bleiben natürlich viele Fragen offen. Zum einen wäre der Freudsche Konservativismus in Frage zu stellen, der bei Lacan dazu führt, den Phallus als fundamentales Zeichen der Anerkennung oder des symbolischen Austauschs, also des Mangels als subjektkonstituierendes Prinzip, zu betrachten. Obwohl Lacansche Theoretiker betonen, daß beide Geschlechter „kastriert“ sind, in dem Sinne, daß ihnen der Phallus fehlt, so impliziert die primäre Rolle dieses Symbols dennoch eine asymmetrische Struktur der Geschlechterbeziehungen, die viele irritierende Merkmale aufweist. Zum anderen: Auch wenn wir in der Lage wären, die Definition des Subjekts als Mangel vom Konzept des Phallus zu trennen, wie Lacan es in einigen seiner Schriften zu tun scheint, so müßte doch viel philosophische Arbeit geleistet werden, um das Konzept überzeugen zu lassen. Aber: Ganz gleich, ob Lacans Ansatz bis in die letzte Konsequenz zufriedenstellend ist, möchte ich dafür plädieren, daß eine *kritische* Psychoanalyse vor allem darin fortfahren muß, Schranken, Grenzen und unausweichliche Trennungen zu denken. Aus welchem Grund?

Blicken wir zurück in die Geschichte der Allianz von Psychoanalyse und Sozialkritik, dann erkennen wir zwei prinzipielle Phasen. In der ersten Phase erkundete die Psychoanalyse gewöhnlich den Mißerfolg des sozialen Wandels und das Wiederaufleben destruktiver Kräfte inmitten einer scheinbar aufgeklärten und fortschrittlichen Zivilisation. Sie enthüllte den sturen Widerstand elementarer Triebe hinter dem oberflächlichen Glanz des rationalen Fortschritts. In der zweiten Phase, die weiterhin andauert, nutzte man psychoanalytische Untersuchungen für ein genau entgegengesetztes Unternehmen: nämlich, um einem positiven, normativen Konzept der Sozialisation durch die Erforschung intersubjektiver Prozesse Substanz zu verleihen, die sich immer noch trotz der Einflüsse einer durch Wettbewerb und Bürokratie geprägten Welt in den Intimbereichen des Soziallebens vollziehen.

Mit meinen Ausführungen wollte ich aufzeigen, daß der erste Ansatz der Psychoanalyse tatsächlich zwischen Pessimismus und Optimismus oszilliert, der zweite hingegen läuft Gefahr, die bestehenden sozialen Verhältnisse zu idealisieren und die fundamentale Spannung zwischen Individuum und Gesellschaft zu ignorieren. Er ist außerdem zu optimistisch, was die Fähigkeit der Menschen angeht, eigene Formen von Bedeutung unabhängig von ihrem sozialen Kontext zu schaffen.

Nach meinem Dafürhalten geht die wichtigste aktuelle Botschaft der Psychoanalyse, eine Botschaft, die jede kritische Analyse der Gesellschaft aufnehmen sollte, aber in eine andere Richtung. In einer Welt, die zu unaufhörlicher Mobilität und grenzenlosen Aspirationen aufruft – oft mit verborgenen destruktiven Tendenzen – und die zum ständigen Austausch von oberflächlichen Identitäten ermuntert, liegt die Funktion der Psychoanalyse in der erneuten Erinnerung an Grenzen. Die Psychoanalyse zeigt uns, daß Geburt und körperliche Verfaßtheit, die Generationenfolge, die Unausweichlichkeit von Trennung und Verlust tief in der Psyche ihren Widerhall finden – ganz gleich, ob wir das wahrhaben wollen oder nicht. Eine gesündere, weniger triebgesteuerte Gesellschaft müßte demzufolge eine öffentliche Sprache und Symbolik finden, die in größerem Einklang mit diesen unbewußten Resonanzen stünde. Individuen können für die Bedeutung ihrer Erfahrungen sensibilisiert werden, und genau hier kann die Psychoanalyse eine wichtige Rolle spielen. Aber wenn eine Kultur nicht mehr imstande ist, semantische Ressourcen für diese Aufgabe der Selbstinterpretation anzubieten, dann versuchen die Individuen vergeblich, diese Bedeutung allein aus sich selbst heraus zu erzeugen.

Aus dem Englischen übersetzt von Stefanie Lotz

Literatur

Chodorow, N. (1985): Beyond drive theory: Object relations and the limits of radical individualism. In: Dies.: Feminism and Psychoanalytic Theory. Cambridge (Polity Pr.) 1989, 114–153.

– (1986): Toward a relational individualism: The mediation of self through psychoanalysis. In: Dies.: Feminism and Psychoanalytic Theory. Cambridge (Polity Pr.) 1989, 154–162.

– (1989): Feminism and Psychoanalytic Theory. Cambridge (Polity Pr.).

– (1999): The Power of Feelings. New Haven, London (Yale Univ. Pr.).

Freud, S. (1930a [1929]): Das Unbehagen in der Kultur. GW 14, 419–506.

Goldner, V. (1991): Toward a critical relational theory of gender. Psychoanalytic Dialogues, 1, 249–272.

Lacan, J. (1938): Die Familie. In: Ders.: Schriften III. Olten, Freiburg (Huber) 1975, 39–100.

– (1966a): Écrits. Paris (Seuil).

– (1966b): Funktion und Feld des Sprechens und der Sprache in der Psychoanalyse. In: Ders: Schriften I. 3. Aufl. Weinheim, Berlin (Quadriga) 1991, 73–169.

– (1991): Le Séminaire. Livre VIII: Le Transfert. Paris (Seuil).

Marcuse, H. (1955): Triebstruktur und Gesellschaft. Ein philosophischer Beitrag zu Sigmund Freud. In: Ders.: Schriften. Bd. 5. Frankfurt a.M. (Suhrkamp) 1979.

– (1963): Das Veralten der Psychoanalyse. In: Ders.: Kultur und Gesellschaft. Bd. 2. Frankfurt a.M. (Suhrkamp) 1968, 85–106.

Axel Honneth

Das Werk der Negativität

Eine psychoanalytische Revision der Anerkennungstheorie

Bei einem so komplexen Thema empfiehlt sich die Vorstellung einiger Thesen, die möglichst pointiert die eigene Überzeugung zum Ausdruck bringen können. Ich will in drei Schritten vorgehen, indem ich 1. zunächst die Gründe für die Angewiesenheit der Kritischen Theorie auf die Psychoanalyse umreiße, dann 2. in Abgrenzung zum Revisionismusvorwurf der älteren Vertreter der Frankfurter Schule auf die Notwendigkeit einer Öffnung hin zur Objektbeziehungstheorie zu sprechen komme, um schließlich 3. im letzten Schritt zu erwägen, ob der Preis für diesen Paradigmenwechsel zu hoch ist, weil damit gewissermaßen die „Negativität", der eigentliche „Stachel" Freuds, aus dem psychoanalytischen Ansatz entfernt wäre. Erst in dieser letzten, dritten These komme ich auf das Problem zu sprechen, das den Anstoß zum Titel meines Beitrags gab; aber der Umweg über die ersten beiden Schritte ist notwendig, um überhaupt den Stellenwert der Frage nach der Kraft des „Negativen" herausarbeiten zu können (vgl. Reiche, 1999; Whitebook, 2000).

Es sind mindestens zwei Gründe, die dafür sprechen, daß eine kritische Gesellschaftstheorie in der Tradition der Frankfurter Schule weiterhin eine enge Verbindung mit der psychoanalytischen Theoriebildung hält; allerdings läßt sich diese Begründung nicht liefern, indem bloß auf die Überlieferung der Schriften von Adorno oder Marcuse verwiesen wird. Von heute aus betrachtet, besitzt nämlich die von Horkheimer anvisierte und von Fromm dann auch tatsächlich bewerkstelligte Kooperation von Kritischer Theorie und Psychoanalyse ja durchaus etwas Zufälliges: es gab damals eine breite Strömung von Versuchen einer Integration von Marxismus und Psychoanalyse, die im wesentlichen das Ziel hatten, den gesellschaftstheoretischen Kern des historischen Materialismus um eine psychologische Theorie zu ergänzen, welche das Ausbleiben revolutionärer Erhebungen, also den Grad an sozialer Integration, erklären sollte. Hier bot sich die Psychoanalyse an, weil sie geeignet schien, die psychischen, unbewußten Bindungskräfte deutlich werden zu lassen, die die unterdrückten Subjekte an der Wahrnehmung ihrer rationalen Interessen hinderten. Schon nach dem Ende des Faschismus, erst recht aber nach der (teilweisen) Rückkehr der Institutsmitglieder in die sich etablierende Bundesrepublik hatte sich die soziokulturelle Lage insofern erheblich verändert, als nicht mehr die psychische Einbindung des Proletariats, sondern die eigentümliche Apathie und Resistenzlosigkeit der gesamten Bevölkerung das zu erklärende Problem schien. Aber wiederum bot sich die Psychoanalyse als komplementäre Theoriestrategie an, weil sie in Verbindung mit Annahmen über den Untergang des kapitalistischen Marktes die Aussicht bot, den Ich-Verlust der Subjekte, die „Krise" des Individuums, als innerpsychische Folge des Verlustes der väterlichen Autorität zu deuten. Seither ist mit der dramatischen Veränderung der zeitgeschichtlichen Erfahrung auch die primäre Evidenz der Notwendigkeit einer In-tegration von Psychoanalyse und kritischer Gesellschaftstheorie verschwunden. In Zeiten einer rapiden Enttraditionalisierung der Lebenswelt, in denen die Subjekte sich eigenhändig an den Prozeß der Individualisierung und Autonomisierung zu machen scheinen, ist auf jeden Fall nicht mehr ohne weiteres einsichtig, welches Erklärungsziel eine kritische Gesellschaftstheorie mit dem Einbau psychoanalytischer Konzepte eigentlich verfolgen würde – und die Beschwörung einer Fusion zwischen beiden Theorien ist häufig nur der Ausdruck einer experimentfeindlichen Orthodoxie, einer gedankenlosen Abwehr von konzeptuellen Neuerungen. Die Frage, welchen interdisziplinären Zuschnitt eine kritische Gesellschaftstheorie besitzen soll, ist nicht ein für allemal beantwortet, sondern bemißt sich an den konzeptuellen Grundbegriffen, ebenso wie an dem zu erklärenden Sachverhalt. Daher auch war es zunächst nur konsequent, daß Jürgen Habermas mit der Entwicklung seiner *Theorie des kommunikativen Handelns* (1981) die enge Verknüpfung mit der Psychoanalyse preisgab und an deren Stelle eine von Piaget und Kohlberg inspirierte Entwicklungspsychologie setzte, die in konzeptueller Übereinstimmung mit den leitenden Grundbegriffen die Durchsetzungschancen eines postkonventionellen Moralbewußtseins erklären sollte.

Es ist diese interne Historizität der Kritischen Theorie, die es auf jeder neuen Stufe erneut erforderlich macht, nach dem besonderen Stellenwert der Psychoanalyse für die kritische Theorie zu fragen. Mit Ausnahme der historischen Überlieferung, der vom Ort, in Frankfurt, bis zum Zeitpunkt der zwanziger und dreißiger Jahre vieles an Kontingenz innewohnt, verweist zunächst einmal nichts auf die Notwendigkeit einer Integration der beiden Theorieansätze. Gleichwohl bin ich, entgegen Habermas, der Überzeugung, daß es eine Reihe von guten Gründen gibt, die eine kritische Gesellschaftstheorie auf die Psychoanalyse (im weitesten Sinne) angewiesen sein lassen; die beiden Gründe, die ich nennen werde, hängen gleichermaßen mit der Vorstellung des Subjekts zusammen, die die psychoanalytische Theoriebildung ins Spiel bringt:

a) Eine kritische Theorie der Gesellschaft ist auf der normativen Ebene auf ein möglichst phänomennahes, realistisches Konzept der menschlichen Person angewiesen, das auch den unbewußten, nichtrationalen Bindungskräften des Subjekts einen angemessenen Platz einzuräumen vermag; ohne die Berücksichtigung von solchen reflexionsresistenten Motiven und Affekten geriete die Theorie nämlich in die Gefahr, einem moralischen Idealismus zu verfallen, in dem den Individuen ein Zuviel an rationalen Eigenleistungen zugemutet würde. Bis heute aber stellt die Psychoanalyse, gleich welcher Spielart, die Theorie dar, die den konstitutiven Grenzen der menschlichen Rationalität die größte Aufmerksamkeit schenkt: ob nun in Form verdrängter Triebphantasien, weitgehend unbewußt bleibender Bindungsschicksale oder unverfügbarer Affektkonstellationen, stets werden hier an der menschlichen Person unbewußte Antriebskräfte berücksichtigt, die der rationalen Deliberation gewisse kaum zu überschreitende Beschränkungen auferlegen. Um vor den Illusionen geschützt zu sein, die mit den Ideen einer Vernunftmoral einhergehen, bedarf die Kritische Theorie daher der Ergänzung durch eine Moralpsychologie, die sich von psychoanalytischen Einsichten leiten läßt. Darin wird die menschliche Person als ein Wesen vorgestellt, das durch die strikte Verpflichtung auf einen hypothetischen Standpunkt der Unparteilichkeit gewissermaßen überfordert wäre, weil es die existentiellen Grundlagen des eigenen Lebensvollzugs zu ignorieren hätte. Auf der normativen Ebene spielt die Psychoanalyse daher für die Kritische Theorie dieselbe Rolle, die Horkheimer ganz allgemein im „Materialismus" gesehen hat: sie hält fest, daß der Mensch durch unbewußte Triebschicksale oder reflexiv uneinholbare Bindungskräfte in einer Weise an sein eigenes, unvertretbares Leben gebunden ist, die jede prinzipiengeleitete Vernunftmoral elementar zu berücksichtigen hat.

b) Aber nicht nur auf der normativen Ebene, sondern auch auf der explanatorischen Ebene bedarf die Kritische Theorie der Gesellschaft der Ergänzung durch die Psychoanalyse, weil sie den reflexionsentzogenen Motiven menschlichen Handelns am ehesten Rechnung tragen kann. Die Argumentation verläuft hier in Parallele zu derjenigen, die mit Blick auf die idealistischen Tendenzen der Vernunftmoral vorgebracht wurde: soziale Vorgänge lassen sich nur angemessen erklären, wenn sie über die sprachlichen Artikulationen der Subjekte hinaus auch als das Ergebnis von Handlungen begriffen werden, in denen sich unbewußte Triebregungen oder Bindungsbedürfnisse der Subjekte niedergeschlagen haben. Auf einer sehr grundsätzlichen Ebene sollte innerhalb der sozialen Welt mit Affekten und Motiven gerechnet werden, die dem Bewußtsein der Handelnden weitgehend entzogen sind; um solche nichttransparenten, ichfernen Motivlagen angemessen berücksichtigen zu können, wie sie in Ängsten, Bindungssehnsüchten, Verschmelzungswünschen und Unterwerfungsphantasien zum Ausdruck gelangen, bedarf es einer psychologischen Theorie des Subjekts, einer Sozialisationstheorie, die der Genese unbewußter Affekte in der

Lebensgeschichte hinreichend Aufmerksamkeit widmet. Bislang sehe ich keine andere Theorie, die diese Aufgabe besser leisten könnte, als die eine oder andere Version der Psychoanalyse.

Allerdings stellt sich genau an diesem Punkt nun die Frage, welche der unterschiedlichen Spielarten der Psychoanalyse heute die damit umrissene Aufgabe am besten erfüllen kann; und die Antwort muß sich meines Erachtens daran bemessen, welche der verschiedenen Versionen dem Sozialisationsmilieu der Gesellschaft im ganzen am ehesten Rechnung tragen kann. Eine andere Formulierung für dieses Kriterium könnte auch lauten, daß diejenige Richtung der Psychoanalyse der geeignete Kandidat für eine psychologische Ergänzung der Kritischen Theorie ist, deren Grundbegriffe eine relativ nahtlose Übersetzung in gesellschaftstheoretische Kategorien erlauben. In meinem zweiten Schritt will ich die Gründe nennen, die dafür sprechen, die Objektbeziehungstheorie als die Version der Psychoanalyse zu begreifen, die dieser Aufgabe am besten gewachsen zu sein scheint.

Zunächst werde ich kurz den Grundgedanken der Objektbeziehungstheorie vorstellen, bevor ich die Gründe weiter benenne, die sie heute für eine interdisziplinäre Verkopplung mit einer kritischen Gesellschaftstheorie als besonders geeignet erscheinen lassen. Natürlich möchte ich mit diesen Überlegungen auch zeigen, daß die vor dreißig Jahren von Alfred Lorenzer (1971) und Jürgen Habermas (a. a. O.) unternommenen Revisionsbemühungen nicht weit genug gegangen sind, weil sie den Intersubjektivismus weitgehend nur auf der methodologischen Ebene des psychoanalytischen Verfahrens, nicht aber in den Grundbegriffen der implizierten Sozialisationstheorie selbst zur Geltung haben kommen lassen. In der Theorie der Objektbeziehung werden aus der therapeutischen Analyse von Beziehungspathologien Rückschlüsse auf die Bedingungen gezogen, die zu einer gelingenden Form der affektiven Bindung an andere Personen führen können. Bevor es freilich innerhalb der Psychoanalyse zu einer solchen Konzentration auf die interpersonalen Aspekte menschlichen Handelns kommen konnte, bedurfte es einer Reihe von theoretischen Anstößen, die die orthodoxe Vorstellung der Entwicklung des kindlichen Trieblebens in Frage zu stellen vermochten. Für Freud und seine Nachfolger waren die Interaktionspartner des Kindes zunächst allein in dem Maße von Bedeutung gewesen, in dem sie als Objekte von libidinösen Besetzungen auftraten, die sich aus dem intrapsychischen Konflikt von unbewußten Triebansprüchen und allmählich entstehender Ich-Kontrolle ergaben. Jenseits dieser nur vermittelten, sekundären Rolle wurde einzig der Mutter als Bezugsperson noch ein unabhängiger Stellenwert eingeräumt, weil ihr drohender Verlust in der Phase der psychischen Hilflosigkeit des Säuglings als Ursache aller reiferen Spielarten von Angst galt. War damit ein Bild der psychischen Entwicklung des Kindes etabliert, in dem seine Beziehungen zu anderen Personen nur als eine bloße Funktion in der Entfaltung der libidinösen Triebe betrachtet wurden, so mußten daran schon die empirischen Untersuchungen von René Spitz (1965) die ersten Zweifel wecken. In seinen Beobachtungen hatte sich nämlich gezeigt, daß der Entzug mütterlicher Zuwendung auch dann zu schweren Störungen im Verhalten des Säuglings führt, wenn ansonsten die Befriedigung all seiner körperlichen Bedürfnisse sichergestellt ist. Diese ersten Hinweise auf die unabhängige Bedeutung emotionaler Bindungen für die frühkindliche Entwicklung wurden alsbald, wie Morris Eagle in seinem Überblick über *Neuere Entwicklungen in der Psychoanalyse* (1988) dargestellt hat, durch eine Reihe von weiteren Untersuchungsergebnissen der psychologischen Forschung gestützt und bekräftigt: Ethologischen Experimentalstudien gelang der Nachweis, daß die Bindung von Affenbabys an ihre sogenannten Ersatzmütter nicht aus dem Erlebnis der Triebbefriedigung stammen kann, sondern aus der Erfahrung von „Kontaktbehagen" herrühren muß. Die bahnbrechenden Untersuchungen von John Bowlby (1969) führten zu dem Ergebnis, daß der menschliche Säugling schon in seinen ersten Lebensmonaten eine aktive Bereitschaft zur Herstellung interpersonaler Nähe entwickelt, die die Basis für alle späteren Formen von emotionaler Bindung abgibt; und Daniel Stern (1985) konnte, nicht zuletzt angeregt von den Forschungen von Spitz und Bowlby, überzeugende Beweise dafür erbringen, daß sich die Interaktion zwischen Mutter und Kind als ein hochkomplexer Prozeß vollzieht, in dem beide Beteiligten sich wechselseitig in die Fähigkeit zum gemeinsamen Erleben von Gefühlen und Empfindungen einüben.

All das mußte innerhalb einer forschungsoffenen Psychoanalyse, wie sie in der Nachkriegszeit in England und den USA anzutreffen war, insofern in hohem Maße irritierend wirken, als es im Gegensatz zum Es-Ich-Überich-Strukturmodell der Freudschen Theorie auf die nachhaltige Bedeutung von frühesten, vorsprachlichen Interaktionserfahrungen hinzuweisen schien: wenn der Sozialisationsprozeß maßgeblich von Erfahrungen abhängig war, die das Kleinkind im affektiven Umgang mit seinen ersten Beziehungspartnern macht, dann war die orthodoxe Vorstellung nicht länger aufrechtzuerhalten, nach der sich die psychische Entwicklung als eine Abfolge von Organisationsformen des „monologischen" Verhältnisses zwischen libidinösen Trieben und Ich-Fähigkeit vollzog. Der konzeptuelle Rahmen der Psychoanalyse bedurfte vielmehr einer grundsätzlichen Erweiterung um jene unabhängige Dimension sozialer Interaktionen, innerhalb deren das Kind sich durch die emotionale Beziehung zu anderen Personen als ein eigenständiges Subjekt zu begreifen lernt. Dieser theoretischen Schlußfolgerung kam schließlich von therapeutischer Seite noch der Befund entgegen, daß eine wachsende Zahl von Patienten an psychischen Erkrankungen litt, die nicht mehr auf intrapsychische Konflikte zwischen Ich- und Es-Anteilen, sondern allein auf interpersonale Störungen im Prozeß der Loslösung des Kindes zurückzuführen waren. Solche Formen von Pathologien, wie sie im Fall von Borderline- und Narzißmussymptomen vorlagen, erzwangen aus sich heraus von den Therapeuten, in verstärktem Maße auf Erklärungsansätze zurückzugreifen, die mit orthodoxen Vorstellungen unvereinbar waren, weil sie den wechselseitigen Bindungen zwischen Kindern und Bezugspersonen eine unabhängige Bedeutung einzuräumen versuchten.

Im Hinblick auf die verschiedenen Herausforderungen, die mit diesen wenigen Hinweisen umrissen sind, stellt die psychoanalytische Theorie der Objektbeziehung nun den ersten Versuch einer konzeptuellen Antwort dar. Verallgemeinernd läßt sich vielleicht sagen, daß sich der psychische Sozialisationsprozeß des Kindes nun sehr anders darstellt, als er von Freud und seinen Schülern zunächst ins Auge gefaßt worden war: der Aufbau der intrapsychischen Instanzen, also das, was wir philosophisch als Selbstbeziehung des Subjekts begreifen können, vollzieht sich als ein Verinnerlichungsvorgang, in dem das Kind schrittweise jene Interaktionsmuster internalisiert, die es in der Begegnung mit den sukzessive auftauchenden Bezugspersonen Mutter, Vater, Geschwister und schließlich auch den Peers zu erlernen hat. Die Organisation der Psyche vollzieht sich mithin als ein interaktiver Prozeß, in dem das heranwachsende Subjekt die Unabhängigkeit der objektiv bestehenden Interaktionsbeziehungen dadurch anzuerkennen lernt, daß es diese intrapsychisch nachbildet, um in seinem Inneren eine Vielzahl von unterschiedlich operierenden Instanzen entstehen zu lassen.

An dieser letzten Formulierung ist unschwer zu sehen, warum die Objektbeziehungstheorie eine geeignete Disziplin in der Kooperation mit einer kritischen Gesellschaftstheorie darstellt: denn dadurch, daß die psychische Struktur, also das, was bei Erich Fromm (1970) noch Charakterformation geheißen hatte, als Niederschlag von typisierten Interaktionsmustern aufgefaßt wird, kann leicht der Anschluß an eine Gesellschaftstheorie hergestellt werden, die ihrerseits an der sozialen Formation von Interaktionsverhältnissen interessiert ist. Bei Fromm war das Spektrum dessen, was er von der gesellschaftlichen Realität in die psychoanalytische Theoriebildung einbeziehen konnte, zunächst äußerst eng bemessen; es reduzierte sich auf die Art des väterlichen Bezugsverhaltens, weil dieses für die Fixierung auf eine bestimmte Stufe der psychosexuellen Entwicklung verantwortlich sein sollte (vgl. Schmid Noerr, 2000); hier hingegen, in der Objektbeziehungstheorie, tritt die Gesellschaft in all jenen Interaktionsmustern zu Tage, in die das Kind im Laufe seiner Entwicklung sukzessive einbezogen ist und die es schrittweise zu bewältigen hat. Jede der Objektbeziehungen des Kindes, also jede seiner stabilisierten Interaktionen mit einem konkreten oder generalisierten Anderen, hat eine sozial typisierte Form, so daß sich auch in den durch

Internalisierung erworbenen Instanzen stets die spezifische Struktur der gesellschaftlichen Interaktionsverhältnisse spiegelt. In einem dritten Schritt wende ich mich nun kurz der Frage zu, inwiefern mit dieser Anbindung an die Objektbeziehungstheorie für die Kritische Theorie die Gefahr verknüpft ist, den psychoanalytischen Stachel der Negativität preiszugeben – so zumindest hätte wohl Adorno die Sache gesehen.

Nach dem bislang Gesagten kann es so scheinen, als ob sich die Sozialisation des Kindes im Prozeß der Internalisierung von Interaktionsmustern relativ konfliktlos vollzieht, so daß in der psychischen Struktur des Individuums keine Narben oder Verletzungen zurückbleiben werden; und auch wenn dieses Sozialisationsmodell noch durch eine entsprechend umformulierte Triebtheorie ergänzt wird, in der die Triebe als Antriebsenergie der Instanzenbildung verstanden werden (vgl. Loewald, 1986), scheint sich an diesem Bild der Konfliktlosigkeit nichts Wesentliches zu ändern. Gegen ein solches Konzept ließe sich daher einwenden, daß es jene negativen Kräfte unterschätzt, die – sei es in Form des Todestriebes, sei es in Form einer endogenen Aggressionsneigung – doch stets im Zentrum der orthodoxen Psychoanalyse standen. Was der Kritischen Theorie durch die Verzahnung mit der Objektbeziehungstheorie gewissermaßen verlorenginge, wäre die Einsicht in jene *konstitutionelle Unangepaßtheit* des Menschen, die Adorno wohl stets als den zentralen Beitrag der Psychoanalyse begriffen hatte. Nun reduziert sich die damit aufgeworfene Frage, wenn ich es richtig sehe, im wesentlichen auf den folgenden Punkt: Muß jene negative Kraft, oder vielleicht besser, jene psychische Tendenz der Überschreitung, die psychische Gebrochenheit des Menschen, notwendigerweise als Bestandteil seiner Triebausstattung gedacht werden, oder kann sie auch als ein unvermeidliches Resultat seiner sich als Internalisierung vollziehenden Sozialisation konzipiert werden? Diese Frage ist deswegen so entscheidend, weil sich an ihr das kritische Potential der Objektbeziehungstheorie bemißt: denn auch sie räumt ja ein, etwa in Winnicotts Idee der „Übergangsobjekte", daß dem Kind durch den Zwang zur Anerkennung einer unabhängigen Interaktionswelt eine schwer kompensierbare Verletzung zugefügt wird, die zeitlebens als Tendenz zur Wiederherstellung symbiotischer Einheiten wirksam bleibt. Solch ein Drang läßt sich mit dem französischen Psychoanalytiker Cornelius Castoriadis sogar als eine innerpsychische Kraftquelle verstehen, die das einzelne Subjekt stets wieder nötigt, die jeweils etablierten Ich-Grenzen zu überschreiten und nach neuen, erweiterten Interaktionsformen zu streben (1984, Kap. 6). Der entscheidende Unterschied zur orthodoxen Auffassung ist freilich, daß diese dynamische Negativität nicht als Mitgift unserer Triebnatur, sondern als unvermeidliches Resultat unserer Vergesellschaftung begriffen wird. Der Unterschied zwischen diesen beiden Auffassungen dürfte, sowohl was die normative als auch die explanatorische Rolle der Psychoanalyse für die Kritische Theorie anbelangt, recht unerheblich sein: denn in beiden Fällen entsteht das Bild eines Subjekts, das nur zu einer gebrochenen Form von Intersubjektivität in der Lage ist, weil es durch die Unabhängigkeit und Unverfügbarkeit der Interaktionswelt überfordert ist. Und das, was wir an unbewußt wirksamen Bindungswünschen, Unterwerfungssehnsüchten oder Überwältigungsphantasien an den Subjekten normativ und explanatorisch zu berücksichtigen haben, ergibt sich aus beiden Versionen der Psychoanalyse.

Angesichts dieser Sachlage scheint mir bei all den Zweifeln, die sich inzwischen empirisch gegenüber der Annahme endogener Aggressionstendenzen des Menschen ergeben haben (vgl. Dornes, 1997, Kap. 9), der Verzicht auf eine allzu starke Triebtheorie sinnvoll – wir verlieren für die kritische Absicht einer Gesellschaftstheorie wenig, wenn wir auf die Annahme verzichten, daß der Mensch konstitutionell mit einem Todes- oder Aggressionstrieb ausgestattet sei.

Literatur

Bowlby, J. (1969): Bindung. Eine Analyse der Mutter-Kind-Beziehung. München (Kindler) 1975.

Castoriadis, C. (1984): Gesellschaft als imaginäre Institution. Frankfurt a.M. (Suhrkamp).

Dornes, M. (1997): Die frühe Kindheit. Entwicklungspsychologie der ersten Lebensjahre. Frankfurt a.M. (Fischer).

Eagle, M. (1988): Neuere Entwicklungen in der Psychoanalyse. Eine kritische Würdigung. München, Wien (Verl. Internat. Psychoanal.).

Fromm, E. (1970): Über Methode und Aufgabe einer analytischen Sozialpsychologie: Bemerkungen über Psychoanalyse und historischen Materialismus (1932). In: Ders.: Analytische Sozialpsychologie und Gesellschaftstheorie. Frankfurt a.M. (Suhrkamp), 9–40.

Habermas, J. (1981): Theorie des kommunikativen Handelns. 2 Bde. Frankfurt a.M. (Suhrkamp).

Loewald, H.W. (1986): Triebtheorie, Objektbildung und psychische Strukturbildung. In: Ders.: Psychoanalyse. Aufsätze aus den Jahren 1951–1979. Stuttgart (Klett-Cotta), 193–205.

Lorenzer, A. (1971): Sprachzerstörung und Rekonstruktion. Frankfurt a.M. (Suhrkamp).

Reiche, R. (1999): Subjekt, Patient, Außenwelt. Psyche, 53, 572–596.

Schmid Noerr, G. (2000): Zwischen Sozialpsychologie und Ethik. Erich Fromm und die „Frankfurter Schule". In: Institut für Sozialforschung, Mitteilungen. Bd. 11. Frankfurt a.M., 7–40.

Spitz, R. (1965): Vom Säugling zum Kleinkind. Stuttgart (Klett) 1974.

Stern, D. (1985): Die Lebenserfahrung des Säuglings. Stuttgart (Klett-Cotta) 1992.

Whitebook, J. (2000): Mutual recognition and the work of the negative. Some thoughts about German Idealism and the nursery. Unveröff. Manuskript.

Peter Warsitz

Jenseits von Soziologie und Psychologie

Psychoanalyse als Revolte

Hundert Jahre nach dem Erscheinen des Urtextes der Psychoanalyse – Freuds *Traumdeutung* – hat dessen Motto meine Überlegungen zum Verhältnis von Psychoanalyse und kritischer Theorie der Gesellschaft angeregt: „Flectere si nequeo superos, acheronta movebo".[1] Auf dieses Wort aus der Aeneis von Vergil (VII, 312, 288 f.) kommt Freud mehrfach, aber immer unkommentiert, zurück (1900a, S. 613; 1985c, S. 217). Darin droht die ewig eifersüchtige, hier haßerfüllte und aus Schmerz erstarrte („stetit acri fixa dolore", VII, 291) Juno dem Aeneas, dem Sohn der Aphrodite, der Juno in der Parzenwahl des Paris unterlegen war, Krieg, Vernichtung und Tod für ihn und die Geschicke seiner Stadt Rom an. Wir hingegen lesen heute das Motto von Freuds *Traumdeutung* eher als Plädoyer für einen libidinösen Hedonismus oder auch für einen politischen Anarchismus (vgl. Pohlen u. Wittmann, 1980). „Die Mächte der Unterwelt aufzurühren" – dieses Begehren hat die Nostalgiker einer unverbrüchlichen Triebnatur inspiriert, rousseauistisch oder reichianisch gegen den totalitären Zwang der kulturellen Zurichtung und der universalistischen Rationalität aufzubegehren. War die Psychoanalyse etwa deshalb für die frühe Kritische Theorie so attraktiv?

In vier Schritten möchte ich einen Bogen von 1. Freuds Auffassung von der inneren Revolte über 2. die Liaison von Kritischer Theorie und Psychoanalyse spannen und sodann 3. eine kritische Bemerkung zur Identität des Subjekts sowie 4. zur „Zukunft der Revolte" anfügen.

Freuds Revolte

Das Ziel, Psychoanalyse als Revolte des Unbewußten gegen die Totalität des Bewußtseins zu begreifen, war ein Motiv des Freudschen Denkens, das tiefer reicht als in die gesellschaftskritischen Anwendungszusammenhänge einer primär klinischen Lehre. Das Dispositiv der Revolte findet sich nämlich zentral in die klinischen Grundbegriffe der Psychoanalyse implantiert, was durch die erste Erwähnung in Freuds Urhordentheorie in *Totem und Tabu* von 1913 noch verdeckt blieb.[2] Wenig später, in „Trauer und Melancholie" von 1917, taucht das Thema der Revolte nämlich im Zentrum der klinischen Theorie selbst auf, nicht mehr lediglich als deren kulturtheoretische Ausweitung. In den narzißtischen Ichanteilen, die via Identifizierung mit dem verlorenen Objekt entstanden waren, melden sich die gegen den Zwang dieser Identifizierungen revoltierenden Gegenkräfte des Unbewußten, die sich hier masochistisch gegen das eigene Ich bis zum Suizid wenden.[3] Freuds Begriff der primären Identifizierung,[4] der die Grundlage seiner Strukturtheorie des psychischen Apparats war, entstammte also ursprünglich der klinischen Analyse der Trauerarbeit. Das Ich vermag darin – bei voll ausgebildeter Ichstruktur, also postödipal – die durch den Objektverlust entstandene Beschädigung gleichsam wieder zu reparieren, indem es das verlorene Objekt integriert.

Allerdings hat Freud später diese Auffassung implizit als zu idealistisch revidiert. Im Briefwechsel mit Binswanger (1992) gibt sich ein trauernder Freud zu erkennen, dem solch eine restlose Reparatur seines beschädigten Ichs angesichts gravierender Trennungstraumatisierungen gerade nicht vollständig gelungen ist. „Der Schatten des Objekts" fällt auf dieses Ich, das fortan im Schatten verbleiben, das einen melancholischen Zug zurückbehalten wird.[5] Schließlich ließ er sich über einen Anderen, Ludwig Binswanger, die Selbstreflexion ob der Unmöglichkeit einer gelingenden Trauerarbeit nach dem Tode von dessen Sohn vermitteln: „Wenn auch nicht etwas *in* uns stirbt fürs ganze Leben, so doch etwas *von* uns, das nicht ersetzt werden kann" (Brief v. 7.10.1926, S. 207). Freud resümiert nun: „Man weiß, daß die akute Trauer nach einem solchen Verlust ablaufen wird, aber man wird ungetröstet bleiben, nie einen Ersatz finden. Alles, was an die Stelle rückt, und wenn es sie auch ganz ausfüllen sollte, bleibt doch etwas anderes. Und eigentlich ist es recht so. Es ist die einzige Art, die Liebe fortzusetzen, die man ja nicht aufgeben will" (Brief v. 11.4.1929, S. 222).

Jedem trauernden Ich, so es denn den Objektverlust nicht einfach verleugnet, schreiben sich die Spuren der Verletzung und der Beschädigung unübersehbar ein. Wenn wir nun noch die Theorie vom Todestrieb als einer inneren Tendenz zur Auflösung von Bindungen hinzunehmen,[6] so drückt der Objektverlust die Drohung aus, daß das Ich als das Ensemble innerer Identifizierungen und Abwehroperationen immer von Fragmentierungstendenzen bedroht bleiben wird und in der Leere eines psychischen Todes vor dem physischen Lebensende melancholisch erstarren könnte. „Stetit fixa acri dolore/sie stand da, von heftigem Schmerz erstarrt" – die Abwehr dieses Schmerzes war der Grund für Junos unerbittlichen Haß auf Aeneas. Innere Starre, Haß oder psychische Indifferenz und Leere gelten als Folge oder Formen eines solchen inneren Suizids des Subjekts. Dagegen wehrt sich nun derjenige Anteil der psychischen Struktur, der nicht vollends im System der Identifizierungen integriert ist: das Echo der inneren Revolte.

Und noch der ganz späte Freud wird sich gegen die aufgeklärte Vernunft der Zeitgenossen als wissenschaftlicher Rebell erweisen. Im selbstkritischen Wissen um sein Nichtwissen (z. B. anläßlich der nicht gelingenden Trauerarbeit ob des Todes des Enkels Heinele) versucht Freud – nicht zum ersten Mal in seinem Œuvre –, diesen Mangel mit Hilfe einer brieflichen Übertragungsbeziehung (mit Ludwig Binswanger) zu analysieren.

In Freuds letzten Wiener Jahren trägt Binswanger seine Hommage zum achtzigsten Geburtstag des, wie er sagt, „älteren, weiseren, weit überlegenen Freund(es) und Geist(es)" (Brief v. 1.10.1936, S. 236) in Abwesenheit desselben vor, und Freud schreibt nach der Lektüre der Hommage an Binswanger, der ihn in die Höhen des abendländischen Geisteslebens zu heben versucht hatte:

> „Natürlich glaube ich Ihnen doch nicht. Ich habe mich immer nur im Parterre und Souterrain des Gebäudes aufgehalten – Sie behaupten, wenn man den Gesichtspunkt wechselt, sieht man auch ein oberes Stockwerk, in dem so distinguierte Gäste wie Religion, Kunst und andere hausen. Sie sind nicht der einzige darin, die meisten Kulturexperten des Homo natura denken so. Sie sind darin konservativ, ich revolutionär. Hätte ich noch ein Arbeitsleben vor mir, so getraute ich mich auch jenen Hochgeborenen eine Wohnstatt in meinem niedrigen Häuschen anzuweisen. Für die Religion habe ich es schon gefunden, seitdem ich auf die Kategorie ‚Menschheitsneurose' gestoßen bin. Aber wahrscheinlich reden wir doch aneinander vorbei, und unser Zwist wird erst nach Jahrhunderten zum Ausgleich kommen" (Brief v. 8.10.1936, S. 236 f.).

Statt einer Revolte: die Geschichte einer Liaison

Wagen wir also von Freuds Souterrain aus einen Blick auf die oberen Stockwerke auch des „Grand Hotel Abgrund". So hat Georg Lukács die Kritische Theorie einmal bezeichnet (vgl. Reijen u. Schmid-Noerr, 1988, S. 8) – wegen der pessimistischen Geschichtsphilosophie eines totalen Verblendungszusammenhangs der bürgerlichen Gesellschaft, die die Frankfurter Schule in seinen Augen vertrat. Hüten wir uns aber davor, forsch in jenen oberen Gemächern dieses Grand Hotels, z. B. als psychoanalytische Encounterspezialisten für herrschaftsfreie Kommunikation, aufzutreten, wohl wissend, daß man die Geschichte dieser Liaison zwischen Psychoanalyse und Kritischer Theorie auch genau andersherum erzählen könnte.

Ich werde an dieser Stelle darauf verzichten, deren Etappen detailliert nachzuzeichnen, zumal sie schon so ausgezeichnete und prominente Historiographen gefunden hat wie Martin Jay (1973), Rolf Wiggershaus (1986), Wolfgang Bonß (1982) und Bernhard Görlich (u. A. Schmidt, 1995; vgl. auch Benjamin, 1982, S. 426–455; Schülein, 2000; Schneider et al., 2000). Ich greife nur einige Stationen aus der mittleren und jüngeren Zeit dieser Liaison heraus. Da Peter Dews (in diesem Band) seinen Argumentationsfaden über Marcuse entwickelt, kann hier auf ihn verwiesen werden.[7]

Theodor Wiesengrund Adorno widmete schon seine (letztlich zurückgezogene) Habilitationsschrift „Der Begriff des Unbewußten in der transzendentalen Seelenlehre" (1927) der philosophischen Auseinandersetzung mit der Psychoanalyse. Später kam er immer wieder darauf zurück, z. B. in den *Minima Moralia* (1951), in den Aufsätzen „Die revidierte Psychoanalyse" (1952) sowie „Zum Verhältnis von Soziologie und Psychologie" (1955, Nachschrift 1966a). Hier entwickelt er die bekannte Bestimmung der Psychoanalyse als der einzigen Wissenschaft, die den subjektiven Bedingungen der objektiven Irrationalität nachforscht (1955, S. 42).[8] Schließlich räumt er in seinem späten Hauptwerk, der *Negativen Dialektik* (1966b), der Psychoanalyse eine in den Humanwissenschaften einzigartige Fähigkeit zu kritischer Selbstreflexivität ein, die, wie zu zeigen sein wird, mit seiner eigenen Kategorie des Nichtidentischen auffallend konvergiert.

Jürgen Habermas hat bekanntlich diesen Gedanken aufgegriffen: In den Kapiteln 10 bis 12 von *Erkenntnis und Interesse* (1968), seinem heute von ihm nicht mehr sehr geschätzten ersten Hauptwerk[9] (vgl. Müller-Doohm, 2000, S. 141 f.), entfaltet er die These vom „szientistischen Selbstmißverständnis der Psychoanalyse", aber auch eine an Alfred Lorenzer anknüpfende und diesen überbietende tiefenhermeneutische Interpretation des psychoanalytischen Prozesses. Die Psychoanalyse wird hier als das „einzige greifbare Beispiel einer systematisch Selbstreflexion in Anspruch nehmenden" und also einer kritisch-emanzipativen Wissenschaft qualifiziert (a. a. O., S. 262). Dieser Ansatz bot dem Methodenstreit in den Sozial- und Geisteswissenschaften richtungsweisende Impulse und ist so von bleibendem Wert (vgl. Warsitz, 1990, S. 107–203; 1997). Habermas selbst hat ihn nicht weiterentwickelt bzw. nachträglich dezidiert verworfen. „So hätte ich sehen müssen, daß der Versuch, das Freudsche Neurosenmodell von der Pathogenese einzelner Individuen auf die Entstehung und Entwicklung gesellschaftlicher Institutionen zu übertragen, zum Scheitern verurteilt ist" (Habermas, 2000, S. 14; vgl. Müller-Dohm, 2000, S. 7 ff.). Kritisch zum Habermasschen Ansatz eines die narrative Souveränität, ja die „Herrschafts"-funktion „des Ich" (1968, S. 300) feiernden Verständnisses von Psychoanalyse äußerte sich Ulrich Sonnemann in seiner Arbeit über den psychoanalytischen Erkenntnisbegriff (1986).[10] Über seine Studien zur *Negativen Anthropologie* erst spät zur Kritischen Theorie und zur Psychoanalyse gestoßen, wußte er als einziger Vertreter derselben entschieden die französischen Neuinterpretationen in der Nachfolge Lacans unprätentiös einzubeziehen (vgl. auch Dews, 1995, 2000 und in diesem Band; Dews u. Critchley, 1996).

Axel Honneth (1985, 1992, 2000a, b) hat mit seiner an Jessica Benjamins Adornokritik anknüpfenden und zur Rezeption G. H. Meads führenden Psychoanalyse-Lesart die Variationen der beschriebenen Frankfurter Melodie bereichert. Und doch ist es still geworden um jene Liaison zwischen Kritischer Theorie und Psychoanalyse, und nicht einmal markante Kontroversen oder Dissonanzen können dafür angeführt werden, so daß die Frage erlaubt sein muß, ob nicht beide Partner dieser Liaison mittlerweile „fremdgegangen" sein könnten, weil die Beziehungsdynamik etwa erschöpft war!? Hat sich die Dame „Psychoanalyse" etwa zu sehr in die Arme eines Herrn namens „Dr. med. Therapeuticus" geworfen, und ist die Kritische Frankfurter Philosophie den Verführungskünsten der kognitivistischen Ichpsychologen in Gestalt des Sozialbehaviorismus (Mead), der kognitiven Entwicklungspsychologie (Piaget) und der Psychologie des moralischen Bewußtseins (Kohlberg) erlegen?

Nun: Erkaltete Liebe läßt sich schlecht aufwärmen, es ergäbe einen schalen Beigeschmack des Epigonalen und Entsinnlichten. Die Spurensuche nach den Ursachen solchen Erkaltens der Liebe könnte uns umgekehrt aber wieder auf die Spur des revolutionären Geistes bringen, den wir bei Freud behauptet hatten und der einst auch die Kritische Theorie als Stachel wider den Zeitgeist der akademischen Zunft gefürchtet sein ließ, bis sie sich durch ihren neueren Formalismus und Universalismus im universitären Diskurs ein wenig die Zähne ziehen ließ. Allerdings könnten wir bei unserer Spurensuche nicht unbedingt in Frankfurt, sondern – horribile dictu – z. B. in Paris oder anderswo fündig werden – wo immer jener revolutionäre Geist nomadisch und ortlos weht.

Zur Kritik der Identität des Subjekts

Ich habe nun nicht zufällig bei der Wahl meines Titels auf Adornos Aufsatz „Zum Verhältnis von Soziologie und Psychologie" angespielt, ist er doch von Jessica Benjamin und Axel Honneth zum Anlaß einer heftigen Invektive gegen den Altvater der Kritischen Theorie genommen worden. Übrigens fordert Benjamin in ihrem 1998 erschienenen Buch *Shadow of the Other* die längst fällige Klärung der Differenz zwischen Adorno und Habermas bezüglich der Kategorie der Identität, der Intersubjektivität und der Selbstreflexion ein. Während es Adorno um eine negativ-dialektische Kritik des Identitätsbegriffs ohne ausreichende Thematisierung der Intersubjektivität gegangen sei, habe Habermas eine Intersubjektivitätstheorie ohne Thematisierung der destruktiven Potentiale der Conditio humana vorgenommen: der blinde Fleck des einen sei durch den blinden Fleck des anderen möglicherweise korrigierbar – und d. h. durch ihre eigene, Jessica Benjamins, Intersubjektivitätstheorie (a. a. O., S. 85 bzw. S. 93).

Honneth wendet nun kritisch gegen Adorno ein, daß dessen verkürzte Bezugnahme auf Freuds Dispositiv der vaterlosen Gesellschaft zu einer nostalgischen Überhöhung der väterlichen Funktion geführt habe, aus deren Schwäche die gesamte kritische Sozialpsychologie abgeleitet und zugleich verkürzt bestimmt wird. Diesem Dispositiv der Schwäche der Vaterfunktion in der modernen Gesellschaft und der daraus resultierenden Ichschwäche des modernen Subjekts mangele, so Benjamin und Honneth, ein differenzierter Begriff der unterschiedlichen Identifikationsfiguren der menschlichen Entwicklung, väterlicher, mütterlicher, aber auch anderer umweltvermittelter Beziehungsobjekte. Erst deren Integration ermögliche einen umfassenden Begriff von Intersubjektivität, die zur ersehnten kognitiven, kommunikativen und moralischen Kompetenz, der neuen Ikone der Kritischen Theorie, zu führen in der Lage sei. Die veraltete Vaterfixierung und der am Vater ausgerichtete Identitätsbegriff der frühen Kritischen Theorie ist nun der Grund für die Verdrängung der Kategorie des Sozialen bei Adorno und Anlaß für die Wiederkehr des Verdrängten bei Adornos geistigen Sprößlingen und Enkeln – Habermas und Honneth selbst –, so lese ich den Tenor von Honneths Adornokritik in seiner Studie *Kritik der Macht* (1985). Später (1992, 2000b) versucht Honneth, diese These durch eine Integration von Winnicotts Objektbeziehungstheorie und Meads symbolischem Interaktionismus bindungstheoretisch zu fundieren. Problematisch bleibt dabei die Reduktion der Freudschen Triebtheorie zu einem imaginären Spiegelkabinett intersubjektiver Anerkennungsrituale, in denen das erlebende Ich (‚I‘), das Mead mit Freuds „Es“ gleichsetzt, vom reflexiven Ich (‚me‘) letztlich dominiert wird. Was in der Spannung zwischen ‚I‘ und ‚me‘ herausfällt und verschwindet, ist allerdings das Begehren. So spricht Honneth vom Begehren nach Anerkennung, nicht aber von der Anerkennung des Begehrens.[11] Das solchermaßen zum Schweigen gebrachte Freudsche Es wird insgesamt exkommuniziert, wird zu einem Exilanten der kommunikativen Vernunft, der lediglich noch in leibgebundenen Expressionen seine Wiederkehr finden kann[12] (vgl. Honneth, 2000b, S. 1097).

Skeptisch werden psychoanalytische Kliniker und Empiriker hier einwenden, daß die Pathodynamik der Schwäche des Ichs als Folge einer Schwäche der Vaterrepräsentanz und die daraus resultierenden narzißtischen Pathologien heute das alles beherrschende klinische und theoretische Thema der psychoanalytischen Forschung darstellen. Dem wäre schließlich nicht so, kündete die These von der inneren Schwäche der symbolischen Ordnung und des Vatersignifikanten bloß von einer postmodernen Begriffsverwirrung. Psychoanalytische Sexualforscher wie Sigusch sehen in der narzißtischen „Diversifikation“ und „Dispersion“ der Geschlechterbeziehungen in den Zeiten der neosexuellen oder dritten sexuellen Revolution gar ein Symptom für die Fragmentierung des Ichs mit der Gefahr einer „Hylomatisierung“ (Sigusch), also einer vollständigen Verdinglichung und Selbstzerstörung. Diese forciere noch den „Rückfall in Barbarei", der nach Max Horkheimer eine geheime Entwicklungstendenz des modernen Subjekts darstellt[13] (vgl. Sigusch, 1998, S. 1224, S. 1211 ff., S. 1215 ff.; 1997, S. 842).

Honneths Kritik an Adornos Begriff der Identifizierung läßt sich nun zum Anlaß einer Spurensicherung des Verhältnisses von Psychoanalyse und Kritischer Theorie nehmen, deren Fortsetzung sich in Kristevas (1997) Dispositiv der Revolte der Intimität in der Moderne findet.

Adornos Text über die Position des modernen Subjekts zwischen soziologisierender Verallgemeinerung und psychologisierender Vereinzelung (wie auch Marcuse in seinem Aufsatz über „Das Veralten der Psychoanalyse", 1963) hatte die These von der strukturellen Ichschwäche und ihrer Neigung zur narzißtischen Regression in der modernen Gesellschaft hellsichtig antizipiert. Adorno weitete seine These schließlich zu einem Jenseits von Soziologie und Psychologie aus, z. B. zu einer „Metaphysik nach Auschwitz", in der er eine melancholisch gewordene Kritische Theorie beschrieb, die ihr revolutionäres Potential letztlich noch in den Refugien ästhetischer Erfahrungen, nicht mehr primär in revolutionären Aufständen gegen den Totalitarismus der verwalteten Welt und auch nicht mehr in den Ergebnissen der positiven Wissenschaften zu retten vermag. Was Honneth als „Verlust des Sozialen" bei Adorno beklagt, läßt sich umgekehrt auch als Spur der sozialen Traumatisierungserfahrung in negativer Form, als Objektverlust und innere Revolte gegen diesen Verlust, verstehen, von der die Erfahrung der modernen Kunst Kunde gibt, auf die sich Adorno in seinem Spätwerk vorwiegend bezieht. Er nennt seinen Ansatz deshalb eine „negative Dialektik", weil sich das revolutionäre Potential nicht in den positiven Identifizierungen und Ich-Kompetenzen des Bewußtseins, sondern in dem, was sich ihnen gerade entzieht, im Nichtidentischen, verbirgt. In ihm kündigt sich ein Aufstand an, eine Revolte, die die erstarrte Ichstruktur wieder zu verflüssigen vermag, gäbe es denn, ja fände sich denn ein vernehmendes Ohr, das sich als Resonanzkörper jener Binnenrevolution anböte – ästhetische Theorie, negative Metaphysik oder eben Psychoanalyse wären dessen Adressaten! Das Ich ist – wir wissen es – nicht Herr im eigenen Hause, ja es ist, als Totalität, als das „Ganze" einer Ichidentität interpretiert, gerade das Unwahre: Identität ist die Urform von Ideologie, seelisches Leiden die Rache des Nichtidentischen am Terror der Identität und zugleich am Schaden, den das Ich den abgespaltenen Teilen seiner selbst angetan hat. Freuds Kritik am Begriff der (Psycho-)Synthese sei identisch mit dem der *Negativen Dialektik* an Hegels Bestimmung des Ganzen als des Wahren – so Adorno (1966b, S. 142 ff.: „Guckkastenmetaphysik"). „Die Unwahrheit aller erlangten Identität ist verkehrte Gestalt der Wahrheit" (S. 153). Weiter unten heißt es im selben Text:

„Darum haben der Begriff der Person und auch seine Varianten, etwa die Ich-Du-Beziehung [sc.: wir könnten ergänzen: auch viele intersubjektivistische Theorien des Subjekts einschl. der Theorie der kommunikativen Kompetenz; P.W.], den öligen Ton ungeglaubter Theologie angenommen. So wenig der Begriff eines richtigen Menschen vorweggenommen werden kann, so wenig gliche er der Person, dem geweihten Duplikat ihrer eigenen Selbsterhaltung. Geschichtsphilosophisch setzt jener Begriff, wie gewiß einerseits das zum Charakter objektivierte Subjekt, andererseits seinen Zerfall voraus. Vollendete Ichschwäche, der Übergang der Subjekte in passives und atomistisches, reflexähnliches Verhalten, ist zugleich das Gericht, welches die Person sich verdiente, in der das ökonomische Prinzip der Aneignung anthropologisch geworden war. Was an den Menschen als intelligibler Charakter zu denken wäre, ist nicht das Personhafte an ihnen, sondern wodurch sie von ihrem Dasein sich unterscheiden. In der Person erscheint dies Unterscheidende notwendig als Nichtidentisches. [...] Human sind die Menschen nur dort, wo sie nicht als Person agieren und gar als solche sich setzen; das Diffuse der Natur, darin sie nicht Person sind, ähnelt der Lineatur eines intelligiblen Wesens, jenes Selbst, das vom Ich erlöst wäre; die zeitgenössische Kunst innerviert davon etwas. Das Subjekt ist die Lüge, weil es um der Unbedingtheit der eigenen Herrschaft willen die objektiven Bestimmungen seiner selbst verleugnet; Subjekt wäre erst, was solcher Lüge sich entschlagen, was aus der eigenen Kraft, die der Identität sich verdankt, deren Verschalung von sich abgeworfen hätte. [...] Negative Dialektik hält [...] [sc. nicht; P.W.] inne vor der Geschlossenheit der Existenz, der festen Selbstheit des Ichs, wie vor ihrer nicht minder verhärteten Antithesis, der Rolle, die von der zeitgenössischen subjektiven Soziologie als universales Heilmittel benützt wird" (a. a. O., S. 273 ff.).

Die „Zukunft der Revolte"

Der Bezug auf Adornos *Negative Dialektik* erlaubt uns nun überzuleiten zu der Frage, die sich daran aus psychoanalytischer Sicht anschließt: Wie ist die innere Revolte gegen die Totalität der lebensgeschichtlichen Identifizierungen zu denken, gerade wenn wir in Rechnung stellen, daß deren Struktur psychohistorisch und geschichtsphilosophisch auf dem Boden einer bedrohten Ichstruktur stattfindet? Wer wäre der Träger oder der Adressat dieser Revolte, und was wäre gegebenenfalls deren Medium? Ich denke, die poststrukturalistische Psychoanalyse-Interpretation der Linguistin und Psychoanalytikerin Julia Kristeva gibt darauf eine programmatische Antwort, die zugleich eine Neuformulierung der Beziehung zwischen Kritischer Theorie und Psychoanalyse erlaubt. Ihr zufolge vermag das historisch zu Fall gebrachte revoltierende Subjekt in seinem eigenen Diskurs, in den Formen seines Sprechens, Handelns und Schreibens, seines Textes unter anderem auch im psychoanalytischen Prozeß einschließlich dessen semiotischer Feinheiten, Verästelungen und Tiefenschichten, indirekt sich am Leben zu erhalten.

Kristeva hat in ihren letzten Texten zur „Zukunft der Revolte" (vgl. 1998) männliche und weibliche Rebellen des 20. Jahrhunderts psychohistorisch und textkritisch auf die Grundzüge ihres aufständischen Denkens befragt, J. P. Sartre, Roland Barthes, Antonin Artaud einerseits sowie andererseits die „genialen Frauen" Hannah Arendt (1999), Melanie Klein (2000b) und Colette (der Text über letztere ist noch nicht veröffentlicht). Sie findet – wie Adorno in seiner *Negativen Dialektik* – in deren Texten den Grundgedanken einer gegen die positiven Bewußtseinsformationen revoltierenden negativen Vernunft, die in der Kritik, im verneinenden Denken, den Motor der Vernunft sieht (wie einst Hegel in seiner *Phänomenologie des Geistes*). Dessen Gestalten sind aber nicht mehr allein politisch oder sozial zu finden, sie spielen sich als innere Revolte ab, wobei der eine oder andere von ihnen darüber hinaus den Weg zur äußeren Revolte gefunden haben mag. Als Psychoanalytikerin versucht Kristeva nun, diese Gestalt des revoltierenden Denkens mit einigen neueren postkleinianischen und poststrukturalistischen Theorieansätzen zu verbinden, die den Gedanken der inneren Revolte im psychoanalytischen Prozeß in Form der negativen Übertragungsphänomene finden, die den Prozeß einerseits bedrohen, wie sie ihn umgekehrt allererst ermöglichen. Es handelt sich um Übertragungsphänomene etwa des Schweigens, des Verstummens, der Denkstörungen im Zuhören, der Aufhebung der Stimmodulation (der „Tonalität" des Sprechens), des Beziehungsabbruchs und der ‚attacks on linking' (Bion, 1967), welche Green z. B. als Manifestationen des Todestriebs begreift und „déliaison" nennt (1992); analog spricht Bion von ‚negative capability'. Die Analyse dieser negativen Phänomene sei nur möglich als Durcharbeiten des inneren Widerstandes, den das Subjekt gegen die eigene Destruktivität in der Übertragung entwickelt.

Der Gedanke der inneren Revolte ist, so Kristeva, eine spezifische Erkenntnis des 20. Jahrhunderts,[14] den die Psychoanalyse, die Phänomenologie und die Existenzphilosophie auf ein bislang ungelöstes Problem der kritischen Tradition des Denkens gerichtet haben.[15] Wenn sie sich nun in der Explikation ihrer These auf Hegel und Heidegger beruft, so streift sie damit auch ein in der Kritischen Theorie Frankfurter Provenienz offensichtlich unbearbeitet liegengebliebenes, ja vermiedenes Problem der philosophischen Auseinandersetzung mit der Phänomenologie und dem Existentialismus, speziell mit Martin Heidegger. Dieser Diskurs nun wurde in der französischen kritischen Philosophie um so gründlicher ausgetragen, so daß man heute von einem franko*phonen* Heidegger sprechen kann, der mit dem Frank*furter* Heidegger nur noch ganz wenig zu tun hat[16] (vgl. Rockmore, 2000). Gerade die beim rechtsrheinischen Heidegger nur peripher reflektierte Dimension der Alterität („Mitsein"), die der sozialwissenschaftlich verdünnten Rede vom Anderen als dem Alter ego oder dem „generalisierten Anderen" bei Mead durchaus noch ähnelte, wird linksrheinisch ins Zentrum der Analyse gerückt und zugleich radikalisiert: Die Konstitution der Subjektivität aus der Begegnung und der Verfehlung der Begegnung mit dem Anderen, ja der logische und ontologische Vorrang des Anderen vor dem Ich, gewinnt in der französischen Phänomenologie von Sartre, Merleau-Ponty und Lévinas eine zentrale Rolle, in der der Freiburger Heidegger eine einschneidende Metamorphose erfuhr. Dieses Dispositiv der Alterität findet sich, wie mir scheint, auch in Lacans Bestimmung des Unbewußten als des Diskurses des Anderen und in seiner Differenz des Großen, des symbolischen Anderen vom sog. kleinen, dem imaginären Anderen der konkreten Objektbeziehungen, in deren Spannung Subjektivität sich zu ereignen vermag. Und hier beginnt sich ein neues Denken der inneren Revolte als eines Aufbegehrens des Unbewußten im Subjekt zu manifestieren im Sinne der Wahrheit des Subjekts im Diskurs, im Sprechen (z. B. in der Analyse), gegen die Herrschaft des autonom sich bloß wähnenden bewußten Ichs. Ansätze dieses Dispositivs der Alterität finde ich allerdings auch in Honneths neueren Überlegungen in *Das Andere der Gerechtigkeit* (2000a), in denen er dem ethischen Prinzip der Fürsorge und Solidarität einen Sonderstatus im Sinne einer asymmetrischen Beziehung zum Anderen gegenüber den abstrakten Prinzipien der Gerechtigkeit zugesteht.[17]

Auch Jacques Derrida, der Heideggers „Destruktion der Metaphysik" zu einer sprach- bzw. textanalytischen Methode der „Dekonstruktion" metaphysischer Texte modifiziert hat, sieht jüngst in der Psychoanalyse den einzigen noch verbleibenden relevanten Widerstand, die einzige fundamentale Revolte gegen das identifizierende Denken in den natur-, human- und sozialwissenschaftlichen Diskursen, die den vom positiven Denken durchseuchten neueren Dispositiven naiv folgen, dem Kognitivismus in der Psychologie, dem Psychopharmakologismus, dem biologischen Reduktionismus in der Genomik, dem Biologismus in der Medizin und den archaischen Praktiken in Ethik und Jurisprudenz (vgl. Derrida, 1996, 2000). Diese optimistische Bewertung der Psychoanalyse unterstreicht Derrida gerade wegen seiner Kritik am „Phallogozentrismus" (1966, S. 302 ff.; 1996, S. 72 ff.), den er schon früher in manchen psychoanalytischen Dispositiven einschließlich solchen des Lacanismus kritisiert hatte.

Vielleicht bedarf es manchmal eines gewissen geographischen und sprachlichen Abstandes, etwa zwischen Paris und Wien, Freiburg oder Frankfurt, um bestimmte Koinzidenzen eines Denkens der Revolte klarer erkennen zu können, z. B. die zwischen zwei „heiligen Texten" unserer Tradition, die man hierzulande kaum einmal zusammen liest und denen Kristeva eine überraschende dekonstruktive Intertextualität verleiht: Freuds kleine Schrift über „Die Verneinung" von 1925[18] und Heideggers Freiburger Antrittsvorlesung von 1929: „Was ist Metaphysik?“. Beide Texte konvergieren in der Annahme, daß die Verneinung in ihren zwei Facetten der Urteilsverneinung und der Zurückweisung eines bedrohlichen Affekts die Geburt des Psychischen bzw. des Daseins bewirkt: Revolte als Ursprung des Daseins.[19]

Kristeva hört nun in Freuds und Heideggers Bestimmung der psychischen Existenz als eines Aufbegehrens gegen den Zwang zur Identifizierung gerade die Kräfte eines „Entgegenhandelns“, „die Schärfe des Verabscheuens“, den „Schmerz des Versagens“, „die Herbe des Entbehrens“ (Heidegger, a. a. O.) als Attribute dessen, was sie in ihrer eigenen Begrifflichkeit die abjektale Tiefenschicht des Subjekts nennt. Die Kategorie des Abjekts gewinnt bei Kristeva dieselbe Funktion wie Heideggers Begriff der existentialen Angst („ontisch-ontologische Differenz“), wie Adornos „Aufstand des Nichtidentischen“ und wie Derridas „différence“, nämlich die Berücksichtigung dessen, was sich in unseren Objektbeziehungen gerade *nicht* repräsentiert findet. Das Abjektale zielt auf das in ihnen Verworfene, Abgelehnte, Abgespaltene und Ausgestoßene, das sich im frankophonen Sprachgebrauch mit dem Häßlichen, dem Ekligen, dem Gewaltsamen, dem Horror verbindet. Es zeigt sich als Leitsymptom gerade auch klinisch in den *Neuen Leiden der Seele* (Kristeva, 1993; vgl. auch 2000a) wieder, den neuen narzißtischen Pathologien und Borderline-Syndromen in ihren immer verwirrender sich zeigenden klinischen Formen, in denen Subjektivität heute zugleich sich zeigt und verbirgt.[20] Als therapeutisches Regulativ ermöglicht deren Analyse die Einbeziehung und psychische Integration von nichtrepräsentierten Objektbesetzungen. Das Abjektale ist gewiß nicht zufällig auch zur kreativ inspirierenden Kategorie moderner ästhetischer Erfahrungen geworden, nicht nur in der Literatur, auch in der darstellenden Kunst, die sich gelegentlich ganz bewußt mit Kristevas Begriff „abject art“ nennt (vgl. Menninghaus, 1999, Kap. IX).

> „Das Zurück-geworfen-Sein (le re-jeté), das Geworfen-Sein (jeté) des Daseins [...] ist eine Zurückstoßung (répulsion), die Ek-stase ist das andere Wort für die ab-jection“ (Kristeva, 1997, S. 17; Übers. P.W.).

„Ab-jet“ und „Re-jet“, Re-Volte und Re-Volution sind bei Kristeva die negativ-dialektischen Antipoden der identifizierenden Vernunft.

Was Adorno noch philosophisch und sozialwissenschaftlich postuliert hatte, wird in der klinischen Realität heutiger Psychoanalysen unübersehbar und in der psychoanalytischen Theoriebildung zum unüberhörbaren kritischen Stachel des Denkens. Versuchen wir, die heutigen Neukonzeptualisierungen der Psychoanalyse, die von Neokleinianern und französischen Poststrukturalisten ausgehen, in Verbindung zu bringen, so läßt sich der psychoanalytische Prozeß nunmehr weniger als Neugeburt bezeichnen, wie wir uns in ichpsychologischer Tradition auszudrücken pflegen, sondern besser als Revolte des Nichtidentischen gegen die Identifizierungen im Ich, gegen dessen rigide gewordene Abwehrstruktur eines normopathischen Charakters.

Adornos Kategorie des Nichtidentischen, Derridas Begriff der Differenz und Kristevas Begriff des Abjektalen zusammenzulesen mag wie eine Diskursvermischung erscheinen, die wegen ihrer Überschneidung verschiedener Wahrheitsansprüche der neueren Kritischen Theorie geradezu als Todsünde gilt und mit ewiger Verbannung aus den höheren Gemächern des „Grand Hotel Abgrund" geahndet wird. Aber wie schon erwähnt, hält sich der Psychoanalytiker ja vorzugsweise weiter unten auf, so daß ihn die Drohung wenig zu schrecken vermag.

In diesem revoltierenden Denken könnte die Psychoanalyse zukünftig wieder emanzipatorisch werden, da sie die „Sprengung von innen" (Adorno) des eigenen selbst geschaffenen Gefängnisses vorzubereiten gestattet (vgl. Wiggershaus, a. a. O., S. 299). Ich kann nicht beurteilen, vermute aber durchaus, daß das hier vorgestellte Projekt einer „Psychoanalyse als Revolte" eine gewisse Nähe zu dem besitzt, was Dews als innere Wahrheit des Subjekts bezeichnet im Sinne einer „dekonstruktiven Subjektivität", die er bei Lacan (1966) einerseits, bei Habermas andererseits findet, auch wenn sie sich, so Dews (2000), bei Habermas zu einer Entsublimierung der Vernunft (vielleicht sogar zu einer „repressiven Entsublimierung"?) zu verkürzen droht. Immerhin wären sich aber darin die Frankfurter und Pariser Spuren der Kritischen Theorie des Subjekts doch wieder näher, als deren Protagonisten selbst vermuten – und erst eine dritte Position, hier der Blick aus englischer Ferne, kann dies aufzeigen.

Anmerkungen

[1] Kann ich den Himmel nicht beugen, so hetz ich die Hölle in Aufruhr" (vgl. Starobinski, 1999).

[2] Hier spricht Freud zwar von der Revolte der Söhne gegen den Vater, vom Vatermord, wörtlich ist die Rede von der „vaterlosen Gesellschaft" der Bruderhorde, die sich nach deren Parrizid schuldbewußt um das Totem schart und daraus den Ursprung ihrer Moral und ihrer Sozialregeln ableitet: „Mit der Einsetzung der Vatergottheiten wandelte sich die vaterlose Gesellschaft allmählich in die patriarchalisch geordnete um" (1912–13a, S. 180).

[3] Die melancholische Revolte gegen das solchermaßen mit dem Verlorenen identisch gewordene Ich formt sich in Gestalt der Klagen über die Insuffizienz desselben aus, hinter denen Freud die Anklagen gegen die Urheber des Identifizierungszwangs erkennt: „Bei den psychogenen [sc. Melancholien; P.W.] würde das Ich zur Auflehnung gereizt durch die Mißhandlung von seiten seines Ideals, die es im Fall der Identifizierung mit einem verworfenen Objekt erfährt" (1921c, S. 149). Diesen Gedanken weitet Freud dann zum Ansatz einer psychoanalytischen Sozialpsychologie aus, die von der Dynamik der unbewußten Identifizierung, deren Annahme oder Ablehnung, von der Dynamik der inneren Revolte also, lebt.

[4] Sie ist bei ihm immer zunächst als eine mit dem Vater gedacht: „Die Identifizierung ist der Psychoanalyse als früheste Äußerung einer Gefühlsbindung an eine andere Person bekannt

[...] Der kleine Knabe legt ein besonderes Interesse für seinen Vater an den Tag" (1921c, S. 115). In: „Das Ich und das Es" heißt es: „[...] hinter ihm [dem Ich-Ideal; P.W.] verbirgt sich die erste und bedeutsamste Identifizierung des Individuums, die mit dem Vater der persönlichen Vorzeit. Diese scheint zunächst nicht Erfolg oder Ausgang einer Objektbesetzung zu sein, sie ist eine direkte und unmittelbare und frühzeitiger als jede Objektbesetzung" (1923b, S. 259).

5 Neun Jahre nach dem Tod der Tochter Sophie und sieben Jahre nach dem Tod des Enkels Heinele schrieb Freud an Binswanger, nachdem ihm am 36. Geburtstag von Sophie eine gravierende Denkstörung widerfahren war: „[...] seit Heineles Tod mag ich die Enkel nicht mehr, aber freue mich auch nicht am Leben. Es ist das auch das Geheimnis der Indifferenz – Tapferkeit hat man es genannt – bei meiner eigenen Lebensgefahr" (Brief v. 15.10.1926, S. 208). Seine eigene tödliche Erkrankung hatte er scheinbar besser verarbeitet als solche Verlusterlebnisse.

6 In seiner bis heute provozierenden Studie *Jenseits des Lustprinzips* (1920g) entwickelt Freud nämlich eine neue Dialektik von libidinöser Bindungspotenz und autodestruktivem Entbindungsstreben, die auch einen neuen Höhepunkt des kulturkritischen Denkens der Psychoanalyse eröffnet, insofern sie für das Verständnis der destruktiven Tendenzen der menschlichen Geschichte und Zivilisation einen libidinösen Hintergrund aufzeigt.

7 Die Stationen dieser Beziehungsgeschichte sind ohnehin bekannt: Adorno und Horkheimer hatten schon 1947 in ihrer *Dialektik der Aufklärung* der Freudschen Kulturkritik einen zentralen Stellenwert in ihrer These von der destruktiven Spätwirkung einer linearen Aufklärungsgläubigkeit eingeräumt, alle führenden Protagonisten der Schule übten sich in einander ein ums andere Mal überbietenden Psychoanalyseinterpretationen und variierten so die Melodie der freudomarxistischen Hymne auf eindrucksvolle Weise. Relativ zurückhaltend äußerte sich Max Horkheimer zur Psychoanalyse (auch wenn man seine Rede zum 100. Geburtstag Freuds an der Frankfurter Universität berücksichtigt), lediglich einige Passagen in „Dämmerung" (1987) sind ihr gewidmet, andererseits finden sich aber zahlreiche Passagen zur Psychoanalyse in den gemeinsam mit Adorno verfaßten Schriften (*Dialektik der Aufklärung* und z. B. „Georg Simmel und die Freudsche Philosophie"). Horkheimer hatte sich wie Leo Löwenthal und im Gegensatz zu Adorno, Marcuse und Pollock selbst einer Analyse unterzogen (bei Karl Landauer). Herbert Marcuse setzte sich insbesondere in *Triebstruktur und Gesellschaft* (1957) sowie in seinem Aufsatz „Das Veralten der Psychoanalyse" (1963) und in seiner Kritik an Erich Fromm intensiv mit der Psychoanalyse auseinander (vgl. Wiggershaus, 1986).

8 Auch die Kritik des Revisionismus im psychoanalytischen Kulturalismus bei Horney und Fromm findet sich bereits hier.

9 Eine ähnlich, allerdings mehr soziologisch gerichtete Wirkung hatte Helmut Dahmers 1973 erstveröffentlichte Studie *Libido und Gesellschaft. Studien über Freud und die Freudsche Linke.*

10 Ähnlich in seinem Text (1984) über Adornos *Negative Dialektik*: „Metaphysische Bestürzung und stürzende Metaphysik", bes. S. 293 f.; Habermas' „unangenehme Überraschung" über einen „ominösen Druckfehler", in dem dort „herrschaftliche" statt „herrschaftsfreie Diskussion" stand und der sich vom 1. bis zum 67. Tausend der Taschenbuchausgabe von Erkenntnis und Interesse ohne Korrektur durch den Autor durchgehalten hat, erweist sich im Sinne der Kritik Sonnemanns als veritable Freudsche Fehlleistung (vgl. Habermas, 2000, S. 12).

11 Zur Differenz zwischen Honneths, Jessica Benjamins und Lacans Begriff der Anerkennung vgl. Warsitz 2000, bes. 141–143.

[12] Vgl. kritisch zu Honneths Anwendung seiner Anerkennungstheorie auf die Psychoanalyse Warsitz (2000); es läßt sich zeigen, daß Meads Differenz von ‚I' und ‚me' mit der scheinbar analogen Differenz von Lacans „je" und „moi" inkompatibel ist.

[13] Die Sexologen zieren sich gelegentlich gleichwohl, diesen kulturellen Prozeß der Metamorphose des Subjekts „narzißtisch" zu nennen, Soziologen wie Lasch (1979), Sennett (1974) und Lipovetzki (1983) formulieren hier weniger zögerlich.

[14] Kristeva stellt ihren Begriff der Revolte in die Tradition des kritischen Denkens der europäischen Tradition, des cartesischen Zweifels, des Freiheitsdenkens der Aufklärung, der Negativität Hegels, von Marx' Revolutionsgedanken, des Unbewußten Freuds, von Zolas „J'accuse" sowie in den Kontext der formalen Revolten der künstlerischen Formgebung wie dem Bauhaus, dem Surrealismus, Antonin Artauds und Stockhausens, Picassos, Pollocks und Francis Bacons (Kristeva, 1996). Die Grundfrage eines Denkens der Revolte ist somit schon in den Anfängen des Nachdenkens über die Subjektivität laut geworden, bei Augustinus, dem großen Selbstaufklärer und Selbstanalytiker, von dessen „quaestio mihi factus sum" Kristeva ausgeht (1997, S. 12). Ohne diese Frage, dieses Sichinfragestellen eines Subjekts, kann keine Psychoanalyse beginnen und kein philosophischer Gedanke entspringen.

[15] Wichtige Protagonisten wie Horkheimer, insbesondere aber Marcuse und später Habermas und Apel, haben als Anhänger der Phänomenologie und der Existenzphilosophie, ja als Heideggerianer zu philosophieren begonnen und in Heidegger den Neubeginn eines radikalen Denkens der konkreten Existenz und der Faktizität des Daseins gefunden zu haben geglaubt; Marcuse wollte bei Heidegger habilitieren, und Habermas pries noch 1953 Heideggers *Sein und Zeit* als „bedeutendste(s) philosophische(s) Ereignis seit Hegels ‚Phänomenologie'" (Habermas, 1971, S. 65; zum Kontext des Verhältnisses von Kritischer Theorie und Fundamentalontologie vgl. McCarthy, 1992, S. 279–293). Gewiß: die vehemente und konsequente Abgrenzung von Heidegger, insbesondere wegen dessen philosophischer und politischer Verstrickung in den Nationalsozialismus, erfolgte schnell und endgültig. Aber mit der Existentialontologie verwarf man dann auch das philosophische Problem, für dessen Beantwortung Heidegger doch einst den Weg eröffnet zu haben schien: den Weg einer „Negativen Metaphysik" in Form einer Destruktion der klassischen Metaphysik mit dem Aufscheinen eines Denkens der konkreten Existenz und der Beziehung zum Anderen („Mitsein"), der bei Marcuse wie bei Adorno (*Negative Dialektik*) und Habermas (*Nachmetaphysisches Denken*) einen steten Quell des eigenen Denkens darstellen sollte (zur Kategorie der „negativen Existenz" bei Heidegger und Adorno vgl. Habermas, 1988, S. 35; Sonnemann, 1984).

[16] Diese Kritik an Habermas mit Kristeva sehe ich jetzt auch formuliert bei McAfee (2000), bes. Kap. 2: „Subjects-in-Process", S. 65 ff., bes. S. 78.

[17] Vgl. auch seine Ausführungen zur inneren Räumlichkeit des Subjekts, die in seiner Winnicott-Interpretation zum intermediären Raum anklingen (a. a. O., Absatz 2 und 3).

[18] Die in Frankreich durch den Hegel-Übersetzer Jean Hyppolite ihre wohl tiefste Interpretation erfahren hat (Hyppolite, 1954).

[19] Hören wir das Resümee bei Freud einerseits und bei Heidegger andererseits:

„Die Bejahung – als Ersatz der Vereinigung – gehört dem Eros an, die Verneinung – Nachfolge der Ausstoßung – dem Destruktionstrieb [...] Die Leistung der Urteilsfunktion wird aber erst dadurch ermöglicht, daß die Schöpfung des Verdrängungssymbols dem Denken einen ersten Grad von Unabhängigkeit von den Erfolgen der Verdrängung und somit auch vom Zwang des Lustprinzips gestattet hat" (1925h, S. 15).

Heideggers Begriff der Verneinung nimmt einen ganz anderen Ausgangspunkt, nämlich von

Leibnizens metaphysischer Grundfrage: „Pourquoi il y a plutôt quelque chose que rien?" (1929, S. 22); er kommt aber zu ähnlichen Resultaten. Heideggers Antwort lautet: Weil das Nichts als die „vollständige Verneinung der Allheit des Seienden" das Dasein erst begründet in Gestalt der Stimmung (der Stimme des Seins!), und d. h. in Gestalt der Angst, als Abstoßung (répulsion-révolte nach Kristeva) des Daseins gegen das Nichts: „Das Nichts gibt nicht erst den Gegenbegriff zum Seienden her, sondern gehört ursprünglich zum Wesen selbst [...] Die Durchdrungenheit des Daseins vom nichtenden Verhalten bezeugt die ständige und freilich verdunkelte Offenheit des Nichts, das ursprünglich nur die Angst enthüllt. Darin liegt aber: Diese ursprüngliche Angst wird im Dasein zumeist zurückgehalten. Die Angst ist da. Sie schläft nur. Ihr Atem zittert ständig durch das Dasein: am wenigsten durch das ‚ängstliche' und unvernehmlich für das ‚Ja Ja' und ‚Nein Nein' des betriebsamen; am ehesten durch das verhaltene; am sichersten durch das im Grunde verwegene Dasein" (a. a. O., S. 35 ff.). Hierzulande liest man diese Bestimmung Heideggers meist als Stottern im falschen Pathos des „Ringvereins", wie auch Adorno das unentwegte existentialistische Ringen um „Sein und Nichts" karikiert hatte (oder gar diagnostisch-entlarvend als Gestammel eines Angstneurotikers bzw. eines faschistischen Psychotikers; vgl. Matussek, 1997, S. 49 ff.). Im postmetaphysischen Mekka Frankfurts wird die Frage gar nicht mehr gestellt, ob Heidegger nicht nur trotz, sondern gerade wegen seiner Verstrickung in den Nationalsozialismus, seiner halbherzigen Abgrenzung von ihm und seiner akademischen Isolierung nach 1945 (ja vielleicht sogar wegen seiner eigenen Pathologie) die eigene Identität als den Grund der Angst und die Revolte dagegen (das „verwegene Dasein") als Ausweg verstanden haben könnte. Statt dessen hat man (im Gegensatz zur französischen Philosophie) stets nur hybride Verachtung oder kopfschüttelnde Ignoranz für ihn aufgebracht.

[20] Nur so entzieht sich im übrigen auch der psychoanalytische Diskurs der Kritik Foucaults am Dispositiv der Macht, der Biomacht, als deren Zentrales dieser das Regulativ des Geständniszwangs und der Normierung sieht, was er vorwiegend am Beispiel der Psychoanalyse exemplifiziert (vgl. Braun, 2000).

Literatur

Adorno, Th.W. (1927): Der Begriff des Unbewußten in der transzendentalen Seelenlehre. In: Ders. (1973): Gesammelte Schriften, 1. Frankfurt a.M. (Suhrkamp), 79–322.

– (1951): Minima Moralia. Reflexionen aus dem beschädigten Leben. Frankfurt a.M. (Suhrkamp).

– (1952): Die revidierte Psychoanalyse. In: Ders. (1972): Gesammelte Schriften, 8. Frankfurt a.M. (Suhrkamp), 20–41.

– (1955): Zum Verhältnis von Soziologie und Psychologie. In: Ders. (1972): Gesammelte Schriften, 8. Frankfurt a.M. (Suhrkamp), 42–85.

– (1966a): Postskriptum. In: Ders. (1972): Gesammelte Schriften, 8. Frankfurt a.M. (Suhrkamp), 86–92.

– (1966b): Negative Dialektik. Gesammelte Schriften, 6. Frankfurt a.M. (Suhrkamp) 1973.

– u. M. Horkheimer (1944): Dialektik der Aufklärung. Frankfurt a.M. (Fischer) 1969.

Benjamin, J. (1982): Die Antinomien des patriarchalischen Denkens. Kritische Theorie und Psychoanalyse. In: Bonß, W. u. A. Honneth (Hrsg.): Sozialforschung als Kritik. Frankfurt a.M. (Suhrkamp), 426–455.

– (1998): Shadow of the Other. Intersubjectivity and Gender in Psychoanalysis. New York,

London (Routledge). (Dt. Ausgabe: Der Schatten des Anderen. Frankfurt a.M. – Stroemfeld – 2001, in Vorber.).

Bion, W.R. (1967): Attacks on linking. In: Ders.: Second Thoughts. New York (Aronson), 93–109.

Bonß, W. (1982): Psychoanalyse als Wissenschaft und Kritik. Zur Freudrezeption der Frankfurter Schule. In: Bonß, W. u. A. Honneth (Hrsg.): Sozialforschung als Kritik. Zum sozialwissenschaftlichen Potential der Kritischen Theorie. Frankfurt a.M. (Suhrkamp), 367–425.

Braun, K. (2000): Menschenwürde und Biomedizin. Frankfurt a.M. (Campus).

Dahmer, H. (1973): Libido und Gesellschaft. Studien über Freud und die Freudsche Linke. Frankfurt a.M. (Suhrkamp).

Derrida, J. (1966): Freud und der Schauplatz der Schrift. In: Ders. (1967): Die Schrift und die Differenz. Frankfurt a.M. (Suhrkamp) 1976.

– (1996): Résistances de la Psychanalyse. Paris (Galilée) 1996.

– (2000): États d'âme de la psychanalyse. Adresse aux Généraux de la Psychanalyse. Paris (Galilée).

Dews, P. (1995): The Limits of Disenchantment. Essays on Contemporary European Philosophy. London, New York (Verso).

– (2000): Die Entsublimierung der Vernunft als Habermas' Leitgedanke. In: Müller-Doohm, S. (Hrsg.): Das Interesse der Vernunft. Rückblicke auf das Werk von Jürgen Habermas seit „Erkenntnis und Interesse“. Frankfurt a.M. (Suhrkamp), 144–174.

– u. S. Critchley (Hrsg.) (1996): Deconstructive Subjectivity. New York (Univ. of New York Pr.).

Freud, S. (1900a): Die Traumdeutung. GW 2/3.

– (1912–13a): Totem und Tabu. GW 9.

– (1916–17g): Trauer und Melancholie. GW 10, 428–446.

– (1920g): Jenseits des Lustprinzips. GW 13, 1–69.

– (1921c): Massenpsychologie und Ich-Analyse. GW 13, 71–161.

– (1923b): Das Ich und das Es. GW 13, 237–289.

– (1925h): Die Verneinung. GW 14, 11–15.

– (1985c): Briefe an Wilhelm Fließ 1887–1904. Frankfurt a.M. (S. Fischer).

– u L. Binswanger (1992): Briefwechsel. 1908–1938. Hrsg. V.G. Fichtner. Frankfurt a.M. (S. Fischer) 1992.

Görlich, B. u. A. Schmidt (1995): Philosophie nach Freud. Das Vermächtnis eines geistigen Naturforschers. Lüneburg (zur Klampen).

Green, A. (1992): La Déliaison. Psychanalyse, anthropologie et litérature. Paris (Pluriel).

Habermas, J. (1968): Erkenntnis und Interesse. Frankfurt a.M. (Suhrkamp) 1973.

– (1971): Philosophisch-politische Profile. Frankfurt a.M. (Suhrkamp).

– (1988): Nachmetaphysisches Denken. Frankfurt a.M. (Suhrkamp).

– (2000): Nach dreißig Jahren: Bemerkungen zu *Erkenntnis und Interesse*. In: Müller Doohm, S. (Hrsg.): Das Interesse der Vernunft. Rückblicke auf das Werk von Jürgen Habermas seit „Erkenntnis und Interesse“. Frankfurt a.M. (Suhrkamp), 12–20.

Heidegger, M. (1929): Was ist Metaphysik? Frankfurt a.M. (Klostermann) 1969.

Honneth, A. (1985): Kritik der Macht. Reflexionsstufen einer kritischen Gesellschaftstheorie. Frankfurt a.M. (Suhrkamp).

– (1992): Kampf um Anerkennung. Zur moralischen Grammatik sozialer Gefühle. Frankfurt a.M. (Suhrkamp).
– (2000a): Das Andere der Gerechtigkeit. Aufsätze zur praktischen Philosophie. Frankfurt a.M. (Suhrkamp).
– (2000b): Objektbeziehungstheorie und postmoderne Identität. Psyche, 54, 1087–1103.
Horkheimer, M. u. H. Regius (1987): Dämmerung. Notizen in Deutschland. In: Horkheimer, M.: Gesammelte Schriften. Bd. 2. Frankfurt a.M. (S. Fischer), 312–452.
Hyppolite, J. (1954): Commentaire parlé sur la Verneinung de Freud. In: Lacan, J. (1966): Écrits. Paris (Éditions du Seuil), 879–887.
Jay, M. (1973): Dialektische Phantasie. Die Geschichte der Frankfurter Schule und des Instituts für Sozialfoschung 1923–1950. Frankfurt a.M. (S. Fischer) 1976.
Kristeva, J. (1993): Die neuen Leiden der Seele. Hamburg (Junius) 1994.
– (1996): Sens et non-sens de la révolte. Pouvoirs et limites de la psychanalyse I. Paris (Fayard).
– (1997): La révolte intime. Pouvoirs et limites de la psychanalyse II. Paris (Fayard).
– (1998): L'avenir d'une révolte. Paris (Calmann-Levy).
– (1999): Le génie féminine. Tome I. Hannah Arendt. Paris (Fayard).
– (2000a): Crisis of the European Subject. New York (Other Press).
– (2000b): Le génie féminine. Tome II. Melanie Klein. Paris (Fayard).
Lacan, J. (1966): Écrits. Paris (Éditions du Seuil).
Lasch, C. (1979): Das Zeitalter des Narzißmus. München (Bertelsmann) 1982.
Lipovetzki, G. (1983): Narziß oder die Leere. Sechs Kapitel über die unaufhörliche Gegenwart. Hamburg (eva) 1995.
Marcuse, H. (1957): Triebstruktur und Gesellschaft. Frankfurt a.M. (Suhrkamp) 1973.
– (1963): Das Veralten der Psychoanalyse. In: Ders.: Kultur und Gesellschaft. Bd. 2. Frankfurt a.M. (Fischer) 1965, 85–106.
Matussek, P. (1997): Analytische Psychosentherapie. Bd. 2. Berlin (Springer).
McAfee, N. (2000): Habermas, Kristeva and Citizenship. Ithaca, London (Cornell Univ. Pr.).
McCarthy, Th. (1992): Heidegger und die Kritische Theorie. In: Jamme, Ch. u. K. Harris (Hrsg.): Martin Heidegger. Kunst, Politik, Technik. München (Fink), 279–293.
Menninghaus, W. (1999): Ekel. Theorie und Geschichte einer starken Empfindung. Frankfurt a.M. (Suhrkamp).
Müller-Doohm, S. (Hrsg.) (2000): Das Interesse der Vernunft. Rückblicke auf das Werk von Jürgen Habermas seit „Erkenntnis und Interesse“. Frankfurt a.M. (Suhrkamp).
Pohlen, M. u. L. Wittmann (1980): „Die Unterwelt bewegen“. Frankfurt a.M. (Syndikat).
Reijen, W. v. u. G. Schmid-Noerr (1988): Grand Hotel Abgrund. Hamburg (Junius).
Rockmore, T. (2000): Heidegger und die französische Philosophie. Lüneburg (zur Klampen).
Schneider, C. et al. (2000): Trauma und Kritik. Zur Generationengeschichte der Kritischen Theorie. München (Westfälisches Dampfboot).
Schülein, J.A. (2000): Von der Kritik am ‚szientistischen Selbstmißverständnis‘ zum Verständnis psychoanalytischer Theorieprobleme. Überlegungen zur Weiterentwicklung von Habermas' Psychoanalyse-Interpretation. In: Müller-Doohm, S. (Hrsg.): Das Interesse der Vernunft. Rückblicke auf das Werk von Jürgen Habermas seit „Erkenntnis und Interesse“. Frankfurt a.M. (Suhrkamp), 376–407.
Sigusch, V. (1997): Metamorphosen von Leben und Tod. Psyche, 51, 835–874.

– (1998): Die neosexuelle Revolution. Psyche, 52, 1192–1234.

Sennett, R. (1974): Verfall und Ende des öffentlichen Lebens. Die Tyrannei der Intimität. Frankfurt a.M. (S. Fischer) 1996.

Sonnemann, U. (1969): Negative Anthropologie. Vorstudien zur Sabotage des Schicksals. Reinbek (Rowohlt).

– (1984): Metaphysische Bestürzung und stürzende Metaphysik. Über ein Denken, das zum Schlußsatz der Negativen Dialektik werden könnte. In: Naeher, J. (Hrsg.): Die Negative Dialektik Adornos. Meisenheim (Leske u. Budrich) 1984, 293–316.

– (1986): Gesetz und Geschichte. Psyche, 40, 569–583.

Starobinski, J. (1999): Acheronta movebo. Nachdenken über das Motto der „Traumdeutung". In: Ders. et al.: Hundert Jahre „Traumdeutung" von Sigmund Freud. Frankfurt a.M. (Fischer), 7–34.

Vergil: Aeneis. Lat.-dt. Übers. v. J. Götte. München, Zürich (Artemis) 1983.

Warsitz, P. (1990): Zwischen Verstehen und Erklären. Die widerständige Erfahrung der Psychoanalyse bei Karl Jaspers, Jürgen Habermas und Jacques Lacan. Würzburg (Königshausen u. Neumann).

– (1997): Die widerständige Erfahrung der Psychoanalyse zwischen den Methodologien der Wissenschaften. Psyche, 51, 101–142.

– (2000): Anerkennung als Problem der Psychoanalyse. In: Schild, W. (Hrsg.): Anerkennung. Interdisziplinäre Dimension eines Begriffs. Würzburg (Königshausen u. Neumann).

Wiggershaus, R. (1986): Die Frankfurter Schule. Geschichte, theoretische Entwicklung, politische Bedeutung. München, Wien (Hanser).

Der Wandel in den Formen der Sexualität als Herausforderung an die Psychoanalyse

Volkmar Sigusch

Über gegenwärtige Transformationen der kulturellen Geschlechts- und Sexualformen*

Die historische Geburt der Sexualität

Ohne in einen totalisierenden Konstruktivismus verfallen zu wollen, muß ich als Sexualforscher zunächst sagen: Das, was wir immer noch „Sexualität" nennen, existiert als kulturell-symbolische Form und als Begriff erst seit etwa zweihundert Jahren, also seit wenigen Generationen, und zwar nur im europäisch-amerikanischen Gesellschaftskreis als ein allgemein Durchgesetztes und isoliert Dramatisiertes (vgl. Sigusch, 1988, 1989). Daß sich das Hauptwort „Sexualität" weder in der Bibel noch bei Homer noch bei Shakespeare findet, ist für die Sexualwissenschaft kein Nebenbefund, sondern die Sache selbst. Erst im 19. Jahrhundert erhält die kulturelle Sexualform den ihr angemessenen Namen, einen Kollektivsingular, der die zahllosen Vorgänger von Amor bis Venus verschlingt. Erst dann wird das Adjektiv „sexuell" wie das Adjektiv „modern" in den europäischen Sprachen substantiviert: „Sexualität" gibt es zuerst bei den Pflanzen, dann bei den Tieren, eine epistemische Mitgift, die nach wie vor kausale Schatten wirft.

Als theoretisches, ästhetisches und moralisch-praktisches Problem ist „Sexualität" Bestandteil einer profanen Kultur, die an jener Schnittstelle entstand, welche der Zerfall der religiösen Weltsicht und das Aufkommen der waren- und wissenproduzierenden Experimental- und Tauschgesellschaft im Abendland bilden. Was vordem unreflektiert als Verkündigung oder Immerschonso zusammenfiel, brach auseinander. Die Trümmer, Selbstbewußtsein, Seele, Sexualität, wurden reflektiert und bildeten einen ganz anderen Schein. Als sich die epistemische von der religiösen Sphäre

* Reimut Reiche zum 60. Geburtstag am 20. Juni 2001 in dankbarer Freundschaft zugeeignet.

absonderte, entstand das Gefühl der Sexualität *als solcher*. Das war die Stunde von Erfahrungs-Seelenkunde, Psycho-Analyse und Sexual-Wissenschaft.

Unsere Sexualität, d. h. eine allgemeine Sexualform, konnte nur entstehen, weil die Not der Menschen nicht mehr überwiegend Hungersnot war und weil gleichzeitig alle menschlichen Vermögen isoliert und als solche vergesellschaftet wurden. Nach und nach konnte die „sexuelle Frage", nur ein Teil der „sozialen", nicht mehr darauf begrenzt werden, Zwittrigkeit zu beseitigen und die Fort-„Pflanzung" je nach herrschendem Kalkül an- oder abzustellen. Am Ende des 19. Jahrhunderts fiel die sexuelle Frage mit der Frage nach dem Sinn des Lebens, nach Glück und Leidenschaft, nach erregter Harmonie, nach dem Verhältnis von Mensch zu Mensch als einem menschlichen zusammen.

Dazu konnte es nur kommen, weil die Bourgeoisie die Idee der freien, gleichen individuellen Geschlechtsliebe als einen neuen sittlichen Maßstab in die Welt gesetzt hatte: Liebe als ein Menschenrecht beider, des Mannes *und* der Frau, Liebe als freie Übereinkunft autonomer Subjekte, die Gegenliebe beim geliebten Menschen voraussetzt, Liebesverhältnisse als Gewissensverhältnisse von Dauer wie von Intensität. Der hellhörige Hegel (1798) schrieb in dieser Zeit: „Das Bild besserer, gerechterer Zeiten ist lebhaft in die Seelen der Menschen gekommen, und eine Sehnsucht, ein Seufzen nach einem reineren, freieren Zustande hat alle Gemüter bewegt und mit der Wirklichkeit entzweit" (S. 268 f.). Die Gegenwart erschien als „Zeitgeist", als vorübergehend, als ein „allmähliche(s) Zerbröckeln" (Hegel, 1807, S. 18). Mentalitäten und Begriffe der Veränderung entstanden: Bewegung, Krise, Entwicklung, Fortschritt, Emanzipation, Revolution usw. Da aber der autonome Bürger, der schon im Prozeß seines Entstehens zerfiel, „mit der Wirklichkeit entzweit" blieb, nicht zuletzt weil er das weibliche Geschlecht zum Sexus sequior degradierte, hielt das „Seufzen" an, verschwand die Not des Lebens nicht, verloren die Menschen das Gefühl des Unbehagens in der Kultur nicht. Und so schleppten sie sich von sexueller Revolution zu sexueller Revolution.

Die neosexuelle Revolution

Meine These ist nun, daß es in den Jahrzehnten nach der letzten sexuellen Revolution in den reichen Ländern des Westens zu Transformationen der Sexual- und der Geschlechtsform gekommen ist, die zwar relativ leise und langsam verlaufen, möglicherweise aber noch einschneidender sind als die der sechziger und siebziger Jahre des 20. Jahrhunderts. Den Prozeß dieser Umwertungen, Umschreibungen und Kreationen habe ich „neosexuelle Revolution" genannt (1996, 1998b, 2001).[1] Dabei interessieren mich weniger klassische empirische Daten zu Koitusfrequenzen usw. als vielmehr die Frage, wie Begehren und Leidenschaft umkodiert und wohin sie verschoben werden: in alte oder in neuartige sexuelle Selbstbezüglichkeiten zum Beispiel, in öffentliche sexuelle Inszenierungen, in heimliche E-Sex-Süchtigkeiten dank Internet und Cyberspace, in nonsexuelle Thrills oder in aggressive Aktionen, so daß sich möglicherweise Gewaltformen neben die Sexualformen stellen oder sie kulturell ablösen, weil die intendierte Erregung, die dann nicht mehr sexuell genannt werden könnte, von größer werdenden Menschengruppen nicht mittels Libido und Verliebung, sondern mittels Destrudo und Haß erreicht wird.

Um Mißverständnisse zu vermeiden (vgl. Reiche, 2000),[2] betone ich ausdrücklich die begrenzte Reichweite meiner These: Selbst dann, wenn die Strukturveränderungen der allgemeinen Sexualform wesentlich und auf einige menschliche Sicht sogar irreversibel zu sein scheinen, gestatten sie nicht den Schluß, alle Menschen reagierten jetzt „neosexuell". Denn selbstverständlich gab und gibt es *gleichzeitig* sehr differente Zeit- resp. Strukturschichten der Sexualität. Gegenwärtig sind vor allem *drei Strukturschichten der allgemeinen Sexualform* bedeutsam, die sich kombinieren und einander überlappen können: 1. die Schicht, die für die erste sexuelle Revolution am Beginn des 20. Jahrhunderts charakteristisch ist, mit der Freud (1905d) konfrontiert war; 2. die Schicht, die für die zweite, teils kommerziell-antiautoritäre, teils regierungsamtlich-sozialliberale Revolution der sechziger und siebziger Jahre typisch ist, deren erste Phase Reiche (1968) mit einem in aller Welt berühmt gewordenen Buch kritisch begleitet hat, und 3. die Schicht, die zur dritten oder neosexuellen Revolution der achtziger und neunziger Jahre gehört. Diese Zeit- resp. Strukturschichten können zwar Generationen allgemein zugeordnet werden, nicht aber individuell.

Was ist nun für diese dritte, neosexuelle Revolution charakteristisch? Wenn wir an die Verheißungen der vorausgegangenen Revolte denken (vgl. Reiche, 1988), fällt als erstes auf, wie sehr die hohe *symbolische Bedeutung*, die die Sexualität am Ende der sechziger Jahre hatte, seit etwa zwei Jahrzehnten wieder reduziert wird. Damals wurde die Sexualität mit einer solchen Mächtigkeit ausgestattet, daß einige davon überzeugt waren, durch ihre Entfesselung die ganze Gesellschaft stürzen zu können. Andere verklärten die Sexualität zur menschlichen Glücksmöglichkeit katexochen.

Das, was die Generationen der sexuellen Revolution als Ekstase und Transgression ersehnten, wird seit den achtziger Jahren unter dem Aspekt der Geschlechterdifferenz, der sexuellen Übergriffigkeit, der Mißbrauchserfahrung, der Gewaltanwendung und der Infektionsgefahr infolge des Einbruchs der Krankheit AIDS problematisiert. Diese Topoi herrschen seit dieser Zeit in der wissenschaftlichen Diskussion vor und bezeichnen in empirischen Studien die Themen, die Jugendliche und junge Erwachsene heute beschäftigen (vgl. Schmidt, 1993). Ganz offensichtlich wird Sexualität heute nicht mehr als die große Metapher der Lust und des Glücks überschätzt und positiv mystifiziert, sondern negativ als Quelle und Tatort von Unfreiheit, Ungleichheit und Aggression diskursiviert. Von den kulturellen Instanzen und Institutionen versucht nur noch der Vatikan, sexuelle Lust durch Verbote groß zu machen, beeindruckenderweise in einer Zeit, in der deren übertriebene kulturelle Inszenierung offenbar wirksamer als alle Repressionen das Begehren zerstreut.

Libido carnalis versus Generatio prolis

Durch die neosexuelle Revolution ist die scheinbare Einheit Sexualität erneut zerschlagen und neu zusammengesetzt worden. Bestand die Paläosexualität vor allem aus Trieb, Orgasmus und dem heterosexuellen Paar, bestehen die Neosexualitäten vor allem aus Geschlechterdifferenz, Selbstliebe, Thrills und Prothetisierungen.

Nach der Trennung einer heute immer noch ganz selbstverständlich „sexuell" genannten Sphäre von einer logischerweise nunmehr nichtsexuellen, die, wie erwähnt, bereits vor Jahrhunderten erfolgte und grosso modo mit der kulturellen Geburt „unserer" Sexualität zusammenfällt, wurde vor allem durch technologische Errungenschaften die Libido carnalis von der Generatio prolis, d. h. die sexuelle von der reproduktiven Sphäre dissoziiert, und zwar so gründlich, daß wir zeitweise annahmen, sie hätten überhaupt nichts miteinander zu tun. Die Herausnahme der reproduktiven aus der sexuellen Sphäre stellt so etwas wie „die zweite kulturelle Geburt" der Sexualität dar, und das bedeutet: Geburt einer scheinbar eigentlichen, „reinen" Sexualität.

Nach und nach wurde selbstverständlich auch die nunmehr isolierte Sphäre der Fortpflanzung selbst fragmentiert – mit enormen Auswirkungen. Mittlerweile wird dem Fetus, in früheren Zeiten nichts als ein Anhängsel des weiblichen Körpers, ein Eigenleben zugeschrieben, sind Befruchtung und Embryonalentwicklung prinzipiell aus dem weiblichen Körper herausverlagert, werden Keimzellen und Embryonen auf eine Weise transferiert, die die bisherigen, als unhintergehbar angesehenen Schranken der Keimbahn, der Blutsbande und der Generationenfolge durchbrechen und alte Naturzwänge überwinden. Die Technik des Klonens läßt erstmalig menschliche „Parthenogenese" als möglich erscheinen, eine „Selbstzeugung", an der die Theoretiker der Autopoiesis (vgl. Luhmann, 1997) ihre helle Freude haben dürften. Dieser technologische „Quantensprung" bedeutet, daß die Fortpflanzung nicht nur unsexuell, sondern auch *ungeschlechtlich* erfolgen kann. Die Geschlechter werden dadurch auf eine neue Weise prinzipiell getrennt: Frauen und Männer sind existentiell nicht mehr unverrückbar aufeinander verwiesen und biotisch nicht mehr unverrückbar aufeinander angewiesen.

Während das Klonen des Menschen eine weitgehend abstrakte Sache ist, obgleich bereits 1993 menschliche Embryonen geklont worden sind, produzieren die neuen, bereits massenhaft angewandten Fortpflanzungstechnologien konkrete, vollkommen neuartige und disperse Keimbahn- und Familien-Relationen, indem z. B. eine Großmutter das von ihrem Schwiegersohn befruchtete Ei ihrer Tochter austrägt, so daß sie ihr Enkelkind gebiert. Sollte sich diese Entwicklung, durch die ein Samenspender, eine Eispenderin, eine Leihmutter und die zukünftigen „sozialen Eltern“ trennend verbunden werden, fortsetzen, werden in den reichen Ländern nicht mehr die biotischen, bei uns bisher leiblich genannten Eltern das Punctum saliens und von größter Bedeutung sein, sondern die sozialen Eltern.

Geschlechterdifferenz versus Triebschicksal

Auf die historisch weit zurückreichende Trennung der reproduktiven von der sexuellen Sphäre folgte in den siebziger und vor allem achtziger Jahren eine Dissoziation der sexuellen von der geschlechtlichen Sphäre, die für die neosexuelle Revolution ganz besonders charakteristisch ist. Die weibliche (und damit auch die männliche) Sexualität wurde neuerlich genuiert, d. h. kategorial und paradigmatisch auf die Geschlechtlichkeit bezogen. Das Mann-Frau-Verhältnis wurde grundsätzlich problematisiert, und alles Andromorphe, einschließlich der Blicke und Begriffe, wurde, bis hinein in Logik und Mathematik (vgl. Irigaray, 1984), dekonstruiert.

Angestoßen vom politischen und wissenschaftlichen Feminismus, wurden auch in der Sexualwissenschaft die alten Sexualverhältnisse zunehmend zum Geschlechterverhältnis umgeschrieben. Der Springpunkt war jetzt für viele nicht mehr der Sexualtrieb mit seinem „Schicksal“, sondern das Geschlecht mit seiner „Differenz“. Folglich konnten viele Sexualität ohne Trieb denken, nicht aber ohne Geschlecht. ‚Gender studies‘, die wie Pilze aus dem Diskurs-Boden schossen, drängten die psychoanalytische Trieblehre in den Hintergrund. Sogar Perversionen, einst der Inbegriff des sexuell Triebhaften, wurden zu einer Geschlechtsidentitätsstörung entsexualisiert. Das zeichnete sich bereits Mitte der siebziger Jahre bei Stoller (1975) ab.

Interessanterweise hat der feministische Gender-Diskurs seine (bisher übersehenen) Wurzeln in einer sexologischen Differenzierung, die im wesentlichen klinisch motiviert war und bereits in den fünfziger und sechziger Jahren vor allem von Intersexualismusforschern vorgenommen worden ist (vgl. Money, 1955). Unterschieden wurde in dieser Debatte das Körpergeschlecht (‚sex‘) vom Geschlechtsrollenverhalten (‚gender role‘) und dieses von der Geschlechtsidentität (‚gender identity‘), Dimensionen der Geschlechtlichkeit, die vordem unhinterfragt zusammenfielen. Zu den Resultaten gehört, daß heute ein ehemaliger Mann, im Betroffenen-Jargon ein „Bio-Mann“, als Frau, im Szene-Jargon als „Neo-Frau“, eine ehemalige Frau als Mann heiraten kann, und zwar lege artis. Es wird also versucht, diese Trennung wieder rechtlich und sozial durch Inversion ungeschehen zu machen, weil sie kulturell ans Existentielle geht.

Längst jedoch sind jene Transsexuellen, die die überkommene, mühsam errichtete Ordnung der beiden großen Geschlechter ratifizierten, flankiert von Menschengruppen, die sich jenseits von Medizin und Psychotherapie organisieren und der alten Ordnung zu entziehen suchen. Neben Transgenderisten oder ‚gender blenders', die dem Geschlechterrepertoire das zu entnehmen suchen, was ihnen gefällt oder andere irritiert, treten im Augenblick Intersexuelle, die sich selbst Zwitter nennen. Sie melden sich zum ersten Mal *als solche* und als besondere Gruppe zu Wort, die die von der Medizin verordneten Torturen öffentlich macht.

Während die genannten Brüche nur relativ wenige Menschen beschäftigen, faszinieren oder zerreißen, hat die gegenwärtige Trennung der geschlechtlichen von der sexuellen Sphäre eine neuartige, als historisch überfällig angesehene Dissoziation der sexuellen Sphäre selbst zur Folge, die die beiden Hauptgeschlechter insgesamt betrifft. Denn es gibt jetzt nicht nur eine Sexualität, sondern zunächst einmal die männliche und die weibliche, die nicht mehr das Negativ der männlichen ist.

Für die Theoretikerinnen, die im Sex-and-Gender-Diskurs den Ton angaben, waren schließlich im Verlauf der neosexuellen Revolution beide, Sex und Gender, durch und durch kulturell konstruiert, bar jeder Natur und folglich hintergehbar und veränderbar. Dabei wurde vor allem im US-amerikanischen Kontext die Debatte durch den „Sieg" (Reiche, 1997, S. 955) von Gender über Sex fundamentalistisch, und die Theoriebildung wurde dadurch kompliziert, daß Frauen, die weder weiß noch mittelständisch sind oder sich nicht als heterosexuell bezeichnen, auf ihren anderen Lebenswirklichkeiten bestanden. Denn tatsächlich werden Großkategorien wie Gender oder Frausein durch fundierende Differenzen, die mit der Ethnie, mit der sozialen Klasse oder der sexuellen Präferenz zusammenhängen, epistemologisch wie politisch grundsätzlich in Frage gestellt. Letzter Stand des Geschlechter- und Geschlechts-Diskurses ist (vgl. z. B. Butler, 1997), daß auch Gender „besiegt" ist, indem das kulturelle Bigenus und der somatische Dimorphismus, also das Binäre, theoretisch per deconstructionem und politisch per Subversion aufgelöst werden (sollen) mit dem Ziel der *Selbstermächtigung*.

Sapere aude! Habe Mut, dich subversiv deiner eigenen Differenz zu bedienen! könnte, Kants (1784) berühmte Aufklärungsformel variierend, als Motto über diesem letzten (meta-physischen) Feminismus stehen. Herauskommen sollen so etwas wie ‚selfsex' und ‚selfgender', selbstmächtig selbst produziert und selbst reguliert. Die Ziele des klassischen (physisch-politischen) Feminismus, nämlich Respekt und Gleichberechtigung, und die Einsichten des unmittelbar vorausgegangenen (differenztheoretischen) Feminismus, nämlich Geschlechter als transsubjektive Diskurseffekte zu begreifen, läßt der gegenwärtig Furore machende Feminismus idealistisch mit einem atemberaubenden Optimismus hinter sich. Die Materialität der Gesellschaftsformation und die Materialität der Diskurse scheint der subversive Wille zur Selbstermächtigung außer Kraft setzen zu können.

Prothetisierungen und Gewaltdiskurs

Eine weitere Dissoziation, die nur kurz erwähnt sei, betrifft die Separation der Sphäre des sexuellen Erlebens von der Sphäre der körperlichen Reaktion. Indem Mediziner eine Erektion des Penis mechanisch, medikamentös oder chirurgisch herstellen (vgl. Sigusch, 2001), trennen sie Verlangen, Erektion und Potenz auf künstliche Weise voneinander. Ein Mann kann dann ohne gespürtes Verlangen und oft auch ohne jene psychophysischen Sensationen, die dem sexuellen Erleben bisher eigen zu sein schienen, „sexuell funktionieren" und den Geschlechtsakt als das praktizieren, was er in unserer Kultur einer wesentlichen Tendenz nach immer war: Vollzug. Der Traum der Mediziner von der perfekten Prothetisierung der sexuellen Funktionen, deren Verkörperungen den Körper zur Leiche machen, also auch Entkörperungen sind, korrespondiert mit dem allgemeinen Traum von der Prävention des Somatischen und der Überwindung des Körpers, von der Entleiblichung des Sexus und des Genus.

Abzulesen ist diese kulturelle Tendenz momentan am Telefon-Sex und den TV-Partner-Treffs, an Fake sex und Cybersex. An letzterem offenbart sich möglicherweise ein generelles Umschreiben der Sinnlichkeits- und Wahrnehmungsstrukturen. Momentan noch ungefährdet wie der Pilot, der am Flugsimulator trainiert, will der Cybersexer die leibhafte Paläosexualität hinter sich lassen, ohne die Gefahren der elektronischen Kopulation bereits zu kennen, die eine produktive Verstofflichung dieser Dimension zwangsläufig enthält, solange den Manipulateuren eine Leibseele alter Art zugerechnet wird.

Die letzte Dissoziation, die ich erwähnen möchte, schied bei uns im Verlauf der achtziger Jahre, vor allem angestoßen vom politischen Feminismus, die alte Sphäre der Libido von der alten Sphäre der Destrudo. Durch diesen Prozeß wurde die aggressive und trennende Seite der Sexualität von der zärtlichen und vereinigenden so gründlich abgelöst, bis jene diese uniform überblenden konnte. Die einen historischen Moment lang als „rein" imaginierte Sexualität wurde wieder manifest „unrein". Die Schatten, die die Angst-, Ekel-, Scham- und Schuldgefühle werfen, wurden so dunkel und breit, daß viele Frauen und folglich auch Männer keinen Lichtstrahl mehr sahen. Gefühle der Nähe, der Freude, der Zärtlichkeit, der Exzitation, des Stolzes, der Lust, der Zuneigung und des Wohlseins drohten in einem diskursiven Affektsturm aus Haß, Wut, Neid, Bitterkeit, Rache, Angst und Furcht zu ersticken. Die Stichworte, die wir alle kennen, lauteten und lauten: frauenverachtende Porno- und Sexographie, sexuelle Belästigung am

Arbeitsplatz, alltäglicher Sexismus, Inzest, Vergewaltigung, sexueller Kindesmißbrauch und sexuelle Gewalt gegen Frauen (vgl. z. B. Düring u. Hauch, 1995; Richter-Appelt, 1997). Der ehemals singuläre und kranke Triebtäter wurde zum ubiquitären und normalen Geschlechtstäter, zum Mißbraucher und Vergewaltiger vervielfältigt. Männer schienen nur noch geil, gewalttätig und impotent zu sein. Diese Dissoziation schlug sich politisch in neuen Pönalisierungen nieder, die die mühsam in den sechziger und siebziger Jahren (teilweise) durchgesetzte Differenzierung von Moral einerseits und Recht und damit staatlichem Strafanspruch andererseits widerriefen.

Dispersion der sexuellen Fragmente

Der Prozeß der kulturellen Dissoziation der alten Scheineinheit Sexualität hat Hand in Hand mit der möglichst allseitigen Kommerzialisierung und Mediatisierung der Sphären zu einer gewaltigen Zerstreuung der Partikel, Fragmente, Segmente und Lebensweisen geführt, die ich *sexuelle Dispersion* nenne. Einerseits werden die Individuen durch den Prozeß der Dispersion entwurzelt und anonymisiert, andererseits werden sie durch ihn vernetzt und unterhaltsam zerstreut. Indem neue Konstrukte entstehen, die alte Verkrampfungen, Zweifel und Befürchtungen beseitigen, können sich andere ausbreiten. Es gibt jetzt bei uns eine sexuelle und geschlechtliche Buntscheckigkeit, von der frühere Generationen nicht einmal träumen konnten.

Durch die Kommerzialisierung von Sexualität und Geschlecht wird die Dispersion gewissermaßen physisch und damit greifbar. Sie ist der Versuch, möglichst viele Fragmente und Segmente in die Warenförmigkeit zu pressen, von der medialen Selbstentlarvung über die Flirtschule, die Partnervermittlung, die Produktion von Keuschheitsgürteln oder Massagestäben in „weiblicher" Delphinform, den Sextourismus und die Kinderprostitution bis hin zum Embryonenhandel. Gegen die These, unsere Sexualität sei zur Ware geworden, die im Zuge einer mit der Studentenbewegung einhergehenden Marx-Renaissance aufgekommen war, hatte ich damals zu zeigen versucht, warum das prinzipiell unmöglich ist (vgl. Sigusch, 1984). Denn träfe die These zu, wären Mensch und Ware identisch, lebten Menschen nicht nur in Verhältnissen des Scheins, nicht nur mit dem Schein und im Schein, sondern nur noch zum Schein. Das mittlerweile erreichte Ausmaß der Kommerzialisierung aber hätte ich mir damals nicht vorstellen können.

Konkret zeigt ein empirischer Blick ins Fernsehen oder ins Internet, wie groß die Dispersität der dissoziierten Teile inzwischen ist. Dort findet die Veröffentlichung aller Intimitäten statt, die irgendwie faßbar sind, unter der Versicherung, sie blieben ganz persönlich. Das Motto lautet: „Ich bekenne". Wildfremde sagen Wildfremden die persönlichsten Dinge und verschaffen sich offenbar dadurch das Gefühl, noch am Leben zu sein. Elektronisch aufbereitet, ist ganz offensichtlich weiterhin der Beichtzwang am Werk, den Foucault (1976) als Movens des Sexualitätsdispositivs begriff. Durch die angedeuteten Prozesse werden die Freudschen Partialtriebe erst so richtig dispers, und der Genitalprimat rückt in noch größere Ferne. Gleichzeitig wird den alten Perversionen ebenso der Garaus gemacht, wie sie, als normalisierte Lüste, neu fabriziert werden.

Diversifikation der Intimbeziehungen

Schließlich will ich auf einige Tendenzen hinweisen, die unter dem Stichwort *Diversifikation* zusammengefaßt werden könnten. Ich meine das Schrumpfen, Deregulieren und Entwerten der traditionellen Familie und das Vervielfältigen der Beziehungs- und Lebensformen. Durch diese Prozesse wurden die Dissoziationen und Zerstreuungen, von denen die Rede war, ebenso ermöglicht, wie sie von ihnen angestoßen worden sind oder mit ihnen zusammenfallen.

Bekanntlich ist die sogenannte Kernfamilie im Verlauf einiger Jahrhunderte drastisch geschrumpft. Bestand das „Ganze Haus“ aus zehn, zwanzig, hundert Personen, bewegen wir uns seit einigen Jahrzehnten auf eine Kleinstfamilie zu. Immer mehr Einzelpersonen sind zu ihrer eigenen Familie geworden. Die Triade Vater-Mutter-Kind, noch vor zwei Generationen der Inbegriff der Familie, ist in einem ungeahnten Ausmaß kulturell verblaßt. Dem Schrumpfen der traditionellen Familie ging eine prinzipielle Trennung von Ehe und Familie voraus, d. h., manfrau hat auch dann ganz naturwüchsig eine Familie, wenn manfrau nicht verheiratet ist.

An einem empirisch nachweisbaren Wandel kann dieser Deregulierungs- und Entwertungsprozeß abgelesen werden, ein Wandel, der sich seit dem Ende der sechziger Jahre zum Teil rasant vollzog: Abnahme der Heiratsrate; Zunahme der Scheidungsrate; Abnahme der Kinderzahl pro Partnerschaft und Ehe; Zunahme der partnerschaftlichen (früher nicht- oder außerehelich genannten) Geburten; Zunahme der Ein- und Zwei-Personen-Haushalte; Zunahme der alleinerziehenden Mütter und ganz allmählich auch Väter, die den Übergang von der Klein- zur Kleinstfamilie anzeigen; Aufkommen von Drei- und Mehr-Personen-Haushalten unterschiedlicher Motivations- und Interessenlage, deren Mitglieder nicht miteinander verwandt sind.

Im Verlauf dieses Wandels wurde die soziale und emotionale Bedeutung der Herkunftsfamilie durch die zunehmende Aufwertung subkultureller und freundschaftlicher Bindungen vom Jugendalter bis zum Tod erheblich reduziert, zumindest in den oberen Mittelschichten. Diese selbstgewählten und selbsterhaltenen Bindungen ließen die überkommenen Blutsbande verblassen. Heute stehen Freundinnen und Freunde vielen näher als die eigenen Geschwister.

Neosexualitäten

Die Vervielfältigung der sozial akzeptierten Beziehungs- und Lebensformen hat zu einer Differenzierung sowohl der alten Hetero- wie der alten Homosexualität geführt, deren vordem monolithischer Charakter sich damit empirisch als theoretisch in dem Sinn erweist: daß er kulturell produziert worden ist. Sexuelle und geschlechtliche Empfindungsweisen, die früher der Heterosexualität, der Homosexualität oder der Perversion zugeschlagen worden sind, weil keine anderen Raster zur Verfügung standen, treten aus deren Bannkreis heraus, definieren und pluralisieren sich selbst als Lebensweisen. Alte Krankheitsentitäten wie Sadomasochismus oder Transsexualismus zerfallen und treten als Neosexualitäten auf den Plan. Sichtbar angestoßen wurde die Diversifikation durch die großen Selbstbestimmungs- und Bürgerrechtsbewegungen der vergangenen drei Jahrzehnte.

Die neuen Selbstpraktiken wie beispielsweise bisexuelle, transgenderistische, sadomasochistische oder fetischistische sind insofern typische *Neosexualitäten*, als das triebhaft Sexuelle im alten Sinn nicht mehr im Vordergrund steht. Sie sind zugleich sexuell und nonsexuell, weil Selbstwertgefühl, Befriedigung und Homöostase nicht nur aus der perversen Fetischisierung, aus der Mystifikation der Triebliebe und dem Phantasma der orgastischen Verschmelzung beim Geschlechtsverkehr gezogen werden, sondern ebenso oder stärker aus dem Thrill, der mit der nonsexuellen Selbstpreisgabe und der narzißtischen Selbsterfindung einhergeht. Und schließlich oszillieren sie zwischen fest und flüssig, identisch und unidentisch und sind oft sehr viel passagerer als ihre fixierten Vorgänger.

Empirisch und greifbar wird all das auf den Love parades und Raver parties. Dort inserieren sich die Neosexuellen als verführerische Sexualsubjekte und laszive Sexualobjekte, vermeiden aber in der Regel leibhafte sexuelle Begegnungen alter Art. Offenbar inszeniert sich in solchen Events und Invents ein kollektiver Zeitgeist-Wunsch nach konfliktfreier Sexualität, wie ihn Reiche (1997) aus dem Gender-Diskurs herausgelesen hat. Beschworen wird eine altruistische Gemeinschaft, doch jede und jeder distanziert sich zugleich durch Outfit und Verhalten von der Gemeinschaft, ist sich narzißtisch und egoistisch selbst am nächsten. Alle Teilnehmer fallen aus dem Rahmen und sind gerade dadurch eingebunden und formiert. Offenbar wird heute die gewünschte Beziehungsdisziplin durch allerlei Aufputschungen und Drapierungen erträglich gemacht. Auf jeden Fall wird die oft undramatische und zudem romantische Beziehungsliebe immer deutlicher von dramatischen Events der Selbstinszenierung und Selbstliebe flankiert. Insofern sind Love parades und Raver parties ein Inbegriff der Neosexualitäten: Werktags wird sauber und korrekt funktioniert, am Wochenende aber wird mit Hilfe von Designerdrogen, die den Körper von der Seele dissoziieren und ‚out-of-body-experiences' gestatten, millionenfach eine

Techno-Sau durch den Berliner Tiergarten getrieben, die nur noch von ferne an die Verheißungen und Risiken des „Gartens der Lüste" erinnert.

Von den erwähnten Neosexualitäten unterscheidet sich der Transsexualismus mit operativem Geschlechtswechsel in mehrfacher Hinsicht, vor allem wohl, weil er eher ein sich fixierendes *Neogeschlecht* als eine flexible Neosexualität ist. Als einzige Neubildung ist der Transsexualismus mittlerweile mit den höchsten kulturellen Weihen versehen worden. Für welche Sexual- oder Geschlechtsform gibt es schon eine Lex specialis oder einen höchstrichterlich garantierten Zugang zu den Leistungen der gesetzlichen Krankenkassen? Das Neo-Logische am Transsexualismus ist, daß er sein eigentlich immer schon logisches Gegenstück, das ich *Zissexualismus* (vgl. Sigusch, 1995a, 1995b) genannt habe, grundsätzlich ins Zwielicht rückt. Denn wenn es ein Trans, ein Jenseits (des Körpergeschlechts), gibt, muß es auch ein Cis, ein Diesseits, geben. Indem der Transsexualismus beweist, daß auch Sex/Gender ein kulturell Zusammengesetztes und psychosozial Vermitteltes ist, fallen Körper- und Seelengeschlecht bei den Zissexuellen, die bisher die einzig Gesunden und Normalen waren, nicht mehr fraglos und scheinbar natural zusammen. Das aber geht ans kulturell Eingemachte.

Mit der Rationalisierung, der Zerstreuung, der Kommerzialisierung und dem Zwang zur Vielfalt ist eine generelle Banalisierung des Sexuellen verbunden. Kulturell ist Sexualität etwas weitgehend Selbstverständliches geworden wie Mobilität oder Egoität. Aus dem revolutionären Eros zur Zeit des Fordismus ist ‚lean sexuality' geworden, die sich der postfordistischen lean production zur Seite stellt. Das allgemeine Modell der neosexuellen Revolution kann als ‚selfsex' bezeichnet werden, der selbstdiszipliniert und selbstoptimiert ist. Dazu passen die neosexuellen Selbstpraktiken, die sich mit großer Selbstverständlichkeit inszenieren. Dazu paßt auch der diskursive Lärm um die Potenzpille Viagra, die endlich den Mannheitstraum der Versteifung auf Knopfdruck erfüllen soll, indem sie eine entscheidende Dissoziation verheißt: die der Angst von der Sexualität, so daß ein selbstregulierter Designersex ungestört performiert werden könnte. Einschneidender scheinen mir aber in diesem Zusammenhang die Ergebnisse neuester empirischer Studien (z. B. Laumann et al., 1994; Schmidt, 2000) zu sein, nach denen die Selbstbefriedigung in heterosexuellen Beziehungen, die als „befriedigend" bezeichnet werden, zu einer eigenständigen Sexualform geworden ist. Offensichtlich hat die Selbstbefriedigung für viele junge Frauen und Männer nicht mehr den alten Not- und Surrogatcharakter.

Autodestruktion und Autopoiesis

Die neosexuelle Revolution besteht aus Prozessen des Zerlegens und Neuzusammensetzens, der Autodestruktion und der Autopoiesis (vgl. Sigusch, 1997), die für unsere

Gesellschaftsformation charakteristisch sind. Sie resultieren aus der allgemeinen und enormen Veränderungsdynamik, die unsere Art zu wirtschaften anstößt, benötigt oder zuläßt. Keine bisherige Gesellschaftsformation war so wandlungsfähig, flexibel und gerade dadurch stabil. Weil im Zentrum der System-, Bedeutungs- und Bewußtseinskonstitution Objektive stehen, die jede Individualität in eine exzentrische Position zwingen, sind die einzelnen Allgemeinen zugleich be- und entlastet. Weil für den Gang der Gesellschaft immer belangloser ist, was die Individuen tun und denken, können sich sexuelle Orientierungen, Verhaltensweisen und Lebenswelten pluralisieren, sofern nicht diskursive Überhänge aus vergangenen Zeiten oder querliegende Objektive wie in unserem Zusammenhang vor allem das Sexus-potior-Objektiv des Sexismus im Wege stehen.

Die Mega-Erzählung unserer Gegenwart folgt den Stichworten Innovation und Wandel (vgl. Sigusch, 1998a). Noch aber klammern wir uns daran, daß es einen epistemologisch irreduziblen Sexus-Rest gibt, daß die Sexualität ein Rätsel ist, daß die Fetische und Szenen, die uns erregen, ein Geheimnis umschließen, daß sie weder produziert werden können noch käuflich sind. Auch scheint das Sexualsystem relativ autonom zu sein, sich trotz der Dynamik der hiesigen Gesellschaftsformation nur langsam zu verändern, im Fall der Liebe sogar im Schneckentempo, wie empirische Studien zeigen (vgl. Sigusch u. Schmidt, 1973; Schmidt, 1993). Ich denke, das hat viele Gründe. Wesentlich ist sicher, daß beide, unsere Gesellschaftsformation und unsere Sexualität, einen festen Kern enthalten, der sich, seit es sie als historische Bildungen gibt, trotz aller Umbrüche durchgehalten hat. Dieser feste Kern macht ihr gesellschaftliches Wesen aus. Bei der Sexualität wird er gebildet vom geschlechtlichen Dimorphismus, der einen Dipsychismus samt „Geschlechterspannung“ (Reiche, 1990) bedingt, von der geschlechtlichen Fortpflanzung, von der Rätselhaftigkeit der erregenden sexuellen Anziehung und der Erregtheits- und Liebesgefühle sowie von der Leibhaftigkeit der Sensationen.

Was aber, wenn die alten Natur- und Gesellschaftsgrenzen nicht nur theoretisch-technologisch wie zuletzt beim Klonen überschritten, sondern durch das Umkodieren von Sinnlichkeit und Wahrnehmung lebenspraktisch kollektiv außer Kraft gesetzt werden, wenn sich die digitale Weltsicht, die keine Lebewesen alter Rechnung, keine Mysterien und Götter kennt, allgemein durchsetzt, wenn der „Prothesengott“ Mensch, von dem Freud (1930a, S. 451) gesprochen hat, mit seinen Prothesen „verwächst“ und mit ihnen, was Freud in seiner Zeit bezweifelte, „glücklich“ wird? Ist es dann vorbei mit den permanenten Transformationen und deren automatischer Mystifikation?

Foucault (1966) meinte, wir müßten uns bei unserer Sorge um „den“ Menschen daran erinnern, „daß wir auf dem Rücken eines Tigers sitzen“ (S. 389). Dieser Tiger hat zur Zeit viele Namen: Patriarchat, Macht, Kapital, Sexismus, Rassismus usw. Doch was heißt: auf dem Rücken sitzen? Ist das individuelle Allgemeine zwar ein Einzelnes, aber trotz höchster Gefahr für Leib und Leben dem Movens, dem Tiger, nicht vollständig ausgeliefert? Ich denke, viele Veränderungen, die die neosexuelle Revolution gebracht hat, spielen sich tatsächlich insofern auf dem Rücken des Tigers ab, als ihm äußerlich bleibt, ob der Druck der Schenkel zu- oder abnimmt, ob er gestreichelt oder gepeitscht wird. Den Kern der gegenwärtigen Transformation von Gesellschaft und Sexualität scheint mir aber ein unbekannter Verfasser mit einer kleinen Geschichte getroffen zu haben. Die Story beginnt mit den Zeilen: „There was a young lady of Riga/Who rode with a smile on a tiger". Als die beiden zurückkommen von ihrem Ritt, befindet sich die Lady „inside" und ihr Lächeln „on the face of the tiger".

Anmerkungen

[1] Während ich die Ausdrücke *neosexuell* und *Neosexualität* in soziologischer Hinsicht benutze, verwendet sie McDougall (1982) seit dem Beginn der achtziger Jahre in Auseinandersetzung mit dem problematischen Begriff der Perversion in klinisch-therapeutischer Hinsicht, um den „innovativen Charakter und die Besetzungsintensität erotischer Inventionen hervorzuheben", wobei sie das Konzept der „Neorealitäten" aufgriff, „die sich manche Borderline-Patienten in dem illusionären oder gar wahnhaften Versuch schaffen, mit ihren ebenso schmerzhaften wie unüberwindlichen seelischen Konflikten fertig zu werden" (McDougall, 1995, S. 249).

[2] Reimut Reiche (2000) hat in seiner „Sexualwissenschaftlichen Zeitdiagnose der gegenwärtigen Kultur" die Rede von der „neosexuellen Revolution" scharf zurückgewiesen. Ich spreche von *Revolution*, weil wir inzwischen wissen, daß Umwälzungen dramatisch oder undramatisch, schlagartig oder schleichend verlaufen können und nicht unbedingt in ein Reich der Freiheit führen. Vor allem aber habe ich diese Bezeichnung gewählt, weil die mit der Revolte von 1967/68 verbundene sexuelle Revolution, ein realer Mythos unserer jüngeren Geschichte, zwangsläufig als Maß genommen wird, sobald Umbrüche der Sexualkultur beschrieben werden. Die Vorsilbe *neo* scheint mir besonders geeignet zu sein, weil sie sowohl die schöpferische und neuartige wie die rückwärtsgewandte und totstellende Seite eines Vorganges assoziieren läßt: Neocortex, Neophyt, Neorama, Neologismus, Neoplasma, Neokolonialismus, Neoliberalismus usw. Auf Reiches Zeitdiagnose kann ich hier aus Platzgründen nur allgemein eingehen. Von meinen Überlegungen greift er lediglich die „sexuelle Dispersion" auf, offenbar um mich mit Denkern wie Baudrillard, Lyotard und Virilio leichter zusammenwerfen zu können, obgleich ich theoretisch vollkommen andersartige Positionen eingenommen habe und einnehme: politökonomische Fetisch- und Wertkritik, Theorem der Mystifikation des Sexuellen, Theorem der produktiven und unproduktiven Verstofflichung, Dialektik von Autopoiesis und Autodestruktion sowie Theorie der Hylomatie. Inhaltlich kann sich Reiche nicht entscheiden, ob alles noch so ist wie vor 100 (S. 29) oder gar 200 Jahren (S. 14) oder ob es gewaltige Umbrüche gegeben hat. Einschneidende „Transformationsphänomene" (S. 30) beschreibt er selbst mit zahllosen Beispielen: von der Rentenreform im Jahr 1957, durch die die Kinder finanziell aus dem Generationenvertrag herausgenommen worden seien, über die Einführung der sogenannten Pampers im Jahr 1970, die das „harte" Sauberkeitstraining im Kindesalter beendet

und „die Bewegung hin zu einer ‚weichen' Modulation in der Entwicklung der Körperselbst-Besetzung" (S. 16) ermöglicht habe, bis hin zum Verschwinden der von der Gesellschaft selbst zerstörten „alten Familie" (S. 19), das die „Universalität des Ödipuskomplexes und damit die Strukturformel der Sexualität" (S. 18) in Frage stelle. Andererseits verstellt ihm sein Hang zu ursprünglichen Strukturen, universellen Achsen, unstillbaren Konflikten, überhaupt zum Immerschonso, die Einsicht in die Tat-Sache: daß einige heilige Wesen der Psychoanalyse längst in Intermundien leben wie Epikurs Götter.

Literatur

Butler, J. (1997): Haß spricht. Zur Politik des Performativen. Berlin (Berlin Verlag) 1998.

Düring, S. u. M. Hauch (Hrsg.) (1995): Heterosexuelle Verhältnisse. Stuttgart (Enke).

Foucault, M. (1966): Die Ordnung der Dinge. Eine Archäologie der Humanwissenschaften. 12. Aufl. Frankfurt a.M. (Suhrkamp) 1993.

– (1976): Sexualität und Wahrheit. Bd. 1: Der Wille zum Wissen. Frankfurt a.M. (Suhrkamp) 1977.

Freud, S. (1905d): Drei Abhandlungen zur Sexualtheorie. GW 5, 27–145.

– (1930a [1929]): Das Unbehagen in der Kultur. GW 14, 419–506.

Hegel, G.W.F. (1798): Daß die Magistrate von den Bürgern gewählt werden müssen. In: Ders.: Werke in 20 Bänden. Bd. 1. Frankfurt a.M. (Suhrkamp) 1971, 268–273.

– (1807): Phänomenologie des Geistes. In: Ders.: Werke in 20 Bänden. Bd. 3. Frankfurt a.M. (Suhrkamp) 1970.

Irigaray, L. (1984): Ethik der sexuellen Differenz. Frankfurt a.M. (Suhrkamp) 1991.

Kant, I. (1784): Beantwortung der Frage: Was ist Aufklärung? In: Ders.: Werke in sechs Bänden. Bd. VI.. Hrsg. von W. Weischedel. Darmstadt (Wiss. Buchges.) 1964, 53–61.

Laumann, E.O. et al. (1994): The Social Organization of Sexuality. Sexual Practices in the United States. Chicago, London (Univ. of Chicago Pr.).

Luhmann, N. (1997): Die Gesellschaft der Gesellschaft. 2 Bde. Frankfurt a.M. (Suhrkamp).

McDougall, J. (1982): Theater der Seele. Illusion und Wahrheit auf der Bühne der Psychoanalyse. München, Wien (Verl. Internat. Psychoanal.) 1988.

– (1995): Die Couch ist kein Prokrustesbett. Zur Psychoanalyse der menschlichen Sexualität. Stuttgart (Verl. Internat. Psychoanal.) 1997.

Money, J. (1955): Hermaphroditism, gender and precocity in hyperadrenocorticism: Psychological findings. Bull. Johns Hopkins Hosp., 96, 253–264.

Reiche, R. (1968): Sexualität und Klassenkampf. Zur Abwehr repressiver Entsublimierung. Frankfurt a.M. (Neue Kritik).

– (1988): Sexuelle Revolution. Erinnerung an einen Mythos. In: Baier, L. et al. (Hrsg.): Die Früchte der Revolte. Über die Veränderung der politischen Kultur durch die Studentenbewegung. Berlin (Wagenbach), 45–71.

– (1990): Geschlechterspannung. Eine psychoanalytische Untersuchung. Frankfurt a.M. (Fischer Tb).

– (1997): Gender ohne Sex. Geschichte, Funktion und Funktionswandel des Begriffs „Gender". Psyche, 51, 926–957.

– (2000): „... versage uns die volle Befriedigung" (Sigmund Freud). Eine sexualwissenschaftliche Zeitdiagnose der gegenwärtigen Kultur. Zeitschr. f. psychoanal. Theorie u. Praxis, 15, 10–36.

Richter-Appelt, H. (Hrsg.) (1997): Verführung – Trauma – Mißbrauch (1896–1996). Gießen (Psychosozial).

Schmidt, G. (Hrsg.) (1993): Jugendsexualität. Sozialer Wandel, Gruppenunterschiede, Konfliktfelder. Stuttgart (Enke).

– (2000) (Hrsg.): Kinder der sexuellen Revolution. Kontinuität und Wandel studentischer Sexualität 1966–1996. Gießen (Psychosozial).

Sigusch, V. (1984): Die Mystifikation des Sexuellen. Frankfurt a.M., New York (Campus).

– (1988): Was heißt kritische Sexualwissenschaft. Zs. Sexualforsch., 1, 1–29.

– (1989): Kritik der disziplinierten Sexualität. Frankfurt a.M., New York (Campus).

– (1995a). Transsexueller Wunsch und zissexuelle Abwehr. Psyche, 49, 811–837.

– (1995b): Geschlechtswechsel. Hamburg (Rotbuch).

– (1996): Die Zerstreuung des Eros. Über die „neosexuelle Revolution". Der Spiegel, 50 (23), 126–130.

– (1997): Metamorphosen von Leben und Tod. Ausblick auf eine Theorie der Hylomatie. Psyche, 51, 835–874.

– (1998a): Kritische Sexualwissenschaft und die Große Erzählung vom Wandel. Zs. Sexualforsch., 11, 17–29.

– (1998b): Die neosexuelle Revolution. Über gesellschaftliche Transformationen der Sexualität in den letzten Jahrzehnten. Psyche, 52, 1192–1234.

– (Hrsg.) (2001): Sexuelle Störungen und ihre Behandlung. 3., neu bearb. u. wesentl. erweiterte Aufl. Stuttgart, New York (Thieme).

Sigusch, V. u. G. Schmidt (1973): Jugendsexualität. Stuttgart (Enke).

Stoller, R. J. (1975): Perversion. Die erotische Form von Haß. Reinbek (Rowohlt) 1979.

Jessica Benjamin

Das Rätsel und die Lösung

Beitrag zur Diskussion über den Wandel der Sexualität

In diesem Auszug aus einer umfangreicheren Arbeit (Benjamin, 1998b) möchte ich zeigen, wie Freud „das Rätsel der Sexualität" mittels der Geschlechterpolarität zu lösen versuchte. Die komplementäre Beziehung zwischen aktiv und passiv, die Freud der Sexualität trotz eigener Vorbehalte zugrunde gelegt hat, erweist sich bei genauerem Hinsehen als Ergebnis eines Spaltungsprozesses. Ich vertrete daher die Auffassung, daß die Position, die traditionell als weiblich charakterisiert wird, nämlich die Passivität, in Wirklichkeit dem Mann als Ausweg aus der unerträglichen affektiven Überstimulierung in der ödipalen Phase dient. Generalisiert wird diese ödipale Lösung durch die Abspaltung – oder Projektion – des nicht zu containenden Erregungsübermaßes (excess) in die Figur der Tochter. Diese Position, in der die Tochter die Funktion des Containers erfüllt, wirft Licht auf den Zusammenhang zwischen den hysterischen Töchtern, die Freud zuerst kennenlernte, und der Tochter, die, wie er es in seinen Ausführungen über die Weiblichkeit beschreibt, zum Vater überwechselt (vgl. Benjamin, 1998a). So ist für Freud und – salopp formuliert – für die patriarchalische Kultur die Tochterposition im doppelten Sinn die Lösung des Problems der Sexualität.

Wahrscheinlich besteht ein Konsens darüber, daß sexuelle Phantasie und körperliche Erregung an die Stelle von symbolischer Vermittlung und dialogischer Anerkennung treten können. Sexualität kann als alternatives „Register" für die Bearbeitung von Spannungen dienen und unter diesen Umständen vorübergehend sowohl den äußeren Anderen als auch kommunikative und symbolische Prozesse ersetzen. Durch die Aufspaltung von Körper und Geist vermag das Selbst zwei Rollen zu übernehmen, wobei der Körper als Behälter für Affekte dient, die geistig – symbolisch – nicht verarbeitet werden können. Der unverarbeitete, unverdaute Affekt kann, wenn ein transformierender Anderer fehlt, durch dissoziierte Formen der sexuellen Erregung umgewandelt werden. Das Selbst wird dabei gespalten und die intersubjektive Dialektik von Anerkennung und Negation auf eine Herr-Sklave-Beziehung reduziert. Diese gespaltene Komplementarität von Subjekt und Objekt spiegelt eine monadische sexuelle Ökonomie, einen Mangel an Anerkennung zwischen dem Selbst und dem Anderen wider. Das Prinzip des Austausches ist in dieser Ökonomie weniger das Geben und Nehmen von Anerkennung als vielmehr das Hin und Her von Aktivität und Passivität zwischen den Geschlechtern.

Dimen (1998) vertritt die Ansicht, daß Freuds Libidoökonomie im Gegensatz zum Lustkonzept mit einer Art Sexualhygiene assoziiert sei, der zufolge die Entladung „die Brücke zwischen Sexualität und geistiger Gesundheit“ bilde. Sie meint, daß die Entladung von Spannung als sexuelles Ziel einem Ein-Person-Modell entspricht. Das Entscheidende dabei sei, die eigene Spannung zu regulieren, das heißt, es geht nicht darum, den Anderen zu erreichen oder zu genießen. Meiner Meinung nach hängt Entladung mit dem Problem des Übermaßes zusammen, unter dem ich das verstehe, was im dialogisch geschaffenen psychischen Raum nicht gehalten werden kann. Übermaß ist das Ergebnis des grundlegenden Problems, daß unsere Psyche, wie Eigen (1993) sagt, sehr viel mehr hervorbringen als bewältigen kann. Das „Übermaß“ ist zweifellos ein ökonomisches (Energie-)Konzept, wobei sich allerdings die Frage stellt, mit welcher Art Ökonomie wir es hier zu tun haben.

Ich möchte versuchen, die Objektbeziehungstheorie (genauer gesagt, die amerikanische relationale Theorie) einen Schritt über Mitchells (1988) Umkehrung hinauszuführen, der zufolge Sexualität Beziehungskonfigurationen zum Ausdruck bringt, um einen ökonomischen Blickwinkel wiederherzustellen, unter dem wir sehen, wie innerhalb dieser Konfigurationen somatische/affektive Spannung – Übermaß – produziert wird, die sich als Sexualität materialisiert. Laplanches (1989, 1992) Neuformulierung der Verführungstheorie zufolge beginnt dieses Übermaß – das Sexualität konstituiert – immer mit einer unbewußten Kommunikation vom Anderen – mit der Sexualität des Elternteils, die das Kind noch nicht begreift. Laplanche behauptet, daß Freuds Auffassung, Verführung müsse entweder real oder eingebildet sein, allzu konkretistisch war und die Kategorie der Botschaft, die Übermittlung von Affekt und Erregung ohne Verführung im wörtlichen Sinn übersah. Meiner Meinung nach bedeutet die enigmatische Botschaft, daß das, was man nicht verstehen, nicht repräsentieren oder im dialogischen Austausch „binden“ konnte, später so erscheint, als sei es eine selbstgenerierte (intrapsychische) Phantasie der Einzelperson. Dieser Prozeß wäre als „reale Erscheinungsform“ zu verstehen.

Ich habe zum Beispiel eine Patientin, Isabelle, beschrieben (Benjamin, 1993), die in Analyse kam, weil sie Angst hatte, durch das Einführen von Gegenständen ihre Vagina beschädigt zu haben. Im Laufe der Analyse erzählte sie von der Übererregung ihrer Mutter, die im Zimmer umhertanzte, wenn ihre Tochter Klavier übte – die Übererregung der Mutter war eine Botschaft über deren inneren Zustand, die in den Phantasien meiner Patientin wiederauftauchte. Meiner Ansicht nach geht dieser Prozeß jedoch über die sexuelle Botschaft hinaus. Die Patientin berichtete, daß ihre

Mutter sie angriff, wenn sie versuchte, offen zu ihr zu sprechen. „Darum habe ich vielleicht die Rolle meiner angreifenden Mutter übernommen. Wenn ich onaniere, nehme ich sogar heute noch die Stimme der Macht an, die mir sagt, daß ich es machen muß, und dann ertrage ich den Zustand des Orgasmus."

Wie sind die Folgen beschaffen, wenn man ein solches ökonomisches Konzept – Übermaß – innerhalb des intersubjektiven Rahmens der unbewußten Übermittlung wiederherstellt? Könnte es sich als Grundlage der sexuellen Erregung selbst erweisen? Könnte man das, was uns als „männlich" oder „weiblich" anzieht, das, was an unsere Impulse in Richtung Aktivität oder Passivität appelliert, auf das Problem des Übermaßes zurückführen? Könnten wir so Freuds Gedanken der Verführung als traumatische Erfahrung der Hilflosigkeit angesichts einer Überstimulierung durch den Anderen wiederaufnehmen? Sehr eindrückliche Implikationen wurden mir durch einen Kommentar von Christiansen (1993) über Freuds „Weitere Bemerkungen über die Abwehr-Neuropsychosen" (1896b) klar. In dieser Arbeit stellt er fest, daß die zwanghafte Abwehrhaltung die charakteristische männliche Art sei, Überstimulierung zu bewältigen. Sie rettet das Kind vor der passiven Position, die unerträglich und zugleich weiblich ist. Die Zurückweisung der Passivität zugunsten einer defensiven Aktivität ist nicht die Folge der Männlichkeit, sondern ihr Ursprung. In dem gleichen defensiven Zug, durch den er die Passivität austreibt, erschafft der Junge das, was man Weiblichkeit nennt, als projiziertes Objekt, welches alles, was er ablehnt, in sich aufnimmt.

Diese Maßnahme kann als Schlüssel zur Dekodierung der phantasmatischen Sexualität dienen, welche die im Ödipuskomplex organisierten Positionen durchdringt. In der ödipalen Situation wird der Junge leicht durch seine eigene Sexualität und durch die seiner Mutter, durch deren enigmatische Botschaft und seine eigene, nichtsymbolisierte Reaktion, überstimuliert. Vor der Erfahrung, passiv überwältigt zu werden, kann man sich aber durch Aktivität schützen, was zugleich bedeutet, daß man die Erfahrung, der passive Teil zu sein, auf den Anderen projiziert und damit die gespaltene Komplementarität schafft.

Meiner Meinung nach wird diese – nachträglich mit der Rolle des Babys assoziierte – Position der passiven Stimulierung im Denken des ödipalen Jungen in die Vorstellung des weiblichen Objekts hineingelegt (vgl. Benjamin, 1998a). Dieses Weiblichkeitsbild entspricht dem klassischen Bild der Tochter, die, wie Freud beharrlich behauptet, die „Hinwendung zum Vater" vollziehen muß. Darin erkennen wir die Logik von Freuds Behauptung, daß dieser Objektwechsel die Weiblichkeit ausmache. Freilich hat bereits Horney (1926) darauf hingewiesen, daß Freuds Theorie der Weiblichkeit die Denkweise des ödipalen Jungen exakt reproduziere. Diese Denkweise vollzieht einen doppelten Schritt: Die Tochter wird jetzt als passives feminines Objekt durch eine symbolische Gleichung zum Empfänger der aktiven Entladung des väterlichen Selbst; außerdem repräsentiert sie (durch projektive Identifizierung) das masochistische Opfer-Selbst, dessen sexueller Impuls nach innen gerichtet ist. Sie absorbiert übermäßige Spannung wie eine containende Mutter, aber sie ist leichter kontrollierbar. Der aktive Teil der Mutter, zum Beispiel ihre Analkontrolle, ist der Aspekt, mit dem sich der Junge identifiziert und den er als maskulin-phallisch neu definiert. Hingegen verwirft er häufig ihre Container-Funktion, ihre Sexualität sowie die damit assoziierten Organe: daher die Ablehnung der Vagina, die Freud als normal ansah.

Das Konstrukt der Weiblichkeit und der Rolle der Tochter in der „Vorstellung des ödipalen Jungen" fungiert auf kultureller, wenn auch nicht immer individueller Ebene. Es wurde im Laufe der langen Geschichte des Patriarchats entwickelt und institutionalisiert und dient nicht nur der Zurückweisung der Mutter durch den Jungen, sondern liefert auch das Muster für die „Hinwendung zum Vater", das dem Mädchen die Trennung von seiner Mutter ermöglicht. Die Weiblichkeit ist also für das Mädchen nicht mit Mütterlichkeit identisch, sondern ist oft eine Rebellion dagegen, eine Ablehnung der Fürsorge oder Kontrolle bei dem Versuch, sich einen Platz in der Männerwelt zu erobern. Freilich kann die weibliche Flucht vor dem Mütterlichen auch in eine andere Form der Knechtschaft münden. Die weibliche Position vermischt sich natürlich mit anderen, widersprüchlichen Haltungen: Wildfang, Rebellin, Verführerin, Mutters Gehilfin. Ich betone jedoch hier, daß die Figur der femininen Tochter in gewissem Sinn aus der männlichen Psyche hervorgeht und bestimmte Funktionen erfüllt: Sie absorbiert die Position des hilflosen, stimulierten Babys und bewahrt sich die Funktion der frühen, haltenden Container-Mutter. Unglücklicherweise kann die Tochter, insofern sie für den Mann den abgespaltenen hilflosen Teil der Sexualität verkörpert, den erwachsenen Vater in überwältigendem Maß erregen, so daß sich das Problem für den inzestuös stimulierten Vater in der Lösung wiederholt. In dem Spielfilm *American Beauty* wird diese stimulierende, mädchenhafte Sexualität durch die verführerische Freundin der Tochter verkörpert; erst am Ende des Films wird klar, daß die Verführerin wirklich nur ein kleines Mädchen ist – das hilflose, verlassene Kind, mit dem der Mann schon immer unbewußt identifiziert war.

Diese Konstellation der Weiblichkeit liegt einer Vielzahl widersprüchlicher Enkodierungen sexueller Erregung zugrunde; ich verweise hier, um nur ein Beispiel zu nennen, auf das rüpelhafte, jungenhafte Mädchen, das eigentlich die kaum verborgene Verkörperung des Jungen darstellt, der der erwachsene Mann einst war. Diese Überlegungen sind lediglich ein erster Versuch, das Weiblichkeitsbild zu entwerfen, denn wenn wir die defensive Aufspaltung von Aktivität und Passivität durchdenken, zeichnen sich für dieses Bild weitere Möglichkeiten ab. Wie Brennan (1992) zeigt, kann beispielsweise auch „Papas Junge" als passiver Container für übermäßige Stimulierung dienen, indem er in der Position des Spiegelns fixiert wird und dem Vater die Aufmerksamkeit schenkt, die diesen stabilisiert. Sowohl die Mutter als auch der Vater können die dominierende Position einnehmen und das Kind für die Abspaltung ihrer passiven Anteile benutzen. Allerdings wird Männlichkeit mit der Position defensiver Aktivität assoziiert, mit dem Abladen von Angst, der Beherrschung von Reizen und der Schaffung des unterwürfigen, haltenden Anderen. Und dieser Andere personifiziert – bergend, empfangend und spiegelnd – die Position des Weiblichen. Es ist jedoch kein wirkliches anderes Selbst, sondern nur das projizierte „Andere des Eigenen".

In seinem Verständnis der sexuellen Subjektivität begriff Freud die defensive Aktivität und die hilflose Passivität als notwendige Formen dieser Tendenzen. Seine Formulierung scheint die Position, in der man stimuliert wird, Spannung aushält oder in sich aufnimmt, mit Unlust zu identifizieren. Lustvoll hingegen ist es, Spannung auszulagern, sie durch Entladung abzuführen. Diese Sichtweise entspricht einem traumatischen Bild der Passivität angesichts von Übergriff, Verführung oder Verlassenheit. Sexuelle Subjektivität fällt mit defensiver Aktivität in eins. Hier fehlt ein Konzept, das die Anerkennung des eigenen Begehrens, seine Aneignung (owning), sowie das Aushalten und körperliche Containen von Erregung erfassen könnte. Damit wurden die Fähigkeiten, die durch ihre Verbindung mit dem femininen, passiven „Behälter" herabgesetzt werden, aus dem Subjektbegriff ausgeschlossen. Doch ist die Idee der Aneignung (owning) des Begehrens die Voraussetzung für die Konzeptualisierung eines Subjekts, das ein anderes Subjekt begehren kann, ohne den Anderen auf ein passives oder überwältigendes Objekt zu reduzieren, welches das Subjekt gegenüber seinen eigenen Impulsen hilflos macht.

Die Erfahrung „Ich begehre dich", in der sich das Subjekt zu seinem Begehren bekennt (es sich zu eigen macht), ist zu unterscheiden von der Aussage „Du bist so begehrenswert" oder, mit anderen Worten: „Du", das Objekt, „bist so attraktiv und überwältigend, daß ich mich nicht beherrschen kann – schon dein Anblick macht mich wild". Diese Haltung, die in Amerika bis vor kurzer Zeit zur juristischen Rechtfertigung von Vergewaltigungen diente, wirkt noch immer nach. Auf Schritt und Tritt begegnet uns eine Sichtweise, der zufolge männliche Sexualität „uncontained" ist, vom Objekt kontrolliert und nicht als Begehren des Subjekts selbst anerkannt wird – sie wird erlebt, als gehöre sie zu jemand anderem.

Die vorgeblich aktive Entladung in den Anderen erweist sich bei genauerem Hinsehen als Reaktion auf die im Objekt personifizierte Angst, von Spannung überwältigt zu werden. Die weibliche Funktion besteht darin, die ungewollte, primitive, gefürchtete Erfahrung der hilflos machenden Überstimulierung zu verkörpern und sie in eine erregende Einladung zu verwandeln, die Handeln, Kontrolle und Strukturierung zur Erleichterung von Mann und Frau an den Phallus delegiert. Die phallische Strukturierung ist die Funktion des Herrn in der Verletzungsphantasie; sie kontrolliert das, was das Selbst andernfalls überwältigen könnte. Ebendiesen Herrn suchte meine Patientin Isabelle in ihrer Phantasie. Manchmal erkannte sie, daß er in Wirklichkeit ihre Mutter repräsentierte, die ihren Raum so sehr verletzte; allerdings ist der Herr eine Verbesserung, da die chaotische, überstimulierte Mutter aufdringlich ist, aber weder kontrolliert noch strukturiert. Während sich ihr sexuelles, feminin-passives Selbst in autoerotischen Szenen der Stimulierung durch den Herrn unterwarf, nutzte Isabelle in der adoleszenten Realität die weibliche Position, um gegen die kontrollierende mütterliche Macht zu rebellieren, indem sie sich davonschlich und hinter der Eisbahn mit Jungen Petting trieb. Isabelles persönlicher Phalluskult diente sowohl der Flucht vor der Mutter als auch der Bindung an sie; durch die Umkehrung erhielt sie die mütterliche Kontrolle in idealisierter männlicher Form aufrecht.

Ich habe bereits erwähnt, daß die intersubjektive Ökonomie ein Konzept der Aneignung voraussetzt, das durch eine bewußte Umkehrung, nämlich durch die Wiederaneignung der weiblichen oder mütterlichen Funktionen des Haltens und der Innerlichkeit erreicht wird. Impliziert ist hier die Überlegung, daß wir Spannung nicht eliminieren, sondern halten müssen – die Entladung aufschieben, uns der Spannung ergeben, statt sie zu beherrschen. Selbstregulierung und gegenseitige Regulierung können ebenso parallel zueinander bestehen wie intersubjektive Lustökonomie und monadische Entladungsökonomie. Auch Komplementarität und Gegenseitigkeit könnten gleichberechtigt nebeneinander existieren, wenn wir den Raum des Dritten betreten, in dem die alten Gegensätze aufgehoben sind.

Man könnte annehmen, daß der Rollentausch für Männer bedrohlicher sei, weil die Passivität ins Spiel kommt, die direkte Konfrontation mit dem Übermaß – wenngleich wir genügend Erfahrungen mit weiblichen, durch Aktivität erzeugten Schuldgefühlen haben. Die Aneignung der ehedem verworfenen Passivität führt bei Männern zur Verwandlung des inneren Erlebens von der Unterwerfung in der komplementären Beziehung zur Hingabe an einen Prozeß der Erforschung und Anerkennung – zur Hingabe an ein Drittes. In diesem Prozeß, der die Umkehrung aufhebt, schaffen zwei Subjekte einen dritten Raum.

Dank der unendlichen Formbarkeit des Symbolischen, der Fähigkeit zur Metaphernbildung, ist es möglich, den Geist von den Beschränkungen einer konkreten Apperzeption des Körpers zu befreien. Das Ding – Körper- oder Gendersignifikant – muß nicht identisch sein mit dem, was es repräsentiert: Brüste repräsentieren Penisse und umgekehrt, Löcher und Öffnungen können andere Löcher und Öffnungen bedeuten. In diesem Fall bringt die Aufspaltung des Ichs nicht Verleugnung zum Ausdruck, sondern metaphorische Fähigkeit, kreative Illusion: „Ich weiß, daß ich das nicht bin, aber ich fühle mich so, oder ich bin auch das." In der Welt der Geschlechterzugehörigkeit und des sexuellen Spiels jenseits der ödipalen Komplementarität von aktiv und passiv hat eine Umkehrung nicht zwangsläufig zur Folge, daß ein Partner Aktivität verliert, damit der andere die begehrte aktive Position einnehmen kann. Vielmehr wird Passivität auf eine neue Weise verarbeitet und geformt.

Was geschieht, wenn die potentiell traumatische Erfahrung gehalten, durchgearbeitet und repräsentiert wird? Wie würde die erneute Integration dessen, was wir Passivität nennen, unsere Vorstellung von sexueller Subjektivität verändern?

Ich habe die Ansicht vertreten, daß es Spielraum für eine Sexualität gibt, welche die Umkehrung der Komplementarität von aktiv-passiv aufheben und in eine Hingabe an den Prozeß der gegenseitigen Anerkennung münden kann. Ich möchte jedoch noch einmal den Zusammenhang zwischen der Passivität und dem Trauma als unverarbeitetem Übermaß an Stimulation aufgreifen. Die Unfähigkeit, solches Übermaß zu binden, ist mit unseren Erfahrungen von Männlichkeit und Weiblichkeit aufs engste verknüpft. Das Trauma wirft Licht auf diese Problematik. Wir können fragen, was passiert, wenn die Abwehr infolge eines Traumas zusammenbricht und die phallische Männlichkeit dabei versagt, Männer und Frauen vor der Realität der Hilflosigkeit angesichts des Todes zu schützen. Kaja Silverman (1990), die feministische Filmtheoretikerin, benutzt das in *Jenseits des Lustprinzips* dargelegte Trauma-Konzept, um den Zusammenbruch der phallischen Männlichkeit in Filmen über den Zweiten Weltkrieg zu erläutern. Bekanntlich erklärt Freud (1920g), daß das Subjekt vor einer Traumatisierung durch einen inneren Schutzschild, eine Reizschranke, geschützt werde, d. h. eher durch eine psychophysiologische Barriere als durch die Beziehung zum Anderen oder dessen Repräsentanz. Silverman benutzt den Schild als Metapher und vergleicht dessen Versagen mit dem Zusammenbruch der organisierenden Geschlechterkonstruktionen, den herrschenden Fiktionen. So schildert der Film *Die besten Jahre unseres Lebens* ein zweifaches Trauma: Jeder einzelne der Männer, die aus dem Krieg zurückkehren, hat ein Trauma oder einen Schock erlitten; darüber hinaus aber kann ihnen das kulturelle Schema der Männlichkeit nicht länger als Schutz dienen. Das Gewebe der „phallischen Fiktion" wurde zerrissen, hat sie im Stich gelassen. Ihnen fehlt jegliche kollektive Repräsentation des Leidens, in der sie sich aufgehoben fühlen könnten.

Der Film zeigt, wie die Verwundung und symbolische Kastration dieser Männer in eine Art Geschlechterumkehr mündet, so daß nun die Frauen das Schauspiel männlichen Mangels betrachten. Dieser Anblick wird erotisiert, aber weder als Demütigung noch als fetischistische Verleugnung. Ohne einen Fetisch, der die Wunde verleugnen und an ihre Stelle treten würde, zeigt der Film gleichwohl die sexuelle Erregung des Rollentauschs. Während die Frau den Veteranen Harold Russell, der seine Arme verloren hat, entkleidet und ihm hilft, die Prothesen abzunehmen, wird sie erregt und will ihn lieben. Der ehemalige Pilot, der an Flashbacks und Alpträumen leidet, tauscht einen Blick gegenseitiger Anerkennung mit der Frau, die die Szene einer sozialen Verdrängung betrachtet.

Silverman zitiert einen Zeitgenossen des filmischen Geschehens, einen freudianischen Kritiker, der die Ansicht vertrat, daß der Mann nun ohne Schuldgefühle passiv sein könne und der Film eine „Projektion" des „bekannten Hollywood-Traums" (des amerikanischen Traums) der „männlichen Passivität" sei. Hat der Kritiker bemerkt, daß eine Frau Aktivität auch einmal ohne Schuldgefühle genießen konnte? Ebenso aber drängt sich die Einsicht auf, daß die Szene des Rollentausches ihre erotische Spannung aus einem intersubjektiven Prozeß bezieht. Die Anerkennung von Leid und Verletzlichkeit, die Verwundung der phallischen Version der Männlichkeit ermöglichen eine Befreiung: einen Verzicht auf die destruktive Illusion des phallischen Vertrags, der stoische Einsamkeit und Verleugnung vorschreibt, um die fundamentale Erfahrung der Hilflosigkeit und Sterblichkeit abzuwehren. Indem das Paar dem Abgrund des Zusammenbruchs gemeinsam ins Auge sieht, bricht es aus dem Kreislauf defensiver Aktivität und perverser Passivität aus. Die Wahrnehmung der Wunde ist das Gegenteil des Fetischs, genauer: Der Fetisch ist ein Negativ dieser symbolisierten Wunde. Dagegen deutet das Symbol der Wunde die Bewältigung der Verleugnung an, repräsentiert Schmerz und Leid, deren Anerkennung das intersubjektive Moment, die andere Ökonomie, konstituiert.

Dieser alternativen Sichtweise zufolge beginnt Eros mit der Trauer um den Verlust des intakten Körpers und des Männlichkeitsideals, dem so vieles geopfert wurde. Es ist die Trauer in Gegenwart eines Anderen, eine depressive Lösung, die Anerkennung von Verlust und Tod. Der Zusammenbruch der phallischen Fiktion läßt Risse in der nahtlosen Mauer der Wiederholung entstehen und ermöglicht es so, sich zum eigenen Begehren zu bekennen und Passivität zu ertragen. In diesem Sinn ist die Akzeptanz der Passivität ein entscheidender Bestandteil der depressiven Position. Diese sexuelle Position geht mit der Anerkennung von Hilflosigkeit einher, der Anerkennung der psychischen Unfähigkeit, die Größe des Leidens zu bewältigen. So verstanden, ist die Akzeptanz der Passivität auch ein Bestandteil der intersubjektiven Aufhebung der Geschlechteropposition, deren Unzulänglichkeit, das Traumatische in der Sexualität zu verarbeiten, in der Analyse immer wieder anerkannt und durchgearbeitet werden muß.

Aus dem Englischen übersetzt von Elisabeth Vorspohl (Frankfurt a.M.)

Literatur

Benjamin, J. (1993): „Wer hörte mich denn von den Engeln?" Phantasie und Geschlecht. Frankfurt a.M. (Stroemfeld).

– (1998a): Der Schatten des Anderen. Frankfurt a.M. (Stroemfeld) 2001.

– (1998b): The marriage of heaven and hell. Intersubjectivity and sexuality. Keynote Address, Division 39 on Psychoanalysis of the American Psychological Association, Boston, April 1998.

Brennan, T. (1992): The Interpretation of the Flesh. New York, London (Routledge).

Christiansen, A. (1993): Masculinity and its vicissitudes. Vorgetragen im Seminar on Psychoanalysis and Sexual Difference, New York Institute for Humanities, New York Univ.

Dimen, M. (1998): Vortrag im Postdoctoral Colloquium on Sexuality, New York Univ.

Eigen, M. (1993): The Electrified Tightrope. Northvale, NJ (Aronson).

Freud, S. (1896b): Weitere Bemerkungen über die Abwehr-Neuropsychosen. GW 1, 379–403.

– (1920g): Jenseits des Lustprinzips. GW 13, 1–69.

Horney, K. (1926): Flucht aus der Weiblichkeit. Der Männlichkeitskomplex der Frau im Spiegel männlicher und weiblicher Betrachtung. In: Dies.: Die Psychologie der Frau. Frankfurt a.M. (Fischer), 26–42.

Laplanche, J. (1989): New Foundations for Psychoanalysis. London (Basil Blackwell).

– (1992): Seduction, Translation, Drives. London (Institute of Contemporary Arts).

Mitchell, S. (1988): Relational Concepts in Psychoanalysis. Cambridge, MA (Harvard Univ. Pr.).

Silverman, K. (1990): Historical trauma and male subjectivity. In: Kaplan, E.A. (Hrsg.): Psychoanalysis and Cinema. New York, London (Routledge).

Reimut Reiche

Der gewöhnliche Weg zur Homosexualität beim Mann[1]

Meiner Sichtweise der männlichen Homosexualität liegen zwei Annahmen zugrunde, die sich in vielen Jahren herausgebildet haben:

1. Die sexuelle Objektwahl, die den Kern der männlichen Homosexualität bildet, ist nicht per se der Abkömmling einer pathologischen Abwehrorganisation. Es gibt normale und gesunde Homosexualität, jedenfalls in dem Sinn, in dem es auch sonst gesunde Menschen und normale Heterosexualität gibt.
2. Man ist schon immer homo- oder heterosexuell, und dann gestaltet man sein Immer-schon-so-gewesen-Sein als sein Sosein aus. Der Kern der Geschlechtsidentität und der Kern der Objektwahl entwickeln sich gleichsinnig, synchron und nicht diachron.

Proto-Geschlechtsidentität und Proto-Objektwahl

Indem man *wird*, also zu jemandem wird, der *sich selbst* als John oder Jane *bezeichnet*, entwickelt man auch schon das, was sich erst viel später als bereits vollzogene homosexuelle oder heterosexuelle Festlegung erweisen wird. Von einer psychoanalytischen Theorie der normalen Homosexualität[2] darf und muß man eine Antwort auf die folgende Frage erwarten:

Wie kommt der spätere Homosexuelle dazu, bereits bei der Bildung seiner Geschlechtsidentität, also im Alter von drei oder doch vier Jahren, ein gleichgeschlechtliches – und kein gegengeschlechtliches – Objekt libidinös so zu besetzen, daß daraus später, wenn er sich als Homosexuellen erkennen wird, obligatorisches sexuelles Begehren gleichgeschlechtlicher Objekte geworden sein wird?

Geschlechtsidentität ist keine beobachtbare Tatsache, sondern ein Konzept, mit dessen Hilfe wir Tatsachen beobachten. Dieses Konzept läßt sich mit dem Bild einer Strecke erläutern, an deren einem Ende die Selbstaussage steht: Ich, John, bin ein Junge in einem männlichen Körper. Ich, Jane, bin ein Mädchen in einem weiblichen Körper. Diese Aussage über sich selbst bezeichnet eine isomorphe Selbstidentifizierung mit dem eigenen biologischen Geschlecht. Isomorph meint: mit der eigenen (biologischen) Gestalt übereinstimmend. An diesem Ende der Strecke hält sich, durch alle Epochen und Kulturen hindurch, der weitaus größte Teil der Menschheit auf – wie immer sie ihr Geschlecht, ihre Geschlechtsrollen und ihr geschlechtliches Sosein sonst noch ausgestalten („konstruieren") mag. Am anderen Ende der Strecke finden wir den Satz: Ich, John, bin ein Mädchen in einem falschen, nämlich männlichen Körper. Ich, Jane, bin ein Junge in einem falschen, nämlich weiblichen Körper. Menschen mit solcher Selbstwahrnehmung werden seit einigen Jahrzehnten als Transsexuelle bezeichnet; entsprechend meiner eben eingeführten Terminologie haben sie eine anisomorphe Geschlechtsidentität. Zwischen diesen beiden Endpunkten der Strecke hält sich eine Reihe von „Identitäten" auf, die im amerikanischen sexualwissenschaftlichen Sprachgebrauch mit den Transsexuellen zusammen als ‚cross gender disorders' oder auch als ‚gender dysphoria' bezeichnet werden: Menschen, die nicht selbstverständlich und sicher in ihrem biologischen Geschlecht zu Hause sind. Das können zum Beispiel Männer sein, die periodisch in sexuelle Erregungszustände geraten, in denen sie sich vorübergehend ganz als Frau wahrnehmen – und nicht nur allegorisch oder metaphorisch wie eine Frau fühlen –, und die diesen Selbstwahrnehmungszustand immer wieder vorübergehend, aber dann imperativ brauchen. Die meisten Homosexuellen gehören wie die meisten Transvestiten, Fetischisten und so weiter nicht in diese Gruppe: Sie würden niemals daran zweifeln, ein Mann und nur ein Mann zu sein, auch im Triebdurchbruch nicht, auch in der schwersten psychischen Krise nicht und auch nicht in der tiefsten Übertragungsregression während einer psychoanalytischen Behandlung.

Ursprünglich wurde die Entstehung der Homosexualität in der Psychoanalyse im Rahmen eines Konfliktmodells – oder ersatzweise: eines Defektmodells – verhandelt. Damit ist gemeint: Normalerweise ist (oder wird) man heterosexuell; dieser Weg ist biologisch vorgezeichnet und muß darum nicht eigens mit einer Entstehungstheorie begründet werden. Das gilt trotz einiger anderslautender, sehr schöner Äußerungen Freuds, die darum gern zitiert werden. Etwa: „Im Sinne der Psychoanalyse ist also auch das ausschließliche sexuelle Interesse des Mannes für das Weib ein der Aufklärung bedürftiges Problem und keine Selbstverständlichkeit [...] Die psychoanalytische Forschung widersetzt sich mit aller Entschiedenheit dem Versuche, die Homosexuellen als eine besonders geartete Gruppe von den anderen Menschen abzutrennen" (1905d, S. 44 Fn.). Homosexualität ist demgegenüber das Resultat eines Konfliktes oder eines Defektes – auf jeden Fall eine Abweichung (von der Normalität). Man regrediert in diesem Modell von einer virtuell normalen heterosexuellen Stelle aus auf einen homosexuellen Fixierungspunkt (s. Abbildung 1).

Der Kern dieses Konzeptes sieht bei Freud vor, daß der vollständige Ödipuskomplex zwei Angriffsflanken hat. Im positiven Ödipuskomplex begehrt das Kind das gegengeschlechtliche Primärobjekt/Elternteil und will entsprechend das gleichgeschlecht-

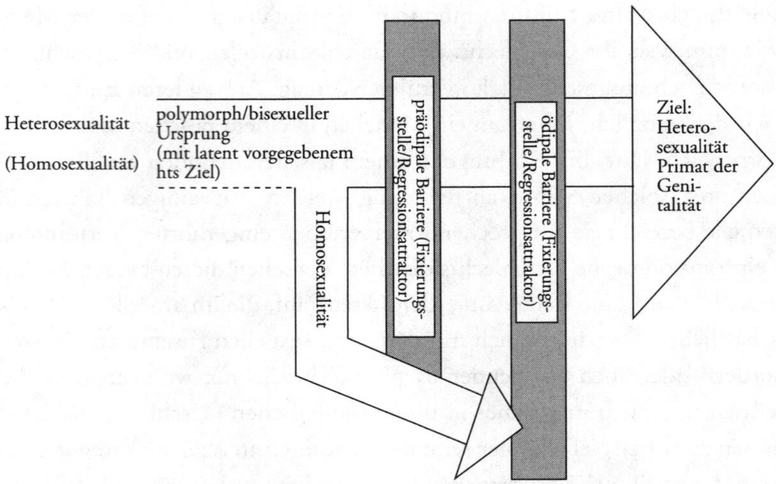

Abb. 1: Klassisches Konflikt-Defekt-Modell der Homosexualität

liche Objekt ausschalten; im negativen Ödipuskomplex begehrt das Kind das gleichgeschlechtliche Objekt und will das gegengeschlechtliche ausschalten. Das Konzept „vollständiger Ödipuskomplex" (Freud, 1923b) umfaßt die positive und die negative Variante – und muß darum logischerweise so konstruiert sein, daß der Mensch „ursprünglich" oder „latent" zur homosexuellen Liebe fähig ist. Freud sprach in diesem Zusammenhang von der „ursprünglichen Bisexualität" des Menschen. „Bisexuell" bezieht sich dabei sowohl auf die „ursprüngliche" Fähigkeit, gleichzeitig ein gleich- und ein gegengeschlechtliches Objekt mit Libido zu besetzen, als auch auf die ebenso „ursprünglich" männlich-weibliche (dimorphe) Selbstidentifizierung.

Für Freud war Geschlechtsidentität kein Thema. Die gesamte Epoche war gewissermaßen noch so sehr mit sich identisch, daß sie für ein solches Konzept keinen Platz und keinen Gedanken hatte. Von heute aus betrachtet, also in wissenschaftshistorischer Retrospektive, setzt die Psychoanalyse in ihrem Anfang ein Subjekt voraus, das nicht nur bereits eine ‚core gender identity' ausgebildet hat, sondern auch schon fest in seiner ‚gender role' verankert ist: Frauen und Männer mit dieser oder jener Neurose oder Perversion; kleine Mädchen und Jungen, die schon sicher zwischen Ich und Du, Sagen und Denken, Wahrnehmen und Phantasieren unterscheiden können.

Seit Freud gab und gibt es viele psychoanalytische Versuche, die Entstehung der Homosexualität und die Zumutungen ihrer Andersheit zu erklären. Um sich der letztlich fremden und unverständlichen homosexuellen Form zu nähern, wurde ihr immer das Männlich-weiblich-, das Gesund-krank- und das Normal-pervers-Schema unterlegt. Diese drei Schemata bilden, mit Foucault gesprochen, die psychoanalytische *episteme* der Homosexualität. Mit ihrer Hilfe soll erklärt werden, daß der Junge, der junge oder auch erwachsene Mann, der homosexuell wird, von einer virtuell heterosexuellen Stelle aus auf die Homosexualität regrediert – oder relativ zu dieser virtuellen Stelle auf die Homosexualität fixiert bleibt. Diese virtuell heterosexuelle Stelle gibt es nicht.

Der Kern des Konzeptes Ödipuskomplex besteht in der Verschmelzung einer universellen Sicht der Selbst-Entwicklung (Entwicklungspsychologie) mit einer universellen Sicht des Triebschicksals (Entwicklung der sexuellen Objektwahl): Das Menschenkind entwickelt sich, indem es eine intensive Liebesbeziehung zu seinem Primärobjekt aufnimmt. Daraus leite ich die Formel ab: *Sich entwickeln und eine Liebesbeziehung entwickeln sind ein und dasselbe. Die Proto-Geschlechtsidentität und die Proto-Objektwahl entwickeln sich gleichsinnig, synchron und nicht diachron.*

In der psychoanalytischen Entwicklungspsychologie ist es jedoch herrschende Lehre, daß die Geschlechtsidentität und die sexuelle Objektwahl in diachronen Prozessen etabliert werden: zunächst die Geschlechtsidentität – ich, John, bin ein Junge in einem männlichen Körper; und danach die Objektwahl – ich, John, interessiere mich sexuell für Mädchen und nicht für Jungen.[3] Was die Schicht der bewußten Selbst- und Fremdwahrnehmung und die Schicht des kognitiven Wissens anbetrifft, ist das sicher richtig. Schließlich wird man im alltäglichen Gebrauch des Wortes nicht mit zwei oder drei Jahren homosexuell, sondern mit fünfzehn, und unter Umständen auch erst mit fünfzig. Das ist die Oberfläche. Wenn wir die unbewußten Determinanten von Geschlechtsidentität und Objektwahl erfassen wollen, scheint mir einzig ein Konzept vertretbar, in dem die Etablierung der Geschlechtsidentität und die Etablierung der Objektwahl als synchroner Vorgang gedacht werden. Diese Etablierung muß man sich als lang andauernden Prozeß vorstellen, als einen Prozeß jedoch, der nicht allein aus prozessualem Fließen besteht, sondern bei dem es zu Stationen kommt, hinter die, wenn sie einmal erreicht sind, nicht mehr zurückgegangen werden kann. Der von Fritz Morgenthaler in anderem Zusammenhang gebrauchte Begriff der Weichenstellung trifft auch für diese Stationen zu. Es handelt sich um Weichen, die nur in eine Richtung gestellt werden können. Wenn ich von mir weiß, daß ich John heiße oder daß ich der bin, der John genannt wird, ist eine Weichenstellung erreicht und mit ihr ein Wissen, das ich nie mehr rückgängig machen kann. Diese Formulierung weist darauf hin, daß die Frage der Synchronizität in der Bildung von Geschlechtsidentität und Objektwahl eine strukturlogische (nur sprachphilosophisch zugängliche) Dimension und eine klinische (empirische) Dimension hat. Aus heuristischen Gründen mag es sinnvoll sein, sich vorzustellen, daß die Geschlechtsidentität ihrerseits einen Kern habe – daß es also das tatsächlich gibt, was Stoller ‚core gender identity' nennt. Er stellt sich diese wie zwei Kreise oder

Schichten um einen Kern herum vor. Der innere Kern ist das Körpergeschlecht (‚sex'), genauer: dessen verschiedene morphologische, endokrine, anatomische usw. Substrukturen, denn ‚sex' ist bereits eine von uns konstruierte Synthese. Um diese Kerngestalt legt sich – isomorph (körpergestaltentsprechend) oder anisomorph (körpergestaltwidersprechend) – ein Mantel, der dann seinerseits zum Kern wird: die ‚core gender identity'. Und um diese herum legen sich vielgestaltige Selbst- und Objektrepräsentanzen usw., all das, was in summa als ‚gender role' oder als ‚gender role identity' bezeichnet wird. Dieses Dreischichtenbild und die Annahme der konfliktfreien Entstehung der ‚core gender identity' werden von vielen anderen Forschern geteilt.

Um meine Vorstellung von Synchronizität zu visualisieren, habe ich in Abbildung 2 für die Proto-Objektwahl ebenfalls zwei Kreise um einen Kern konstruiert – mit der „rätselhaften Botschaft" (siehe nächster Abschnitt) als Kern.

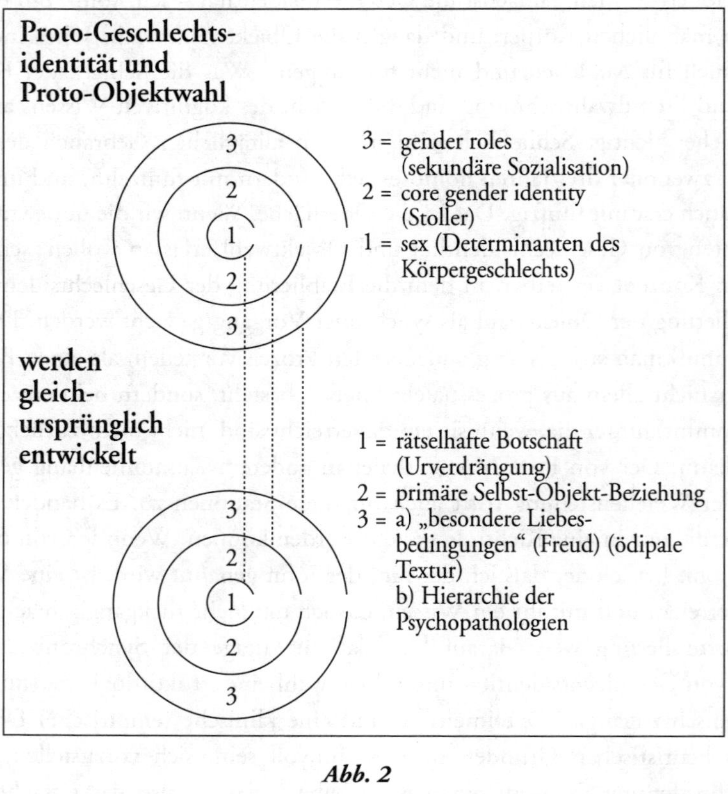

Abb. 2

Ich spreche statt dessen also lieber von *Proto-Geschlechtsidentität* und stelle mir vor, daß diese mit der *Proto-Objektwahl* eine Wechselwirkung eingeht.

Die Fähigkeit zu der geschlechtsidentifizierenden Selbstbezeichnung – ich, John, bin ein Junge in einem männlichen Körper – ist im Alter von drei Jahren etabliert. Ihr Erwerb hat eine Geschichte. Nach meiner Lesart der Geschichte sagen die Eltern oder die relevanten Sozialisationsfiguren, kurz: das Primärobjekt, niemals nur: *Du bist John, ein Junge, dies da ist dein Arm, und das ist dein Penis.* Das Primärobjekt fügt immer hinzu: *Du bist John – und du bist dies und nicht das für mich, ich habe diese und keineswegs jene Aufgabe für dich vorgesehen.* Das Primärobjekt kann gar nicht anders; es benutzt das Subjekt als Container für seine Träume und seine Traumen, während es ihm gleichzeitig als Container für das vom Subjekt noch nicht Assimilierbare dient. Das Primärobjekt gibt dem Subjekt eine Aufgabe mit auf den Weg. Es sagt nicht: Du bist der. Sondern: *Du bist der für mich. Du bist John, und so sollst du (mich) lieben.* Implizit ist diese Position schon in der Arbeit von Lichtenstein (1961) über Identität und Sexualität enthalten. Lichtensteins „Formel“ lautet sinngemäß: Die einzige Mutter prägt mit ihren Wünschen die Identität ihres einzigen Kindes.

Die rätselhafte Botschaft

Diese Auffassung stimmt mit der einzigen Möglichkeit, die ich sehe, ohne Mythologie und ohne Hagiographie das klassische psychoanalytische Triebkonzept zu verwenden, überein. Auch der Trieb und das Unbewußte werden in einer intersubjektiven Bewegung begründet. Laplanche, auf den ich mich hier beziehe (vgl. Reiche, 1997, S. 938), konzipiert das Unbewußte als einen emergenten Prozeß, der aus der Urverführung/Urverdrängung entsteht. Der Ausgangspunkt dieser Bewegung ist für Laplanche (1988, S. 187) „die Tatsache, daß das unreife Kind mit Botschaften, die mit Sinn und Begierde beladen sind, konfrontiert ist, deren Schlüssel es jedoch nicht besitzt (die ‚rätselhaften Signifikanten‘)“. Diesen Vorgang nennt er *Urverführung* – und fügt die Urverführung mit Freuds Begriff der *Urverdrängung* zu einem intersubjektiven Paar zusammen. In dem Versuch, das Nichtassimilierbare doch zu assimilieren, entsteht die Urverdrängung – und mit ihr das dynamische Unbewußte. Im Unbewußten werden die „rätselhaften Botschaften“ jedoch keineswegs 1:1 gespeichert, sondern in einer Umschrift, die wiedergibt, wie das Subjekt das Unverständliche verstanden hat (s. Abbildung 3). Hier befinden wir uns an der Weichenstellung, die zu Hetero- oder Homosexualität führt, also zu dem, was andererseits immer schon da ist. So stelle ich mir die Entstehung des Neuen vor, gleichgültig ob es sich hierbei um eine hetero- oder eine homosexuelle Formgebung handelt.

Rätselhafte elterliche Botschaft … →	… wird vom Subjekt übersetzt (nicht 1:1) … →	… und zugleich sexualisiert
... ist immer nur in Deckfiguren zugänglich wie z.B.: „Bei dir habe ich mich durchgesetzt“	1. bei meinen Brüdern hat sich mein Vater durchgesetzt/ gezeugt, mich dagegen hat meine Mutter gezeugt 2. ich liebe meine Mutter, wie eine Frau ihren Mann liebt 3. mein Vater liebt mich wie eine Frau 4. wenn ich so bin, gefalle ich meiner Mutter – und bin ihr ein Trost	1. sammelt Lippenstiftreste (4 Jahre) 2. entwickelt eine Onanietechnik mit analer Stimulation (11 Jahre) 3. im Alter von 14 Jahren erscheint als Deckfigur der zentralen Onaniephantasie: von einem „Heteroprol“ gebumst zu werden

Abb. 3

Die *Modell*vorstellung, die ich hier entwickle, läßt sich mit *Fall*vorstellungen nicht beweisen, sondern nur anschaulich machen. Denn aus strukturlogischen Gründen können wir über die Weichenstellung, die zur Festlegung der Objektwahl – homo- oder heterosexuell – führt, kein klinisch-empirisches Wissen, sondern immer nur metapsychologische Konstruktionen bilden. Man kann den analytischen Prozeß noch so weit vorantreiben – es ergibt sich immer noch einmal ein proto-homosexuelles Davor. An jeder Stelle des Prozesses, an der sich eine pathologische Fixierung, eine Übertragungsfigur oder eine neurotische Verknüpfung auflöst, entsteht die Homosexualität gleichsam aufs neue. Das bringt es mit sich, daß das klinische Material, das präsentiert wird, je nach Sichtweise immer auch als Widerstand gegen die Auflösung der „homosexuellen Abwehrformation“ und der ihr zugrunde liegenden „Angst vor der Verschmelzung mit der Mutter“ etc. gedeutet werden kann.

Diese Einschränkung im Auge, versuche ich das zu bebildern, was ich mir unter einer rätselhaften Botschaft vorstelle, die „mit Sinn und Begierde beladen ist, deren Schlüssel es [das prähomosexuelle Subjekt] nicht besitzt“. Wie es sich gehört, beginne ich an der Oberfläche soweit wie nur möglich:

Wenn ein Elternpaar auf dem Lande in den siebziger Jahren drei Kinder hat, die alle Jungen sind, und diese Jungen nacheinander die Namen Wolfgang, Werner und René erhalten, dann ist bereits in dieser Namensfolge die oberste Schicht des rätselhaften Signifikanten enthalten, von dem Laplanche spricht. Für René können wir auch Amadé, Ingo, Mario, Wanja oder sogar García einsetzen. Der Name dieses dritten Sohnes bezeichnet bereits nach außen, für die ländliche Nahwelt der Nachbarn und Verwandten, einen doppelten Bruch: den fremden Klang und die besondere

Nähe zu einem imaginierten weiblichen Namen. Und wir können sicher sein: die Außenwelt täuscht sich nicht.

René F., der bei mir in Analyse war, war ein solcher Junge – und die Mutter hat später ihrem kleinen Nachzügler zu seinem Namen oft erzählt: „Bei Dir habe ich mich durchgesetzt" – nämlich gegen den Vater und die gesamte Verwandtschaft. Und dann pflegte sie die gar nicht rätselhafte Geschichte zu erzählen, sie habe seinerzeit in dem Film „Krieg und Frieden" einen napoleonischen Offizier namens René so toll gefunden, daß sie beschlossen habe ... Offenbar eine Liebesgeschichte. Mit diesem Jungen hat sie nach dem plötzlichen und höchst gewalttätig inszenierten Selbstmord des Vaters, als René drei Jahre alt war, eine besonders nahe Trostgemeinschaft gebildet, mit hohen sexuellen Aufladungen für diesen Jungen – so wie wir sie aus vielen Fallgeschichten von Chasseguet-Smirgel, Glasser, Glover oder Socarides kennen. Ich betone das, weil man die Geschichte von René auch so erzählen könnte, daß an jeder Stelle des analytischen Prozesses sichtbar würde, daß René die Homosexualität dazu verwendet, um die Vereinigung mit der Mutter zugleich zu vollziehen und zu verhindern.

Auch Renés Großmutter hat diesen rätselhaften Signifikanten auf ihre Weise übersetzt, wenn sie René, wenn er unartig war, Renate nannte. Und René war nicht nur unartig, er war hoffärtig wie eine Prinzessin. Mit vier Jahren sammelte er triebhaft aufgebrauchte Lippenstiftreste, Make-up-Dosen und alle möglichen Schminksachen. Und zur gleichen Zeit begann sein älterer Bruder erfolglos damit, doch noch einen richtigen Jungen aus ihm zu machen. Mit elf verfügte er schon über eine elaborierte Onaniepraktik mit analer Stimulation und selbstgebauten Dildos – und wußte sicher, daß er homosexuell war. Und mit vierzehn wußte er, daß alles Glück dieser Welt davon abhinge, daß er einen „Heteroprol", am besten einen gewalttätigen Türken, dazu brächte, ihn anal zu koitieren. Alles zusammen: eine ganz gewöhnliche homosexuelle Geschichte mit bombenfester männlicher Geschlechtsidentität.

Ich könnte jetzt fortfahren, den Satz „*Bei dir habe ich mich durchgesetzt*" als Deckfigur der rätselhaften Botschaft fallstrukturell plausibel zu machen. Dabei würde aus dieser einen Deckfigur allmählich ein kleines, aber passendes Glied in einer unendlichen Kette von Deckfiguren des rätselhaften Signifikanten. Am Ende dieser plausibilisierten Deckfiguren würde dann meine Konstruktion stehen, daß René F. sich das Unübersetzbare dieser Deckfiguren so übersetzt hat: 1. Bei meinen Brüdern hat sich mein Vater durchgesetzt/gezeugt, mich dagegen hat meine Mutter gezeugt; 2. ich liebe meine Mutter, wie eine Frau ihren Mann liebt; 3. mein Vater liebt mich wie eine Frau; 4. wenn ich so bin, gefalle ich meiner Mutter und bin ihr ein Trost. Und diese Konstruktion wäre ihrerseits nur eine Deckfigur für den darunterliegenden rätselhaften Signifikanten (s. Abbildung 3).

Wie auch immer ich diese Konstruktion ausgestalten würde (vgl. hierzu meine Falldarstellung in 2000a) – ich könnte sie niemals gegen eine Sichtweise abdichten, die in der Homosexualität *ursprünglich* eine pathologische Antwort auf eine archaische Verschmelzungsangst mit dem (heterosexuellen) Primärobjekt, ein Steckenbleiben im negativen Ödipuskomplex, eine sexualisierte Fäkalisierung des Primärobjekts und anderes sieht.

Ein Psychoanalytiker kann gar nicht anders, als in einer psychoanalytischen Behandlung ständig einen Blick auf die rätselhaften elterlichen Botschaften mitlaufen zu lassen und den Schlüssel für sie zu suchen. Auf ihre Weise sind auch Bieber, Chasseguet-Smirgel, Glasser, M. Masud R. Khan, Morgenthaler, Socarides (1968; Socarides u. Vamik, 1991), Stoller (1968) und alle anderen Theoretiker der Homosexualität verfahren, sonst wären sie nicht zu ihrer jeweiligen psychogenetischen Formel gelangt, in der sie das Wesen der Homosexualität verdichteten. Ich bin überzeugt davon, daß diese Formeln alle einen Idealtypus von rätselhaften Botschaften repräsentieren, daß es aber *die* Botschaft nicht gibt. Die Botschaft ist kontingent – und das Subjekt kann sie so oder auch anders lesen.

Nehmen wir zur Verdeutlichung die Formel von Chasseguet-Smirgel:

> „Der künftige Perverse – gewöhnlich unterstützt von seiner Mutter, die ihn verwöhnt und bewundert und den Vater ausschließt – lebt in der Illusion, daß er mit seiner prägenitalen Sexualität, seinem unreifen und sterilen Penis, ein adäquater Sexualpartner für seine Mutter wäre und seinen Vater um nichts zu beneiden hätte. Meiner Meinung nach ist er gezwungen, seinen Narzißmus auf seine prägenitalen erogenen Zonen und Teilobjekte zu projizieren; er unterzieht sie einem Idealisierungsprozeß, um seine Überzeugungen aufrechterhalten zu können" (1984, S. 134).

Ich würde diese Formel nur leicht abändern: Viele Mütter erzeugen in ihrem Jungen das Gefühl, er sei der ideale Sexualpartner für sie und hätte seinen Vater „um nichts zu beneiden". Die Erzeugung dieses Gefühls ist Teil der rätselhaften Botschaft. Es ist weder notwendig noch ausgeschlossen, daß diese Botschaft zur Homosexualität führt. Mit einer solchen Botschaft muß – wenn sie ihn denn erreicht – der zukünftige Homosexuelle ebenso fertig werden wie der zukünftige Perverse oder der zukünftige Psychosomatiker oder der zukünftige gesunde und sexuell ungestörte Heterosexuelle. Da es unerträglich und schlechterdings unmöglich ist, mit einer solchen Botschaft zu leben, schreibt der zukünftige Homosexuelle sie heute noch so um, daß sehr viel später nur männliche Partner für ihn in Frage kommen werden. Im Grenzfall kann diese Umschrift zur Folge haben, daß eine psychopathologische Organisation entsteht, wie sie von Chasseguet-Smirgel beschrieben wird.

Die rätselhafte elterliche Botschaft ist kontingent. Das heißt, es ist weder notwendig noch ausgeschlossen, sie mit der Ausbildung einer proto-homosexuellen Objektwahl zu beantworten. Doch auch die proto-homosexuelle Objektwahl enthält ihrerseits viel mehr Freiheitsgrade, als einige Theorien annehmen, die einen normalen Weg zur normalen Homosexualität konzipieren. Hier sind besonders die Beiträge von Morgenthaler (1980, 1984), Dannecker (1996, 1998, 2000), Friedman (1988) und Isay (1989) zu nennen. Morgenthaler rückt die Überbesetzung von Autonomie und Autoerotik als Folge einer spezifischen narzißtischen Kompensation in den Mittelpunkt, die dann zu einer homosexuellen Weichenstellung führe. Der später homosexuell werdende Mann liebe im Ödipuskomplex ganz selbstverständlich die Mutter, wie alle anderen Jungen auch, nur stattet er sie in der Phantasie mit einem Penis aus: „Wo geliebt wird, spielt Penislosigkeit überhaupt keine Rolle" (1984, S. 119). Dannecker rückt demgegenüber den Feminitätsschub prähomosexueller Jungen in den Mittelpunkt. Seinem Konzept zufolge begehrt der prähomosexuelle Junge im Ödipuskomplex den Vater, und der empirische Vater reagiert darauf mit Irritation und Unverständnis. Ähnlich meint Isay, daß „das primäre Sexualobjekt homosexueller Jungen der Vater ist" (a. a. O., S. 38). Diese Konzepte gelangen also mit jeweils konsistenter Begründung zu konträren Annahmen über die Identifizierungsschicksale des prähomosexuellen Jungen. Ich glaube, daß beide Modelle ihr Recht haben. Darum muß eine psychoanalytische Theorie der Homosexualität so gebaut sein, daß sie alle Umschriften aufnehmen kann, die das Subjekt mit der „rätselhaften Botschaft" vornimmt.

Sexualisierung

Meine Sichtweise hat mit allen anderen psychoanalytischen Konzepten der Homosexualität eine große Schwäche gemeinsam: Sie kann nicht erklären, warum die sexuelle Objektwahl nach erfolgter Hetero-/Homo-Weichenstellung fast immer so fest gefügt ist, daß sie durch nichts im Leben zu erschüttern ist, auch nicht durch eine noch so tiefgreifende und gelungene Psychoanalyse. Ich kann aber skizzieren, wie ich mir diesen Vorgang vorstelle – und ich glaube, daß es ein besonderer Vorzug meiner Sichtweise ist, daß sie dem archaischen sexuellen Geschehen Recht widerfahren läßt.

Für die heterosexuelle Entwicklung gilt wie für die homosexuelle: *Die durch die rätselhafte Botschaft angestoßene Proto-Objektwahl wird bereits in statu nascendi sexualisiert.* Für Laplanche ist wesentlich, daß sich der Trieb aus dem Nichtverstehbaren, Nichtassimilierbaren dessen generiert, was der erste bedeutungsvolle Andere (das Primärobjekt) dem Subjekt „zu verstehen" gibt. Fast alle unsere Theorien weichen an dieser Stelle auf vage Vorstellungen von libidinöser Besetzung aus. Libidinös besetzen kann man jedoch dies und das – und libidinöse Besetzungen können auch wieder abgezogen werden. Es genügt auch nicht, hier nur von Phantasien und Identifizierungen zu sprechen. Es handelt sich vielmehr um ursprüngliche (sexuelle) Besetzungen, die eine unauflösbare Verbindung mit dem geheimnisvollen Geschehen eingehen, dessen fertiges Resultat als (unveränderbarer) sexueller Auslösereiz vor uns tritt. Die meisten Psychoanalytiker lehnen das Wort Auslösereiz ab, weil es das Wappen unseres Erbfeindes ziert. Wir haben aber selber nicht nur keinen entsprechenden eigenen Begriff, sondern auch die Sache vergessen, für die er steht: nämlich die Tatsache, daß in der Phylogenese wie in der Ontogenese des Menschen die Lücke gefüllt werden muß, die durch die Instinktentbundenheit hinterlassen wurde. Der Begriff des sexuellen Auslösereizes bietet auf seine Weise ein Bild an, um sich die Schließung dieser Lücke vorzustellen. Er trägt auf eine ihm selbst unklare Weise der fundamentalen biologischen Tatsache Rechnung, daß ohne das, was die Psychoanalytiker Sexualisierung nennen, keine sexuelle Reaktion, keine sexuelle Stimulation und kein sexueller Höhepunkt möglich sind.

Dem psychoanalytischen Denken ist die Vorstellung abhanden gekommen, daß Sexualisierung ontogenetisch ein lebensnotwendiger und lebenserhaltender Vorgang ist und daß sie dies auch während des gesamten Lebens bleibt. Der Begriff der Sexualisierung wird in psychoanalytischen Kontexten zunehmend gebraucht, um pathologische, insbesondere perverse Modi der Übertragung und des Verhaltens zu kennzeichnen. Diese pejorative Verwendung des Begriffs hat – wie das so oft geschieht – die gesamte zu erklärende Sache und ihr Feld kontaminiert. Sexualisierung ist jedoch, genau wie die Desexualisierung, eine biologische Voraussetzung zum Aufbau von psychischer Struktur und Selbstbesetzung. Jede libidinöse Aktivität – handele es sich um geistige Zustände, um Gefühle oder um Verhalten – beruht auf Sexualisierung plus anschließender Desexualisierung. Ohne Sexualisierung gibt es nicht nur kein Sexualleben, sondern überhaupt kein psychisches Leben. Dem widerspricht nicht, daß zugleich auch immer desexualisiert werden muß und daß die Desexualisierung zum Wesen psychischer Arbeit gehört – wie von der Ich-Psychologie ausführlich herausgearbeitet wurde. Man kann sich das an einem universellen Beispiel leicht verdeutlichen: Damit die weibliche Brust für einen heterosexuellen Mann zu einer schönen und potentiell erregenden Form werden kann, muß sie irgendwann sexualisiert und die Sexualisierung muß dann ihrerseits umgeformt (partiell desexualisiert) worden sein. Ohne Sexualisierung bliebe sie für immer ein Körperteil wie andere auch, und ohne Desexualisierung würde sie einem Mann das Leben unerträglich machen. Daß sich die weibliche Brust aus naheliegenden Gründen hierfür besonders eignet, ist noch keine hinreichende Bedingung.

Unbewußte „sexuelle" Phantasien sind definitionsgemäß immer inzestuös. Sie müssen mit der autonomen Geste des Subjekts verknüpft werden: ich kenne das Objekt, das mich erregt; ich kann die Erregung durch das Objekt selbst steuern; in diesem Wissen kann ich ein Objekt verwenden, um mich zu befriedigen. Mit anderen Worten: die unbewußte inzestuöse Phantasie muß sexualisiert werden. In diesem Kontext ist die Rekonstruktion der zentralen Onaniephantasie eine wichtige Brücke zwischen dem dynamisch wirksamen Jetzt und einem jeden denkbaren genetischen Davor. Solche sexuellen Aufladungen haben während der prägungskritischen Zeit der Etablierung von Proto-Geschlechtsidentität und Proto-Objektwahl eine einzigartige kohäsive Kraft. Sie sind letztlich verantwortlich für die Unumkehrbarkeit, die die homo- wie die heterosexuelle Entwicklung auszeichnet.

Das Problem der Anerkennung

Das homosexuelle Begehren verlangt, wie jedes Begehren, nach Anerkennung. In der Säuglingsforschung wurde experimentell nachgewiesen, daß das Kind im Alter von achtzehn Monaten vom Objekt nicht nur befriedigt, sondern auch anerkannt werden möchte (vgl. Dornes, 1997, S. 146 ff.). Nach meiner Vorstellung ist das prähomosexuelle Subjekt um diese Zeit schon lange damit beschäftigt, die „rätselhafte Botschaft" zu entziffern. Wenn dann seine Andersheit in ersten Spuren sichtbar wird, im Alter von drei oder vier Jahren, mag die Mutter noch eine ganze Weile lang auf die Andersheit ihres Jungen mit Entzücken oder sogar Verzücken antworten. Sie mag ihn in Lackschuhe stecken und ihm Barbiepuppen zum Spielen schenken – irgendwann wird sie doch über seine Andersheit befremdet sein. Der Vater reagiert in aller Regel auf die Andersheit seines Sohnes mit feindseliger Ablehnung, sobald er vorbewußt erste Anzeichen von ihr wahrnimmt. Das hat viel mit der homosexuellen Gefährdung des Mannes zu tun, die am gleichgeschlechtlichen Nachkommen projektiv bekämpft werden muß. Es ist anzunehmen, daß dem elterlichen manifesten Befremdetsein, das sich im Alter von drei bis vier Jahren regelmäßig nachweisen läßt, ein latentes Befremdetsein *vorausgeht.* Dies wurde vom Subjekt schon immer mitgelesen. An dieser Befremdung wird die protohomosexuelle Übersetzung fremd, die das Subjekt mit der „rätselhaften Botschaft" vorgenommen hatte. Es hatte die Umschrift doch gerade dem Primärobjekt zuliebe vorgenommen. Ohne Anerkennung durch das Primärobjekt wird dieses Fremde bedrohlich. Hier liegt der Ursprung der vielfältigen pathologischen Entwicklungen und der bizarren sexuellen Präokkupationen, die man bei Homosexuellen so häufig antrifft. Im Wunsch nach Anerkennung des Soseins ist die bereits sich bildende protohomosexuelle Objektwahl enthalten. Dieser

Wunsch nach Anerkennung geht dem Befremden und der Wut über die Nichtanerkennung und Verachtung voraus. Aus letzteren bildet sich dann die pathologische Identifizierung mit der Verachtung, die so oft das Lebensschicksal der Homosexuellen bestimmt und die auch in einer psychoanalytischen Behandlung so schwer aufzulösen ist.

Mädchen und Jungen verbringen ihre gesamte Pubertät und Adoleszenz mit der Suche nach dem Zusammentreffen von Objekt und Erregung. Sie sind erregt und wissen nicht, wovon; sie experimentieren mit Objektbeziehungen; sie wissen heute ganz genau, was toll und was blöd ist, und morgen kann alles schon wieder anders sein. Sie arbeiten, oft verzweifelt, an der Ausgestaltung ihrer Geschlechtsrollen. Durch die Schmerzen, die sie dabei ertragen, und die Risiken, die sie dabei eingehen, kommt das Neue in die Welt. All das ist gut untersucht und oft beschrieben worden. Prähomosexuelle und homosexuelle Jugendliche unterscheiden sich hierin nicht von ihren heterosexuellen Geschlechtsgenossen. Sie unterscheiden sich jedoch fundamental in einer Hinsicht, deren Paradox gerade darin besteht, daß sie keinen Unterschied macht: Für die heterosexuellen Jugendlichen ist die Heterosexualität der Referenzpunkt, an dem sie sich orientieren und konturieren, an dem sie ihre Gestalt und ihr sexuelles Begehren gewinnen. Und für die homosexuellen Jugendlichen auch. Das bedeutet, daß für den Heterosexuellen die eigene sexuelle Kultur der Referenzpunkt ist – und für den Homosexuellen die fremde, nämlich ebenfalls heterosexuelle Kultur (vgl. Dannecker, 1998). Damit ist das Wesen der Andersheit des Homosexuellen benannt. Sie enthält in ihrem Innersten das ihr so bekannte Fremde, an dem sie sich bildet. Denn der gemeinsame Referenzpunkt sexuelle Kultur (~ sekundäre Sozialisation) verweist zugleich auf den gemeinsamen Referenzpunkt Familie (~ primäre Sozialisation), dem wiederum der gemeinsame Referenzpunkt Urszene, die sexuell vereinigten Eltern (~ Primärobjektbeziehung), entspricht.

In der unbewußten Phantasie, die dem Orgasmus seine einzigartige Macht verleiht und deren Erneuerung in jedem sexuellen Erlebnis gesucht wird, sind die vereinigten Eltern und ist darum das heterosexuelle Paar enthalten – bei Heterosexuellen wie bei Homosexuellen (vgl. Reiche, 1990, S. 20; 2000b, S. 526 f.). *Wie* das Elternpaar in der sexuellen Phantasie enthalten ist, ist eine andere Frage. Der Begriff der Urszene bezieht sich nicht auf die objektive Realität, die gewissermaßen historistisch in der Sozialisationstheorie rekonstruiert wird, sondern auf die subjektive Realität, die in der metapsychologischen Beschreibung als psychische Realität des Analysanden rekonstruiert wird. All die Fusionen, Fragmentierungen, Verzerrungen, Sexualisierungen, Spiegelungen, Ausblendungen, Derealisierungen, Verleugnungen und Vernichtungsattacken, die den Objektbeziehungen der Homosexuellen zugrunde liegen und die auf ebenso viele Verarbeitungsmodi der Urszene verweisen, sind klinisch gründlich beschrieben worden. Sie werden strukturell ebenso wirksam in den unbewußten Phantasien und in der Objektbeziehungsdynamik heterosexueller Patienten. Ohne die Eltern zu töten und diese Aktion zugleich grandios ungeschehen zu machen, ist kein Orgasmus möglich. Die Homosexuellen betreiben dieses Geschäft weder gründlicher noch pathologischer als die Heterosexuellen, sondern nur etwas anders.

Homosexualität und Homosexualitäten

Der Etappensieg des Konstruktivismus in den Sozialwissenschaften hat es mit sich gebracht, daß seit den achtziger Jahren plötzlich von *Sexualitäten* – und dann auch von *Homosexualitäten und Bisexualitäten* – gesprochen wird. Alle universalistischen Singularbegriffe sind unter Essentialismus-Verdacht geraten. Unter dem Druck des neuen Paradigmas ist seitdem auch im psychoanalytischen Diskurs immer öfter von Homosexualitäten die Rede.

Damit klingt eine Revision im psychoanalytischen Denken an. Die „Identitäten", „Sexualitäten" usw. zielen auf etwas anderes als auf Typenbildungen, wie wir sie innerhalb des psychoanalytischen Kanons seit Abraham und Ferenczi kennen. Wenn etwa Ferenczi (1914) den Typus des Subjekthomoerotikers von dem des Objekthomoerotikers unterscheidet, dann tut er dies innerhalb des von Freud konzipierten Einheitsbegriffs – und er ist weit davon entfernt, in „Homosexualitäten" zu denken. Alle von Freud geprägten und verwendeten Begriffe stehen in der Tradition des deutschen Idealismus und sind einer Idee der *Einheit in der Vielfalt* verpflichtet. Dieses Denken hat eine geschichtsteleologische Aufladung, und ich sehe keinen Grund, dieses Erbe gegen das konstruktivistische Linsengericht aufzugeben. Für mich hat die Einheit des psychoanalytischen Begriffs (in diesem Fall: des Begriffs der Homosexualität) Vorrang vor der Anpassung an irgendein gerade herrschendes psychoanalytisches Konzept. Daß es so viele individuelle Realisierungen des Triebschicksals Homosexualität gibt, wie es Homosexuelle gibt, versteht sich von selbst.

Das Denken in Einheitsbegriffen birgt die Gefahr des Totalitären in sich: alles, was sich der Herrschaft des Begriffs nicht fügt, doch gefügig zu machen oder auszuschalten. Dies im Auge, kommen mir immer wieder zwei große Zweifel: 1. ob es die Homosexualität als „reine Form" der ödipalen Regression zur Homosexualität bzw. der ödipalen Fixierung auf den negativen Ödipuskomplex vielleicht doch gibt, es also auch die „heterosexuelle Stelle" gibt, von der aus regrediert wird – und ich sie nur noch nicht gesehen habe, weil ich die Dinge anders sehen will; 2. ob es nicht doch auch „echte" Bisexualität als stabile Form der sexuellen Objektwahl im erwachsenen Leben gibt. Das wäre etwas anderes als (vorübergehendes oder auch lebenslang aufrechterhaltenes) bisexuelles Verhalten. Bisexuelles Verhalten begegnet uns regelhaft als ein passageres oder Abwehrphänomen. Echte Bisexualität ist eine psychosexuelle Organisation, bei der die Hetero-/Homo-Weichenstellung nicht so eindeutig-eingleisig ausfällt, wie von mir beschrieben. Männer, die fähig sind, mit Männern und Frauen oder mit Männern und Mädchen oder mit Jungen und Frauen Sex zu haben, gibt es genug. Ich bin aber noch nie in meinem Leben, weder innerhalb noch außerhalb der klinischen Situation, einem Menschen begegnet, auf den Menschen beiderlei Geschlechts eine unhintergehbare sexuelle Anziehungskraft ausüben, *weil* seine sexuellen Phantasien sich auf beide Geschlechter richten. Aber das kann ja noch kommen.

Anmerkungen

[1] In einigen Passagen textidentisch mit Reiche (2000c).

[2] Natürlich gibt es auch andere psychoanalytische Beiträge, die eine nichtpathologische Entwicklung zur Homosexualität konzipieren. Hier sind an erster Stelle Morgenthaler (1980) und Stoller (1985) zu nennen. Auf Morgenthaler gehe ich hier etwas näher ein; sein Werk hat sich, wohl wegen der Sprachbarriere, keinen Zutritt zum internationalen psychoanalytischen Diskurs verschaffen können. Stollers Werk ist in gewisser Weise Opfer einer Spaltung geworden. Seine Theorie der ‚core gender identity' wird auch von solchen Autoren affirmativ zitiert, die dieses Konzept wegen seines starken sozialpsychologischen Bias ablehnen müßten, z. B. von Chasseguet-Smirgel (1984), seine Theorie der Homosexualität von den gleichen Autoren aber wegen ihrer Oberflächlichkeit mit Schweigen übergangen. Sodann gibt es Beiträge von „bekennenden" homosexuellen Psychoanalytikern, die Mitglieder der Internationalen Psychoanalytischen Vereinigung (IPA) sind, etwa Friedman (1988), Künzler (1992), Isay (1989), Roughton (1999). Einige von ihnen erschöpfen sich in der abstrakten Negation des homophoben Elements in den klassischen psychoanalytischen Theorien. Einen guten Überblick über die vehemente Diskussion in den Vereinigten Staaten zum gesamten Komplex Homosexualität, Homophobie, Homosexuellenbewegung und Psychoanalyse gibt Lewes (1988).

[3] Die heute herrschende Lehrmeinung, wonach sich zuerst die ‚gender identity' bzw. die ‚core gender identity' entwickelt und sich danach erst entscheidet, ob die Objektwahl homo- oder heterosexuell ausfallen wird, wurde in den USA von Tyson und von Person u. Ovesey eingeführt (ausführlich: Reiche, 1997). Andererseits vertritt auch Kernberg (1995, S.11) die hier von mir entwickelte Position.

Literatur

Chasseguet-Smirgel, J. (1984): Kreativität und Perversion. Frankfurt a.M. (Nexus) 1986.

Dannecker, M. (1996): Probleme der männlichen homosexuellen Entwicklung. In: Sigusch, V. (Hrsg.): Sexuelle Störungen und ihre Behandlung. Stuttgart (Thieme), 77–91.

– (1998): „Ödipus Schnödipus – Homosexualität und Mutterliebe". Kursbuch, 132, 88–100.

– (2000): Probleme der männlichen homosexuellen Entwicklung. Psyche, 54, 1251–1277.

Dornes, M. (1997): Die frühe Kindheit. Entwicklungspsychologie der ersten Lebensjahre. Frankfurt a.M. (Fischer Tb).

Ferenczi, S. (1914): Zur Nosologie der männlichen Homosexualität (Homoerotik). In: Ders.: Schriften zur Psychoanalyse. Bd. I. Frankfurt a.M. (Fischer Tb) 1982, 184–197.

Freud, S. (1905d): Drei Abhandlungen zur Sexualtheorie. GW 5, 33–145.

– (1923b): Das Ich und das Es. GW 13, 237–289.
Friedman, R.C. (1988): Männliche Homosexualität. Berlin (Springer) 1993.
Isay, R.A. (1989): Die Entwicklung des Homosexuellen. München (Piper) 1990.
Kernberg, O. (1995): Liebesbeziehungen. Normalität und Pathologie. Stuttgart (Klett-Cotta) 1998.
Künzler, E. (1992): Der homosexuelle Mann in der Psychoanalyse. Forum Psychoanal., 8, 202–216.
Laplanche, J. (1988): Die allgemeine Verführungstheorie. Tübingen (edition diskord).
Lewes, K. (1988): The Psychoanalytic Theory of Male Homosexuality. New York (Simon and Schuster).
Lichtenstein, H. (1961): Identity and sexuality. J. Amer. Psa. Ass., 9, 179–260.
Morgenthaler, F. (1980): Homosexualität. In: Sigusch, V. (Hrsg.): Therapie sexueller Störungen. 2. neubearb. u. erw. Aufl. Stuttgart, New York (Thieme), 329–367.
– (1984): Homosexualität, Heterosexualität, Perversion. Frankfurt a.M., Paris (Qumran).
Reiche, R. (1990): Geschlechterspannung. Eine psychoanalytische Untersuchung. Frankfurt a.M. (Fischer Tb).
– (1997): Gender ohne Sex. Geschichte, Funktion und Funktionswandel des Begriffs „Gender". Psyche, 51, 926–957.
– (2000a): Die Rekonstruktion der zentralen Onaniephantasie in der Analyse eines jungen Homosexuellen. In: Dannecker, M. u. R. Reiche (Hrsg.) (2000): Festschrift für Volkmar Sigusch. Frankfurt a.M. (Campus), 360–382.
– (2000b): Orgasmus. In: Mertens, W. u. B. Waldvogel (Hrsg.): Handbuch psychoanalytischer Grundbegriffe. Stuttgart, Berlin, Köln (Kohlhammer), 526–529.
– (2000c): Der gewöhnliche Weg zur Homosexualität beim Mann. In: Bosse, H. u. V. King (Hrsg.): Männlichkeitsentwürfe. Wandlungen und Widerstände im Geschlechterverhältnis. Frankfurt a.M., New York (Campus), 178–198.
Roughton, R. (1999): Public Forum on Homophobia. The American Psychoanalytic Foundation. http://www.cyberpsych.org/homophobia/noframes/roughton.htm
Socarides, Ch.W. (1968): Der offen Homosexuelle. Frankfurt a.M. (Suhrkamp) 1971.
– u. V. Vamik (Hrsg.) (1991): The Homosexualities and the Therapeutic Process. Madison, CT (Int. Univ. Pr.).
Stoller, R.J. (1968): Sex and Gender. Vol I: The Development of Masculinity and Femininity. London (Hogarth).
– (1985): Observing the Erotic Imagination. New Haven, London (Yale Univ. Pr.).

Theorien der menschlichen Entwicklung: Psychoanalyse als Konflikttheorie und die Bindungstheorie

Peter Fonagy

Das Ende einer Familienfehde

Versöhnung von Bindungstheorie und Psychoanalyse

Einleitung

Es gibt böses Blut zwischen Psychoanalyse und Bindungstheorie. Wie bei vielen Familienfehden ist es schwierig festzustellen, wo das Problem begann. Obwohl die Bindungstheorie und die Psychoanalyse gemeinsame Wurzeln haben, beschritten sie unterschiedliche wissenschaftstheoretische Wege mit wechselseitigen Feindseligkeiten. Psychoanalytiker neigten dazu, die Bindungstheorie mißzuverstehen, indem sie sie für reduktionistisch, mechanistisch, nichtdynamisch und erklärungswütig hielten. Aber nach und nach veraltete diese Kritik, die auf Mißverständnissen beruhte und über die empirischen und klinischen Beobachtungen dieses Ideengebäudes wenig informiert war. Umgekehrt haben sich Bowlby und andere Bindungstheoretiker selektiv auf die schwächsten Punkte der psychoanalytischen Theorie konzentriert. Beide Seiten schienen entschlossen, die Möglichkeit wechselseitig klärender Auseinandersetzung zu vereiteln, obwohl sich einige der wichtigsten Repräsentanten hartnäckig gegen diesen Trend wehrten (vgl. Bretherton, 1987; Eagle, 1997; Holmes, 1993; Lichtenberg 1989; Shane et al., 1997).

Im Gefolge dieser Divergenz scheint es riskant, Parallelen zwischen Konzepten zu ziehen, die unabhängig voneinander in verschiedenen Wissenschaftsbereichen entstanden sind. Die Beobachtungen der Bindungstheoretiker basieren auf experimentellen Studien. Es ist sehr unwahrscheinlich, daß jemals bewiesen werden kann, daß die Parameter, die das menschliche Verhalten bei der freien Assoziation im Behandlungszimmer bestimmen, dieselben sind, die zu den Bedingungen des kontrollierten Experiments gehören (vgl. Fonagy, 1982). Trotzdem ist es an der Zeit, eine ausgewogenere Betrachtung der beiden Theoriengebäude zu beginnen. Es gibt einige Berührungspunkte zwischen der Bindungstheorie und speziellen Traditionen psychoanalytischen Denkens. So läßt sich auf der Ebene der mentalen Prozesse eine Analogie zwischen beiden herstellen: Laborstudien können uns helfen, die psychischen Mechanismen zu identifizieren, die diejenigen Phänomene hervorbringen, die unter klinischen Bedingungen beobachtet werden. Umgekehrt können die Beobachtungen der Bindungstheoretiker auf der Basis psychoanalytischer Vorstellungen, die im klinischen Setting entstanden sind, nutzbringend erweitert werden. Wir wollen versuchen, die Möglichkeit gegenseitiger Befruchtung darzustellen, indem wir uns besonders darauf konzentrieren, was die beiden Denktraditionen zur Rolle des bedeutungsvollen Anderen für die Entwicklung der Fähigkeit zur Mentalisierung beim Kind beitragen.

Was haben psychoanalytische Theorien und Bindungstheorie gemeinsam?

Die Persönlichkeitsentwicklung ist am besten in bezug auf die soziale Umwelt des Kindes untersucht

Beide – Freud und Bowlby – begannen ihre theoretischen Beiträge mit Überlegungen zu den psychologischen Konsequenzen früher Deprivation. Beide erkannten, daß Angst als biologisch determinierte Erfahrung mit der Wahrnehmung innerer und äußerer Gefahren einhergeht (Freud, 1926d), deren Prototyp der Objektverlust ist. Bowlby war nicht der erste Psychoanalytiker, der sich mehr auf die interpersonellen als auf die intrapsychischen Faktoren der Pathogenese konzentrierte. Ferenczi (1933) hatte schon auf die möglicherweise traumatische Natur des Mißverstehens der psychischen Welt des Kindes durch den Erwachsenen hingewiesen. Auf diese Weise nahm er die Bedeutung der Risiken vorweg, die mit der mangelnden Einfühlung auf seiten des Primärobjekts für das Kind verbunden sind. Die Betonung der Qualität der Fürsorge findet sich seit Ferenczi in den meisten wichtigen psychoanalytischen Traditionen und spielt eine besondere Rolle in den Arbeiten von Spitz (1945, 1965), Erikson (1950, 1959), Winnicott (1965) und Anna Freud (1941–1945, 1955). Seit den dreißiger Jahren nahm die interpersonelle Psychologie (Sullivan, Fromm, Fromm-Reichmann und Thompson), aus der heraus sich die moderne intersubjektive Beziehungstheorie entwickelte, die Perspektive zwischenmenschlicher Beziehungen ein – im Hinblick auf die Arbeitsweise und das Menschenbild bei Vernachlässigung des Libidokonzepts. Trotz der vermutlich grundlegenden wissenschaftstheoretischen Unterschiede scheint es, als konzeptualisierten Psychoanalytiker und Bindungstheoretiker den Einfluß des sozialen Feldes auf ähnliche Weise.

Die Interaktion zwischen aktueller und psychischer Realität

Das grundlegende Erkenntnisinteresse von Bindungstheorie und moderner Psychoanalyse ist die Beschreibung von inneren Mechanismen, die für den Unterschied zwischen aktueller und psychischer Realität verantwortlich sind. Im Strukturmodell beschreibt Freud (1923b) die Fähigkeit des Ichs, Abwehrmechanismen hervorzubringen, die als Teile des Entwicklungsprozesses die Charakterstrukturen und Symptomatologie organisieren. Diese Vorstellungen wurden ein Eckstein in Bowlbys Trilogie, speziell im letzten Band (1980). Anna Freuds Beschreibung der allgemein üblichen Abwehrmechanismen (1936) kann in die Begriffe mentaler Repräsentation umformuliert werden bzw. eher in deren typische Verzerrungen (vgl. Sandler, 1987; Sandler u. Rosenblatt, 1962). Indem wir die Bindungstheorie mit psychoanalytischen Perspektiven verbanden, haben Mary Target und ich in Klinik und Forschung den Nachweis erbringen können, daß die normale Erfahrung der psychischen Realität keine angeborene Eigenschaft des Geistes (mind) ist, sondern das Ergebnis einer Entwicklung (Fonagy u. Target, 1996; Target u. Fonagy, 1996), d. h. Folge einer erfolgreichen Integration zweier verschiedener Arten, innen und außen zu unterscheiden. Die Entwicklung des Kindes geht normalerweise von einer Erfahrung der psychischen Realität aus, in der mentale Zustände nicht als Repräsentationen abgebildet sind. Sie führt zu einer zunehmend komplexeren Sicht der inneren Welt, die durch die Fähigkeit zu mentalisieren, d. h., flexibel über Gedanken und Gefühle im Anderen und in der eigenen Person zu denken, gekennzeichnet ist. Anfangs erlebt das Kind seinen Verstand (mind) wie ein Aufnahmegerät mit genauer Entsprechung zwischen seinem inneren Zustand und der äußeren Realität. Wir bezeichnen diese Funktionsweise als „psychische Äquivalenz", um zu unterstreichen, daß das kleine Kind mentale Ereignisse von solchen der physikalischen Welt im Hinblick auf die Stärke der Erfahrung, ihre Kausalität und ihre Auswirkung nicht unterscheidet.[1] Innere, durch Phantasie verzerrte Repräsentationen werden auf die äußere Realität projiziert, und zwar ohne ein modulierendes Wissen, daß die Erfahrung der äußeren Welt auf diese Weise fehlinterpretiert wird.

Vielleicht weil es erschreckend sein kann, Gedanken und Gefühle im konkreten Sinn als „real" zu erleben, entwickelt das Kind eine alternative Methode der Interpretation innerer Zustände. Im „Als-ob-Modus" (pretend mode) erlebt das Kind Gefühle und Vorstellungen völlig auf der Repräsentationsebene bzw. als symbolisch, ohne Auswirkungen auf die äußere Welt. Das Kind von zwei Jahren weiß, daß sein „Ich wär' ein Polizist"-Spiel nicht real ist, nicht weil es versteht, daß es ein „Als-ob-Polizist" ist, sondern weil in diesem Alter ein Modus psychischer Realität vorherrscht, der eine strikte Trennung von der äußeren Realität voraussetzt (vgl. Gopnik

u. Slaughter, 1991). Das Spiel des Kindes kann für sich genommen keine Brücke zwischen innerer und äußerer Realität bilden. Nur nach und nach bringt die intime Teilnahme des Anderen, der beide kindlichen Perspektiven – die Als-ob-Perspektive und die wirkliche – umfaßt, mit der Integration dieser beiden Modalitäten des Denkens eine psychische Realität hervor, bei der Gefühle und Vorstellungen als innere Prozesse, die in enger Verbindung mit der Außenwelt stehen, anerkannt werden (vgl. Dunn, 1996).

Die kognitive Untermauerung der emotionalen Entwicklung

Eine besondere Stärke der Bindungstheorie ist die Klarheit von Bowlbys Darstellung (1969, Kap. 17) des Repräsentanzensystems, durch das die Kontinuität interpersonellen Verhaltens vermittelt und gesichert wird. Sein Modell wurde von zwei Pionieren auf diesem Gebiet erweitert und fortentwickelt: Bretherton (a. a. O.) und Main (et al., 1985). Ihre Arbeiten erhellen den Prozeß, durch den Erwartungen bezüglich der wahrscheinlichen Reaktion einer Bezugsperson auf das Mißbehagen des Kindes sich in generalisierte Muster sozialer Interaktion verwandeln. Individuelle Erfahrungen, die dieses Muster bestätigen, werden gespeichert – oder auch nicht: Das Muster selbst entwickelt eine Autonomie, die unabhängig von den Erfahrungen ist, die es bildeten. Beziehungsmuster werden als nichtbewußte Vorgänge gedacht, die das interpersonale Verhalten organisieren. Sie sind dem Bewußtsein nur dann zugänglich, wenn die Aufmerksamkeit speziell auf sie gerichtet wird. Die Muster wiederholen nicht die eigentlichen Erfahrungen, sie sind vielmehr durch Abwehrvorgänge verzerrt, durch Wünsche und Phantasien bestimmt, die zur Zeit des ursprünglichen Erlebens aktuell waren. Mains Untersuchung der sprachlichen Äußerung Erwachsener, ihre frühen Beziehungen betreffend (mit dem Adult Attachment Interview), zeigt eher Verbindungen zwischen dem Verhalten des Kindes in der Fremden Situation und dem Konversationsstil des Erwachsenen, seiner Art und Weise zu sprechen, als zum narrativen Inhalt (Main u. Goldwyn, in Vorber.). Die Bindungstheorie und die zugehörige Forschung haben sich zunehmend mehr auf prozessuale als auf episodische oder semantische Erinnerungssysteme konzentriert (vgl. Schachter, 1992), um die Kontinuität sozialen Verhaltens von der Kindheit bis ins Erwachsenenalter zu verstehen.

Eine ähnliche Gruppe von Vorstellungen taucht auch in der Psychoanalyse auf. Die kleinianische Psychoanalyse entdeckte den Unterschied zwischen implizit prozessualem und erklärend episodischem Gedächtnis noch vor den kognitiven Neurowissenschaften. Joseph (1985) zum Beispiel stellt in ihrer Arbeit zur Übertragung dar, daß sie es vermeidet, sich mit spezifischen Assoziationen zu befassen, bevor sie nicht versucht hat, den momentanen inneren Zustand des Patienten in Begriffen der gesamten interpersonalen Situation zu verstehen, wie sie in der Übertragung mit dem Analytiker gestaltet wird. Sie argumentiert:

> „Deutungen, die sich nur mit einzelnen Assoziationen auseinandersetzen, würden lediglich den erwachseneren Teil der Persönlichkeit berühren, während der Teil, der des Verständnisses eigentlich bedarf, sich durch den auf den Analytiker ausgeübten Druck mitteilt" (S. 88).

Joseph hebt hervor, daß die von Kindheit an errichtete innere Welt sich nur durch die Gefühle offenbart, die in uns entstehen. Sie favorisiert die Analyse der Übertragungserfahrung psychischer Realität in der Sitzung, egal wie unbequem das für den Analytiker und den Patienten im Vergleich zur intellektuellen Verständigung über die erinnerte Vergangenheit des Patienten auch sein mag (vgl. Feldman u. Bott Spillius, 1989, S. 120).

Im großen und ganzen sagen die Sandlers (1984) aus der Perspektive der zeitgenössischen Freudianer dasselbe, wenn sie zwischen dem Vergangenheits- und Gegenwarts-Unbewußten unterscheiden oder sich in einer neueren Arbeit zur „False-memory"-Kontroverse (1997) äußern. Kliniker beider Gruppen erkannten unabhängig voneinander, daß Patienten sich kaum erinnern können, warum sie sich so verhalten, wie sie es tun. Ebenso werden sie nicht unbedingt – nicht einmal in der längsten Analyse – etwas über die Ereignisse und Erfahrungen herausbekommen, die sie zu dem gemacht haben, was sie sind. Die speziellen Erfahrungen, die zu ihrem schwer pathologischen Erleben des Anderen führen, dürften der Entwicklung des Gedächtnissystems vorausgehen, das die auf bewußte und unbewußte Weise repräsentierten Erfahrungen als Geschichte codiert und aufbewahrt (vgl. Gathercole, 1998). Die Sandlers beschreiben dieses Vergangenheits-Unbewußte als ein System, zu dem weder der Patient noch der Analytiker direkt erlebbaren Zugang haben, auch nicht auf einer unbewußten Ebene. Analytiker und Patient irren häufig, wenn sie der Erinnerung kausale Bedeutung für die Heilung beimessen. Ich glaube, das Auftauchen solcher Erinnerungen ist am besten als Begleiterscheinung anzusehen, als zwangsläufige Folge der Exploration von mentalen Beziehungsmustern. Die Erinnerung kann, muß aber nicht diejenige Erfahrung reproduzieren, die das pathogene Erleben der eigenen Person oder des Anderen in einer speziellen Beziehung erzeugt hat. Gleichwie, die Bedeutung ihres Auftauchens ist dieselbe. Sie stellt eine Erklärung zur Verfügung. Das, was Patienten als wiederentdeckte Erinnerungen berichten, sind Ereignisse, die stattgefunden haben oder auch nicht, die aber besonders gut zur einen oder anderen der nichtbewußten Strukturen passen, die ihre gegenwärtigen Beziehungen organisieren.

Der Beziehungskontext der kognitiven Entwicklung
Beide, Bindungstheorie und psychoanalytische Theorie, nehmen an, daß die frühen Beziehungen die Grundlage für den Erwerb und die Entwicklung bestimmter psychischer Funktionen bereitstellen. Die Vorstellung eines zunehmenden symbolischen und reflexiven Bewußtseins der inneren Verfassung ist neuerdings zentral für die konzeptuelle und empirische Arbeit der Psychologie und der Entwicklungspsychologie. Entwicklungspsychologen bezeichnen diese Fähigkeit als ‚theory of mind' (vgl. Baron-Cohen, 1995; Premack u. Woodruff, 1978). Sroufe (1990) schlägt ein Entwicklungsmodell vor, bei dem sich frühe Interaktionsmuster zwischen Kind und Bezugsperson in individuelle Stile der Affektregulation umsetzen, die ihrerseits wieder die Interaktionsmuster determinieren. In diesem Rahmen wird die Affektregulation durch die Interaktion zwischen dem Kind und der Bezugsperson internalisiert. Bretherton et al. (1979) und Main (1991) behaupten beide, die Entwicklung der Symbolfunktion hänge im wesentlichen von der Harmonie der Mutter-Kind-Interaktion ab. Sie sagen, daß eine sichere Bindung Aufmerksamkeitsressourcen freisetze, die für die volle Entwicklung symbolisch kognitiver Fähigkeiten nötig sind.

Viele psychoanalytische Autoren nehmen an, daß psychische Funktionen über die Beziehung zu den Primärobjekten internalisiert werden. Im Zentrum vieler psychoanalytischer Formulierungen zur Entwicklung des Selbst findet sich die Vorstellung eines intersubjektiv erworbenen, abstrakten, impliziten Bewußtseins der psychischen Verfassung, das von der Introspektion unterschieden werden muß. Spitz bezieht sich im besonderen auf die Rolle der Mutter-Kind-Interaktion für die Entwicklung der Selbstregulation (vgl. auch Greenacre, 1952; Spitz, 1959). Auch Bions Modell des Containment (1959, 1962) nimmt an, daß das Kind die von der Bezugsperson ausgeübte Funktion der Transformation internalisiert und dadurch die Fähigkeit erwirbt, eigene negative Affektzustände auszuhalten und zu regulieren. Winnicott (1951) unterstreicht die große Bedeutung des Übergangsraums zwischen Kind und Bezugsperson für die Entwicklung der Symbolfunktion. Er entdeckte die Bedeutung, die das psychologische Verstehen des Kindes durch die Bezugsperson für die Entfaltung des „wahren Selbst" hat, und trug dem dialektischen Aspekt dieser Beziehung Rechnung: Das psychische Selbst entwickelt sich, indem eine Person sich in der Vorstellung einer anderen als denkend und fühlend wahrnimmt (1962). Wir betonen mit anderen psychoanalytischen Autoren die selbstorganisierende Qualität des Mentalisierens (die Vorstellungs- und Denkfähigkeit) und die Bedeutung individueller Unterschiede in dieser Fähigkeit für eine spätere Pathologie. Die Entstehung des Mentalisierens hängt von der Primärobjektbeziehung des Kindes ab, vor allem von der Spiegelbeziehung zur Bezugsperson. Die wiederkehrenden Reaktionen auf seine Affektäußerungen bündeln und formen die inneren Erfahrungen des Kindes, so daß diese in dem Maße bedeutungsvoller und handhabbarer werden, in dem die primären Repräsentanzen seiner Erfahrung in die sekundäre Repräsentanz seiner seelischen und körperlichen Verfassung umorganisiert werden (vgl. Fonagy u. Target, 1997). Diese Erfahrung ist der Ursprung, aus dem schließlich die Fähigkeit zur Mentalisierung wachsen kann, allerdings nur im Kontext einer kontinuierlichen, intimen Bindungsbeziehung.

Eine Reihe empirischer Befunde belegt, daß Bindungssicherheit und reflektierendes Denken zusammenhängen. Bindungssicherheit erlaubt gute Vorhersagen bezüglich metakognitiver Fähigkeiten im Bereich des Gedächtnisses, des Verständnisses und der Kommunikation (vgl. Moss et al., 1995) und erwies sich in der Beziehung zur Mutter als verläßlicher Indikator für die Fähigkeit von Dreieinhalb- bis Sechsjährigen, zwischen Wissen und Wunsch zu unterscheiden; ein Ergebnis, das in Querschnittsuntersuchungen (vgl. Fonagy et al., 1997) und in Längsschnittstudien (vgl. Fonagy et al., in Vorber.; Meins u. Russel, 1997) bestätigt wurde. Die Mentalisierungsfähigkeit werdender Mütter und Väter erlaubt eindrucksvoll, die Wahrscheinlichkeit einer sicheren Bindung ihrer Kinder vorherzusagen (vgl. Fonagy et al., 1991). Wenn eine sichere Bindung den Erwerb von Regulationsmechanismen (einschließlich Gedächtnis) für unerträgliche Erregungszustände ermöglicht (vgl. Carlsson u. Sroufe, 1995; Cassidy, 1994; Sroufe, 1996), so sind die dazu nötigen Informationen am wahrscheinlichsten konsistent zu erwerben und kohärent zu repräsentieren, wenn dem Kind sein aktueller affektiver Zustand exakt, aber nicht überwältigend gespiegelt wird. Sichere Bindung hat also viel mit gelungenem Containment (vgl. Bion, 1962) gemein. Besonders bedeutsam ist die Fähigkeit der Mutter, ihr Baby psychisch zu halten, indem sie auf eine Weise körperlich fürsorglich reagiert, die zeigt, daß sie den seelischen Zustand des Kindes wahrgenommen hat, und gleichzeitig widerspiegelt, daß sie die Situation bewältigt. Die Bezugsperson kann die psychische Realität des Kindes – z. B. Vernichtungsangst – anerkennen und gleichzeitig einen Rahmen herstellen, der die Verbindung des Erwachsenen zu einer erweiterten Realität vermittelt und die existentiellen Ängste des Kindes lindern hilft. Die Sprache eignet sich hervorragend für diese Aufgabe (vgl. Fonagy u. Fonagy, 1995): Ein geübter Sprecher kann zwei Intonationsmuster kombinieren, die unterschiedliche Gefühle charakterisieren. Für den Zuhörer sind, auch wenn nur eine Seite bewußt wahrgenommen wird, doch beide erkennbar – eine Situation, die auch für das getröstete Kind zutrifft: Es bringt die modulierte Reaktion der Mutter mit den eigenen Gefühlen in Zusammenhang und lernt langsam, wie das symbolische Spiel mit dem Affekt seine emotionalen und physiologischen Reaktionen binden kann.

Wenn das psychologische Selbst (also der Teil des Selbst, der nicht die körperliche Einheit meint, sondern das intentionale Wesen umfaßt, das durch Gefühle und Gedanken motiviert ist) sich durch die Wahrnehmung dieses Selbst in der Vorstellung einer anderen Person (vgl. Davidson, 1983) bildet, dann verhindern Eltern, die keine Vorstellungen von den mentalen Erfahrungen des Kindes haben, den Kern einer Selbststruktur, den das Kind braucht, um eine zuverlässige Selbstwahrnehmung zu entwickeln (vgl. Fonagy u. Target, 1995). Wenn eine sichere Bindung die Folge gelungenen Haltens ist, kann eine unsichere Bindung als Identifikation mit der Abwehr der Bezugsperson gesehen werden. Einer unsicher vermeidenden Bezugsperson wird es nicht gelingen, das Unbehagen des Kindes zu spiegeln, während eine unsicher verwickelte Bezugsperson den Zustand des Kindes in drastischer Klarheit darstellen wird. In beiden Fällen ist die Chance des Kindes, eine Repräsentation seines inneren Zustandes zu internalisieren, vertan. In diesen Fällen wird die Nähe zur Bezugsperson auf Kosten einer Einschränkung der reflexiven Funktion aufrechterhalten. Das sichere Kind fühlt sich beruhigt, wenn es an die innere Verfassung der Bezugsperson denkt. Im Gegensatz dazu schreckt das unsicher vermeidende Kind vor dem inneren Zustand des Anderen zurück. Das ablehnende Kind konzentriert sich auf die eigene Verzweiflung, um interpersonalen Austausch zu vermeiden. Desorganisierte Kinder gehören offenbar zu einer gesonderten Kategorie. Überwach für das Verhalten der Bezugsperson, scheinen sie besonders sensibel für deren inneren Zustand zu sein, dennoch gelingt es ihnen nicht, die Verbindung zu ihrer eigenen Verfassung herzustellen (Selbstorganisation), die ungeordnet und inkohärent bleibt.

Es gibt viele Gründe, die eine Mutter für die Kommunikation der Bedürfnisse ihres Babys unzugänglich machen; häufig mobilisiert Verzweiflung inakzeptable Ängste. Diese Reaktionen stören die Fähigkeit der Mutter, sich auf die Gefühle des Babys zu beziehen, und mobilisieren ihre eigene Abwehr gegen nicht handhabbare Affekte. Das Kind wird dazu neigen, diese Abwehr zu internalisieren. Stein (1994) zeigte, wie Mütter mit Bulimia nervosa damit kämpften, beim Füttern angemessen auf ihre sechs Monate alten Babys einzugehen. Sie waren Schmierereien gegenüber sehr intolerant und bestanden darauf, den Zugriff des Kindes auf das Essen zu kontrollieren. Schreien vor Hunger oder Frustration während des Fütterns wurde als Ablehnung der angebotenen Nahrung mißverstanden, was in einigen Fällen zu schweren Gedeihstörungen führte. In solch unsicheren Beziehungen, in denen das Unbehagen des Kindes immer wieder verleugnet wird, wird der Prozeß der Selbstentwicklung beschädigt. Unsichere Eltern-Kind-Beziehungen legen den Grundstein für spätere Störungen der Persönlichkeitsentwicklung auf zwei mögliche Weisen, die jeweils den Modi entsprechen, psychische Realität zu erleben, wie wir sie beschrieben haben (vgl. Fonagy u. Target, 1996; Target u. Fonagy, 1996). Die Mutter mag den Zustand des Kindes unverändert im Modus psychischer Äquivalenz, konkretistisch oder in Panik über dessen Verzweiflung wiedergeben. Alternativ dazu kann sie eine Bezugnahme auf den Affekt des Kindes durch einen der Dissoziation verwandten Prozeß vermeiden; dadurch wird sie als unecht erlebt, ohne Bezug zur äußeren Realität und zum Kind. In der Folge wird die Mutter das Unbehagen des Kindes ignorieren oder in Krankheit, Müdigkeit oder ähnliches übersetzen. Beides beraubt die Kommunikation des Kindes möglicher Bedeutungen, die es erkennen und nutzen könnte. Wenn es keine erkennbare Version seines inneren Zustandes in der Vorstellung der anderen Person finden kann, wird es keine Repräsentation dieser Zustände erwerben. Das Kind, das keine erkennbaren, modifizierten Bilder seiner affektiven Zustände aufgenommen hat, wird später Schwierigkeiten haben, Wirklichkeit von Phantasie und körperliche von psychischer Realität zu unterscheiden, also eher auf einen instrumentellen (manipulativen) als auf einen signalorientierten (kommunikativen) Gebrauch von Affekten festgelegt sein, so wie man es bei der Tendenz von Borderline-Patienten findet, die Gedanken und Gefühle durch körperliches Agieren gegen sich selbst oder in Beziehung zu anderen Personen zu bewältigen und auszudrücken versuchen.

Das Wissen um die Getrenntheit der Körper und der inneren seelischen Zustände hat nicht notwendig die Fähigkeit zur Folge, einer anderen Person einen plausiblen inneren Zustand zubilligen bzw. einen solchen identifizieren zu können. Beobachtungen von Kleinkindern und sogar von Drei- bis Vierjährigen bestätigen, daß ein kleines Kind im Hinblick auf die Grenzen des psychologischen Selbst leicht unterstellt, daß seine Wünsche und die des Objekts identisch sind. So warnte ein vierjähriger Junge in großer Wut seine Mutter, daß er nicht mehr in ihrem Bett schlafen wolle, sein Geburtstagsfest ausfallen werde und er keine Megazords (Figur der Power Ranger) mehr haben wolle. Er unterstellte, daß die Wünsche seiner Mutter und seine eigenen identisch seien und ihr Bedauern über die Versagungen dem seinen gleiche. Ein Borderline-Kind bot dem Analytiker Essen an, nachdem der es gefragt hatte, ob es hungrig sei. Kliniker haben oft die Schwierigkeit dieser Kinder mit Personalpronomina als Folge solcher Verwirrung bemerkt. Einem vierjährigen Borderline-Jungen, der von Jack Novick am Anna Freud Centre behandelt wurde, wurde am Tag nach seinem Geburtstag gratuliert, worauf er antwortete: „Das ist lustig, das ist auch mein Geburtstag." Die psychischen Grenzen des Selbst bleiben offensichtlich während der Entwicklung und möglicherweise sogar im Erwachsenenalter durchlässig. Sandler (1992) unterstrich, daß die primäre Identifikation empathische Gesten erleichtere (jemand korrigiert z. B. seine Haltung, wenn er jemand anderen stolpern sieht). Normalerweise sind diese Erfahrungen umschrieben, vorbewußt und auf frühe Wahrnehmungsstufen begrenzt. In jedem Fall unterstreicht allein ihre Existenz die Bedeutung des intersubjektiven Austausches, der die Entwicklung der Selbstwahrnehmung untermauert. Den Kern des reifen Selbst eines Kindes bildet der Andere im Moment der Reflexion.

Obwohl eine unsichere Bindung häufig in traumatischen Kindheitsverläufen zu finden ist, teilen viele andere Kinder diese Art früher Erfahrung, die mit unsicherer Bindung einhergeht. Eltern, die nicht im Als-ob-Modus mit ihren Kindern umgehen können, mißbrauchen oder vernachlässigen sie nicht notwendigerweise oder sind geisteskrank. Das mag ein Grund dafür sein, warum manche Charakteristika der Kinder, die schwere Mißhandlungen erlebt haben, auch bei solchen auftreten, die relativ gutartige Kindheitserfahrungen gemacht haben. Die Bezugsperson war möglicherweise unfähig, sich selbst dem Kind ausreichend zu offenbaren, und hat auf diese Weise verhindert, daß es sich in ihrer Vorstellung entdecken konnte. Andere Bezugspersonen zeigen vielleicht mentale Repräsentationen (Haß, Sadismus, Abscheu), die das Kind mit Ablehnung verbindet, selbst wenn sie nicht in Handlung umgesetzt werden. Darüber hinaus ist es, wie Main und Hesse (1992) gezeigt haben, für das Kind genauso beunruhigend, die Eltern als ängstlich oder als beängstigend zu erleben. Da es in diesem frühen Stadium das Objekt als Teil des Selbst betrachtet, neigt es dazu, seinen eigenen Seelenzustand als gefährlich oder katastrophisch anzusehen, weil dieser an das ängstigende Verhalten der Elternperson gebunden ist. Ein Baby kann im Zustand lustvoller Erregung in die Brust der Mutter beißen und als Reaktion Ärger und Ablehnung hervorrufen. Die Wiederholung einer solchen Erfahrung wird voraussichtlich das Verständnis des Babys für seine eigene innere Verfassung durcheinanderbringen: lustvolle Erregung wird mit Ärger und Ablehnung gleichgesetzt. Zusätzlich kann das Kind das beängstigende und nicht handhabbare Bild, das es von der Bezugsperson hat, als Teil eines nicht akzeptierbaren und verwirrenden Selbstbildes internalisieren (vgl. Fonagy u. Target, 1996).

Die aktuelle Mißhandlung des Kindes hat zusätzliche Bedeutung für die Entwicklung des Kernselbst und seiner Verfügbarkeit bei der Integration der beiden Modi psychischer Realität. Das mißhandelte Kind kann sich nicht den Luxus leisten, die Ausdrucksweise seiner Bezugsperson in der Weise des Als-ob, d. h. ohne Konsequenzen, zu verstehen, da die Gefühle der Eltern oft schreckliche Auswirkungen nach sich ziehen. Ihm wird der Kontext verweigert, der notwendig ist, um metakognitive Prozesse in Gang zu setzen, die zur repräsentanzgebundenen Kontrolle von Affekten und Vorstellungen führen. Konfrontiert mit der böswilligen Intention der Bezugsperson, kann das Kind sich nur schützen, indem es alle Vorstellungen über Gefühle und Gedanken in Anderen und in sich selbst aus seinem Bewußtsein verbannt. Das mißhandelte Kind wird so lernen, Gedanken zu fürchten und Wissen über seinen inneren Zustand zurückzuweisen. Das sollte nicht als bloßes Defizit verstanden werden, sondern auch als eine Anpassungsleistung, die dem Kind geholfen hat, ein wenig Abstand von einer traumatisierenden Situation zu gewinnen. Weniger häufig wird das Kind in dieser Situation eine Hypersensibilität für seelische Zustände entwickeln, indem es immer sofort wissen muß, was Menschen in seiner Umgebung fühlen und denken, um so weiterer Traumatisierung zuvorzukommen. Als Teil dieses Versuchs kann auch ein Pseudowissen über Gedanken zustande kommen, das oberflächlich und sehr selektiv sein kann, da es auf das Abtasten spezieller Gefahrensignale ausgerichtet ist und Reflexion eines tieferen Sinnes vermieden wird. Allgemein gesagt, entwickelt sich solche Sachkenntnis der psychischen Welt des Anderen auf Kosten der Kenntnis des eigenen inneren Zustandes. Solch „hyperaktives Mentalisieren" gibt es in der Als-ob-Modalität ohne festen Bezug zur inneren und äußeren Erfahrung, die sich wirklich anfühlt. Manchmal, besonders wenn jemand lange in therapeutischer Behandlung war, kann er eine oberflächliche analytische Form des Mentalisierens entwickeln, die letztlich aber inakkurat und ineffektiv ist, da sie das Individuum von echtem Kontakt mit anderen Menschen abschneidet.

Einige Aspekte der Borderline-Pathologie entstehen aus der inadäquaten Integration früher Formen der Repräsentation innerer Erfahrung, die normalerweise die Basis der Mentalisierung von erlebter psychischer Realität bildet. Der vielleicht einzige und wichtigste Indikator dafür ist die Qualität der Rigidität, die die innere Repräsentanzenwelt, das Selbsterleben und die Beziehungen zu Anderen bestimmt. Diese Rigidität geht weit über gewohnheitsmäßige Abwehrmuster hinaus und bildet das Haupthindernis auf dem Weg zu therapeutischer Veränderung. Diese Patienten organisieren die analytische Beziehung – wie andere auch – so, daß ihre unbewußten Erwartungen sich bestätigen. Jedoch gilt für Borderline-Patienten, daß diese Erwartungen mit der vollen Wucht der Realität erlebt werden und kein Gefühl für alternative Perspektiven existiert. So wie das Verhalten und die interpersonalen Beziehungen rigide eingeschränkt sind, sind es auch die inneren Erfahrungen. Aus der ganzen Breite des Erfahrungsspektrums werden nur einige bemerkt und gefühlt, was häufig zur Diskontinuität des Selbsterlebens führt. Der fehlenden Flexibilität des gesamten Repräsentanzensystems entsprechend, kann das Individuum bestimmte Erfahrungen nur über Enactment und Provokation evozieren. Sogar relativ einfache und allgemein übliche seelische Zustände wie Beunruhigung oder Besorgnis sind nur erlebbar, indem sie in anderen Personen hervorgerufen werden. Viele Kliniker haben die manipulativen Aspekte von Eßstörungen oder anderer Formen von Selbstbeschädigung festgestellt (vgl. Bruch, 1982; T. Main, 1957), allerdings meist im Sinn von Projektion oder projektiver Identifizierung der nicht tolerierbaren Selbstanteile oder als Teil der interpersonalen Kommunikation. Unsere Betonung hier ist eine etwas andere. Sie bezieht sich auf eine innere Erfahrung, der Reflexion verwandt, die normalerweise intrapsychisch ist und durch interpersonelle Interaktion etabliert wurde. Diese

Patienten sind jedoch nicht in der Lage, sich von innen zu fühlen, sie sind gezwungen, ihr Selbst von außen zu erfahren. Ein wichtiger Aspekt solcher Rigidität ist das Festhalten an der psychischen Äquivalenz als vorherrschendem Modus, innere Realität zu erleben. Wenn mentale Erfahrung nicht in symbolischer Weise vorgestellt werden kann, haben Gedanken und Gefühle oft eine vernichtende Wucht, die nur durch drastische, primitive Abwehrmanöver vermieden werden kann. Ein männlicher Patient berichtete über eine erbitterte Auseinandersetzung mit einer Verkäuferin über das Wechselgeld, das er bekommen hatte: „Ich wußte, daß ich ihr fünf Pfund gegeben hatte, aber die blöde Frau hat mir nur dreißig Pence zurückgegeben, sie hätte mir aber achtzig geben müssen." Der Patient war unfähig, sich die Situation der Frau vorzustellen. Als er diese Episode nach einigen Jahren Analyse reflektierte, sagte er: „Ich konnte überhaupt keine andere Möglichkeit sehen, als daß ich recht hatte. Es ist nicht so, daß ich nichts anderes sehen wollte, es gab einfach nichts anderes."

Zum Schluß können wir unsere Synthese der Vorstellungen der Psychoanalyse und der Bindungstheorie nutzen und eine neue Antwort auf die Frage nach der biologischen Rolle von Bindung vorschlagen. Bowlbys klassische Annahme, daß Bindungsverhalten ein Selektionsvorteil sei, da es dem Überleben der Art diene, ist durch die Entdeckungen der Soziobiologie und der Genetik des Verhaltens in Frage gestellt worden, die beweisen, daß nicht das Überleben der Art die Evolution vorantreibt. Der genetische Code, den ein bestimmtes Individuum trägt, enthält in sich die Möglichkeit der Evolution. Was kann nun der Selektionsvorteil eines sozial protektiven Mechanismus sein, der auf dem Ausdruck von Unbehagen beim Kind basiert? Der Ausdruck von Unbehagen selbst birgt ein hohes Risiko für das Kind. So illustriert die Arbeit von Perry (1997), daß die Vernachlässigung einer in Gang gesetzten, chronischen Angst-Flucht-Reaktion nachweisbare neuronale Entwicklungsanomalien hervorbringt (wegen des extrem hohen Cortisolspiegels im Gehirn). Die Angst-Flucht-Reaktion ist daher unter dem Aspekt der Evolution eine hoch riskante Strategie dieser Kinder. Das Unbehagen des Kindes jedoch bringt nicht nur die Bezugsperson körperlich nahe an das Kind heran, sondern produziert auch ein vergleichbares Unbehagen im Objekt. Das stellt eine ideale Situation für das Kind dar, Containment (vgl. Bion, 1962) und akkurate Spiegelung (vgl. Winnicott, 1967) zu erfahren. In anderen Worten: Es wird ein Kontext erzeugt, in dem der Prozeß der Internalisierung, der so wesentlich für die Selbstentwicklung ist, stattfinden kann. Die evolutionäre Funktion des Bindungssystems könnte es also sein, die Erfahrung psychischen Gehaltenseins zu erleichtern, die für die Entwicklung eines kohärenten, symbolisierenden Selbst notwendig ist. Es ist plausibel zu argumentieren, daß zumindest eine biologische Funktion der Bindungsprozesse die ist, die Internalisierung eines mentalen Zustandes zu ermöglichen, der die Wurzel für eine Repräsentation zweiter Ordnung dieses Zustandes von Unbehagen sein kann und letztendlich ein symbolisches Verständnis innerer Zustände durch den menschlichen Geist erlaubt.

Übersetzung aus dem Englischen von Helga Kremp-Ottenheym (Freiburg i.Br.)

Anmerkung

[1] Der Ausdruck „psychische Äquivalenz" mag in Anbetracht von Segals Konzept der „symbolischen Gleichsetzung" (1975) im nachhinein unglücklich sein, da er sich mit der hier und in früheren Arbeiten vorgeschlagenen Formulierung zu überschneiden scheint. Das wichtige Konzept von Segal beinhaltet die Beziehung zwischen Signifikat und Signifikant und nicht die zwischen innen und außen. Segal spricht über Konfusionen, die oft bei psychotischen Zuständen beobachtet werden, wenn der symbolische Charakter der Repräsentanz verlorengeht und sich eine Gleichsetzung zwischen dem Symbol und dem Ding, das es repräsentiert, einstellt. Auf diese Weise behält das Spielen einer Violine nicht die symbolische Bedeutung von Masturbation, es wird vielmehr zur Aktivität der Masturbation. Unser Konzept der psychischen Äquivalenz ist enger. Wir beschäftigen uns mit der Qualität von inneren Zuständen (states of mind), und in diesem Zusammenhang bezeichnet der Ausdruck Äquivalenz keine Gleichsetzung des symbolischen Ausdrucks mit der repräsentierten Vorstellung. Wir beziehen uns vielmehr auf die Annahme, daß das, was gedacht wird, auch wirklich sein muß. Diese Vorstellungen gehen nicht nur in eine Richtung, da das Kind in omnipotenter Weise annimmt, alles, was es aktuell gibt, sei ihm auch bekannt. Allerdings gibt es einen Bereich, der geklärt werden sollte, in dem sich Segals Konzept und unsere Beschreibungen überschneiden, z. B. ein dreijähriges Kind, das nicht schlafen kann, weil es sich vor einem Männeranzug, der hinter seiner Schlafzimmertür hängt, ängstigt. Wie es sagt, weiß es, daß es sich dabei in Wirklichkeit um ein Kleidungsstück handelt. Wenn es jedoch einschläft, verwandele sich der Anzug in einen bösen Mann, der es in der Nacht aus seinem Bett rauben wird. Offensichtlich kann der Anzug mit dem beängstigenden Mann symbolisch gleichgesetzt werden, und das Kind reagiert, als wären sie dasselbe.

Literatur

Baron-Cohen, S. (1995): Mindblindness: An Essay on Autism and Theory of Mind. Cambridge, MA: Bradford (MIT Press).

Bion, W.R. (1959): Attacks on linking. Int. J. Psycho-Anal., 40, 308–315.

– (1962): Lernen durch Erfahrung. Frankfurt (Suhrkamp) 1990.

Bowlby, J. (1969): Bindung: Eine Analyse der Mutter-Kind-Beziehung. München (Kindler) 1975.

– (1980): Verlust, Trauer, Depression. Frankfurt (S. Fischer) 1983.

Bretherton, I. (1987): New perspectives on attachment relationships: Security, communication and internal working models. In: Osofsky, J.D. (Hrsg.): Handbook of Infant Development. New York (Wiley), 1061–1100.

– et al. (1979): Relationships between cognition, communication, and quality of attachment. In: Bates, E. et al. (Hrsg.): The Emergence of Symbols. New York (Academic Pr.), 223–269.

Bruch, H. (1982): Anorexia nervosa. Amer. J. of Psychiat., 139, 1531–1538.
Carlsson E. u. L.A. Sroufe (1995): Contribution of attachment theory to developmental psychopathology. In: Cicchetti, D. u. D.J. Cohen (Hrsg.): Developmental Psychopathology, Bd. 1: Theory and Methods. New York (Wiley), 581–617.
Cassidy, J. (1994): Emotion regulation: Influences of attachment relationships. In: Fox, N.A. (Hrsg.): The Development of Attachment Regulation. Monograph of the Society for Research in Child Development (Serial No. 240), 228–249.
Davidson, D. (1983): Inquiries into Truth and Interpretation. Oxford (Oxford Univ. Pr.).
Dunn, J. (1996): The Emanuel Miller Memorial Lecture 1995. Children's relationships: Bridging the divide between cognitive and social development. J. of Child Psychol. and Psychiat., 37, 507–518.
Eagle, M. (1997): Attachment and psychoanalysis. Brit. J. of Med. Psychol., 70, 217–229.
Erikson, E.H. (1950): Kindheit und Gesellschaft. Zürich (Pan-Verl.) 1957.
– (1959): Identität und Lebenszyklus. Frankfurt (Suhrkamp) 1977.
Feldman, M. u. E. Bott Spillius (1989): Allgemeine Einführung. In: Joseph, B.: Psychisches Gleichgewicht und psychische Veränderung. Stuttgart (Klett-Cotta) 1994, 12–23.
Ferenczi, S. (1933): Sprachverwirrung zwischen den Erwachsenen und dem Kind. In: Ders.: Schriften zur Psychoanalyse. Bd. 2. Frankfurt a.M. (Fischer Tb.). 1982, 303–313.
Fonagy, L. u. P. Fonagy (1995): Communication with pretend actions in language, literature and psychoanalysis. Psychoanal. and Contemp. Thought, 18, 363–418.
Fonagy, P. (1982): Psychoanalysis and empirical science. Int. Rev. of Psycho-Anal., 9, 125–145.
– u. M. Target (1995): Towards understanding violence: The use of the body and the role of the father. Int. J. Psycho-Anal., 76, 487–502.
– u. M. Target (1996): Playing with reality: I. Theory of mind and the normal development of psychic reality. Int. J. Psycho-Anal., 77, 217–233.
– u. M. Target (1997): Attachment and reflective function: Their role in self-organization. Development and Psychopathology, 9, 679–700.
– et al. (1991): The capacity for understanding mental states: The reflective self in parent and child and its significance for security of attachment. Infant Mental Health J., 13, 200–217.
– et al. (1997): The relationship between belief-desire reasoning and a projective measure of attachment security (SAT). Brit. J. of Developmental Psychol., 15, 51–61.
– et al. (in Vorber.): Quality of attachment to mother at 1 year predicts belief-desire reasoning at 5 years. Child Development.
Freud, A. (1936): Das Ich und die Abwehrmechanismen. In: Dies.: Die Schriften der Anna Freud. Bd. I. München (Kindler) 1980, 581–617.
– (1941–1945): Berichte aus den Kriegskinderheimen „Hampstead Nurseries". In: Dies.: Die Schriften der Anna Freud. Bd. II, Bd. III. München (Kindler) 1980, 657–875.
– (1955): Der Begriff der ablehnenden Mutter. In: Dies.: Die Schriften der A. Freud. Bd. V. München (Kindler) 1980, 1555–1570.
Freud, S. (1923b): Das Ich und das Es. GW 13, 237–289.
– (1926d): Hemmung, Symptom und Angst. GW 14, 111–205.
Gathercole, S.E. (1998): The development of memory. J. of Child Psychol. and Psychiat., 39, 3–27.

Gopnik, A. u. V. Slaughter (1991): Young children's understanding of changes in their mental states. Child Development, 62, 98–110.

Greenacre, P. (1952): Pregenital patterning. Int. J. Psycho-Anal., 33, 410–415.

Holmes, J. (1993): John Bowlby and Attachment Theory. London (Routledge).

Joseph, B. (1985): Übertragung – Die Gesamtsituation. In: Bott Spillius, E. (Hrsg.): Melanie Klein Heute. Bd. 2. Weinheim (Verl. Internat. Psychoanal.), 1991, 84–100.

Lichtenberg, J. (1989): Psychoanalysis and Motivation. Hillsdale, N.J. (Analytic Pr.)

Main, M. (1991): Metacognitive knowledge, metacognitive monitoring, and singular (coherent) vs. multiple (incoherent) model of attachment: Findings and directions for future research. In: Parkes, C.M. et al. (Hrsg.): Attachment Across the Life Cycle. London (Tavistock Routledge), 127–159.

– u. R. Goldwyn (in Vorber.). Adult attachment rating and classification systems. In: Main, M. (Hrsg.): A Typology of Human Attachment Organization Assessed in Discourse, Drawings and Interviews (Working Title). New York (Cambridge Univ. Pr.).

– u. E. Hesse (1992): Disorganized, disoriented infant behaviour in the Strange Situation, lapses in the monitoring of reasoning and discourse during the parent's Adult Attachment Interview, and dissociative states. In: Ammaniti, M. u. D. Stern (Hrsg.): Attachment and Psychoanalysis. Rom (Gius, Latereza e Figli), 86–140.

– et al. (1985): Security in infancy, childhood and adulthood: A move to the level of representation. In: Bretherton, I. u. E. Waters (Hrsg.): Growing Points of Attachment. Theory and Research. Chicago (Chicago Univ. Pr.), 66–104.

Main, T. (1957): The ailment. Brit. J. of Med. Psychol., 30, 129–145.

McLaughlin, J. (1991): Clinical and theoretical aspects of enactment. J. Amer. Psa. Ass., 39, 595–614.

Meins, E. u. J. Russel (1997): Security and symbolic play: The relation between security of attachment and executive capacity. Brit. J. of Developmental Psychol., 15, 63–76.

Moss, E. et al. (1995): Attachment and theory of mind: Cognitive and metacognitive correlates of attachment during the preschool period. Paper presented at the biennial meeting of the Society for Research in Child Develpoment. Indianapolis, Indiana, March-April.

Perry, B. (1997): Incubated in terror: Neurodevelopmental factors in the „cycle of violence“. In: Osofsky, J. (Hrsg.): Children in a Violent Society. New York (Guilford Press), 124–149.

Premack, D. u. Woodruff (1978): Does the chimpanzee have a theory of mind? Behavioural and Brain Sciences, 1, 515–526.

Sandler, J. (1987): Das Konzept der projektiven Identifizierung, Zeitschr. f. psychoanal. Theorie u. Praxis, 1988, 3, 147–164.

– (1992): Reflections on developments in the theory of psychoanalytic technique. 37th Congress of the International Psychoanalytic Association: Psychic change: Development in the theory of psychoanalytic technique. Int. J. Psycho-Anal., 73, 189–198.

– u. B. Rosenblatt (1962): Der Begriff der Vorstellungswelt. Psyche, 1984, 38, 235–253.

– u. A.-M. Sandler (1984): Vergangenheits-Unbewußtes, Gegenwarts-Unbewußtes und die Deutung der Übertragung. Psyche, 1985, 39, 800–830.

– u. A.-M. Sandler (1997): A psychoanalytic theory of repression and the unconscious. In: Sandler, J. u. P. Fonagy (Hrsg.): Recovered Memories of Abuse: True or False? London (Karnac), 163–181.

Schachter, D.L. (1992): Understanding implicit memory: A cognitive neuroscience approach. Amer. Psychologist, 47, 559–569.
Segal, H. (1957): Bemerkungen zur Symbolbildung. In: Bott Spillius, E. (Hrsg.): Melanie Klein Heute. Bd. I., Stuttgart (Verl. Internat. Psychoanal.), 124–149.
Shane, M. et al. (1997): Intimate Attachments: Toward a New Self Psychology. New York (Guilford Pr.).
Spitz, R. (1945): Hospitalismus: Eine Untersuchung der Genese psychischer Krankheitsbilder in der frühen Kindheit. In: Bittner, G. u. E. Schmid-Cords (Hrsg.): Erziehung in früher Kindheit. München (Piper) 1969, 77–98.
– (1959): A Genetic Field Theory of Ego Formation: Its Implications for Pathology. New York (Int. Univ. Pr.).
– (1965): Vom Säugling zum Kleinkind. Stuttgart (Klett Cotta) 1989.
Sroufe, L.A. (1990): An organizational perspective on the self. In: Cicchetti, D. u. M. Beeghly (Hrsg.): The Self in Transition: Infancy to Childhood. Chicago (Univ. Chicago Pr.), 281–307.
– (1996): Emotional Development: The Organization of Emotional Life in the Early Years. New York (Cambridge Univ. Pr.).
Stein, A. (1994): An observational study of mothers with eating disorders and their infants. J. of Child Psychol. Psychiat. and Allied Disciplines, 35, 733–748.
Target, M. u. P. Fonagy (1996): Playing with reality II: The development of psychic reality from a theoretical perspective. Int. J. Psycho-Anal., 77, 459–579.
Winnicott, D.W. (1951): Übergangsobjekte und Übergangsphänomene. In: Ders.: Von der Kinderheilkunde zur Psychoanalyse. München (Kindler) 1976, 293–312.
– (1965): Ich-Integration in der Entwicklung des Kindes. In: Ders.: Reifungsprozesse und fördernde Umwelt. Frankfurt a.M. (S. Fischer) 1990, 72–81.
– (1967): Mirror-role of the mother and family in child development. In: Lomas, P. (Hrsg.): The Predicament of the Family: A Psychoanalytical Symposium. London. (Hogarth Pr.), 26–33.

Klaus E. Grossmann

Vom Umgang mit der Wirklichkeit

Die Entwicklung internaler Arbeitsmodelle von sich und anderen in Bindungsbeziehungen

Bindung

Die Bindungstheorie hat ihre Wurzeln in der Psychoanalyse. Ihre sicher umfassendste Hypothese lautet: Frühe Erfahrungen des Kindes mit einer primären Bindungsperson haben langfristige Folgen für die Qualität des Entwicklungsverlaufs. Diese Qualität zeigt sich vor allem in sicheren und unsicheren Bindungen. Es wird erwartet, daß hinter den verschiedenen Bindungsqualitäten Organisationsmuster stehen, die sich im Umgang mit besonderen Bindungspersonen ausbilden. Sie bestimmen die Art der Orientierung auf die Bindungsperson beim Kleinkind. Sichere und unsichere Verhaltensstrategien bereits von Einjährigen werden als Folge der Feinfühligkeit gesehen, mit der Erwachsene beständig den Ausdruck von Emotionen von der Geburt an beantworten. Dabei sind die zeitlich frühen Reaktionen während der ersten drei Lebensmonate sogar entscheidender als die späteren (vgl. Isabella, 1999).

Frühe Bindungserfahrungen werden als emotionale internale Arbeitsmodelle repräsentiert. Sie bestimmen die kindlichen Verhaltensstrategien im Zusammenhang mit der Bindungsperson als „sicherer Basis". Die biologisch grundlegenden Bedürfnisse nach Nähe, Schutz und liebevoller Fürsorge zeigen sich in körperlicher Zuneigung und liebevoller Kommunikation oder Interaktion. Dies führt das Kind schließlich über die Organisation von Emotionen hinaus zu einer Organisation zielkorrigierten Verhaltens und zu einem allmählichen Aufbau von Bedeutungen über die subjektiv erlebte eigene Innenwelt und ihre wahrgenommenen Entsprechungen in der realen Außenwelt. Dies geschieht in engem Zusammenspiel von Bindung, Exploration und, ab etwa drei Jahren, allmählich auch der Sensibilität für die Bedürfnisse der Bindungspersonen und anderer Mitmenschen. Die Berücksichtigung der Bedürfnisse und Prioritäten der Mitmenschen wird zielkorrigierte Partnerschaft genannt. Sie findet Eingang in die sich langsam entwickelnden neueren internalen Arbeitsmodelle. Die späteren internalen Arbeitsmodelle ermöglichen einen flexiblen adaptiven Umgang mit den psychologischen Komplexitäten des Lebens vor allem durch Kognition, durch Erkennen wirklicher Gegebenheiten und Ereignisse. Wesentliche Aspekte davon können im Falle sicherer Bindungsrepräsentationen sprachlich kohärent, realistisch, treffend und lebendig dargestellt werden.

Die Bindungsentwicklung ist als eine Art Dreischritt vorstellbar, der unserer stammesgeschichtlichen Hirnstruktur entspricht. Das reptilische Althirn, das paleomamalische Mittelhirn und die neomamalische Hirnrinde, die alle ihre eigenen Gedächtnisspeicher und Repräsentationen haben (vgl. McLean, 1990), werden im Rahmen von Bindungsbeziehungen miteinander in Einklang gebracht, „integriert". Die Qualität der Integration umfaßt die Organisation der Emotionen, der Motive, und des adaptiven Umgangs mit komplexen Herausforderungen auf der Grundlage von interaktiven Dialogen in Bindungsbeziehungen. Die Qualität der Interaktion und des Diskurses unterscheidet sich in sicheren, unsicheren und desorganisierten Bindungsbeziehungen.

Sichere und unsichere Bindungsbeziehungen zu besonderen Anderen

Der menschliche Säugling ist mit einem ausdrucksvollen Signalsystem und einer großen Lernbereitschaft ausgestattet, Bindungen zu beständigen, nicht austauschbaren Pflegepersonen einzugehen. Fürsorgende Personen, meist die Mutter, müssen die Bedürfnisse des Säuglings erkennen und befriedigen. Sie werden dadurch zu Bindungspersonen.

Die Qualität mütterlichen Reagierens auf die kindlichen Signale, vor allem für die Bedürfnisse nach Nähe und Zärtlichkeit (‚tender loving care'), beeinflußt die Entwicklung unterschiedlicher Bindungsqualitäten (vgl. Ainsworth, 1973; K. Grossmann et al., 1985; Isabella u. Belsky, 1991). Die empirische Bindungsforschung begann mit der systematischen Beobachtung von Säuglingen von der Geburt an im Zusammenspiel mit ihrer Mutter als Bindungsperson und wurde in schriftlichen, das Geschehen beschreibenden Protokollen festgehalten. In ethologischer Tradition hat man die funktionalen Konsequenzen des Ausdrucksverhaltens der Säuglinge im Verhalten der sie betreuenden Mütter minutiös beobachtet und jeweils durch verhaltensbeschreibende Skalen systematisch erfaßt. Die maßgebenden Elemente von Feinfühligkeit sind: die Äußerungen des Kindes wahrzunehmen, sie richtig zu interpretieren und sie angemessen und prompt zu beantworten. Kennzeichen fehlender Kooperation sind z. B. eingreifendes, das Kind bevormundendes Verhalten. Es läßt mangelnden Respekt für das Kind als eigene Persönlichkeit mit eigenen Wünschen, Gefühlen und Absichten erkennen (vgl. Ainsworth et al., 1978).

Als wichtigstes Element beim Bindungsaufbau des Säuglings erwiesen sich individuelle Unterschiede in der Feinfühligkeit der Mutter gegenüber den Signalen des Babys, in ihrer Akzeptanz des Babys und in ihrer Kooperation im Gegensatz zu Beeinträchtigungen der kleinkindlichen Intentionen. Individuelle Unterschiede bei den Müttern schlugen sich in der emotionalen Befindlichkeit der Säuglinge nieder. Mit ihren Reaktionen auf das kindliche Ausdrucksverhalten reguliert die Mutter als „externer Organisator" auch die Befindlichkeit des Kindes. Sie vermittelt ihm durch die Art ihrer Antwort auf den Ausdruck seiner Bedürfnisse ein Gefühl von mehr oder weniger großer Kompetenz in dem Maße, in dem das Kind die Qualität und Zuverlässigkeit von Zuwendung und Fürsorge der Mutter vorhersagen kann. Es lernt auf diese Weise schon früh, ob seine auf die Bindungsperson gerichteten Signale Leid beenden und Bedürfnisse erfüllen können und ob es mit fortschreitender motorischer Beweglichkeit geschützt und sicher seine Umwelt erforschen kann.

Der zentrale Teil der Feinfühligkeit und Kooperationsbereitschaft von Bindungspersonen ist ihre Fähigkeit, sich in die Lage des Kindes zu versetzen und dies bei ihrem Handeln gegenüber dem Kind erkennbar zu machen. Die britische Forscherin Elizabeth Meins (1999) hat z. B. die sprachlichen Äußerungen von Müttern daraufhin analysiert, ob eine solche Orientierung gegeben ist. Einer kindorientierten Sicht entspricht die Fähigkeit der Mutter, ihr Kind von Anfang an als fühlenden, denkenden und mit Absichten und Wünschen ausgestatteten Interaktionspartner zu behandeln und entsprechend mit ihm zu reden (Meins nennt diese Orientierung ‚mindmindedness'). Die Feinfühligkeit gegenüber den Signalen des Kindes setzt voraus, daß die Bindungsperson anwesend ist, daß sie eine niedrige Wahrnehmungsschwelle gegenüber den kindlichen Signalen hat und angemessen antwortet, weil sie „weiß", was ihr Kind braucht, und prompt, damit es lernt, wie und von wem der Ausdruck seiner Emotionen beantwortet wird. Hinter dem Wissen der Bindungsperson stehen elterliche Intuition (vgl. Papousek u. Papousek, 1987) und Erfahrung im Umgang mit dem Säugling.

Die Auswirkungen mütterlicher Feinfühligkeit, Kooperation und Annahme des Säuglings im ersten Lebensjahr auf die psychische Sicherheit des Kindes werden im Alter von zwölf Monaten in der sogenannten Fremden Situation (FS) geprüft (vgl. Ainsworth et al., a. a. O.). Die Fremde Situation ist ein standardisiertes Minidrama zur beobachtenden Erfassung des Bindungsverhaltensmusters eines ca. zwölf Monate alten Kleinkindes. Es wird in einem mit Spielzeug attraktiv ausgestatteten, aber für das Kind und seine Bindungsperson fremden Raum beobachtet. Durch die Fremdheit und zusätzliche kurzfristige Trennungen wird das kindliche Bindungssystem aktiviert und beobachtet, geprüft und bewertet, wie stark es aktiviert ist und auf welche Weise das Kind bei der Bindungsperson Zugang und Beruhigung sucht.

Eine sichere Bindung (in der Literatur „B" genannt) hat mit ca. zwölf Monaten folgende Merkmale: Die Kinder zeigen offen ihren Kummer über die Trennung. Sie suchen Nähe bei der Wiedervereinigung, beruhigen sich schnell und nehmen das trennungsbedingt unterbrochene Erkunden wieder auf. Kinder, die kein Trennungsleid erkennen lassen, die sich gegenüber der zurückkehrenden Bindungsperson „vermeidend“ verhalten und sich statt dessen dem Spielzeug zuwenden, werden als unsicher-vermeidend („A“) klassifiziert. Ihre Herzschlagfrequenz steigt allerdings wie bei den sicher gebundenen Kindern an, wenn ihre Mütter den Raum verlassen, d. h., sie sind durch die Trennung ebenfalls beunruhigt. Nach der Fremden Situation steigt, im Gegensatz zu den sicher gebundenen Kindern, der streßindizierende Kortisolspiegel von Kindern in „A“-Beziehungen an, ein weiteres Zeichen dafür, daß auch sie durch Trennung belastet sind (vgl. Spangler u. K.E. Grossmann, 1993). Ein drittes Bindungsmuster ist die unsicher-ambivalente Verhaltensstrategie, die „C“ genannt wird. Solche Kinder suchen abwechselnd Nähe, weisen sie aber gleichzeitig zurück. Sie finden so keine Beruhigung durch den Kontakt mit der Bindungsperson.

Die drei genannten prototypischen Bindungsmuster charakterisieren kleinkindliche Verhaltensstrategien im Umgang mit Trennungsstreß und Fremdheit bzw. Belastung. Die Grundorientierung der sicheren Strategie ist es, bei der Bindungsperson Entspannung zu finden, um dann wieder spielen zu können. Bei der vermeidenden Strategie verbirgt das Kind seine Belastung, entsprechend seiner Erfahrung mit derselben Bindungsperson zu Hause, aus Angst, ignoriert oder gar abgewiesen zu werden. Es hat dadurch keinen Weg, aktiv bei der Bindungsperson Entlastung zu suchen. Kinder mit einer ambivalenten Bindungsstrategie scheinen beständig in der Angst zu leben, die Bindungsperson zu verlieren. Sie haben dadurch eine sehr niedrige Schwelle, Bindungsverhalten zu zeigen. Es wirkt übertrieben.

Desorganisation und Desorientiertheit

Die drei für die Fremde Situation kurz beschriebenen Muster „A“, „B“ und „C“ als Verhaltensstrategien oder Organisationsformen des Bindungsverhaltens sind eine Folge stets wiederkehrender Erfahrungen, die Kinder mit ihren Bindungspersonen während des ersten Lebensjahres gemacht haben. Sie sind „klassische“ Bindungsmuster, die in der Literatur vielfältig behandelt wurden. Einige Kinder zeigen subtile Störungen in den klassischen Bindungsmustern, gelegentlich aber auch klinische Anzeichen extremer Belastung. Dies wurde erst später aufgedeckt, mit dem Begriff der Desorganisation des Bindungsverhaltens charakterisiert und in der Literatur mit „D“ gekennzeichnet (vgl. Main u. Solomon, 1986, 1990). Desorganisation hängt ebenfalls mit Indikatoren von physiologischem Streß zusammen (vgl. Spangler u. K.E. Grossmann, a. a. O.). Wegen der besonderen klinischen Relevanz stelle ich dies etwas ausführlicher dar.

Desorganisation und Desorientierung manifestieren sich in Unterbrechungen einer ablaufenden Verhaltensstrategie oder Organisation. Solche desorganisierten oder

„D"-Verhaltensweisen umfassen z. B. widersprüchliche Verhaltenstendenzen wie Schwanken zwischen Erkunden und Nähe-Suchen, Annäherung und Vermeidung usw., die entweder nacheinander oder gleichzeitig gezeigt werden. Solche Kinder können z. B. während der Trennung sehr ruhig sein und dann außerordentlich gestreßt und ärgerlich, wenn die Bindungsperson zurückkommt. Andere „D"-Merkmale sind ungerichtete, unvollendete und unterbrochene Ausdrucksbewegungen, die ihr Ziel zu verlieren scheinen. Sie drücken sich u. a. in Stereotypien, asymmetrischen, zeitlich unkoordinierten Bewegungen und anomalen Gesten und Haltungen aus oder auch in „eingefrorenen" und verlangsamten Bewegungen. Solche Kinder können z. B. von den Eltern weglaufen anstatt zu ihnen hin, wenn sie Angst vor etwas haben, manche weinen, wenn die Fremde den Raum verläßt, andere zeigen unmittelbar Anspannung in der Gegenwart der Eltern oder machen ein ängstliches Gesicht oder verstecken den Ausdruck von Angst vor der zurückgekehrten Bindungsperson, wieder andere verhalten sich ängstlich wachsam und äußerst vigilant gerade in der Nähe der Eltern, oder sie grüßen die Fremde, aber nicht die Eltern, einige fallen z. B. auf dem Weg zur Bindungsperson hin oder laufen zunächst weg, um sich erst dann im Kreise ihr wieder zu nähern (vgl. Solomon u. George, 1999).

Es gibt verschiedene Erklärungen für das desorganisierte bzw. desorientierte Verhalten, etwa einen Mangel an Verhaltensorganisation bereits als Neugeborene, der durch besondere Belastungen während der Schwangerschaft bedingt sein kann (vgl. Spangler et al., 1996). Main und Hesse (1990) sehen in der unverarbeiteten Trauer der Mutter über den Verlust einer Bindungsperson während ihrer Kindheit einen wesentlichen Einfluß auf die Entwicklung des desorganisierten Verhaltens. Doch auch der unverarbeitete Tod eines Geschwisters oder engen Vertrauten, Drogenabhängigkeit eines Elternteils, Mißhandlung, als die Mutter selbst ein Kind war, eine knapp überstandene tödliche Krankheit, gehäufte Verluste, z. B. durch Abtreibung, Kindstod, Unfalltod in der Verwandtschaft usw., gehören hierher. Sie nehmen an, daß die Mutter für das Kind beängstigend ist oder vor dem Kind Angst zu haben scheint. Dadurch fehlt ihm die Sicherheitsbasis und der Orientierungspunkt bei der Organisation seiner Balance zwischen Bindung und Exploration.

Ängstlichkeit oder Verängstigung auf seiten der Bindungsperson scheint aber nicht der einzige Grund für das desorganisierte kindliche Verhalten zu sein. Auch gesellschaftliche Bedingungen können für „D"-Verhalten verantwortlich sein. In israelischen Kibbuzim, in denen die Kinder über Nacht in einem Kinderhaus schliefen und dabei nur unzureichend überwacht und bindungspsychologisch allein gelassen wurden, zeigte sich ein hoher Prozentsatz von desorganisiertem und desorientiertem Verhalten (vgl. Sagi et al., 1997). Die israelischen Forscher erklären diese Häufigkeit mit den Übernachtungen im Kinderhaus und den dadurch bedingten Abweichungen gegenüber einer Umwelt, in der sich evolutionsbiologische Anpassung durch Bindung entwickelt hat. Bindung hat sich aus der Nähe zu beschützenden Erwachsenen, vor allem während der bedrohlichen Nacht, entwickelt und gelingt nicht ohne sie. Auch bei Kindern, die nach scheidungsbedingter Trennung von den Eltern häufig beim Vater übernachten, finden sich z. B. vermehrt Anzeichen von Desorganisation (vgl. Solomon u. George, a. a. O.).

Ambivalenz, unsicheres, desorganisiertes und sicheres Bindungsverhalten

Jedes unsichere Bindungsmuster ist, verhaltensbiologisch gesehen, Ausdruck innerer Konflikte. Sie sind die Grundlage und Anlaß adaptiver Entscheidungen. Bowlby (1958, S. 15 f.) fragte, was es einem Kind erleichtern oder erschweren kann, sich so zu entwickeln, daß es fähig ist, derlei Konflikte auf reife und konstruktive Weise zu bewältigen. Freuds ursprüngliche Gedanken über Ambivalenz gingen davon aus, daß Kinder ihren Geschwistern und Eltern gegenüber sowohl Wut und Haß als auch Sorge und Liebe empfinden. Neurosen beruhen in seiner Sicht auf dem Verdrängen negativer Gefühle wie Haß durch positive wie Liebe oder des Sexualtriebs durch Ichtriebe, des Todestriebs durch den Selbsterhaltungstrieb, entweder weil eine Mischung nicht gelingt oder versagt. Jenseits aller Metaphysik aber bleibt beim Kind die unmittelbarer Beobachtung zugängliche Neigung, auch auf die am meisten geliebte Person zornig zu werden. Daraus können Angst und später Schuldgefühle resultieren. Zorn oder Ärger aber gewinnen vor allem dann an Gewicht, wenn das Bedürfnis nach Liebe unerfüllt bleibt. Kinder, die ihre Bindungsperson in der Fremden Situation vermeiden, versuchen auf diese Weise den Konflikt zwischen dem Bedürfnis nach Nähe zu ihr und Angst, ignoriert oder abgewiesen zu werden, zu vermindern, ohne ihn damit zu lösen. Zu Hause jedoch, wo sie nicht durch die Fremde Situation verunsichert sind, sind sie in der Tat zornig und aggressiv. Kinder, die sich in der Fremden Situation angstvoll an ihre Bindungsperson klammern, versuchen so ihre konfliktbedingte Angst vor einer erneuten Trennung von ihr in Schach zu halten, können sie dabei allerdings nicht verringern. Zu Hause dagegen sind sie eher unauffällig und passiv, so als ob ihnen ein Teil ihrer Lebensgeister genommen wäre. Beide Strategien engen den psychischen Spielraum, den das sicher gebundene Kind hat, deutlich ein. Die ungelöste Konfliktambivalenz läßt dem Kind nicht die Möglichkeit des freien Zugangs in psychischer Sicherheit sowohl zur Bindungsperson als auch zu einer Umwelt voller Reize.

Die Hilflosigkeit des desorganisierten Kindes scheint die emotionalen Folgen intrapsychischer Konflikte sogar zu steigern, weil seine Angst dabei nicht abnimmt. Nur eine sichere Bindung erlaubt es, den Ausdruck negativer Emotionen richtig zu deuten: nämlich als Angst, die Bindungsperson zu verlieren. Diese Interpretation erst gestattet angemessene und prompte Reaktionen auf seiten der Bindungspersonen, die den Konflikt des Kindes lösen und Angst durch Liebe und Zuneigung überwinden. Sicher gebundenen Kindern gelingt es deshalb später eher, ihre negativen Emotionen in zielkorrigiertes Verhalten einzuordnen, weil sie den Grund ihrer zornigen und aggressiven Gefühle und der übrigen inneren Signale kennen. Sie sind deshalb eher in der Lage, solche Gefühlskonflikte zu lösen, weil sie sich für wert erachten, daß man ihnen hilft, und sie darauf vertrauen, weil sie offen und auf die Bindungsperson gerichtet kommunizieren und entsprechend handeln und weil sie wissen, daß man an den Ursachen für die negativen Gefühle zusammen mit den Bindungspersonen etwas ändern kann.

Entdeckende Bindungsforschung

Desorganisiertes Verhalten ist eine neuere Entdeckung. Es wurde, wie auch die „klassischen" Bindungsmuster in der Fremden Situation, so von der Bindungstheorie nicht vorhergesagt. Deren Entdeckungen sind das Ergebnis einer neuen Theoriesprache, begnadeten Beobachtungsgabe und detaillierter Interaktionsanalysen vom Videoband (vgl. Lyons-Ruth, 1998, S. 128). Dazu gehören auch sprachliche Analysen von Bindungsrepräsentationen (vgl. Main et al., 1985) und die Bedeutung des Vaters für die Bindungsentwicklung des Kindes (vgl. K. Grossmann et al., in Vorber.). Die Bindungstheorie bietet dafür eine produktive Forschungsgrundlage, weil sie eine induktive, auf Entdeckung von Zusammenhängen mit anschließender akribischer Überprüfung orientierte offene Theorie ist, die keinem traditionellen Dogma gehorcht.

Die bisher sicher wichtigste Entdeckung der Bindungsforschung war, daß nur in sicheren Bindungsbeziehungen die Bindungspersonen in vollem Umfang für ihr Kind eine „sichere Basis" darstellen, deren Nähe das Kind aufsucht, wenn sein Bindungssystem erregt ist, und von der aus es explorativ und spielerisch erkundet, wenn die psychische Sicherheit wiederhergestellt und das Bindungssystem beruhigt ist. Die „Bindungstypen" beruhen keineswegs – wie ein weitverbreitetes Mißverständnis annimmt – nur auf dem Verhalten der Kinder in der Fremden Situation. In den Augen von Main (2000) wäre Ainsworth über eine solche Unterstellung entsetzt gewesen. Erst der Vergleich der Resultate in der häuslichen Umgebung, in der sich die Kinder nicht verunsichert fühlten, wenn sie aggressiv oder heimtückisch waren, mit denen in der unvertrauten Laborsituation, in der das Risiko für die Kinder sehr viel schwerer abzuschätzen war, konnte zur Konzeptualisierung von inneren Arbeitsmodellen sicherer und unsicherer Bindungsqualitäten führen und damit weg von einer starren Zuordnung von inneren Organisationsstrukturen und Verhalten.

Die Bindungsforschung ist nicht nur deshalb keine behavioristische Forschung, sondern auch, weil sie auf psychodynamischem Denken basiert, allerdings nur im

Rahmen kritischer empirischer und, wenn immer möglich, auch experimenteller Überprüfung. Einige der bedauerlichsten Konsequenzen einer voreiligen Verabsolutierung der Fremden Situation waren z. B. 1. die in der Bindungsforschung sehr hohe, vielleicht zu hohe Bewertung der Erfahrungen im Säuglingsalter gegenüber späteren Erfahrungen; 2. die Vernachlässigung von Bindungssicherheit im Dienste spielerischen Explorierens zur allmählichen Ausweitung der vertrauten Umwelt und der Entwicklung von Kompetenz im Umgang mit Anderen (vgl. Ainsworth u. Bell, 1973); 3. die Beschränkung auf die Typologie der drei Bindungsklassen und, sehr selten, ihrer acht Unterklassen aus der Fremden Situation, die vielfach unkritisch auf alle späteren Altersstufen übertragen wurde, ohne ihre Bedeutung jeweils erneut zu überprüfen; und 4. die Überbetonung von Müttern gegenüber anderen Bindungspersonen, vor allem Vätern. Trotz aller Bedenken wurde aber mit der Fremden Situation eine Methode bereitgestellt, die erste Validierungen für die Bindungssicherheit des Kindes im Hinblick auf beobachtete Einflüsse mütterlichen Verhaltens erbrachte.

Bindung und Exploration

Das Bindungssystem wird in der Bindungstheorie als eigenständiges System betrachtet mit dem ‚set-goal' Sicherheit und Schutz (vgl. Bowlby, 1969; Main, 1999). Ohne Exploration und spielerisches Erkunden könnte sich das Individuum aber nicht seine Umwelt vertraut machen. Geistiges Reflektieren wäre ohne „mentales Explorieren" nicht möglich, und Wege zu neuen, adaptiven internalen Arbeitsmodellen von Patienten, wie sie in jeder Psychotherapie angestrebt werden, wären verbaut. Auch aus evolutionsbiologischen Überlegungen heraus werden das Explorations- und das Bindungssystem hier als integrale und komplementäre Systeme betrachtet, weil beide zusammen bei der Anpassung an die Lebensgegebenheiten zusammenspielen und adaptive Entwicklungsverläufe ermöglichen.

Bindungsqualitäten und die sich allmählich daraus entwickelnden explorativen Qualitäten fallen in die Zeit des von Portmann so genannten „extra-uterinen Frühjahrs" (1956, S. 68–80) des menschlichen Säuglings. Es bereitet Sprache, Kommunikation und einsichtsvolles Handeln im Rahmen von Bindungsbeziehungen vor. Dafür ist das Kind evolutionsbiologisch ausgestattet und verwirklicht diese genotypische Disposition im Rahmen eines ‚affectional system' (Harlow, 1961, 1971) mit – ebenfalls phylogenetisch zu verstehen – intuitiv handelnden Eltern (vgl. Papousek u. Papousek, a. a. O.). Dies geschieht in individuellen Bindungsbeziehungen (vgl. Bowlby, 1987). Kommunikation und mentales Erkunden in Bindungsbeziehungen zeigen sich besonders in Situationen, die Neuorientierung und Anpassung verlangen (vgl. Bowlby, 1988a). Wir erinnern an Harlows isoliert aufgezogenes Rhesusaffenkind. Es lief nie *weg* vor angstauslösenden Reizen, sondern auch unter widrigen Umständen immer *hin* zur Mutter-Attrappe. Sobald es seine sichere Basis erreicht hatte, begann es, nach einer gewissen Phase der Beruhigung, vorsichtig die angstauslösenden Gegenstände oder Ereignisse zu erkunden. Dabei entfernte sich das Äffchen zunächst stets nur kurz und nicht weit. Die Distanzen wurden allmählich größer, die Zeitintervalle länger, bis schließlich der neue Reiz seine angstauslösende Qualität verlor und zum „vertrauten" Gegenstand wurde. Diese Form der Angstreduktion und die bei tatsächlichen Primaten-Müttern (im Gegensatz zu leblosen Attrappen) beobachtbaren Fähigkeiten, das Verhalten ihres Jungen angemessen zu steuern, sind inzwischen zu einem höchst interessanten Aspekt auch der vergleichenden psychobiologischen Erforschung der menschlichen Bindungsentwicklung geworden (vgl. Hofer, 1994; Panksepp, 1993; Kraemer, 1992; Spangler u. K.E. Grossmann, 1999).

Während des aufmerksam betrachtenden und aktiv motorischen Explorierens entstehen oft Konflikte zwischen Ängstlichkeit und Faszination (vgl. Bronson, 1972). Verhaltensbiologen betonen den außerordentlich offenen Geist und die Neugier des Menschen (vgl. Lorenz, 1973). Der Umgang mit negativen Gefühlen beim konfliktreichen Explorieren spielt eine ebenso wichtige Rolle wie die Organisation der Gefühle und des Verhaltens bei Trennungsstreß. Die Begeisterung beim Explorieren hängt sehr von der psychischen Sicherheit ab, die aus der Bindungsbeziehung stammt. Sie beruht bei allen gegebenen Temperamentsunterschieden auf ständig erfahrbarer Anteilnahme. Flexible, zielkorrigierte Verhaltensstrategien haben ihre Wurzeln in beiden aufeinander bezogenen Systemen: im engeren Bindungssystem, begünstigt durch Bindungssicherheit, und im weiteren explorativen System, begünstigt durch explorative Sicherheit. Sie stellen die Organisation der Gefühle dar, aus denen heraus sich Motive und Erkenntnisse bilden.

Väter

Die meisten Untersuchungen haben sich mit der Mutter-Kind-Bindung befaßt. Eine Fremde Situation mit dem Vater läßt sich zwar genauso klassifizieren wie mit der Mutter, trotzdem waren die im Längsschnitt ermittelten Zusammenhänge bei der Fremden Situation mit dem Vater im Vergleich zur Mutter statistisch entweder weit geringer oder fehlten völlig. In unserer Längsschnittuntersuchung haben wir entdeckt, daß eine andere Situation für die Väter mit ihren zweijährigen Kindern die gleiche Vorhersagekraft hat wie die Fremde Situation für die Mütter. Es handelte sich um eine Spielsituation, in der die Väter die Kinder mit Spielmaterial, hier Knetmasse, das die Kinder noch nicht kannten, vertraut machen sollten. Die Art und Weise, wie der Vater auf feinfühlige Weise das Kind dazu animierte, das Material zu handhaben und zu gestalten, und der Stolz, der sich für das Kind aus einer gelungenen, wenn auch einfachen Gestaltung ergab, zeigte u. a. folgendes: Das väterliche Verhalten in der Spielsituation mit Zweijährigen hing statistisch mit der väterlichen Bindungsrepräsentation vier Jahre später, als die Kinder sechs Jahre alt waren, zusammen. Die Fähigkeit der Kinder, im Alter von sechs und zehn Jahren auf psychisch sichere Art und Weise mit negativen Gefühlen umzugehen, konnte aufgrund des feinfühligen herausfordernden Spielverhaltens des Vaters mit dem Zweijährigen vorhergesagt werden. Die sichere Bindungsrepräsentation der Kinder selbst mit sechzehn Jahren, also vierzehn Jahre später, stand ebenfalls in einem statistisch hoch signifikanten Zusammenhang mit dem feinfühlig herausfordernden Spielverhalten des Vaters. Eine abwertende Haltung gegenüber Bindungsinhalten mit sechzehn Jahren hing entsprechend mit der fehlenden väterlichen Feinfühligkeit bei den spielerischen Herausforderungen mit den Zweijährigen zusammen. Selbst die Qualität der sprachlichen Darstellung ihrer Liebesbeziehung mit 22 Jahren zeigte sich, neben der feinfühligen Unterstützung durch die Mütter in den ersten sechs Lebensjahren, auch von der väterlichen Spielfeinfühligkeit mit den Zweijährigen beeinflußt. Zwar spielen beide Eltern mit ihren Kindern auf durchaus vergleichbare Weise, aber die Spielqualität mit dem Vater hatte eine weit größere Vorhersagekraft als die Spielqualität mit der Mutter. Die Prognosen für die weitere Entwicklung im Umgang mit Herausforderungen erwiesen sich als weitaus zutreffender, wenn ihnen die Vater-Kind-Beziehungen zugrunde gelegen hatten, und weniger verläßlich im Falle der Mutter-Kind-Beziehung. Wir erkennen folglich eine Art Rollenteilung zwischen den Eltern im Hinblick auf die Bindungs-Explorations-Balance. Dabei ist einerseits die Feinfühligkeit der Mütter gegenüber dem kindlichen Bedürfnis nach Bindungssicherheit bedeutsam und andererseits die Feinfühligkeit der Väter gegenüber dem kindlichen Bedürfnis nach Explorationssicherheit, obwohl beide Eltern beides mit dem Kind tun (vgl. K. Grossmann, 1997; K. Grossmann u. Kindler, 1998; K. Grossmann et al., in Vorber.; K.E. Grossmann et al., 1999).

Internale Arbeitsmodelle von Bindung und Exploration

Nach Bowlby (1979) konstruiert ein Kind, dessen Eltern verfügbar und unterstützend sind, ein Repräsentationsmodell von sich selbst als fähig, angemessen zu handeln, und als wert, Hilfe zu bekommen. Zunächst entwickelt sich ein unbewußtes, eher primitives Modell während der frühen Lebensjahre. Es kann besonders unter starken emotionalen Belastungen handlungswirksam werden. Erst später bildet sich ein zweites Modell heraus, das mit dem frühen gleichzeitig wirksam ist. Es unterscheidet sich allerdings wesentlich vom ersten. Bowlby nannte das zweite, neuere Modell differenzierter und verfeinerter (‚more sophisticated'), weil es auf umfangreicheren Erfahrungen und sprachlichen Erinnerungen basiert. Der Person selbst ist das spätere Modell eher gegenwärtig. Die Annahme zweier Modelle über sich selbst in Beziehung zu Anderen war damals für Bowlby (1951, S. 205) allerdings lediglich eine tentative Hypothese, die Freuds Hypothese eines dynamischen Unbewußten entsprach, um das psychoanalytische Konzept des Wiederholungszwangs zu berücksichtigen. In der Sicht heutiger biologischer, hirnphysiologischer und auch psycholinguistischer Ansätze spricht man deshalb eher von einer Entwicklung allmählicher Integration älterer Hirnfunktionen mit neueren. Die frühkindliche Organisation von Emotionen wird in späteres, auch bewußt geplantes Verhalten integriert (vgl. Donald, 1991; Nelson, 1996; Siegel, 1999). Das differenziertere neuere Modell reguliert aktuelle Anpassungen. Das alte oder frühe Modell der Organisation von Emotionen im Zusammenhang mit Bindungsbedürfnissen ist gegenüber der aktuellen Realität blind, es kann allein die gegenwärtige Wirklichkeit nicht erkennen, sondern nur emotional reagieren. Die therapeutisch wohl interessanteste Frage dabei ist sicher die, auf welche Weise, in welchem Ausmaß und unter welchen Umständen ein altes, unsicheres oder desorganisiertes Modell differenziertere psychologische Anpassungen an gegenwärtige oder auch zukünftige Herausforderungen verhindert oder stört. Nach Bowlby können sich neuere und klügere internale Arbeitsmodelle gegenüber alten Modellen mit unsicherer oder desorganisierter emotionaler Organisation nur durch unverfälschte sprachliche Diskurse im Einklang mit der erfahrbaren Realität durchsetzen. Es muß auf bedeutungsvolle Weise mit besonderen, d. h. nahestehenden Personen über nonverbale Erfahrungen mit emotionaler Wirkung gesprochen werden. Die emotionalen Erfahrungen werden so erst sprachlich bedeutungsvoll und die neuen Arbeitsmodelle in eine konfliktfreie Verbindung mit den alten gebracht.

Zu den therapeutischen Aufgaben gehört, daß der Therapeut als eine sichere Basis fungiert und die mentale Exploration unbewußter Vorurteile gegenüber besonderen Personen im gegenwärtigen Leben ermutigt, so daß der Patient seine Beziehung zu ihm prüfen und seine aktuellen Wahrnehmungen, Erwartungen, Gefühle und Handlungen mit den Ereignissen, Situationen und Geschichten vergleichen kann, die er in seiner Kindheit und Jugend wiederholt von seinen Eltern gehört haben mag. Vielleicht waren die alten Modelle aufgrund der bitteren Erfahrungen für die Gegenwart und die Zukunft des Patienten unangemessen (vgl. Bowlby, 1995, S. 129). Vor allem aber ist eine bindungsunsichere Person zu befähigen, sich von den Zwängen alter emotionaler Strukturen zu befreien, „to cease being a slave to old and unconscious stereotypes and to feel, to think and to act in new ways" (Bowlby, 1988b, S. 139). Das kann nur durch neue Erfahrungen mit Unterstützung der psychischen Sicherheit durch (therapeutische) Bindungspersonen erfolgen.

Die sprachliche Entwicklung neuer internaler Arbeitsmodelle

Die Entwicklung der Fähigkeit, Geschichten über Erlebtes erzählen zu können, und die Entstehung kohärenter autobiographischer Geschichten bedarf der Kommunikation mit Bindungspersonen. Vor allem sprachliche Diskurse müssen innere emotionale Erlebnisse und ihre äußeren Anlässe stimmig zusammenbringen. Darauf beruht das Adult Attachment Interview (AAI), das Carol George et al. Mitte der achtziger Jahre entwickelt und analysiert haben (vgl. Hesse, 1999). Bei „normalen" Erwachsenen schließt die autobiographische Narration Abstraktion, Reflexion und andere Merkmale des theoretischen Geistes ein (vgl. Nelson, 1996, Tab. 3.4, S. 86). Bei klinisch auffälligen Personen ist das weniger der Fall (vgl. Fonagy, in diesem Band). Bei der Entwicklung des autobiographischen Selbst während der Kindheit aus Erzählungen und in Gesprächen mit den Eltern kann die Einbettung emotionaler Erfahrungen im Rahmen von Bindungsbeziehungen mißlingen. Emotional aufwühlende Ereignisse, über die überhaupt nicht oder verfälscht gesprochen wird, werden oft traumatisch genannt. Sie scheinen vor allem dann so zu wirken, wenn es eine Bindungsperson selbst ist, die einen solchen Vertrauensbruch, wie etwa sexuellen Mißbrauch, begeht (vgl. Freyd, 1996).

Als Therapeut hat sich Bowlby mit traumatischen emotionalen Erfahrungen wie z. B. Selbstmord eines Elternteils oder Tod der Mutter befaßt. Er schrieb kurz vor seinem Tod 1990 eine Biographie von Charles Darwin unter diesem Aspekt (1990). Darwins Mutter starb, als dieser acht Jahre alt war. Sie wurde im folgenden nicht Teil seines narrativen Geistes, weil die Familie Darwin nach ihrem Tod nicht mehr über sie sprach oder nur in Lügen. Bowlby erinnert sich an eine Aussage Freuds, der sagte, wenn Patienten über „vergessene" Ereignisse sprächen, sagten sie oft: „Das habe ich eigentlich immer gewußt, nur nicht daran gedacht" (Bowlby, 1995, S. 96). Es gab folglich zwar latente Erinnerungen, aber sie waren sprachlich nicht repräsentiert, sprachlich nicht integriert und das Sprechen darüber nicht kohärent.

Bindungstheoretisch gesehen kennzeichnet ein klares und kohärentes Narrativ eine sichere Bindungsrepräsentation, weil es die Freiheit der Person deutlich macht, sich mit allen Arten von Erfahrungen, inneren und äußeren, positiven wie negativen, ohne Abwehr auseinanderzusetzen. Ein klares und kohärentes Narrativ bzw. eine sichere Bindungsrepräsentation können auch Personen entwickeln, deren Erfahrungen mit bedeutsamen Bindungspersonen sehr negativ, verletzend und abwertend gewesen sind und sogar gelegentlich Mißbrauch durch sie einschließen. Sie berichten meist überzeugend von mindestens einer anderen Person, die für sie die Rolle einer feinfühligen Bindungsperson übernommen hat und durch die sie Verständnis und Unterstützung erfahren haben. Dies sind Merkmale einer gelungenen zielkorrigierten Partnerschaft und einer angemessenen Realitätsorientierung.

Gegen eine vollständige nachträgliche Integration in neue, adaptive internale Arbeitsmodelle sprechen m. E. derzeit solche Untersuchungen, die durch bildgebende Verfahren deutliche hirnphysiologische Ausfälle erkennen lassen. Für eine therapeutisch erreichte nachträgliche Integration alter und neuer internaler Arbeitsmodelle sprechen demgegenüber ausgewählte klinische Erfahrungen, wie z. B. die von Siegel (a. a. O., S. 334), dessen Patienten neue interpersonale Erfahrungen machten, die kohärentere mentale Repräsentationen ermöglichten. Sie entwickelten einen Sinn für Vitalität, öffneten ein Reservoir an schöpferischer Energie und Ideen und schufen einen belebenden Sinn für persönlichen Ausdruck, der zu vielfältigen Aktivitäten anregte. Sie gelangten zu einer tieferen Bedeutung von Kreativität und Freude an alltäglichen Lebenserfahrungen und am Fühlen und Denken ihnen nahestehender Mitmenschen. Die Frage, ob und durch welche Erfahrungen das mit unsicheren Bindungsqualitäten verbundene eingeschränkte Leben nachträglich wieder reich gemacht werden kann, ist allerdings noch offen. Erst eine zukünftige Bindungsforschung, vielleicht zusammen mit Hirnphysiologen und anderen Disziplinen, wird sie beantworten können (vgl. Main, 1999).

Inzwischen dürfen wir allerdings von folgendem ausgehen: Personen mit unsicheren internalen Arbeitsmodellen pflegen nur einen beeinträchtigten Umgang mit Anderen. Sie vermeiden sie oder klammern sich an sie aus Angst vor Zurückweisung oder aus Unzulänglichkeit, oder sie erreichen zwar integrierte, aber trotzdem nur unsichere Bindungsstrategien. Dies stört den Umgang mit der Wirklichkeit erheblich und macht das Leben arm, angstvoll und zuweilen auch hilflos. Daß die alten Modelle aufgrund der bitteren Erfahrungen vielleicht unangemessen sein könnten und vielleicht schon immer waren (vgl. Bowlby, a. a. O., S. 129), kann aus bindungstheoretischer Sicht nur in neuen Bindungen erfahren und reflektiert und durch bessere, neue internale Arbeitsmodelle ersetzt werden. Sie bedürfen neben liebevoller Nähe auch vielfältiger Exploration in psychischer Sicherheit.

Literatur

Ainsworth, M.D.S. (1973): The development of infant-mother attachment. In: Caldwell, B.M. u. H.N. Riciutti (Hrsg.): Review of Child Development Research. Bd. 3. Chicago (Univ. Chicago Pr.), 1–94.

– u. S.M. Bell (1973): Mother-infant interaction and the development of competence. In: Connolly, K. u. J. Bruner (Hrsg.): The growth of competence. London (Academic Pr.), 97–118.

– et al. (1978): Patterns of Attachment. A Psychological Study of the Strange Situation. Hillsdale, NJ (Lawrence Erlbaum Associates).

Bowlby, J. (1951): Mütterliche Zuwendung und geistige Gesundheit. München (Kindler) 1973.

– (1958): Psychoanalyse und Kindererziehung. In: Ders.: Das Glück und die Trauer. Stuttgart (Klett-Cotta) 1982, 13–39.
– (1969): Bindung. Eine Analyse der Mutter-Kind-Beziehung. München (Kindler) 1975.
– (1979): Das Glück und die Trauer. Stuttgart (Klett-Cotta) 1982.
– (1987): Attachment. In: Gregory, R.L. (Hrsg.): The Oxford Companion to the Mind. Oxford (Oxford Univ. Pr.), 57–58.
– (1988a): Attachment, communication, and the therapeutic process. In: Ders.: A Secure Base. Clinical Applications of Attachment Theory. London (Tavistock/Routledge), 137–157.
– (1988b): A Secure Base. Clinical Applications of Attachment Theory. London (Tavistock/Routledge).
– (1990): Charles Darwin. A New Biography. London (Hutchinson).
– (1995): Elternbindung und Persönlichkeitsentwicklung. Heidelberg (Dexter Verl.).
Bronson, G.W. (1972): Infants' reactions to unfamiliar persons and novel objects. Monographs of the Society for Research in Child Development, 37, Serial No. 148.
Donald, M. (1991): Origins of the Modern Mind: Three Stages in the Evolution of Culture and Cognition. Cambridge, MA (Harvard Univ. Pr.).
Freyd, J.J. (1996): Betrayal Trauma: The Logic of Forgetting Childhood Abuse. Cambridge, MA (Harvard Univ. Pr.).
Grossmann, K. (1997): Infant-father attachment relationship: Sensitive challenges during play with toddler as the pivotal feature. Poster presented at the Biennial Meeting. Washington, DC.
– u. H. Kindler (1998): Father's attachment representation: Its reflections in his interactions with his toddler and aspects of his child's future development (II – actually presented paper). Paper presented at the XVth Biennial Meeting of the International Society for Behavioral Development, Bern, Switzerland, 1.–4. Juli 1998.
– et al. (1985): Maternal sensitivity and newborns' orientation responses as related to quality of attachment in northern Germany. In: Bretherton, I. u. E. Waters (Hrsg.): Growing Points in Attachment. Theory and Research. Chicago (Chicago Univ. Pr.), 233–256.
– et al. (in Vorber.): The uniqueness of the child-father attachment relationship: Fathers' sensitive and challenging play as the pivotal variable in a 16-year longitudinal study.
Grossmann, K.E. et al. (1999): A wider view of attachment and exploration: Stability and change during the years of immaturity. In: Cassidy, J. u. P.R. Shaver (Hrsg.): Handbook of Attachment: Theory, Research, and Clinical Applications. New York (Guilford Pr.), 760–786.
Harlow, H.F. (1961): The development of affectional patterns in infant monkeys. In: Foss, B.M. (Hrsg.): Determinants of infant behavior. Bd. 1. New York (Wiley), 75–97.
– (1971): Learning to Love. San Francisco (Albion Publ.).
Hesse, E. (1999): The Adult Attachment Interview. Historical and current perspectives. In: Cassidy, J. u. P.R. Shaver (Hrsg.): Handbook of Attachment: Theory, Research, and Clinical Applications. New York (Guilford Pr.), 395–433.
Hofer, M. (1994): Hidden regulators in attachment, separation and loss. In: Fox, N.A. (Hrsg.): The Development of Emotion Regulation: Biological and Behavioral Considerations. Monographs of the Society for Research in Child Development, Serial No. 240, Vol. 59, Nos. 2–3, 192–207.

Isabella, R.A. (1999): Origins of attachment: Infant age as a factor in the measurement of maternal interactive behavior. Poster presented at SRCD Biennial Meeting. Albuquerque, New Mexico.

– u. J. Belsky (1991): Interactional synchrony and the origins of infant-mother attachment: A replication study. Child Development, 62, 373–384.

Kraemer, G.W. (1992): A psychological theory of attachment. Behavioral and Brain Sciences, 15, 493–541.

Lorenz, K. (1973): Die Rückseite des Spiegels. Versuch einer Naturgeschichte menschlichen Erkennens. München (Piper).

Lyons-Ruth, K. (1998): Commentary on Steele and Steele. Lexicons, eyes and videotape. Social Development, 7, 127–131.

Main, M. (1999): Epilogue. Attachment Theory. Eighteen points with suggestions for future studies. In: Cassidy, J. u. P.R. Shaver (Hrsg.): Handbook of Attachment: Theory, Research, and Clinical Applications. New York (Guilford Pr.), 845–887.

– (2000): Tribute and portrait. Psa. Inq., 19, 682–736.

– u. Hesse, E. (1990): Parents' unresolved traumatic experiences are related to infant's disorganized attachment status: Is frightened and/or frightening parental behavior the linking mechanism? In: Greenberg, M.T. et al. (Hrsg.): Attachment in the Preschool Years. Chicago (Univ. Chicago Pr.), 161–182.

– u. J. Solomon (1986): Discovery of an insecure disorganized/disoriented attachment pattern: Procedures, findings and implications for the classification of behavior. In: Brazelton, T.B. u. M. Yogman (Hrsg.): Affective Development in Infancy. Norwood, NJ (Ablex), 95–124.

– u. J. Solomon (1990): Procedures for identifying infants as disorganized/disoriented during Ainsworth Strange Situation. In: Greenberg, M.T. et al. (Hrsg.): Attachment in the Preschool Years. Chicago (Univ. Chicago Pr.), 121–160.

– et al. (1985): Security in infancy, childhood, and adulthood: A move to the level of representation. In: Bretherton, I. u. E. Waters (Hrsg.): Growing Points in Attachment. Theory and Research. Chicago (Chicago Univ. Pr.), 66–106.

McLean, P.D. (1990): The Triune Brain in Evolution: Role in Paleocerebral Functions. New York (Plenum Publ. Corp).

Meins, E. (1999): Sensitivity, security, and internal working models: Bridging the transmission gap. Attachment and Human Development, 1, 325–342.

Nelson, K. (1996): Language in Cognitive Development. Cambridge (Univ. Pr.).

Panksepp, J. (1993): Neurochemical control of moods and emotions: Aminoacids to neuropeptides. In: Lewis, M. u. J.M. Haviland (Hrsg.): Handbook of Emotions. New York (Guilford Pr.), 87–107.

Papousek, H. u. M. Papousek (1987): Intuitive parenting: A dialectic counterpart to the infant's integrative competence. In: Osofsky, J.D. (Hrsg.): Handbook of Infant Development. New York (Wiley), 669–720.

Portmann, A. (1956): Zoologie und das neue Bild des Menschen. Biologische Fragmente zu einer Lehre vom Menschen. Hamburg (Rowohlt).

Sagi, A. et al. (1997): Ecological constraints for intergenerational transmission of attachment. Int. J. of Behavioral Development, 20, 287–299.

Siegel, D.J. (1999): The Developing Mind. New York (Guilford Pr.).

Solomon, J. u. C. George (1999): The effects on attachment of overnight visitation in divorced and separated families: A longitudinal follow-up. In: Solomon, J. u. C. George (Hrsg.): Attachment Disorganization. New York (Guilford Pr.), 243–264.

Spangler, G. u. K.E. Grossmann (1993): Biobehavioral organization in securely and insecurely attached infants. Child Development, 64, 1439–1450.

– u. K.E. Grossmann (1999): Individual and physiological correlates of attachment disorganization in infancy. In: Solomon, J. u. C. George (Hrsg.): Attachment Disorganization. New York (Guilford Pr.), 95–124.

– et al. (1996): Social and individual determinants of attachment security and disorganization during the first year. Infant Mental Health J., 17, 127–139.

Carl E. Scheidt

Die psychoanalytische Theorie der Somatisierung aus der Sicht der Bindungsforschung

Einleitung

Psychoanalyse und Bindungstheorie haben sich in den vergangenen Jahren nach einer anfangs konflikthaften Phase aufeinander zubewegt. Zu dieser Entwicklung hat eine Akzentverschiebung beigetragen, zu der es seit der Mitte der achtziger Jahre in der Bindungsforschung gekommen ist. Die amerikanische Bindungsforscherin Main hat diese Akzentverlagerung als „Bewegung auf die Ebene der repräsentationalen Strukturen" bezeichnet (Main et al., 1985). Damit ist gemeint, daß neben der Beschreibung des Bindungsverhaltens im Kleinkindalter, die auf genauen Verhaltensbeobachtungen in einer strukturierten Laborsituation (der Fremden Situation) beruhte, die Untersuchung der mentalen Strukturen in den Vordergrund getreten ist, die im Erwachsenenalter die Unterschiede der Bindung und der Bindungssicherheit bestimmen. Diese Entwicklung ist für den Dialog zwischen Bindungstheorie und Psychoanalyse von großer Bedeutung.

Die Untersuchung individueller Unterschiede von Bindung im Erwachsenenalter bedient sich des sogenannten Erwachsenenbindungsinterviews, eines halbstrukturierten Interviews (vgl. George et al., 1985–1995). Bei der Entwicklung dieser Untersuchungsmethode war die Annahme leitend, daß die Bindungssicherheit im Erwachsenenalter nicht primär durch Verhaltensbeobachtungen in einer experimentellen Laborsituation beschrieben werden kann, sondern vielmehr durch die Untersuchung von *Narrativen*, in denen sich die *Unterschiede in der emotionalen und kognitiven Zugänglichkeit zur Erfahrungswelt der Bindungsgeschichte* widerspiegeln. Damit trat in der Bindungsforschung das Interesse an den mentalen Strukturen in den Mittelpunkt, in denen sich die Bindungserfahrungen im Entwicklungsverlauf niederschlagen. Die Narrative der früheren Bindungserfahrungen sowie die Abwehrprozesse, die die Vollständigkeit und Kohärenz dieser Narrative beeinflussen, bilden gegenwärtig eine wichtige Schnittstelle zwischen Bindungsforschung und Psychoanalyse.

Die Beschäftigung mit den mentalen Strukturen, in denen sich Bindungserfahrungen auskristallisieren, spielt auch in der psychoanalytischen Psychosomatik eine zentrale Rolle. Viele Theorien über die Entstehung psychosomatischer Störungen basieren auf der Annahme, daß eine Störung der frühen Objektbeziehungen eine Prädisposition für die klinische Manifestation psychosomatischer Erkrankungen schafft. Der Begriff „Störung der frühen Objektbeziehungen" hat hier die Doppelbedeutung im Sinne a) einer defizitären, der Entwicklung nicht förderlichen frühen Objekterfahrung und b) von spezifischen mentalen Strukturen oder Repräsentationen dieser Erfahrungen, die zu dysfunktionalen oder nichtoptimalen Formen der psychobiologischen Regulation führen.

Im folgenden skizziere ich zunächst einige Aspekte der Somatisierung, wobei ich drei Grundannahmen herausarbeite, die heute in der psychoanalytischen Theorie mit diesem Konzept verbunden sind. Im zweiten Teil stelle ich empirische Untersuchungsansätze dar, die sich mit dem Zusammenhang zwischen Bindungssicherheit und Symbolisierung befassen.

Die psychoanalytische Theorie der Somatisierung

Somatisierung ist eine postfreudianische Begriffsbildung, die auf Stekel (1924) zurückgeht. Er benutzte den Begriff als Synonym für „Organsprache", um psychisch determinierte körperliche Symptome zu bezeichnen. Somatisierung war in dieser frühen Phase der psychoanalytischen Theorieentwicklung weitgehend gleichbedeutund mit Konversion, d. h. mit dem Konzept der körpersprachlichen Symbolisierung unbewußter seelischer Konflikte (vgl. Freud, 1905e). Eine wichtige Präzisierung erfuhr das Konzept der Somatisierung ab den vierziger Jahren durch Alexander (1949), der auf die pathogenetische Bedeutung der Aktivierung autonom innervierter Organe durch sog. „Bereitstellungsreaktionen" für die Entstehung psychosomatischer Erkrankungen hinwies und diese Form der psychosomatischen Symptombildung von der Konversion abgrenzte. Die Differenzierung bezog sich sowohl auf die Lokalisation der Symptome (autonom innervierte Organe) als auch auf die zugrundeliegenden pathogenetischen Mechanismen (Bereitstellungsreaktion). Alexanders scharfe Unterscheidung zwischen Konversion und psychosomatischer Symptombildung blieb nicht unwidersprochen. Schur (1955) konzipierte in seiner Arbeit über die Metapsychologie der Somatisierung letztere als einen komplexen Abwehrmechanismus und argumentierte, die Abgrenzung zwischen Konversion und Somatisierung sei weniger scharf zu ziehen als von Alexander vorgeschlagen. Aus heutiger Sicht erscheint die kategoriale Unterscheidung zwischen Konversion und psychosomatischer Symptombildung künstlich, verdeutlicht aber, daß der Begriff der Somatisierung Prozesse der Symptombildung auf ganz unterschiedlichen Ebenen der Ich-Entwicklung beschreibt.

Marty und de M'Uzan (1978) stellten in ihrer Theorie der Somatisierung die Rolle einer unvollständigen oder defizitären Symbolisierung in den Vordergrund. Bei der von ihnen als „operatives Denken" charakterisierten Symbolisierungsstörung besteht ein Kontinuitätsbruch zwischen dem Primär- und dem Sekundärvorgang. Die Somatisierung ist dieser Auffassung zufolge ein Rückgriff auf körperliche Erlebnis- und Kommunikationsmodi, die einsetzt, weil basale Triebimpulse keinen Anschluß an die symbolische Vermittlung finden. Obwohl Marty und de M'Uzan die Bedeutung äußerer Faktoren für die Entstehung des „pensée opératoire" offenließen, legte die Theorie der „allergischen Objektbeziehung" (Marty, 1974) dennoch die Vermutung nahe, daß es sich dabei um die Folgen einer „Narbe" oder eines Defizits in den frühen Objektbeziehungen handelt. Somatisierung wird hier also im Sinne eines Mangels an Ich-Struktur aufgefaßt. Das somatische Symptom dient als Plombe einer unzureichenden Mentalisierung von Affekten. Wir wollen uns mit der Ansicht, Grundlage der Somatisierung sei eine Störung der Symbolisierungsfunktion, etwas genauer beschäftigen, da diese Ansicht heute noch Aktualität besitzt.

Als Symbolisierung kann allgemein die Repräsentation von Affekten, Empfindungen, Triebimpulsen und anderen körperlichen Vorgängen in bewußten und unbewußten Bildern und Phantasien, also in sprachlichen und vorsprachlichen Symbolen, bezeichnet werden. Sie wird im allgemeinen als eine Ich-Funktion verstanden, durch die basale somatische Empfindungen und motorische Muster mit mentalen Repräsentationen unterschiedlicher Ordnung und Abstraktion verknüpft werden. Es besteht weitgehend Übereinstimmung darüber, daß symbolische und vorsymbolische Bedeutungen sich im Zuge des Sprachspiels (Wittgenstein) zwischen Mutter und Kleinkind entwickeln. Dabei besteht zunächst eindeutig ein Primat der interaktionellen Praxis gegenüber dem Erlernen lexikalischer Bedeutungen. Das Sprachspiel zwischen Mutter und Kind stellt die Beziehungsmatrix her, in der es zu Prozessen der Symbolisierung kommt. Die Entwicklung der Symbolisierungsfunktion gelingt in dem Maße, wie in der primären Beziehung zwischen Mutter und Kind Affektintegration und bedeutungsvolle Kommunikation stattfinden. Zwischen der Qualität der internalisierten Objektbeziehungen und der Fähigkeit zur Symbolisierung bestehen deshalb enge Zusammenhänge.

Defizite der Symbolisierung werden in der psychoanalytischen Literatur mit unterschiedlichen Bedingungen in Zusammenhang gebracht: Sie können in der Folge von Traumatisierung entstehen, wie dies vor allem von Krystal (2000) und Grubrich-Simitis (1984) beschrieben wurde. Dabei muß zwischen infantilem psychischem Trauma und katastrophischem Trauma im Erwachsenenalter unterschieden werden. Beide Formen der Traumatisierung können zu Störungen der Symbolisierung insbesondere im Bereich der Affekte führen.

Auch andere Defizite der frühen Objekterfahrung, die nicht als Folge einer Traumatisierung im engeren Sinne aufzufassen sind, können eine Störung der Symbolisierung nach sich ziehen. Dabei kommen unterschiedliche Vorgänge in Betracht: Die frühe Mutter-Kind-Interaktion kann durch einen Mangel an Containment (Bion) oder Spiegelfunktion (Kohut, Winnicott) gekennzeichnet sein. Durch die unzureichende Metabolisierung und Verarbeitung von affektiven Signalen des Kindes durch die Mutter wird die Ausbildung repräsentationaler Strukturen behindert: Es kommt nur zu einer unzureichenden Symbolisierung von Affekten. Ein solcher Erklärungsversuch ist beispielweise von Taylor (1994) für die Alexithymie vorgeschlagen worden. Störungen der Symbolisierung können jedoch auch auf eine nicht stattgehabte oder unzureichende Trennung/Individuation vom Primärobjekt zurückgehen, die zu einer mangelhaften und instabilen Ausdifferenzierung der Selbst-/Objektgrenzen führt. Diese Form der Störung der Symbolfunktion hat Segal (1957) mit dem Begriff der „symbolic equation" (symbolische Gleichsetzung) bezeichnet, der einen Zusammenbruch der Referenzstruktur sprachlicher und bildhafter Symbole (Aufhebung der Unterscheidung zwischen Signifikant und Signifikat) beschreibt, wobei intrapsychisch die Grenze zwischen Selbst- und Objektrepräsentanzen aufgehoben ist. Segals Beschreibung dieses Phänomens bezog sich auf Psychosen und psychosenahe Störungen, sie läßt sich jedoch auf psychosomatische Störungen übertragen.

Faßt man die dargestellten Theorien zur Somatisierung zusammen, so ergeben sich drei Grundannahmen:

1. Der Begriff der Somatisierung beschreibt psychosomatische Symptombildungen auf sehr unterschiedlichem psychischem Strukturniveau.
2. Die Somatisierung auf niedrigem psychischem Strukturniveau weist auf eine unzureichende/defizitäre Symbolisierung hin.
3. Defizite der Symbolisierung sind das Ergebnis einer Störung der frühen Objektbeziehungen. Bei ihrer Entstehung spielen interaktionelle Erfahrungen mit den primären Bindungspersonen eine wichtige Rolle.

Das breite Spektrum unterschiedlicher pychosomatischer Störungsbilder läßt sich, einem Schema von Rudolf (1992) folgend, genetisch vier Strukturniveaus der Objektbeziehungsentwicklung zuordnen: Die Konversion ist überwiegend auf der Ebene des *triangulären sozialen Systems* angesiedelt. Zwar kann auch sie in frühere Schichten der Objekterfahrung zurückreichen und etwa auf der Grundlage von Individuations-/Separationskonflikten entstehen. Als überwiegend hochstrukturierter Abwehrvorgang betrifft sie jedoch vorwiegend das trianguläre soziale System. Muskuloskeletäre und psychovegetative Störungen sowie die depressive Somatisierung, wie sie häufig bei somatoformen Schmerzstörungen zu beobachten ist, werden in ihrer Genese mit Störungen auf der Ebene der *Abhängigkeits-/Autonomiekonflikte* und des *Bindungssystems* in Zusammenhang gebracht. Als Bindungssystem wird hier ein Stadium der Objektbeziehung verstanden, in dem eine Selbst-/Objekt-Differenzierung zwar in Ansätzen etabliert ist, die Bindungsperson jedoch noch starke psychobiologische Regulationsfunktionen wahrnimmt. Spannung und Schmerz werden dabei überwiegend im Ich wahrgenommen. Auf der Ebene des *dyadischen Systems* ist die Selbst-/Objekt-Differenzierung noch weniger ausgebildet. Die innere mentale Repräsentation des eigenen Körpers und des Körpers der Mutter sind kaum getrennt. Viele theoretische und klinische Arbeiten zur Psychosomatik, wie etwa die von McDougall (1985), beziehen sich auf die Prozesse in diesem dyadischen System.

Störungen auf den beschriebenen Ebenen der Objektentwicklung gehen mit *spezifischen Veränderungen der Symbolfunktion* einher. Lecours und Bouchard (1997) haben in ihrer Arbeit über die Dimensionen der Mentalisierung einen Entwurf vorgestellt, in dem vier Modalitäten der Repräsentation unterschieden werden: der somatische und der motorische Modus, die Vorstellung (imagery) und die Sprache. In jeder dieser Modalitäten können fünf Grade der Modulierung oder des „Containments" (d. h. der Steuerung aufgrund guter Objekterfahrung) unterschieden werden: sie reichen vom „Impulsdurchbruch", d. h. einem weitgehenden Mangel an Modulierung, bis hin zu hochstrukturierten Symbolisierungsvorgängen, wie sie beispielsweise der Verdrängung zugrunde liegen. Diese Beschreibung verwendet klinische Kategorien, die Störungen der Symbolfunktion markieren, die sich in der klinischen Praxis beobachten lassen.

Ich möchte hier eine etwas andere Beschreibung der Störungen der Symbolfunktion vorschlagen. Diese bezieht die Charakterisierung der Bindungsrepräsentationen im Erwachsenenalter, wie sie in der Bindungsforschung erarbeitet worden sind, mit ein:

1. Auf der Ebene des *triangulären sozialen Systems* finden sich *kohärente Narrative* erlebter Beziehungsepisoden. Dem entspricht eine stabile Selbst-/Objekt-Differenzierung und eine klare symbolische Referenzstruktur von Sprache. Spezifische konflikthafte Beziehungserfahrungen können durch spezifische Abwehrprozesse verzerrt oder unvollständig repräsentiert sein (Verdrängung).
2. Auf der Ebene der *Abhängigkeits-/Autonomiekonflikte* finden sich über einzelne Beziehungen oder Beziehungsepisoden hinausgehende *Störungen in der Repräsentation von Affekten*. Dabei handelt es sich vor allem um Affekte wie Wut oder Scham.
3. Auf der Ebene des *Bindungssystems* treten im sprachlichen Diskurs und in der Repräsentation von Bindungserfahrungen die beiden Modi der unsicheren Bindungsstrategie in den Vordergrund. Ausgeprägte Projektionen und Externalisierungsvorgänge führen zu einer *Verzerrung des Diskurses*. Die Selbst-/Objekt-Differenzierung

ist unscharf. Episodische Erinnerungen an spezifische Beziehungserfahrungen sind entweder global eingeschränkt und begleitet von einer ausgedehnten Affektverwerfung (vermeidende Bindung), oder die unscharfe Selbst-/Objekt-Trennung führt zu einer Absorption mit einzelnen Inhalten der erlebten Beziehungsepisoden (unsicher-verwickelte Bindung).
4. Auf der Ebene des dyadischen Systems treten diese beiden Ausgestaltungen der gestörten Symbolisierung noch deutlicher auf. Psychopathologisch steht hier für die defensiv-vermeidende Form der Symbolisierungsstörung die Alexithymie und für ihre extrovertiert-verwickelte Form das Borderlinestörungsniveau.

Diese Beschreibung zielt darauf ab, die unterschiedlichen Formen des sprachlichen Diskurses über Bindungserfahrungen, wie diese in der Bindungsforschung zur Unterscheidung der Bindungsmuster im Erwachsenenalter verwendet werden, mit den Entwicklungsniveaus der Objektbeziehungen und der Symbolfunktion, die in der Psychoanalyse beschrieben werden, in Zusammenhang zu bringen. Ich möchte nun einige Fragen darstellen, die sich aus diesen theoretischen Überlegungen für die empirische Untersuchung psychosomatischer Störungen ergeben.

Bindungsrepräsentation, Affektregulation und referentielle Aktivität bei psychosomatischen Störungen

Grundsätzlich lassen sich aus der Bindungstheorie zwei Fragen ableiten, die für das entwicklungspsychopathologische Verständnis psychosomatischer Störungen wichtig sind:
1. Sind unsichere Bindungsrepräsentationen bei psychosomatischen Störungen häufiger als a) in nichtklinischen Gruppen und b) in anderen klinischen Gruppen? Und wenn dies der Fall ist, gibt die differentielle Prävalenz der Bindungsrepräsentationen Aufschluß über die besonderen entwicklungspsychologischen Entstehungsbedingungen dieser Störungen?
2. Bestehen Zusammenhänge zwischen der Bindungsrepräsentation und anderen Merkmalen der psychischen Organisation, die für die Entstehung psychischer bzw. psychosomatischer Störungen Bedeutung haben, insbesondere mit der Wahrnehmung und dem Ausdruck von Affekten, die wir als einen Teilaspekt der Fähigkeit zur Symbolisierung verstehen?

ad 1: Die hohe Prävalenz unsicherer Bindungsrepräsentation in klinischen Gruppen von Erwachsenen mit unterschiedlichen psychischen Störungen ist inzwischen durch eine große Zahl von Untersuchungen belegt. Van Ijzendoorn und Bakermans-Kranenburg (1996) geben eine Übersicht über 14 klinische Studien, in denen insgesamt

439 Probanden unterschiedlicher klinischer Gruppen mit dem Erwachsenenbindungsinterview untersucht wurden. Davon wiesen im Mittel *nur 13 % eine sichere, 41 % dagegen eine unsicher-vermeidende und 46 % eine unsicher-verwickelte Bindungsrepräsentation* auf. Die Häufigkeit der unsicheren Bindungsmuster variiert in den einzelnen Studien in Abhängigkeit von der Art der klinischen Störung. So finden sich beispielsweise bei Borderline-Patienten überwiegend unsicher-verwickelte Bindungsrepräsentationen (vgl. Fonagy, 1993; Patrick et al., 1994), während umgekehrt Patienten mit Schlafstörungen (vgl. Benoit et al., 1992) häufiger eine unsicher-vermeidende Bindungsrepräsentation aufwiesen.

Zur Bindungsrepräsentation bei *psychosomatischen* Erkrankungen liegen bisher kaum Untersuchungen vor. Eine Ausnahme bildet eine Studie von Slawsby (1995), die Patienten mit chronischem atypischem Gesichtsschmerz und Patienten mit Trigeminusneuralgie verglich und bei atypischem Gesichtsschmerz eine (signifikant) höhere Prävalenz unsicherer Bindungsrepräsentationen fand. In einer eigenen Untersuchung an Patienten mit spasmodischem Torticollis, einer neurologisch-psychosomatischen Erkrankung, fanden wir einen auffallend hohen Prozentsatz von unsicher-vermeidenden Bindungsrepräsentationen (Scheidt et al., 1999). Auch hier überwog im Vergleich mit einer nichtklinischen Kontrollstichprobe der Anteil unsicherer Bindungsrepräsentationen in der klinischen Gruppe deutlich. Zu analogen Ergebnissen führte eine Studie zur Verteilung von Bindungsmustern bei Patienten mit somatoformen Störungen, die, ähnlich wie bei den Torticollispatienten, ein Überwiegen des unsicher-vermeidenden Bindungsmusters ergab.

Zusammenfassend können diese Befunde als Beleg dafür gelten, daß unsichere Bindungsmuster in klinischen Gruppen erwachsener Patienten sehr viel häufiger sind als in nichtklinischen Gruppen. Ferner zeichnet sich für die Psychosomatik der Befund ab, daß zwischen dem Phänomen der Somatisierung und einer unsicher-vermeidenden Bindungsstrategie möglicherweise spezifische Zusammenhänge bestehen. Es kann als Hypothese formuliert werden, daß eine unsicher-vermeidende Bindung aufgrund einer Einschränkung der Symbolisierungsfunktion im Affekt-Bereich für Somatisierung disponiert. Zu dieser Frage werden im folgenden zwei weitere Untersuchungsansätze skizziert.

ad 2: Zwei Theorien stehen zur Verfügung, die sich auf das Thema der Symbolisierung beziehen: einerseits das Konzept der Affektwahrnehmung bzw. der Affektwahrnehmungsstörung und andererseits das auf Bucci (1997) zurückgehende Konzept der referentiellen Aktivität.

a) Störungen der Affektwahrnehmung und der Affektregulation werden in der psychosomatischen Literatur unter dem Begriff Alexithymie behandelt. Nemiah und Sifneos (1970) beschrieben eine Persönlichkeitsstruktur als „alexithym", die durch eine Störung des Erlebens von Gefühlen gekennzeichnet ist. Bei diesen Patienten können die Affekte ihre Funktion als Zwischenglieder zwischen psychischen und physiologischen Prozessen nicht mehr erfüllen. Deskriptiv wird eine Einengung und Erstarrung des Gefühls- und Phantasielebens und der Lebendigkeit interpersoneller Beziehungen festgehalten (vgl. Lesser, 1981). Ohne Zweifel handelt es sich bei der Alexithymie um ein Defizit in der Symbolfunktion. Die Kontroversen um das Alexithymie-Konzept hingen nicht unwesentlich damit zusammen, daß es von seinen Autoren frühzeitig und vermutlich vorschnell mit einem neurobiologischen Entstehungsmodell in Zusammenhang gebracht wurde. Selbst wenn man heute nicht mehr von einer spezifischen Bedeutung alexithymer Merkmale der Affektverarbeitung für die Entstehung psychosomatischer Erkrankungen ausgehen kann, faßt das Alexithymie-Konzept doch Beobachtungen zusammen, die, in eine Theorie der Objektbeziehungsentwicklung eingeordnet, klinisch valide sind und einen Beitrag zum Verständnis der psychischen Prozesse leisten können, die der Somatisierung zugrunde liegen. Ein anderer Begriff, der die Symbolisierung von Affekten beschreibt, geht auf den norwegischen Psychotherapieforscher Monsen zurück. Die von ihm als Affektbewußtsein konzipierte Fähigkeit entscheidet darüber, inwieweit eine Person in der Lage ist, Emotionen zuzulassen, sie wahrzunehmen und sie in differenzierter Weise verbal und nonverbal in zwischenmenschlichen Beziehungen zum Ausdruck zu bringen (vgl. Monsen et. al., 1996). Affektbewußtsein in dieser Definition ist mit Hilfe eines halbstrukturierten Interviews erfaßbar. Allerdings deckt das Konzept nur einen Teil dessen ab, was in der Psychoanalyse als Symbolisierung bezeichnet wird, weil es seinen Schwerpunkt im Bereich bewußter oder bewußtseinsfähiger, nicht aber unbewußter Prozesse hat. Damit bleibt die wichtige Frage der Verknüpfung verbaler und nonverbaler (unbewußter) Systeme der Informationsverarbeitung unberücksichtigt.

b) Bucci (a. a. O.) unterscheidet in ihrer sog. Multiple-Code-Theorie zwei unterschiedliche Formen der Informationsverarbeitung, einen symbolischen und einen subsymbolischen Modus. Das subsymbolische System umfaßt neben motorischen Mustern Repräsentationen autonomer, viszeraler und somatischer Erfahrungen. Die Vorgänge des subsymbolischen Systems sind nicht der bewußten Kontrolle zugänglich. Dennoch verfügt es über „Ordnungsfunktionen", die auf Assoziationsprinzipien wie der Ähnlichkeit von Wahrnehmungsmerkmalen, der Funktionsäquivalenz oder dem zeitgleichen Auftreten von Erlebnisinhalten beruhen. Die sich über diese Ordnungsfunktionen formierenden Kategorien und Konzepte stellen die Voraussetzung für Symbolisierungsvorgänge im symbolisch-nonverbalen Bereich dar.

Die symbolischen Verarbeitungssysteme umfassen sowohl nonverbale wie verbale Repräsentations- und Verarbeitungsformate. Nonverbale symbolische Repräsentationen sind beispielsweise modalitätsspezifische oder kreuzmodale Verknüpfungen von Vorstellungen und Bildern. Die Funktion der Verknüpfung dieser unterschiedlichen Systeme, d. h. die Verknüpfung des symbolischen und des subsymbolischen Systems, wird als referentielle Aktivität bezeichnet. Das Konzept der referentiellen Aktivität entspricht weitgehend dem, was in der Psychoanalyse Symbolisierung heißt.

Der Grundmechanismus der referentiellen Aktivität läßt vier Schritte erkennen: 1. die subsymbolische Repräsentation (Reizwahrnehmung), 2. die Kategorisierung in äquivalenten Repräsentationsklassen (im subsymbolischen System), 3. die Bildung prototypischer Vorstellungen (non-verbales symbolisches Format), 4. die Verknüpfung mit lexikalischen Repräsentationen (verbales symbolisches Format).

Zusammenfassend sind damit zwei Forschungsansätze umrissen, in denen das psychoanalytische Konzept der Symbolisierung Anschluß an die empirisch-psychologische Forschung findet. Für beide Konstrukte, das des Affektbewußtseins wie das der referentiellen Aktivität stehen gut ausgearbeitete empirische Untersuchungsverfahren zur Verfügung.

Wie oben ausgeführt, sind unsichere Bindungsrepräsentationen in klinischen Gruppen signifikant häufiger als in nichtklinischen Kontrollgruppen. Wir haben in einem zweiten Schritt untersucht, ob zwischen unsicherer Bindung und Störungen der Affektregulation Verbindungen bestehen. Dabei zeigte sich, daß in der Tat spezifische Zusammenhänge in der erwarteten Richtung nachgewiesen werden können. In einer Untersuchung an zwanzig Patienten mit spasmodischem Torticollis und einer nichtklinischen Vergleichsgruppe fanden wir, daß eine sichere Bindungsstrategie negativ, eine unsicher-vermeidende Bindung dagegen positiv mit Alexithymie korreliert (vgl. Scheidt et al., a. a. O.). In einer Folgeuntersuchung wurden Patienten mit somatoformen Störungen einbezogen. Die Ergebnisse wiesen in dieselbe Richtung: Sie belegten die Annahme differentieller Zusammenhänge zwischen Bindungsrepräsentation und Affektbewußtsein (den Skalen des ACI), die den theoretischen Erwartungen entsprechen: Eine sichere Bindungsstrategie korrelierte positiv, eine unsicher-vermeidende Bindung negativ mit den unterschiedlichen Dimensionen des Affektbewußtseins.

Mit einer kleinen Stichprobe von sechs Probanden wurde eine weitere Studie durchgeführt, um die Zusammenhänge zwischen Bindungssicherheit und der referentiellen Aktivität zu untersuchen. Zu dieser Frage liegen von Buchheim und Mergenthaler (2000) Befunde vor. Diese beziehen sich auf nichtklinische Stichproben. Waller in Konstanz hat diese Befunde an Patienten mit somatoformer Störung überprüft. Die Daten zeigen, daß zwischen referentieller Aktivität und Bindungsstrategien enge Zusammenhänge bestehen und wiederum in die Richtung weisen, daß eine sichere Bindungsstrategie positiv, eine unsicher-vermeidende Bindungsstrategie dagegen negativ mit referentieller Aktivität korreliert. Dies bedeutet, daß erwachsene Probanden, die über eine sichere Bindungsrepräsentation verfügen, symbolische und subsymbolische Systeme der Informationsverarbeitung flüssiger und besser verknüpfen können, während umgekehrt bei Probanden mit einer unsicher-vermeidenden Bindung Unterbrechungen in der Verbindung dieser Systeme bestehen.

Zusammenfassung

Das für die psychoanalytische Psychosomatik wichtige Konzept der Somatisierung beinhaltet drei Grundannahmen: 1. Somatisierung ist ein Vorgang, der auf sehr unterschiedlichen psychischen Strukturniveaus ablaufen kann. 2. Bei den Somatisierungsvorgängen auf niederem Strukturniveau spielen Defizite und Störungen der Symbolisierung eine Rolle. 3. Diese Störungen der Symbolisierung können als Ergebnis einer Entwicklungsstörung aufgefaßt werden, bei der die Geschichte der Bindungserfahrungen eine wichtige Rolle spielt.

Ausgehend von diesen Überlegungen wurden zwei Bereiche skizziert, in denen das psychoanalytische Konzept der Symbolisierungsstörung Anschluß an die empirische Forschung findet. Dies ist einerseits die Affektforschung und andererseits die Verknüpfung der Psychoanalyse mit der kognitiven Psychologie, wie sie von Bucci (a. a. O.) ausgearbeitet wurde. Den Rahmen für eine Integration dieser Theorien liefert die Bindungstheorie. Schließlich wurden einige Befunde aus laufenden Studien berichtet, die erste Belege für die Annahme liefern, daß sichere Bindung tatsächlich mit differenzierterer Affektwahrnehmung und einer besseren Verknüpfung zwischen symbolischer und subsymbolischer Repräsentation zusammenhängt. Die Bindungsforschung ist bei dem Versuch, psychoanalytische Theorien über die Entwicklung psychischer Funktionsweisen und ihre Bedeutung für die Entstehung psychischer Störungen empirisch zu validieren, zur Zeit einer der wichtigsten Dialogpartner.

Literatur

Alexander, F. (1949): Psychosomatische Medizin. Grundlagen und Anwendungsgebiete. Berlin, New York (de Gruyter).

Benoit, D. et al. (1992): Sleep disorders in early childhood: Association with insecure maternal attachment. J. Amer. Acad. of Child and Adolescent Psychiatry, 31, 86–93.

Bucci, W. (1997): Psychoanalysis and Cognitive Science. A Multiple Code Theory. New York, London (Guilford Pr.).

Buchheim, A. u. E. Mergenthaler (2000): The relationship among attachment representation, emotion-abstraction patterns, and narrative style: A computer-based text analysis of the adult attachment interview. Psychotherapy Research 10, 390–407.

Fonagy, P. (1993): The relationship between the emotional development of the child and the history and current mental function of the parents. Paper presented at the Symposium on

Personality: Developmental Psychology and Developmental Psychopathology. Leiden, Niederlande.

Freud, S. (1905e): Bruchstück einer Hysterie-Analyse. GW 5, 161–286.

George, C. et al. (1985–1995): Adult attachment interview. Unpubl. manuscript, Department of Psychology, Univ. of California, Berkeley.

Grubrich-Simitis, I. (1984): Vom Konkretismus zur Metaphorik. Psyche, 38, 1–28.

Ijzendoorn, M. van u. J. Bakermans-Kranenburg (1996): Attachment representations in mothers, fathers, adolescents and clinical groups: A metaanalytic search for normative data. J. of Consulting and Clinical Psychology, 64, 8–21.

Krystal, H. (2000): In: Panel on affect regulation. Int. J. Psycho-Anal., 81, 317–319.

Lecours, S. u. M.-A. Bouchard (1997): Dimensions of mentalisation: Outlining levels of psychic transformation. Int. J. Psycho-Anal., 78, 855–875.

Lesser, I.M. (1981): Review of the alexithymia concept. Psychosomatic Medicine, 43, 531–543.

Main, M. et al. (1985): Security in infancy, childhood and adulthood: A move to the level of representation. In: Bretherton, I. u. E. Waters (Hrsg.): Growing Points of Attachment Theory and Research. Monographs of the Society for Research in Child Development, 50, 66–104.

Marty, P. (1974): Die „allergische Objektbeziehung". In: Brede, K. (Hrsg.): Einführung in die Psychosomatische Medizin. Klinische und theoretische Beiträge. Frankfurt a.M. (Fischer), 420–446.

– u. M. de M'Uzan (1978): „Pensée opératoire". Psyche, 32, 974–984.

McDougall J. (1985): Theater der Seele. München, Wien (Verl. Internat. Psychoanal.) 1988.

Monsen, J. et al. (1996): The Affect Consciousness Interview (ACI) and the Affect Consciousness Scales (ACS): Instructions for the Interview and for Rating. Unpubl. manuscript, University of Oslo.

Nemiah, J.C. u. P.E. Sifneos (1970): Psychosomatic illness: A problem in communication. Psychotherapy and Psychosomatics, 18, 154–160.

Patrick, M. et al. (1994): Personality disorder and the mental representation of early social experience. Development and Psychopathology, 6, 375–388.

Rudolf, G. (1992): Körpersymptomatik als Schwierigkeit der Psychotherapie. Praxis der Psychotherapie u. Psychosomatik, 37, 11–23.

Scheidt, C.E. et al. (1999): Alexithymia and attachment representation in idiopathic spasmodic torticollis. J. of Nervous and Mental Disease, 187, 47–52.

Schur, M. (1955): Comments on the metapsychology of somatization. Psychoanal. Study Child, 10, 119–164.

Segal, H. (1957): Notes on symbol formation. Int. J. Psycho-Anal., 38, 391–397.

Slawsby, E.A. (1995): Psychosocial factors of pain in chronic atypical facial pain. Unveröff. Dissertation. Univ. of Massachusetts, Boston.

Stekel, W. (1924): Nervöse Angstzustände und ihre Behandlung. 4. Aufl. Wien, Berlin (Urban u. Schwarzenberg).

Taylor, G.J. (1994): The alexithymia construct: conceptualization, validity and relationship with basic dimensions of personality. New Trends in Experimental and Clinical Psychiatry, 10, 61–74.

Szenisches Verstehen, Gegenübertragung und Intersubjektivität

Rolf Klüwer

Szene, Handlungsdialog (Enactment) und Verstehen

Der Begriff „Enactment“ hat seit seiner Einführung 1986 durch Jacobs (2000) eine beispiellose Verbreitung in der psychoanalytischen Literatur gefunden. Doch hat die vielfache Verwendung bisher zu keiner allgemein anerkannten Definition geführt. In der Hoffnung, einen Beitrag zur Klärung des Begriffs leisten zu können, möchte ich noch einmal eingehender die in der deutschen Psychoanalyse aufgekommenen Begriffe der Szene und des Handlungsdialogs untersuchen. Ich betrachte die Begriffe „Enactment“, „Inszenierung“ und „Handlungsdialog“ als austauschbar, doch erlaube ich mir, im weiteren vorwiegend den von mir eingeführten Begriff des Handlungsdialogs zu benutzen. Ich kann hier nicht alle seine Aspekte beleuchten, z. B. diejenigen, bei denen der Therapeut auf den Patienten nicht nur reagiert, sondern selber solche Prozesse initiiert; vielmehr werde ich mich auf die Präzisierung meiner Vorstellungen darüber beschränken (vgl. 1983, 1995, 2000).

Die Szene

Jenseits des deutschen Sprachraums ist das Konzept der Szene, auch nach der Verbreitung des Enactment-Konzepts, nicht aufgenommen worden, obwohl ein Inbeziehungsetzen beider Konzepte mehr Klarheit zu schaffen vermag.

Die Einführung des Konzepts der Szene durch Argelander (1967, 1970, 1981) und Lorenzer (1970) noch vor 1970 stellte für viele der damaligen, vor allem auch jungen Analytiker eine Revolution im wörtlichen Sinn insofern dar, als es sich beim szenischen Verstehen um eine Rückwendung handelt, die die Psychoanalyse zu ihrer Quelle, zu sich selbst, zurückführte und keine neue Theorie oder Schule bildete. Denn: Psychoanalytisches Verstehen ist szenisches Verstehen, wie anhand der frühen Schriften Freuds zum Traum und zu den Fehlleistungen erkennbar wird, wenn man sie noch einmal unter dem Aspekt der Inszenierung nachliest. In der Sprachwendung des szenischen Verstehens ist das Element „szenisch" eine adverbiale Bestimmung des Verstehens. Sowohl Argelanders als auch Lorenzers Erkenntnisinteresse lag nicht so sehr im Bereich der klinischen Situation. Vielmehr war es bei Argelander schon immer eher das Element „Verstehen", dessen Verknüpfungsstruktur in der Sprache er dann später auch wissenschaftlich weiter verfolgte, während sich seinerzeit die Mehrheit der Analytiker gerade vom Szenischen so sehr angesprochen fühlte. Ich trenne vorerst die beiden Bestandteile Szene und Verstehen und wende mich zunächst der Szene zu.

Was bei diesem Konzept so zu beeindrucken vermochte, war die Erkenntnis, daß eine nicht durch Worte, sondern durch Darstellung, Auf- oder Vorführung erfolgende Mitteilung des Patienten – in Form der Szene eben – unerwartete Verstehensmöglichkeiten eröffnete. Das Konzept war seiner Zeit weit voraus, denn es enthält in nuce eine Reihe von Implikationen, die ich hier ausdrücklicher zusammenstellen möchte: Die Szene kann man sich wie ein Element im Schauspiel vorstellen, dessen Darstellung und Aufführung ein Abbild der Bühne des Lebens sein soll. Immer wird im Schauspiel, sei es ein Drama oder eine Komödie, eine Geschichte vorgeführt, die sich in Akte, Szenen und Handlungen gliedert – und diese Elemente finden wir in den Bezeichnungen wieder, mit denen wir ein jeweiliges bedeutungsvolles Geschehen in Worte zu fassen versuchen, das ja immer ein Element in einer Geschichte ist: Inszenierung, szenisches Verstehen, Szene, Szenario, Enactment, ‚actualisation', ‚acting in and out', Agieren. In allen diesen Worten sind die Elemente Akt und Szene enthalten.

Ich schicke zur Veranschaulichung ein Beispiel von Argelander voraus:

> „Im Behandlungszimmer setzt sie sich, ohne auf eine Geste von mir zu warten. Um bequem ihr gegenübersitzen zu können, muß ich meinen üblichen Platz aufgeben. Dieser Vorgang überraschte mich etwas, ich dachte daran, sie zu bitten, einen anderen Platz einzunehmen, aber ich fügte mich in die neue Sitzordnung, die sie hergestellt hatte" (1981, S. 116).

a) Obwohl anfangs der achtziger Jahre die Ichpsychologie vorherrschend war, ist die Szene bereits als eine Beziehungssituation konzipiert. Erst später sollte die Objektbeziehungstheorie auch in Deutschland zunehmend Anerkennung finden. Eine Szene ist durch eine Handlung als Beziehungssituation konstituiert, in der der Patient und der Therapeut miteinander verbunden sind. Die zentrale Bedeutung der Interaktion fand in der Folge in der psychoanalytischen Literatur große Anerkennung, und schließlich kann als gesichert gelten, daß alle Erfahrung Beziehungserfahrung ist. Anders ausgedrückt: die beiden Subjekte sind immer in Form eines Affekts miteinander in einer Beziehung. Der Affekt bestimmt die Rollen der beiden Subjekte, die leicht auch auf andere Subjekte übertragen werden können, wie es z. B. in der analytischen Situation der Fall ist. In der Szene war nicht mehr isoliert die Rede von Selbst- und Objektrepräsentanzen, sondern beide wurden sogleich als in einer konkreten Interaktion zu Beobachtendes gesehen und so ein größeres zusammenhängendes Ganzes in den Blick genommen.

Die sich in der Behandlungssituation darbietende Szene ist ein Splitter einer ihr zugrunde liegenden wichtigen unbewußten Beziehungssituation des Patienten, deren Bedeutung durch seine weiteren Einfälle in der Stunde erkennbar und verständlich wird.

b) Die beiden Subjekte stehen nicht nur in einer allgemeinen Weise in Interaktion miteinander, sondern in Form eines ganz bestimmten, vom Patienten ausgehenden konkreten Konfliktmusters. Dieses erst gestaltet eine konkrete Szene.

c) Das Muster in der Situation kann in der Regel als Wiederholung einer in der Kindheit gebildeten bedeutungsvollen Konfliktsituation erkannt werden. Die Möglichkeit, die Wiederholung einer solchen Situation durch das Aufgreifen einer jetzt stattfindenden Szene zu erkennen, ersetzte das archäologische Modell der Erkenntnisgewinnung in der psychoanalytischen Situation durch das szenische. Damit wurde direktes Deuten des Unbewußten anhand von Phänomenen an der Oberfläche auf eine neue Weise möglich.

d) Die diagnostische Verwertung einer Szene erfolgt in zwei Schritten: sie muß erstens vom Therapeuten überhaupt registriert werden, ohne daß damit ihre Bedeutung bereits verstanden wäre. Dies Registrieren ist nicht selbstverständlich, weil Szenen wie „nebenbei" geschehen. Da die jeweils mitgeteilten sprachlichen Inhalte automatisch die Aufmerksamkeit auf sich ziehen, finden sie in der Regel nur dann Beachtung, wenn sich die Aufmerksamkeit ausdrücklich in Form einer Wahrnehmungseinstellung des Therapeuten auf sie richtet. Das Registrieren einer Szene verlangt eine umfassendere Schulung der gleichschwebenden Aufmerksamkeit; obwohl sie immer schon beachtet worden war, bemerkte man die Szenen nicht. Die Bedeutung der Szene verstehen wir – zweitens – durch die weiteren Informationen, die der Patient im Verlauf der Stunde gibt. Szenen ereignen sich in der Regel blitzschnell. Der Therapeut nimmt sie gewissermaßen im Hinterkopf durch die Stunde hindurch mit, bis sich die Bedeutung, oft plötzlich, einstellt. So kam im oben zitierten Beispiel von Argelander im weiteren Stundenverlauf mittels des ‚selected fact' „Platzwechsel" zum Vorschein, daß die Mutter bei Ehestreitigkeiten das Kind aus seinem Bett genommen, in ihr Bett neben den Vater gelegt und selbst im Kinderschlafzimmer im Bett des Kindes geschlafen hatte. Es wurde verständlich, daß die Patientin durch aufgeheizte ödipale Phantasien verwirrt war, die zu massiven Blockierungen ihrer Affektivität führten.

e) Eine Szene ist dem Therapeuten, wenn er sie bemerkt, immer bewußt.
f) Schließlich ist eine formulierte Szene einer Momentaufnahme vergleichbar.

Anhand des obigen Beispiels wird also die Momentaufnahme, das bewußte Registrieren durch den Analytiker, ohne daß er deren Bedeutung schon verstanden hätte, die Interaktion zwischen Therapeut und Patient, die aber den zugehörigen Affekt noch nicht erkennen läßt und auch nicht, was sich wiederholt, und schließlich das Wesen der Szene als eine nichtsprachliche Information, deutlich.

Der Handlungsdialog
Die Szene bereitete den Boden, um fünfzehn Jahre später das Konzept des Handlungsdialogs zu entwerfen. Bis dahin war es jedoch ein weiter Weg, der sich merkwürdigerweise im Rückblick nahezu auflöst, da die Szene ebenfalls als eine Ausgestaltung einer Inszenierung erscheint. Der Handlungsdialog ist im Unterschied zur Momentaufnahme der Szene ein Prozeßkonzept. Obwohl das Konzept der Szene ein Handlungsgeschehen zwischen zwei Personen beschreibt, ist es weitgehend im Modell der Ein-Personen-Psychologie entworfen: so verdankt sie ihr In-Erscheinung-Treten nach Argelander der „szenischen Funktion des Ichs“, und vor allem wird der Therapeut noch nicht als ein in ein Geschehen möglicherweise verwickelter Teilnehmer gesehen. Die Szene selbst ist nach Argelander und Lorenzer, so wie sie seinerzeit von ihnen konzipiert wurde, beendet, wenn der Therapeut sie registriert hat.

Ich schicke wieder ein Beispiel voraus, jetzt für einen verkürzt wiedergegebenen Handlungsdialog, den ich meinem Aufsatz „Agieren und Mitagieren“ aus dem Jahr 1983 entnehme, in dem ich erstmals einen Handlungsdialog beschrieben habe: Die Patientin ist im Interview hilflos und braucht wiederholt Anregungen meinerseits, da sie immer wieder in ein quälendes Schweigen zu versinken droht. Im Verlauf des Interviews kann ich ihr sagen: „Sie sind in Ihrem Leben sehr viel allein gewesen.“ Anläßlich dieser Intervention geht eine spürbare Veränderung mit ihr vor: sie wird lebendig und bleibt es bis zum Ende des Interviews. In der Analyse bekam sie schon bald, bereits vor der Stunde, Angst, ihr falle in der Stunde nichts ein. Da sie ganz selbstverständlich befürchtete, mich zu enttäuschen, bemühte sie sich sehr, mich möglichst gut zu unterhalten. Damit aber ging Hand in Hand, daß sie außerordentlich umständlich und langatmig, sich wiederholend sprach und die Stunde mit nichtssagenden Floskeln füllte. Sie machte Andeutungen, die sie nicht einlöste, und am Ende kam nichts heraus. Das alles sah ich ganz bewußt, bereits während es geschah. Ebenso konnte ich meine Gegenübertragungsgefühle registrieren: Ich empfand Mitleid und fühlte mich versucht, ihr beim Drücken zu helfen; zugleich war ich gereizt, ungeduldig, mitunter wütend oder wendete mich gelangweilt ab. Das alles mußte ich aber nicht *tun*, da ich es aus Erfahrung bereits kannte und eben leicht bemerken konnte. Zudem konnte ich diese Zusammenhänge ohne Mühe deuten. Obwohl die Patientin im weiteren Analysenverlauf langsam mehr Vertrauen entwickelte und sich die Analyse vertiefte, änderte sich an dem bisher Beschriebenen im Grunde nichts. Sie hatte zwar weniger Angst, kein Material zu haben, hatte aber tatsächlich keines. Derweilen bildete sich eine von mir lange unbemerkt gebliebene Gegenübertragung aus: Trotz vermeintlicher Wachheit meinerseits, war es ihr gelungen, mich auf eine Art einzuschläfern, so daß ich eine durch keine Fakten begründete Erwartung ausbildete, „es“, d. h. substantielles Material, werde schon kommen. Diese Erwartung bewegte mich dazu, mitzumachen und in der Erwartung tatsächlich zu verharren. Damit verging viel Zeit, ohne daß etwas geschah. Das Bewußtwerden dieser Gegenübertragung ermöglichte mir dann erst, die Bedeutung dieses Verhaltens verstehen zu können: Das Kind versuchte die Mutter durch dieses Verhalten zu binden, da es unter infantilen Dunkelängsten litt und zugleich Angst hatte, allein gelassen zu werden. Nachdem diese Zusammenhänge gedeutet und durchgearbeitet werden konnten, wurde ihr Haß zugänglich.

Der Handlungsdialog, der sich ausgebildet hatte, läßt sich kurz so formulieren: Die Patientin, die die internalisierte Objektbeziehung „Kind hat Angst, daß die Mutter es allein läßt“ in die Analyse bringt, entfaltet im Prozeß der Analyse den Handlungsdialog: „Patientin schläfert Analytiker ein, damit er nicht weggeht und bei ihr bleibt.“

Anhand des Beispiels möchte ich jetzt die *drei aufeinanderfolgenden Schritte* jedes Handlungsdialogs formulieren:

1. Der erste Schritt ist das Auftauchen einer auf ein Objekt gerichteten Tendenz im Patienten, die bisher im inneren System des Unbewußten geschlafen hat und jetzt durch einen Auslöser mobilisiert wurde, der ein bestehendes Gleichgewicht labilisiert hatte, in dem die Tendenz bisher gebunden war. Dies kann zum Anlaß werden, sich überhaupt an einen Therapeuten zu wenden und eine Behandlung zu beginnen; oder es werden im Verlauf eines analytischen Prozesses, der eine Kette von Labilisierungen etablierter Gleichgewichte darstellt, aufeinanderfolgend mehrfach weitere Tendenzen mobilisiert und damit aktualisiert.

Es scheint mir sehr wichtig, sich zu vergegenwärtigen, daß die aktualisierten Tendenzen aus dem Unbewußten aufsteigen und in diesem anfänglichen Stadium – wie bei der Szene – in ihrem Sinn und ihrer Bedeutung nicht erkennbar sind, weder für den Patienten noch für den Behandler. Es ist also ein noch nicht Verstandenes, im Werden Befindliches, das noch nicht zur Sprache gebracht werden.

Die Tendenz in meinem Beispiel ist die verstärkt wiederauflebende Suche nach einem Objekt, an das die Patientin sich binden kann. Diese Tendenz geht mit der Angst einher, wegen eigener Wertlosigkeit unfähig zur Bindung zu sein, und mit der daraus entstandenen abwehrenden Gegentendenz, warten zu lassen und so das Objekt festzuhalten. Die Patientin ist nicht in der Lage, dies zu verbalisieren.

Im analytischen Prozeß der Behandlung von neurotischen Störungen wechseln konfliktfreie Übertragungsphasen, die nicht durch das Drängen einer Tendenz bestimmt sind, mit konflikthaften ab. In einer konfliktfreien Phase kann der Patient das ihm jetzt bedeutsam Erscheinende verbalisieren und kommunizieren, so daß der Therapeut es verstehen kann. Die Inhalte der Assoziationen des Patienten sind deutbar. Wenn sich erneut ein Konfliktanteil in die Übertragung einspielt, tritt der Inhalt in seiner Bedeutung gegenüber der Form, in die er sich kleidet, zurück, und der Therapeut ist einer neuen, noch blinden Tendenz ausgesetzt.

2. Im zweiten Schritt muß die Patientin, die noch nicht in der Lage ist, es sagen zu können, diese Tendenz inszenieren. Das Objekt, jetzt der Therapeut, ist der Tendenz sofort mit ihrem Auftreten auf der Bühne der analytischen Situation in Form eines ihn bewegenden Drucks ausgesetzt. Diese Tendenz können wir Trieb, Triebabkömmling, Wunsch, Bedürfnis, Befriedigungserwartung nennen, und sie kann auch als Abwehr von alledem oder auch von Angst auftreten. Sie erreicht ein Gegenüber und sucht es zu bewegen, jetzt den Therapeuten, früher in der Kindheit ein infantiles Objekt. Der Therapeut ist als solcher durch seine analytische Haltung für diese Tendenz in besonderer Weise empfänglich. Er erfährt durch ihre Einwirkung auf ihn eine reale psychische Veränderung.

Ich konstruiere jetzt den Fall, daß der Therapeut im Verlauf des analytischen Prozesses diese Konstellation zunächst nicht bemerkt hat, darum die Situation auch nicht verstehen kann, ins Mitagieren gerät und der Prozeß zum Stillstand kommt. Dann haben die Abwehr und die Angst des Patienten den Sieg davongetragen. Es besteht keine Gefahr einer weiteren Destabilisierung der Abwehr des Patienten, im Gegenteil, das Mitagieren des Behandlers stellt eine Unterstützung der Abwehr durch den Therapeuten dar und verfestigt sie. Das Ausmaß der unbemerkt bleibenden Veränderung des Therapeuten steht in unmittelbarer Korrelation zu seinem Nichtverstehen, was in der Supervision leicht beobachtbar ist. Die Veränderung wird sich um so mehr ausbilden, je länger das Nichtverstehen anhält. Ein Handlungsdialog ist vom in ihn verwickelten Therapeuten ungleich schwerer zu erkennen als eine Szene, denn er ist still, verborgen und vollzieht sich, der Szene ähnlich, „wie nebenbei", ganz anders als das Agieren, das häufig laut, auffällig und unübersehbar ist. Im konstruierten Beispiel kam die Handlungsantwort des Therapeuten der Tendenz entgegen, brachte sie zum Schweigen, und die klinische Situation beruhigte sich um den Preis der Nichtveränderung. In anderen Konstellationen führt das andauernde Nichtverstehen des Handlungsdialogs durch den Therapeuten zum gegenteiligen Effekt, nämlich zu einer zunehmenden Verschlechterung.

Steiner beschreibt in seinem Aufsatz „Containment, enactment and communication“, wie er beim Versuch, sich zu öffnen und die projektiven Identifizierungen des Patienten aufzunehmen, zugleich Gefahr lief, sich von ihm bestimmen zu lassen und eine Rolle zu spielen, die den Zustand eher aufrechterhielt, als ihn zu verstehen (2000, S. 253). Und er schreibt in der Zusammenfassung:

> „Manchmal konnte er [der Analytiker] erkennen, was vor sich ging und den Zustand deuten, den der Patient vermied, zu anderen Zeiten geriet er in Inszenierungen, die Containment und Verständnis behinderten. [...] Das Erkennen der Rolle, die er inszenierte, half aber auch, das Wesen des Rückzugsortes und der darunterliegenden pathologischen Persönlichkeitsorganisation zu verstehen“ (S. 254).

Ich stimme mit dieser Beschreibung völlig überein. Doch seine Empfehlung, nicht in ein Enactment hineinzugeraten, weckt leicht die Vorstellung, es ließe sich verhindern. Darum scheint es mir klärender, festzustellen: Es ist immer damit zu rechnen, daß man sich in einem Enactment befindet, daß man etwas bereits tut, ohne daß man weiß, daß man es tut. Steiner bezieht sich natürlich nicht auf szenisches Verstehen, sondern auf Kleins Theorien über projektive Identifizierung und Bions Beschreibung der Containerfunktionen des Objekts.

3. Der dritte Schritt, die Auflösung eines Handlungsdialogs, beginnt mit dem Verstehen der entstandenen Verwicklung von Therapeut und Patient durch den Therapeuten, und nur dadurch. Sie kann unterschiedlich schwierig sein:

– Der einfachste und leichteste Fall ist der, in dem erst gar kein Handlungsdialog entsteht, weil der Therapeut die Tendenz bereits mit deren Auftreten versteht. Eine leicht erreichbare Auflösung kommt zustande, wenn der Therapeut die Tendenz rasch bemerkt und deutet. Der Patient kann nun an der Deutung arbeiten und von der Inszenierung ablassen. Der Therapeut kann sich also von der Tendenz distanzieren, sie verstehen und deuten, und der Prozeß geht weiter. Wahrscheinlich ist es auch das, was am häufigsten geschieht.

– Anders ist es, wenn der Therapeut nicht verstehen kann und deshalb keine Auflösung des Handlungsdialogs zustande kommt. Das kann, wie bereits gesagt, zu infausten leeren Beziehungssituationen oder auch zu einem langen quälenden Mit- und Aneinanderleiden und, wenn dies auf Dauer unverstanden bleibt, zu endgültigen Sackgassen des Prozesses führen. Es ist hier leider nicht möglich, näher auf die hochinteressante Kasuistik nichtverstandener Handlungsdialoge einzugehen.

– Eine dritte Möglichkeit finden wir bei tiefer gelagerten Konflikten, bei denen der

Patient im Enactment verharrt. Einsicht allein bringt zunächst keine Veränderung der Situation, und es scheint, daß der Patient auf einer spezifischen Beziehungserfahrung besteht. Dies kann durch unterschiedliche Konstellationen der Fall sein: Neben mangelhafter Symbolisierungsfähigkeit gibt es solche Situationen, in denen es dem Patienten unverzichtbar erscheint, die persönliche Betroffenheit des Therapeuten zu erleben. Es geht hier um eine spezielle Form einer vom Patienten gesuchten Verstrikkung, die ich zunächst als „Begegnungssuche" bezeichnen möchte. So versucht ein Patient z. B., den Therapeuten zur Verzweiflung, zur Anerkennung des Scheiterns der Behandlung, zu bringen, zum Aufgeben der Behandlung, zur Kapitulation zu zwingen, weil dies der einzige Weg ist, sich von der Authentizität der Beziehung zum Therapeuten überzeugen zu können. Erst wenn der Therapeut aufgibt, ist der Patient in der Lage, von seiner Inszenierung abzulassen und den Prozeß sich weiter entfalten zu lassen. Dies sind immer äußerst dramatische Phasen in Analysen und Therapien. Carpy (1989) hat neben anderen gerade solche Verläufe beschrieben.

Ich fasse noch einmal zusammen: Der Handlungsdialog wird erst dann richtig verständlich, wenn er als ein Prozeß beschrieben wird, als eine Verlaufsgestalt, als deren erster Schritt die Tendenz sich äußert, der zweite beinhaltet die Verwicklung des Patienten mit dem Therapeuten durch die Inszenierung der Tendenz, der dritte deren Auflösung durch das Verstehen des Therapeuten. Sein Verstehen der unbewußten Tendenz selbst ist immer das Dritte und bedarf wesensmäßig der Sprache, nachdem das Zweite die Verwicklung in einer Zweierkonstellation paranoid-schizoider oder symbiotischer Natur ist. Unbewußtes zu verstehen setzt voraus, die Position des Dritten einnehmen zu können, d. h. Distanz und Reflexion zu der Beziehung, in die man involviert ist. Die dritte Position geht im Prozeß unablässig verloren und muß ständig neu erarbeitet werden. Der Prozeß ist darum als eine ständige Verführung durch das Unbewußte des Patienten zu betrachten, einen weiteren Handlungsdialog auszubilden, die um so ausgeprägter ist, je mehr die Analyse und damit die Tiefe der Übertragung fortschreiten, bei dem der Patient infolge der Ausbildung der analytischen Funktion in sich selbst aber zugleich zunehmend fähig wird, an der Auflösung einer entstandenen Verwicklung mitzuarbeiten.

Der beschriebene Handlungsdialog als Prozeß eröffnet die Möglichkeit, die meisten der in der Literatur aufgeführten vielfältigen Aspekte des Enactments in dieses Modell der drei aufeinanderfolgenden Schritte einzutragen. Die Auffassungen sind zum Teil deckungsgleich mit dem beschriebenen Handlungsdialog, teils werden einzelne Aspekte betont und andere nicht erwähnt. Auch darauf kann ich hier nicht näher eingehen.

Verstehen

Dem Verstehen fällt, wie bereits deutlich geworden ist, eine besondere Bedeutung zu. Es geht jeder Deutung voraus; nur durch das Verstehen des Behandlers kann der Prozeß gefördert und über die zwangsläufig auftretenden Hindernisse weitergeführt werden.

In der Wendung vom „szenischen Verstehen" sind beide Wörter von Bedeutung. Bis jetzt bin ich nur auf die „Szene" eingegangen. Wir sprechen von Inszenierung, Rollenübernahme, Handlungsdialog und Enactment, aber nur bei der Szene vom szenischen „Verstehen", das aber auch den anderen Begriffen beigefügt werden könnte – „inszeniertes", „rollenübernehmendes", „handlungsdialogisches", ‚enacting' Verstehen, doch das hat meines Wissens noch niemand getan. Mit dem „Verstehen" kommt zur Szene etwas hinzu, das den Fokus von einem Geschehen in der analytischen Situation auf die Wahrnehmung und das Denken des Therapeuten verlagert. Das Szenische wird jetzt zu einer näheren Bestimmung des Verstehens. Dieses basiert immer auf Verknüpfungen von Daten, und szenische Verknüpfungen legen Szenen als Muster für das Verstehen zugrunde. Immer wieder wird übersehen, daß das Verstehen, von dem beim szenischen Verstehen die Rede ist, das Verknüpfen von *unbewußten* Daten ist und daß es überhaupt nichts mit „Verständnis haben" zu tun hat. Die Verknüpfung der unbewußten Daten legt einen dem Patienten bis dahin nicht zugänglichen situativen Bedeutungszusammenhang frei. Wenn wir uns fragen, welche anderen Formen des Verstehens es gibt, dann scheint mir naheliegend, in unserem Kontext dem szenischen das theoretische Verstehen gegenüberzustellen.

So wie das szenische Verstehen für viele Analytiker seit den sechziger Jahren wegweisend wurde, so wiederholt sich diese Wirkung seit zehn Jahren weltweit mit dem Begriff des Enactments und dem durch diesen Begriff möglich werdenden Verstehen der klinischen Situation. Bei der Frage, wie dies zu begreifen sein könnte, scheinen mir zwei Aspekte eine Rolle zu spielen: Nach meinem Verständnis beruht die erstaunliche Verbreitung dieser Konzepte zum einen darauf, daß sie einen Beitrag zur psychoanalytischen Methode geleistet haben, der ein in der Geschichte der Psychoanalyse entstandenes Ungleichgewicht ausgleicht. Denn als für die psychoanalytische Methode und Haltung konstitutiv wurden, wie mir scheint, ganz eindeutig die in die Regression führenden, de-konstruierenden Schritte – wie die gleichschwebende Aufmerksamkeit und die freie Assoziation – betont. Die gleichzeitig stattfindenden progressiven Schritte wurden weitgehend als Angelegenheit des Patienten verstanden. Das belegen auch die zahlreichen Analytiker, die aus Prinzip in der Stunde schwiegen, wie z. B. Reik, Hartmann, Löwenstein, Lacan und viele andere. Im Extrem ging die Auffassung so weit, daß sich der Patient um den Sinn selbst kümmern müsse, denn der gehe den Analytiker nichts an. Das szenische Verstehen und das Enactment geben dem Analytiker eine Verstehensmöglichkeit an die Hand, die den jeweils konkreten Sinn einer bedeutsamen biographischen Situation zu entwerfen vermag, die sich in der aktuellen Beziehung mit dem Therapeuten wiederholt.

Einen zweiten Grund für die hohe Attraktivität des Konzepts sehe ich in seiner Nachbarschaft zu einigen jüngeren Konzepten begründet, denen gemeinsam ist, daß sie eine höhere Komplexität jeweils zusammengehöriger Gegebenheiten umfassen: Beispiele dafür sind die Gesamtsituation von Joseph (1985), die Modellszene von Lichtenberg et al. (2000), die RIGS (Representations of Interactions that have been Generalized) von Stern (1998), der zentrale Beziehungskonflikt von Luborsky (1977) und Balints Konzept des Fokus (1972).

Während die seit den Anfängen der Psychoanalyse lange herrschende Ein-Personen-Psychologie komplexe psychische Zusammenhänge mittels der Analyse eher in Einzelelemente zerlegte und die freie Assoziation zur Lockerung bis Auflösung bestehender Verbindungen führte, zielt der Begriff des Enactments wie die verwandten aufgeführten Begriffe auf einen engeren verbundenen Zusammenhang, in dem Übertragung und Gegenübertragung in einem lebensgeschichtlich bedeutungsvollen konkreten Sinnzusammenhang miteinander verbunden sind.

Diese Konzepte, in denen komplexe Zusammenhänge zu Einheiten zusammengefaßt sind, geben dem Analytiker ein Werkzeug an die Hand, mit dem er die im Rahmen der analytischen Situation zugänglich werdenden Daten in einer diesen Begriffen entsprechenden Weise ordnen kann, und gleichzeitig stellen sie einen umfassenderen Maßstab für die Reichweite (Argelander) seiner Deutungen dar.

Diese komplexen Begriffe vermögen der Wirklichkeit des seelischen Lebens näher zu kommen, versuchen sie doch Zusammenhänge nicht auf der hohen Abstraktionsstufe des Modells eines seelischen Apparats und damit eines toten Gegenstandes zu formulieren, sondern als das, was Kranken- und Lebensgeschichten letztlich sind, nämlich eine Abfolge von Geschichten. Die Theatermetapher ist deshalb so ansprechend, weil sie eine zeitliche Aufeinanderfolge berücksichtigt, während sich unsere klassische Begrifflichkeit in einem nur räumlichen Strukturmodell bewegt. Alle inneren Objektbeziehungen sind in Szenarien organisiert, die geronnene Ausschnitte von Geschichten sind, die sich in Szenen, Handlungsdialogen, Enactments aktualisieren.

Literatur

Argelander, H. (1967): Das Erstinterview in der Psychotherapie. Psyche, 21, 341–368; 429–467; 473–512.

– (1970): Die szenische Funktion des Ichs und ihr Anteil an der Symptom- und Charakterbildung. Psyche, 24, 325–345.

– (1981): Der Beginn des ärztlichen Gesprächs als Erkenntnisquelle. In: Ehebald, U. u. F.-W.

Eickhoff (Hrsg.): Humanität und Technik in der Psychoanalyse. Bern, Stuttgart, Wien (Huber), 112–122.

Balint, M. et al. (1972): Fokaltherapie. Frankfurt a.M. (Suhrkamp) 1973.

Carpy, D.V. (1989): Tolerating the countertransference: a mutative process. Int. J. Psycho-Anal., 70, 287–294.

Jacobs, T.J. (2000): Unbewußte Kommunikation und verdeckte Enactments im analytischen Setting. In: Streeck, U. (Hrsg.): Erinnern, Agieren und Inszenieren. Göttingen (Vandenhoeck & Ruprecht), 97–126.

Joseph, B. (1985): Die Gesamtsituation. In: Dies.: Psychisches Gleichgewicht und psychische Veränderung. Stuttgart (Klett-Cotta) 1994, 231–248.

Klüwer, R. (1983): Agieren und Mitagieren. Psyche, 37, 828–840.

– (1995): Agieren und Mitagieren – 10 Jahre später. Zeitschr. f. psychoanal. Theorie u. Praxis, 10, 45–70.

– (2000): Das szenische Verstehen und psychoanalytische Prozesse. In: Drews, S. (Hrsg.): Zum szenischen Verstehen in der Psychoanalyse. Frankfurt a.M. (Brandes u. Apsel), 21–42.

Lichtenberg, J.D. et al. (2000): Modellszenen. Zeitschr. f. Theorie u. Praxis der Kinder- u. Jugendl. Psychother., 31, 153–171.

Lorenzer, A. (1970): Sprachzerstörung und Rekonstruktion. Frankfurt a.M. (Suhrkamp).

Steiner, J. (2000): Containmant, enactment and communication. Int. J. Psycho-Anal., 81, 245–255.

Luborsky, L. (1977): Measuring a pervasive psychic structure in psychotherapy: The core conflictual relationsship theme. In: Freedman, N. u. S. Grand (Hrsg.): Communicative Structures and Psychic Structures. New York (Plenum Pr.), 367–395.

Stern, D. (1998): The process of therapeutic change involving implicit knowledge: Some implications of developmental observations for adult psychotherapy. Infant Mental Health J., 19, 300–308.

Erika Krejci

Zur Wahrnehmung und Transformation von projektiven Identifizierungen in der Übertragung

Das Wachstum eines Begriffs

Ich beginne im Jahr 1946, als Melanie Klein in London erstmals ihre Auffassungen zur paranoid-schizoiden Position vortrug und in diesem Zusammenhang das neue Konzept der projektiven Identifizierung erläuterte. Die projektive Identifizierung kennzeichnet zusammen mit anderen Mechanismen wie Spaltung, Verleugnung, Projektion und Introjektion, Idealisierung und Verteufelung diese frühe, von Allmachtsphantasien geprägte Funktionsweise. Nach Klein geht sie der depressiven Position mit ihren synthetisierenden und integrierenden Kräften voraus, nach Bion gibt es in der normalen Entwicklung einen ständigen Wechsel zwischen beiden – PS ↔ D. Das frühe Ich schwankt „zwischen einer Tendenz zur Integration und einer Tendenz zur Desintegration, einem In-Stücke-Zerfallen" (Klein, 1946, S. 11). Es ist zunächst nicht in der Lage, Angst und Versagung zu ertragen und dabei integriert zu bleiben. Durch seine Unreife ist es jedoch mit besonders viel Angst – Todesangst – konfrontiert. Angstquellen sind der angeborene Trieb zur Zerstörung, das Geburtstrauma und die Frustration körperlicher Bedürfnisse, so daß häufige Frustrationen zu besonders intensiven projektiven Identifizierungen führen. Andererseits ist das Stillen der Ängste und Bedürfnisse des Säuglings durch die aufmerksame Präsenz der Mutter die Voraussetzung für die erste Introjektion eines „guten Objekts". Destruktive Impulse bzw. die Angst vor Vernichtung werden teilweise abgespalten und „nach außen" projiziert. Das Selbst bzw. das mit ihm verbundene gute Objekt werden so vor ihnen geschützt. Aber nun werden die Ängste mit einem übermächtigen, unkontrollierbaren und verfolgenden Objekt in Verbindung gebracht, als würden sie von ihm verursacht.

Die frühe Funktionsweise bleibt in jedem Individuum zum Teil erhalten und kann bei Veränderungen seines inneren Gleichgewichts zum Vorschein kommen oder antworten, wenn ein anderer auf diesem Funktionsniveau mit ihm Kontakt aufnimmt. Unter Umständen kann sie sogar die später erworbenen Fähigkeiten des Ichs außer Kraft setzen. Normalerweise werden die Spaltungen jedoch weitgehend im Sinne eines Durcharbeitens in der depressiven Position überwunden. Falls sich die vereinheitlichende Funktion des Ichs nicht ausreichend entfaltet hat und abgespaltene Anteile des Selbst nicht an der Weiterentwicklung teilnehmen, kommt es zur Bildung pathologischer Persönlichkeitsstrukturen.

Henri Rey nannte später die projektive Identifizierung die „Sprache der Teilobjekte" (1979). Das Studium dieser „Sprache" des Teil-Selbst mit seinen Teilobjekten – wobei zwischen normalen und pathologischen Teilobjekten und den entsprechenden Beziehungen zu unterscheiden ist – sollte dem Bereich der averbalen Kommunikation ein neues Gewicht in der psychoanalytischen Forschung geben.

Freud hatte angenommen, daß die früheste Urteilsfunktion unter der Herrschaft der oralen Triebregungen keineswegs nach objektiven Kriterien arbeitet, sondern das Ich alles Gute introjiziert und alles Schlechte von sich wirft, so daß das purifizierte Lust-Ich entsteht: „Das Schlechte, das dem Ich Fremde, das Außenbefindliche ist ihm zunächst identisch" (Freud, 1925h, S. 13). Die Selbst-/Objekt-Grenzen werden in dieser sehr erhellenden Sichtweise also dank der Allmacht der frühen Phantasien zwischen Gut und Schlecht gezogen, ohne auf innen und außen in dem Sinne Rücksicht zu nehmen, wie es nach der Etablierung eines festen Raumbegriffs und der Errichtung der Selbst- und Objektrepräsentanzen der Fall ist.

Im Begriff der projektiven Identifizierung findet sich diese Beobachtung Freuds wieder, daß „das Schlechte" anfangs nicht als zum Ich gehörig anerkannt wird, sondern „nach außen", in das Objekt, verlegt wird, das das Nicht-Ich ist; er bezeichnet – nach Bott Spillius – eine komplexe Menge von Vorgängen, die in der Abspaltung eines unerwünschten Selbstanteils, seiner Projektion in ein Objekt unter Verleugnung der Zugehörigkeit zum Selbst sowie schließlich der Identifizierung dieses Objekts mit dem ausgelagerten Selbstanteil bestehen.

Mehr als dreißig Jahre später – 1977 – beschrieb Loewald unter Anerkennung der „bedeutungsvollen Wahrheit im Werk Melanie Kleins", daß es Formen der Beziehung gibt zwischen dem, was wir Selbst und Objekt nennen, die die allgemeine Gültigkeit eben dieser Termini in Frage stellen:

> „Wir haben erkannt, daß es Ebenen des psychischen Funktionierens und Erlebens gibt, wo diese Unterscheidungen nicht gemacht werden oder doch nur in flüchtiger, rudimentärer Weise. Es handelt sich um tiefe, unbewußte Schichten, die Formen interpsychischer Beziehungen und Gefühlsbindungen aufweisen, welche unterschwellig sowohl beim Analysanden als auch beim Analytiker und damit innerhalb ihrer Beziehung wirksam sind – sie sind Bestandteile des therapeutischen Potentials" (1980, S. 369).

Eine kurze Erläuterung zu den unbewußten Phantasien: Ohne die Phantasie gibt es keine Wirklichkeit. Sie ist beim Aufbau der Wirklichkeit von Geburt an wirksam.

Die unbewußten Phantasien werden als unmittelbarer psychischer Ausdruck der Triebbedürfnisse gesehen, nahe an den körperlichen Vorgängen wie Aufnehmen oder Ausscheiden, Eindringen oder Verschlungenwerden, also zunächst konkret, bevor sie vielfältiger und abstrakter werden. Sie sind „körperliche, experimentelle Urformen von ‚Phantasie'", die „in sehr primitiven inneren Beziehungen zum Ausdruck kommen" (Hayman, 1990, S. 75 f.; Übers. v. E. K.). Sie stellen die Basis aller bewußten und unbewußten Denkprozesse dar. Jeder Impuls, jedes Gefühl, jede Abwehrform wird in einer spezifischen Phantasie erlebt und ausgedrückt. Anders als bei Freud geht es in der Kleinschen Auffassung dabei explizit nicht nur um Wunscherfüllung im Hinblick auf libidinöse Wünsche, sondern genauso um die Befriedigung aggressiver Triebregungen. Da die Triebe objektbezogen sind, handelt es sich bei unbewußten Phantasien immer um eine wenn auch noch so rudimentäre Szene, wobei durch projektive und introjektive Vorgänge Teile des Selbst und des Objekts ausgetauscht werden.

Es blieb späteren Autoren überlassen, die bei Melanie Klein in konkreten Körpervorstellungen ausformulierten Phantasien des Säuglings als symbolische Transformationen von ursprünglich nicht symbolisierten Prozessen zu erläutern und damit der Diskrepanz in den kognitiven Fähigkeiten des Babys und der Gestalt seiner angeblichen Phantasien durch weitere Differenzierung in den Aussagen über die psychischen Entwicklungsprozesse Rechnung zu tragen. Besonders hervorheben möchte ich dabei das Werk von Matte-Blanco (1988).

Während Melanie Klein den Mechanismus der projektiven Identifizierung ausschließlich vom Säugling bzw. vom Subjekt her beschrieb und das Verhalten der Objekte nur am Rande berücksichtigte und der Wechsel von Projektion und Introjektion beim Aufbau des Ichs sein eindeutiges Zentrum im Subjekt hatte – auch wenn Klein ausdrücklich die Wichtigkeit der Introjektion guter Objekte und guter Erfahrungen für die Ich-Bildung hervorhob –, wurde jedoch schnell klar, daß dieser Begriff die Vorstellungen über das Zusammenspiel zwischen Subjekt und Objekt tiefgreifend veränderte. Er sprengte die sogenannte Ein-Personen-Psychologie, die letztlich auch die Objektbeziehungstheorien bestimmt hatte. Die omnipotente Phantasie der projektiven Identifizierung – oder dieser Mechanismus – kann eine machtvolle Wirkung auf den Empfänger haben, wie Joseph später erklären sollte (1987). Haas (1997) formulierte, daß das Konzept der projektiven Identifizierung das Zusammenspiel zweier psychischer Wirklichkeiten in ihrer gegenseitigen Beeinflussung betone. Diese Ergänzung des Begriffsinhaltes von der Empfängerseite her sollte sich als folgenreich herausstellen. In einer Zeit, in der Psychoanalytiker in ihren Praxen zunehmend mit schizoiden und Borderline-Patienten zu tun hatten, trug sie zur Erhellung der Erfahrungen bei, die Analytiker mit sich selbst in ihrer Arbeit besonders mit tief regredierten, schwer gestörten oder psychotischen Patienten machten, und förderte die Erforschung von deren Realitäts- und Denkstörungen. Man unterscheidet seitdem zwischen der unbewußten Phantasie und dem mit ihr verbundenen Verhalten, das dazu führt, der Phantasie des Säuglings oder des Patienten in der äußeren Realität sozusagen Substanz zu geben (vgl. Bott Spillius, 1994).

Hanna Segal trug mit der Unterscheidung zwischen symbolischen Gleichsetzungen, die der paranoid-schizoiden Position zugehören, und den eigentlichen Symbolen, die erst in der depressiven Position gebildet werden können, zum Verständnis der semiotischen Progression wesentlich bei. In der paranoid-schizoiden Position gibt es noch keine symbolische Repräsentanz der inneren Objekte und des Selbst; das Unterscheidungsvermögen für Körper und Psyche, Tun und Denken sowie zwischen Selbst und Objekt ist nur rudimentär vorhanden und nicht stabil; es stabilisiert sich erst, wenn das Ich Abwesenheit ertragen, gutes und böses Partialobjekt als zusammengehörige Teile eines einzigen, ganzen Objektes erkennen und durch die Schaffung einer symbolischen Repräsentanz Wiedergutmachung leisten und damit Ambivalenz tolerieren kann. Dagegen sind symbolische Gleichsetzungen konkret; sie werden nicht als unabhängige Zeichen empfunden, die in Abwesenheit des Objekts verwendet werden können, wie das beim sprachlichen Denken oder dem reifen Symbol der Fall ist.

Segal hatte die reife Symbolisierung nach Morris, einem Semiotiker, als triadische Beziehung beschrieben, d. h. als Beziehung zwischen einer Sache, die symbolisiert wird, dem Objekt, das als Symbol fungiert, und dem Menschen, für den das eine das andere darstellt. In der paranoid-schizoiden Position scheint es dagegen nur eine dyadische Beziehung zu geben, das projizierende Ich und das empfangende Objekt, das mit dem gleichgesetzt – identifiziert – wird, was projiziert worden ist. Unter semiotischen Gesichtspunkten ist allerdings auch diese Beziehung dreigliedrig und besteht aus Zeichen, Bezeichnetem und Interpretanten. Aber die Wirkungen, welche projektive Identifizierungen, die auf unreifen Zeichenprozessen beruhen, auf den Interpretanten ausüben, sind ganz verschieden von denen, die bei der Verwendung von Symbolen entstehen, die wesentlich komplexer aufgebaut sind. Die unreifen Zeichenprozesse unterlaufen sozusagen die symbolisch organisierten Selbstgrenzen des Empfängers und wecken in ihm Gefühls- und Reaktionsweisen, die der archaischen Funktionsweise seiner Psyche zugehören.

Bion arbeitete parallel zu Segal an der Genese des sprachlichen Denkens, also an den gleichen Problemen unter einer anderen Akzentsetzung. Er betonte, daß die Kommunikation des Säuglings eine Transformation seiner in der „Teilobjekt-Sprache" gemachten Mitteilungen durch die Mutter erfordert, damit sie gelingt. Sein Denkmodell des Behälters (Container), der die projektiven Identifizierungen aufnimmt und das, was dem Kind oder dem Patienten unerträglich an ihnen war, verwandelt, transformiert, „entgiftet", führte ein interpersonales Modell in die Psychoanalyse ein. Damit unterscheidet sich das Behälter-Modell erheblich von Freuds „psychischem Apparat". Es trägt der zentralen Bedeutung emotionaler Austauschprozesse in der frühen Entwicklung Rechnung, in der das Kind die Fähigkeit zur Wahrnehmung psychischer Realität von seiner Mutter erst erlernen muß. Der Prototyp des Behälters ist die Brust, in die das Kind seine Verfolgungsangst und seine Wut projiziert und die ihm dafür Milch, Güte und Verständnis zurückgibt. Bion schreibt in seiner Arbeit „Angriffe auf Verbindungen", „daß es ein normales Maß an projektiver Identifizierung gibt und daß sie in Verbindung mit introjektiven Identifizierungsvorgängen die Grundlage darstellt, auf der die normale Entwicklung beruht" (1959, S. 121). Dagegen sind pathologische projektive Identifizierungen, wie sie besonders bei psychotischen oder Borderline-Patienten zu beobachten sind, durch ein Übermaß an Aggression und Neid im Säugling oder durch Unempfänglichkeit der Mutter verursacht und machen sich als Störungen in der Verbindung zwischen Mutter und Kind oder zwischen Analytiker und Patient bemerkbar.

Bei einer kreativen Paarung von Behälter und den von ihm aufgenommenen projektiven Identifizierungen, den unentwickelten Zeichen, den Beta-Elementen, kommt es zur Bildung von Alpha-Elementen, d. h. zur Bildung einer Konzeption, die der erste von vielen möglichen Schritten der Abstraktion ist. Was dieser Theoriesprache auf der Ebene des konkreten Geschehens entspricht, ist ein Verhalten der Mutter, das nicht nur materielle, sondern auch seelische Nöte ihres Kindes beantwortet. Stillt ihre Antwort die Not, so hat diese sozusagen einen Namen bekommen. Der Säugling introjiziert diese „Alpha-Elemente" und gewinnt damit den Kern für die Bildung eines eigenen „psychischen Apparats", also eines Behälters, der emotionale Erfahrungen in Gedanken verwandeln kann. Er hat damit die Voraussetzung gewonnen, eine Enttäuschung durch die fehlende Brust zu „denken": „Keine Milch ist der erste Gedanke", heißt es im Anschluß an Bion bei Loch (1970, S. 253). Gelingt dieser erste, die Enttäuschung lindernde Denkschritt nicht und wird Mangel als Anwesenheit eines bösen Objekts erlebt, so beginnt eine psychotische Entwicklung. Sie führt dazu, daß die Verbindung zum Objekt als gefährlich erlebt und der Behälter angegriffen wird. Das Anliegen ist dann nicht, eine Verbindung zum Objekt herzustellen, sondern alle Versuche von dessen Seite, eine Kommunikation aufzunehmen, zu attackieren.

Der Behälter hat eine ödipale Struktur und kann seine Emotionen wechseln. Seine Fähigkeit, projektive Identifizierungen mit Bedeutung zu versehen, hängt von der Art seiner affektiven Verbindung zu dem ab, was er aufnimmt und in sich hält. Für die Wahrnehmung und Transformation archaischer Zeichenprozesse ist eine ganz bestimmte emotionale Verbindung zum Kind oder zum Patienten erforderlich, nämlich das Bindeglied K, das Erkennenwollen. Bion sieht darin eine emotionale Verbindung zum Objekt. Während sich die Verbindung durch Liebe (L) oder Haß (H), durch Projektion, Introjektion und projektive Identifizierung äußert, ist das alleinige Bindeglied, das dem Analytiker als Analytiker zusteht, dieses K-Bindeglied. Um als Behälter fungieren zu können, muß er also seine Emotionen von L oder H hin zu K verändern. Feldman (1997) nennt das die Notwendigkeit, daß der Analytiker eine Arbeitsposition findet.

Ob der Säugling oder Patient einen Behälter findet oder nicht, hängt von verschiedenen Bedingungen ab, die zum einen im Subjekt selbst liegen, zum anderen aber auch in der Persönlichkeit der Mutter oder des Analytikers, bei dem auch noch seine theoretische Ausstattung eine bedeutsame Rolle spielt.

Zur Gegenübertragung

Mit dem Vortrag von Paula Heimann zur Gegenübertragung (1950) setzte eine generelle Neubewertung dieses Begriffs ein. Sie hatte vor dem Hintergrund des Konzepts der projektiven Identifizierung beschrieben, daß die Gefühle, die im Analytiker ausgelöst werden, ein wichtiges Forschungsinstrument zur Erkenntnis dessen darstellen, was der Patient in ihn projiziert hat, und daß diese Gefühle verstehen helfen, was in der Beziehung zwischen beiden vor sich geht. Die sorgfältige Beobachtung der Gegenübertragung des Analytikers, wie sie in seinen Gefühlen und Verhaltensweisen für ihn offenbar wird, ist seitdem zu einem anerkannten Bestandteil des analytischen Vorgehens geworden. Analytiker setzten sich unabhängig von der Schulzugehörigkeit mit der Notwendigkeit auseinander, möglichst bewußt zwischen dem Beitrag des Patienten und dem eigenen Anteil an seinen Reaktionen zu unterscheiden.

Es gibt eine verbreitete Sorge, die Gegenübertragung könne überbewertet werden, da hier in einem besonderen Ausmaß subjektive Willkür drohe. Durch die sorgfältige Beachtung der sprachlichen Mitteilungen des Patienten kann dieser Gefahr aber begegnet werden. Durch gleichschwebende Aufmerksamkeit ist ein Oszillieren zwischen den verschiedenen Beobachtungsbereichen möglich.

Die Art der unbewußten Beteiligung des Analytikers an dem sich entfaltenden Prozeß fand auch in den nachfolgenden Jahrzehnten große Aufmerksamkeit. Sandler sprach 1974 in einem Beitrag zu „Gegenübertragung und Bereitschaft zur Rollenübernahme" von einem komplizierten System des Sendens und Empfangens unbewußter Signale auch in normalen Objektbeziehungen und beschrieb die kontrollierte Übernahme der Rollen durch den Analytiker, die ihm sein Patient aufzwingt, als festen Bestandteil des analytischen Geschehens. Diese positive Einschätzung der kontrollierten Rollenübernahme war neu. In den Kinderanalysen hatte sie zwar immer einen wichtigen Platz gehabt, da der Analytiker durch sie die Möglichkeit bekommt, mit den Ängsten und Phantasien des Kindes Kontakt aufzunehmen und dessen Gefühle und Beweggründe kennenzulernen, und Ferenczi hatte sie auch gelegentlich mit regredierten erwachsenen Patienten praktiziert. Im technischen Repertoire Kleinianischer Psychoanalytiker mit erwachsenen Patienten kommt sie jedoch nicht vor, soweit ich sehe. Spielerische, agierende Elemente werden zugunsten einer detaillierten Versprachlichung vermieden. Bei aller Hochachtung für die sorgfältig differenzierenden Beobachtungen der Dynamik im Sprechen und Verhalten des Patienten sehe ich darin eine gewisse Gefahr, nämlich die einer Einengung des Spielraums, den sich der Analytiker in der analytischen Situation zugesteht, um die Gestalt der Ereignisse im Hier und Jetzt der analytischen Sitzung bewußt und unbewußt zu erfassen.

Eine direkte Mitteilung dessen, was im Analytiker vor sich geht, wie Margaret Little vorgeschlagen hatte, wurde in der Gruppe der Kleinianer grundsätzlich nicht als hilfreich angesehen (vgl. Money-Kyrle, 1956), da die projizierten Gefühle wegen ihrer Unerträglichkeit in das Objekt verlagert werden. Um erträglich gemacht zu werden, muß der „Behälter" verstehen, was nicht ertragen werden kann und warum das so ist. Dieses Verständnis entsteht durch die Knüpfung neuer Verbindungen, die das unmittelbare Geschehen transformieren. Erst dadurch wird Raum geschaffen für eine Trennung zwischen dem, was von seiten des Patienten in den Analytiker transportiert worden ist, und den inneren Objektbeziehungen, die zur Persönlichkeit des Analytikers gehören. Da immer die Gefahr besteht, daß diese Transformation durch ein Agieren vermieden wird, das beiden Beteiligten die Trennungsbewegung erspart, ist die Abstinenzhaltung des Analytikers sowie die Hilfe des Rahmens, des festen Settings, nicht zu entbehren. Als Abstinenzhaltung verstehen wir heute eine professionelle Haltung des Analytikers, der sich mit seiner ganzen Persönlichkeit, seiner bewußten und unbewußten Wahrnehmung und seinem Transformationsvermögen dem analytischen Prozeß zur Verfügung stellt, seine Kommunikation mit dem Patienten aber mit wenigen Ausnahmen auf sprachliche Interventionen beschränkt. Durch diese professionelle Haltung, die durch das Durcharbeiten der eigenen infantilen Objektbeziehungen ermöglicht ist, weiterhin durch die Aufgabe, eine K-Beziehung zum Patienten zu finden und aus ihr heraus zu deuten, und schließlich durch sein entsprechendes Können ist die analytische Beziehung ihrer Anlage nach eine asymmetrische Beziehung. Zuzeiten mag sie vorübergehend jedoch auch symmetrischen Charakter annehmen, wenn der Analytiker nämlich in die vom Patienten induzierte Dynamik eintaucht. Diese Situation kann von jedem der beiden Beteiligten aufgelöst werden, nicht nur durch den Analytiker. Ich teile aber die Ansicht von Schafer (1994), daß der Analytiker – als Experte – einen Kern von Autorität behalten muß.

Interaktion und das Problem des Handelns in der Analyse

Da am Anfang des Lebens in der Zeit der Allmachtsphantasien der Unterschied zwischen Denken und Handeln noch nicht bekannt ist und sich die Dringlichkeit der projizierten Phantasie dem Empfänger mitteilt, ist ein zum Handeln drängender Charakter für die Kommunikation mittels projektiver Identifizierung bezeichnend (vgl. Feldman, a. a. O.). Erst wenn der Analytiker-Behälter seine reiferen Funktionsweisen ins Spiel bringen kann, mit denen er sinnvolle Verbindungen zu anderen Elementen des Prozesses herstellt, kann er eine Trennung zwischen Eigenem und Fremdem erreichen und den Handlungscharakter seiner Reaktionen erkennen und auflösen.

Handeln kann in der analytischen Situation ganz unterschiedliche Qualitäten haben. Bions „Grid" (1963) ist als Instrument zu ihrer Differenzierung sehr hilfreich. Auf der horizontalen Achse des Rasters, der „Achse der Verwendungen", steht als letzte die Kategorie des Handelns. Handeln kann eine unreife Form der Erregungsabfuhr darstellen und psychische Realität vernichten, es kann zur unbewußten Darstellung führen (das entspricht dem Begriff des ‚enactment'), und es kann schließlich in seiner reifsten Form als Folge vorherigen Aufmerkens, Erinnerns und Urteilens ein notwendiges Eingreifen in den Prozeß durch seine Interpretation darstellen. Wenn Sprache als Handlungsmodus im Dienste der projektiven Identifizierung oder der Objektspaltung verwendet wird, muß man das „diagnostizieren", um die Auswirkungen auf die Gegenübertragung zu erhellen. Auch Loewald weist darauf hin, daß die frühe Ich-Organisation auf primitiven, verinnerlichten Interaktionen mit der elterlichen Umwelt beruht und Sprache ebenso mit dieser primären Funktionsweise wie mit dem sekundärprozeßhaften Denken verbunden ist.

Brenman-Pick (1985) stellt fest, daß das erste, was in einem Menschen geschieht, in den etwas hineinprojiziert wird, eine Reaktion ist. Etwas von dieser Reaktion wird in der Deutung zum Ausdruck kommen, und zwar in der Stimmlage, der Wortwahl oder der Wahl des Materials, das gedeutet wird. Der Patient kann das teilweise Agieren des Analytikers beobachten. Er sieht bewußt oder unbewußt, daß er den Analytiker affiziert und starke Gefühle in ihm weckt, und er kann auch beobachten, wie der Analytiker versucht, sie zu tolerieren und sich mit ihnen auseinanderzusetzen. Durch die schrittweise Introjektion dieser Erfahrungen der nonverbalen Interaktion werden zusammen mit den ausformulierten Deutungen Veränderungen in der psychischen Struktur des Patienten bewirkt. Die „negative Fähigkeit" des Analytikers, wie Bion sie genannt hat, die Fähigkeit, Nicht-Wissen ertragen und warten zu können, ist ein Teil des Umgangs mit diesen oft bedrängenden, zerstreuten und zunächst nicht verständlichen Phänomenen. Durch das „zweiäugige" Arbeiten des Ichs, durch sein unbewußtes und bewußtes Erfassen reifer und unreifer „psychischer Realität" und durch das dynamische Auftauchen früher mitgeteilten Materials in der Erinnerung des Analytikers sowie die zum Teil unbewußte Bearbeitung all dieser Elemente wird der Analytiker-Behälter in die Lage versetzt, Sinn und Bedeutung in dem Geschehen zu entdecken.

Loewald (a. a. O.) charakterisiert die psychoanalytische Beziehung als eine Art dramatischen Spiels. Er betont den Phantasiecharakter der psychoanalytischen Situation und legt Nachdruck darauf, daß die psychoanalytische Beziehung niemals den Charakter einer wirklichen Beziehung annehmen darf. In diesem Zusammenhang ist Money-Kyrles (a. a. O.) Hinweis auf die Gefahren, die ein zu strenges Überich des Analytikers für den Prozeß mit sich bringt, wichtig, weil es seine innere Bewegungsfreiheit durch Ängste einengt und seine Selbstwahrnehmung behindert.

Auch Klüwer machte in seinen Arbeiten über „Agieren und Mitagieren" (1983, 1995) darauf aufmerksam, daß sich oft unbewußte Handlungselemente in das deutende Verhalten des Analytikers einschleichen, und plädiert für eine positivere Bewertung dieses „Handlungsdialogs". Ebenso wie in Sandlers Arbeit über die Bereitschaft zur Rollenübernahme handelt es sich um ein Plädoyer dafür, dem Analytiker einen größeren Spielraum für seine unbewußte Beteiligung am Geschehen zuzugestehen, die unausweichlich und auch durch häufige Deutungen der Abwehrbewegungen des Patienten keineswegs zu vermeiden ist, letztlich also für ein toleranteres Überich des Analytikers. Früher oder später muß dieser seine Verwicklungen durch Selbstbeobachtung und Selbstanalyse entdecken, um sie dem Verstehen nutzbar machen zu können. Indem er die Inszenierung einer unbewußten Objektbeziehung erkennt und sie einem expliziten, d. h. sprachlich formulierten Verständnis zuführt, wird der Handlungsdialog aufgelöst. Klüwer schlägt vor, den Begriff des ‚enactment' mit „Inszenieren" zu übersetzen, was die Gedanken über die „szenische Funktion des Ichs" (Argelander, 1970; Lorenzer, 1970) mit berücksichtigt. Das Handeln von beiden Seiten wird im Sinne einer weiteren Informationsquelle in der analytischen Beziehung angesehen. Dieses positive Verständnis geht von der Beobachtung aus, daß sich oft eine unbewußte Gestalt mitteilt. Davon müssen jedoch zerstörerische Inszenierungen unterschieden werden, die mit Verleugnungen der analytischen Situation einhergehen, mit massiven Angriffen auf den Rahmen, auf die Verbindung zum Analytiker und auf seine Behälterfunktion. Solche Manifestationen destruktiver Objektbeziehungen durch massive projektive Identifizierungen, die sich z. B. beim Analytiker in körperlichen Veränderungen zeigen können, benötigen besondere Fähigkeiten – persönlich und technisch –, um eine Vorstellung von der ursprünglichen „Szene" zu konstruieren. Die Deutungsschritte unterscheiden sich, wenn nicht der kommunikative, sondern der destruktive Charakter der projektiven Identifizierung im Vordergrund steht.

Man schüttet allerdings das Kind mit dem Bade aus, wenn man die unausweichliche Verwicklung des Analytikers im Fühlen, Denken und Tun, also all die Phänomene, die wir als Auswirkungen der projektiven Identifizierung zu verstehen gelernt haben, zum Argument dafür macht, analytische Neutralität, Objektivität und Abstinenz als unrealistische Vorstellungen anzusehen, die lediglich zur Selbstidealisierung des Analytikers führen und damit die Beziehung behindern. Das Propagieren von „Intersubjektivität" im Sinne einer symmetrischen Beziehung in der analytischen Situation begünstigt präödipale Beziehungsstrukturen. Das analytische Feld verflacht. Die Bedeutung der Unterschiedlichkeit der Rollen, der Aufgaben und der Vorbereitung auf diese Aufgaben in einem vereinbarten Rahmen werden unterschätzt, und die Diskussion um das Handeln in der Analyse wird eigentümlich unscharf. Die Arbeit mit schwer gestörten oder gar psychotischen Patienten ist eindeutig nicht der Boden, auf dem solche Vorstellungen wachsen können. Wenn man die Inszenierung unbewußter Konstellationen in ihren positiven Wirkungen betont, darf man nicht gleichzeitig das mögliche Ausmaß der unbewußten Verstrickungen des Analytikers in das psychische Szenario seines Patienten verharmlosen, was man tut, wenn man glaubt, man könne ohne die Hilfe des Rahmens auskommen. Das Bemühen um Abstinenz gehört aber zu den Rahmenbedingungen unserer Arbeit. Es ist nicht möglich, die Funktion des Rahmens zu schwächen, ohne die Behälterfunktion des Analytikers anzugreifen.

Schlußbemerkungen

Die Beobachtungsfähigkeit des Analytikers ist der Schlüssel, um den vielfältigen Weisen der Mitteilung von projektiven Identifizierungen auf die Spur zu kommen. Ihre Schulung ist ein notwendiger Bestandteil der analytischen Ausbildung, hat jedoch die Abneigung gegen den Kontakt mit dem archaischen Bereich menschlicher Bezogenheit gegen sich. Die Entwicklung von Ich-Fähigkeiten an Stelle von überichhaften Orientierungen in der analytischen Arbeit erfordert einen lebenslangen Lernprozeß. Das gilt ganz besonders für die schwierige Aufgabe der Transformation von projektiven Identifizierungen.

Die gleichberechtigte Beachtung der präverbalen Kommunikation in der analytischen Situation hat dazu geführt, dem Hier und Jetzt der analytischen Begegnung ein größeres Gewicht beizumessen als der Rekonstruktion der Vergangenheit, die aber natürlich dennoch von größter Bedeutung bleibt. Die Komplexität der übertragenen Objektbeziehungen macht das Material von Patienten zunächst häufig außerordentlich vieldeutig, und es ist nötig, die unterschiedlichsten Facetten herauszuarbeiten, bis die Mitteilungen kohärenter werden. Bion hat anschaulich die völlig verschiedenen Gesichtspunkte geschildert, die der Analytiker finden muß, um das verstreute, heterogene Material des Patienten allmählich in seinen Zusammenhängen erkennen zu können und die PS→D-Bewegung vorzubereiten. Extrem gegensätzliche Selbstanteile des Patienten müssen in ihrer Zusammengehörigkeit erarbeitet werden, bevor eine Integration möglich ist. Während wir dem Sog eines Patienten zu einer bestimmten Rollenübernahme widerstehen, geraten wir möglicherweise unbemerkt bereits in eine andere Form der Inszenierung hinein. Ein besonderes Problem tritt auf, wenn der Analytiker die deutliche Erfahrung macht, nichts zu taugen und dem Patienten nichts Wertvolles geben zu können, wie Rosenfeld es darstellt (1987). Nicht selten benötigen wir die Zeiten zwischen den Stunden, um uns von dem Bann der in uns projizierten Beziehungsweisen – wenigstens vorübergehend – zu befreien.

Da unsere Worte von den Patienten im Sinne ihrer inneren Erwartungen, Ängste und Bedürfnisse gehört werden, ist es äußerst wichtig zu beobachten, wie ein Patient die Interventionen erlebt. Wenn er alle eigenen Gedanken vergißt, sobald der Analytiker versucht, etwas zu sagen, werden dessen Worte steril und unwirksam. Wenn er die Hinweise auf abgespaltene Persönlichkeitsanteile als Angriffe empfindet, kann er mit masochistischer Unterwerfung oder mit defensiven Rationalisierungen oder auf andere Weise eine progressive, integrative Bewegung verhindern. Er kann auch mit Eloquenz alles davonspülen. Selbst wenn der Analytiker seine Interventionen, bevor er sie ausspricht, innerlich sozusagen mit den Ohren des Patienten daraufhin abhört, ob dieser sie aufnehmen kann, muß er ständig auf neue Überraschungen gefaßt sein. Es kann ihm unersetzliche Gesichtspunkte zur Verfügung stellen, die Situation unter dem Blickwinkel der infantilen Szene zu betrachten. Das darf jedoch keinesfalls das Ausloten der ganz spezifischen Erfahrungen des Patienten beeinträchtigen, die nur er uns mitteilen kann.

Literatur

Argelander, H. (1970): Die szenische Funktion des Ichs und ihr Anteil an der Symptom- und Charakterbildung. Psyche, 24, 325–334.

Bion, W.R. (1959): Angriffe auf Verbindungen. In: Bott Spillius, E. (Hrsg.) (1988): Melanie Klein Heute. Bd. I. München, Wien (Verl. Internat. Psychoanal.) 1990, 110–129.

– (1963): Elemente der Psychoanalyse. Frankfurt a.M. (Suhrkamp) 1992.

Bott Spillius, E. (1994): Developments in Kleinian Thought: Overview and Personal View. Psa. Inq., 14, 324–364.

Brenman Pick, I. (1985): Durcharbeiten in der Gegenübertragung. In: Bott Spillius, E. (Hrsg.) (1988): Melanie Klein Heute. Bd. II. München, Wien (Verl. Internat. Psychoanal.) 1991, 45–64.

Feldman, M. (1997): Projektive Identifizierung: Die Einbeziehung des Analytikers. Psyche, 53, 1999, 991–1014.

Ferenczi, S. (1928): Die Elastizität der psychoanalytischen Technik. In: Ders.: Schriften zur Psychoanalyse. Bd. II. Frankfurt a.M. (S. Fischer) 1972, 237–250.
Freud, S. (1905e): Bruchstück einer Hysterie-Analyse. GW 5, 161–286.
– (1925h): Die Verneinung. GW 14, 11–15.
Haas, J.P. (1997): Bions Beitrag zu einer psychoanalytischen Theorie der Emotionen. Jb. d. Psychoanal., 38, 137–193.
Hayman, A. (1990): Some thoughts on the inner world and the environment. Setting the scene. Int. Rev. Psycho-Anal., 17, 71–82.
Heimann, P. (1950): On countertransference. Int. J. Psycho-Anal. 31, 81–84.
– (1950): Bemerkungen zur Gegenübertragung. Psyche, 18, 1964, 483–493.
Joseph, B. (1987): Projective Identification: Clinical Aspects. In: Sandler, J. (Hrsg.) (1987): Projection, Identification, Projective Identification. London (Karnac), 65–76.
Klein, M. (1946): Bemerkungen über einige schizoide Mechanismen. In: Dies.: Gesammelte Schriften. Bd. III. Stuttgart-Bad Cannstatt (frommann-holzboog) 2000, 1–41.
Klüwer, R. (1983): Agieren und Mitagieren. Psyche, 37, 828–840.
– (1995): Agieren und Mitagieren – zehn Jahre später. Zeitschr. f. psychoanal. Theorie u. Praxis, 10, 45–70.
Loch, W. (1970): Zur Entstehung aggressiv-destruktiver Reaktionsbereitschaft. Psyche, 24, 241–259.
Loewald, H.W. (1980): Überlegungen zum psychoanalytischen Prozeß und seinem therapeutischen Potential. In: Ders.: Psychoanalyse. Aufsätze aus den Jahren 1951–1979. Stuttgart (Klett-Cotta) 1986, 364–376.
Lorenzer, A. (1970): Sprachzerstörung und Rekonstruktion. Frankfurt a.M. (Suhrkamp).
Matte-Blanco, I. (1988): Thinking, Feeling and Being. London, New York (Tavistock/Routledge).
Money-Kyrle, R. (1956): Normale Gegenübertragung und mögliche Abweichungen. In: Bott Spillius. E. (Hrsg.) (1988): Melanie Klein Heute. Bd. II. München, Wien (Verl. Internat. Psychoanal.) 1991, 29–44.
Rey, H. (1979): Schizoide Phänomene im Borderline-Syndrom. In: Bott Spillius, E. (Hrsg.) (1988): Melanie Klein Heute. Bd. I. München, Wien (Verl. Internat. Psychoanal.) 1990, 253–287.
Rosenfeld, H. (1987): Sackgassen und Deutungen. München, Wien (Verl. Internat. Psychoanal.) 1990.
Sandler, J. (1974): Gegenübertragung und Bereitschaft zur Rollenübernahme. Psyche, 30, 1976, 297–305.
Schafer, R. (1994): Die zeitgenössischen Kleinianer in London. Psyche, 51, 1997, 338–357.
Segal, H. (1957): Bemerkungen zur Symbolbildung. In: Bott Spillius, E. (Hrsg.) (1988): Melanie Klein Heute. Bd. I. München, Wien (Verl. Internat. Psychoanal.) 1990, 202–224.

Helmut Thomä

Intersubjektivität und Bifokalität der Übertragung

Alle in der psychoanalytischen Situation beobachtbaren oder erschließbaren Phänomene treten in einem intersubjektiven bipersonalen oder interpersonalen Feld auf. Übertragungen und Gegenübertragungen sind intersubjektive, interaktionelle Prozesse. Mit dem Begriff der Bifokalität der Übertragung ziehe ich behandlungstechnische Konsequenzen aus der Theorie der Intersubjektivität als Grundlage der psychoanalytischen Methode.

Die moderne Psychoanalyse ist durch die Anerkennung der Intersubjektivität als ihrer Erfahrungsgrundlage gekennzeichnet (vgl. Inderbitzin u. Levy, 2000). Rapaport sprach schon 1944 von der „interpersonalen Methode" der Psychoanalyse (vgl. Shevrin, 1984; Bachrach, 2000). Seit Jahrzehnten vollzieht sich ein Paradigmenwechsel, der tiefgreifender ist, als die Kontroversen über technische Details wie Inszenierung, Bereitschaft zur Rollenübernahme (Sandler, 1976), Selbstenthüllung, Gegenseitigkeit versus Asymmetrie etc. vermuten lassen.

Um das Konzept der bifokalen Natur der Übertragung zu klarifizieren, formuliere ich zunächst einige übergeordnete Thesen, beschreibe dann winzige Vignetten als typische Beispiele für Übertragungen mit zwei Brennpunkten bzw. für die Teilhabe des Patienten an der Gegenübertragung. In der Bifokalität ist der „intrapsychische" Fokus mit dem „äußeren" Brennpunkt, mit der Person des Analytikers, verbunden.

Thesen

1. Die Ein-Personen-Psychologie und die Zwei-(und Mehr-)Personen-Psychologie sind keine Gegensätze, ergänzen sich vielmehr. Mit der Trennung von der Mutter wird ein Individuum geboren, dessen Überleben von der altersgerechten Gestaltung der Intersubjektivität abhängt. In gleicher Weise ist ein Patient vom Gelingen des therapeutischen Dialogs abhängig.
2. Am Anfang war nicht das Wort, sondern die Tat, und zwar als Interaktion, nicht als solipsistische Aktion. In Umkehrung der berühmten Annahme Freuds (1911b) über das Denken als „Probehandeln" gilt, entwicklungspsychologisch betrachtet,

„Handeln ist Probedenken". Beim psychoanalytischen Dialog handelt es sich um eine auf seiten des Therapeuten eingeschränkte Interaktion. Würde er sich ganz beteiligen, wäre der Methode der Boden entzogen. Jacobs' Enactment (2000, S. 97) verlöre jede spezifische Bedeutung, wenn es zum Äquivalent von „Handlung" würde. Auch Klüwers Handlungsdialog (1983, 1995) zeichnet sich dadurch aus, daß der Analytiker gerade nicht im wörtlichen Sinn handelt, sondern über die vom Patienten intendierten Szenen nachdenkt. Sowohl beim Enactment als auch bei der szenischen Darstellung und der projektiven Identifizierung wird freilich vernachlässigt, was der Analytiker eigenständig zur Entstehung unbewußt gesteuerter Inszenierungen beiträgt.

3. Die Bifokalität der Übertragung impliziert, daß die Wahrnehmungen des Patienten mit realen Gegebenheiten verknüpft sind. Von Freuds Metaphern zur Übertragung wurden vor allem jene überliefert, die deren einseitige intrapsychische Herkunft betonen: der Patient ist der Alleinautor, der in der Übertragung ausschließlich Nachdrucke liefert. Tatsächlich hat die Übertragung zwei Autoren. Sofern nicht alles als Übertragung aufgefaßt wird, diagnostiziert der Analytiker, was nicht neu in der Beziehung, was „Wiederholung" (= Übertragung) ist (vgl. A. Freud, 1936). Freuds Interesse galt dem Erinnern und der ätiologischen Rekonstruktion, und so ist es kein Wunder, daß in der Sprache der Psychoanalyse für das Neue die Begriffe fehlen.

   In diesem Zusammenhang ist es bemerkenswert, daß Gill den Versuch, Referenzen zur Übertragung in den Transkripten zu finden, aufgeben mußte, weil er dazu den diagnostizierenden Analytiker benötigt hätte. Deshalb änderte er, wie aus einem Brief vom 28. Januar 1977 an mich hervorgeht, das Ziel seiner Untersuchung:

> „We are at present in the process of revising our manual for coding transference. We now speak of it as coding ‚the patient's experience of the relationship' and how the analyst deals with his experience because we believe that that formulation is much closer to the data and to what we do. Conclusions as to transference from the patient's experience of the relationship are really a more inferential step and to be distinguished from the patient's experience of the relationship. What we mean of course is that if the patient describes a certain experience one does not yet know whether that experience is essentially appropriate to the present or not. If it is appropriate to the present, presumably it would be incorrect to label it as a transference, since however people differ on the definition of transference, they invariably say that it is a response essentially determined by the past and in that sense inappropriate to the present."

4. Freuds Beobachtung, daß sich die Übertragung an irgendeine Besonderheit der Person des Analytikers oder seiner Verhältnisse anschließt, die gegenüber der Idee der „falschen Verknüpfung" jahrzehntelang in Vergessenheit geriet, ist nun angesichts der primären Intersubjektivität zu verallgemeinern: „Übertragungen" haben *immer* eine „reale" Komponente, einen ‚perceptual cue' (Smith, 1990). Mit der Bifokalität der Übertragung wird die „kopernikanische Revolution" ein Stück weiter gebracht: Laplanche hat den Anderen als konkrete Person in die psychoanalytische Entwicklungstheorie eingebracht (vgl. 1992). Behandlungstechnische Konsequenzen ergeben sich vor allem dann, wenn man den Beitrag des Analytikers unter dem Gesichtspunkt der Meisterung von Konflikten bewertet. Die ‚control-mastery-theory' von Weiss und Sampson (1986) (vgl. auch Albani et al., 1999) orientiert sich an folgender These Freuds:

> „Das Ich, welches das Trauma passiv erlebt hat, wiederholt nun aktiv eine abgeschwächte Reproduktion desselben, in der Hoffnung, deren Ablauf selbsttätig leiten zu können. [...] das Kind benimmt sich ebenso gegen alle ihm peinlichen Eindrücke, indem es sie im Spiel reproduziert; durch diese Art, von der Passivität zur Aktivität überzugehen, sucht es seine Lebenseindrücke psychisch zu bewältigen" (1926d, S. 200).

5. Übertragungen sind stets veränderte Neudrucke. In die alten Klischees, Druckvorlagen, Schemata oder Modelle haben sich auf dem Weg der „Nachträglichkeit" (Thomä u. Cheshire, 1991) Veränderungen eingeprägt. Die Neuauflagen haben zwei Autoren, den Patienten und den Psychoanalytiker. Darauf haben Ferenczi und Rank (1924) in ihrer Betonung des Hier und Jetzt schon vor über siebzig Jahren aufmerksam gemacht. Die Anerkennung des Wahrheitsgehalts von Wahrnehmungen ist therapeutisch ausschlaggebend. Freud hat die Bifokalität beispielhaft an paranoiden Wahrnehmungen beschrieben:

> „[...] sie projizieren sozusagen nicht ins Blaue hinaus, nicht dorthin, wo sich nichts Ähnliches findet. [Sie] verwerten in ihrem ‚Beziehungswahn' die kleinsten Anzeichen, die ihnen diese anderen, Fremden geben" (1922b, S. 199).

Der unsichtbar hinter dem Patienten sitzende Analytiker löst unterschiedliche unbewußte Wahrnehmungsschemata aus, die für die Selektion wesentlicher sind als die jeweiligen „kleinsten Anzeichen". Die beiden Pole der Übertragung sind also nicht gleichwertig. Bezüglich der Entstehung liegt der Schwerpunkt auf dem unbewußten Klischee. Therapeutisch bedeutungsvoller ist hingegen die Art und

Weise des Umgangs mit den Auslösern. Vermutet beispielsweise ein Patient aufgrund seiner lebensgeschichtlichen Prägung, daß der hinter ihm sitzende Analytiker Grimassen schneidet, ist es entscheidend, diesen Verdacht auf das Interesse des Patienten am Gesicht des Analytikers zurückzuführen. Die selektive Wahrnehmung wird von unbewußten Schemata gesteuert, die aktuell wirksam sind. Durch die Unterscheidung zwischen „Vergangenheits-Unbewußtem" und „Gegenwarts-Unbewußtem" (A. u. J. Sandler, 1984) wird getrennt, was zusammengehört: Das Unbewußte ist stets voll präsent.

Durch die einseitige Beachtung der intrapsychischen Konflikte ging das interaktionelle, interpersonale Verständnis der Therapie und der Übertragung verloren. Die Annahme eines blinden Wiederholungszwanges bei der Entwicklung von Übertragungen trug dazu bei, alles Neue in der Beziehung, also den „Neubeginn" (Balint 1932, 1952; vgl. auch Thomä, 1983), zu vernachlässigen. Die psychoanalytische Theorie der Therapie und die Untersuchung von Symptom- und Strukturveränderungen schrumpfte auf das Mittel der sogenannten mutativen Übertragungsdeutung. Daß in Stracheys (1934) bahnbrechender Publikation die Veränderung an die Internalisierung der realen Person gebunden ist, wird selten erwähnt. Was aber ist unter der realen Person zu verstehen? Meines Erachtens wird bei der „mutativen Deutung" das Neue wirksam, das der Analytiker direkt oder indirekt vermittelt. Verinnerlicht werden nicht irgendwelche Äußerlichkeiten, sondern Ansichten des Analytikers über das Denken und Fühlen seines Patienten, die diesem neue Aussichten ermöglichen. Kurz, verinnerlicht werden Anschauungen des Analytikers, die dieser als ‚new object' (Loewald, 1960) zur Sprache bringt. Richtiger wäre es meiner Ansicht nach, vom „neuen Subjekt" zu sprechen. Die therapeutische Qualität des Dialogs kann und muß an der Veränderung von Symptomen und Verhaltensweisen nachgewiesen werden. Insofern orientieren sich praktizierende Psychoanalytiker an den Idealen einer kombinierten Verlaufs- und Ergebnisforschung.

6. Die Ausblendung der realen Auslöser der Übertragung erschwert, daß neue Erfahrungen gemacht werden können. Assimilation und Akkommodation, also Veränderungen unbewußter Schemata oder Strukturveränderungen, sind an affektiv-kognitive Prozesse gebunden. Entscheidend für Strukturveränderungen ist die Aktualgenese und ihr Ablauf. Überspringt man das Hier und Jetzt durch die übliche Übertragungsdeutung als Verzerrung, kann es zu schwerwiegenden Zurückweisungen, also zur Retraumatisierung, kommen.

Seit 1976 teile ich Gills (1982, 1984a, 1991b) Auffassung, daß die Wahrnehmungen des Patienten in der Übertragung zumindest „plausibel" sind. Ich betonte aber in unseren Diskussionen stets, daß eine differenzierte Beschreibung der Beziehung notwendigerweise zur Unterscheidung mehr oder weniger pathologischer Übertragungen und damit auch zu standpunktabhängigen Bewertungen führen müsse. Die Anknüpfung an „reale“ Gegebenheiten schließt ja „Verzerrungen“ nicht aus. Patienten, die ihre Umwelt mit dem Vergrößerungsglas absuchen und das Gras wachsen hören, übertreiben oft maßlos, wie dies Freud bei Paranoiden beschrieben hat.

7. Mit Klauber (1980) schlage ich vor, die Einzigartigkeit des Verhältnisses zwischen Patient und Analytiker als besondere Form einer *Begegnung* zu bezeichnen. Die Gegenüberstellung von Übertragung und Beziehung ist durch die Theorie der Objektbeziehungen in ungünstiger Weise vorbelastet. Auf dem Weg zur Intersubjektivitätstheorie wird deutlich, daß es sich bei den psychoanalytischen *Objekten* um menschliche *Subjekte* handelt, die eben gerade nicht wie ein totes Objekt, wie ein Spiegel, spiegeln. In diesem Zusammenhang ist es kein Zufall, daß nun Martin Buber in der angloamerikanischen psychoanalytischen Literatur auftaucht (vgl. Ticho, 1974; Leavy, 1980; Tronick, 1998).

Auch Martin Bubers „dialogisches Prinzip“ ist in der psychoanalytischen Begegnung durch eingeschränkte Gegenseitigkeit gekennzeichnet. Buber selbst hat das erzieherische und das therapeutische Verhältnis als Sonderfälle charakterisiert, denen „volle Mutualität versagt ist“ (1957, S. 155). Diese Einschränkungen sind für die besondere Form und die Aufgaben und Ziele der psychoanalytischen Methode konstitutiv. Die Begegnung bleibt also asymmetrisch, aber die Gestaltung der Asymmetrie verändert sich ganz wesentlich zugunsten eines Klimas, das Veränderungen erleichtert. Ich möchte nachdrücklich darauf hinweisen, daß fundamentale Komponenten der Begegnung – neben der Einsicht durch Deutungen – für die Therapie konstitutiv sind. Ohne dieses ‚something more‘ (Stern, 1998) als Einsicht würde die Analyse der Übertragung in der Luft hängen. Vom anstößigen Vorschlag Alexanders (1961) entlastet, bewußt eine für den Patienten passende Rolle zu übernehmen, kann die „korrektive emotionale Erfahrung“ nun allseits anerkannt werden (vgl. Thomä u. Cheshire, a. a. O., S. 491 f.).

8. Die Einführung des Subjekts hat in der Psychoanalyse in den letzten Jahrzehnten eine Fülle von Problemen mit sich gebracht.

Auch Vertreter eines radikalen Konstruktivismus benötigen Idealvorstellungen über Objektivität und Wahrheit. Die Philosophin Marcia Cavell (1998) hat kürzlich in Ergänzung zu ihrem 1993 erschienenen Buch überzeugend begründet, daß man ohne die Idee einer objektiven Realität draußen, über welche Analytiker und Patient sich mehr oder weniger *gut* verständigen könnten, bei der Ein-Personen-Psychologie verbliebe.

Jedes Gespräch zwischen zwei Personen und auch das Selbstgespräch hat einen Bezug zu einem Dritten. Deshalb bezeichnen wir (Thomä u. Kächele, 1996, Bd. 1, S. 10) die analytische Dyade als Triade minus 1. Cavells philosophische Interpretationen der Triangulation vertiefen das Verständnis des psychoanalytischen Dialogs. So würde es nach Cavells Auffassung zu einer Konfusion über die Natur der Empathie führen, nähme man das Erleben des Patienten, weil es zweifellos stets subjektiv ist, unreflektiert hin. Bei der Einfühlung in die Welt eines Anderen nehme man zunächst dessen Standpunkt ein, man habe gerade diesen im Sinn, halte aber gleichzeitig an der eigenen Sicht der Welt fest. Würde der Analytiker alle Phantasien und Überzeugungen des Patienten auf einer Ebene lokalisieren und in der Einfühlung seine eigenen Positionen vergessen, käme es zu einer Kollusion, die den Patienten unangetastet ließe. Dann wäre der Analytiker unfähig, ihm zu zeigen, daß es zwischen den verschiedenen Anschauungen intrapsychische und interpersonale Konflikte gibt. Würde der Analytiker in der Einfühlung, die in Schwabers Theorie (1996) völlig dominiert, seine eigene Sicht verlieren, könnte er den Patienten auch nicht zur Auseinandersetzung mit anderen, eigenen und fremden Anschauungen ermutigen. Es ist deshalb konsequent, wenn Goldberg (1999) neuerdings die selbstpsychologische Einfühlung um eine wertende Perspektive ergänzt, wie der Titel „Between empathy and judgement" besagt. Die Psychoanalyse ist keine wertfreie Wissenschaft.

Bei der Realitätsprüfung gehen Patienten und Analytiker in ähnlicher Weise vor und verständigen sich darüber, was wahr und was falsch ist, auch wenn die Frage nach der absoluten Wahrheit (vgl. Hanly, 1990) oder den höchsten Werten stets offenbleiben muß.

Gabbard (1997) hat die aus dem Boden geschossene Literatur über Konstruktivismus, Gegenseitigkeit, Intersubjektivität, Relativismus und Perspektivismus kritisch gesichtet. Die meisten Analytiker verstehen unter „intersubjektiv" eine Variation eines kombinierten Realismus/Perspektivismus. Die prinzipielle Anerkennung von Intersubjektivität ist nicht auf eine Schule beschränkt.

9. Das totalistische Verständnis, richtiger gesagt, das totalistische Mißverständnis von Übertragung und Gegenübertragung, das unerläßliche Unterscheidungen außer Kurs setzt, entzieht der Therapie, die auf Veränderung ausgerichtet ist, die begriffliche Grundlage. Analytiker, die glauben, mit einem totalistischen Übertragungs- und Gegenübertragungskonzept zu arbeiten, führen selbstverständlich auch Neues ein, das *außerhalb* der Übertragung liegt. Die häufig verwendete Kurzformel, man habe die Übertragung analysiert, beinhaltet ja nicht, daß die Übertragung sich selbst analysiert hat. Diese Formulierung besagt, daß Patient und Analytiker die Übertragung von einem Standpunkt außerhalb derselben be-

trachten. Insofern gibt es immer noch etwas zu analysieren. Die Übertragung kann niemals ganz aufgelöst werden, weil Vergangenes wirksam bleibt. Insofern ist auch die Übertragung zum Analytiker nach Beendigung der Behandlung nicht auflösbar. Es ist meines Erachtens freilich irreführend, wesentliche Begegnungen im Leben auf den Übertragungsbegriff zu reduzieren.

10. In den letzten Jahrzehnten wurde die Gegenübertragung zum Synonym für alle affektiven und kognitiven Prozesse im Analytiker. Kurz: Das Subjekt wurde mit seiner Gegenübertragung gleichgesetzt. Es ist also konsequent, wenn Renik (1993, 1995, 1998) angesichts des totalistischen Verständnisses der Gegenübertragung vorschlägt, statt dessen von dem persönlichen Fühlen und Denken des Analytikers, von ihm als Subjekt zu sprechen. Bedenkt man, daß nach Gabbard (a. a. O.) die Gegenübertragung zum ‚common ground' (Wallerstein, 1990) der modernen Psychoanalyse aller Richtungen gehört, ja ihr liebstes Kind ist, wird man Reniks Ansicht als ärgerliche Provokation abtun. Die Sache ist freilich nicht einfach durch Affekte zu erledigen. Denn die Rehabilitierung der Gegenübertragung seit den fünfziger Jahren signalisierte den heute vor uns liegenden Paradigmenwechsel. Wie tief dieser einzuschätzen ist, mag der Diskussion zwischen Gill (1991a, 1991b) und Wallerstein (1991) entnommen werden. Es ist nicht ernsthaft zu bezweifeln, daß der gegenwärtige „Gegenübertragungssubjektivismus" eine Folge der auf halbem Weg stehengebliebenen Einführung des Subjekts in die psychoanalytische Methode darstellt.

Heimanns (1960) erfolglose Klage gilt heute mehr denn je: Selbst namhafte Psychoanalytiker betrachten ihre höchstpersönlichen Gefühle dem Patienten gegenüber als zuverlässige diagnostische Kriterien. In kasuistischen Darstellungen – sei es in Krankenkassenanträgen, sei es in Bewerbungen um die Mitgliedschaft in der IPV – wird gegen Heimanns Forderung verstoßen, die Gegenübertragung sei bezüglich ihrer Reliabilität und Validität am Prozeß zu überprüfen. Im Gegenübertragungssubjektivismus wird darauf verzichtet. Eine scheinbare Rechtfertigung hierfür lag zunächst darin, daß über den Mechanismus der projektiven Identifizierung die Gegenübertragung auf den Patienten zurückgeführt wurde. Inzwischen entwickelt sich auch in der Kleinianischen Schule eine intersubjektive Perspektive, so daß eine Erklärung der Gegenübertragung mit Hilfe des Projektionsmechanismus fragwürdig geworden ist. Ich selbst vertraue meinem dritten Ohr erst dann, wenn meine persönlichen Gefühle und Gedanken sich im Dialog bewährt haben. Kurz, der ‚common ground' kann nicht im Gegenübertragungssubjektivismus, sondern in der prozeßbezogenen vergleichenden Psychoanalyse liegen: „An ihren Früchten sollt ihr sie erkennen" (Kächele, 1994).

11. Es liegt auf der Hand, daß das Thema der Teilhabe des Patienten an der Gegenübertragung des Analytikers zum vieldiskutierten Problem erst werden konnte, seitdem die Zwei-, Drei- und Mehr-Personen-Psychologie (vgl. Kernberg, 1999) behandlungstechnische Konsequenzen unvermeidlich macht. In der vorherrschenden angloamerikanischen Literatur heißt das Stichwort ‚self-disclosure'. Als Synonyme werden im Webster angeführt: to uncover, to bring into the open, to reveal, to make known. Als Übersetzungen bieten sich an: enthüllen, offenbaren, bekanntmachen. Das Wort ‚self-disclosure' trägt wahrscheinlich nicht unwesentlich zur zwiespältigen Diskussion und zum Pro und Kontra bei, ob man sich vor dem Patienten enthüllen oder offenbaren soll und unter welchen Bedingungen die Selbstenthüllung schädlich sein könnte.

    Ich spreche mich gegen „Selbstenthüllungen" im wörtlichen Sinn aus, plädiere aber dafür, den Patienten an der Gegenübertragung (im weiteren Sinn) teilhaben zu lassen. Bewußt wähle ich das Wort *teilhaben.* Denn ich halte es für wahrscheinlich, daß die Diskussion über die theoretischen und behandlungstechnischen Probleme der Selbstenthüllung anders verliefe, wenn man sich darauf einigen könnte, daß es um die Partizipation am Fühlen, Denken und Handeln des Analytikers geht, soweit dieses zum Funktions- und Gestaltkreis des Patienten gehört.
12. Die Notwendigkeit der Teilhabe ergibt sich theoretisch aus der Fortentwicklung der Objektbeziehungstheorie in eine Zwei-Personen-Psychologie. Die große therapeutische Bedeutung der Teilhabe an der Gegenübertragung zeigt sich überall dort, wo Patienten blind dafür bleiben, wie sich ihre verbalen und averbalen Mitteilungen, ihre Affekte und Handlungen auf ihre Mitmenschen und auf den Analytiker auswirken.

> „Gerade weil der Analytiker nicht voll mitmacht, [...] entdeckt der Patient die unbewußten Aspekte seiner Intentionen. Intuitive Psychoanalytiker, die noch dazu den Mut hatten, mit ihren Erfahrungen vor die Öffentlichkeit zu treten, haben schon immer gewußt, daß diese Art der Teilhabe nichts mit Bekenntnissen aus dem Privatleben zu tun hat" (Thomä u. Kächele, a. a. O., S. 137).

Nun werde ich einige der Thesen durch kurze Beispiele erläutern.

Beispiele

Das Hier und Jetzt und die Plausibilität der Übertragung wurden mir anläßlich einer Supervision durch Gill 1976 unvergeßlich nahegebracht. Gill arbeitete damals mit I. Hoffman an einem Manual zur Einstufung des Widerstandes des Patienten gegen die Beziehung (*p*atient's *e*xperience of the *r*elationship to the *t*herapist, PERT, 1982). Es ergab sich von selbst, daß ich ihm als Grundlage einer klinischen Diskussion ein übersetztes Verbatimprotokoll einer auf Tonband aufgenommenen Sitzung schickte. Er untersuchte den Text des Dialogs nach direkten und indirekten Hinweisen auf die Beziehung der Patientin, die im Ulmer Lehrbuch das Pseudonym Amalie trägt. In der Erinnerung hat sich alles zu einer kleinen Geschichte verklärt und verdichtet, die für mich zum persönlichen Schlüsselerlebnis geworden ist.

Frau Amalie X hatte von einem betrunkenen Mann geträumt, der seiner Sprache nicht mehr recht mächtig war. Das wortgetreue Transkript enthüllte, daß meine Deutungen keineswegs klar, kurz und bündig waren, sondern daß ich oft nach den passenden Worten suchte, Sätze unvollendet ließ oder im Sprechen umstellte, so daß am Ende das Verbum nicht mehr paßte etc. – „wie ein Betrunkener".

Die Traumanspielung auf meine persönliche Eigenart wurde mir durch Gills halb formalisierte Auswertung evident. Dieser Tagesrest des Traumes war mir entgangen.

Gill betrachtete die Untersuchung der Übertragung zu Recht als wesentliches Merkmal der Psychoanalyse. Die Analyse der Beziehung wurde für ihn zum wichtigsten Unterscheidungskriterium. Er forderte uns auf, möglichst viele Psychotherapien in Analysen zu „konvertieren". Ich hatte in der supervidierten Sitzung einige Möglichkeiten, eine passende Übertragungsdeutung zu geben, verpaßt und erinnere mich gut daran, daß entsprechende Hinweise von Gill in mir das Gefühl aufkommen ließen, in dieser Sitzung kein guter Analytiker gewesen zu sein, denn ich hatte den Widerstand der Patientin, über mich als einen Betrunkenen zu assoziieren, nicht erkannt, noch viel weniger war ich vom Hier und Jetzt ausgehend in die Tiefe gegangen. Nicht nur hatte ich eine gute alte Regel der Widerstandsanalyse übergangen, sondern die plausible, wenn auch verzerrte Wahrnehmung der Patientin nicht verstanden. Die Anerkennung der Plausibilität, so unscheinbar sie zu sein scheint, verändert die übliche Technik der Widerstandsanalyse grundlegend. Denn nun wird der Einfluß des Analytikers in den Mittelpunkt der Betrachtung gerückt. Die Übertragung zu analysieren heißt nun, darüber nachzudenken, ob unser Einfluß, der sich nicht auf Deutungen beschränkt, therapeutische Veränderungen erleichtert. In diesem Sinne ist Gills (1984b, 1991b) Betonung des Primats der Analyse der Übertragung zu verstehen. Es geht nicht um eine neue Form von „Deutungsfanatismus". Ferenczi und Rank (a. a. O.) haben seinerzeit den rekonstruierenden „Deutungsfanatismus" beklagt. Auch Deutungen im Hier und Jetzt und selbst die sogenannte mutative Deutung Stracheys können durch Übertreibung Schaden stiften. Man kann die Aktualität ebenso überbewerten wie genetische Deutungen, zumal dann, wenn alle Faktoren, die zu einer „hilfreichen Beziehung" (Luborsky, 1984) beitragen, vernachlässigt werden. Wahrscheinlich sind die überwiegend negativen Befunde empirischer

Untersuchungen zur therapeutischen Wirksamkeit von Übertragungsdeutungen darauf zurückzuführen, daß in den untersuchten Behandlungen ein obsoleter Übertragungsbegriff wirksam war und die Bedeutung des Kontexts unberücksichtigt blieb.

Im zweiten Beispiel werden Tonbandaufnahmen thematisiert, denen der Patient zwar zugestimmt hatte, die in ihm aber das Gefühl verstärkten, sich unterworfen zu haben. Mir war es wichtig, für einen gewissen Ausgleich zu sorgen und die Asymmetrie zu verringern.

Seit etwa 15 Jahren leidet der etwa 30jährige Patient an schweren neurotischen Ängsten. Besonders quälend ist eine Inkontinenz, die situativ besonders im Gespräch mit Vorgesetzten auftritt. Dieses Einkoten, der Kontrollverlust als Teil des Angstsyndroms, führt zu Erniedrigungen und sozialer Isolation. Frühere, nicht näher definierbare psychotherapeutische Gespräche und Anxiolytika haben nicht die geringste Besserung gebracht. Nach deutlicher Besserung der Symptome und erheblicher Zunahme seiner Lebensfreude überlegt sich der Patient zu Beginn der 90. Sitzung, wann er mit der Behandlung aufhören könnte. Er schwärmt von seinen Freundschaften und seiner wachsenden Kontaktfreudigkeit. Dann kommt das Thema auf, welchen Anteil er und welchen Beitrag der Analytiker zum therapeutischen Fortschritt geleistet haben.

P.: Ja, das ist es, daß ich Ihnen die Freude nicht gönne, daß Sie auf meine Kosten einen Wissenszuwachs haben, eine Bestätigung gefunden haben, wie gut Sie sind und so viel von mir wissen.
A.: Es ist also keine auf Sie bezogene Freude, die Ihnen auch wieder zugute käme.
P.: Ja, ich bin ein Mittel zum Zweck. ...Schweigen... Das Band, das umsonst läuft, nichts ist drauf (lacht).
A.: Für neugierige Zuhörer: der Therapeut hat nichts vorzuweisen. (Patient lacht laut)
P.: Ja, das stimmt.
A.: Das gesammelte Schweigen kann vorgeführt werden. (Beide lachen schallend) Meine Machtlosigkeit ist dokumentiert. Also, da wird ein Ausgleich geschaffen. Heute ist in dem langen Schweigen auf dem Band der Ausgleich für die Unterwürfigkeit, mit der Sie zugestimmt haben, daß ich soviel wissen darf über Sie. Heute bin ich der Blamierte, der Gegenstand des Gelächters. Sie haben sich gefreut bei dem Gedanken, daß meine Kollegen über mich lachen werden.
P.: Ja, ich schwanke noch immer zwischen diesen Extremen, entweder totale Unterwürfigkeit gegenüber Chefs oder diese für Arschlöcher zu halten.

In das Schwanken zwischen den Extremen und in die Polarisierung von Macht und

Ohnmacht ist auch die Tonbandaufnahme einbezogen. Tonbandaufnahmen bilden einen willkommenen Anlaß, ein Thema der Übertragung beispielhaft zu erläutern. Der Patient begreift offenbar, daß sein Schweigen den Analytiker blamieren könnte. Neben der Katharsis werden in der Übertragung alte Rechnungen beglichen.

Die folgenden beiden Beispiele 3 und 4 beziehen sich auf die Anerkennung von Wahrnehmungen der Patientinnen beziehungsweise auf das Thema ihrer Teilhabe an der Gegenübertragung.

Die an einer neurotischen hypochondrischen Depression leidende Dorothea X hatte eine starke Tendenz, mich zu bemuttern. Zugleich konnte sie mich wegen meiner Ruhe und Gelassenheit idealisieren: „So wollte ich selbst immer sein."

Der Wendepunkt, der die bisherige milde positive Übertragung schlagartig veränderte, ereignete sich zufällig: Bei einer ausnahmsweise am Spätnachmittag stattfindenden Sitzung fand Frau Dorothea X einen müden, abgespannten Analytiker vor. Ihre von mir bestätigte Beobachtung von Müdigkeit löste eine von irrationaler Sorge motivierte Unruhe aus: Hinter meiner Abgespanntheit wurde eine ernste Krankheit vermutet, so daß mir weitere Belastungen nicht mehr zugemutet werden könnten. Die bis dahin freundliche Bemutterungstendenz nahm übertriebene Formen an. Zwar trat eine fast vollständige Symptomheilung ein, die jedoch mit dem Selbstvorwurf verbunden war, die Behandlung nie mehr aufgeben zu können, weil sie dann keine Möglichkeit mehr hätte, sich fortlaufend davon zu überzeugen, daß mir nichts Böses widerfahren sei. Zumindest müsse sie stets zur Wiedergutmachung bereit sein. Zugleich warf sie sich vor, mir durch die Fortsetzung der Therapie zur Last zu werden, so daß sie sich während der Aufdeckung alter Schuldgefühle erneut und erst recht schuldig mache.[1]

In der langwierigen Beendigungsphase einer mehrjährigen Analyse eines Grenzfalles fiel die Patientin in extreme ambivalente Verhaltensweisen zurück. In heftigen Affektausbrüchen warf sie dem Analytiker vor, daß sie eher zufällig als Patientin angenommen worden sei, um als Versuchsobjekt wissenschaftlich ausgebeutet zu werden. Der Analytiker sei ein herzloser Theoretiker.

Die meisten Patienten bringen, wenn auch in milderer Form, ähnliche Anschuldigungen vor. Je extremer die Vorwürfe werden, desto mehr wundern sie sich zugleich, daß Analytiker ihr mißtrauisches und aggressives Verhalten überhaupt tolerieren können. Tatsächlich widerspricht die „gelassene" analytische Haltung der Erwartung des gesunden Menschenverstands: Im allgemeinen führen Haßausbrüche früher oder später zu heftigen Gegenreaktionen. Nach dem Motto: „Auge um Auge – Zahn um

Zahn". Nach meiner Erfahrung ist es deshalb oft unerläßlich, dem Patienten deutlich zu machen, wie man es aushalten kann, über lange Strecken entwertet oder angeschuldigt zu werden. Ich sagte der Patientin also, daß ich durchaus auch ein theoretisches Interesse an ihren Problemen hätte, über sie also viel nachdächte, das mache es mir möglich, ihre exzessiven und unkontrollierten Ausbrüche zu ertragen. Ich verstünde ihren Haß als Versuch, ihre erlebte Ohnmacht und Ungleichheit zu beseitigen. Nach dieser Deutung trat bei der Patientin eine Beruhigung ein, und ich selbst hatte mein Gleichgewicht wiedergewonnen.

Abschließend möchte ich einige kritische Anmerkungen zur Bifokalität der Übertragung vorbringen, die zu erwarten sind. Geläufig ist der Einwand, daß ja auch die bewährte Widerstandsanalyse von der Oberfläche in die Tiefe gehe. Schon W. Reich und Groddeck hatten tatsächlich die Auslösung der Übertragung in ihrer Technik durch folgenden Hinweis gekennzeichnet: „Sie meinen jetzt mich. Was haben Sie gegen mich?" Wie andernorts ausführlich begründet wurde (Thomä u. Kächele, a. a. O., Bd. 2, S. 178 ff.), besteht eine große Diskrepanz zwischen der von mir vertretenen Auffassung zum Thema „Auslösung der Übertragung" und der Technik der Widerstandsanalyse. Durch die Anerkennung der Wahrnehmungen des Patienten erhöht sich die Selbstsicherheit, die in der Widerstandsanalyse alter Art untergraben wird. Es entsteht ein therapeutisch hilfreiches Klima des Dialogs. Freilich ist einzuräumen, daß es einer vergleichenden Psychoanalyse bedürfte, um in größerem Umfang evident zu machen, daß das in der Intersubjektivität verankerte Verständnis der Bifokalität der Übertragung anderen Formen analytischer Praxis therapeutisch überlegen ist. Zur vergleichenden Psychoanalyse gehörte auch, unter phänomenologischen Gesichtspunkten zu untersuchen, ob die Beispiele von Enactments, die Jacobs (a. a. O.) gegeben hat, mit Hilfe des Begriffs der Bifokalität prägnanter erfaßt werden können. Diese und viele andere Probleme sind in der Zukunft zu lösen.

Anmerkung

[1] Diese Vignette ist der Darstellung des Falles Dorothea X aus Bd. II des Ulmer Lehrbuches, S. 527, entnommen.

Literatur

Albani, C. et al. (1999): Die „Control Mastery"-Theorie. Forum Psychoanal., 15, 224–236.

Alexander, F. (1961): The Scope of Psychoanalysis. New York (Basic Books).

Bachrach, H.M. (2000): Notes of psychoanalysis, psychotherapy, and methodology. Psa. Inq., 4, 541–555.

Balint, M. (1932): Charakteranalyse und Neubeginn. In: Ders.: Die Urformen der Liebe und die Technik der Psychoanalyse. Frankfurt a.M., Wien, Berlin (Ullstein) 1981, 187–202.

– (1952): Der Neubeginn, das paranoide und das depressive Syndrom. In: Ders.: Die Urformen der Liebe und die Technik der Psychoanalyse. Frankfurt a.M., Wien, Berlin (Ullstein) 1981, 280–303.

Buber, M. (1957): Ich und Du. Heidelberg (Schneider).

Cavell, M. (1998): Triangulation, one's own mind and objectivity. Int. J. Psycho-Anal., 79, 449–468.

Ferenczi, S. u. O. Rank (1924): Entwicklungsziele der Psychoanalyse. Leipzig, Wien, Zürich (Int. Psa. Verl.).

Freud, A. (1936): Das Ich und die Abwehrmechanismen. München, Wien (Int. Psa.Verl.) 1954.

Freud, S. (1911b): Formulierungen über die zwei Prinzipien des psychischen Geschehens. GW 8, 230–238.

– (1922b): Über einige neurotische Mechanismen bei Eifersucht, Paranoia und Homosexualität. GW 13, 195–207.

– (1926d): Hemmung, Symptom und Angst. GW 14, 111–205.

Gill, M.M. (1982): Die Übertragungsanalyse. Frankfurt a.M. (Fischer) 1996.

– (1984a): Transference: A change in conception or only in emphasis? Psa. Inq., 4, 489–523.

– (1984b): Psychoanalysis and psychotherapy. Int. Rev. Psycho-Anal., 2, 161–180.

– (1991a): Merton Gill speaks his mind. Amer. Psychoanalyst, 25, 17–21.

– (1991b): Psychoanalysis and psychotherapy; an exchange with R.S. Wallerstein. Letters to the editors. Int. J. Psycho-Anal., 72, 159–166.

– u. I.Z. Hoffman (1982): A method for studying resisted aspects of the patient's experience in psychoanalysis and psychotherapy. J. Amer. Psa. Ass., 30, 137–168.

Gabbard, G.O. (1997): A reconsideration of objectivity in the analyst. Int. J. Psycho-Anal., 78, 15–26.

Goldberg, A. (1999): Between empathy and judgement. J. Amer. Psa. Ass., 47, 351–364.

Hanly, C. (1990): The concept of truth in psychoanalysis. Int. J. Psycho-Anal., 71, 375.

Heimann, P. (1960): Bemerkungen zur Gegenübertragung. Psyche, 1964, 18, 483–493.

Inderbitzin, L.B. u. S.T. Levy (2000): Regression and psychoanalytic technique: The concretization of a concept. Psa. Inq., 2, 195–223.

Jacobs, T.S. (2000): Unbewußte Kommunikation und verdeckte Enactments im analytischen Setting. In: Streeck, U. (Hrsg): Erinnern, Agieren und Inszenieren. Göttingen (Vandenhoeck & Ruprecht), 97–126.

Kächele, H. (1994): An ihren Früchten sollt ihr sie erkennen. Forum Psychoanal., 10, 352–355.

Kernberg, O.F. (1999): Plädoyer für eine „Drei-Personen-Psychologie". Psyche, 53, 878–893.

Klauber, J. (1980): Schwierigkeiten in der psychoanalytischen Begegnung. Frankfurt a.M. (Suhrkamp).

Klüwer, R. (1983): Agieren und Mitagieren. In: Hoffmann S.O. (Hrsg.): Deutung und Beziehung. Frankfurt a.M. (Fischer), 132–145.

– (1995): Agieren und Mitagieren – 10 Jahre später. Zeitschr. f. psychoanal. Theorie u. Praxis, 10, 45–70.

Laplanche, J. (1992): Die unvollendete kopernikanische Revolution. Tübingen (edition diskord), 1996.

Leavy, S.A. (1980): The Psychoanalytic Dialogue. New Haven (Yale Univ. Pr.).
Loewald, H.W. (1960): Zur therapeutischen Wirkung der Psychoanalyse. In: Ders.: Psychoanalyse. Aufsätze aus den Jahren 1951–1979. Stuttgart (Klett-Cotta) 1986, 209-247.
Luborsky, L. (1984): Einführung in die analytische Psychotherapie. Berlin (Springer) 1988.
Rapaport, D. (1944): The scientific methodology of psychoanalysis. In: Ders.: The Collected Papers of David Rapaport. New York (Basic Books), 1967, 165–220.
Renik, O. (1993): Analytic interaction: Conceptualizing technique in light of the analyst's irreducible subjectivity. Psa. Quart., 62, 553–571.
– (1995): Das Ideal des anonymen Analytikers und das Problem der Selbstenthüllung. Psyche, 1999, 53, 929–957.
– (1998): The analyst's subjectivity and the analyst's objectivity. Int. J. Psycho-Anal., 79, 487–497.
Sandler, J. (1976): Gegenübertragung und Bereitschaft zur Rollenübernahme. Psyche, 30, 297–305.
– u. A.-M. Sandler (1984): Vergangenheits-Unbewußtes, Gegenwarts-Unbewußtes und die Deutung der Übertragung. Psyche, 1985, 39, 800–829.
Schwaber, E.A. (1996): Toward a definiton of the term and concept of interaction: its reflection in analytic listening. Psa. Inq., 16, 5-24.
Shevrin, H. (1984): The fate of the five metapsychological principles. Psa. Inq., 4, 33–58.
Smith, H. (1990): Cues: The perceptual edge of transference. Int. J. Psycho-Anal., 71, 219–228.
Stern, D. (1998): The process of therapeutic change involving implicit knowledge: Some implications of developmental observations for adults psychotherapy. Infant Mental Health J., 19, 300–308.
Strachey, J. (1934): Die Grundlagen der therapeutischen Wirkung der Psychoanalyse. Int. Zschr. f. Psychoanal., 1935, 21, 486–516.
Thomä, H. (1983): Erleben und Einsicht im Stammbaum psychoanalytischer Techniken und der Neubeginn als Synthese im Hier und Jetzt. In: Hoffmann, S.O. (Hrsg): Deutung und Beziehung. Frankfurt a.M. (Fischer), 18–43.
– u. N. Cheshire (1991): Freud's Nachträglichkeit and Stracheys „Deferred Action": Trauma constructions and the direction of causality. Int. Psychoanal., 18, 407–427.
– u. H. Kächele (1996/1997): Lehrbuch der psychoanalytischen Therapie. 2 Bde. 2. überarb. Aufl. Berlin (Springer).
Ticho, E.A. (1974): D.W. Winnicott, Martin Buber and the theory of personal relationship. Psychiatry, 37, 240-253.
Tronick, E. (1998): Dyadically expanded states of consciousness and the process of therapeutic change. Infant Mental Health J., 19, 290–299.
Wallerstein, R.S. (1990): Psychoanalysis: The common ground. Int. J. Psycho-Anal., 71, 3–19.
– (1991): Letter to the editors. Psychoanalysis: The common ground. Int. J. Psycho-Anal., 72, 166 f.
Weiss, J. u. H. Sampson (1986): The Psychoanalytic Process. New York (Guilford Pr.).

Teil IV

Psychoanalyse als Methode und ihre therapeutischen Anwendungen

Neuere Konzepte in der Behandlung schwerer Persönlichkeitsstörungen

Ignes Sodre

Psychische Ereignisse im Grenzbereich

„Nein, wenn ich mich in den Fundamenten irrte, auf die ich baue, ist das Zentrum nicht groß genug, um eines Schuljungen Kreisel zu tragen."
(Shakespeare, *Das Wintermärchen*)

In Shakespeares *Wintermärchen* ist das Fundament, auf das Leontes baut, sein illusionärer Glaube, daß seine Frau ihm untreu geworden sei. Sein Beharren auf dieser Einbildung hat – seines Wissens nach – den Tod seiner Frau und ihrer beiden Kinder verursacht – den Tod all dessen, was ihm in seinem Leben lieb und teuer ist. Und dennoch glaubt er, er würde vor Zweifeln und Ungewißheit zugrunde gehen, hielte er nicht mehr an dieser trügerischen Gewißheit fest. Solcher Art sind die realitätsverkennenden Überzeugungen, denen sich Borderline-Patienten (oder solche, die tatsächlich psychotisch sind) hingeben. Obgleich dies selbstdestruktiv ist, wehren sie damit eine noch größere Bedrohung ab. Im Fall des Patienten, den ich im folgenden diskutieren möchte, steht dessen illusionäre Überzeugung im genauen Gegensatz zu der von Leontes: er glaubt an die Möglichkeit einer allumfassenden und absoluten Treue des Objekts, eine idealisierte Beziehung zum Analytiker, die nicht nur alle anderen Objekte ausschließt, sondern auch jegliche Getrenntheit negiert. Diese Überzeugung schützt vor unerträglichen Ängsten und bietet dem Patienten „ein Zentrum, das groß genug ist", um darin leben zu können, während die Realität so weit wie möglich in die Randbereiche seiner Wahrnehmung gedrängt wird. Jedoch verdammt diese Art des Seins den Patienten zu einer psychischen Existenz in einem Raum, der gerade groß genug ist, um „eines Schuljungen Kreisel" zu beherbergen – im Grenzbereich zwischen dem Äußeren und dem Inneren seines Objekts.

Es wäre natürlich zwecklos, hier auch nur einen Versuch zu unternehmen, die Literatur über Borderline-Phänomene zusammenzufassen. Daher möchte ich nur erwähnen, daß der theoretische Hintergrund meines Denkens in diesem Beitrag im wesentlichen auf einem von Rey beschriebenen Konzept basiert, in dem es um die Konstruktion eines Raum-Zeit-Kontinuums geht und die Psychopathologie bei schizoiden Persönlichkeitsstörungen (1979, 1994), sowie auf Steiners Konzept des seelischen Rückzugs (1987, 1993). Steiner schreibt:

> „Mit seiner Beschreibung der Strukturierung des psychischen Raumes hat Rey (1975) einen bedeutenden Beitrag zum Verständnis psychischer Rückzugszustände vorgelegt. Er nimmt an, daß das Kind nach der Geburt weiterhin in einem von der mütterlichen Fürsorge gestalteten Raum lebt, den er in Analogie zum Beutel des Känguruhs als ‚Beuteltierraum' bezeichnet, und daß eine vollständige psychische Geburt nicht eher stattfindet, bis das Kind seinen eigenen persönlichen Raum als vom mütterlichen Raum getrennte Entität abzugrenzen beginnt. Der Borderline-Patient empfindet oft, gewaltsam und zu früh aus diesem mütterlichen Raum ausgestoßen worden zu sein, und versucht, sein Aufenthaltsrecht dort zurückzugewinnen. [...] Aufgrund des äußerst konkretistischen Denkens, auf welches diese Patienten angewiesen sind, kann die zugrundeliegende Phantasie aber auch darin bestehen, in einem Hohlraum im Körperinneren des Analytikers zu leben. [...] Da dieses Innere zum wunderbaren, traumhaften Ort erhoben wird, an dem alle Sorge dem Analytiker überlassen bleibt, erlebt der Patient Trennung als schreckliche Vertreibung [...] Umgekehrt überkommt diese Patienten Angst vor der Nähe, sobald sie glauben, den Analytiker dazu verführt, überredet oder durch Täuschungsmanöver veranlaßt zu haben, ihrem Verlangen, in dem zu leben, was sie als seinen Raum empfinden, nachzugeben" (1993, S. 85 f.).

Steiner kommentiert, daß diese Patienten in einem Grenzbereich leben, den er als seelischen Rückzugsbereich bezeichnet, in dem „sie vor Angst geschützt (sind), jedoch schwerwiegende Probleme in bezug auf ihre Identität" haben (a. a. O., S. 85). Immer dann, wenn Borderline-Patienten ein mehr oder weniger permanentes Verweilen in diesem Rückzugsbereich wählen, werde dies ihre Entwicklung und ihr Wachstum behindern.

Steiners Arbeit enthält einige Gedanken über Borderline-Phänomene, die auftreten, wenn das Ich nach einer Zeit der Trennung wieder in Kontakt mit dem äußeren Objekt kommt, d. h. dann, wenn die Gefahr am größten ist, daß die Getrenntheit vom Objekt wahrgenommen wird; er beschreibt die massiven Abwehrvorgänge, die eingesetzt werden, um dieses Bewußtwerden zu verhindern und das Fortbestehen unbewußter Phantasien zu sichern, die von einem omnipotenten und allwissenden Eindringen und In-Besitz-Nehmen des Objekts handeln, das als grenzenlos wahrgenommen wird. Hieraus resultiert die Unfähigkeit, einen gedanklichen Raum zwischen Subjekt und Objekt entstehen zu lassen, in dem Umwandlungsprozesse von psychischen Inhalten stattfinden, was seelische Entwicklung unmöglich macht. Die Unfähigkeit/Weigerung, sich das Vorhandensein eines solchen benignen Raumes zwischen zwei voneinander getrennten, sich selbst zusammenhaltenden Individuen vorzustellen, die jedes für sich durch psychische und physische Häute voneinander abgegrenzt sind, läßt den Zustand, in dem selbst minimale Getrenntheit als unerträgliche Trennung erlebt wird, fortbestehen, mit den dazugehörigen Ängsten vor Ich-Fragmentierung und verfolgenden Attacken von seiten bizarrer Teile haßerfüllter Objekte. Das mit diesem spezifischen Borderline-Phänomen einhergehende Paradoxon ist, daß der Patient, der Getrenntheit unerträglich findet und eine Situation idealisiert, in der er völlig eins mit dem Analytiker ist, wobei er den Raum zwischen zwei Personen verleugnet, ständig im Grenzbereich zwischen innen und außen zu leben scheint. Hierbei geht er eine massive pathologische Identifizierung ein, um den Unterschied zwischen sich selbst und dem Objekt aufzuheben. Der seelische Rückzugsbereich deckt genau jenen Bereich ab, der nicht ein Teil des Selbst ist, jedoch vermeintlich gänzlich zu ihm gehört. Die Grenzlinie wird zum Grenzland, einem hochgradig idealisierten Bereich, in dem das Objekt eine gänzlich durchlässige Haut zu haben scheint und das Ich es in seiner Phantasie in omnipotenter Weise ganz und gar in Besitz zu nehmen vermag.

Obgleich dieser seelische Rückzugsbereich grob gesehen ungefähr das gleiche Territorium abzudecken scheint wie Winnicotts (1971) Übergangsbereich, indem er mit ihm den Charakter des Illusionären teilt, dem, was zwischen innerer und äußerer Realität ist, handelt es sich per definitionem jedoch nicht um einen Übergangsbereich, denn er ist eher antitransitionell, gegen jegliche Entwicklung gerichtet, da alle Abwehrvorgänge darauf ausgerichtet sind, externen Raum aufzuheben, während eine Welt im Inneren des Objekts erschaffen wird. An dieser pathologischen Organisation (vgl. Steiner, 1987) wird rigide festgehalten, was die Beziehung zum Objekt in Zeit und Raum statisch werden läßt, und ich würde hinzufügen, auch in der gefühlsmäßigen Temperatur. Die Entwicklung, die in solch einem Bereich stattfindet, gleicht sehr jener, die auf „eines Schuljungen Kreisel" stattfindet – Revolutionen auf einem Stecknadelkopf, Wanderungen auf einem schmalen Grat.

Klinisches Material

Um zu illustrieren, was ich unter den massiven, im Grenzbereich angesiedelten Abwehrmanövern und der Phantasie, sich in den Analytiker hineinbegeben, in ihm leben und eins mit ihm werden zu können, verstehe, die auf einer Ebene einen sehr machtvollen Zugriff auf die gesamte Persönlichkeit haben kann, möchte ich klinisches Material vom Beginn zweier Behandlungsstunden vorstellen, die sich an eine verlängerte Wochenendunterbrechung anschlossen, bei der die Trennungsängste sehr heftig waren. Ich vermute, daß das Gefühl der Einheit mit dem Objekt im Moment des ersten Kontaktes mit der Analytikerin akut bedroht ist, dann, wenn visuell wahrgenommen wird, daß sich das Objekt außen befindet, es eine physische Distanz zwischen Subjekt und Objekt zu überbrücken gilt, zwischen einem Sich-im-Raum-Befinden und einem Sich-außerhalb-des-Raumes-Befinden, was gleichzeitig die Bewegung vom Sich-außerhalb-der-Gedanken-Befinden zum Sich-in-den-Gedanken-Befinden symbolisiert.

Der Patient ist ein sehr intelligenter, sehr fragiler Mann mittleren Alters, der sich seit vielen Jahren in fünfstündiger Analyse befindet. Er ist ein Künstler, der sich aufgrund akuter Angstzustände, Depersonalisationserscheinungen, einer Angst vor Fragmentierung, eines Gefühls der Bedrohung und extremer Empfindsamkeit (Dünnhäutigkeit) in Behandlung begab. Einer der vielfältigen Auslöser für seine Panikattacken ist seine Brille: Er benötigt sehr starke Brillengläser, und wenn er das Gefühl hat, das Gestell habe sich verzogen oder sei durch Zusammenstoßen mit etwas Äußerem – z. B. einem Ast an einem Baum – in vielleicht nur minimaler Weise aus dem Gleichgewicht geraten, bricht ein Gefühl der inneren Katastrophe aus. Diese Katastrophe kann sich auch dann ereignen, wenn er nur beinahe an einen Gegenstand stößt, ihn real aber nicht berührt. Er hat Augenschmerzen, leidet stundenlang unter unerträglichen Panikgefühlen und einem Zustand, den er als eine „chemische Unausgewogenheit“ bezeichnet und als eine physische Irritation unter seiner Haut empfindet. Dies kann sich über mehrere Tage erstrecken und seinen Gemütszustand so vollständig beherrschen, daß er seinen Aufgaben nicht mehr nachgehen kann. Im Verlauf der Analyse hat sich diese Symptomatik verringert, aber nicht gänzlich beseitigen lassen, und sie taucht auch im Material auf, das ich hier vorstelle.

Dieser Mann erlitt traumatische Trennungen im frühen Säuglingsalter, als ihn seine Mutter für mehrere Wochen verließ, um sich in einem weit abgelegenen Teil ihres Herkunftslandes wegen ihrer sehr gravierenden Ekzeme (hauptsächlich an Armen und Händen) in einem Krankenhaus behandeln zu lassen. Man könnte annehmen, daß ihre „gepeinigte“ Haut ihr den physischen Kontakt mit ihm auch dann, wenn sie bei ihm war, sehr erschwerte. Noch vor seinem sechsten Lebensjahr wurde er in einem Kinderheim untergebracht, und von diesem Zeitpunkt an wohnte er nur noch sporadisch bei seiner Familie. Erst während der Spätadoleszenz verbrachte er wieder einige Jahre bei seiner Mutter und den Großeltern (seine Eltern waren geschieden). Er hat keine guten Erinnerungen an seine Kindheit und scheint ein zutiefst unglücklicher, einsamer und verängstigter kleiner Junge gewesen zu sein. Er empfand seine Eltern als gänzlich unfähig, sich in ihn einzufühlen. Sein Vater erschien ihm kalt und zurückweisend, seine Mutter ziemlich aufbrausend, theatralisch und auch unzuverlässig. Er datiert den Anfang seiner Schwierigkeiten mit seiner Brille auf einen Vorfall während der Pubertät, als er seine Mutter verbal attackierte und sie ihn daraufhin ohrfeigte, wobei seine Brille zerbrach.

In der Übertragungsbeziehung findet eine ständige Idealisierung der Analytikerin wie auch der gesamten Analyse statt, als einziger „Ort", an dem sich der Patient sicher fühlen kann. Er macht den Eindruck, als ob er Deutungen verstünde, jedoch erzeugen sie keine grundlegenden Veränderungen, da er sie auf subtile Weise umbaut und verändert, bis sie mit seinen Vorstellungen übereinstimmen. Es ist deutlich zu spüren, wie er sich durch die sorgfältige Aufmerksamkeit, mit der sich die Analytikerin seinen seelischen Zuständen widmet, unterstützt und bestätigt fühlt, jedoch mißbraucht er dieses einfühlende Verständnis dazu, ein Gefühl gegenseitiger Übereinstimmung zu vertiefen. Der Patient versäumt nie eine Stunde, kommt immer zehn Minuten zu früh und wartet im Wartezimmer. Er wirkt dort gänzlich immun gegen jegliche Gefühle von Schmerz, die durch das Wartenmüssen oder die Eifersucht auf andere Patienten ausgelöst werden könnten – ich vermute, daß er den Warteraum/die Wartezeit wie Reys idyllischen „Beuteltierraum" empfindet. Wenn ich komme, um ihn abzuholen, schenkt er mir meist ein warmes Lächeln und nimmt dabei sehr intensiven Augenkontakt auf.

Zu Beginn einer Dienstagsstunde nach einem verlängerten Wochenende anläßlich eines Feiertags schaut er mir sehr intensiv in die Augen und beginnt, noch bevor er sich richtig auf der Couch niedergelassen hat, einen Traum zu erzählen. Dieses Gefühl von Dringlichkeit erscheint mir außergewöhnlich akut.

> Eine Frau, es handelt sich wohl um seine Freundin, sitzt auf einer Bank in einer Bahnstation und wartet auf ihn. Als er ein paar Tage später dorthin zurückkehrt, sitzt sie immer noch auf ihn wartend da. Er küßt sie, wobei er annimmt, daß sie Mundgeruch haben würde, da sie sich so lange nicht die Zähne putzen konnte, doch sie hat keinen unangenehmen Mundgeruch. Sie sagt in einem freundlichen und scheinbar neckenden Ton: „Du schuldest mir noch eine holländische Kappe". (Im Orig. „Dutch cap", ugs. Bezeichnung für Diaphragma, im Deutschen gibt es kein ugs. Äquivalent; Anm. der Übers.)

Er hat recht vage Assoziationen von einer holländischen Freundin, mit der er vor langer Zeit zusammen war; er sagt, es werde ihm nun klar, daß der Traum etwas mit meiner Abwesenheit während des verlängerten Wochenendes zu tun haben müsse. Dann berichtet er von einem Roman, in dem beschrieben wird, wie jemand eine doppelte Schwangerschaftsverhütung, Kondom und Diaphragma, anwendet, was ihm seltsam und übertrieben vorkommt.

In meiner Deutung spreche ich ihn auf seine Ängste davor an, in welchem Zustand er mich bei seiner Wiederbegegnung mit mir vorfinden werde, da er mich in seiner Phantasie bewegungslos festgenagelt zurückgelassen hat, mit dem entsetzlichen Gefühl, auf ihn warten zu müssen, ohne innere Ressourcen, um dies bewältigen zu können. Ganz unwillkürlich spreche ich von einem „schlechten Geschmack im Mund" statt eines „schlechten Geruchs". Er reagiert sofort darauf und sagt, daß ich natürlich recht hätte, es würde sich eher um einen schlechten Geschmack als um einen schlechten Geruch handeln – als ob ich ihn verbessert hätte und er sich meiner Deutung anschließen würde. Ich mache ihn darauf aufmerksam, daß es sich bei einem „Geruch" um eine Wahrnehmung aus seiner Sicht handelt, während sich ein „Geschmack" auf eine Empfindung aus der Sicht der Frau bezieht, und daß er sich nicht nur in Übereinstimmung mit mir begeben möchte, sondern auch wünscht, es gäbe nur eine Sicht der Dinge, als wären wir eins.

Meiner Meinung nach handelt es sich hier um eine sehr aufschlußreiche Vertauschung und nicht um gewöhnliche Anpassung. Als ich „Geschmack" anstelle von „Geruch" sagte, fühlte er sich hinausgedrängt, wurde des Getrenntseins von mir gewahr. Sofort wehrte er dies ab, indem er mit mir eins wurde. In seiner unbewußten Phantasie begibt er sich, wie im Traum, in meinen Mund/meine Gedanken hinein, es ist für ihn nicht mehr wahrnehmbar, wer draußen ist, getrennt, mit eigenen sensorischen Wahrnehmungsfähigkeiten; er, der riechen kann, wird ausgelöscht. Dies wirft die Frage auf, inwieweit er seine Denkfähigkeit durch dieses Bestreben, die eigenen Wahrnehmungen zu tilgen, ernsthaft schädigt.

Meines Erachtens ist die Frage, die im Zusammenhang mit dem Diaphragma („Dutch cap") auftaucht, sehr wichtig. Ich denke, daß diese „seltsame", „übertriebene", vermeintlich überflüssige „doppelte Verhütung" die ihm so verhaßte Einsicht verkörpert, daß eine Objektbeziehung nur zwischen zwei Individuen stattfinden kann, die jeweils eine eigene, voneinander getrennte Haut besitzen und über einen eigenen Raum verfügen. Diese Art von Getrenntheit ermöglicht es dem Objekt, eigene Bewegungen zu vollziehen wie auch das eigene Denkvermögen zu nutzen und in Beziehung zu einem dritten Objekt zu treten (der Gebrauch der Zahnbürste stellt beide Möglichkeiten dar – die geistige Aktivität und die Beziehungsaufnahme). Die „freundliche" Stimmung im Traum – die Frau sagt: „Du schuldest mir noch eine holländische Kappe", eine Haut, aber sie meint es nicht ernst, sondern scherzend – zeigt, wie Deutungen, die ihm ein Gefühl des Getrenntseins von mir vermitteln, mit

Hilfe seiner manischen Abwehr unbewußt so subtil verändert werden, daß daraus ein „sie meint es nicht wirklich so" wird. Dies ist eine der vielfältigen Methoden, mit denen Deutungen unwirksam gemacht werden können.

Es folgten Assoziationen zum Thema ‚body piercing', Infektionsgefahr, Erinnerungen an eine frühere Freundin, die er kränkte, als er glaubte, einen üblen Geruch aus ihrer Vagina wahrgenommen zu haben („aber vielleicht war es nur eine Einbildung"). Gegen Ende der Stunde erinnert er sich an einen Vorfall, der schon Jahre zurücklag und bei dem er fast gestorben wäre: er verlief sich im Schnee in den Bergen und wurde erst nach Tagen gefunden. Was ihm unmittelbar hierzu einfiel, war die Liebenswürdigkeit der Menschen, die ihn fanden und pflegten. Ihnen schien es nichts auszumachen, daß er mit Kot bedeckt war, da er mehrere Tage bewegungsunfähig in seinem Schlafsack verbracht hatte. Sie wuschen ihn in ihrer Badewanne. In sehr anrührender Weise beschrieb er ihre Fürsorge, die er während jener Tage in ihrem Haus erhalten hatte, und schilderte mir dann, wie schmerzhaft es sich angefühlt hatte, als sich seine erfrorenen Zehen zu regenerieren begannen, ein Gefühl, als ob sie brannten.

Er hatte bereits mehrmals zuvor über diese Begebenheit gesprochen. Sie hatte sich während einer Urlaubsunterbrechung in der Analyse ereignet. Als er jegliche Hoffnung verloren hatte, noch rechtzeitig gefunden zu werden, schrieb er eine Mitteilung, in der er erklärte, daß sein Tod unbeabsichtigt war. Er hatte seinen Kompaß verloren und konnte den Weg zurück nicht finden. Er hatte befürchtet, ich würde annehmen, er wollte Selbstmord begehen.

In dieser Stunde dachte ich, daß diese Erinnerung das Gegenteil von dem Trauminhalt darstellt und daß ein integrativer Prozeß in Gang gesetzt worden war – wenn er nicht da ist, stirbt er nahezu an der Kälte, die ihn aufgrund der Trennung befällt. Er ist es, der bewegungsunfähig wird, nicht sein Objekt. Der üble Geruch kommt von ihm, und seine Objekte (es handelt sich eher um zwei als um eins) sind nicht hilflos, sie können mit seinen übelriechenden Inhalten umgehen, auch wenn diese noch so primitiv sind. Dies löst in ihm ein Gefühl der Erleichterung und Dankbarkeit aus. Ich hatte den Eindruck, daß er von seinem Objekt gehalten wurde, anstatt sich in dessen Innerem zu befinden. Ich fragte mich, ob der Schlafsack eine weniger idealisierte Version des seelischen Rückzugsbereichs darstellte, der ihn zwar am Leben erhalten hatte, jedoch lediglich auf eine äußerst dürftige Weise, da er weder Nahrung hatte noch seine übelriechenden Körperinhalte verarbeiten oder loswerden konnte. Obwohl er hier nicht von der Notiz sprach, mit der er mitteilte, daß er sich nicht umbringen wollte, erinnerte ich mich daran, wie sehr mich seine Fähigkeit berührt hatte, in jenem Augenblick an mich zu denken und daran, wie verstört ich, seiner Vermutung nach, wohl sein würde. Obgleich er mich von dieser furchtbaren

Schuld „freigesprochen" hat, war und bleibe ich weiterhin in hohem Maß besorgt um seine recht schwache Verbindung zu seinem psychischen Kompaß.

Am Mittwoch sagt er, sein erster Gedanke sei gewesen: „Sie sehen müde aus." Dann berichtet er, was tags zuvor passiert war und ihn befürchten ließ, seine Brille könnte beschädigt werden: jemand hatte die Temperatur in der Sauna seines Hauses sehr hoch gestellt. Er bemerkte dies und ging nicht hinein, aus Angst, die Hitze könnte seinem Brillengestell schaden, es in irgendeiner Weise verziehen. Obgleich er nicht hineingegangen war, fühlte er sich anschließend und auch noch zum gegenwärtigen Zeitpunkt sehr verstört und „chemisch unbalanciert" (d. h., er verspürte eine starke physische Irritation unter der Haut). Doch wenn er heute im Verlauf des Tages noch einen Saunagang mit normaler Temperatur haben könnte, würde es ihm vielleicht besser gehen. Er macht eine Pause, sagt, wie sehr es ihn frustriert, daß er so empfindsam ist – er müsse dabei an den großen Unterschied zwischen sich und jenem Psychiater denken, bei dem er vor Jahren in Psychotherapie war, der sehr einflußreich war, sich jedoch in Wirklichkeit recht delinquent und grausam dem Patienten gegenüber verhalten hatte. Er erinnert sich daran, wie gut dieser andere imitieren konnte – er konnte die Straße entlanglaufen und „war" dann ein paranoid-schizophrener Patient. Ebenso konnte er, wann immer er wollte, von einer Sekunde auf die andere damit aufhören und wieder er selbst sein; er hingegen (mein Patient) wird durch das Saunaerlebnis geängstigt, obwohl er weiß, daß nichts geschehen ist, er nicht einmal hineingegangen ist. Er weiß, daß seine Angst auf etwas Eingebildetem beruht, aber das nimmt ihm nicht seine Panik.

Es ist wichtig, sich zu vergegenwärtigen, daß der Patient, wenn er aufgrund einer möglichen Beschädigung seiner Brille in Panik gerät, nicht im geringsten um seine Sehfähigkeit besorgt zu sein scheint – die Angst ist sehr diffus, mehr an einen irritierenden Schmerz in seinem linken Auge geknüpft (es ist immer dasselbe Auge, wahrscheinlich handelt es sich um eine Konkretisierung seines verlassenen Selbst, ‚I' – lautgleich mit ‚eye' (Auge; Anm. der Übers.) –, ein diffuses Gefühl von Angst, als ob er in Stücke zerbrechen würde, verknüpft mit seinem Gefühl „chemischer Unausgewogenheit" unter der Haut.

Ich war sehr verblüfft über seine Assoziation zu dem Psychiater, der in dem Zusammenhang keine normale, offen erkennbare Logik innezuwohnen schien: Er sprach über Zerbrechlichkeit, und schauspielern zu können schien nicht unmittelbar ein Zeichen offensichtlicher seelischer Stärke. Als ich jedoch über die unbewußte Bedeutung seines Symptoms nachdachte – vermutlich hatte es etwas mit seiner klaustrophobischen Angst davor zu tun, sich in ein „zu heißes" Objekt hineinzubegeben –, schien die nachfolgende Assoziation natürlich einen Sinn zu bekommen.

Ich betone dies, weil ich denke, daß ein neurotischer Patient einige eher „nachvollziehbare", wenn auch abwehrbedingte Schritte zwischen dem einen Einfall und den darauffolgenden eingelegt hätte.

Ich glaube, daß der Patient hier unbewußt eine Unterscheidung zwischen seiner eigenen Art macht, sich massiver projektiver Identifizierungen zu bedienen, um in das Objekt hineinzugelangen, wobei er sich selbst in eine gefährliche klaustrophobische Situation bringt, in der er sein Identitätsgefühl verliert und gewaltsam in einen fragilen hautlosen Zustand verbannt zu werden droht, und der Fähigkeit dieses bösen Objekts, ohne Identitätsverlust oder andere Formen psychischen Leidens einzudringen und böswillig zu verlassen. Ich nehme an, daß das, was als eine (gesunde) Fähigkeit betrachtet werden könnte, sich vorübergehend identifikatorisch in die Lage von jemand anderem hineinzuversetzen, ohne einen Identitätsverlust zu erleiden (vgl. Sodre, 1997), hier als die grausame Aktivität eines omnipotent bösen Objekts empfunden wurde.

Einige weitere Gedanken zu diesem Material:

1. Ich vermute, daß die klaustrophobische Reaktion daraus hervorgegangen sein könnte, daß ich den Schwerpunkt auf das Innere/Äußere des körperbezogenen Materials legte; vielleicht nahm er meine Bezugnahme auf das Innere meines Körpers (Geschmack/Geruch) wie auch die Thematisierung meiner Hautlosigkeit (kein Diaphragma) in zu konkretistischer Weise auf. Obgleich seine idealisierende Übertragung auch ein Element diffuser Erotisierung enthält, empfindet er diese gewöhnlich als angenehm warm temperiert, eher als eine Sensualisierung denn eine Sexualisierung. Das offensichtlichere sexuelle Material im Traum und in den Assoziationen sowie in den dazugehörigen Deutungen wandelte die angenehm warme Intensität des Verschmelzens (die „therapeutische" Sauna) in ein Erlebnis einer „zu heißen" klaustrophobischen Situation um.
2. Obwohl ich nach der letzten Stunde voller Hoffnung war, daß sich eine positive Veränderung angebahnt hätte, weist sein letzter Einfall mit der Erinnerung an seine durch die Blutzirkulation „verbrennenden" Zehen in die entgegengesetzte Richtung: Als er gewahr wird, daß seine „Genesung" ein sehr schmerzlicher Vorgang sein würde, beginnt ein kleiner Teil von ihm die eher gemäßigt warme Atmosphäre, in der er behaglich vom Objekt gehalten wird, zu verlassen und macht sich daran, tiefer einzudringen. Dies ereignet sich wahrscheinlich dann, wenn er spürt, daß seine Stunde zu Ende geht und seine Trennungsangst wieder ein Verschmelzungsbedürfnis in ihm hervorruft. Dies erinnert mich an eine Vignette von Rey (1979), in der sich ein psychotischer Patient auf der Couch gänzlich in einer projektiven Identifizierung mit dem Analytiker befindet; da jedoch seine Füße

über das Ende der zu kurzen Couch hinausragen, stellt er sich vor, daß sie aus dem Körper seiner Mutter herausragen und sein Vater sie abhacken wird.

3. Wie ich bereits erwähnte, denke ich, daß das Sauna-Material ein Bewußtsein der Gefahren enthält, die der Verschmelzung mit dem Objekt innewohnen. Die auf seine Brille bezogene Panikattacke stellt den beängstigenden Aspekt der in der vorhergehenden Stunde geleisteten Arbeit dar – seine Angst vor Veränderung, vor der Erkenntnis, daß sich seine Augen und meine Augen nicht gänzlich decken. Er bringt die Frage der Identifizierung in direkter Verbindung mit dem Material über den grausamen Psychiater, was auch auf die negative Übertragung hinweist, die durch seine Angst vor und Ablehnung von Unterschieden ausgelöst wird. Da er jedoch enorme Widerstände dagegen hat, sich negativer Gefühle gegenüber seiner Analytikerin bewußt zu werden, wird dies sofort in ein böses Objekt aus der Vergangenheit projiziert. Ich stellte mir jedoch auch die Frage, ob dieses böse Objekt (das in der Realität selbstsüchtig, omnipotent, ausbeuterisch ist) in dieser Stunde auch durch seinen Zorn und seinen Neid auf meine Stärke aufkam, die daher rühren, daß ich psychische Grenzen habe und die Fähigkeit besitze, seinen Standpunkt zu verstehen und dabei meinen eigenen zu bewahren. Neid zeigt sich bei ihm, weil er, wie er betont, es verabscheut, mit solch einem Gefühl der Bedrohung leben zu müssen, sein Groll bezieht sich darauf, daß er, während er eine Deutung aufnimmt, zumindest vorübergehend unserer Getrenntheit gewahr sein muß. Ich fragte mich, ob die „grausame Verkörperung des schizophrenen Patienten" so etwas wie eine abstoßende Karikatur meiner Fähigkeit war, ihn zu verstehen, ohne er zu „werden," meiner Fähigkeit, mich vorübergehend auf seinen Standpunkt zu begeben und mich wieder auf meinen zurückzubewegen, was er in der betreffenden Situation als eine gegen ihn gerichtete Attacke empfindet, mit der ich ihn verspotte und demütige.

4. Die Verbindung von Auge und Haut, im Gegensatz zu Auge und Sehfähigkeit, gehört ganz offensichtlich zu der Welt, in der die Sicht aus dem exakt gleichen Sichtwinkel der ultimative „Beweis" dafür ist, daß er in meiner Haut lebt. Daher taucht das Symptom gewöhnlich im Zusammenhang mit seinem Gefühl auf, sich außerhalb seines Objekts zu befinden, insbesondere wenn ihm durch eine Deutung vorübergehend bewußt zu werden droht, daß ich anders denke als er; die beängstigende Erfahrung, die er immer außerhalb des Behandlungsraums macht, ist die von Objekten, die schnell und gewaltsam in sein Gesichtsfeld rücken – ein Blatt, das an seine Brille stößt, jemand, der etwas in seine Richtung wirft oder eine plötzliche Bewegung in seiner unmittelbaren Nähe macht. Er fürchtet sich vor der winzigsten Veränderung an seiner Brille, durch die die völlige Übereinstimmung zwischen Brille und Augen zunichte gemacht werden könnte, was ich als seinen

Wunsch verstehe, daß seine und meine Augen sich ganz genau an der gleichen Stelle befinden sollen – Auge-in-Auge anstatt von Auge-zu-Auge. Daß ich eine unterschiedliche Sicht der Dinge haben könnte, auch wenn sie noch so gering wäre, wirkt wie eine schreckliche Bedrohung. Obwohl er die Vorstellung einer grenzenlosen Beziehung zwischen uns hochgradig idealisiert, macht ihn das Fehlen einer angemessenen psychischen Haut sehr verletzlich, so daß er, sobald er aus meinem Raum oder meinen Gedanken tritt, in einer gefährlichen Welt lebt. Eine weitere große Angst von ihm bezieht sich auf Verunreinigung, wogegen er ausführliche Zwangsrituale durchführt, in denen sowohl klaustrophobische als auch agoraphobische Elemente enthalten sind: die Kehrseite seiner Idealisierung von ineinander übergehender Haut ist die Angst vor „schmutziger" Berührung. Seine Welt ist voller gefährlicher unsichtbarer Gegenstände, und hier wiederum macht ihn das Fehlen einer angemessenen Haut zum ständigen Opfer von Belästigungen. Sein Wunsch ist es, sich dauerhaft im Inneren eines schützenden idealisierten Objekts aufzuhalten, so weit von den Gefahren der Außenwelt entfernt wie möglich, doch, wie Steiner sagt, der „ständige Aufenthalt" an diesem Zufluchtsort macht es ihm unmöglich, eine angemessene, stabile Identität zu entwickeln.

5. Mich interessierte die Tatsache sehr, daß das „Brille-und-Haut"-Symptom im Material der Mittwochsstunde sehr deutlich im Zusammenhang mit einer klaustrophobischen Situation auftauchte und daß hier ausnahmsweise die Gefahren exzessiver projektiver Identifizierung stärker im Vordergrund standen als die Angst vor einem durch Trennung verursachten Tod. Überdies fragte ich mich angesichts dieses Materials, ob er sich nicht nur vor exzessiver Verschmelzung fürchtete, sondern auch davor, einiger Unterschiede aus der Sicht „von innen" gewahr zu werden – wir haben unterschiedliche Körpertemperaturen, unterschiedliche „Kreisläufe" (im Gegensatz zu einem Fötus im Mutterleib, der denselben Blutkreislauf mit seiner Mutter teilt), er könnte sich dessen bewußt werden, daß ich mein eigenes Inneres habe.
6. Ich habe einige Informationen über die frühkindliche Biographie des Patienten gegeben, die in direkter Beziehung zu seiner Psychopathologie zu stehen scheinen – nämlich daß die erste traumatische Trennung von seiner Mutter mit deren gravierenden Hautproblemen verknüpft war. Obgleich es natürlich unmöglich ist, zu wissen, wie die spezifischen Erfahrungen des Säuglings im einzelnen waren, sind Trennung, Getrenntheit und Hautlosigkeit auf einer gewissen Ebene eins und die Mutter mit ihrer stark beschädigten Haut zu einer Metapher und einem unbewußten Sinnbild für einen Mangel an Erfahrungen des Gehaltenwerdens und von Containment-Funktionen geworden. Zu dem Material, das ich hier darstellte, könnte man sagen, daß der Patient eine alles zusammenhaltende und umhüllende

Haut idealisiert, vorausgesetzt, daß er sich als gänzlich in ihr befindend erleben kann, wohingegen er die Haut, die auf die Getrenntheit des Objekts und dessen eigenständigen Zusammenhalt verweist, ablehnt. Die Beziehung des Patienten zu seiner Analytikerin wird von unbewußten Phantasien darüber beherrscht, in welcher räumlichen Position er sich zu seinem Objekt befindet. Wenn er „draußen“ ist, fühlt es sich für ihn an, als sei er hautlos, entweder mutterlos oder identifiziert mit einer hautlosen Mutter; da er jedoch eine Situation von „innen“ idealisiert, mit nur einer einzigen Haut für sich und sein Objekt, wird sein „hautloser“ Zustand perpetuiert. Es entsteht ein Circulus vitiosus, bei dem seine illusionäre Überzeugung, er könne sich das Innere seines Objekts völlig zu eigen machen, nur seinen fragilen Zustand dauerhaft festschreibt. Wenn man ständig in massiver projektiver Identifizierung lebt, erzeugt dies eine Situation, in der normale identifikatorische Prozesse – temporäre Identifikationen, die einen unerläßlichen Bestandteil ganzheitlicher Objektbeziehungen darstellen – nicht nur schwer zu erzielen sind, sondern zeitweilig auch gänzlich unvorstellbar erscheinen. Die Fähigkeit, sich in jemanden hineinzuversetzen, um dessen Standpunkt zu verstehen, während man seine eigene Identität bewahrt – die normale Art und Weise, jemanden zu verstehen und ihn symbolisch (anstatt in konkretistischer Weise) in Gedanken zu behalten –, gehört nicht zu dieser Ebene des Denkens.

Übersetzung aus dem Englischen von Anna-Katrin Oesterle-Stephan (Berlin)

Literatur

Rey, H. (1979): Schizoid phenomena in the borderline. In: LeBoit, J. u. A. Capponi (Hrsg.): Advances in the Psychotherapy of the Borderline Patient. New York (Aronson).

– (1994): Universals of Psychoanalysis in the Treatment of Psychotic and Borderline States. London (Free Assoc. Books).

Sodre, I. (1997): Who's Who. Notes on Pathological Identifications. (In Vorber.).

Steiner, J. (1987): Die Wechselwirkung zwischen pathologischen Organisationen und der paranoid-schizoiden und depressiven Position. In: Bott Spillius, E. (Hrsg.) (1988): Melanie Klein Heute. Bd. 1. München, Wien (Verl. Internat. Psychoanal.) 1990, 408–431.

– (1993): Orte des seelischen Rückzugs. Stuttgart (Klett-Cotta) 1998.

Winnicott, D. (1971): Übergangsobjekte und Übergangsphänomene. In: Ders.: Vom Spiel zur Kreativität. Stuttgart (Klett-Cotta) 1993, 10–36.

Stavros Mentzos

Das Psychose-Modell des Frankfurter Psychose-Projekts und seine therapeutischen Konsequenzen

Vorbemerkung

Das in der Abteilung für Psychotherapie und Psychosomatik im Zentrum der Psychiatrie im Klinikum der Universität Frankfurt am Main in den achtziger und neunziger Jahren entstandene Frankfurter Psychose-Projekt (FPP), das seit 1997 vom gleichnamigen Verein getragen wird, stellt den Versuch einer nunmehr auch überregionalen Koordinierung der Integration und der gegenseitigen Informierung über psychoanalytisch orientierte Psychotherapie von Psychosen dar. Die dabei entstehenden theoretischen Modelle und praktisch-therapeutischen Techniken sind ständig im Fluß und werden gerade auch durch die angestrebte Kommunikation mit anderen Zentren der Psychosen-Therapie weiterentwickelt. Der vorliegende Beitrag beschreibt das zum jetzigen Zeitpunkt dem Projekt zugrunde liegende Psychose-Modell sowie einige daraus resultierende therapeutische Konsequenzen.

Im folgenden soll die These begründet werden, daß die psychotische Dynamik maßgebend durch ein ihr zugrunde liegendes Dilemma charakterisiert wird. Eine solche Annahme ist Freuds Auffassung der Psychose näher, als man üblicherweise annimmt. Denn was sie von den Auffassungen vieler der späteren Psychoanalytiker unterscheidet, ist nicht so sehr die Überzeugung Freuds, Psychosen seien durch die psychoanalytische Methode nicht angehbar, weil keine Übertragung stattfinde (Freud, 1911c), sondern die Tatsache, daß er den psychotischen Prozeß als einen aktiven, defensiven Vorgang zur Abwehr eines *Konfliktes* begreift, der eine unerträgliche intrapsychische Spannung erzeuge. Der Konflikt also und nicht die durch einen Defekt hervorgerufene Ich-Schwäche bzw. passiv erlittene Ich-Störung liegt nach Freud der Psychose zugrunde. Zwar stellt Melanie Klein (1946) eine der wenigen Ausnahmen unter den Nachfolgern Freuds insofern dar, als sie ebenfalls von einem Konflikt ausgeht, wenn auch einem anderen als Freud, wie wir gleich sehen werden. Aber abgesehen von dieser und einigen anderen wenigen Ausnahmen wurden in der relevanten psychoanalytischen Literatur die Überlegungen von Freud zur Thematik zwar respektvoll zitiert – sei es seine Auffassung, daß die Psychose der Abwehr der Homosexualität diene (Freud, a. a. O.) oder aus einem gravierenden Konflikt zwischen Ich und Realität resultiere (Freud, 1924b) –, in der Praxis jedoch nicht weiter verfolgt. Dies ist übrigens zunächst auch gut verständlich angesichts der Tatsache, daß die als gravierende Ich-Störungen imponierenden psychotischen Symptome – im Gegensatz zum relativ „normalen" Ich des Neurotikers – nicht zu übersehen sind.

Wie aber, wenn diese gravierenden „Ausfälle" und Störungen des Ichs wenigstens zum großen Teil nur *Folgen* oder zwangsläufige Begleiterscheinungen jener von Freud vermuteten Abwehr und Kompensation, wenn die intrapsychischen Gegensätzlichkeiten also das Primäre wären?

Dies ist die Linie, der ich in meiner Argumentation folge, auch wenn ich selbstverständlich – wie viele andere Psychoanalytiker auch – erhebliche Einwände und Korrekturwünsche in bezug auf die spezielle *Art* dieser Gegensätzlichkeiten und Konflikte (wie sie Freud oder Melanie Klein konzeptualisiert haben) vorbringen werde. Dessenungeachtet halte ich aber das dynamische Verständnis der Psychose als eines aktiven, defensiven und kompensatorischen Vorganges (auch in der Form, wie Freud ihn begriffen hat) bei weitem für adäquater als das Defekt-Modell. Tatsächlich erlebe ich psychotische Patienten in längeren Behandlungen weniger als Ich-Geschwächte und Ich-Gestörte, sondern eher als in Widersprüchlichkeiten verfangene Menschen. Dies ist bei der akuten, floriden Psychose ohnehin direkt erfahrbar und beobachtbar. Aber auch in Fällen mit einer chronischen Minus-Symptomatik, in denen dieses Dilemma zunächst schwer zu erkennen ist, vermißt man sie in der in einer längeren Behandlung sich entwickelnden Übertragung niemals – eine Übertragung, die kaum je ausbleibt. Wir wissen heute, daß die diesbezügliche Aussage Freuds revidiert werden muß: Es gibt bei psychotischen Patienten sogar eine sehr starke Übertragung, die sich jedoch von derjenigen bei Neurosen unterscheidet und auch therapeutisch anders angegangen werden muß.

Man wird mich aber mit Recht fragen: Wie sind, bei einer solchen Auffassung der Psychose, die gravierenden kognitiven Ich-Störungen zu verstehen? Wie lassen sich die pathologische Durchlässigkeit der Ich-Grenzen, die Schwierigkeiten, Selbst von Nicht-Selbst zu unterscheiden, das Gefühl, von anderen beeinflußt oder hypnotisiert zu werden usw., erklären? Woher kommen die massiven Beeinträchtigungen der Realitätsprüfung, die Wahnideen, die Halluzinationen? Oder was hat der Beziehungswahn oder der Liebeswahn oder die Verschmelzung in der fusionellen ekstatischen Psychose mit dem oben angesprochenen Dilemma zu tun? Ich muß die Beantwortung dieser Fragen zurückstellen, um zuerst über die Art des zu vermutenden Dilemmas, der zu vermutenden intrapsychischen Gegensätzlichkeit zu sprechen.

Man kann heute aufgrund unserer Erfahrungen mit langjährigen Behandlungen psychotischer Patienten behaupten, daß die Psychose nicht speziell der Abwehr der Homosexualität dient (wie Freud angenommen hatte), wohl aber – und hier wären wir, wie ich glaube, partiell auf Freuds Linie – der Abwehr der Angst vor dem gleichermaßen anziehenden und ängstigenden Objekt; oder allgemeiner: es handelt sich um die Abwehr der Angst vor der unerträglichen intrapsychischen Spannung angesichts eines unversöhnlich erscheinenden Gegensatzes zwischen selbstbezogenen und objektbezogenen Tendenzen, eines Dilemmas, das das Selbst zu zerstören, zu zersplittern droht. Versucht man diese etwas objektivierende Formulierung zu vermeiden und sich mehr am subjektiven Erleben des Patienten zu orientieren, könnte man das Dilemma auch so formulieren: *Selbstverlust versus Objektlosigkeit.* Der Patient gerät in eine Konstellation, in der der Verzicht auf das eine oder das andere unausweichlich erscheint. So weit entfernt von Freuds Betrachtung ist diese Arbeitshypothese aber nicht. Seine Annahme, die Psychose sei die Abwehr der Homosexualität, könnte nun als ein spezieller Fall des geschilderten Dilemmas begriffen werden. Seine zweite Hypothese wiederum, der Psychose liege ein Konflikt zwischen dem Ich und der Realität zugrunde, können wir folgendermaßen verstehen: Es handelt sich dabei nicht um den primären Konflikt, sondern um einen aufgrund der Abwehr des oben genannten Grunddilemmas resultierenden Gegensatz zwischen Ich und Realität. Es ist also ein sekundärer Konflikt, eine als Folge zwangsläufig auftauchende Diskrepanz zur Realität. So gerät z. B. der Wahnkranke aufgrund der aus Abwehrgründen notwendig gewordenen Umkehr oder sonstigen Verzerrung der Realität (siehe unten) selbstverständlich in „Konflikt" mit ihr. Eine Fokussierung des Interesses auf dieses Grunddilemma findet man übrigens in den letzten zwanzig bis dreißig Jahren bei verschiedenen psychoanalytischen Autoren, wenn auch oft in anderen Termini und nicht speziell bei den Psychosen.

Der Unterschied unserer Auffassung zu derjenigen von Melanie Klein scheint zunächst einmal ein grundsätzlicher zu sein: Bei ihr ist nicht, wie bei uns (und bemerkenswerterweise auch bei Freud!) ein mit Gefahren verbundener Vereinigungswunsch mit dem Objekt das Problem, sondern die immense Aggression gegen das Objekt, und zwar gleichgültig, ob diese Aggression als direktes Produkt des Todestriebes oder als Reaktion auf eine unvermeidliche Frustration des Säuglings durch die Mutter konzeptualisiert wird. So dient z. B. in der Kleinschen Auffassung (1946) der Verfolgungswahn der Projektion dieser eigenen, mörderischen Impulse und nicht, wie ich glaube und wie wahrscheinlich auch Freud annahm, der Distanzierung vom zugleich anziehenden und gefährlichen Objekt. Trotzdem möchte ich auch hier meine Vermutung zum Ausdruck bringen, daß wenigstens die Meta-Kleinianer, zum Teil aber auch schon Melanie Klein selbst, nicht gänzlich im Gegensatz zu unserer

Position stehen, weil die erwähnte Projektion der mörderischen Aggression letzten Endes dem Wohl des Objekts dient. Es soll durch diese Aggression nicht zerstört werden, was ja zur Objektlosigkeit und zum Verlust des potentiellen Liebesobjekts führen würde.

Soviel zum Grunddilemma bzw. zu seiner schärferen begrifflichen Abgrenzung mit Hilfe des Vergleichs mit den Auffassungen von Sigmund Freud und Melanie Klein.

Eine dynamische Sicht des psychotischen Prozesses

Empirisch unterstützt wird unsere Annahme durch die Tatsache, daß psychotische Episoden sehr oft durch Ereignisse und Konstellationen ausgelöst werden, die den geschilderten Gegensatz, das geschilderte Dilemma, durch eine plötzlich zu große Distanz oder zu große Nähe mobilisieren. Es ist offensichtlich kein Zufall, daß eine große Anzahl von Psychosen in der Adoleszenz und anläßlich der ersten tiefergehenden Verliebtheit manifest wird. Umgekehrt führt die Trennung von der Familie im selben Alter in Fällen, in denen noch eine starke symbiotische Beziehung besteht, ebenfalls zum Ausbruch von Psychosen. Ein eklatantes Beispiel für ersteren Fall ist das, was die ältere Psychiatrie die „Verlobungspsychose" nannte. Ein Beispiel für den zweiten ist das, was die Hamburger Psychiatrie der sechziger Jahre scherzhaft als die „englische Krankheit" apostrophierte, und zwar bei Mädchen, die als Au-pair-Mädchen nach England gingen und zwei, drei Wochen später wegen einer akut dort ausgebrochenen Psychose zurückgebracht werden mußten. In beiden Fällen wurde entweder durch die „drohende" Intensivierung der Intimität und des Vereinigungswunsches oder umgekehrt durch die mit einem Objektverlust gekoppelte und somit ebenfalls gefährliche Selbständigkeit und Entfernung vom Objekt dasselbe Problem mobilisiert, also jene mit der Problematik der Selbst-/Objektdifferenzierung zusammenhängende Gegensätzlichkeit. Ich nenne sie übrigens ein Dilemma und nicht einen Konflikt, um sie schon sprachlich von den üblichen „reifen" neurotischen Konflikten abzugrenzen.

Nun wird man fragen: Was hat denn dieses Dilemma, auch wenn es tatsächlich in der psychotischen Dynamik von zentraler Bedeutung sein sollte, überhaupt mit den oben aufgezählten psychotischen Symptomen und Störungen zu tun? Ich gehe davon aus, daß die verschiedenen psychotischen Symptome und Syndrome nicht an erster Stelle als Ich-Störungen, als Funktionsausfälle, als Resultate von Ich-Schwäche und einer passiv erlittenen Durchlässigkeit der Ich-Grenzen verstanden werden sollten, sondern als aktive, defensive und kompensatorische Mechanismen. Diese defensiven Vorgänge stellen zwar vielfach archaische, primitive und sich auf einer sehr niedrigen Organisationsstufe entwickelnde Prozesse dar, die jedoch offensichtlich unter den gegebenen Umständen die einzigen möglichen Überlebensstrategien sind und als solche auch von uns anerkannt und respektiert werden sollten.

Die Fokussierung auf das Dilemma innerhalb des psychotischen Prozesses bringt eine Relativierung der Wichtigkeit der Ich-Funktionsstörung als solche mit sich. Und was noch wichtiger ist, sie erlaubt uns, dem Patienten und seiner eigentlichen Not näher zu kommen. Obwohl die Ergebnisse der Hirnforschung als auch die ernstzunehmenden Versuche, den kognitiven Anteil der psychotischen Symptomatik besser zu verstehen, selbstverständlich nicht übergangen werden können, zeigt sich doch in der Praxis, daß eine einseitige Festlegung oder sogar ein Absolutheitsanspruch dieser (kognitiven oder hirnbiologischen) Dimension der psychischen Realität des Patienten nicht gerecht wird. Folgendes Beispiel macht das Gemeinte deutlicher:

Eine schizophrene Patientin gibt während des Rorschachtests bei allen zehn Tafeln eine Reihe von grob pathologischen, wahnhaften Antworten. Sie glaubt in allen Tafeln sich selbst in bestimmten Konstellationen zu erkennen. In der letzten bunten Tafel sieht sie sich neben Jesus, und meint, die Tafel stelle das Jüngste Gericht dar. Nachdem die Patientin mit dem ersten Durchgang der zehn Tafeln fertig war, fragte sie: „Oder wollen Sie etwas anderes hören?" Als ich dies bejahte, gab sie eine Reihe von völlig normalen, banalen, sogenannten vulgären Antworten, wie Knochenbecken, zwei Bären, zwei Kellner usw., und fügte am Ende hinzu: „Aber wahr ist das, was ich Ihnen am Anfang gesagt habe!" Diese Art „doppelter Buchführung", die keineswegs selten ist, zeigt, daß die Patientin sehr wohl in der Lage ist, die Welt in derselben Weise wie die Mehrheit der Menschheit zu sehen. Aus einem bestimmten Grund muß sie die Welt aber auf eine andere, veränderte Weise betrachten, und zwar eine solche, die ihr, psychoökonomisch betrachtet, einen gewissen „Vorteil" verschafft (hier ging es um eine Selbststabilisierung, um eine besonders vorteilhafte Selbstdefinition, die sowohl die Identität als auch die eigene Wertigkeit – neben Jesus stehen – unterstreicht). Anders ausgedrückt: Die sogenannte „Ich-Störung" steht, wenigstens in diesem Falle, im Dienste einer anderen bewußten oder unbewußten „Absicht".

Die psychotischen Symptome haben – wie gesagt – sehr oft eine defensive oder kompensierende Funktion. So bildet sich die diffuse Ängstlichkeit der akuten Psychose in dem Maße zurück, in dem sich z. B. ein Verfolgungswahn entwickelt. Die vordergründige Angst vor dem Verfolger kann offensichtlich besser ertragen werden als die eigentliche psychotische Angst, nämlich die vor der Selbstauflösung. Dabei handelt es sich bei der Wahnbildung nicht nur um eine Konkretisierung der im Bewußtsein des Patienten diffusen Angst davor, sondern auch um eine regelrechte Kompromißlösung des oben skizzierten Dilemmas zwischen Objektlosigkeit einerseits und Fusion mit dem Objekt andererseits. Wie schon die klinische Beobachtung bestätigt, dient die Wahnbildung der notdürftigen Erhaltung der Selbstkohäsion.

Sogar sehr schwer wiegende und eindeutig als Ich-Störungen imponierende Symptome wie die Denkzerfahrenheit und die „Privatsprache" des Schizophrenen kann man auch anders denn als Resultat eines Ich-Defektes oder psychoanalytisch als eine Störung der symbolischen Systeme betrachten. Der Vorgang hat nämlich die Funktion eines elementaren Schutzmechanismus. Auch wenn die hier implizierten Veränderungen der symbolischen Systeme auch andere, hirnbiologisch und kognitiv faßbare Voraussetzungen haben mögen, so gewinnt man im intensiven Kontakt mit diesen Patienten eindeutig den Eindruck, daß ihre Privatsprache sie unerreichbar macht und dadurch vor einer ihnen gefährlich erscheinenden Intrusion schützt. Diese Hypothese paßt auf jeden Fall gut zu der Beobachtung, daß sie in gewissen Situationen, in denen kurzfristig ein guter emotionaler Kontakt und gegenseitiges Vertrauen entstehen, in der Lage sind, zumindest für eine kurze Zeit auf diese Privatsprache zu verzichten und normal zu kommunizieren.

Eine solche Dynamisierung des Verständnisses des psychotischen Prozesses steht übrigens keineswegs in Widerspruch zu den deskriptiven klassifikatorischen Systemen von DSM und ICD, weil die Symptome als die beobachtbaren und operationalisierbaren Phänomene selbstverständlich auch bei einer solchen Betrachtung bestehen bleiben. Was neu hinzukommt, ist die Arbeitshypothese einer defensiven Funktion dieser zum Teil scheinbaren Dysfunktionalitäten. Im Zusammenhang damit soll hier auf einen weiteren, vielleicht den wichtigeren Vorteil des hier darzustellenden Modells hingewiesen werden.

Bei den meisten psychoanalytischen und nichtpsychoanalytischen Modellen – auch dem zuletzt von den kognitiven Psychologen, wie z. B. Andreasen (1999), angebotenen Konzept der ‚cognitive dysmetria' als zentraler Störung der Schizophrenie – kann man kritisieren, daß sie alle nur einen Teil, oft einen relativ geringen Anteil, aus der Fülle der vorkommenden schizophrenen Syndrome, wenn überhaupt, erfassen und einigermaßen glaubwürdig erklären können. Die herkömmlichen psychoanalytischen Modelle können die produktive Symptomatik psychodynamisch vielleicht besser verständlich machen, die kognitiven Theorien erklären besser die Ich-Dysfunktionalitäten, die biologische Basisstörung macht die Minus-Symptomatik verständlicher, aber es gibt kaum ein alle schizophrenen Syndrome berücksichtigendes Konzept.

Unser Modell ist, wie mir scheint, in der Lage, zur Lösung dieses Problems beizutragen. Dies geschieht durch auf folgende Beobachtungen und therapeutische Erfahrungen sich stützende Hypothesen:

Wenn wir die Psychose insgesamt als den zwar primitiven, pathologischen und sicher inadäquaten, aber immerhin aktiven Versuch der Vermeidung und/oder Pseudolösung des oben skizzierten Dilemmas verstehen, können wir uns weiter fragen, ob diese „Lösungsversuche“ einheitlich oder untereinander sehr unterschiedlich sind. Die intensive phänomenologische, aber auch psychoanalytische Erfahrung zeigt, daß das zweite zutrifft. Jeder Psychiater ist bereit, sowohl ein psychotisch-autistisches als auch ein katatones, ein halluzinatorisches, aber auch ein anderes Syndrom, das mit Wahnbildung oder mit Beziehungssetzungen, mit Liebeswahn oder mit fusionellen ekstatischen Zuständen usw. einhergeht, schizophren zu nennen. Wenn man einen solchen Psychiater fragt, warum er dies tue, wird er zunächst etwas verlegen sein und dann mit statistischen Argumenten seine Überzeugung, daß alle diese Syndrome zusammengehören, zu untermauern versuchen. Aber auch der Psychoanalytiker ist meist nicht in der Lage, diese Frage zu beantworten; er neigt dazu, alle psychotischen Syndrome generell mit einem defensiven Rückzug zu erklären – von dem Libido-Rückzug beim alten Freud (1924b) bis zu dem so fruchtbaren Konzept des Rückzugs bei Steiner (1993). Diese Hypothese funktioniert sicher in vielen Fällen, aber bei weitem nicht in allen. Es gibt akute, expansive psychotische Bilder, für die man nur schwer die Bezeichnung Rückzug verwenden kann.

Aus diesem Grund gehen wir von der Hypothese aus, daß innerhalb der Psychose (und unter dem Eindruck der unerträglichen intrapsychischen Spannung durch das geschilderte Dilemma) mehrere Möglichkeiten, mehrere Alternativen der Pseudolösung existieren, die auch real klinisch anzutreffen sind. Zunächst gibt es die Möglichkeit der Extremisierung, d. h. einer extremen Selbstorientierung (wenn man so will: einer narzißtischen Orientierung) der Abwehr; oder in anderen Fällen (bzw. im selben Fall zu anderen Zeiten) umgekehrt eine Extremisierung in Richtung einer Objektorientierung, also im Sinne einer pathologischen Identifikation, einer Vereinnahmung des Objektes usw. In beiden Fällen besteht die „Lösung“ in der Eliminierung des gefürchteten Unterschieds, der gefürchteten Anerkennung zweier getrennter unabhängiger autonomer Subjekte. Darüber hinaus gibt es aber zwischen diesen beiden Polen der Selbst- und der Objektorientierung der Abwehr auch Kompromißlösungen. Eine davon ist der Verfolgungswahn, der es, wie schon angedeutet, dem Patienten ermöglicht, eine intensive Beziehung (die Verfolger/Verfolgter-Beziehung) bei gleichzeitig – durch die Feindseligkeit – garantierter Distanz zu sichern. In ähnlicher Weise lassen Beeinflussungserlebnisse einen direkten, sogar leiblichen Kontakt bei gleichzeitiger Distanzierung durch die Ablehnung seitens des Patienten zu. Die Situation ist freilich im konkreten Fall viel komplizierter, aber bei guter Kenntnis des Patienten und Verwendung auch der eigenen Gegenübertragung gelingt es sehr oft, ihn auf diese Weise in seinem Dilemma besser zu verstehen.

Ein Beispiel: Eine Patientin, die in ihrer Kindheit in schrecklicher und sadistischer Weise von ihrer Mutter behandelt worden war, heiratete später einen Alkoholiker, der sie regelmäßig körperlich mißhandelte. Sie ließ sich scheiden, um zum zweiten

Mal einen Mann zu heiraten, der sie ebenfalls mißhandelte. Als sie schließlich auch von diesem Mann geschieden wird, entwickelt sie zum ersten Mal eine Psychose, in der sie regelmäßig nachts, so ihr psychotisches Erleben, von unbekannten verbrecherischen Männern besucht wird, die in ihrem Unterleib herumwühlen, ihr unsägliche Schmerzen bereiten usw. Als die Patientin also nicht mehr im realen sozialen Feld die grausame Kindheit reinszenieren konnte, wurde sie psychotisch, und die Psychose bestand in einer solchen Reinszenierung. Wie in allen anderen Fällen eines solchen sogenannten Wiederholungszwangs geht es ja auch um den Versuch, Kontakt zum Objekt aufzunehmen. Die Patientin aber hatte in ihrem Leben leider keine anderen Erfahrungsmuster kennengelernt als die sadistische Behandlung durch die Mutter – *so blieb sie auch innerhalb der Psychose dabei!* In ihren psychotischen „Produktionen" vermag sie kein sie zärtlich liebendes Objekt zu phantasieren. Dies wäre etwas ganz Neues und deswegen auch im Hinblick auf ihre Autonomie und Identität oder auch ihre Sicherheit (sie könnte abgewiesen oder verlassen werden) sehr gefährlich.

Ein weiterer Vorteil des Modells besteht darin, daß es in analoger Weise auch bei affektiven Psychosen anwendbar ist. Allerdings handelt es sich hier um ein anderes Dilemma: nicht um dasjenige zwischen Identität und Fusion, sondern um das zwischen einem unabhängigen und einem vom Objekt absolut abhängigen Selbstwert. Diese Formulierung vernachlässigt nicht die Bedeutung des Objektverlustes bei der Depression (und der Manie), sie unterstreicht nur die schon von Freud festgestellte Tatsache, daß nur der sich für das narzißtische Gleichgewicht negativ auswirkende Objektverlust zur Depression (oder Manie) führt, ansonsten kommt es nur zu einer normalen Trauerreaktion. Dagegen führt der Verlust des ambivalent besetzten Objekts zu einer Mobilisierung des zweiten wichtigen Dilemmas (autonome versus heteronome Selbstwertigkeit). Die extremen pathologischen „Lösungen" bestehen hier in der Manie (absolute selbstorientierte Abwehr, Mobilisierung des Größenselbst etc.) oder umgekehrt in der Depression (Unterwerfung unter das internalisierte Objekt = Über-Ich, Kleinheits- und insbesondere Versündigungswahn usw.).

Bei Patienten mit einer schizoaffektiven Psychose gewinnt man den Eindruck, daß sie das Identitäts-/Fusionsdilemma nur partiell überwunden haben und daß sie unter dem Eindruck eines Dilemmas der zweiten Art (wie bei den affektiven Psychosen: also autonome versus heteronome Selbstwertdefinition) schließlich in Richtung des schizophrenen Dilemmas „abdriften" und damit auch die dazugehörigen Abwehrmodi mobilisieren müssen (Wahnbildungen usw.).

Mit Hilfe dieser beiden Kriterien – Selbst- oder Objektorientiertheit der Abwehr und Art des zugrundeliegenden Dilemmas – gelingt es, eine präzise psychodynamische Klassifikation psychotischer Syndrome aufzustellen, die in erstaunlicher und erfreulicher Weise in der Lage ist, alle von der Psychiatrie in 200jähriger mühsamer Arbeit deskriptiv geschilderten psychotischen Zustände nunmehr auch psychodynamisch verständlich zu machen. Erst jetzt erhalten diese früher zusammenhanglos nebeneinander aufgezählten Syndrome einen Sinn, und zwar als die jeweiligen *Alternativlösungen desselben Problems,* vom Autismus bis zur psychotischen Fusion und von der Manie bis zur Schulddepression.

Ein letztes Beispiel zur Verdeutlichung dieses Bipolaritätskonzepts: Ein junger schizophrener Patient wird im Zustand der floriden Psychose zu mir gebracht. Nach Überwindung anfänglicher Schwierigkeiten im Gespräch gelingt es, guten Kontakt aufzunehmen und mit ihm eine offensichtlich auch für ihn sehr befriedigende Stunde zu haben. Er fühlt sich verstanden und ist in der Lage, wenigstens zeitweise „normal" mit mir zu kommunizieren. Wir verabreden uns für einen zweiten Termin, zu dem er aber nicht erscheint. Statt dessen erhalte ich einen Brief, in dem er mich massiv angreift und beschuldigt, ich hätte in Wirklichkeit kein echtes Interesse für ihn, ich sei als Therapeut indiskutabel usw. Erst nach drei Wochen meldet er sich telefonisch, entschuldigt sich verschämt mit einem halben Satz und bittet um einen neuen Termin. In der dann begonnenen Behandlung wird deutlich, daß er die plötzliche, für ihn besonders intensive Nähe, die er im ersten Gespräch mit mir erlebt hat, nicht ertragen konnte, sich deswegen zunächst abrupt und aggressiv von mir distanzieren mußte.

Zur Therapie

Während es sich bei der Behandlung neurotischer Störungen um symbolisch inszenierte Interaktionen in der Übertragung handelt, geht es bei der Behandlung von Psychosen um ein mehr präsymbolisch stattfindendes Affekthandlungsmuster in der realen Beziehung zum Therapeuten. Komponenten eines solchen Handlungsdialogs sind zwar in jeder Behandlung, auch der neurotischer Patienten und auch bei nichtpsychoanalytischen Verfahren, impliziert. Die Behandlung psychotischer Störungen verlangt jedoch an erster Stelle eine spezielle therapeutische Technik, bei der dieses Affekthandlungsmuster im Vordergrund steht. Die Übertragung wird also mit wenigen Ausnahmen nicht verbal gedeutet, sondern durch eine adäquate, sowohl engagierte, aber in gewisser Hinsicht auch distanzierte Haltung beantwortet. Dies ist selbstverständlich sehr schwierig, und zwar aufgrund der geschilderten primitiven Abwehrmechanismen des Patienten, die für ihn früher die einzig möglichen Überlebensstrategien waren. Bei dieser schwer veränderbaren Abwehr handelt es sich – dem Modell entsprechend – entweder um einen narzißtischen Rückzug oder umgekehrt um eine undifferenzierte globale Introjektion oder eine projektive Identifizierung. Der „gefährliche" Andere wird also entweder im narzißtischen Rückzug ignoriert oder umgekehrt durch das Rückgängigmachen des Unterschiedes zwischen Subjekt und Objekt eliminiert. Die therapeutische Haltung einer geduldigen, einfühlsamen Zuwendung bei gleichzeitiger Einhaltung von Neutralität und Respektierung der Person des Patienten ist wegen der regelmäßig sich entwickelnden starken Gegenübertragung eine notwendige, aber sehr schwierige therapeutische Aufgabe, die verständlicher wird, wenn man berücksichtigt, daß der Therapeut vom Patienten entweder ignoriert oder total vereinnahmt oder pathologisch, projektiv-identifikatorisch „verändert" wird. Dies alles kann der Therapeut nicht ohne weiteres, nicht ohne Wut, ohne Angst, ohne Verunsicherung, ohne Verwirrung und Resignation ertragen. Die adäquate (und nicht die überichhafte) Verarbeitung seiner heftigen Gegenübertragung erreicht er leichter, wenn er die Dynamik der Störung und der momentanen Interaktion verstehen kann, und noch besser und relativ leichter, wenn seine Bemühungen z. B. durch eine Supervisionsgruppe unterstützt werden. Neben der wichtigen therapeutischen Haltung ist die häufige *Benennung*, insbesondere der emotionalen Aspekte der Interaktion im Hier und Jetzt, wichtig sowie das Umgehen der kommunikativen Schwierigkeiten mittels gelegentlicher *bildhafter Metaphorik*, des weiteren die *Positivierung* der psychotischen Symptomatik und der psychotischen Inhalte im Sinne Benedettis (1992) und schließlich, in späteren Phasen, auch regelrechte Deutungen.

Da ich hier weder auf weitere Einzelheiten eingehen noch näher erläutern kann, warum eine solche Behandlung mit gleichzeitiger psychopharmakologischer, sozialpsychiatrischer und in gewissen Fällen verhaltenstherapeutischer Behandlung kompatibel ist, verweise ich auf entsprechende Publikationen (z. B. Mentzos, 1997, 2000).

Literatur

Andreasen, N.C. (1999): A unitary model of schizophrenia. Arch. of General Psychiatry, 56, 781–790.

Benedetti, G. (1992): Psychotherapie als existentielle Herausforderung. Göttingen (Vandenhoeck & Ruprecht).

Freud, S. (1911c [1910]): Psychoanalytische Bemerkungen über einen autobiographisch beschriebenen Fall von Paranoia (Dementia paranoides). GW 8, 239–316.

– (1924b [1923]): Neurose und Psychose. GW 13, 387–391.

Klein, M. (1946): Bemerkungen über einige schizoide Mechanismen. In: Dies.: Gesammelte Schriften. Bd. 3: Schriften 1946–1963. Stuttgart-Bad Cannstadt (frommann-holzboog) 2000, 1–41.

Mentzos, S. (1997): Die Psychodynamik der Psychosen. Zur psychodynamischen Differenzierung und Einordnung psychotischer Prozesse. Psychotherapeut, 42, 343–349.

– (2000): Die „endogenen" Psychosen als die Psychosomatosen des Gehirns. In: Ders. (Hrsg.): Forum der psychoanalytischen Psychosentherapie. Bd. 3. Göttingen (Vandenhoeck & Ruprecht).

Steiner, J. (1993): Orte des seelischen Rückzugs. Stuttgart (Klett-Cotta) 1998.

Joachim F. Danckwardt

Die Hilflosigkeit des Unbewussten und die Prozessidentifizierungen als Arbeitsebene bei schweren Konflikten

Anmerkungen zum Begriff der Prozeßidentifizierung

Mit dem Begriff „Prozeßidentifizierung" werde ich keine neue konzeptionelle Großtheorie, sondern einen pragmatischen Begriff vorschlagen. Denn mit der auf Prozeßidentifizierungen gerichteten Aufmerksamkeit kann man sich in Konflikten, die mit schweren Charakterstörungen verknüpft sind, zurechtfinden. Auf den weiteren behandlungstechnischen Vorteil, daß in ihm drei Diskurse der Psychoanalyse konvergieren, 1. der Traumadiskurs, 2. der Neurosendiskurs und 3. der neurophysiologische Diskurs, komme ich später zurück.

Durch den pragmatischen Begriff „Prozeßidentifizierung" werden einige metapsychologische Gesichtspunkte auf die Oberfläche der alltäglichen Benutzung zurückgeholt. Sie finden sich in allen Debatten über Internalisierung, Introjektion, Identifizierung und Imitation (vgl. Kaiser, 2000) und in klinischen Arbeiten (vgl. Herzog, 2000) wieder, werden dort aber in der Regel nur implizit diskutiert. Der Begriff der Prozeßidentifizierung soll dieses Wissen explizit machen und nachhaltig explizit anwenden. Explizit gemacht, besagt Prozeßidentifizierung, daß das Subjekt Identifizierungen mit inneren/äußeren Vorgängen vornimmt: also nicht nur mit statischen Objekten, Attributen, Motiven, Eigenschaften, Zielen, Normvorstellungen oder Informationen, sondern mit inneren/äußeren Episoden, Handlungsabfolgen und Interaktionseinheiten. Beginnend mit der primären Identifizierung, internalisiert das Subjekt im Laufe der psychosexuellen Entwicklung zahllose Prozesse, Episoden, Handlungsabfolgen oder Interaktionseinheiten und setzt diese in der epigenetischen Entwicklung bis ins hohe Alter fort. Die „Internalisate" – Introjekte – sind als Interaktionsrepräsentanzen im episodischen Gedächtnis vorhanden, jedoch nicht ständig aktiviert. Sie liegen in einer Verfassung der Potentialität bereit. Die eigentliche Identifizierung mit Interaktionsrepräsentanzen erfolgt als Antwort auf ein äußeres oder inneres pathisches Geschehen. Und zwar dann, wenn die affektive Aufmerksamkeit eine prozessual identische äußere/innere Interaktionsepisode wahrnimmt, wenn also ein sensuell-konkretistisch erlebtes äußeres/inneres Ereignis mit der prozessualen Struktur innerer Interaktionsrepräsentanzen identisch wird. Man kann auch sagen: wenn eine prozessuale Wahrnehmungsidentität festgestellt wird. Dann wird die Identifizierung mit einem Prozeß „instantiiert" (vgl. Moser u. Zeppelin, 1996, S. 26) und Übertragungsbereitschaft realisiert, d. h. in manifeste Übertragung überführt. Klinisch haben wir es dann mit acting in/acting out zu tun.

Diese unbewußten Vorgänge erinnern an die Subjekt- bzw. Objektprozessoren von Moser und Zeppelin (a. a. O.). In ihrem Konzept des Traums als Mikrowelt und als mentales Modell werden Prozessoren als introjizierte Interaktionseinheit von Subjekt-Objekt begriffen. Sie arbeiten mit spezifischen Strategien für spezifische Probleme parallel und miteinander vernetzt (S. 35). Die Autoren unterscheiden introjektive Repräsentanzen der Interaktionseinheit von informativen Repräsentanzen. Introjektive Repräsentanzen sind „Nachfolger von Objekten, die eine leitende Funktion in der Entwicklung des Selbst hatten" (S. 29). Sie sind nicht im „semantisch-verbalen Gedächtnis" (S. 25), sondern im „episodischen Gedächtnis" gespeichert, und zwar in bildhafter Form. Sie entwickeln sich weiter zu „episodischen Sequenzen". Stern (1985) spricht dann von „generalisierten Interaktionsrepräsentanzen", die aus episodischen Repräsentanzen extrahiert sind. Sie bestimmen als „Muster die Erwartungen auf neue, aktuelle Interaktionsepisoden".

Episodische Repräsentanzen wurden bereits 1962 von Sandler und Rosenblatt als episodische ‚images' beschrieben. Dort sind sie in generalisierten Konfigurationen im Verein mit unbewußten Motiven für Episoden mit Wiederholungscharakter (Moser u. Zeppelin, a. a. O., S. 29), sowohl für Wiederholungszwänge und Agieren als auch für die Unverwechselbarkeit eines Charakters, verantwortlich. Kernberg beschrieb 1991 über die Identifizierung mit dem guten/bösen Objekt hinaus die „Identifizierung mit der Beziehung" (S. 264). Das erinnert an Lochs Auffassung, der „zwischen den Objekten bestehende Beziehungsverhältnisse" (1976b, S. 522) meinte. Loch bezog sich zunächst mit Wisdom (1961) auf die vom Primärobjekt ausgehende Aktion. Wisdom sprach damals von der Übernahme von Verhaltensmerkmalen einer als Modell dienenden Bezugsperson. Die Übernahme führt zu einer „Abänderung des Selbstschemas". Er nannte dies eine „kernhafte" oder „introjektive Identifikation". Auf die Motivation bezogen wies Loch auf Sandlers Annahme hin, daß das Wesentliche der Prozeßidentifizierung darin bestehe, daß der zu internalisierende Prozeß „die Macht bekommen muß [...] das Ich zu befriedigen und ihm als ausreichender Ersatz für die [in der äußeren Realität aufgegebenen] Objekte" zu dienen (Sandler, 1962, S. 153 f.). Gattig (1982, S. 41 ff. und 82 ff.; 1988) verstand die primäre Identifizierung als „Internalisierung einer Interaktion", nämlich des „Herstellungsprozesses" einer Einigungssituation. Nach Gattig ist also der Prozeß der primären Identifizierung eine „anteilig“ aktive dyadische Struktur (1982, S. 121), in der „die [mütterliche; J. F. D.] Interaktion als bereitstehender Erfahrungsraum die eine, die Aktivität des Kindes die andere notwendige Bedingung“ darstellt (Gattig, 1988, S. 11). Lochs und Gattigs Ansichten über die Prozeßidentifizierung führen zu einer konstruktivistischen Auffassung der Gegenübertragung. Die Wunschorientierung der Ichbefriedigung bezieht sich nach Peterson (1957, S. 370, zit. n. Loch, 1976a, S. 143) jedoch nicht darauf, nur „angenehme Erfahrungen zu produzieren“, sondern nach Kagan (1958, S. 301) auf die Notwendigkeit, mit der Macht des Modells gefährliche aggressive und/oder libidinöse Situationen zu meistern. Die Bemeisterung zielt nicht nur auf äußeres, sondern auch auf inneres Geschehen. Daher haben die Prozeßidentifizierungen auch den Charakter intrapsychisch vermittelnder Prozesse. Derartige Konzepte gehen bis auf Freuds Auffassung vom Niederschlag aufgegebener Objektbesetzungen (1923b, S. 259) und vom Schatten des Objekts (1916–17g, S. 435) zurück.

Ich schlage vor, mit dem Konzept der Prozeßidentifizierungen Prozesse als innere Objekte, als innere Prozeßobjekte, aufzufassen (Danckwardt, 1998, S. 802) und sie in das Konzept der inneren Objekte einzureihen. Das Konzept der inneren Objekte wurde von Freud (1916–17g, 1923b) und Abraham (1924) angelegt und von Klein in Ritas Einschlafritualen aufgegriffen (Klein, 1926, S. 20) und eigenständig weiterentwickelt. Zwischen 1934 und 1943 heftig umstritten (vgl. Hinshelwood, 1997), hat sich das Konzept der inneren Objekte in den fünfziger Jahren als klinisch hilfreich endgültig durchgesetzt und Weiterentwicklungen erfahren (vgl. Hinshelwood, 1989, S. 93–117). Prozeßidentifizierungen als innere Prozeßobjekte beschreiben konkrete, jedoch unbewußte Handlungssequenzen auf der Basis von unbewußten „Wenn-dann-um-willen-von-Phantasien“, wie das nachfolgende klinische Beispiel zeigen wird. Im Falle einer fiktiv gesunden Entwicklung sind sie, wie an den Auffassungen von Gattig, Kernberg und Loch dargelegt, interaktionell entstanden und befinden sich „im Innern des Ichs (des Körpers) [...] und [hegen] gegenüber dem Ich und anderen Objekten eigene Motive und Absichten. [Sie sind jedoch auch] mit ihm in größerem oder geringerem Ausmaß identifiziert“ (Hinshelwood, a. a. O., S. 93) und verleihen dem „Subjekt ein Identitätsgefühl und das Gefühl zu existieren“ (S. 94). Prozeßidentifizierungen können dann mit Bollas' Ideolekten des Charakters verglichen werden, mit deren „Grammatik“ das Subjekt den Anderen und das Selbst als Objekte verwendet (vgl. Bollas, 1987, S. 72; Fonagy, 1991; Winnicott, 1969, S. 101).

Wie kann man sich jedoch die Verhältnisse bei schweren Konflikten vorstellen (vgl. dazu Feldman, 1997, S. 227 f.)? Was sind pathologische Prozeßidentifizierungen? Was ereignet sich, wenn man damit arbeitet? Ich habe diese Fragen für verschiedene Phasen des analytischen Prozesses an unterschiedlichen Analysanden untersucht (vgl. Danckwardt, 2001). Als Beispiel wähle ich die Verhältnisse in der Initialphase einer Behandlung mit einer Frequenz von drei bis vier Wochenstunden aus.

Ein klinisches Beispiel

Das Beispiel handelt von einer 40jährigen verheirateten Kosmetikerin aus dem Rheinland, bei der während der Autonomieentwicklung ihrer jetzt sieben, fünf und drei Jahre alten Töchter schwere Konflikte manifest wurden. Sie schienen unter dem klinischen Bild eines sogenannten Sisi-Syndroms (vgl. Wittchen et al., 1999) mühsam abgewehrt gehalten. Sie war rastlos beschäftigt mit ihrer gegenwärtigen Situation als Mutter, Ehefrau und ehemalige Leiterin einer Marketingabteilung. Mit Sport, allen möglichen erreichbaren Gesundheitsmaßnahmen, Freizeitkursen, arbeitsamtlichen Maßnahmen zur Wiedereingliederung in das Arbeitsleben, im Wechsel mit Schuldgefühlen den Kindern gegenüber, kämpfte sie gegen das Gefühl an, daß dies nun das Leben gewesen sein soll. Weitere Symptome waren folgende: rasches Oszillieren zwischen Tränen und maniform anmutender Zuversichtlichkeit, von einer Idee zur nächsten stolpern, nach einem endlich gefaßten Entschluß über Ambivalenz straucheln und in Unentschiedenheit gefangen sein, Haare rupfen (Trichotillomanie) und unablässiges Besprechen mit Freundinnen und Nachbarn sowie mit ihrer Mutter, die sie immer noch „meine Mami" nannte. Eine der Klagen ihres beruflich engagierten und erfolgreichen Ehemannes hielt sie selbst für kennzeichnend: Wenn er nach Hause komme, finde er immer wieder eine neue Frau vor. Sie hatte schon anderthalb Jahre zuvor eine Behandlung versucht, die anscheinend mit Mitteln des katathymen Bilderlebens arbeitete und die sie in einer Episode abbrach, in der sie den Eindruck bekam, die Therapeutin halte sie für ein Kind, dem man nichts zutrauen könne.

Die in den ersten Gesprächen geschilderte Symptomatik ließ sich als zukünftige Übertragungsmanifestation nicht nur auf den Therapeuten, sondern auch auf meine therapeutische Methode lesen. Daher mußte ich der Patientin eine Behandlung überhaupt erst ermöglichen, bevor sie als solche durchgeführt werden konnte. So schien sie sich nicht auf ein unbefangenes vor- oder unbewußtes Plaudern stützen zu können, mit dessen Hilfe sie als ein Subjekt langsam aus den Verwicklungen auftauchen mochte, das mehr oder weniger sicher und gekonnt etwas will. Sie begann zum Beispiel die Stunde mit irgendeiner Äußerung, stolperte nach wenigen Sätzen über das Gesagte, lag dann wie hilflos in Ambivalenz, versuchte den intentionalen Bogen wiederaufzunehmen, was ihr bis zu wenigen Sätzen gelang, und wurde durch einen neuen Einfall wieder umgeworfen. Am Ende wirkte sie wie gelähmt. Es war nach und nach ein Sprachprozeß entstanden, der mich in eine Ataxie des Fühlens und

Denkens hineinversetzte. Auf ihren „mitgebrachten" assoziativen Prozeß konnte sich die Patientin nicht verlassen. Das mochte früher dazu geführt haben, daß sie sich unbewußt in endlosen Gesprächen mit ihren Freundinnen und Bekannten hilfreichere assoziative Prozesse zu leihen beabsichtigte, die sie „Ratgeben" nannte. Aus meinem verwirrten szenischen Spracherleben leitete ich ab, daß die Patientin ihre Gesprächspartner in eine ähnliche Verwirrung hineinredete wie die, in der sie sich befand. In der Folge mußte sie sich von den Gesprächspartnern spiegelbildlich zurückbehandelt fühlen – nämlich stolpernd, chaotisierend und am Ende so ohnmächtig wie sie selbst. Daher war mein sorgfältiges Zuhören und Zusehen neu für sie. Die Auswirkungen wurden aufmerksam „beäugt", „mitgehört" und attackiert.

Daraufhin erhielt ich jedoch drei Träume. Im ersten träumte sie von einem Hasen, der hinter Gitterstäben sitzt. Im zweiten Traum war sie mit den Kindern in der Mensa zum Essen gegangen. Sie hatte ein Gericht, in dem es einen großen Knochen gab. Und dafür mußte sie 15 DM bezahlen. Das war teuer. Und außerdem ekelte sie sich ein wenig vor dem Knochen und vor dem Fett, während die anderen Spaghetti aßen und einen dafür in Mensen angemessenen Preis bezahlt hatten. Den dritten Traum hatte sie im Anschluß an den Film „Lola rennt". Darin wollte ihr jemand die Haare abschneiden; drei bärtige Männer; sie zerdrückte irgendeinem die Brille. Das war in einem Abteilwagen. Dann sah sie einen Schatten; graue, nebelhafte Umrisse. Sie verspürte Angst und hatte „sexuelle Gedanken über Mißbrauch". Dann versuchte sie übereinandergeklebte Folien voneinander zu trennen.

In allen drei Traumerzählungen tauchten wie in den Erstgesprächen Thema und Variationen über schwere Persönlichkeitskonflikte auf. Strukturell betrachtet, war der Konflikt zwischen unbeschwerter Beweglichkeit und psychomotorischer Blockierung herausragend, z. B. in dem Verhältnis von Hase zu Gitterstäben; der Knochen; der Ekel; Lola rennt. Ist Haareabschneiden gleich mit Beine-(Knochen-)abschneiden? Ist gleich Eingesperrtsein? Ist der Abteilwagen ein Kinderwagen und die Brille des Analytikers seine die Patientin im übertragenen Sinn auf ein Therapieziel festlegende Sicht, z. B. „sexuelle Gedanken über Mißbrauch"? Auch Übereinandergeklebte-Folien-voneinander-Trennen läßt den Konflikt zwischen Bewegung und Blockierung assoziieren.

Weil die Patientin mit den geträumten, erinnerten und erzählten Träumen wie ein Hase im Zickzackkurs umging, schlug ich ihr meine Art zu assoziieren zur Verwendung vor. Ich vermittelte explizit, sie möge sich Zeit dafür nehmen und vor allem sich zuhören, ihren Assoziationen nachhören und den Wahrnehmungen, die sie durch das Assoziieren mache, Zeit zum Antworten einräumen, Antworten, die aus der eigenen Natur der Assoziationen erwachsen.[1] Ich fügte hinzu, daß ich auch so arbeite, anstatt angestrengt und konzentriert nachzudenken.

Daraufhin kamen der Patientin andere als die ihr schon bekannten Gründe für ihr aktuelles Verhalten in den Sinn. Sie assoziierte ihre agoraphobische Mutter und ihren beruflich zu einem Geschäftsführer avancierten Vater. Er dominierte ihre Mutter in der Kindererziehung und betrog sie früh mit anderen Frauen, bis das Zerwürfnis der Eheleute so tief ging, daß sie nur noch um der Tochter willen beisammenblieben und sich scheiden ließen, als diese das Abitur hatte. Dann deutete sie die Phantasie an, die Agoraphobie ihrer Mutter habe etwas mit ihr als Kleinkind zu tun. Derartigen latenten Schuldzuschreibungen nachsinnend, berichtete sie Erinnerungen aus dem Erzählschatz ihrer Mutter. Als die Patientin ein halbes Jahr alt war, hatte diese bei einem Spaziergang von einer Nachbarin erfahren, daß deren Kind ein verkürztes Bein habe. Sofort untersuchte sie ängstlich die eigene Tochter. Ein verkürztes Bein wurde festgestellt. Obwohl die Tochter aus ihrer Sicht „nichts" hatte, wurde sie wegen der Hüftdysplasie für ein Viertel- oder ein halbes Jahr in eine Spreizhose gesteckt. Als das keinen Erfolg hatte, kam sie in Gips, der bis über das Becken hochreichte, so daß sie auch nicht aufsitzen konnte. Sie habe immer nur nach oben sehen und ihre Mutter als eine sich über sie beugende Person wahrnehmen können. Sie habe nicht einmal mit den eigenen Augen spazierengehen können. Erst nach dem dritten Lebensjahr kam sie aus dem Gipsbett wieder heraus.

Die bewegungsbehindernden Prozesse in den Träumen waren nun mit dem eigentümlichen Sprachprozeß in Einklang zu bringen. Nicht das Endresultat, nicht das In-das-Gipsbett-gesperrt-Werden, war das von der Patientin eigentlich gefürchtete Übertragungsrisiko, es war der davor stattfindende Prozeß, die Prozeß-Sequenz von Sichaufrichten, Laufenbeginnen, Verglichen-, Gepackt- und grundlos Immobilisiertwerden. Diese Interaktionssequenz war über die Körperich-Erfahrung zur zentralen Konstituente ihres phantasierenden und affektiven Denkens geworden. Die Prozeß-Sequenz wurde zwar früher von der mütterlichen und ärztlichen Vernunft diktiert, damals von der Tochter und aktuell von der Patientin aber nicht nachvollzogen. Es gab keine objektiven oder Leidenssymptome, als das Töchterchen plötzlich in die Spreizhose und anschließend in das Gipsbett gesteckt wurde. Es hatte keine Schmerzen und keine motorische Beeinträchtigung gehabt. Eine bona fide fürsorgliche Behandlungsmaßnahme ist einem in der motorischen Entwicklung befindlichen Kind nicht klarzumachen. Die Prozeß-Sequenz von Sichaufrichten, Laufenbeginnen, Verglichen-, Gepackt- und grundlos Immobilisiertwerden erinnert daher an einen von Bollas beschriebenen Enteignungsvorgang während der seelischen Entwicklung durch ‚extractive introjection' (1987, S. 168 ff.).

Es war zu erwarten, daß die Patientin eine subjektive Grundlosigkeit der aktuellen psychotherapeutischen Behandlung befürchten würde, denn sie erlebte zahlreiche ihrer Symptome und bestimmte Verhaltensweisen in der Tat nicht als ichdyston, z. B.

die ausgedehnte Tagtraumwelt (Leben in projektiver Identifizierung), die zu sehnsüchtigem Hinträumen zu anderen Männern führte, womit eine weitere Prozeßidentifizierung, nämlich die der Scheidung, aktiviert wurde. Das Tagtraumsystem entwickelte sie im Gipsbett. Es war eine Art Weitersehen und Weiterbewegen nach innen hinein, wo sie ihre in Gang gekommene und so jäh unterbrochene Autonomieentwicklung fortzusetzen trachtete. Das mochte früher tatsächlich hilfreich gewesen sein, wenn die Fixierung daran nicht gleichzeitig eine Pseudoautonomie beschert hätte, eine narzißtische Weltbeziehung, unter deren Einfluß reale Objektbeziehungen mit einem Puppenspiel verwechselt zu werden drohen. Dieser Konflikt um den Modus der Objektwahl bestimmte lange Zeit die Themen der Behandlung: zunächst der altruistisch-narzißtische Konflikt mit den Kindern um die berufliche Wiedereingliederung, dann die gleiche Konfliktkonstellation im Rahmen eines Praktikums, schließlich der altruistisch-narzißtische Konflikt mit dem Ehemann, den sie aus Vernunftgründen geheiratet hatte. Die Behandlung verlief jedoch nicht wirklich konstruktiv, denn immer wenn die Rede auf ihre unzweckmäßigen Strategien kam, entsprach das keinem Bedürfnis, aus Leid und Wiederholungszwang herauszugeraten. Derartige Erörterungen kamen für sie aus „heiterem Himmel" und waren durch nichts begründbar, denn sie wurden sofort mit der Prozeß-Sequenz von Sichaufrichten, Laufenbeginnen, Verglichen-, Gepackt- und grundlos Immobilisiertwerden identifiziert.

Während sich zwar in den Außenbeziehungen gewisse Änderungen vollzogen, folgte die Behandlung in den Stunden unvermindert dieser Prozeßübertragung und -gegenübertragung. Daher wurde die Frage dringlich, warum die Patientin in den Stunden an der Identifizierung mit der internalisierten Prozeß-Sequenz von Sichaufrichten, Laufenbeginnen, Verglichen-, Gepackt- und grundlos Immobilisiertwerden festhalten muß, obwohl sie ihr außerhalb zunehmend ichdystoner wurde. Die Feststellung liegt nahe, daß sich das Enactment von einer Übertragungs- und Gegenübertragungstraumatisierung zu einer Übertragungs- und Gegenübertragungsneurose gewandelt hatte, weil die frühe Traumatisierung unbewußt in den Dienst von Wünschen gestellt wurde, mehr vom Leben – von der Behandlung? – zu haben, als stets Rücksicht auf andere zu nehmen.

Als ein Beispiel für derartige therapeutisch schwierige Situationen schildere ich die Folgen einer Urlaubsankündigung. Die Patientin reagierte zuerst, wie stets, zuvorkommend. Nach ein paar Stunden antwortete sie spiegelbildlich, d. h. in Identifizierung mit dem Aggressor, indem sie willkürlich einen eigenen Urlaub vor dem angekündigten festsetzte. Dadurch war die Behandlung praktisch abgebrochen. Alles Interpretieren half nur dahingehend, daß die Fortführung nicht in Frage gestellt war.

Im Urlaub ging es ihr sehr schlecht, weil sie die Tragfähigkeit der anaklitisch-diatrophischen Gleichung, die Initialphasen konstituieren (vgl. Gitelson, 1962, S. 199), verleugnet hatte. Nun erfuhr sie ihren Verlust. Der Urlaub war zu einer Wiederholung der Prozeß-Sequenz von Sichaufrichten, Laufenbeginnen, Verglichen-, Gepackt- und grundlos Immobilisiertwerden geraten. Sie hatte tief depressive Verfassungen, die eine agitierte Therapeutensuche am Urlaubsort nach sich zogen. Zurückgekehrt, ging sie zu einem Psychiater. Dieser verschrieb ihr – wohl auch in Hinsicht auf die Trichotillomanie – erst tricyclische Antidepressiva, die aber subjektiv nichts bewirkten. Die Patientin meinte, sie spüre bis auf heftige Kreislaufprobleme überhaupt nichts von ihnen. Dann verschrieb er einen Serotoninwiederaufnahmehemmer und einen hochpotenten Tranquilizer mit einer bekannt hohen Gefahr der Abhängigkeitsentwicklung. Nach meinem Urlaub klingelte die Patientin etwas früher. Ich nahm sie wie unter einer Glasglocke lebend wahr. Sie war von diffusen und unauthentisch wirkenden Affekten gefesselt. Das Affektleben setzte sie und mich nicht mehr in den Stand, etwas Ausgesprochenes intuitiv zu beurteilen. Das mahnte an die von Cole bereits 1960 berichtete ‚behavioral toxicity' von Psychopharmaka. Auch ihre Ichfunktionen wirkten wie betäubt, was May (1971) als ‚snowing effect' beschrieben hatte. Er stört die „besondere Wachsamkeit" (Freud, 1926d, S. 191) der Gegenbesetzung. Die Psychopharmaka hatten also weder einen therapeutisch antidepressiven noch einen therapeutisch anxiolytischen Effekt. Sie interagierten mit den autotherapeutischen Faktoren und der Psychotherapie (vgl. Danckwardt, 1978, 1980; Danckwardt u. Gaus, 2001). Trotz Anxiolyse bestand Angst, die die Patientin nur nicht fühlen konnte. Sie stellte sie aber inhaltlich an einem auf den Vater verschobenen Erleben dar: Ihr Vater konnte dem Streß als Manager nur begegnen, wenn er abends Tranquilizer und morgens Energizer nahm, wodurch er abhängig wurde. An dieser thematischen Verschiebung konnte die Patientin immerhin unbewußt darstellen, daß sie die psychopharmakologische Behandlung als eine sich nun von innen heraus entwickelnde Sequenz von Aufgerichtetwerden, Begonnenwerden, Verglichen-, Gepackt- und grundlos Immobilisiertwerden erlebte. Gegen diese negative Übertragung auf die objektive pharmakodynamische Medikamentenwirkung wehrte sie sich teils mit einer paradoxen, teils mit einer negativ therapeutischen Medikamentenreaktion.

Ich vergegenwärtigte uns nochmals ihre Erinnerung an den Vater, wies dann auf die Ähnlichkeit der therapeutischen Prozeduren mit denen des Vaters hin (dies ist ja eine nächste Prozeßidentifizierung) und sagte: Wie er Medikamente zu nehmen sei vielleicht ein Versuch, es dem Vater deswegen gleichzutun, weil der damit Erfolge hatte. Sie antwortete: „Die Mami" habe ihr wegen der Beinverkürzung stets einreden müssen: „Nein". „Nein" sogar, wenn sie sich im Gipsbett wenigstens habe aufrichten wollen. Ihre Mami habe ihr gesagt, „nein" sei das erste Wort gewesen, das sie überhaupt habe sprechen können. Sie habe ihre Mami nicht mit „Mami", sondern mit „nein" angesprochen. Ich griff diesen erschütternden Verweis auf die „Nein"-Episoden und deren imitative Aneignung auf. Denn in der Aneignung des Neins war unbewußt das Nein gegen eine Verbindung mit dem Vater enthalten. Ich interpretierte ihre Reaktion auf die eingenommenen Medikamente und auf meine Urlaubsankündigung als ein Verhalten, das vielleicht „Formen des Neins" darstellen könnte, um wie die Mutter zu handeln und sich nicht wieder von ihr wie ein Kind ergriffen und niedergehalten zu erleben. Auf der sprachlich manifesten Ebene antwortete sie mit einem inhaltsreichen Nein, das sich bis hin zu dem konkretistischen Vorwurf steigerte, jetzt sage ich „nein" zur Behandlung. Auf der averbalen Ebene aber war diese Abfuhr von einer psychophysiologisch beobachtbaren Entspannung begleitet – in der Stimme, im Sprachduktus, in der Körperhaltung. Daran konnte ich ablesen, daß sie unbewußt den Konflikt aufgenommen fühlte. Sie wurde schlaff und müde. Es schien so, als würden die Psychopharmaka jetzt wie vom Psychiater erhofft wirken, nachdem die psychologische Befreiung der Objektbeziehungssituation erreicht war. Die Patientin konnte die erschütternde, Angst und Mißtrauen weckende und Glauben vernichtende Mutter-Übertragung an dieser Stelle auflösen. Dadurch konnte sie sich wieder sicher und ruhig an den Therapeuten als hilfreiches Realobjekt binden. Es war also in statu nascendi zu beobachten, daß die paradoxe und negative Reaktion auf die Pharmaka unnötig wurde. Unter diesem Erleben keimte in ihr in den darauffolgenden Stunden die Überzeugung, daß sie die Medikamente absetzen werde. Sie hatte gespürt, daß die Befriedung vermittelnde Beruhigung der Psychopharmaka „eingerichtet" worden war durch eine den Konflikten Orientierung, Richtung und Halt gebende *psychologische* Prozeßresonanz. Dann konnte sie sich auf die analytische Behandlung beschränken. Denn in ihr hatte sie eine „interaktive" Position inne und nicht – wie bei den Medikamenten – eine „interpassive" Position (Danckwardt u. Gaus, a. a. O.). An dieser Stundenabfolge war ein kleiner therapeutischer Fortschritt deutlich geworden. Sie begann aus der Identifizierung mit der Prozeß-Sequenz von Sichaufrichten, Laufenbeginnen, Verglichen-, Gepackt- und grundlos Immobilisiertwerden herauszugeraten. Sie war zumindest bis zur nächsten Übertragungsmanifestation von dieser Prozeß-Sequenz de-identifiziert.

Die Konvergenz der Diskurse und die Hilflosigkeit des Unbewußten

Die Konvergenz der Diskurse

Man kann bei schweren, häufig als normotisch erlebten Charakterkonflikten als leitende Psychodynamik Identifizierungen mit Prozessen, Repräsentanzen von Interaktionseinheiten ausmachen. Im Falle der geschilderten Träume sind sie in bildhafter Form im Gedächtnis und im Falle des tagtraumartigen Übertragungsgeschehens in psychodramatisierten Handlungsabläufen, im Agieren, „gespeichert“. In diesem Beispiel war die leitende Prozeßidentifizierung die Identifizierung mit der Prozeß-Sequenz von Sichaufrichten, Laufenbeginnen, Verglichen-, Gepackt- und grundlos Immobilisiertwerden, die kumulativ mit den Primärobjekten erfahren wurde. Man konnte diese Prozeßidentifizierung zunächst unter psychotraumatologischen und sodann unter neurosen-, d. h. unter motivations- und konfliktpsychologischen Gesichtspunkten verstehen. Die zweite führende Prozeßidentifizierung war in diesem Beispiel eine Identifizierung mit der durch die Immobilisierung hypertrophierten Tagtraumtechnik, womit die Patientin früher nicht nur das Primärobjekt und das Selbst, sondern aktuell die sehr schlecht gehende Ehe illusionär zu retten versuchte. Die dritte Prozeßidentifizierung bestand in einer Identifizierung des objektiven neurophysiologischen Geschehens der Psychopharmaka[2] mit dem oben geschilderten subjektiven Erleben (Übertragung) und dem Ankämpfen dagegen (Widerstand), sich mit diesem inneren neurophysiologischen Vorgang identifizieren zu müssen.

In dem Konzept der Prozeßidentifizierung konvergieren in diesem Fall also drei psychoanalytische Diskurse: der Traumadiskurs, der neurotische und der neurophysiologische Diskurs. Dieser Ansatz erlaubte es, sich in der Problematik diagnostisch und therapeutisch zurechtzufinden. Die Diskurse konvergieren nämlich in der expliziten und nachhaltigen Aufmerksamkeit für das *Sich-unbewußt-mit-einem-inneren/äußeren-Prozeßgeschehen-Identifizieren.* Diese Aufmerksamkeit trägt bei schweren Konflikten mit Agieren zu einem hilfreichen therapeutischen Abschnitt bei.

Man kann die drei unter behandlungstechnischen und didaktischen Gesichtspunkten aufgetrennten Schwerpunkte von Prozeßidentifizierungen mit dem von Argelander 1967 ausgearbeiteten situativen und szenischen Erkennen wirksam aufgreifen. Das situative und szenische Erkennen ist in solchen Situationen durch ein choreographisches Sehen sowie ein (wie beim Partiturlesen) vertikales (polyphones) Hören akzentuiert, im übertragenen Sinn ein Oszillieren zwischen transitiv und intransitiv (vgl. Klüwer in diesem Band). Die so erzeugte prozessuale Resonanz ist übertragungs-/gegenübertragungs- und wenig ichfunktionspsychologisch fokussiert. Die Resonanz beantwortet bevorzugt vorbewußte und unbewußte Prozeßidentifizierungen und wirkt damit freispielend auf pathologisch veränderte Assoziationsprozesse. Die Arbeitsebene ist also schwerpunktmäßig sozusagen um eine Etage auf die Ebene der pathologisch wirksamen, enaktiven Gedächtnisniederschriften verlagert. Auf ihr wird weniger auf die strukturell gestörten Ichfunktionen als auf die hilflose Verfassung des Unbewußten fokussiert.

Die Hilflosigkeit des Unbewußten

Die hilflose Verfassung des Unbewußten besteht bei dieser Patientin erstens in der Störung der „fiktiv-durchschnittlich zu erwartenden" vorbewußten und unbewußten Assoziationsprozesse durch pathologische Prozeßidentifizierungen. Die moderne Psychoanalyse geht heute davon aus, daß fiktiv-durchschnittlich zu erwartende vorbewußte und unbewußte Assoziationsprozesse nicht nur ontische Gegebenheiten, sondern über die Rêverie mit den Primärobjekten erworbene Mentalisierungen sind (vgl. Bion, 1992; Bollas, 2000, S. 5). Im Gegensatz zu den fiktiv-normal gesunden sind pathologische Prozeßidentifizierungen jedoch nicht durch konstruktivistisches Aushandeln entstanden. Unter ihrem Einfluß wurden daher von dieser Patientin die geträumten und die erzählten Träume „angedacht" (ergriffen), „verglichen" (für normal erklärt) und „weggepackt", in ein Schema gesperrt. Aufkeimendes wahres Verständnis wurde pseudoautonom verfälscht. Dieser Kampf des Aufkeimens gegen das Verfälschen manifestierte sich in der Ataxie des Fühlens, Sprechens und Denkens. Darunter konnte die Patientin z. B. die schützende Laufart des Hasen vor den Objekten weg oder zwischen den Objekten hindurch nicht erkennen. Zweitens besteht die Hilflosigkeit des Unbewußten bei dieser Patientin in einer schweren Beeinträchtigung des von Freud beschriebenen Wahrnehmens von Unbewußt zu Unbewußt durch pathologische Prozeßidentifizierungen. Sie erlaubten beim Erzählen und beim Versuch einer Deutung des geträumten Traumes keine Wahrnehmung nach der Valeryschen Formel (der Selbstreferentialität, zit. n. Moser u. Zeppelin, a. a. O., S. 20): „Der Hase und die Gitterstäbe, die ich als Träumende sehe, sehen mich ebensowohl, wie ich sie sehe." Oder mit Blick auf die Objektbeziehung der Übertragung formuliert: „Der Analytiker, den ich als Patientin sehe, nimmt mich ebensowohl wahr, wie ich ihn sehe." Die Patientin kommt durch die pathologischen Prozeßidentifizierungen also nicht an das „Wissen" heran (vgl. Bollas, a. a. O.), wie und warum das Objekt fühlt und in bestimmten Situationen handelt. Dieser durch pathologische Prozeßidentifizierungen hervorgerufene Verlust begründet die Hilflosigkeit des Unbewußten.

Die von Freud (1912e, S. 381 f.) beschriebene und von Bion ausgearbeitete Kommunikationsform von Unbewußt zu Unbewußt wird häufig nur als Domäne des Psychoanalytikers zitiert. Freud hatte jedoch die Ubiquität dieser Kommunikation hervorgehoben, als er schrieb: „Es ist sehr bemerkenswert, daß das *Ubw* eines Menschen mit Umgehung des *Bw* auf das *Ubw* eines anderen reagieren kann" (1915e, S. 293). Damit hatte er schon 1915 bestätigt, daß sich unser Alltagserleben auf ein nachhaltiges Monitoring (Rêverie) durch den Wahrnehmungsmodus von Unbewußt zu Unbewußt stützt. Leuschners experimentelle Untersuchungen zu Assoziationsprozessen ließen folgern, daß hinter der Kommunikation von Unbewußt zu Unbewußt ein eigenständiges System steckt, dem er den Rang eines Assoziationsorgans (Vorbewußtes Processing System; VPS) zumaß (1995, S. 40). Vielleicht leitete Rank – ohne dies explizit anzustreben – mit seiner Arbeit *Eine Neurosenanalyse in Träumen* von 1924 eine psychoanalytische Untersuchungsrichtung ein, die von French 1958 erstmals ausgearbeitet wurde, als er den Wechsel in Träumen auf der Episodenebene systematisch untersuchte und damit die Veränderungen in der Hilflosigkeit des Unbewußten erfaßte. Beland hat 1999 Kriterien postuliert, an denen sich eine Abnahme der Hilflosigkeit unbewußter Prozesse bemerken lasse, dahingehend, „daß die Entstellungsarbeit in den Träumen im Laufe der Behandlung abnimmt, daß die Träume verstehbarer werden, daß sie kritisch kommentieren und weiterführen, Strukturveränderungen widerspiegeln, bisher undenkbare Angstinhalte oder das Trauma selbst symbolisch darstellen oder daß sie den Weg weisen, der aus einer Sackgasse herausführt“ (1999, S. 50). Ich füge Beobachtungen über die Bereicherung durch luzide Traumphasen hinzu (Danckwardt, 2001, S. 28 ff.). Mit diesen in den Traum eingeschalteten kognitiven Prozessen werden die Resultate der laufenden Traumarbeit gleichsam überwacht und erneut in Gang gesetzt, womöglich also de-assoziiert und re-assoziiert. Sich auf einen derartigen Zuwachs im Unbewußten wieder verlassen zu können hängt mit der Desidentifizierung pathologischer und der Entwicklung neuer Prozeßidentifizierungen durch das Handlungsmodell der gleichschwebenden Aufmerksamkeit und der freien Assoziation des Analytikers sowie durch die Identifizierung mit den assoziativen und psychoanalytischen Prozessen in der Behandlung zusammen (vgl. dazu Brenner, 2000; Danckwardt u. Gutwinski-Jeggle, 1999; Green, 2000; Kris, 1982; Williams, 2000). Der rote Faden ist das Freispielen und Hinzugewinnen von assoziativer Kompetenz. Der Kontakt zum „vorbewußten phantasierenden“ (Varendonck, 1921) und „unbewußten affektiven Denken“ (Meltzer, 1984) wird dadurch erleichtert, hergestellt und erhalten. Heilung, Besserung oder Linderung als Ichintegration (vgl. Loch, 1972, S. 135) ist um den Pol der Prozeßintegration bereichert. Bei schweren Charakterstörungen ist das Wieder-in-Bewegung-Bringen eine vorrangige Zielsetzung. Denn vielleicht ist dieser Faktor ein Grund für den indikatorischen Skeptizismus (vgl. Baker, 1999), der im Licht neuerer katamnestischer Empirie, z. B. der DPV-Katamnesestudie von Leuzinger-Bohleber (1997), nicht mehr vorbehaltlos geteilt wird.

Aus diesen Gründen schien es mir angemessen, die Aufmerksamkeit auf die Arbeitsebene der Hilflosigkeit des Unbewußten und der Prozeßidentifizierungen zu lenken. Freud hat diese Empirie 1915 bereits geahnt, als er schrieb: „Es wäre doch unrecht, sich vorzustellen, daß das *Ubw* in Ruhe verbleibt, während die ganze psychische Arbeit vom *Vbw* geleistet wird, daß das *Ubw* etwas Abgetanes, ein rudimentäres Organ, ein Residuum der Entwicklung sei. Oder anzunehmen, daß sich der Verkehr der beiden Systeme auf den Akt der Verdrängung beschränkt, indem das *Vbw* alles, was ihm störend erscheint, in den Abgrund des *Ubw* wirft. Das *Ubw* ist vielmehr lebend, entwicklungsfähig und unterhält eine Anzahl von anderen Beziehungen zum *Vbw*, darunter auch die der Kooperation. [...] es ist den Einwirkungen des Lebens zugänglich" (Freud, 1915e, S. 288 f.).

Anmerkungen

[1] Unausgesprochen gemeint sind also Bestandteile der Verdichtung, Verschiebung; Wünsche und Abwehren dagegen (vgl. Brenner, 2000; Kris, 1982), Kompromißbildungen, Simultan- bzw. Kontrastbilder (vgl. Danckwardt, 2000, S. 142 f.).

[2] Das psychopharmakologische Geschehen läßt sich mit Freuds Utopie der Beeinflussung der „Energiemengen und deren Verteilungen im seelischen Apparat" (1940a, S. 108) durch Transmittermodulation vergleichen.

Literatur

Abraham, K. (1924): Versuch einer Entwicklungsgeschichte der Libido auf Grund der Psychoanalyse seelischer Störungen. In: Ders.: Gesammelte Schriften in zwei Bänden. Bd. 2. Frankfurt a.M. (S. Fischer) 1982, 32–102.

Argelander, H. (1967): Das Erstinterview in der Psychotherapie. Psyche, 21, 341–368, 429–467, 472–512.

Baker, R. (1999): Besprechung von Danckwardt, J.F. u. E. Gattig (1998): The indication for high frequency analytical psychotherapy in the contractual medical health service. A manual. Bull. Europäische Psychoanalytische Föderation, 52, 137–140.

Beland, H. (1999): Im Acheron baden? Kursbuch, 13, 49–71.

Bion, W. R. (1992): Cogitations. London (Karnac).

Bollas, Ch. (1987): The Shadow of the Object. London (Free Assoc. Books). Dt.: Der Schatten des Objekts. Das ungedachte Bekannte: Zur Psychoanalyse der frühen Entwicklung. Stuttgart (Klett-Cotta) 1997.

– (2000): Formen des Unbewußten. Vortrag in der Psychoanalytischen Arbeitsgemeinschaft Stuttgart-Tübingen am 12.5.2000.

Brenner, Ch. (2000): Brief communication: Evenly hovering attention. Psa. Quart., 69, 545–549.

Cole, J.O. (1960): Behavioral toxicity. In: Uhr, L. u. J.G. Miller (Hrsg.): Drugs and Behavior. New York (Wiley).

Danckwardt, J.F. (1978): Zur Interaktion von Psychotherapie und Psychopharmakotherapie. Psyche, 32, 11–154.

– (1980): Psychopharmaka – ein Problem für Psychotherapeuten? Prax. Psychother. Psychosom., 25, 99–113.

– (1998): How does sublimation work? Sublimation as an intersubjective (ethical) process-object. In: Abel-Hirsch, N. (reporter): Sexuality, sublimation and psychic activity. Int. J. Psycho-Anal., 79, 802–805.

– (1999): Die seelischen Räume des schiefen Mannes. In: Verein für psychoanalytische Sozialarbeit (Hrsg.): Vom Entstehen analytischer Räume. Tübingen (edition diskord), 26–50.

– (2000): „Ich und die Farbe sind eins" (Paul Klee 1914): Hat der Künstler dem Psychoanalytiker etwas zu sagen? Coreferate und Diskussion mit Michael Baumgartner u. Gerhard Schneider. In: Weidenfeller, G. (Hrsg.): Das Ich – eine vernachlässigte Instanz? Kongreßband der Deutschen Psychoanalytischen Vereinigung. München (o. Verl.), 117–144.

– (2001): Psychoanalytische Konzepte und ihre Implikationen für die Behandlung suizidaler Patienten. In: Gerisch, B. u. I. Gaus (Hrsg.): „Ich kehre in mich selbst zurück und finde eine Welt": Autodestruktivität und chronische Suizidalität. Göttingen (Vandenhoeck & Ruprecht), 11–35.

– u. I. Gaus (2001): Therapeut-Patient-Beziehung und Verordnung von Medikamenten. In: Uexküll, Th. v. (Hrsg.): Psychosomatische Medizin. 6. Aufl. München (Urban u. Schwarzenberg).

– u. J. Gutwinski-Jeggle (1999): Die Stellung des Traumes und seiner Deutung in den verschiedenen Situationen des assoziativen und analytischen Prozesses. Vortrag und Seminare im Psychoanalytischen Seminar Basel der Schweizerischen Gesellschaft für Psychoanalyse und in der Psychoanalytischen Arbeitsgemeinschaft Stuttgart-Tübingen. Vervielfältigungsdruck.

Feldman, M. (1997): Projective identification: the analyst's involvement. Int. J. Psycho-Anal., 78, 227–241.

Fonagy, P. (1991): Thinking about thinking: Some clinical and theoretical considerations in the treatment of a borderline patient. J. Psycho-Anal., 72, 639–656.

Freud, S. (1912e): Ratschläge für den Arzt bei der psychoanalytischen Behandlung. GW 8, 376–387.

– (1915e): Das Unbewußte. GW 10, 264–303.

– (1916–17g): Trauer und Melancholie. GW 10, 428–446.

– (1923b): Das Ich und das Es. GW 13, 237–289.

– (1926d): Hemmung, Symptom und Angst. GW 14, 111–205.

– (1940a): Abriß der Psychoanalyse. GW 17, 63–138.

– (1950c [1895]): Entwurf einer Psychologie. GW Nachtr., 387–477.

French, T.M. (1958): The Integration of Behavior. Vol. III. Chicago (Univ. of Chicago Pr.).

Gattig, E. (1982): Identifizierung und primäre Sozialisation. München (Minerva).

– (1988): Primäre Identifizierung – die Internalisierung einer Interaktion. In: Gattig, E. u. S. Zepf (Hrsg.): Selbstverständigung. Berlin et al. (Springer), 1–14.

Gitelson, M. (1962): The first phase of psychoanalysis. Int. J. Psycho-Anal., 43, 194–205 und 234 (Reply).

Green, A. (2000): The central phobic position: a new formulation of the free association method. Int. J. Psycho-Anal., 81, 429–451.

Herzog, J. (2000): Blood and love. Int. J. Psycho-Anal., 81, 263–272.

Hinshelwood, R.D. (1989): Wörterbuch der Kleinianischen Psychoanalyse. Stuttgart (Verl. Internat. Psychoanal.) 1993.

– (1997): The elusive concept of ‚internal objects' (1934–1943): its role in the formation of the Klein group. Int. J. Psycho-Anal., 78, 877–897.

Kagan, J. (1958): The concept of identification. Psychol. Rev., 65, 296.

Kaiser, E. (2000): Identifizierung und Imitation. Der Beitrag der quantifizierenden Entwicklungspsychologie zum psychoanalytischen Konzept und Verständnis von Identifizierungsvorgängen. Wissenschaftliche Arbeit zum Erwerb der ordentlichen Mitgliedschaft in der DPV. Vervielfältigungsdruck.

Kernberg, O.F. (1991): Psychopathologie des Hasses. Forum Psychoanal., 7, 251–270.

Klein, M. (1926): Die psychologischen Grundlagen der Kinderanalyse. In: Dies.: Die Psychoanalyse des Kindes. München (Reinhardt) 1971, 15–27.

Kris, A.O. (1982): Free Association. Method and Process. Revised Edition. London (Karnac) 1966.

Leuschner, W. (1995): Zur Arbeitsweise des Vorbewußten. Psychosozial, 18, H. VI, 35–43.

Leuzinger-Bohleber, M. u. U. Stuhr (Hrsg.) (1997): Psychoanalysen im Rückblick. Methoden, Ergebnisse und Perspektiven der neueren Katamneseforschung. Gießen (Psychosozial).

Loch, W. (1976a): Identifikation. In: Historisches Wörterbuch der Philosophie. Bd. 4. Basel (Schwabe), 141–144.

– (1976b): Introjektion. In: Historisches Wörterbuch der Philosophie. Bd. 4. Basel (Schwabe), 521–522.

– (1972): Heilung als Ich-Integration. In: Loch, W.: Zur Theorie, Technik und Therapie der Psychoanalyse. Frankfurt a.M. (S. Fischer), 135–155.

May, Ph.R.A. (1971): Psychotherapy and ataraxic drugs. In: Bergin, A.E. u. S.L. Garfield (Hrsg.): Handbook of Psychotherapy and Behavior Change. New York (Wiley).

Meltzer, D. (1984): Traumleben. Wien, München (Verl. Internat. Psychoanal.) 1988.

Moser, U. u. L. v. Zeppelin (1996): Der geträumte Traum. Stuttgart, Berlin, Köln (Kohlhammer).

Rank, O. (1924): Eine Neurosenanalyse in Träumen. Wien (Int. Psa. Verl.).

Sandler, J. u. B. Rosenblatt (1962): Der Begriff der Vorstellungswelt. Psyche, 1984, 38, 235–253.

Stern, D.M. (1985): Die Lebenserfahrung des Säuglings. Stuttgart (Klett-Cotta) 1992.

Varendonck, J. (1921): Über das vorbewußte phantasierende Denken. Int. Psa. Bibliothek Bd. XII. Wien (Int. Psa. Verl.) 1922.

Williams, P. (2000): Internet discussion review ‚The central phobic position: a new formulation of the free association method' by André Green. Int. J. Psycho-Anal., 81, 1045–1060.

Winnicott, D.W. (1969): Objektverwendung und Identifizierung. In: Ders.: Vom Spiel zur Kreativität. Stuttgart (Klett-Cotta) 1979, 101–110.

Wisdom, J.O. (1961/62): Ein methodologischer Versuch zum Hysterieproblem. Psyche, 15, 561–587.

Wittchen, H.-U. et al. (1999): Warum werden Depressionen häufig nicht erkannt und nicht behandelt? Patientenverhalten und Erklärungswert von „Sisi-Merkmalen". Nervenheilkunde, 18, 210–217.

Zur therapeutischen Behandlung massiver Traumatisierungen

Haydée Faimberg

Dem Zuhören zuhören

Historische Wahrheiten und Verleugnung

Ziel meines Beitrages ist es, einige jener Hypothesen neuerlich zu überdenken, die ich vor einiger Zeit über das psychoanalytische Hören, über Zeitlichkeit sowie über die (Re-)Konstruktion von historischen Wahrheiten entwickelt habe (vgl. Faimberg, 1996). Besondere Aufmerksamkeit möchte ich in diesem Zusammenhang dem Mechanismus der Verleugnung widmen.

Meine zentrale Annahme bezieht sich darauf, daß die Art und Weise, wie wir dem, was der Patient sagt und auch nicht sagt, zuhören und es deuten, nicht vom theoretischen Standpunkt des Analytikers und seiner Gegenübertragungsposition zu trennen ist. Nach meiner Ansicht schließt letztere nicht nur das unbewußte Funktionieren des Analytikers, sondern ebenso auch seine theoretische Position mit ein, ein Gedanke, der sich mit dem verbindet, was vor allem Racker (1968) und Neyraut (1974) entwickelten und was ich in einer Arbeit von 1992 weiter ausgearbeitet habe.

Ein Analytiker warnte mich hinsichtlich eines Patienten, den er mir überwiesen hatte: „Lassen Sie sich von dem, was der Patient Ihnen über seine Erlebnisse im Konzentrationslager erzählen wird, nicht irreführen. Sie wissen ja, daß uns als Analytiker vor allem die frühen Objektbeziehungen und die infantile Neurose interessieren. In gewisser Weise haben wir die Lagererlebnisse als eine Art Deckerinnerung zu betrachten."

Ich hatte schon einmal mit einem vergleichbaren Fall zu tun, in einer Zeit, in der ich das Glück einer Supervision bei José Bleger hatte, das war 1962. Damals, als dies noch ganz ungewöhnlich war, sagte Bleger, es sei wichtig, dem Patienten zu helfen, seine Schuld zu überwinden, an der er als einziger Überlebender seiner Familie leide. Da Bleger niemals behauptet hat, daß das, was vor den Konzentrationslagererfahrungen einschließlich der Kindheitserlebnisse geschehen ist, als irrelevant für die Analyse zu betrachten sei, können wir das, was der erstgenannte Analytiker und was Bleger formuliert haben, nicht als zwei einander symmetrisch gegenüberstehende Modelle betrachten, wohl aber können wir sagen, daß beide Auffassungen zwei verschiedene Arten des Zuhörens repräsentieren, die mit ihrer jeweiligen theoretischen Position korrespondieren.

Ein Patient erzählte mir von seinen Leiden im Konzentrationslager. Ich deutete, daß er diese Leiden soeben in einen Zusammenhang mit der Tatsache gebracht habe, daß seine Eltern „taub" gegenüber seinen Leiden in seiner Kindheit gewesen seien. Selbst wenn ich hinzugefügt hätte, daß er in einer der vorangegangenen Stunden auf die „Taubheit" Bezug genommen hatte, auf die er nach der Befreiung aus dem Konzentrationslager bei jenen Menschen gestoßen war, von denen er Verständnis erwartet hatte, war mein Eindruck, daß er meine Deutung in einer Weise aufgefaßt haben könnte, *als ob* ich ihm gesagt hätte: „Ich, die Analytikerin, denke, daß Ihre Leidenserfahrungen als Lagerinsasse nicht wirklich sind, sie sind bloß eine Wiederholung dessen, was Sie in Ihrer Kindheit durchlitten haben." Wir können sehen, daß dieser Patient jetzt in der Übertragung die Situation eines „Analytikers, der gegenüber seinen Leidenserlebnissen im Lager ‚taub' ist", wiederholt. Es war an der Zeit, ihm eine andere Deutung zu geben, etwa in dem Sinne, daß jemand „Taubes" in seinem Kopf ihn daran hindere zu verstehen, daß es *zwei gleichwertige Realitäten* gebe, zum einen die Realität seines Leidens im Lager und zum anderen die Realität seines Leidens daran, oft nicht verstanden worden zu sein, sowohl in seiner Kindheit als auch nach seiner Befreiung aus dem Lager.

Halten wir fest, daß das, was mein Patient hörte („Ich, die Analytikern, denke, daß Ihre Leidenserlebnisse als Lagerinsasse nicht wirklich sind, weil es sich bloß um eine Wiederholung dessen handelt, was Sie in Ihrer Kindheit erlebt haben"), sehr genau dem theoretischen Standpunkt des oben erwähnten ersten Analytikers entsprochen haben könnte. Erst durch das Hören darauf, wie der Patient meine Deutung gehört hatte, wie auch aufgrund der Tatsache, daß meine theoretische Position sich grundsätzlich von der jenes Analytikers unterschied, war ich in der Lage zu hören, was der Patient gehört hatte, und dies in einer neuen Deutung zu formulieren.

Anhand dieses Beispiels möchte ich drei Probleme überdenken, die miteinander verflochten sind: das Problem des Hörens, wie der Patient unsere Deutungen hört, das der Zeitdimension, der Zeitlichkeit, und das der Verleugnung.

Ein besonderes Kennzeichen der Verleugnung besteht darin, daß das, was verleugnet werden muß, seinem Wesen nach sehr wohl bekannt ist. Dies sollte bei unserem psychoanalytischen Zuhören und Deuten bedacht werden – manche Fälle von Kollusion zwischen Patient und Analytiker ließen sich dann besser auflösen.

Ich werde den Begriff Verleugnung im erweiterten Sinne einer nebeneinander bestehenden Anerkennung und zugleich Nicht-Anerkennung einer bestimmten Wirklichkeit verwenden. Dies schließt nicht nur den Geschlechtsunterschied mit ein (wie von Freud in seinem Aufsatz über den Fetischismus beschrieben, vgl. 1927e), sondern auch den Unterschied zwischen den Generationen wie auch die Andersheit. Der Begriff der *Sorge* (concern) um den anderen ist hier in den Begriff der Anerkennung (bzw. Nicht-Anerkennung) der Andersheit des anderen mit eingeschlossen. Diese unterschiedlichen Ebenen von Wirklichkeit sind eng miteinander verknüpft: Das Subjekt erkennt einerseits die Wirklichkeit, und gleichzeitig erkennt es das, was es erkennt, nicht an. Auf der einen Wirklichkeitsebene ist die Tatsache anerkannt, daß Frauen keinen Penis haben, aber nichtsdestotrotz ...

Ich denke, es ist offenkundig, welches Gewicht ich dem Mechanismus der Verleugnung beimesse. Wenden wir uns nun einer bestimmten Form der psychischen Zeitlichkeit und der analytischen Funktion, „dem Zuhören zuzuhören", zu.

Freud wählt einen dialektischen Zugang zur Lebensgeschichte des Patienten, wenn er sagt, daß dieser die Ereignisse der Vergangenheit einer fortgesetzten *nachträglichen* Revision unterziehe. Im Jahre 1896 schrieb er in diesem Sinne an Fließ, daß die konkrete Gegenwart, die sich in Erinnerungsspuren niedergeschlagen hat, von Zeit zu Zeit in Übereinstimmung mit neu auftauchenden Umständen einer Um- und Neuordnung, einer „Umschrift", unterworfen werde (Freud, 1985c [1887–1904], S. 217). Auch wenn dieses Konzept auf die Zuordnung von neuer Bedeutung zu vorhandenen Erinnerungsspuren beschränkt bleiben könnte, möchte ich es auf den Vorgang der Nachträglichkeit in der analytischen Beziehung erweitern. Diese besteht aus zwei voneinander nicht trennbaren Phasen, einer der Antizipation und einer der Retroaktion. Ich möchte zeigen, wie diese Mechanismen beim *analytischen Hören* (vgl. Faimberg, 1996) und bei der *(Re-)Konstruktion* (vgl. Faimberg u. Corel, 1989) zusammenwirken.

Der Analytiker gibt eine Deutung, in der er eine Bedeutung vorausahnt, eine Bedeutung, die offen ist und nicht ein für allemal gültig sein muß. Der Patient seinerseits spricht zum Analytiker und hört diese Deutung in Übereinstimmung mit bestimmten unbewußten Identifizierungen. Das heißt, daß der Patient unbewußt die Deutungen oder das Schweigen des Analytikers auf seine Weise selbst deutet. Indem der Analytiker darauf hört, wie sein Patient ihn gehört hat, kann er der Deutung nachträglich eine zusätzliche, eine neue Bedeutung geben. Ich habe diese Funktion des Analytikers als Funktion, „dem Hören (des Patienten) zuzuhören", bezeichnet (Faimberg, 1981, 1996). In meinem bereits erwähnten kurzen Beispiel habe ich gehört, wie mein Patient meine Deutung gehört hat und daß er sie seinerseits als eine Verleugnung der Realität der Konzentrationslagersituation verstanden und in der Weise gedeutet hat, als nähme ich an seinem Leiden keinen Anteil.

Meinem Verständnis nach sollte der Analytiker in der Lage sein, mit seinem Patienten zwei Dimensionen der Wirklichkeit durchzuarbeiten: Die erste Dimension (der relevanten aktuellen Konstellation in der Analyse implizit oder explizit entsprechend) ist die konkrete Wirklichkeit der Ereignisse, die das Leiden des Patienten hervorgebracht haben, wie auch die Wirklichkeit seines Leidens. Was die Analyse der Ereignisse betrifft, so erkennen wir deren Realität an. Und damit erkennen wir implizit auch an, daß ein Nazi ein Nazi und ein Opfer ein Opfer ist. Diese Einstellung gegenüber der Realität ist deshalb bedeutsam, weil sie dazu beitragen kann, die Wirksamkeit der Verleugnung zu schwächen, die der Not des Patienten zugrunde liegt. Wird diese Verleugnung nicht erkannt und nicht gedeutet, bleiben die Deutungen des Analytikers in besonderer Weise unwirksam. Dabei ist nicht zu vergessen, daß es zusätzlich zu jenen unmittelbaren Leiden, die die Nazis ihren Opfern zufügten, noch eine weitere Art des Leidens gab, die der perversen Verleugnung. Die Nazis sagten ihren Opfern, daß diese niemals überleben würden, um erzählen zu können, was geschehen ist, und daß sie selbst im unwahrscheinlichen Fall des Überlebens bestimmt nicht damit rechnen könnten, daß irgend jemand ihren Berichten Glauben schenken würde. Primo Levi (1986) führt als ein Paradigma der perversen Verleugnung die Maxime der Nazis an, „daß nicht sein kann, was nicht sein darf". Gewiß hatte der perverse Gebrauch der deutschen Sprache durch die Nazis das Vertrauen meines Patienten in die Bedeutung der Worte unterhöhlt, und dies mußte auch die Worte des Analytikers betreffen. Aber es gibt noch ein weiteres Problem. Wenn der Analytiker den Patienten ausschließlich aus der Perspektive der Anerkennung der konkreten Wirklichkeit der Ereignisse und der Wirklichkeit seines Leidens sieht, dann kann es geschehen, daß er ihn der Tendenz nach als ein anonymes Opfer (Opfer wie alle anderen Opfer) ohne eigene Geschichte behandelt.

Die zweite Dimension bezieht sich auf die Analyse zu einem bestimmten Zeitpunkt im Prozeß der Entfaltung verschiedener Bedeutungsebenen, die das Leiden des Patienten im Konzentrationslager für ihn angenommen hat. Der Patient ist ein Subjekt, das von diesen Ereignissen sowohl individuell als auch symbolisch betroffen ist. Wenn wir dies bedenken, werden wir ihn im jeweiligen Kontext als einmaliges Subjekt betrachten, sowohl in der Beziehung zu seiner eigenen Geschichte als auch in bezug auf die Geschichte seiner Übertragung. Beide Ebenen sind immer miteinander verflochten. Wenn bestimmte Faktoren der persönlichen Gleichung des Analytikers ihn dazu verleiten, seine analytische Position zu verlassen, kann er versucht sein, dem Patienten durch seine Deutung unbewußt die Bedeutung aufzudrängen, die er selbst dem Nationalsozialismus und allem, was er damit verbindet, beimißt.

In meiner Perspektive sollte der Analytiker in der Lage sein, zwischen diesen beiden Dimensionen der Realität zu unterscheiden. Er ist gefordert, Worte zu finden, mit denen er dem Patienten all die verschiedenen Bedeutungen deuten kann, die seine Erlebnisse im Konzentrationslager nun im psychoanalytischen Prozeß für seine individuelle Geschichte in einer bestimmten Übertragungssituation bekommen haben.

Wenn der Analytiker damit konfrontiert wird, gemeinsam mit dem Patienten darüber nachzudenken, was so schmerzlich und oft auch unmöglich zu denken ist, dann kann er es kaum vermeiden, sich zu fragen, was er in einer solchen Situation wohl getan, gefühlt oder gedacht hätte. Der Analytiker, der (bewußt oder unbewußt) der Meinung ist, daß das Analysieren auf der Ebene des Symbolischen einer Verleugnung der Realität dessen gleichkomme, was im Lager real geschehen ist, könnte leicht der Tendenz erliegen, diese Ebene des Symbolischen zu unterdrücken, und das heißt, nur in einer Dimension zuzuhören. Der Patient wird dann zwar in seinem besonderen Leiden erkannt, aber er wird sich zugleich beim Erkunden all der anderen Ebenen sehr allein gelassen fühlen. Oder aber der Analytiker erliegt unbewußt der entgegengesetzten Haltung, das heißt derjenigen, die Realität der Leiden des Patienten im Lager nicht zu erkennen.

Wir wollen hier nicht die vielen Gründe untersuchen, die dafür verantwortlich sind, daß der Analytiker sich in diesem Mechanismus der Verleugnung verfängt. Ich möchte nur einen Grund erwähnen: den Schmerz, seine eigene innere Beziehung zu seinen Eltern und Großeltern in Frage zu stellen, wenn diese konflikthaft mit der Vergangenheit verstrickt sind. Und wir sollten überdies nicht vergessen, daß auch unsere unbewußten Identifizierungen das Ergebnis von Geschichte sind (vgl. Faimberg, 1981, 1987).

Unsere analytische Erfahrung lehrt uns, daß wir durch das Infragestellen bestimmter Aspekte unserer verinnerlichten Eltern fürchten, am Ende die verinnerlichten Elternfiguren überhaupt zu verlieren. Es ist außerordentlich schwierig, mit den unbewußten Konflikten umzugehen, die aus diesen grundlegenden unbewußten narzißtischen Identifizierungen erwachsen. Dieses Thema verdient eine gesonderte Untersuchung.

Die Verleugnung wird an die nachfolgenden Generationen grundsätzlich durch Ungesagtes weitergereicht. Ein Patient, der nicht nach der Geschichte seiner Eltern während der Nazizeit fragt, tut dies deshalb nicht, weil er unbewußt schon die Antwort kennt.[1]

Viele Beiträge zu diesem Thema konzentrieren sich auf die Frage, ob man in der analytischen Arbeit vorwiegend auf Ereignisse vor, während oder nach den Erlebnissen im Konzentrationslager fokussieren sollte. Meiner Meinung nach läßt sich dieses Problem (zumindest partiell) durch ein nichtlineares Verständnis der Zeit überwinden, wie wir dies an klinischem Material gezeigt haben; ich meine ein Verständnis von Zeit, der retroaktiv und auf dialektische Weise neue Bedeutung zugeschrieben wird. Sie werden sicher merken, daß ich mich auf das Konzept der Nachträglichkeit beziehe. Wenn wir all dies bedenken, können wir mit dem Patienten darauf hinarbeiten, das Erleben der Shoah[2] in Verbindung mit dem, was vor und was nach ihr war, zur Sprache zu bringen, und damit auch dazu beitragen, daß der Patient besser zwischen den Naziverbrechen einerseits und seiner Verantwortung für seine eigene psychische Realität andererseits zu unterscheiden lernt.

Um meine Überlegungen über psychische Verantwortlichkeit und historische Wahrheit zu verdeutlichen, erlaube ich mir jetzt einen etwas längeren Einschub, um ein Fragment jenes Falles in Erinnerung zu rufen, den ich in meinem Aufsatz „Misunderstanding and psychic truths" (1997; vgl. auch 1996) vorgestellt habe.

Indem ich zuhörte, wie meine Patientin eine Deutung hörte, sagte ich in einer weiteren Deutung, daß sie meine Deutungen höre, als ob meine Worte von jemandem kämen, der sie als wertlos behandele, und ich fügte hinzu: „Wenn das der Fall ist, wer könnte das wohl sein?" Ich erwartete eine unbewußte Assoziation (und nicht etwa eine bewußte Antwort). Der Patientin fiel daraufhin folgendes ein: „Meine Mutter sagte mir immer, daß ich meine Zähne ordentlich pflegen sollte, weil Töchter die Zähne ihrer Väter erbten. Ich protestierte und meinte, daß doch sowohl mein Vater als auch ich gute Zähne hätten. Statt wütend zu werden, sagte meine Mutter daraufhin, als ob dies keinerlei Bedeutung hätte, mein Vater sei nicht mein wirklicher biologischer Vater. Als ich später nach Erklärungen hierfür fragen konnte, meinte sie nur, ich würde mich völlig unnötig aufregen, mein Vater hätte mich anerkannt, so daß sie nicht abtreiben mußte."

Warum hat diese Patientin meine Deutung so gehört, als ob ich gemeint hätte, sie sei eine „wertlose Person"? Ich denke, daß sie meine Deutung vermittels einer unbewußten Identifizierung mit einer ganz bestimmten Art von innerer Mutter gehört hat: sie ermöglicht es uns, eine Mutter zu hören, die die Herkunft ihrer Tochter durch Verleugnung enthüllt, mit einem trivialisierenden Tonfall, ohne jegliche Empathie für die Gefühle ihrer Tochter. Die Art und Weise, wie diese Patientin die Deutung gehört hatte, ist auch in einer historischen Wahrheit begründet, die wir gerade zu rekonstruieren begannen. Eine solche (Re-)Konstruktion kann nur hypothetischer Natur sein.

Ich sagte nicht: „Es ist Ihre innere Mutter, die da spricht." Im Gegenteil erkannte ich an, daß „diese Mutter durch meine Worte sprach", weil eine solche Mutter, die wir gerade (re-)konstruiert hatten, sich der Verleugnung bediente, wenn sie über die Herkunft ihrer Tochter sprach. Hätte ich anders gedeutet, dann hätte meine Patientin wohl gehört: „Es ist nicht wahr, daß Sie eine solche Mutter hatten, diese ‚innere Mutter' existiert *nur* in Ihrer Vorstellung." Wir rekonstruieren ein Körnchen der historischen Wahrheit (vgl. Freud, 1937d). Nur wenn wir die Verleugnung anerkennen, mit der die Mutter die Geschichte dieser Patientin behandelte, können wir die Verantwortlichkeit der Patientin für ihre unbewußten Konflikte durcharbeiten und in angemessener Weise jene historischen Wahrheiten erschließen, für die sie nicht verantwortlich ist.

Manche Analytiker glauben, daß die Patienten der zweiten und dritten Generation nach der Shoah sich von anderen Patienten nicht unterscheiden, andere sind der Meinung, daß sie besondere Probleme aufweisen. Indem man einen Patienten ausschließlich als jemanden definiert, der zur zweiten oder dritten Generation nach der Shoah zählt, gehen wir das Risiko ein, unbewußt ausschließlich von *einer* Position aus zu hören. Mario, über den ich gleich berichten werde, begann sich von einer unbewußt entfremdeten Identifizierung zu lösen, in der drei Generationen gleichsam teleskopartig ineinandergeschoben vertreten waren. Dies geschah genau in dem Moment, als er die Fragmente einer sich auf die Shoah beziehenden Geschichte enthüllte, die bisher verleugnet worden waren. In dem Augenblick, in dem ein Patient seinen eigenen psychischen Raum gewinnt und seinen eigenständigen Ort in der Generationenfolge findet, wird seine Identität nicht länger von den drei ineinandergeschobenen Generationen bestimmt. Dies impliziert ein fruchtbares Paradox, das nach meiner Ansicht ein gewisses Dilemma aufzulösen hilft. Ich will dies am Fall von Mario genauer erläutern. Da er veröffentlicht worden ist (1987), zitiere ich daraus nur, was für unsere Fragestellung relevant ist.

Bis zu jener Behandlungsstunde, die ich vorstellen werde, hatte Mario, ein Student der Naturwissenschaften, durch nichts zu erkennen gegeben, daß er in der Analyse psychisch anwesend sei oder irgendwelche Bedürfnisse habe. Mir war es bis dahin nicht möglich gewesen, seine psychische Abwesenheit zu deuten, eben weil er psychisch gar nicht anwesend war und deshalb auch keine Deutung hören und aufnehmen konnte. In der hier zur Diskussion stehenden Stunde kam Marios Angst zum ersten Mal zum Vorschein. Er teilte mir mit, daß er aus finanziellen Gründen nicht in der Lage sei, seine Analyse fortzusetzen. Er erwähnte, daß ein Freund ihn zu überreden versucht hatte, Dollars zu kaufen (um sein Vermögen vor der Inflation zu schützen), und ihn gefragt hatte, ob er wisse, wieviel ein Dollar wert sei. Mario hatte ihm darauf geantwortet, daß ein Dollar den Gegenwert von zwei Pesos habe. Während er mir all dies erzählte, machte er eine kaum wahrnehmbare Geste mit seiner Hand, wie um sich zu versichern, daß etwas in seiner Tasche noch da sei, eine liebevolle Geste, die von einem geradezu zärtlichen und heimlichen Lächeln begleitet war. Gleichzeitig erzählte er in abwesendem, unbeteiligtem Tonfall, daß sein Freund ihm gesagt habe, ein Dollar sei 5.000 Pesos wert. Daß er nicht wußte, wieviel ein

Dollar wert ist, schien ihn überhaupt nicht zu berühren oder irgendwie zu schockieren. Er schien der Meinung zu sein, daß es die konkrete Wirklichkeit sei, die „falsch" sei. Ich sagte:

> „Es muß sich etwas sehr Wichtiges in Ihrer Tasche befinden, etwas Geheimnisvolles, was Ihre Aufmerksamkeit in genau dem Augenblick hervorruft, als wir uns mit ihrem ‚Geld' beschäftigen, um die Kontinuität der Analyse mit mir zu sichern. Sie teilen mir Ihren Wunsch mit, weiterzumachen und ihre Angst angesichts der Vorstellung, die Analyse aufgeben zu müssen. Was Ihre Aufmerksamkeit erregt, steht vielleicht in Beziehung zu den Dollars, die 2 Pesos wert sind. Wenn dem so ist, müssen sie einer früheren Zeit angehören, vielleicht den 40er Jahren. Ich weiß es nicht, aber hätten Sie in diesem Fall eine Idee, wer ihr Empfänger sein könnte?" (1987, S. 117).

Mario antwortete lebendig, persönlich und sehr engagiert:

> „Ja, ich weiß, für wen die Dollars sind; sie sind für die Familie meines Vaters. Die Familie meines Vaters blieb in Polen, als er in den 30er Jahren das Land verließ. Meine Mutter berichtete mir, daß sich Vater durch die Einwanderung im Charakter völlig änderte, und daß er aufhörte, zu sprechen. In Wirklichkeit hat er nie richtig Spanisch sprechen gelernt. Zu Anfang des Krieges begann er, seiner Familie, die in Polen blieb, seinen Brüdern und seinen Eltern, Geld zu schicken. Er schickte Dollars; eine der Anweisungen wurde nie angerührt. Die ganze Familie muß getötet worden sein. Mein Vater hat nie darüber gesprochen, und er hat nie auf das, was sich ereignet hatte, angespielt. Ich denke, daß er im Grunde genommen nie wußte, was wirklich geschehen war. Meine Mutter hat mir das alles erzählt" (a. a. O., S. 118).

Dieser Fall veranlaßte mich, meinen theoretischen Standpunkt zu modifizieren. Seit 1981 beschäftigte ich mich damit, wie man eine besondere Art des psychischen Funktionierens faßbar machen könnte, in der der Unterschied zwischen den Generationen nicht anerkannt wird.

Ich glaube, daß einige Aspekte der verleugneten und abgewiesenen Konflikte aus der Vergangenheit der Eltern an die nachfolgende Generation weitervermittelt werden, und zwar durch eine Art unbewußter, narzißtisch verfremdeter Identifizierung. Mein Konzept bezieht sich vorwiegend auf die Beziehung zwischen dem Narzißmus der Eltern und dem Prozeß der Identifizierung. Wenn die Eltern psychisch in einem narzißtischen Regulationsmodus funktionieren, betrachten sie ihre Kinder als Teil ihrer selbst (auch wenn dies in unterschiedlicher Ausprägung der Fall sein kann[3]). Mit dieser narzißtischen Organisation geht einher, daß das, was Lust macht (selbst wenn die Quelle dieser Lust vom Kind selbst kommt), angeeignet wird, während das, was Unlust provoziert (selbst wenn die Quelle dieser Unlust von den Eltern stammt), ausgestoßen wird. Hiermit sind die Funktionen der Aneignung und Intrusion umrissen, die ich als charakteristisch für die narzißtische Objektbeziehung betrachte (vgl. Faimberg, 1981).

Nach meiner Hypothese werden jene Konflikte, die von den Eltern auf narzißtische Weise „gelöst“ und bewältigt werden, der Psyche des Patienten aufgebürdet, und zwar in einer sehr frühen Phase der Entwicklung, die durch Hilflosigkeit und Abhängigkeit gekennzeichnet ist. Als Konsequenz hieraus kommt es dazu, daß bestimmte entfremdete Identifizierungen das unbewußte Leben des Subjekts beherrschen können, die es dazu zwingen, die von den Eltern nicht zugelassenen und zurückgewiesenen Konflikte selbst auszuleben. Mit anderen Worten, Konflikte, deren Ursprung in einer anderen Generation liegt und die über unbewußte Identifizierungen weitergereicht werden, füllen die Psyche des Subjekts (in unterschiedlicher Ausprägung) aus, was ihm entsprechend weniger Raum für seine eigene Welt, für eigene Erfahrungen, für Möglichkeiten, eigene Lösungen zu finden, beläßt. Tatsächlich sind die Lösungen, zu denen das Subjekt findet, von diesen entfremdeten Identifizierungen bestimmt.

Im Fall von Mario verbinde ich diesen Mechanismus der Verleugnung mit einem historischen Kontext: mit den verleugneten und abgewiesenen Konflikten aus der Vergangenheit der Eltern. Die Eltern sind nicht Herr ihrer eigenen unbewußten Konflikte, und wir können in solchen Fällen entdecken, daß drei Generationen betroffen sind.

Wenn der Patient (gemeinsam mit dem Analytiker) realisieren kann, daß die unausgesprochene Geschichte der Eltern auch ihn selbst betrifft, wird es möglich aufzudecken, daß er sich unbewußt mit Aspekten dieser Geschichte identifiziert hat (vgl. Faimberg, 1987; Faimberg u. Corel, a. a. O.). Dies wird zum Ausgangspunkt eines Prozesses der Entidentifizierung. Die Identifizierung selbst ist stumm, wir können sie nur nachträglich entdecken.

Die Entdeckung, daß Mario sich psychisch ganz woanders befand, ließ mich erkennen, daß er sich unbewußt mit jener Verleugnung identifiziert hatte, mit der der Vater den Tod seiner Familie in Polen zu bewältigen suchte. Diese führte bei Mario zu einer Art innerem Tod in seinem eigenen psychischen Leben. Seine Analyse erlaubte mir, zum ersten Mal von der entfremdeten unbewußten Identifizierung zu sprechen, an der drei Generationen, gleichsam teleskopartig ineinandergeschoben, beteiligt waren, entfremdet deshalb, weil diese unbewußten narzißtischen Identifizierungen aus der Geschichte einer anderen Generation hervorgehen. Wir sollten allerdings vorsichtig sein und nicht unkritisch der Vorstellung folgen, der zufolge dieses

Ineinanderrücken der Generationen unbedingt Wirklichkeitscharakter hätte, so, als ob es sich unmittelbar auf die konkreten Ereignisse in der Lebensgeschichte der Eltern bezöge. Denn wir erkunden die unbewußten entfremdeten Identifizierungen, wie diese sich in der Übertragung enthüllen, und betrachten die konkreten Geschehnisse der Vergangenheit nicht nur als solche.

Als Antwort auf die Frage, ob man Patienten der zweiten und dritten Generation nach der Shoah als eine gesonderte Patientengruppe mit eigener Charakteristik zu betrachten habe, möchte ich ein fruchtbares Paradox vorschlagen, das, so glaube ich, bei der Lösung des Problems helfen kann: In eben dem Augenblick, in dem der Patient seinen eigenen psychischen Raum gewinnt und begreift, daß er sich von anderen Generationen unterscheidet, wird seine Identität nicht länger von den ineinandergerückten Generationen bestimmt. Im psychoanalytischen Prozeß rekonstruieren wir in fragmentarischer Weise seine Lebensgeschichte. Und indem wir das tun, können wir retroaktiv sagen, daß er sich als Angehöriger einer dritten Generation unbewußt mit der Art und Weise identifiziert hatte, in der Eltern und Großeltern versucht hatten, ihre eigene, mit der Shoah verbundene Lebensgeschichte zu bewältigen. Voraussetzung dafür, dies aufzudecken, ist aber, den Patienten nicht als jemanden anzuhören, der Vertreter dieser dritten Generation ist. Dies gilt ebenso für die zweite Generation und, wie wir bereits gesehen haben, auch für die unmittelbaren Opfer der Shoah. Worauf es wirklich ankommt, ist die Art und Weise, in der sich der Patient in seiner psychischen Realität und in der historischen Wahrheit sieht (vgl. Freud, 1937d; Faimberg, 1996, 1997). In diesem Zusammenhang spreche ich von einer Aufhebung der Entfremdung. Die Beachtung der Gegenübertragung ist der Garant dafür, daß die Übertragung nicht bloß Wiederholung bleibt, sondern neue Möglichkeiten erschließt, die die Aufhebung der Entfremdung erlauben.

Ich bin davon überzeugt, daß die Analyse der Verleugnung den Patienten dabei helfen kann, die Hypothek des Unausgesprochenen zu überwinden, ihre eigene Geschichte zu übernehmen und damit eine neue psychische Zeitlichkeit zu begründen. Auf diese Weise kann Zukunft wirklich Zukunft werden und bleibt nicht bloß ein Fortdauern der Vergangenheit.

Übersetzung aus dem Englischen von Ludwig Haesler (Hofheim/Ts.)

Anmerkungen

[1] Dies war die Schlußfolgerung eines Zuhörers, Jörg-Thomas Erdmann, zu der ihn mein Vortrag auf dem Hamburger IPA-Kongreß über die „Ineinanderrückung der Generationen" (1987) inspiriert hatte.

[2] Seit Claude Lanzmanns Film *Shoah* ziehe ich diesen Begriff dem des Holocaust vor.

[3] Dieser Mechanismus ist in unterschiedlicher Ausprägung in allen psychischen Funktionen ge-

genwärtig. Meine Hypothese besagt, daß wir diese narzißtische Transmission in jedem fortgeschrittenen Stadium aufdecken können.

Literatur

Faimberg, H. (1981): Une des difficultés de l'analyse: la reconnaissance de l'altérité. L'écoute des interprétations. Rev. Franç. de Psychanal., 45, 1351–1367.

– (1987): Die Ineinanderrückung der Generationen. Jb. d. Psychoanal., 20, 114–142.

– (1992): The countertransference position and the countertransference. Int. J. Psycho-Anal., 73, 541–547.

– (1996): Listening to listening. Int. J. Psycho-Anal., 77, 667–677.

– (1997): Misunderstanding and psychic truths. Int. J. Psycho-Anal., 78, 439–451.

– u. A. Corel (1989): Wiederholung und Überraschung. Jb. d. Psychoanal., 28, 1991, 50–70.

Freud, S. (1927e): Fetischismus. GW 14, 311–317.

– (1937d): Konstruktionen in der Analyse. GW 16, 43–56.

– (1985c [1887–1904]: Briefe an Wilhelm Fließ 1887–1904. Frankfurt a.M. (S. Fischer) 1999, 2. Aufl.

Levi, P. (1986): Die Untergegangenen und die Geretteten. München (Hanser) 1990.

Neyraut, M. (1974): Die Übertragung. Frankfurt a.M. (Suhrkamp) 1976.

Racker, H. (1968): Übertragung und Gegenübertragung. München, Basel (Reinhardt) 1978.

Gottfried Fischer

Psychoanalytische Perspektiven in der Behandlung schwerer akuter Traumatisierung

Forschungsergebnisse und Praxisempfehlungen aus dem Kölner Opferhilfe Modellprojekt

Übersicht

Im Rahmen eines Modellprojekts zur Akuthilfe für Opfer von Gewaltverbrechen wurden die Risikofaktoren für psychotraumatische Langzeitfolgen untersucht und aufgrund retrospektiver und prospektiver Daten ein „Risikoindex" entwickelt, der nach Freuds Idee der „Ergänzungsreihe" die traumatogenen Situationsfaktoren bei dieser Gruppe von Betroffenen erfaßt. Dauer und Ausprägungsgrad der Störung hängen vom Schweregrad der traumatischen Situationsfaktoren ab, so daß wir Trauma als eine ätiologische Kategorie betrachten und behandeln müssen. Am Umgang mit der Übertragung bei Traumapatienten werden Grundzüge einer psychoanalytisch und psychodynamisch fundierten Technik in der Behandlung psychotraumatischer Störungen dargestellt. Während die meisten verhaltenstherapeutischen Psychotherapiemanuale „störungsspezifisch" ausgerichtet sind, also auf einer nosologischen Ebene verbleiben, sind für den psychoanalytischen Zugang ein ätiologiespezifisches Verständnis der Störung und ein kausaler Behandlungsansatz charakteristisch.

Trauma als nosologische Kategorie

In der psychoanalytischen Tradition läßt sich Trauma als „Prototyp eines elastischen Begriffs" (Bohleber, 2000, S. 829; vgl. auch Sandler et al., 1989; Dreher, 1998) verstehen. Dem steht die relativ enge Definition der diagnostischen Manuale DSM und ICD gegenüber, die in ihrer Begrifflichkeit allerdings einige erstaunliche Widersprüche enthält: Haben Sie schon einmal von einem „posttraumatischen Schädel-Hirn-Trauma" gehört? Ähnlich widersprüchlich erscheint das Konzept des sog. PTSD (Posttraumatic Stress Disorder). „Post", vorüber, ist ja nicht das Trauma, die seelische Verletzung als solche, sondern das traumatische Ereignis. In behavioristischer Tradition wird das Ereignis mit dem Erlebnis verwechselt, ein Widerspruch, der beim Ausdruck „posttraumatisches Schädel-Hirn-Trauma" offensichtlich wird, bei einem psychologischen Konzept vielleicht deswegen weniger, weil die „Psyche" für viele Menschen nicht die gleiche Wirklichkeit besitzt wie der Körper. Zwischen Trauma und „Streß" bestehen schon bei physiologischen Parametern gegenläufige Verhältnisse, so daß die Wortkombination „traumatischer Streß" ebenfalls problematisch erscheint. Terminologisch korrekt könnte von einem „psychotraumatischen Belastungssyndrom" (PTBS) gesprochen werden (vgl. Fischer u. Riedesser, 1999), das sich entsprechend DSM und ICD aus vier Symptomgruppen zusammensetzt:

a) einem belastenden Ereignis oder andauernden Umweltbedingungen, die mit dem Gefühl überwältigender Hilflosigkeit erlebt werden;
b) sich aufdrängenden Erinnerungen an das belastende Ereignis, sogenannte Nachhallerinnerungen (Flashbacks);
c) Vermeiden oder Verleugnen von allem, was an das traumatische Ereignis erinnert;
d) schreckhafte Übererregbarkeit und/oder emotionale Betäubung (numbing).

Nach dem Algorithmus der Manuale müssen für die Diagnose des PTBS alle Symptomgruppen vertreten sein. Nach klinischer Erfahrung und – methodisch allerdings noch problematischen – epidemiologischen Studien wird damit jedoch nur ein gewisser Prozentsatz der Gesamtheit psychischer Störungen mit traumatischer Ätiologie erfaßt.

Annäherung an die Ätiologie – Ergänzungsreihe psychotraumatischer Risikofaktoren

Psychische Traumatisierungen verlaufen ebensowenig nach einem Alles-oder-nichts-Prinzip wie körperliche Noxen auch. Wie der Körper entwickelt auch die Psyche kompensatorische Schutzmaßnahmen, um eingedrungene noxische Reize unschädlich zu machen und möglichst wieder auszuscheiden. Dies ist sogar bei Extremtraumatisierung zu beobachten, dann allerdings unter ungünstigen, fast aussichtslosen Voraussetzungen. Die Analogie zwischen körperlichen und seelischen Verletzungen ist bis zu einem gewissen Grade erhellend, wenn auch bestimmte Unterschiede berücksichtigt werden müssen (vgl. Fischer u. Riedesser, a. a. O., Abschn. 1.2). Scheitert nach einem Akuttrauma der Übergang in die Erholungsphase, so kommt ein „traumatischer Prozeß" zustande, dessen innere Struktur sich aus dem dynamischen Gegeneinander von „noxischen Faktoren" und traumakompensatorischen Abwehrmechanismen erklären läßt. Um diesem Prozeßcharakter des Traumas Rechnung zu tragen, hat sich eine genaue Analyse der traumatischen Situationsfaktoren als hilfreich erwiesen. Im Kölner Opferhilfe Modellprojekt (KOM), das auf einen Beschluß des nordrhein-westfälischen Landtags vom Herbst 1998 inzwischen auch landesweit umgesetzt wird, haben wir diese Risikofaktoren in einem Meßinstrument zusammengefaßt, dem *Kölner Risikoindex*. Die psychologische und mathematische Logik dieses für die Frühdiagnostik geeigneten Instruments ist für die Ätiologie psychotraumatischer Belastungsstörungen von Interesse.

In einer retrospektiven Untersuchung an 107 Gewaltopfern (59 Männer, 48 Frauen) wurden über Kreuztabellen, sequentielle Korrelation und die qualitative Auswertung von Interviews schrittweise jene Faktoren ermittelt, die zu späterer langanhaltender psychotraumatischer Symptomatik in Beziehung stehen. Im einzelnen handelt es sich um folgende Faktoren (vgl. Fischer et al., 1998, S. 43):

1. antezedente Einflußgrößen, insbesondere Vorliegen und Anzahl von Mehrfachtraumatisierung;
2. objektive situative Einflußgrößen, Schwere der traumatischen Situation, Deliktart/Schwere des Delikts, Lebensbedrohlichkeit der Situation, Dauer der traumatischen Situation, Schwere der Verletzungen, Bekanntschaft zum Täter in dem Sinne, daß persönlich bekannte Täter größeren psychischen Schaden anrichten;
3. subjektive situative Einflußgrößen, erhöhtes Ausmaß an peritraumatischer Dissoziation;
4. zusätzliche Belastungen, Retraumatisierungen, vor allem während der Einwirkungsphase des Traumas, tendenziell traumatisierende Erfahrungen mit öffentlichen Funktionsträgern, verständnislose Reaktionen seitens der sozialen Umgebung, der zusätzliche Risikofaktor Arbeitslosigkeit;
5. protektive Faktoren (negative Korrelation), Schulbildung bzw. Intelligenz, unterstützendes soziales Umfeld.

In anderen Bereichen unserer klinischen Arbeit in Köln – Helfertrauma, humanitäre Einsätze, Banküberfälle, Arbeits- und Verkehrsunfälle – zeigte sich eine analoge Bedingungskonstellation. Auch in diesen Feldern hat sich der Risikoindex in der Frühdiagnostik der Trauma-Risikogruppe bewährt.

Wie wirken die einzelnen Faktoren nun zusammen? Es hat den Anschein, daß hier die Idee der „Ergänzungsreihe" weiterführt, die Freud seinerzeit allerdings für die Ätiologie neurotischer Störungen formuliert hat:

> „Man kann sich für die Mehrzahl der Fälle eine sogenannte ‚Ergänzungsreihe' vorstellen, in welcher die fallenden Intensitäten des einen Faktors durch die steigenden des anderen ausgeglichen werden [konstitutionell vs. akzidentell; Anm. v. G. F.], hat aber keinen Grund, die Existenz extremer Fälle an den Enden der Reihe zu leugnen" (1905d, S. 141 f.).

Von der Neurosenätiologie hin zum Trauma würden wir eine Verschiebung in Richtung der akzidentellen, der psychosozialen Einflußgrößen vermuten. Dabei befinden sich die einzelnen Teilkomponenten untereinander in einem Verhältnis der Substitution, wie die folgende Formel der Ergänzungsreihe verdeutlichen kann (Düchting, 1997, S. 136):

*Ergänzungsreihe = (f4 – 1) + ((b2.9 –1)*2) + ((sumpdeq – 10) / 10) + ((polytrau – 1) / 3) + (meanrat2/6) + (traudau – 1) + (negerf / 2) + c1.2 + a7b + (f3 – 1) + (b2.7 – 1) – (schulbil – 1).*

Erklärung: Die erste Komponente steht für Deliktart/-schwere. Sie kann den Wert 1 annehmen, wenn eine schwere Körperverletzung oder eine Vergewaltigung vorliegt; bei leichter Körperverletzung beträgt sie 0 und fällt also nicht ins Gewicht. Es folgt ein Wert für Lebensbedrohlichkeit, der 0 oder 2 annehmen kann, je nachdem ob die Situation lebensbedrohlich war oder nicht. Den peritraumatischen Dissoziationen (sumpdeq) wird ein großes Gewicht zugesprochen; diese Komponente kann einen Wert zwischen 0 und 4 annehmen (4 entspräche der extremsten Ausprägung aller 10 Items). Eine mehrfache Traumatisierung (polytrau) nimmt im Falle von 3 weiteren traumatischen Vorfällen den Wert 1 an. Die Schwere des Traumas (meanrat2, Mittwert des Ratings) liegt mit ihren Werten zwischen 0 und 1. Die Dauer des Traumas (traudau) hat nur bei sehr langen traumatischen Situationen einen entscheidenden Einfluß. In diesem Fall nimmt diese Komponente den Wert 1 an, sonst 0. Negative Erfahrungen mit Funktionsträgern (negerf) bedeuten einen Wert von 0.5, wenn sie sehr belastend waren (mehrfach betont werden) einen Wert von 1. Hinzu kommen noch negative Umweltreaktionen (c1.2 „nicht so anstellen"), Arbeitslosigkeit (a7b), das Vorliegen sehr schwerer Verletzungen und Bekanntheit des Täters, die jeweils den Wert 1 annehmen, wenn der entsprechende Aspekt gegeben ist, sonst 0. Der Faktor Schulbildung (schulbil) wird subtrahiert (ein höherer Wert bedeutet eine höhere Schulbildung), da diese sich vermindernd auf das Ausmaß von Symptomen auswirkt. Ein Abzug von einem Punkt bei mittlerem Schulabschluß und zwei Punkten bei Abitur oder äquivalentem Abschluß ist möglich.

Aufgrund der Ergänzungsreihe läßt sich nun ein individueller „Ergänzungswert" ermitteln. Dieser wurde an verschiedenen Kriteriumsvariablen sowie an einer zweiten, unabhängig erhobenen Stichprobe überprüft und weist hochsignifikante Korrelationen (Spearman) mit international gebräuchlichen Traumaskalen auf, so .78 mit der Posttraumatic Symptom Scale (PTSS-10), .66 mit der Gießener Beschwerdeliste. Die beiden Subskalen der Impact of Event-Skala (IES) in deutscher Übersetzung (Fischer, 2000a, S. 24) decken die intrusiven und die Vermeidungssymptome ab und korrelieren jeweils mit .61 und .65 sowie mit .71 für das Kriterium Übererregbarkeit. Verändert man in der „Ergänzungsreihe" das Gewicht der einzelnen Komponenten, so führt dies nur zu geringfügigen Änderungen der Korrelationen mit den Beschwerdeskalen. In dieser Hinsicht ist die Formel also „stabil", was für die klinische Anwendung vorteilhaft ist. Inhaltlich liegt die Folgerung nahe, daß ein pathogener Schwellenwert der traumatischen Situationsfaktoren durch sehr unterschiedliche Konstellationen zustande kommen kann, die untereinander austauschbar sind, sofern sie sich in ihrer Gesamtheit zum kritischen „Ergänzungswert" aufaddieren.

Die folgende Abbildung zeigt den Zusammenhang zwischen dem Wert der Ergänzungsreihe und Symptomen auf der Skala PTSS-10 (Fischer et al., 1998, S. 44):

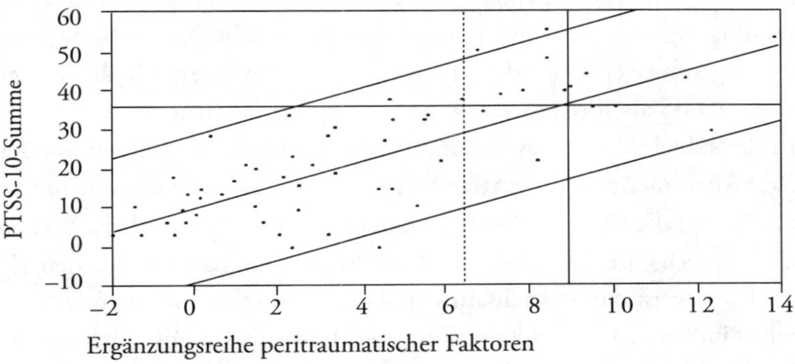

Erklärung: Mit steigendem Wert der Ergänzungsreihe steigen auch die PTSS-Summenwerte an. Eine lineare Beziehung zwischen der Ergänzungsreihe und den Symptomen ist zu erkennen. Die mittlere schräge Linie stellt die entsprechende Regressionsgerade dar; die beiden äußeren Linien sind die Grenzen eines 95 %-Konfidenzintervalls für individuelle Werte. Fast alle Werte liegen innerhalb dieses Intervalls.

Bei einem Wert von 6.4 (gestrichelte Senkrechte in der Grafik), der hier empirisch ermittelt und festgelegt wurde, ist die Fehlerquote bei Vorhersagen sehr gering. Eine Diskriminanzanalyse ergab, daß bei diesem Grenzwert sich 83 % der Fälle korrekt der Risikogruppe zuordnen lassen. Die Sensitivität der Skala erscheint damit vertretbar, muß in kritischen Fällen jedoch durch weitere diagnostische Maßnahmen ergänzt werden. Setzt man den Cut-off-Punkt des Kölner Risikoindex noch etwas niedriger an, bei 5, so steigt zwar die Zahl der falsch positiven Zuweisungen an, die Zahl der falsch negativen wird jedoch gesenkt. Nach diesem Kriterium ist die Zusammenarbeit mit der Polizei in NRW geregelt, die eine vereinfachte Variante des Kölner Risikoindex in ihrem Computerprogramm „Victim" führt. Zusammen mit der intuitiven Erfahrung der Beamten ergab sich eine falsch positive Zuweisung an unsere Kölner Beratungsstelle für Kriminalitäts- und Unfallopfer von nur 10 %. Nur 10 % der weiterverwiesenen Gewaltopfer gehörten also der Selbstheilergruppe an und benötigten keine Trauma-Akuttherapie.

Quantitativ überwiegen im Risikoindex die situativen Faktoren, so daß ihnen für die Ergänzungsreihe das Hauptgewicht zukommen dürfte. Diese Vermutung wird durch das folgende Teilergebnis noch weiter gestützt: Einfluß auf den Ausprägungsgrad der Symptome besitzt nicht die Zeitdimension, sondern das Kriterium „Schweregrad der traumatischen Situation". Zwischen den Werten der PTSS-10 und der Variablen „Schwere der traumatischen Situation" ergibt sich über einen Zeitraum von zwanzig Jahren hinweg im „Z-score" eine nahezu perfekte Übereinstimmung. Je schwerer das traumatische Ereignis, desto schwerer die Symptome, unabhängig von der seit dem Vorfall vergangenen Zeit. Durch ungünstige peri- und postsituative Umweltbedingungen allein können demnach schwere und dauerhafte psychotraumatische Störungen ausgelöst werden. In diesem Sinne müssen wir das Ereigniskriterium (A) des PTBS als ätiologisch relevante Kategorie betrachten.

Wie ist der subjektive Pol beschaffen, die „konstitutionelle" Dimension der Ergänzungsreihe? Auch hier treten situative Faktoren auf. Bei der Komponente „Vortraumatisierung" liegt die situative Ätiologie bereits in der Vergangenheit. Wer eine traumatische Vorgeschichte hat, kann leichter erneut traumatisiert werden. Der psychische Apparat weist dann gleichsam schon eine „affektive Sollbruchstelle" auf.

Besonders interessant ist das Kriterium „peritraumatische Dissoziation", das in nahezu allen Prädiktionsstudien übereinstimmend ermittelt wurde. Wir wissen noch nicht, ob es sich bei diesem „psychotraumatologischen Abwehrmechanismus" (Fischer u. Riedesser, a. a. O., Glossar) um eine Persönlichkeitsvariable handelt oder um eine situativ bedingte. Von der Schwere der Situation ist sie in unserem Datenmaterial weitgehend unabhängig (vgl. Düchting, a. a. O.). Allgemein müssen wir zwischen „normaler" und „pathologischer Dissoziation" unterscheiden, wie sie beispielsweise für dissoziative Persönlichkeitsstörungen charakteristisch ist (zur Diskussion vgl. Fischer, 2000a, Abschn. 2.6.4). Peritraumatische Depersonalisierung („Ich glaubte, ein anderer sei betroffen"), Derealisierung („Ich war in einem Film"), Außer-Körper-Erfahrungen („Ich schwebte über dem Geschehen") treten aber keineswegs gehäuft bei einer dissoziativen Persönlichkeitsverfassung auf, sondern entsprechen einem normalen Selbstschutzmechanismus.

Warum ist dieser psychotraumatische Abwehrmechanismus zugleich ein Risikofaktor für Langzeitstörungen? Es könnte sich dabei um ein sog. *Diskrepanzphänomen* handeln. Trauma läßt sich definieren als „ein vitales *Diskrepanzerlebnis* zwischen bedrohlichen Situationsfaktoren und den individuellen Bewältigungsmöglichkeiten, das mit Gefühlen von Hilflosigkeit und schutzloser Preisgabe einhergeht und so eine dauerhafte Erschütterung von Selbst- und Weltverständnis bewirkt" (Fischer u. Riedesser, a. a. O., S. 351). Das Diskrepanzphänomen tritt hier zwischen der Situation und den Kategorien oder Schemata des Selbst- und Weltverständnisses auf. In diesem psychotraumatischen Abwehrvorgang „entscheidet" sich das Ich unbewußt für seine gewohnten Schemata und gegen die Realität des Vorfalls: „Es ist ja nur ein Film oder ein böser Traum". So hilfreich dieser Selbstschutzmechanismus innerhalb der traumatischen Situation ist, scheint er postsituativ nur schwer reversibel zu sein. Wenn wir dieses spannende Phänomen näher untersuchen, könnte sich vielleicht herausstellen, daß solche Personen besonders gefährdet sind, die behütet aufwuchsen und kaum über Verständniskategorien für katastrophische Vorgänge verfügen im Gegensatz zu einer, wie man vielleicht sagen könnte, „optimalen Trauma-Vorimpfung".

Prognostische Prüfung des Kölner Risikoindex in einer Studie zur Trauma-Akuttherapie

Wieweit erlaubt die Kenntnis der situativ-ätiologischen Bedingungen eine Prognose des traumatischen Prozeßverlaufs? Diese Frage konnte in unserer Studie „Traumatherapie für Gewaltopfer" (TTG) einer Antwort näher gebracht werden. Allgemein wollten wir klären, ob und wieweit es möglich ist, die Risikogruppe unter den Gewaltopfern mit einem Behandlungsangebot von nicht mehr als zehn Sitzungen dauerhaft aus dem Symptombereich herauszuführen. Eingangsbedingung der Studie waren ein traumatisches Ereignis aus dem kriminellen Bereich (Gewaltverbrechen, Geiselnahme, Banküberfall, Vergewaltigung), das nicht länger als vier Monate zurücklag, und ein kritischer Wert im Risikoindex. Danach erfolgte eine Zufallszuweisung auf zwei Behandlungsgruppen und eine Kontrollgruppe. Ausgeschlossen wurden Personen mit komplexer, chronifizierter Vortraumatisierung und/oder psychiatrischen Erkrankungen in ihrer Lebensgeschichte. Den beiden Behandlungsgruppen wurden zwei manualisierte Varianten der Traumatherapie angeboten: EMDR (Eye Movement Desensitization and Reprocessing, Shapiro, 1995), ein relativ neues Verfahren, das mit rhythmischen Augenbewegungen arbeitet, verbunden mit der Aufforderung an den Patienten, sich in seiner Vorstellung schrittweise an das traumatische Ereignis anzunähern, sowie ein psychodynamisches Verfahren, die MPTT (Mehrdimensionale psychodynamische Traumatherapie; Fischer, 2000b) in ihrer Variante „Trauma-Akuttherapie". Die MPTT greift die bis dahin vorliegenden psychodynamischen Ansätze zu einer differentiellen Traumatherapie auf, fügt neue Ideen und Techniken hinzu, wie sie im KOM-Projekt entwickelt wurden, und integriert diese auf der Grundlage von zwölf Prinzipien, Techniken und „Basisinterventionslinien" der Behandlungsführung. Neben der hier getesteten Variante „Akuttherapie" (bis zu vier Monate nach dem Ereignis, durchschnittlich etwa 10 bis 20 Sitzungen) weist das MPTT-Manual Varianten für chronifizierte und komplexe Traumatisierung aus (ab 30 Sitzungen bis hin zu einer Langzeitbehandlung bei traumatischen Prozessen seit der Kindheit). Am Ende des ersten Untersuchungsabschnitts lagen 22 Datensätze vor, die Aussagen über den Ausgang des Gruppenexperiments erlaubten. Insgesamt haben vier Gewaltopfer die Studie abgebrochen – zwei Fälle in der Kontrollgruppe (N = 8) und je ein Fall in der MPTT (N = 7) und EMDR-Gruppe (N = 7). Die Auswertung erfolgte gruppenstatistisch und auf Fallebene.

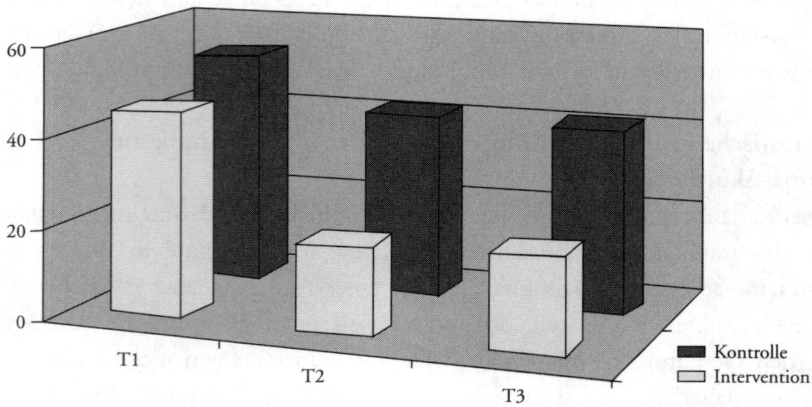

Werte der Impact of Event-Skala (IES) in den Subskalen Vermeidung und Intrusion im Vergleich von Interventionsgruppen und Kontrollen (N = 22; Fischer et al., 1999, S. 35)
Erklärung: Am Ende der Behandlung (T2) hat sich der Gesamtwert von Vermeidung und Intrusion in der Behandlungsgruppe nahezu halbiert (statistisch hochsignifikant), während er in der Kontrollgruppe statistisch unbedeutend von der Ausgangslage abweicht. Diese massive Symptomreduktion bleibt zum Zeitpunkt T3, in der Halbjahreskatamnese, annähernd gleich. Auch die übrigen erhobenen Meßwerte (PTSS-10, Beck-Depressionsinventar) lassen einen ähnlichen Verlauf erkennen. Das Ausmaß der Symptomreduktion ist klinisch relevant und liegt in allen Skalen soz. „im grünen Bereich“, unterhalb der für eine Traumatisierung kritischen Werte.

Der folgenden Tabelle kann der relative Anteil entnommen werden, den die Interventionsbedingung (EMDR bzw. MPTT) auf die Varianz der Outcome-Variablen hat.

		T 2		*T 3*
Abhängige Variable	*Eta-Quadrat*	*% erklärte Varianz*	Eta-Quadrat	*% erklärte Varianz*
IES	.479	47,9 %	.567	56,7 %
Übererregung	.497	49,7 %	.483	48,3 %
Depression	.457	45,7 %	.492	49,2 %
PTSS-10	.463	56,3 %	.553	55,3 %

Erklärte Varianz der Outcome-Variablen durch den Faktor Trauma-Akuttherapie (Fischer et al., 1999, S. 39)

Durchschnittlich läßt sich zu beiden Meßzeitpunkten ein Varianzanteil von 50 % auf die Intervention zurückführen. So kann von einem deutlichen Wirkungszusammenhang zwischen Therapieangebot und klinischer Besserung bei der Trauma-Risikogruppe ausgegangen werden. Unterschiede zwischen MPTT und EMDR waren statistisch nicht bedeutsam. Trendmäßig zeichnet sich in der Einzelfallanalyse eine Stärke der MPTT bei der Reduktion von Vermeidungsverhalten ab. Diese läßt sich vermutlich auf die Komponente „Rekonstruktion und Durcharbeiten der traumatischen Situation" zurückführen. Eine Stärke von EMDR konnte in der raschen Reduktion von Intrusionen beobachtet werden. Das MPTT-Manual enthält Regeln und therapeutische Prinzipien, nach denen sich ein EMDR-Modul in den psychodynamischen Ansatz integrieren läßt (a. a. O.), ohne von Prinzipien einer psychodynamisch reflektierten Beziehungsgestaltung und Therapieplanung abzuweichen. Beide Therapieformen weisen in der vorliegenden Studie eine bemerkenswert geringe Abbruchquote im Vergleich etwa mit Studien zur verhaltenstherapeutischen Konfrontationstherapie auf.

Die Tatsache, daß die Mitglieder der Kontrollgruppe konstant hohe Werte behalten, spricht für die prognostische Validität des *Kölner Risikoindex*, der als Eingangskriterium für die Studie verwendet wurde. Tatsächlich erlaubt der „Ergänzungswert" ein Screening der Hochrisikogruppe für Langzeittrauma. Dies ist von hoher praktischer Relevanz, da in den ersten zwei bis drei Monaten nach einem schwer belastenden Ereignis nahezu alle Betroffenen PTBS-Symptome haben, während durchschnittlich nur etwa ein Drittel Langzeitfolgen entwickelt. Die prognostische Validierung des Risikoindex bleibt in dieser Studie allerdings aus ethischen Gründen beschränkt. Nach zwei Monaten wurde der Kontrollgruppe, die zunächst als Wartelisten-Kontrolle geführt wurde, ein Therapieangebot gemacht, worin sie mit einer Kombination von MPTT und EMDR behandelt wurde. Etwa ein Drittel machte davon Gebrauch. Ab T2 befinden sich unter der Kontrollbedingung also nur noch Personen, die das Therapieangebot, zumindest zu diesem Zeitpunkt, nicht in Anspruch nehmen wollten.

Differentielle Therapieplanung nach der Ätiologie psychischer Störungen

Gegenwärtig wird verstärkt die Forderung nach „störungsspezifischen Manualen" in der Psychotherapie erhoben. Es existieren schon Manuale für Depression, Angst oder Zwang. Ihr Nutzen soll nicht generell in Frage gestellt werden, dürfte klinisch jedoch an Grenzen stoßen. Denn was haben „symptomhomogene" Gruppen gemeinsam außer eben Angst, Zwang oder Depression? Eine Alternative könnten „ätiologiespezifische Manuale" sein. Hier werden Variablen erfaßt, die für die differentielle Therapieplanung möglicherweise relevanter sind als die nosologische Ebene der Symptomatik.

Trauma ist heute vielleicht schon zu einem Modewort geworden, nach dem Motto „alles ist Trauma", und fast jeder hat ein solches, ähnlich wie jeder unter „Streß" leidet oder früher unter einer „Neurose" litt. Das ist in einem wissenschaftlichen Verständnis natürlich – erfreulicherweise – nicht der Fall. Auch kann bei weitem nicht jede Störung auf ein „Trauma" zurückgeführt werden, wie manchmal behauptet wird. Von daher stellt sich die Frage, welche weiteren Faktoren ätiologisch in Betracht kommen. Hierzu möchte ich einen Vorschlag machen, der eine Grundlage für weitere Diskussion und Forschung sein könnte. In der folgenden Grafik sind vier mögliche ätiologische Einflußsphären abgebildet: psychisches Trauma, biopsychologische Ursachen und pathogene Varianten gesellschaftlicher Sozialisationsmuster, insbesondere Über- vs. Untersozialisation. Diese Faktoren können sich beim einzelnen Patienten überschneiden.

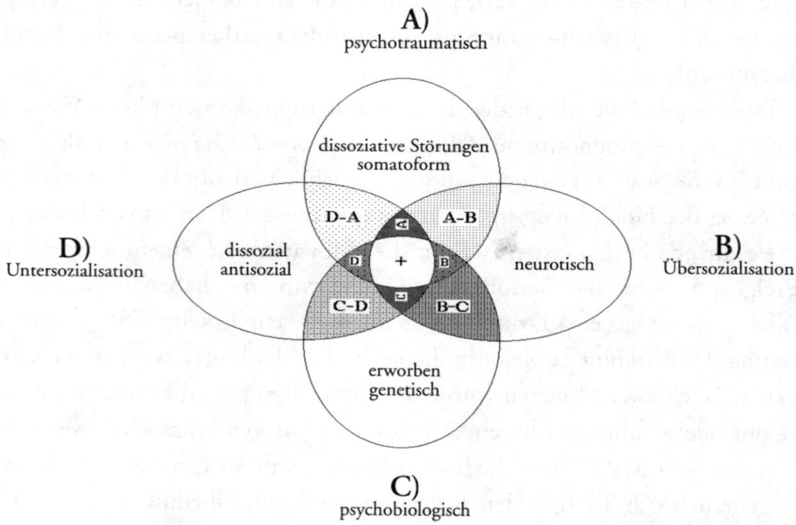

Klassifikation psychischer Störungen nach ätiologischen Einflüssen (Fischer, 2000a, S. 168)

Die ätiologischen Einflußgrößen sind durch vier konzentrische Ellipsen veranschaulicht, die eine bilaterale Schnittmenge aufweisen und eine Gesamtschnittmenge in ihrem Mittelbereich. Auf Ätiologie A wurde schon eingegangen, so daß wir uns auf die übrigen Konstellationen beschränken können. Aus ihnen leitet sich dann die differentielle Therapiestrategie ab.

Übersozialisation. Dieser Einflußfaktor entspricht einem übermäßig strengen, rigiden und einengenden Erziehungsstil. Die Vitalität der Persönlichkeit wird unterdrückt,

Triebimpulse und Phantasiemuster werden durch die rigide Prägeform gewissermaßen „ausgestanzt". Das Ich-Selbst-System ist zwar gut organisiert, die Persönlichkeit leidet jedoch unter Verdrängung zentraler vitaler Impulse und Triebwünsche. Ein ecclesiogener Einfluß kommt oft hinzu. Das „idealtypische Ergebnis" ist eine neurotische Störung, die als therapeutische Antwort im allgemeinen die Analyse von Abwehr, Widerstand und Übertragung erfordert. Oft haben sich ausgedehnte unbewußte Phantasiefiguren gebildet, die dadurch „widerlegt" und integriert werden, daß der Analytiker sich abstinent verhält und der freien Assoziation Raum gibt. Dagegen fällt beim idealtypischen Traumapatienten die Wirklichkeit meist schlimmer aus als die Phantasie, wie sich z. B. den Phänomenen der peritraumatischen Dissoziation entnehmen läßt, so daß „Neutralität" kontraindiziert ist und „parteiliche Abstinenz" als therapeutische Haltung erforderlich wird (vgl. Fischer u. Riedesser, a. a. O.; Fischer, 2000b). Die „Schnittmenge" (A-B) zwischen Trauma und Übersozialisation ist durch rigide Erziehungsnormen gekennzeichnet, die mit brutalen Sanktionen durchgesetzt werden.

Biologische Faktoren. Erbgenetische Dispositionen verbinden sich mit den übrigen ätiologischen Einflüssen nicht nur quantitativ, sondern in verschiedenen qualitativen Konstellationen, die noch genauer zu untersuchen sind. Neben den genetisch angeborenen Dispositionen rücken erworbene, jedoch physiologisch verankerte Dispositionen neuerdings ins Blickfeld. Dazu gehören einmal die verschiedenen zentralnervösen, neuromuskulären und neurovegetativen Folgen des Traumas, zum anderen eine früh in der Kindheit erworbene Veränderung hormoneller und neurohormoneller Regulationssysteme, zum Beispiel eine Dysregulation des Serotoninhaushalts als Folge frühkindlicher Deprivation, die eine Dauerdisposition zu depressiven Erkrankungen im Erwachsenenalter darstellt. Eine aktuelle Übersicht zu psychobiologischen Faktoren bei Trauma-Langzeitfolgen findet sich bei Galley et al. (2000). Therapeutisch kommt bei den angeborenen ebenso wie bei den erworbenen psychobiologischen Faktoren Pharmakotherapie ergänzend in Betracht.

Untersozialisation. Prototypisch sind sogenannte „verwöhnte" Kinder, die eine Laisser-faire-Erziehung und eine zu geringe oder auch einseitige normative Ausrichtung erfahren haben. So entsteht ein Mangel an Empathie, Normenverständnis und Verständnis für die fundamentale Wechselseitigkeit sozialer Beziehungen, die den Kern des „kommunikativen Realitätsprinzips" (v. Uexküll u. Wesiack, 1988) bildet. Kommen weitere negative Bedingungen hinzu, so kann dieses Sozialisationsmuster in eine dissoziale oder antisoziale Karriere einmünden. Hier sind eher pädagogische, insbesondere ich-pädagogische (Balint) Maßnahmen angezeigt, ebenso Training sozialer

Kompetenzen oder Empathietraining im Sinne der Verhaltenstherapie. Beim Einsatz von Verhaltenstrainings und übenden Verfahren wird die ätiologiespezifische Indikation therapeutischer Strategien vielleicht besonders deutlich. Während der „übersozialisierte“ Typ dazu neigt, sie zur Perfektionierung eines „falschen Selbst“ zu verwenden, besteht bei Untersozialisation ein realer Nachholbedarf an sozialem Lernen. Die bisher vorliegenden Ergebnisse der Mißerfolgsforschung in Psychotherapie und Psychoanalyse legen nahe, daß Mißerfolge vor allem dann auftreten, wenn eine ätiologiespezifische Therapiestrategie auf einen ätiologisch heterogenen Bereich übertragen wird (vgl. Fischer, 2000a, S. 251 ff.), so etwa die Prinzipien der klassischen Neurosentherapie auf Traumapatienten. Bei peritraumatischer Dissoziation wird nicht eine unbewußte Phantasie oder ein Triebwunsch abgespalten, sondern die Realität der traumatischen Situation. Daher stehen die klassischen Instrumente der Psychoanalyse hier im Dienst einer Rekonstruktion und Integration der traumatischen Erfahrung bzw. der traumatischen Situation sowohl in ihrer objektiven Konstellation als auch subjektiven Erlebniskonfiguration, wie sich am Umgang mit der Übertragung und ihrer Funktion in verschiedenen Phasen der Therapie aufzeigen läßt.

Übertragung in der psychodynamischen Traumatherapie

In der Anfangsphase einer psychodynamischen Traumatherapie haben Übertragungsphänomene oft die Funktion eines „Beziehungstests“. Die Patienten manövrieren den Therapeuten unbewußt in ein traumarelevantes Beziehungsmuster, zum Beispiel in die Opferrolle, und beobachten gespannt, wie er sich in diesem Dilemma verhält. „Besteht“ er die Beziehungstests, so bildet sich im allgemeinen ein Arbeitsbündnis heraus, das in einen deutlichen und stabilen Kontrast zur traumatischen Vorerfahrung tritt. Dies ist erforderlich, um die Reproduktion des Traumas in der psychotherapeutischen Behandlung zu verhindern, die bereits aus physiologischen Gründen einer Retraumatisierung gleichkommt. Der traumatischen Wiederholung fehlt in der Regel der „Als-ob-Charakter“ einer neurotischen Übertragung, da die Funktion jener Gehirnareale ausfällt oder mangelhaft ausgeprägt ist, die für die Zuordnung von „Intrusionen“ zur Vergangenheit, also für die Wahrnehmung einer Erinnerung als Erinnerung, verantwortlich sind (vgl. etwa Galley et al., a. a. O.). Die Beziehungstests der Einleitungsphase haben daneben auch das Ziel, eine traumatisch unterbrochene Objektbeziehung wiederherzustellen. Traumaopfer suchen und finden in ihrem Therapeuten oft die erste vertrauenswürdige Person nach dem existentiellen Vertrauensverlust, der mit vielen traumatischen Erfahrungen einhergeht.

Ist ein stabiles Arbeitsbündnis hergestellt, kann der Therapeut den Patienten bei seinen Bemühungen begleiten, Distanz zur traumatischen Erfahrung und einen Überblick über die traumatische Situation zu gewinnen. In dieser ersten Phase der

Stabilisierung und Distanzierung sind klarifizierende und strukturierende Deutungen angebracht, die darauf abzielen, die Ich-Funktionen zu stärken und Ich-Kontrolle oder ‚mastering' gegenüber intrusiven Symptomen herzustellen und übermäßiges Vermeidungsverhalten zu reduzieren. Horowitz (1976), ein Pionier der psychoanalytischen Traumatherapie, empfiehlt für diese Phase der Traumatherapie den Einsatz von Distanzierungs- und Dosierungstechniken. Als Distanzierungstechniken kommen zum Beispiel imaginative Übungen in Betracht, in denen der Patient die Kontrolle über die Traumasymptomatik zurückgewinnt (eine Anleitung für Betroffene bei Fischer, 2000c). Dosierungstechniken ermöglichen das kontrollierte Zulassen und Wiedererleben von Bruchstücken der traumatischen Erfahrung, ohne daß die Persönlichkeit von traumatischen Erinnerungsbildern überflutet wird (im Sinne des B-Kriteriums beim PTBS).

In der zweiten Phase der Traumatherapie verwendet der Analytiker seine Gegenübertragungsgefühle und -reaktionen, um „szenische Elemente" (Argelander, 1970; Lorenzer, 1970) der Traumaerfahrung zu verstehen, die der Patient gegenwärtig noch nicht verbal formulieren, sondern nur im Handeln mitteilen kann. In strukturierenden Deutungen, die zu einem immer umfassenderen Überblick über die traumatische Situation verhelfen, spiegelt der Analytiker seine Informationen aus der Gegenübertragung an den Traumapatienten zurück.

Eine Umbruchsituation der Behandlung tritt ein, wenn die im engeren Sinne „traumatische Übertragung" (Holderegger, 1993) ins Spiel kommt und das „zentrale traumatische Situationsthema" (Fischer u. Riedesser, a. a. O.) der Persönlichkeit inszeniert und bearbeitet wird, die emotional am stärksten geladene Komponente der traumatischen Erfahrung. Jetzt wird die traumatisch gestörte bzw. zerstörte Objektbeziehung in ihren zentralen Aspekten in der Übertragung reinszeniert, und der Analytiker erhält die Chance, sich entweder als Zeuge und Begleiter des Patienten zu bewähren oder eine der mit dem Trauma assoziierten Rollen einzunehmen bzw. zugewiesen zu bekommen (Täter, Opfer, Opferbeschuldigung usw.). Verwirklicht er die erste Variante, so verhilft er dem oder der Betroffenen zu einem Neubeginn nach dem Trauma (Konstruktion). Von dieser Basis aus wird es möglich, die traumatische Situation und Erfahrung in ihren zentralen emotionalen Anteilen zu rekonstruieren und durchzuarbeiten.

Im Mittelpunkt der psychoanalytischen Traumatherapie steht also die Rekonstruktion und Integration der traumatischen Erfahrung und der traumatischen Situation in ihren subjektiven und objektiv-realen Aspekten. In letzterem Punkt unterscheidet sich die Freudsche Psychoanalyse von manchen Varianten einer idealistischen „Tiefenpsychologie". Ich möchte hier nicht auf die Vorwürfe eingehen, Freud habe seine frühe „Verführungstheorie“ der Hysterie später „verraten“ (vgl. dazu Fischer u. Riedesser, a. a. O., S. 32 ff.). Er hat zwar diese frühe ätiologische Konzeption modifiziert, aber auch später noch immer an der Realität der Lebensgeschichte als zentralem Einflußfaktor, sogar in der Ätiologie der Neurosen, festgehalten, in Auseinandersetzung zum Beispiel mit C. G. Jungs Lehre von der ätiologischen Rolle der „Archetypen“. Diese Haltung stimmt mit den uns vorliegenden empirischen Daten grundsätzlich überein. Sie hat Freud dazu geführt, die Neurose des „Wolfsmanns“ genetisch auf ein reales Ereignis zurückzuführen, die Beobachtung des Coitus a tergo seiner Eltern zur Mittagszeit (1918b, S. 63 f.). Mag diese Rekonstruktion wissenschaftlich vielleicht nicht zwingend sein, so kommt in ihr doch eine kritische Suchstrategie zum Ausdruck, die auch heute noch wegweisend ist und mit den Ergebnissen empirischer Forschung grundsätzlich in Einklang steht: „cherchez la réalité“.

Literatur

Argelander, H. (1970): Das Erstinterview in der Psychotherapie. Darmstadt (Wiss. Buchges.).

Bohleber, W. (2000): Die Entwicklung der Traumatheorie in der Psychoanalyse. Psyche, 54, 797–839.

Dreher, U. (1998): Empirie ohne Konzept? Einführung in die psychoanalytische Konzeptforschung. Stuttgart (Verl. Internat. Psychoanal.).

Düchting, Ch. (1997): Psychotraumatische Verarbeitungsformen und Langzeitfolgen bei Gewaltopfern. Untersuchung im Kölner Opferhilfe Modell (KOM). Psychologische Diplomarbeit am Institut für Klinische Psychologie und Psychotherapie der Universität zu Köln.

Fischer, G. (2000a): Kölner Dokumentationssystem für dialektische Psychotherapie, Psychoanalyse und Traumabehandlung, KÖDOPS. Köln (Deutsches Institut für Psychotraumatologie).

– (2000b): Mehrdimensionale Psychodynamische Traumatherapie. Manual zur Behandlung psychotraumatischer Störungen. Heidelberg (Asanger).

– (2000c): Neue Wege nach dem Trauma. Information und Hilfen für Betroffene. Konstanz (Vesalius).

– u. P. Riedesser (1999): Lehrbuch der Psychotraumatologie. München (Reinhardt).

– et al. (1998): Neue Wege der Opferhilfe. Ergebnisse und Verfahrensvorschläge aus dem Kölner Opferhilfe Modell, KOM. Institut für Psychotraumatologie. Hrsg. v. Ministerium für Arbeit, Gesundheit und Soziales des Landes Nordrhein-Westfalen.

– et al. (1999): Abschlußbericht zum Forschungsprojekt: Prävention chronifizierter psychischer Störungen und Behinderungen bei Opfern von Gewaltverbrechen. Vorgelegt der Stiftung des Landes NRW für Wohlfahrtspflege durch das Deutsche Institut für Psychotraumatologie Köln/Much in Zusammenarbeit mit dem Institut für Klinische Psychologie und Psychotherapie der Universität zu Köln.

Freud, S. (1905d): Drei Abhandlungen zur Sexualtheorie. GW 5, 33–145.

– (1918b [1914]): Aus der Geschichte einer infantilen Neurose. GW 12, 27–157.

Galley, N. et al. (2000): Psycho-biologische Grundlagen von Traumanachwirkungen. Psychotraumatologie, 1, online-Zeitschrift, www.thieme.de/psychotrauma.

Holderegger, H. (1993): Der Umgang mit dem Trauma. Stuttgart (Klett-Cotta).
Horowitz, M. J. (1976): Stress Response Syndromes. New York (Aronson).
Lorenzer, A. (1970): Sprachzerstörung und Rekonstruktion: Vorarbeiten zu einer Metatheorie der Psychoanalyse. Frankfurt a. M. (Suhrkamp).
Sandler, J. et al. (1989): Psychisches Trauma. Ein psychoanalytisches Konzept im Theorie-Praxis-Zusammenhang. Zeitschr. f. psychoanal. Theorie u. Praxis, 4, 307–321.
Shapiro, F. (1995): EMDR. Grundlagen und Praxis. Handbuch zur Behandlung traumatisierter Menschen. Paderborn (Junfermann) 1998.
Uexküll, T. v. u. W. Wesiack (1988): Theorie der Humanmedizin. München (Urban u. Schwarzenberg).

Ursula Volz-Boers

Theorie und Technik der psychoanalytischen Behandlung früher Traumatisierungen

Einleitung

Ich möchte Ausschnitte aus der psychoanalytischen Behandlung einer Patientin vorstellen, die im ersten und zweiten Lebensjahr durch einen neunmonatigen Krankenhausaufenthalt mit Trennung von ihren Eltern und durch eine Operation schwer traumatisiert wurde. Als sie Hilfe suchte, war sie durch Depression und Suizidalität sehr krank. Sie wollte sich mit Zyankali umbringen.

Die Fallgeschichte veranschaulicht eine unserer derzeit zentralen Thesen zum Traumakonzept sowie zur Theorie der Therapie früher Traumatisierungen. Die Hypothese lautet, daß Traumatisierungen die Repräsentanzfunktion und die Symbolisierungsfähigkeit beschädigen; das Therapiekonzept besteht in deren Herstellung oder Wiederherstellung. In dem dargestellten Fall wird aus den Erfahrungen in der analytischen Beziehung die neue Repräsentanz eines guten inneren Objekts und eines zusammenhängenden Selbst aufgebaut, das für sich sorgen, sich beruhigen und trösten kann, d. h. aufkommende Erregung mit Symbolen verknüpft und damit regulierbar macht.

In der Arbeit mit früh traumatisierten Erwachsenen beobachtete ich drei Erscheinungsformen von Traumareaktionen:

1. Ein flüchtiges, irritierendes Auftreten von Traumafragmenten, das der Patient nicht verarbeiten kann, sondern erleidet. Diese Erscheinungsform ist in den ersten Analysestunden häufig beobachtbar. Im Verlauf des Prozesses tritt sie dann wieder auf, wenn der Patient sich neuen traumatischen Erlebnisbereichen zuwendet.
2. Eine zweite Erscheinungsform von Traumareaktionen ist beobachtbar in Phasen tieferer Regression mit affektiver Reaktivierung von Traumaerlebnissen.
3. In der dritten Erscheinungsform tauchen Traumareaktionen als Konfliktabwehr auf.

Diesen drei Erscheinungsformen des Traumas entsprechen drei Stufen der Traumabearbeitung, von denen ich hier die erste und zweite vorstellen möchte. Die Bearbeitung aller drei Stufen ist andernorts dargestellt (vgl. Volz-Boers, 1999).

Für den Weg durch die Falldarstellung möchte ich zunächst einige Anmerkungen zum Traumakonzept machen und dann einige Gedanken zur speziellen Therapietechnik in der Behandlung des frühen Traumas in Erwachsenenanalysen mitteilen.

Die Beschädigung der Repräsentanzfunktion und der Symbolisierungsfähigkeit führt zu desorganisierenden körperlichen, emotionalen und kognitiven symptomatischen Verfassungen. Traumatische Ereignisse wie lange, frühe Trennungen, Mißhandlungen und Vernachlässigung haben Lücken in Erfahrungsmustern im Umgang mit sich selbst wie mit anderen zur Folge, die interpersonell und zwischen den Generationen weitergegeben werden. Nach Kinston und Cohen (1987, S. 43) führt das Versagen der Repräsentanzfunktion zu einem Mangel an Verstehen oder zum Fehlen von Verstehen. Die Autoren sprechen metaphorisch von einem „Loch" in der psychischen Struktur, dessen Heilung vorrangige Aufgabe der Psychoanalyse sei. Einige Mitteilungen von Bohleber (2000) mögen die Metapher des „Lochs" veranschaulichen: „Die kommunikative Dyade zwischen dem Selbst und seinen guten inneren Objekten bricht auseinander, was absolute Einsamkeit und äußerste Trostlosigkeit zur Folge hat. [...] Der Verlust des empathischen inneren Anderen zerstört die Fähigkeit, das Trauma zu erzählen, es in ein Narrativ einzubinden. Massive traumatische Erfahrungen führen zum Zusammenbruch des Konstruktionsprozesses selbst, mit dem wir Bedeutungen generieren" (S. 826).

In der Sprache der Neurowissenschaften (vgl. Bürgin, 1998, S. 46) führt die traumatische Erfahrung zur Fehlkategorisierung sensomotorischer, affektiver und kognitiver Abläufe. Dadurch wird auch das Zeitempfinden gestört: Das Vergangene wird nicht vergangenheitsfähig; es bleibt wiederholbar, präsent und bedrohlich.

Die spezielle Therapietechnik in der Behandlung des frühen Traumas führt in den präneurotischen Bereich mit Übertragung von Präobjektbeziehungen, archaischen emotionalen Verfassungen und sensorischen Wahrnehmungen, ohne daß der Patient seine Zuständigkeit für den eigenen Körper erlebt.

Um aus der unkontrollierbaren seelischen Belastung der traumatischen Verfassung eine kontrollierbare Herausforderung werden zu lassen, erscheinen mir in der analytischen Beziehung folgende Abläufe wichtig:

1. die Herstellung und Aufrechterhaltung einer empathisch nährenden primären Bezogenheit in einem Milieu, das für Reizschutz sorgt. Kinston und Cohen schreiben: „Primäre Beziehung ist die nicht internalisierbare, wertschätzende, versor-

gende Beziehung mit der Umwelt, die jedes Individuum im Laufe seines ganzen Lebens absolut braucht" (a. a. O., S. 58);

2. eine eher aktive, „gefühls- und erlebnisorientierte" (Scharff, 1995, S. 358) Vorgehensweise des Analytikers, der – wie Groen-Prakken schreibt – „sensibel ist für nicht-verbale Mitteilungen und in der Lage, Worte zu finden, um unaussprechliche Spannungen zu umschreiben, und [...] der keine Angst hat, die tiefe Regression und die maßlose Wut seines Analysanden zu ertragen" (1990, S. 84);
3. das Trauma und die mit ihm einhergehenden realen Umweltfaktoren anzuerkennen;
4. dem Patienten die Wahrnehmung der Erfahrung zu ermöglichen, daß seine Mitteilungen im Analytiker affektive und kognitive Antworten auslösen. Damit erlebt der früh traumatisierte Patient, was er kaum glaubt: nämlich, daß er nicht nur ohnmächtig ist, sondern im anderen etwas bewirken kann;
5. den in der Gegenübertragung aufkommenden Körperempfindungen, Affekten, Bildvorstellungen und Assoziationen zu vertrauen und einen Zusammenhang mit dem Trauma herzustellen;
6. sich als Therapeut nicht unnötig zu kritisieren, wenn beispielsweise Kopf- oder Magenschmerzen, innere Unruhe oder Ermüdung nach speziellen Analysestunden noch anhalten;
7. eigene Fehler zuzulassen und anzuerkennen; Nichtwissen ertragen und dem Patienten folgen zu können.

Zusätzlich zu diesen allgemeinen Merkmalen der analytischen Haltung in der Analyse Frühtraumatisierter möchte ich zwei behandlungstechnische Aktivitäten zur Verarbeitung der Traumareaktion vorstellen: a) zu Analysebeginn und b) in Phasen tieferer Regression.

Zu a): Dem Patienten wird früh in der Analyse (innerhalb der ersten Stunden) eine Konstruktion über ein Trauma angeboten. Die Konstruktion entsteht in der Auswertung der befremdlichen Reaktionen des Patienten und der zugehörigen Übertragungserlebnisse. Diese Technik unterstützt das Denken des Patienten dort, wo seine konstruktive und narrative Fähigkeit durch das Trauma beschädigt wurde. Die mit dem Angebot einer Vorstellung über ein erlittenes Trauma einhergehende affektive Berührung zwischen Patient und Therapeut schafft eine seelische Kontaktfläche und einen ersten beruhigenden Halt im analytischen Prozeß. Damit wird die traumaspezifische Abbruch- und Fluchttendenz des Patienten reguliert (erste Stufe der Traumaverarbeitung).

Zu b): Phasen tieferer Regression mit empathischer Reaktivierung des Traumas gehen häufig mit Körpererlebnissen bis hin zu körperlicher Erkrankung einher. Dabei tauchen meist heftige archaische aggressive und paranoide Affekte und Handlungsimpulse sowie möglicherweise halluzinatorische Wahrnehmungen auf. Diesen traumatischen Zustand in Gegenübertragung und Übertragung zuzulassen, seine sensomotorischen, affektiven und kognitiven Abläufe detailliert zu benennen, einschließlich der „imaginativen Neuschöpfung" (Kinston u. Cohen, a. a. O.), und erneut dem deutlicher gewordenen Bild traumatischer Erfahrung rekonstruktiv zuzuordnen ist die zentrale Interventionsform in dieser zweiten Stufe der Traumaverarbeitung. Damit kommt es zunehmend zur Formierung bildhafter und wortsprachlicher Repräsentationen und zur Schaffung neuer Repräsentanzen.

Mit den durch die Traumaverarbeitung erworbenen bildhaften und symbolischen Repräsentanzen wird dann die assoziative Handhabung von Traumareaktionen möglich. Jetzt kann die Traumareaktion auch als Abwehr von neurotischen Konflikten gedeutet werden.

Erste Stufe der Traumaverarbeitung

Zunächst stelle ich das klinische Material zum Erscheinen der Traumareaktion in der initialen Beziehungsgestaltung der ersten fünf Stunden vor, das zum Angebot einer Konstruktion über ein frühes Trauma führt.

Frau R. ist zu Analysebeginn dreiunddreißig Jahre alt, lebt allein und arbeitet als Lehrerin. Ein Freundespaar hat die Beziehung zu ihr abgebrochen, weil sie mit dem Freund ein sexuelles Verhältnis eingegangen ist. Sie gerät in einen hilflosen Zustand von Unwertsein, Schuldgefühlen, Scham, innerer Leere und chronischer Infektionen (obere Luftwege, Unterleib, Magenschleimhautentzündungen). Sie ist anorektisch. Die Schüler klagen über ihren schlechten Unterricht. Ihre bisher wichtigste Überlebenstechnik, die intellektuelle Tüchtigkeit, ist bedroht. Als sie im Erstinterview über Zyankali als Ausweg spricht, erlebe ich ihre Hoffnungslosigkeit. Sie merkt, daß ich sie verstehe.

In der ersten Stunde auf der Couch liegend, spielt sie mit den Wollfäden des Wandteppichs neben ihr und sagt, daß sie es hier schön findet. Sie erzählt dann, daß sie gestern beim Hausarzt ihre Akte schnell durchsuchte, als er aus dem Zimmer gerufen wurde. Dabei fand sie einen Brief von mir mit der Diagnose: depressive Neurose. „Das hört sich so krank an. Mußten Sie das schreiben? Jetzt habe ich wieder Kopfschmerzen."

Mir gefällt, daß sie offen vom Übergriff auf die Akte des Arztes erzählt und neugierig und interessiert an sich selbst geblieben ist. Zugleich werde ich aufmerksam auf ihren Mangel an Grenzen sowie an Vertrauen, den Arzt einfach zu fragen, was sie wissen will. In mir beobachte ich Impulse, der Patientin von hinten auf den Kopf zu schlagen. Ich spüre deshalb Peinlichkeit und Scham und bemerke Frau R.s sadomasochistische Beziehungsphantasien.

Durch ihre Frage fühle ich mich kontrolliert und außerdem etwas schuldig, als hätte ich sie mit dem Brief verraten. Innerlich wehre ich mich dagegen, indem ich denke, sie kann einem Ärzte-Paar doch glauben, daß es sich im Guten für sie einsetzt. Mir wird deutlich, daß sie ihre Schuldgefühle wegen ihrer Schnüffelei auf mich projiziert, ich mich mit ihnen identifiziere und sie ihren auf mich projizierten Schuldaffekt mit ihrer Frage kontrolliert. Dieses projektiv-identifikatorische Muster in unserer Beziehungsgestaltung lenkt meine Aufmerksamkeit auf frühe Störungsanteile. Deshalb entscheide ich mich, zunächst auf ihren Kopfschmerz als Zugang zu ihrem Körperbild einzugehen, und hebe andere Lesarten der Szene in mir auf.

„Ihr Kopfschmerz tritt hier in einem Zusammenhang auf, in dem es um Ihre Sicherheit in unserer Beziehung geht, an der Sie zweifeln. Fühlen Sie sich durch meinen Arztbrief verraten?“ Sie lacht wie erleichtert auf und bittet mich um Auskunft darüber, was eine depressive Neurose sei. Nachdem ich einige Sätze gesagt habe, unterbricht sie mich: „Mein Kopf hat einen Selbstschutzmechanismus entwickelt. Ich höre Ihre Stimme, verstehe aber nicht, was Sie sagen. Dabei habe ich die Vorstellung, auf Ihre Augen und Ihre Lippen zu sehen. Das passiert mir draußen auch oft.“

Im Moment bin ich überrascht und befremdet. Sie blendet Wörter als sinnvermittelnde Strukturen in der Beziehung zu mir aus. Nicht das *Was*, sondern das *Wie* meiner Mitteilung erscheint wichtig. Dann denke ich, sie beschreibt das Kontaktverhalten eines Babys, das hinschaut und auf Stimme und Wörter lauscht.

In der Folgestunde prüft sie, ob ich genug Kraft habe, sie mit ihrer verdeckten intensiven Wut anzunehmen, die sie derzeit in einer Blasenentzündung seit Analysebeginn ausdrückt. Es tut ihr gut, daß wir sorgfältig über Maßnahmen für ihren Körper (wie Wärme, ausreichendes Trinken) sprechen. Damit versuche ich, ihre Fähigkeit zur Fürsorge für sich selbst zu unterstützen. Sie vertraut mir sexuelle Ängste und sadomasochistische Phantasien an. „Als Kind hatte ich panische Angst vor Sexualität. Als Siebenjährige wachte ich einmal auf, als meine Mutter nachts zum Vater ging. Ich sah sie beim Vater in höchster Gefahr und schrie in Panik. Meine Mutter kam zu mir und sagte, vergiß es.“ Das sagt Frau R. mit kalter Wut.

Ich habe den Eindruck, daß der erinnerbaren Panik der Siebenjährigen eine nichterinnerbare, namenlose Panik zugrunde liegt, für die es kein Bild gibt. Während ich mich frage, ob sie fürchtet, daß auch ich Unmögliches von ihr verlange – nämlich Unvergeßliches zu vergessen –, spricht sie von Plänen, mit ihrem Freund, den sie seit

Analysebeginn kennt und der sie schlägt, in einem halben Jahr nach Süddeutschland zu ziehen.

Diese Mitteilungen treffen mich wie ein Schlag und sind mir unverständlich. In das Unbestimmte der Situation mischt sich noch der Zyankali-Ausweg, mehr als Gedanke, befremdlicherweise nicht als bedrohliches Gefühl. Die Affekte sind abgespalten.

Ich verstehe den Ablauf so, daß Bruchstücke des Traumas zwischen uns szenisch auftauchen. Zunächst füge ich für mich Handlungen und Themen zusammen, die mich in diesen ersten Stunden befremdet haben und die ich deshalb als Traumafragmente einschätze: ihr Spiel mit dem Wandteppich, ihr Wegtauchen aus dem Wortkontakt in einen babyartigen Modus des Blick- und Hörkontakts, die Panik der Siebenjährigen als vermutete Deckerinnerung für eine nichterinnerbare, namenlose Panik, ein sie schlagender Liebhaber seit Analysebeginn sowie der Plan, die Analyse in einem halben Jahr abzubrechen. Aus diesen Details gewinne ich ein Bild, daß sie während ihrer Babyzeit getrennt wurde. Ich sage:

„Die Aufforderung Ihrer Mutter damals, Unvergeßliches zu vergessen, macht Sie bis heute wütend. Vielleicht fürchten Sie, daß zwischen uns Wut aufkommt, weil auch ich Unmögliches von Ihnen verlangen könnte. Mich lassen Sie den Eindruck gewinnen, daß es noch mehr Unvergeßliches in Ihrem Leben gibt. Am Ende der ersten Stunde sprachen Sie von Ihrer Vorstellung, so auf meine Augen und Lippen zu schauen, wie kleine Kinder es tun, bevor sie sprechen können; jetzt deuten Sie an, die Analyse in einem halben Jahr durch Wegziehen zu beenden. Mit diesen Hinweisen bringen Sie mich auf die Idee, daß Sie als sehr kleines Kind von ihren Eltern getrennt worden sind."

Zum ersten Mal spricht sie mit lebhaft kräftiger Stimme. „Ich staune, welche Zusammenhänge Sie herstellen. Ich wurde mit noch nicht zwei Jahren länger zu Verwandten gegeben, weil meine Mutter durch mich überfordert war."

In der Folgestunde berichtet sie, daß sie nach der letzten Stunde erstmals seit der Pubertät wieder Hunger spürte. Ihr Gewicht normalisierte sich in den folgenden Wochen. Sie vertraut mir ihre Anorgasmie an. Dann erzählt sie, was sie von ihrer Mutter erfahren hat: Nach dem Abstillen mit etwa einem halben Jahr vertrug sie die Ersatznahrung nicht, kränkelte, magerte ab und bekam eine eitrige Hautentzündung am ganzen Körper. Sie wurde vom 11. bis zum 19. Lebensmonat in einer weit entfernten Universitätsklinik hospitalisiert. Die Eltern konnten sie nur einmal besuchen und durch eine Isolierscheibe sehen. Nachdem beide Ohren (ca. 17. Monat) vermutlich ohne Narkose aufgemeißelt worden waren und sie nicht genas, gaben die Ärzte sie auf. Die Mutter nahm sie todkrank mit nach Hause und päppelte sie mit Erfolg auf.

Einige Wochen danach brach die Mutter zusammen, und die Patientin wurde für zwei bis drei Monate zu Verwandten gegeben.

Zweite Stufe der Traumaverarbeitung

Anhand des klinischen Materials schildere ich nun die Erfahrung und Benennung von bisher unzugänglichen Affekten und Wahrnehmungen, während die Patientin den traumatischen Zustand in Phasen von tranceähnlicher Regression wiederbelebte.

In der 360. Stunde sprechen wir über ihre Hände, zu denen sie keine Beziehung hat. Mir gefallen ihre weiblich feingliedrigen und zugleich kräftigen Hände, und ich sage es ihr. Mit dieser Intervention verfolge ich die Absicht, ihr inneres Körperbild zu erweitern, und nicht die Absicht, eine neurotische Wunscherfüllung oder narzißtische Gratifikation anzubieten. Zwei Wochen später berichtet sie von dem Gefühl, daß ihr seit jenem Gespräch „Hände gewachsen seien". Ihre Musiklehrerin ist erstaunt über den sprunghaften Fortschritt beim Musizieren.

Während der Stunde hat sie dann plötzlich das Gefühl, weggerissen zu werden. Sie möchte sich an mir festhalten. Ich fühle einen ziehenden Schmerz in meiner Herzgegend und den Impuls, nach ihrer Hand zu greifen. Dann sagt sie, daß sie meine Hand halten möchte. Ich stelle mir vor, daß sie ihre Händchen noch nicht lange entdeckt hatte, als sie von den Eltern getrennt wurde. Ich entscheide mich, das wiedergekommene Erlebnis des Weggerissenwerdens nicht durch konkrete Körperberührung zu stören, sondern es mit ihr zuzulassen, zu empfinden, auszuhalten und Worte dafür zu finden, sobald sie passen. Es ist ganz still zwischen uns (vgl. Krystal, 1997). Plötzlich dreht sie sich kurz nach mir um und sagt erschrocken: „Ich dachte, Sie seien ein Schatten. Was ich an Ihnen gesehen habe, ist angsteinflößend. Ihr Gesicht war gerade ganz groß über mir wie eine weiße, zahnlose Maske."

Ich entscheide mich, ganz direkt auf die konkrete Ausgestaltung ihrer Phantasie über ihr Getrenntworden- und Verlorensein im Krankenhausbett einzugehen. Ich sage ihr: „Als Sie, noch zahnlos, von den Eltern durch die Krankheit getrennt wurden, verloren Sie die Bilder der Eltern und verkannten die Gesichter der Schwestern und Ärzte als Schatten oder Masken." Sie lauscht und halluziniert: „Da weint ein Säugling. Ich höre das schon die ganze Zeit. Hören Sie das nicht?" Ich sage ihr: „Der Säugling in Ihnen weint. Jetzt *fühlen* Sie, was damals mit Ihnen *geschah*." „Es ist November", sagt sie, „im November kam ich ins Krankenhaus". Kurz danach träumt sie von einem neugeborenen Äffchen, das sich mit seinen Händen selbst am Fell der Mutter festhält.

Eine Phase tieferer Regression beginnt (in der 450. Stunde) damit, daß sie tonlos heiser wird. Sie bittet mich, ihren Hals zu untersuchen. Ich schlage ihr eine HNOärztliche Untersuchung andernorts vor und daß wir uns um das kümmern, was ihr *hier* die Stimme verschlägt.

In die nächste Stunde kommt sie mit aschfahlem, wutverzerrtem Gesicht. Bedrohung und Kälte, die von ihr ausgehen, lösen ein ziehendes Schreckgefühl in meinem Magen aus. Sie sagt zornig, daß auf der gestrigen Rechnung sechzehn statt fünfzehn Sitzungen aufgeführt sind. „Jetzt habe ich schwarz auf weiß, daß Sie mehr von mir nehmen, als Ihnen zusteht. Mit versteckten Botschaften wollen Sie mich hier rausekeln. Das spüre ich schon länger, daß sie sich mit mir nur begnügen müssen."

Das alles ist mir fremd. Ich denke, jetzt ist es vorrangig, ihre Beschuldigung und schmerzlichen Affekte anzunehmen, meinen Fehler zuzugeben, anzuerkennen und beides zu sagen. Klärungen und die Arbeit an ihren Projektionen stelle ich für später zurück. Ich sage ihr: „Ich habe einen Fehler gemacht. Es tut mir leid, daß Sie sich durch mich übervorteilt, bedroht und wütend fühlen." Sie schweigt lange. Dann sagt sie ruhiger: „Ich bin so wütend auf Sie, daß Sie mich zu so einer blöden HNO-Ärztin geschickt haben. Meine Wut steht in keinem Verhältnis zum Anlaß. Diese wahnsinnige, grundlose Wut kenne ich auf meine Mutter."

Nach dieser Stunde träumt sie von einem männlichen Glied in ihrer Hand, das sie zum erstenmal nicht häßlich findet. „Beim Aufwachen spürte ich eine Lust von innen, nicht wie gemacht, meine eigene Lust." Sexuelle Wünsche (statt Zwänge) zu erleben ist ihr neu. Ich denke, das wird u. a. möglich, weil sie ihre enorme archaische Wut (vgl. Pines, 1982) gestern an mir ausließ, ich sie annahm, Bilder und Worte dafür fand und sie überlebe, ohne die Patientin zu verletzen (vgl. Winnicott, 1969, S. 105 f.).

Dann träumt sie sich als Jüdin verfolgt und versteckt in einem Keller, dessen tiefster Raum ein Loch ist. „Ich hatte Angst, dorthin zu gehen, obwohl ich sicher war, daß mich da niemand finden würde. Da war nichts, Dunkel. Durch milchige Scheiben sah ich einen Mann in weißen Hosen. Das Türschloß hielt. Vielleicht war er doch kein Feind?"

Sie hat Kopfschmerzen „wie im Schraubstock" und assoziiert zu dem Traum einen Streit der Eltern mit den Nachbarn. Ich spüre plötzlich einen stechenden Schmerz im linken Ohr und wundere mich, weil ich mich gesund fühle. Ich sage ihr, daß es für sie leichter ist, über den Streit der Eltern als über das dunkle Loch zu sprechen, bei dessen Erwähnung Schmerzen auftreten. Sie sagt: „Ich habe Ohrenschmerzen und spüre jetzt die Narbe von damals. Glauben Sie das?" „Ja, ich spüre Schmerz."

Dann beschimpft sie mich wegen der Kühle im Zimmer. Überhaupt erlebe sie mich als jemanden, der sie schädige und vergifte – kürzlich mit Fischsuppe im Traum.

Ich versuche zu beschreiben, was wir zusammen erleben, und das Gegensätzliche benennend zu verknüpfen: „Sie suchen in mir jemanden, der Ihren Schmerz im Ohr mitfühlt, und zugleich machen Sie mich zu jemandem, der Sie schädigt." Sie sagt: „Ich habe so oft genossen, wie Sie sich mir gegenüber verhalten. Aber jetzt verstehe ich nicht mehr, was hier passiert. Es fehlt mir noch ein Letztes. Es ist, als warte ich auf einen Traum, der mit dem dunklen Loch zu tun hat." Ich sage: „Ich warte mit Ihnen." Sie weint: „Ich habe Angst, hier auf der Couch von Ihnen unbemerkt zu sterben wie mein jüngerer Bruder." Er saß vor wenigen Wochen beim älteren Bruder am Kaffeetisch, wollte ihm etwas Wichtiges sagen und fiel tot um. Niemand weiß, warum. Es ist grauenhaft still zwischen uns.

In mir ist ein Bild entstanden: Tod, zu sterben, ohne daß jemand etwas merkt, Grauen, Sprachlosigkeit, Ohrenschmerz, Verfolgungserlebnisse, milchige Scheiben wie Isolierscheiben im Krankenhaus, das Leben, das mehr von ihr nimmt, als sie verkraften kann, die Ärzte/Ärztinnen in weißen Hosen, auf die sie so maßlos wütend ist, die ihre Verfolger und Retter zugleich waren, als sie ihren Kopf „wie in einem Schraubstock" hielten, um ihre Warzenfortsätze zu operieren – all das erscheint wie Bruchstücke ihrer Erlebnisse, als sie zwischen dem 11. und 19. Lebensmonat im Krankenhaus war. Das sage ich ihr. Sie reagiert stumm.

Die folgende Stunde beginnt sie: „Ich möchte Ihnen etwas sagen. Kürzlich ging ein kleiner Junge von etwa drei Jahren vor mir auf der Straße her – allein. Er sprach ganz ruhig und ohne zu rufen: ‚Mama, Mama, Mama.' Das hat mich so beeindruckt. Es war, als hätte er das innere Bild seiner Mutter im Auge und hielte es fest, indem er ‚Mama' vor sich hermurmelte." Plötzlich fügt sie heftig hinzu: „Wenn Sie mich jetzt auslachen, dann komm' ich nie wieder." Ich sage ihr, daß es mich berührt, daß sie eine neue Vorstellung ihres Selbst gefunden hat, das das innere Bild einer Mutter aufrechterhält, die dieses Selbst schützt, wenn es allein ist.

Bald danach erinnert sie sich an einen Traum aus dem ersten Analysejahr, in dem ein Baby von Kopf bis Fuß eingegipst war, und dann erzählt sie den Traum der letzten Nacht:

„Ich schwimme im Meer und bin behindert, ganz starr gelähmt. Es war noch jemand da. Auf einmal konnte ich mich wieder frei bewegen. Ich rief ganz laut: ‚Ich bin wieder ein Mensch!' Vor Freude schlug ich Purzelbäume im Wasser."

Gegen Ende der Analyse sagt Frau R.: „Auf mich gestellt zu sein bedeutet jetzt nicht mehr, in einer für mich nicht zu regulierenden Gefahr zu sein, in einen Abgrund zu stürzen oder den Menschen, dem ich nahe bin, mit in den Abgrund zu reißen. Das war ein schreckliches Gefühl. Während der ganzen Analyse habe ich immer mal wieder an Zyankali gedacht. Jetzt brauche ich es nicht mehr. Ohne die Analyse hätte ich mich umgebracht.“ Und dann beschreibt sie selbst die zwischen uns entwickelte Arbeitstechnik im Umgang mit ihren Traumen: „Ich habe oft erlebt, daß ich etwas erzählte. *Sie* fühlten es, sprachen darüber, und dann begann *ich* es zu fühlen. Ich habe einen Zusammenhang zwischen meinem Körper und meinem Fühlen gefunden und habe selbst Symbole entdeckt. Seltsam ist, daß ich ohne Sie den Schmerz in mir nie mit meinen Krankenhauserfahrungen in Verbindung gebracht hätte.“

Literatur

Bohleber, W. (2000): Die Entwicklung der Traumatheorie in der Psychoanalyse. Psyche, 54, 796–839.

Bürgin, D. (1998): Einleitung. In: Koukkou, M. et al. (Hrsg.): Erinnerungen von Wirklichkeiten. Psychoanalyse und Neurowissenschaften im Dialog. Bd. 1. Bestandsaufnahme. Stuttgart (Verl. Internat. Psa).

Groen-Prakken, H. (1990): Einige Gesichtspunkte zur Technik der Psychoanalyse. EPF Bulletin, 34, 75–89.

Kinston, W. u. J. Cohen (1987): Urverdrängung und andere seelische Zustände: der Bereich der Psychostatik. Vortrag auf der Herbsttagung der Deutschen Psychoanalytischen Vereinigung, Wiesbaden (o. Verl.), 41–75.

Krystal, H. (1997): Desomatization and the consequences of infantile psychic trauma. Psa. Inq., 17, 126–150.

Pines, D. (1982): Das frühe Trauma in Übertragung und Gegenübertragung. Vortragsmanuskript der Arbeitstagung der Deutschen Psychoanalytischen Vereinigung in Berlin, März 1982.

Scharff, J. (1995): Zwischen Freud und Ferenczi: die inszenierende Interaktion (Teil 1). Zeitschr. f. psychoanal. Theorie u. Praxis, 10, 349–374.

Volz-Boers, U. (1999): Ich bin wieder Mensch. Transformation des frühen psychischen Traumas durch Neubildung von Repräsentanzen. Psyche, 53, 1137–1159.

Winnicott, D.W. (1969): Objektverwendung und Identifizierung. In: Ders.: Vom Spiel zur Kreativität. Stuttgart (Klett), 101–110.

Psychoanalyse und Psychotherapie

Ekkehard Gattig

Das Schicksal der psychoanalytischen Methode im psychotherapeutischen Setting

„[...] die Psychoanalyse begann als eine Therapie, aber nicht als Therapie wollte ich sie Ihrem Interesse empfehlen, sondern wegen ihres Wahrheitsgehalts [...] Als Therapie ist sie eine unter vielen, freilich eine *prima inter pares* [...]" Mit diesen Worten schließt Freud das vorletzte Kapitel der *Neuen Folge der Vorlesungen zur Einführung in die Psychoanalyse* (1933a [1932], S. 169). Unausgesprochen scheint er sich noch einmal auf das Bild vom „reinen Gold der Analyse" und dem „Kupfer der direkten Suggestion" zu beziehen, das er auf dem Budapester Kongreß von 1918 (1919a, S. 193) gewählt hatte. Beide Formulierungen haben seitdem die Diskussion um das Thema „Psychoanalyse und Psychotherapie" geleitet, geprägt, den gedanklichen Spielraum festgelegt, sind zu Fixpunkten des Diskurses geworden. Ich glaube, zu Recht – und dennoch nicht immer förderlich. Vielleicht war es gerade die Überzeugungskraft der von Freud gewählten Formulierungen, die es uns seitdem erschwert hat, die Lücken zwischen „Gold" und „Kupfer" auszufüllen.

Eigentlich sollte es Psychoanalytiker nicht verwundern, wenn die Diskussion um ein Thema, das den Kern ihrer persönlichen und professionellen Identität ausmacht, mit Leidenschaft geführt wird. Es sollte auch nicht irritieren, wenn sich deshalb dynamische Aspekte des diskutierten Gegenstands unbewußt in Szene setzen und plötzlich Wahrheit mit den Mitteln der Suggestion verbreitet werden soll, während im Gegenzug der Wert des Goldes bezweifelt wird. Ich habe den Eindruck, daß sich die Worte Freuds wie ein Schatten über eine Diskussion gelegt haben, die für die Praxis der Psychoanalyse von entscheidender Bedeutung ist. Denn wir haben ein eigenartiges Phänomen zu verzeichnen, daß nämlich etwa 75 % der klinischen Tätigkeit von Psychoanalytikern in einem psychotherapeutischen Setting erfolgt, während gleichzeitig die wissenschaftliche Reflexion ihrer Praxis sich überwiegend auf klinische Behandlungen in einem hochfrequenten Setting bezieht.

Vielleicht ist das einer der Gründe, warum in dieser Diskussion so wenige Fortschritte erzielt werden konnten; letztlich blieb es bei immer neuen Wiederholungen subjektiver Überzeugungen (vgl. Klüwer, 1999, S. 6). Kernberg hat in ihr eine konservative und eine liberale Position im Verhältnis zwischen Psychoanalyse und Psychotherapie ausgemacht (vgl. Kernberg, 1994, S. 485). Der konservativen Position entspricht es, Unterschiede zwischen Psychoanalyse und Psychotherapie zu betonen, um Vermischungen zu verhindern, die zu einer Schwächung psychoanalytischer Standards führen könnten. Die liberale Position negiert einen grundsätzlichen Unterschied, erwartet vielmehr von der klinischen Erfahrung mit psychoanalytischer Psychotherapie eine Erweiterung unseres Verständnisses unbewußter Seelenprozesse. Völlige Übereinstimmung zwischen beiden Lagern besteht insofern, als nicht bestritten wird, daß ein analytischer Prozeß nicht an die vier- oder fünfstündige Stundenfrequenz gebunden ist. Die klinische Erfahrung lehrt, daß ein konstruktiver psychoanalytischer Prozeß auch in einem Setting mit geringerer Frequenz möglich ist. Ich formuliere hier ganz absichtlich so zurückhaltend, weil es nicht einmal um die Frage geht, ob dies in dreistündiger Frequenz erreichbar ist. Natürlich ist das der Fall. Es mag sogar Fälle geben, bei denen auch ein zweistündiger Verlauf eine Dichte und Veränderungsqualität annehmen kann, die es rechtfertigen, ihn einen „psychoanalytischen Prozeß“ zu nennen. Die Häufigkeit der Sitzungsfrequenz pro Woche ist eben für sich allein noch kein konstitutives Merkmal für die Herstellung eines analytischen Prozesses.

Meine eigene Position – neben der konservativen und der liberalen – ist eine dritte, sozusagen eine liberal-konservative: Ich glaube, daß sich erst mit Hilfe des liberalen Ansatzes grundsätzliche Unterschiede zwischen Psychoanalyse und Psychotherapie aufzeigen lassen; daß diese allerdings weniger in konzeptuell zu erfassenden Positionen erkennbar sein werden, sondern eher in subjektiv begründeten Unterschieden in der Handhabung der psychoanalytischen Methode, also in Unterschieden der psychoanalytischen Haltung. Der Anteil der Persönlichkeit des Psychoanalytikers an der Struktur des analytischen Prozesses gerät damit deutlicher ins Zentrum der Betrachtung. Es geht nicht mehr um die Frage, ob in einem bestimmten Setting ein analytischer Prozeß herstellbar ist, sondern um dessen Qualität, um die jeweils spezifische Struktur der analytischen Beziehung und deren konstitutive Bedingungen.

Es ist in der Diskussion mittlerweile unbestritten, daß bei einer höheren Stundenfrequenz eine größere emotionale Dichte des Prozesses *möglich* ist. Es geht jetzt um die Frage, unter welchen Umständen der Prozeß seine *optimale Intensität und Dichte* erreicht. Dies ist die jeweils zwischen Analytiker und Patient auszuhandelnde, also *für diese beiden optimale Intensität und Dichte. Das ist nicht immer die größtmögliche.* Damit sind wir bei der Frage nach dem Verhältnis von Methode und Technik zu den Bedingungen in der Persönlichkeit des Analytikers, d. h. den Aspekten seiner analytischen Haltung, in der sich seine emotionale Besetzung des Verfahrens, in dem er arbeitet, abbildet. In ihr entfalten sich Teile seiner psychischen Realität, intrapsychische Objektrepräsentanzen verknüpfen sich mit der Repräsentanz seiner Erfahrungen mit und in einem bestimmten Verfahren und machen es auf diese Weise selbst zu einem inneren Objekt. Ich glaube, es ist deshalb gerechtfertigt, von einer Übertragung des Analytikers auf das jeweils angewandte Verfahren zu sprechen, möglicherweise auch von einer Gegenübertragung auf das Verfahren.

Ich komme zu meiner ersten Hypothese, die ich anschließend durch ein Beispiel aus meiner Supervisionspraxis erläutern möchte:

Unsere psychoanalytische Behandlungskompetenz kann durch sorgfältige Analyse unserer affektiven Besetzung des Verfahrens, in dem wir arbeiten, verbessert werden. Es gibt eine Übertragung des Therapeuten auf das Verfahren, die sich mit den unbewußten Widerständen des Patienten und mit den Gegenübertragungen des Analytikers auf seinen Patienten vermischen kann.

Ich berichte nun über eine Gruppensupervision mit drei erfahrenen Psychotherapeuten. Sie arbeiten durchweg mit Erwachsenen und mit dem Verfahren „tiefenpsychologisch fundierte Psychotherapie". Für dieses Verfahren gibt es keine wissenschaftlich begründete, konzeptionelle Fundierung, es ist, wie einer der Väter des Verfahrens es nannte, ein „konferenzgeborener Mischling" (Faber, 1997, S. 178).

Die vortragende Kollegin eröffnet die Supervisionssitzung mit der Bemerkung, alle drei Kollegen hätten das Bedürfnis, mit mir einmal über die technischen Probleme der Beendigung solcher Therapien zu sprechen. Immer wieder stelle sich in der Beendigungsphase ein unsicheres Gefühl ein, die Behandlung entweder zu früh zu beenden oder aber den Patienten in der Behandlung festhalten zu wollen. Die Kollegin berichtet über die 92. von insgesamt 100 geplanten Stunden. Der Patient beginnt mit den Worten:

> „Wir müssen mal über das Ende und den Abschied sprechen. Einerseits gefällt es mir, nicht mehr solchen Druck zu haben. Meine körperliche Verletzung hat in mir Demut und Bescheidenheit erzeugt. Das war eine wesentliche Erfahrung."

Er spricht eine Sportverletzung an, die er sich als Folge seines übermäßigen Ehrgeizes zugezogen hatte. Er habe trotzdem eine stabile Seite, die ihm keiner mehr nehmen könne. Er empfinde mehr Ruhe und Ausgeglichenheit. Er bemerke das an seinem

Umgang mit seiner Mutter und mit seiner Partnerin, er sei da anders, selbstbestimmter. Auch im Beruf könne er besser standhalten, dort habe alles nicht mehr den großen Stellenwert wie früher. Er müsse sich nicht mehr um jeden Preis beliebt machen. In diesem Moment überlegt die Therapeutin, warum er ihr die Fortschritte so anpreisen müsse. Der Patient erzählt dann umschweifig von seinem Kontakt mit hohen Persönlichkeiten der Stadt, während die Therapeutin merkt, wie sie ungeduldig wird.

Sie fragt ihn dann:

> „Wie könnte denn das Ende und der Abschied aussehen?"

Der Patient:

> „Ein kleines Fest, aber das geht ja nicht."

Der Abschied sei ihm unklar, er habe da keine Erfahrung. Er solle nicht verkrampft sein, solle nicht überstürzt oder vorzeitig geschehen. Er wolle aber auch nicht das Gefühl haben, sich nicht lösen zu können.

Die Therapeutin deutet nun:

> „Sie möchten, daß ich verstehe, daß hier etwas abgeschlossen ist."

Sie denkt dabei immer noch über das Wort „verkrampft" nach.

Der Patient fährt fort, es sei bei Abschieden oft so, daß Leute nicht fröhlich sein könnten, er vermeide deshalb „Bahnhofssituationen", und damit meint er Szenen des Abschieds. Die Therapeutin deutet ihm:

> „Sie haben offenbar die Befürchtung, unverhofft von Gefühlen überrumpelt zu werden."

Ja, das wolle er nicht. Er wolle aber auch nicht, daß sie enttäuscht sei. Das wäre ihm nicht egal. Daraufhin sagt die Therapeutin:

> „Sie haben vielleicht Angst, ich könnte Sie nicht gehen lassen wollen, und ebenso, daß ich Sie einfach gehen lassen könnte."

Darüber müsse er nachdenken.

Soweit der Verlauf der therapeutischen Sitzung. Mir war aufgefallen, daß die Kollegin *die Tatsache der bevorstehenden Beendigung der Therapie* insoweit als gegeben hingenommen hatte, daß sie deren unbewußte Bedeutung nicht mehr analytisch untersuchen konnte. Ich hatte zudem den Eindruck, daß beide – Therapeutin und Patient – über ein vorbewußtes Wissen von der *unbewußten Bedeutung des Abschiednehmens* verfügten und dieses Wissen bereits auf die Situation der letzten Stunde übertragen hatten. Dies war der Grund, warum die Kollegin in dieser Supervisionsstunde einmal – ganz generell – darüber sprechen wollte. Für beide ging es offenbar darum, einen Weg zu finden, wie die emotionale Dynamik *der letzten Minuten* abgewendet oder wenigstens gemildert werden könnte. Zwar kann der Patient sagen, daß er die *destruktive Kraft* seiner Gefühle fürchte, die seine Selbststabilität gefährden könnte, die er anfangs noch so betont hatte. Auch die Therapeutin weiß davon; aber auch sie kann nicht darüber sprechen, weil sie ihm unbewußt recht gibt. Denn sie geht davon aus, daß sie die Behandlung nicht fortsetzen *darf.* Sie denkt, *die Bedingungen des Verfahrens würden die Beendigung der Behandlung erzwingen.* Die Ambivalenz dem eigenen Verfahren gegenüber ist eng mit einer gleichzeitigen Idealisierung des psychoanalytischen Verfahrens und der Vorstellung verknüpft, eigentlich müsse sie ihrem Patienten eine Fortsetzung der Behandlung im hochfrequenten Setting empfehlen, um diese Triebdynamik bearbeiten zu können. Das allerdings würde dann nicht bei ihr geschehen können, so daß sie sich mit ihrem Behandlungsangebot als gescheitert erleben würde. Ihre Übertragung auf das Verfahren hat sich mit einem unbewußten Widerstand ihres Patienten verknüpft und ist zu einer Gegenübertragung auf ihren Patienten geworden. Daraus entsteht die Erwartung, dieser werde unzufrieden mit dem Behandlungsergebnis sein und die Enttäuschung werde in der letzten Sitzung aus ihm herausbrechen. Eine destruktive Problematik des Patienten wird so unauflösbar nach außen, auf das Verfahren und dessen vermeintlich realitätsangepaßte Begrenzungen, verschoben.

In der Supervisionsarbeit ging es darum, der Therapeutin diesen Konflikt erlebbar werden zu lassen: sie mußte sich, wie der Patient, für etwas entscheiden, das sie selbst als begrenzt wahrnahm, ohne es unzureichend finden zu müssen. Erst als sie verstand, daß es darum ging, etwas zu beenden, das *nicht abgeschlossen* war, konnte sie die innere Situation des Patienten, sein Schuldthema, besser verstehen. Und als sie die Enttäuschung über ihre eigenen therapeutischen Grenzen erkennen konnte, wurde es möglich, nach neuen Deutungsoptionen zu suchen, in denen Enttäuschung und Trauer ihren Platz hatten.

Eine konsequente Wahrnehmungseinstellung auf die mögliche unbewußte Bedeutung der freien Einfälle des Patienten, auf den möglichen Sinn nichtverbaler Austauschprozesse und auf die eigene Gegenübertragung hat hier aus einer dynamischen Psychotherapie – der tiefenpsychologisch fundierten Psychotherapie – eine psychoanalytische Psychotherapie mit einer Stunde pro Woche gemacht (vgl. Kernberg,

1999, S. 1081). Dazu war aber zunächst eine Befreiung der Methode von hemmenden Gegenübertragungseinstellungen erforderlich. Welcher Methode?

Ich will *meine Vorstellungen* davon darlegen, was für mich die psychoanalytische Methode und den psychoanalytischen Prozeß ausmacht. Sie lehnen sich an eine Definition von Goldacker-Pohlmann (1989, S. 8) an, modifizieren diese aber in einigen Punkten:

Die psychoanalytische Methode bietet die bestmöglichen Bedingungen, um einen psychoanalytischen Prozeß einleiten, aufrechterhalten und beenden zu können. Die Struktur des psychoanalytischen Prozesses gestaltet sich durch die Aktualisierung der intrapsychischen Realität in der analytischen Beziehung (Übertragung). Alle Aktivität des Analytikers richtet sich konsequent auf die Wahrnehmung und auf eine deutende Suche nach dem Verstehen dieser Vorgänge.

Alles hängt davon ab, wie „konsequent" dies geschieht. Damit komme ich zu meiner zweiten Hypothese:

Die konsequente Anwendung der psychoanalytischen Methode konfrontiert den Analytiker unausweichlich mit der Frage nach den Grundlagen seiner psychoanalytischen Identität. Seine Antworten darauf begründen die Subjektivität seiner psychoanalytischen Haltung In ihr ist seine Fähigkeit enthalten, in den Sitzungen eine „psychoanalytische Atmosphäre" herzustellen, in der eine „psychoanalytische Erfahrung" möglich wird, in der sich ein „psychoanalytischer Prozeß" entwickeln kann (vgl. Milton Horowitz, zit. bei Kramer Richards, 1997).

Mit einem weiteren Beispiel aus meiner Supervisionsarbeit mit einer Kandidatin möchte ich versuchen, diese Hypothese plausibel zu machen, und zeigen, wie sich durch konsequentes analytisches Denken ein durchaus konstruktiv verlaufender analytisch-psychotherapeutischer Prozeß vertiefen läßt, so daß sich der psychische Raum für die Patientin und die behandelnde Kandidatin erweitern kann.

Die Behandlung wird mit drei Stunden pro Woche durchgeführt. Die Patientin ist in der Anfangsphase ihrer Analyse. Unmittelbar nach einer Wochenendunterbrechung berichtet sie, es sei ihr am Wochenende nicht gut ergangen, sie habe sich irgendwie bedrückt gefühlt, immer wieder habe sie an die Analyse und die letzte Stunde der vergangenen Woche denken müssen. Sie könne nicht verstehen, was eigentlich mit ihr los gewesen sei und warum sie sich so unwohl gefühlt habe. Es sei nichts vorgefallen, was ihre gereizte Stimmung hätte erklären können. Sogar mit ihrem Freund habe sie sich verstanden und es habe – anders als sonst, wenn sie die Wochenenden mit ihm verbringe – auch keinen Streit gegeben. Ich zitiere aus dem wörtlichen Stundenprotokoll:

> „Ich erlebe jetzt die Zeit überhaupt angenehmer als sonst. Früher habe ich an den Wochenenden oft allein im Bett geheult, hab' Kontaktanzeigen formuliert, ohne sie abzuschicken. Es geht mir besser, seit ich hierherkomme zu Ihnen. Aber ich finde das irgendwie nicht richtig. Vielleicht rede ich mir ja hier nur den Ärger von der Seele. Ich hab' mich auch geärgert, als mein Freund sagte: ‚An den Tagen, wo du da hingehst, bist du netter.' Ich habe ja selbst das Gefühl, das ist so. Nur, eigentlich finde ich das doof. Manchmal geht es mir richtig schlecht, wenn ich herkomme; und richtig gut, wenn ich gegangen bin. Ich bin irgendwie beruhigter, ausgeglichener."

Die junge Kollegin sagt nun:

> „Aber irgendwie erleben Sie auch einen Haken dabei."

Die Patientin:

> „Das kann doch kein Zustand sein, das kann doch nicht die Lösung sein, daß ich jeden Tag herkomme. Ich weiß nicht, warum das so ist, daß es mir besser geht. Manchmal bin ich völlig durcheinander nach den Stunden, und trotzdem beruhigt mich das."

Die Analytikerin:

> „Dann ist das hier für Sie eine zweischneidige Erfahrung."

Die Patientin:

> „Ja, weil ich es nicht mit mir in Verbindung bringen kann. Ich mache das ja nicht selbst. Mir ist das unangenehm, fast peinlich, ich finde das irgendwie albern. Es paßt mir nicht, daß es anders ist an den Tagen, wo ich nicht herkomme. Und es paßt mir nicht, daß ich nicht weiß, warum das so ist."

Im Verlauf der Sitzung gibt es weitere Äußerungen, die die Analytikerin als aggressiv erlebt sowie als Manifestationen der negativen Übertragung und als Reaktion der Patientin auf die Abwesenheit der Analytikerin während des Wochenendes versteht. Nach einiger Zeit gibt sie die folgende Deutung:

„Sie waren traurig wegen der Unterbrechung, weil Sie deswegen nicht zu mir kommen konnten. Jetzt wehren Sie sich gegen diese Traurigkeit, indem Sie statt dessen ärgerlich auf mich sind."

Spontan empfand ich diese Deutung als durchaus gelungen, hatte aber auch bemerkt, daß die Patientin zunächst zwar etwas überrascht reagierte, die Deutung auch nicht direkt ablehnte, aber doch irgendwie distanziert blieb. Daran habe sie nicht gedacht, hatte sie bemerkt, aber vielleicht treffe das ja zu, dann aber sei es „höchstens unbewußt" so gewesen. Der Kandidatin und mir war klar, die Deutung hatte etwas Wichtiges aufgegriffen und war sicher nicht falsch. Wir konnten aus dem weiteren Verlauf aber erkennen, daß sie ohne emotionale Resonanz blieb, sie hatte nicht *mutativ* wirksam werden können. Das Verhalten der Patientin wirkte im weiteren Verlauf der Stunde angestrengt, sie schien ängstlich bemüht, den vermeintlichen Erwartungen der Analytikerin an sie gerecht zu werden. Sie war bemüht, eine gute Patientin zu sein.

Ich entschloß mich deshalb, *meinen Gegenübertragungsgefühlen* zu folgen, um mit der Kandidatin das Problem der fehlenden emotionalen Authentizität besser zu verstehen. Was war passiert? Zunächst einmal konnten wir feststellen, daß die Kollegin den aktuell wirksamen Affekt nicht genau genug und spezifisch benannt hatte. Die Patientin war nicht nur traurig – das war sie auch –, sie war auch verwundert festzustellen, daß in ihr eine emotionale Bewegung stattgefunden hatte, die sie zwar mit der Unterbrechung der Analyse in Verbindung brachte, ohne aber schon den Zusammenhang verstehen zu können. Dies hatte zu einem Gefühl gereizter Verstimmung geführt.

Die Feststellung, auf die Unterbrechung der Analysestunden bereits so heftig zu reagieren, hatte bei der Patientin ein erstes Anzeichen ihrer Angst vor Abhängigkeit ausgelöst, auf das sie nun mit einem Gefühl der Enttäuschung über ihre eigene Unfähigkeit reagierte, sich auf ewig vom Objekt unabhängig fühlen zu können. Was die Kandidatin empathisch als Traurigkeit der Patientin über die Abwesenheit der Analytikerin verstanden hatte, ließ sich nun bei genauerem Hinsehen als eine Enttäuschung der Patientin an ihrem eigenen Selbst erkennen. Ihre Aggressivität diente in diesem Moment primär ihrem Selbstschutzbedürfnis gegenüber einem Objekt, das deswegen als übermächtig und gefährlich erlebt wurde, weil es noch nicht als Projektion, noch nicht als das Produkt der eigenen psychischen Aktivität verstanden werden konnte. Weil aber die Kandidatin diese Aggressivität nicht als defensive erfassen konnte, sondern sie als objektgerichtete und damit sadistische Aggression mißverstand, wurde nun ihre Deutung, „Sie sind in Wirklichkeit auf mich ärgerlich", von der Patientin als eine sadistische Aggression der Analytikerin erlebt. Joseph Sandler

(1985) hat darauf hingewiesen, daß ein solches Mißverständnis in Analysen zu einem Anstieg paranoider Anteile in der Atmosphäre der analytischen Beziehung und zu einem Mangel an emotionaler Aktivität und Dichte führen kann.

Noch häufiger ist dies in analytischen Psychotherapien zu beobachten, in denen die Begrenzung des analytischen Prozesses zu einem konstitutiven Element des Behandlungsverlaufs erhoben wird, die der Patient notwendigerweise als eine Einschränkung seiner psychischen Aktivität und als eine destruktive Triebäußerung des Analytikers versteht. Sie kann deshalb oft nur um den Preis einer Verleugnung dieser narzißtischen Kränkung in einen immer nur scheinbar konstruktiven Akt umgewandelt werden. Da diese Umwandlung aber nicht aus dem interaktiven Prozeß der analytischen Beziehung heraus erfolgt, sondern von außen festgelegt ist, wird vielleicht das Ergebnis, nicht aber der Vorgang der Umwandlung selbst internalisiert werden. Eben darauf bezieht sich die gereizte Stimmung der Patientin, wenn sie sagt: „Ich mach' das ja nicht. Mir ist das unangenehm, fast peinlich, daß ich nicht weiß, warum das so ist."

Dies ist der Bereich narzißtischer Affekte und des ihnen zugrunde liegenden Konfliktes. Glasser (1992) hat ihn den Kernkonflikt der Neurosen genannt. Es geht um das *Erleben* in diesen Grenzbereichen, um unser eigenes und um das unserer Patienten. In jeder Behandlung sind wir mit diesem Phänomen konfrontiert. Deshalb können wir es nicht lediglich als eine behandlungstechnische Besonderheit bei bestimmten pathologischen Organisationsformen der Persönlichkeit betrachten. Es ist vielmehr eine generelle Herausforderung an die psychoanalytische Behandlungstechnik und von besonderer Relevanz im Zusammenhang mit der Ausbildung in Psychoanalyse und Psychotherapie. Ein metapsychologisches Konzept dieses Phänomens ist aus meiner Sicht von grundsätzlicher Bedeutung für die Diskussion dieses Themas. Es würde unser Verständnis der Funktion des Erlebens für die Stabilisierung der Ich-Organisation und damit der Internalisierung der mutativen Wirkung einer hilfreichen Objekterfahrung organisieren.

Ich hatte das Empfinden, in diesem Augenblick eine Entscheidung treffen zu müssen, und zwar darüber, ob ich der Kandidatin anbieten sollte, gemeinsam in diesen Grenzbereich einzutreten, von dem ich nur wußte, daß er die Kandidatin *und* ihre Patientin über den begrenzten Erfahrungsraum der bisherigen Behandlungsform hinausführen würde. Ich habe ihr das gesagt und ihr auch nahegelegt, an dieser Stelle das Erleben der Patientin und ihre Abwehr dagegen weiter zu untersuchen. Ich habe ihr außerdem gesagt, daß ich davon ausginge, dies würde zu einer größeren emotionalen Dichte der analytischen Arbeit führen und daß sich an dieser Stelle entscheiden würde, ob sie mit der Patientin eine gute analytische

Psychotherapie oder aber eine Analyse machen würde. Wenn sie dazu bereit wäre, müßte sie damit rechnen, daß die Patientin selbst den Wunsch äußern werde, die wöchentliche Stundenzahl zu erhöhen. Für die Kandidatin würde dies bedeuten, diese neue, gemeinsame Vereinbarung gegenüber dem Gutachter zu vertreten, bereit und in der Lage zu sein, diese Entscheidung wissenschaftlich zu begründen und im Konfliktfall gegenüber den unbewußten Widerständen ihrer Patientin *und* gegenüber den bewußten und unbewußten Widerständen von dritter Seite zu behaupten.

Von diesen Überlegungen ausgehend haben wir das klinische Material weiter durchgearbeitet, bis die Kandidatin sich mit ihrer Patientin in den folgenden Stunden auf der Basis einer veränderten und etwas genaueren Interpretation verständigen konnte:

> „Sie haben bemerkt, daß es Sie traurig stimmen kann, wenn wir keine Sitzungen haben. Und es macht Sie ärgerlich, wenn Sie feststellen müssen, daß Ihre Gefühle so sehr von mir und meiner Anwesenheit abhängen. Deshalb sind Sie enttäuscht über sich selbst, weil Ihnen die Unabhängigkeit Ihrer Gefühle von mir und anderen so wichtig ist."

Der Inhalt dieser Deutung ist klar und einfach. Er lautet: *Sie haben Angst vor meiner Bedeutung für Sie.* Wahrscheinlich würde eine Deutung normalerweise ja auch so ausfallen. In diesem Fall bliebe aber dann neben der ängstlich gefärbten Verunsicherung der ärgerliche Affekt isoliert. Er verweist auf die aktuelle Wirksamkeit der narzißtischen Dynamik. Die Patientin erahnt ja bereits die emotionale Bedeutung der Analytikerin für sie, sie kann aber noch nicht deren projektiven Charakter verstehen. Dadurch bleibt die Bedeutung der Analytikerin an die Realität ihrer Person gebunden und kann sich nicht mit den wirksamen intrapsychischen Objektrepräsentanzen verknüpfen. Sie bleibt Teil der äußeren, realen Welt, wird nicht Teil der inneren Welt und verschärft damit den bereits aktuell wirksamen narzißtischen Konflikt.

In diesem Moment müssen Analytiker und Patient – jeder für sich und beide gemeinsam – entscheiden, wie weit sie gehen wollen. Ich stimme deshalb einem Gedanken von Gill (1994, S. 103) zu, diese *Bereitschaft* des Analytikers, die Übertragung – also die analytische Situation – so eingehend wie möglich zu analysieren, sei das entscheidende Merkmal der Psychoanalyse. In der Psychotherapie werde dagegen die Übertragung *absichtlich* nicht oder nicht vollständig analysiert. Oftmals bleibt uns nicht viel mehr als diese Absicht, aber sie ist entscheidend. Sie ist die Basis unserer Haltung, auch wenn sie nicht zu absichtsvollem Handeln führen darf, wenn der Prozeß gelingen soll.

> „[...] dagegen gelingen jene Fälle am besten, bei denen man wie absichtslos verfährt, sich von jeder Wendung überraschen läßt, und denen man immer wieder unbefangen und voraussetzungslos entgegentritt" (Freud, 1912e, S. 380).
> „[...] mit einem *dunkeln Takt* weiter in den Rätseln zu tappen" (Freud, 1950a, S. 268: Kursiv. v. E. G.).

Der *Takt* ist Freuds Begriff für all das, was in meinem Verständnis eine psychoanalytische Haltung ausmacht. Dazu möchte ich einige Anmerkungen machen.

Im „Entwurf einer Psychologie" aus dem Jahre 1895 (1950a) hatte Freud begonnen, psychisches Leben als eine Anpassungsleistung des Subjekts an die biologische Not, d. h. an innere Spannungszustände, darzustellen. Er beschreibt hier, wie bei inneren Spannungszuständen ein Drang zu deren Bewältigung durch Spannungsabfuhr entsteht, die zunächst nicht durch Handlung, sondern primär auf dem Wege *innerer Veränderung* – also durch affektive Prozesse – angestrebt wird. Dies reiche aber nicht aus, letztlich sei das Befriedigungserlebnis nur durch eine *Veränderung in der Außenwelt* – Nahrungszufuhr, Nähe des Sexualobjekts – herzustellen. Dies geschehe mit Hilfe einer *spezifischen Aktion*:

> „Der menschliche Organismus ist zunächst unfähig, die spezifische Aktion herbeizuführen. Sie erfolgt durch *fremde Hilfe*, indem durch die Abfuhr auf dem Wege der inneren Veränderung ein erfahrenes Individuum auf den Zustand des Kindes aufmerksam gemacht wird. Diese Abfuhrbahn gewinnt so die höchst wichtige Sekundärfunktion der *Verständigung* und die anfängliche Hilflosigkeit des Menschen ist die *Urquelle* aller *moralischen Motive*" (a. a. O., S. 326).

Dies ist, so meine Auslegung dieser Passage, auch die Urquelle der psychoanalytischen Haltung. Das Ich entwickelt sich nicht nur *in* Beziehungen, die Struktur der frühesten Beziehungen *ist das Ich.* Das primärnarzißtisch besetzte Ich ist nicht eine intrapsychische Instanz, es ist vielmehr die Erinnerung an die *Struktur* der frühesten Interaktion und der in ihr gemachten Erfahrungen. Die Erfahrung von Getrenntheit und deren Akzeptanz sind darin enthalten. Ihr Niederschlag im Psychischen erfolgt auf dem Wege *primärer Identifizierungen.* Deren Qualität bestimmt zukünftig die menschlichen Grundhaltungen, z. B. das, was Freud den „dunkeln Takt" nennt. Es ist ein oft nur unbestimmtes Gefühl fortdauernder Sicherheit für unsere psychische Existenz auch dann, wenn wir nicht mehr verstehen, was passiert. Es ist jedenfalls nicht lediglich die Erinnerung an eine frühe, aber abgeschlossene infantile Beziehungserfahrung im Sinne von Freuds Konzept der zeitlichen Regression; es ist nicht die Erinnerung an die „hinreichend gute Mutter" im Sinne Winnicotts, jedenfalls nicht allein. Es ist eine Fähigkeit, die für diese Beziehung charakteristische Regression des psychischen Geschehens „jederzeit“ zu reaktivieren und wirksam sein zu lassen. Es ist ein sich lebendig erhaltender „Glaube“ (vgl. Britton, 1995) an die Sinnhaftigkeit, an die unbewußte Ordnung dessen, was geschieht. Die Identifikation des Analytikers mit der psychoanalytischen Methode gründet sich auf dieses Verständnis der primären Identifizierung mit dem Setting und den im Setting enthaltenen psychoanalytisch-klinischen Erfahrungen. Im Setting ist die „fremde Hilfe eines erfahrenen Individuums“ konkretisiert. So ist psychoanalytische Identität eng verknüpft mit den psychischen Repräsentanzen des primären Objekts. In der Wahrnehmung eigener Hilflosigkeit im Moment einer Verstörung des Ichs sichern die Inhalte primärer Identifizierungen das Überleben des Ichs und schützen vor Traumatisierungen. In der Fähigkeit zum unbewußten Rückgriff auf primäre Identifizierungen sehe ich deshalb ein basales Element psychoanalytischer Kompetenz und der psychoanalytischen Haltung.

Das jedenfalls ist mein Verständnis der psychoanalytischen Haltung. Jeder Analytiker wird seine eigene, subjektive Vorstellung dazu haben. Ich glaube deshalb nicht, daß wir zu einer gemeinsamen, verbindlichen Formulierung dieser Frage kommen werden, wir sollten sie nicht einmal anstreben und Unterschiede nicht unbedingt zu überwinden trachten, sie vielmehr nutzen, um die Überzeugungskraft unserer jeweils eigenen Position zu schärfen und zu verbessern. „Eine gewisse Gelassenheit hinsichtlich der eigenen vorbewußten Arbeit“ – das hat Aisenstein als den Kern psychoanalytischer Identität beschrieben (1995, S. 85). Mit dieser Gelassenheit können wir auf Deutungen verzichten, um dem Patienten selbst psychischen Raum zu überlassen, und können dem analytischen Prozeß vertrauen, ohne seinen Verlauf jederzeit verstehen zu müssen. Vielleicht wird es uns sogar eines Tages gelingen, sie in den kollegialen Diskurs der Psychoanalytiker um die Kernfragen ihrer Profession einzubringen.

Literatur

Aisenstein, M. (1995): Hat der Psychoanalytiker eine einzigartige professionelle Identität? EPF Bulletin, 44, 84–90.

Britton, R. (1995): Psychic reality and unconscious belief. Int. J. Psycho-Anal., 76, 19–23.

Faber, F.R. (1997): Die sogenannte Richtlinien-Psychotherapie. In: Janssen, P.L. et al. (Hrsg.): Psychotherapie als Beruf. Göttingen (Vandenhoeck & Ruprecht), 173–184.

Freud, S. (1912e): Ratschläge für den Arzt bei der psychoanalytischen Behandlung. GW 8, 376–387.

– (1919a): Wege der psychoanalytischen Therapie. GW 12, 183–194.

– (1933a [1932]): Neue Folge der Vorlesungen zur Einführung in die Psychoanalyse. GW 15.

– (1950a [1887–1902]): Aus den Anfängen der Psychoanalyse. Briefe an Wilhelm Fließ. Abhandlungen und Notizen aus den Jahren 1887–1902. Frankfurt a.M. (S. Fischer).

Gill, M. M. (1994): Psychoanalyse im Übergang. Stuttgart (Verl. Internat. Psychoanal.) 1997.
Glasser, M. (1992): Problems in the psychoanalysis of certain narcissistic disorders. Int. J. Psycho-Anal., 73, 493–503.
Goldacker-Pohlmann, U. v. (1989): Überlegungen zur Bedeutung der Stundenfrequenz für den analytischen Prozeß. DPV-Info Nr. 5, 7–14.
Kernberg, O. (1994): Der gegenwärtige Stand der Psychoanalyse. Psyche, 48, 483–508.
– (1999): Psychoanalysis, psychoanalytic psychotherapy and supportive psychotherapy: Contemporary controversies. Int. J. Psycho-Anal., 80, 1075–1091.
Kramer Richards, A. (1997): The relevance of frequency of sessions to the creation of an analytic experience. J. Amer. Psa. Ass., 45, 1241–1251.
Klüwer, R. (1999): Psychoanalyse – Psychotherapie und die Psychoanalytiker. DPV-Info Nr. 26, 5–8.
Sandler, J. mit Anna Freud (1985): Die Analyse der Abwehr. Stuttgart (Klett-Cotta) 1989.

Rolf Sandell

Jenseits der Spekulation

Empirische Unterschiede zwischen Psychoanalyse und psychodynamischer Psychotherapie

In Abständen intensivieren sich die Diskussionen über Unterschiede und Ähnlichkeiten zwischen Psychoanalyse einerseits und psychodynamischen bzw. analytischen Therapien andererseits. Insbesondere gilt dies, so scheint mir, für Zeiten, in denen sich die analytische Fachwelt in einer Krise befindet. Die in diesem Zusammenhang diskutierten Fragen betreffen theoretische, klinische und politische Aspekte: Unterscheiden sich Indikationen, Therapietechniken und die therapeutischen Prozesse nur graduell oder kategorial? Kann sich in einer Behandlung mit ein oder zwei Wochenstunden ein genuin psychoanalytischer Prozeß entfalten? Eignen sich Psychoanalytiker von Haus aus, niederfrequente Psychotherapien durchzuführen und andere darin auszubilden? Sollte in der Ausbildung von Psychoanalytikern zusätzlich Psychotherapie gelehrt werden?

Die Amerikanische Psychoanalytische Vereinigung führte 1954 vier ganztägige Symposien zur Frage der Unterschiede und Ähnlichkeiten zwischen psychodynamischer und analytisch orientierter Psychotherapie einerseits und Psychoanalyse im strengen Sinn andererseits durch. In den Diskussionen gab es zwei klar unterscheidbare Positionen. Die erste, vertreten z. B. durch Bibring (1954) und Gill (1954), bestand in der Auffassung, daß Psychoanalyse und psychodynamische Psychotherapie zwei klar unterscheidbare Modalitäten seien. Die zweite Position, vertreten z. B. durch Alexander (1954) und Fromm-Reichmann (1954), verwischte die Grenzen oder sah überhaupt keine Unterschiede. Wie es scheint, werden heute, knapp fünfzig Jahre später, fast dieselben Fragen diskutiert. So befürwortet Kernberg (1999) z. B. eher klare Unterscheidungen, während Fosshage (1997) es vorzieht, nicht streng zu unterscheiden.

Aus empirischer Sicht gibt es wenig, was für eine strenge Unterscheidung zwischen Psychoanalyse und Psychotherapie spräche. Sieht man einmal von den vielen ehrgeizigen Projekten in Deutschland ab, scheint das Psychotherapieforschungsprojekt der Menninger-Stiftung international die bedeutendste Vergleichsstudie zu sein.

Gestützt auf eine Fülle von Ergebnissen aus diesem Projekt, urteilte Wallerstein ganz im Sinne jener, die keine klaren Trennlinien ziehen:

> „In der Realität der täglichen Praxis gibt es Psychoanalyse, expressive Psychotherapie und supportive Psychotherapie in Reinform so gut wie nicht [...] [In den Behandlungen] vermischen sich expressiv-interpretative und supportiv-stabilisierende Elemente [...] und [...] die Behandlungsergebnisse von eher analytischen und eher supportiven Behandlungen stimmen weit mehr überein, als wir angesichts der unterschiedlichen Behandlungsmodalitäten erwarten würden. Auch die während der Behandlung erreichten Veränderungen bei Patienten unterscheiden sich zwischen den Extremen des Modalitätsspektrums in ihrem Charakter und in ihrer Nachhaltigkeit weniger, als man erwartet" (1986, S. 205).

Gemessen an den Behandlungsergebnissen, unterschieden sich Analysen und Psychotherapien demnach entgegen der Erwartung nicht. Die Wirkung der Behandlungen war im großen und ganzen eher gering. Supportive Techniken erwiesen sich als genauso wirksam wie interpretative, und auch Analytiker wandten weit häufiger, als man gemeinhin annahm und als Fenichel, Glover, Menninger und Greenson es für richtig hielten, solche supportiven Techniken an.

Die Bedeutung der Menninger-Studie lag darin, daß sie überhaupt „Tatsachen" ins Blickfeld rückte. Es besteht ein großer Bedarf an weiteren derartigen Daten. Befremdlich mutet das leider bis vor kurzem unter Analytikern, Psychotherapeuten und selbst Psychotherapieforschern verbreitete Desinteresse an, systematisch Daten über analytische Langzeitpsychotherapien und Analysen zu sammeln. Darüber hinaus sind die wenigen systematischen Ergebnisstudien, die bisher durchgeführt wurden (Übersichten bei Bachrach et al., 1991; Doidge, 1997; Kantrowitz, 1997), qualitativ ungenügend (vgl. Fisher u. Greenberg, 1996). Abgesehen davon, daß Analyse und Langzeitpsychotherapie dadurch angreifbar werden, vor allem von seiten sogenannter empirisch validierter (meist Kurzzeit-)Behandlungen, führt der Mangel an fundierten empirischen Daten letztlich dazu, daß wichtige theoretische Diskussionen immer mehr auf akademische Haarspaltereien eingeengt werden, die unter dem Gesichtspunkt der Ausbildung und Praxis vollkommen bedeutungslos sind.

Das STOPP-Projekt

Im Jahr 1993 wurde in Stockholm ein Projekt zur Untersuchung der Wirksamkeit von Psychotherapie und Analyse begonnen, das „Stockholm Outcome of Psychotherapy and Psychoanalysis Project", kurz STOPP. Einige Ergebnisse des Projekts dürften manche der Schlußfolgerungen aus der Menninger-Studie in Frage stellen.

An dem Projekt nahmen insgesamt fast 1200 Patienten teil, deren Analysen oder psychodynamische Langzeittherapien bei niedergelassenen Therapeuten subventioniert wurden oder die auf der Warteliste für eine solche Subventionierung standen. Als wir im Jahr 1994 die erste unserer drei Nachuntersuchungen durchführten, umfaßte unsere Stichprobe zunächst 756 Personen, die sich aus jenen 202 zusammensetzten, die in den Jahren 1991–1993 Zuschüsse für ihre Behandlungen erhalten hatten, und den ersten 554 auf der Warteliste für Zuschüsse. Es waren vor allem zwei mit der Post versandte Fragebogen, die die Untersuchung in Gang hielten, nämlich erstens das Well-being Questionnaire (WbQ), das im Frühjahr 1994, 1995 und 1996 an alle Patienten versandt wurde, und der Fragebogen zur Therapeutischen Identität (Therapeutic Identity, ThId), den 1996 alle Therapeuten erhielten. Mit einer Teilstichprobe der Patienten führten wir in zwei aufeinanderfolgenden Jahren außerdem offene Interviews durch und erhoben Daten zur Arbeitsfähigkeit, Erwerbstätigkeit und Inanspruchnahme von Einrichtungen des Gesundheitswesens und der Krankenversicherungen. Selbstverständlich standen uns auch jene Informationen zur Verfügung, die in den Bezuschussungsanträgen für die Behandlungen dokumentiert worden waren.

Um Ähnlichkeiten und Unterschiede zwischen Analyse und Psychotherapie zu beleuchten, werde ich auf diese Daten zurückgreifen. Zunächst aber eine Bemerkung zur verwendeten Terminologie: Von Therapie und Therapeut spreche ich in allgemeiner Form, wenn damit das gesamte Spektrum analytisch orientierter Behandlungen gemeint ist; von Analyse und Psychotherapie ist dann die Rede, wenn ich zwischen Analyse und psychodynamisch bzw. analytisch orientierter Psychotherapie unterscheide.

Wer wählt Psychotherapie, wer Analyse?

Zunächst gehe ich auf einige Ähnlichkeiten und Unterschiede ein, die mit der Auswahl von Patienten zu tun haben, wobei diese Auswahl entweder von den Patienten selbst oder von den Klinikern getroffen wird. Analytikern und Psychotherapeuten wird manchmal vorgeworfen, sie behandelten nur „Gesunde, die Sorgen haben". Weit verbreitet ist die Ansicht, daß der typische Patient analytisch orientierter Behandlungen dem YARVIS-Typus (*Y*oung *A*ttractive *R*ich *V*erbal *I*ntelligent and *S*ocial [jung, attraktiv, reich, verbal, intelligent und sozial]) entspreche, d. h. ein begüterter Mensch sei wie Woody Allen, dessen Hauptproblem in seiner Psychotherapieabhängigkeit besteht. Bei der Durchsicht von Verbraucherstudien zu Psychotherapie und Analyse zeigt sich jedoch, daß der typische Patient diesem Bild nur sehr begrenzt entspricht: Es handelt sich meist um eine berufstätige Frau mittleren Alters mit guter Ausbildung, die in der Stadt wohnt und typischerweise im

Gesundheits- oder Erziehungswesen oder auch im künstlerischen Bereich tätig ist (vgl. Carlsson, 1991, 1993; Garfield, 1994; Olfson u. Pincus, 1994a; Vessey u. Howard, 1993; Weber et al., 1985). Ihr allgemeiner Gesundheitszustand und ihre Arbeitsfähigkeit sind meist ziemlich schlecht. Einrichtungen des Gesundheitswesens nimmt sie jedoch selten in Anspruch. So belegen es Untersuchungen sowohl aus Schweden (vgl. Schubert u. Blomberg, 1994) als auch aus den Vereinigten Staaten (Olfson u. Pincus, 1994a, b; Doidge et al., 1994) und Deutschland (Dossman et al., 1997).

In Übereinstimmung mit diesen Ergebnissen erweist sich auch die Stichprobe unserer schwedischen Untersuchung, was die Merkmale Ausbildung und Beruf betrifft, als hoch qualifiziert. Ganz offensichtlich handelt es sich nicht um eine repräsentative Stichprobe der Gesamtbevölkerung, sondern vielmehr um eine – damit verglichen – positive Auslese. Als wir jedoch anhand der Kostenübernahmeanträge und der Daten aus den Fragebogen grobe Kategorisierungen entsprechend den DSM-Diagnosen vorgenommen hatten, stellte sich heraus, daß die Patienten ziemlich krank und oft sehr angeschlagen waren und anamnestisch über ein bereits lange Zeit anhaltendes Leiden, (meist ambulante) psychiatrische Vorbehandlungen und Psychopharmakaeinnahme berichtet hatten. Der typische Patient hatte schon seit mehr als fünf Jahren psychiatrische Probleme, und die häufigsten Symptome waren Selbstvorwürfe und Belastungen, wie sie mit den Fragen 26 und 86 des SCL-90 erfaßt werden.

Zwischen Psychotherapie- und Analysepatienten fanden sich neben den genannten Gemeinsamkeiten auch einige signifikante Unterschiede: Relativ mehr Männer als Frauen machten eine Analyse. Die Analysepatienten waren durchschnittlich ein paar Jahre älter und (sogar) noch qualifizierter ausgebildet als die ohnehin schon überdurchschnittlich gut ausgebildeten Psychotherapiepatienten; sie waren ferner häufiger verheiratet oder geschieden und hatten häufiger Kinder. Gemessen an der GAF-Skala (Achse V des DSM-III-R), mit der der Schweregrad der Störung unter psychiatrischen Gesichtspunkten erfaßt wird, zeigten sich, ebenso wie hinsichtlich der Diagnosen, keine oder nur sehr geringe Unterschiede. Auf der von 0 bis 90 reichenden GAF-Skala ergab sich beispielsweise nur ein Unterschied von zwei Punkten, der, wenn auch klein, doch statistisch signifikant war. Allerdings sollte man dabei berücksichtigen, daß Psychotherapiepatienten in der Regel vor Beginn der aktuellen Behandlung häufiger ambulante oder stationäre Dienste in Anspruch genommen hatten, was bei den Analysepatienten seltener der Fall gewesen war.

Trotz großer Ähnlichkeiten schließen wir aus unseren Daten, daß es zwischen Psychotherapie- und Analysepatienten zwar oft geringe, aber doch signifikante Unter-

Tab. 1: Soziodemographische Daten der Analyse- und Psychotherapiepatienten

		Psychotherapie-patienten	Analyse-patienten	
Soziodemographische Daten				
Männer	%	20	37	**
Alter	*M*	36	40	**
Verheiratet und/oder geschieden	%	38	60	**
Mit Partner zusammenlebend	%	45	47	
Eigene Kinder	%	49	66	*
Hochschulausbildung	%	76	94	**
DSM-IV	%			
Psychiatrische Syndrome (Achse I)		58	54	
Persönlichkeits-störungen (Achse II)		12	11	
Nichtpsychiatrische Diagnosen (V-Code)		33	36	
Funktionsniveau	*M*			
GAF, aktuell		59	61	*
GAF, niedrigster Wert		52	54	
Vorbehandlungen	%			
Alle psychiatrischen Behandlungen		79	91	*
Psychotherapie		63	75	*
Psychopharmaka		55	56	
Ambulante psychiatri-sche Behandlung		56	45	
Psychiatrische Notfallambulanz		38	26	
Stationäre psychiatri-sche Behandlung		21	10	*

Anmerkung: * $p < .05$; ** $p < .01$ (χ^2 und zweiseitiger t-Test)

schiede gibt. Sozioökonomische und soziokulturelle Faktoren tragen ganz offensichtlich am meisten zu den Unterschieden bei. Je höher der ganz allgemein gefaßte Sozialstatus eines Patienten, desto wahrscheinlicher befindet er bzw. sie sich in Psychoanalyse. Warum dies so ist, darüber kann man nur spekulieren. Wer eine gute Ausbildung hat und insbesondere im Sozial-, Erziehungs- und Gesundheitssektor oder in den Humanwissenschaften arbeitet, ist in der Regel mit psychoanalytischem Denken vertraut und interessiert sich dafür. Solche Personen sind die „Freunde und Förderer" von Psychotherapie, wie es Kadushin (1969) formulierte. In den Unterschieden spiegelt sich auch die Status- oder Prestigedifferenz zwischen Psychotherapeuten und Analytikern wider. Dabei kann man fragen, wer diesen Unterschied bewirkt: die Patienten oder die Therapeuten? Wer wählt wen? Einige ältere Untersuchungen sprechen dafür, daß zwischen dem Sozialstatus des Therapeuten und demjenigen seiner Patienten ein Zusammenhang besteht: Therapeuten mit hohem Sozialstatus wählen eher Patienten mit hohem Sozialstatus. Insofern die Behandlung aus öffentlichen Geldern bezahlt wird, stellt diese soziale Selektion zweifellos ein politisches Problem dar. Die biologische Psychiatrie und die kognitiv-behavioralen Behandlungsmethoden verstehen es besser, sich so darzustellen, als kümmerten sie sich mehr um „gewöhnliche" Patienten aus der „Unterschicht", die – das wird stillschweigend vorausgesetzt – „wirklich leiden". Da Analytiker und Psychotherapeuten über ihre Langzeitbehandlungen keine Daten vorlegen können, ziehen sie sich gern auf die defensive Argumentation zurück, Patienten mit schweren psychiatrischen Störungen seien für psychodynamische Behandlungen nicht geeignet. Unsere Daten sprechen gegen dieses Argument. Im Verteilungskampf um öffentliche Mittel schießt man damit außerdem ein Eigentor. Der Vorwurf, daß nur die „Gesunden, die Sorgen haben", in psychoanalytische Behandlung kämen, ist nämlich ganz offensichtlich unfair. Es sind nicht gelangweilte Hausfrauen oder Künstler, die zum Zeitvertreib in Psychotherapie gehen, sondern vielmehr Berufstätige, die ausgebrannt und erschöpft sind. Mehrheitlich haben sie vor Beginn einer Langzeitpsychotherapie mehrere andere Behandlungen einschließlich Psychopharmakabehandlung ausprobiert. Eine wichtige Frage ist deshalb, ob psychotherapeutische Langzeitbehandlungen die Wahrscheinlichkeit verringern, daß ein Patient später erneuter Behandlung bedarf. Einige unserer Ergebnisse legen diese Schlußfolgerung tatsächlich nahe (vgl. Blomberg et al., 1997).

Unterschiede und Ähnlichkeiten zwischen Psychotherapeuten und Analytikern

Als zweites will ich auf Unterschiede zwischen Analyse und Psychotherapie eingehen und dabei Faktoren auf seiten der Behandler ins Zentrum der Betrachtung rücken. Zunächst gibt es einige wichtige Differenzen hinsichtlich Ausbildung und Erfahrung.

Trennte man die Behandler anhand dieser beiden Kriterien, so zeigte sich zwischen Analyse- und Psychotherapiepatienten wiederum ein Unterschied im Sozialstatus. Zunächst untersuchten wir, wie verschiedene Parameter von Erfahrung interkorrelieren. Es mag wie eine Selbstverständlichkeit klingen, was wir als erstes fanden, aber belegt hatte es bisher noch niemand, nämlich daß therapeutische Erfahrung *nichts Einheitliches* ist. Tatsächlich konnten wir zeigen, daß es drei oder vier unterschiedliche Aspekte von Erfahrung gibt, Cluster therapeutischer Erfahrung, die sich aus intern hoch miteinander korrelierenden Faktoren zusammensetzen, jedoch mit anderen Clustern nur schwach korrelieren.

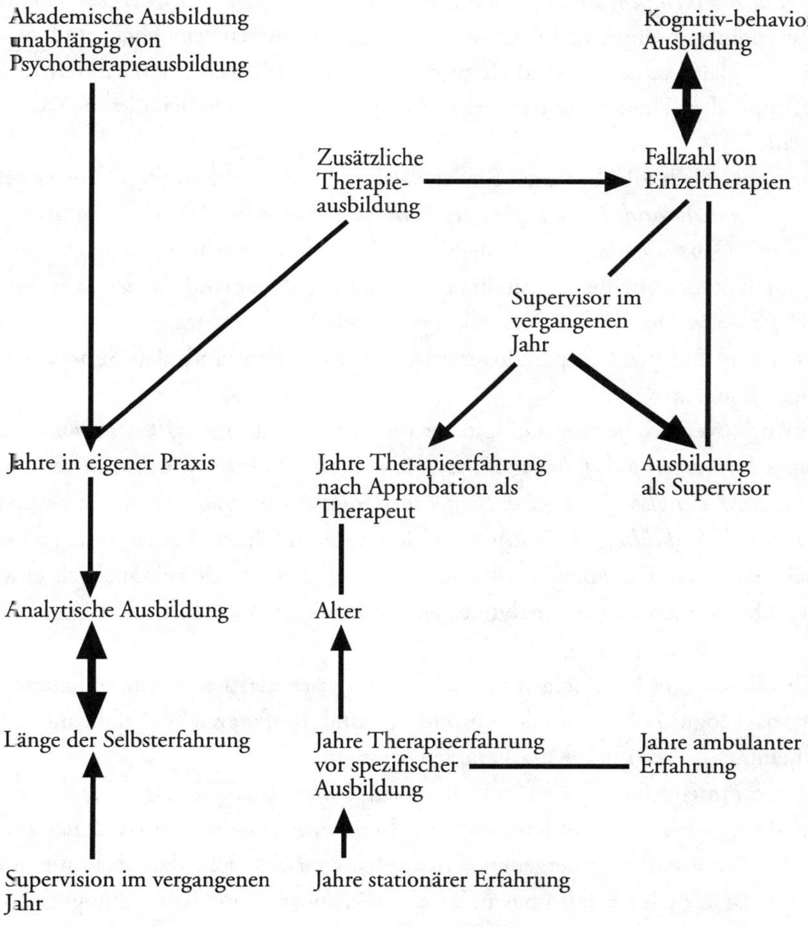

Abb. 1: Therapeutenvariablen

In Abbildung 1 wird die Stärke der wichtigsten wechselseitigen Beziehungen annäherungsweise durch die Dicke der Linien visualisiert. Pfeilspitzen zeigen jeweils die höchste Korrelation der jeweiligen Variablen an. Der obere Querpfeil verweist demnach darauf, daß *Ausbildung in Psychotherapieverfahren zusätzlich zu dem Grundverfahren*, in dem man sich qualifiziert hat, am stärksten mit der *Zahl von Patienten (case-load)* korreliert, *die man bisher in Einzeltherapie* hatte. Der senkrechte Pfeil oben rechts deutet an, daß die ‚case-load' am höchsten mit *kognitiv behavioraler Ausbildung* korreliert und umgekehrt.

Das zentrale Cluster befindet sich in der Mitte der Abbildung. Es setzt sich aus der *Anzahl der Jahre psychotherapeutischer Tätigkeit nach Abschluß der Ausbildung, Weiterbildung und Anerkennung als Supervisor, mindestens einjähriger Tätigkeit als Supervisor* sowie *Lebensalter* zusammen. Diese vier Faktoren korrelieren sehr hoch, und sie tragen, wie ich glaube, auch wesentlich zu dem Prestige bei, das jemand innerhalb der Berufsgruppe der Therapeuten genießt. Analytiker rangieren bei diesen Variablen eher hoch.

Selbstverständlich gilt dies auch für jene Faktoren, die zum zweiten Cluster gehören: *analytische Ausbildung, langjährige Tätigkeit in eigener Praxis* und *lange Lehranalyse bzw. Lehrpsychotherapie*. Schließlich gibt es noch einen wenngleich weniger ausgeprägten Zusammenhang mit dem Umstand, daß jemand *in den vergangenen zwölf Monaten in Supervision* war. Alle genannten Variablen tragen bzw. trugen in Schweden zum Prestige bei, paradoxerweise selbst der Umstand, daß Supervision in Anspruch genommen wird.

Ein drittes, weniger homogenes Cluster umfaßt die Faktoren *Alter, stationäre oder ambulante Psychotherapieerfahrung im psychiatrischen Kontext* sowie *Dauer der psychotherapeutischen Tätigkeit vor Beginn (hoffentlich unter Supervision) der formalen psychotherapeutischen Ausbildung*. Im Gegensatz zum zweiten Cluster haben diese Faktoren unter schwedischen Therapeuten ein eher niedriges Prestige; sie gelten als ehrenwert, verleihen aber keinen Glanz. Analytiker weisen in diesen Variablen niedrigere Werte auf.

Neben diesen drei Hauptclustern gibt es ein viertes, das ich schon andeutete, ein Cluster, das kognitiv-behaviorale Ausbildung und umfangreiche Erfahrungen mit Einzeltherapien, vermutlich Kurztherapien, umfaßt.

Kurz zusammengefaßt finden sich demnach *Unterschiede der Berufserfahrung* zugunsten der Analysen, die gleichzeitig mit *Statusunterschieden innerhalb der Berufsgruppe der Therapeuten* einhergehen. Hinzufügen möchte ich, daß zwar nicht alle, aber die meisten dieser Erfahrungsmerkmale auch positiv mit Behandlungsergebnissen zusammenhängen.

Ich werde jetzt die *Black Box* (s. Abb. 2) etwas genauer betrachten. Aus meiner Sicht ist sie eine treffende Metapher für das analytische Setting: Wir wissen zwar, daß dort irgend etwas Wichtiges vonstatten gehen muß, aber niemand darf hereinkommen und dies unabhängig untersuchen. Was die beiden in der Black Box miteinander sprechen, *konnten wir nicht hören*. Doch glauben wir sagen zu können, daß es uns gelang, wahrzunehmen, in welcher Atmosphäre und in welchem Ton dort miteinander gesprochen wurde.

Mit Hilfe eines Fragebogens, den wir „Therapeutische Identität" nennen, versuchten wir, das *therapeutische Milieu* zu ermitteln, das Therapeuten ihren Patienten zur Verfügung stellen, und die Haltungen und Werteinstellungen, Vorstellungen über Wirkfaktoren der Therapie und Grundannahmen über intrapsychische Prozesse zu erfassen. Selbstverständlich kann man nicht davon ausgehen, daß Worte und Taten unmittelbar übereinstimmen, und wahrscheinlich unterscheidet sich das technische Vorgehen eines Therapeuten zumindest graduell von Patient zu Patient. Trotzdem vermuteten wir und vermuten es noch immer, daß die Haltungen und Werteinstellungen zur Therapie das Vorgehen insgesamt sowie im einzelnen bestimmen.

Auf der Basis durchschnittlicher therapeutischer Milieus verglichen wir daher erneut Psychotherapiefälle mit Analysefällen. Abbildung 2 zeigt, was ich Milieuprofile nenne, wobei hier diejenigen zehn Dimensionen dargestellt sind, die sich in einer schwedischen Zufallsstichprobe als besonders diskriminant herausstellten.

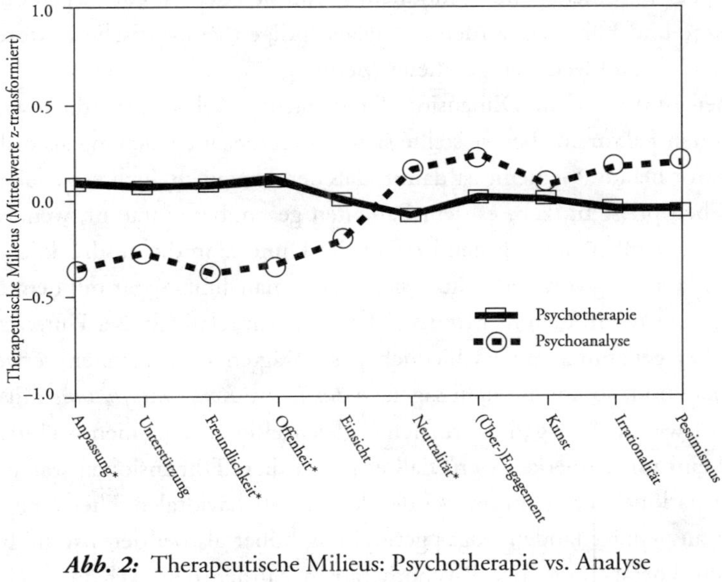

Abb. 2: Therapeutische Milieus: Psychotherapie vs. Analyse

Ganz links findet sich eine Dimension, die wir Anpassung nennen. Therapeuten mit einem hohen Wert in dieser Dimension sind davon überzeugt, daß Anpassung zu dauerhaften therapeutischen Veränderungen führt, sofern der Therapeut dem Patienten hilft, angstauslösende Situationen zu vermeiden, sich den gegebenen sozialen Umständen anzupassen, und ihn anregt, seine Probleme positiver zu bewerten. Wie man sieht, interessieren sich Analytiker weit weniger hierfür als Psychotherapeuten. Da es sich um eine sog. standardisierte Skalierung handelt, läßt sich präzisieren, daß der Unterschied etwa eine halbe Standardabweichung umfaßt, was als einigermaßen ausgeprägte Differenz zu bewerten ist.

Die nächste Dimension, die zweite von links, nennen wir Unterstützung. Sie betrifft den therapeutischen Stil, d. h., Therapeuten mit einem hohen Wert in diesem Punkt glauben von sich, daß sie ziemlich aktiv sind, in den Therapiesitzungen das Material ordnen und strukturieren und durch Fragen dem Patienten helfen. Ferner – und ich glaube, dies ist wichtig – halten sie es für notwendig, den Patienten zu ermutigen und ihm Hoffnung zu machen. Offensichtlich liegen wiederum die Werte der Psychotherapeuten höher als jene der Analytiker, obwohl der Unterschied diesmal geringer ist und statistisch nicht signifikant, weil es innerhalb der beiden Gruppen jeweils eine zu große Varianz gibt.

Als drittes folgt eine Dimension, die wir Freundlichkeit nennen. Therapeuten gehen im allgemeinen davon aus, daß es für stabile Veränderungen förderlich ist, wenn der Therapeut warmherzig und freundlich ist und sich der Patient als gemocht erlebt. Anteilnahme und Fürsorge werden als eigenständige therapeutische Faktoren aufgefaßt. Analytiker sind weit weniger dieser Meinung.

Offenheit ist die nächste Dimension. Sie ist nicht so selbstverständlich wie die bisher genannten Faktoren, aber sie stellte sich in unserer Untersuchung als diskriminierender Faktor heraus. Gemeint ist damit, daß der Therapeut auch etwas über sein eigenes Erleben preisgibt, z. B. es dem Patienten gegenüber einräumt, wenn er Fehler gemacht hat; darüber hinausgehend erfaßt die Dimension die ausdrückliche Definition und Erläuterung von Behandlungszielen, die manchmal sogar mit dem Patienten ausgehandelt werden. Auch hier findet sich wieder ein relativ großer Unterschied.

Die bisher genannten unterschiedlich ausgeprägten Dimensionen verweisen auf eine offenere und, so könnte man sagen, *natürlichere Kontaktaufnahme* mit dem Patienten, fast wie in einer ganz normalen – gleichzeitig angenehmen – Unterhaltung. Daran scheint mir bemerkenswert, daß es genau diese Dimensionen waren, die sich in unserer nationalen Stichprobe bei den kognitiv-behavioralen Therapeuten besonders hoch ausgeprägt fanden, sogar geringfügig höher als bei den psychodynamisch orientierten Therapeuten. Die Psychotherapien wurden demnach in einem signifikant stärker ausgeprägten kognitiv-behavioralen Milieu durchgeführt als die Analysen. Ich kann hier schon verraten, daß sich allerdings 95 % dieser Therapeuten in einer anderen Frage unseres Fragebogens als analytisch orientiert oder sogar stark analytisch orientiert einstuften.

Tatsächlich bewerteten sie die Einsicht mindestens in gleichem Maße als kurativen Wirkfaktor, wie es die Psychoanalytiker taten: dem Patienten zu helfen, Übertragungsreaktionen wahrzunehmen, schmerzhafte frühe Erfahrungen durchzuarbeiten, und dabei Verbindungen zur aktuellen Situation aufzuzeigen. Sich unpersönlich oder neutral zu verhalten war ihnen fast genauso wichtig und unterschied sie deutlich von den kognitiv-behavioralen Therapeuten der nationalen Stichprobe: eigene Meinungen, Erfahrungen und Gefühle aus der Therapie herauszuhalten, sich generell nicht allzusehr in die Therapie einzulassen. Bezüglich des zuletzt genannten Aspekts lagen die Analytiker allerdings noch signifikant höher, möglicherweise dabei einem falsch verstandenen Konzept technischer Neutralität erliegend.

Eine weitere Dimension, die mir besonders bemerkenswert erscheint, haben wir erst kürzlich aus unseren Daten herausgefiltert. Mangels einer besseren Bezeichnung nennen wir sie Engagement, vielleicht besser noch Überengagement. Folgenden Sätzen stimmen jene Personen, die auf der Dimension (Über-)Engagement hohe Werte erreichen, zu: „Am besten kann ich mit Patienten, die mir ähnlich sind; mein Engagement für die Lebensziele des Patienten behindert meine therapeutische Arbeit; ich zweifle an meiner Fähigkeit, die Gefühle meines Patienten auszuhalten; ich lasse keine langen Schweigephasen in der Therapie zu; es fällt mir schwer, mit den Aggressionen meines Patienten umzugehen; es fällt mir leicht, meine Patienten zu frustrieren." Auf mich wirken diese Sätze wie gewissenhafte, bescheidene und *kritische Selbsteinschätzungen* einer Person, die nur begrenzt ihren therapeutischen Fähigkeiten vertraut. Der Unterschied zwischen Analyse und Psychotherapie ist fast so groß wie bei der Dimension Neutralität, diesmal jedoch nicht signifikant, weil es innerhalb der beiden Vergleichsgruppen eine zu große Variabilität gibt. Man sieht jedoch, daß die Analysefälle in einem Milieu stattfinden, das auf dieser Dimension höher liegt. Ich vermute, daß diese Dimension nicht zwischen guten und schlechten Therapeuten differenziert, sondern vielmehr Ausdruck eines gezielteren Gespürs für Gegenübertragungsphänomene und deren Bedeutung ist, ob dies nun gut ist oder nicht. Um schon ein anderes Ergebnis vorwegzunehmen: es läßt sich feststellen, daß diese Dimension positiv mit einem günstigen Behandlungsergebnis korreliert. Man könnte sagen, je bescheidener, desto besser.

Weiter rechts trifft man auf drei Variablen, die mit eher allgemeinen, vielleicht existentiellen Annahmen und Überzeugungen zusammenhängen. Die erste nennen wir Kunst. Wer auf dieser Dimension hohe Werte erzielt, hält Psychotherapie tendenziell eher für eine intuitiv zu betreibende Kunst als für ein Handwerk oder eine

Wissenschaft mit eigenen Regeln. Offensichtlich unterscheiden sich die beiden Behandlungsmodalitäten hier nicht. Zwar fanden sich unterschiedliche Ausprägungen in dieser Dimension, denn sonst wäre sie faktorenanalytisch gar nicht isolierbar gewesen; eine Kovarianz mit der Unterscheidung Analyse versus Psychotherapie ließ sich jedoch nicht ausmachen.

Außerdem stießen wir auf eine Dimension, die wir als Irrationalität bezeichnen, weil hier Überzeugungen zusammengefaßt sind, etwa daß der Mensch von Natur aus irrational sei, von inneren, irrationalen und subjektiven Faktoren gesteuert werde. Wie bei den Dimensionen Einsicht, Neutralität und Engagement findet sich zwischen Analysen und Psychotherapiefällen ein eher kleiner Unterschied, ungefähr von der Größe einer viertel Standardabweichung. In jedem Fall würde man hier vermuten, daß eine Analyse in dieser Dimension höher rangiert als eine Psychotherapie.

Entsprechendes gilt auch für die ganz rechts abgebildete letzte Dimension: Pessimismus. Sie bezieht sich einerseits auf die erkenntnistheoretische Vorstellung, menschliches Verhalten sei im Grunde genommen nicht wirklich verstehbar, und andererseits auf die entwicklungspsychologische Auffassung, der Mensch könne sich nur sehr begrenzt weiterentwickeln.

Die gestrichelte Linie beschreibt das für Analysen charakteristische therapeutische Milieu, wie es durch die Mitglieder der zwei psychoanalytischen Vereinigungen in Schweden gestaltet wird, mit drei bis fünf Wochenstunden. In unserer Studie haben wir davon 75 Fälle erfaßt. Die durchgehende Linie ist das Profil des therapeutischen Milieus der Psychotherapiefälle. Wir haben davon 300 erfaßt, die von approbierten schwedischen Psychotherapeuten behandelt worden waren, wobei man berücksichtigen muß, daß einige dieser Psychotherapeuten auch Analytiker sind.

Allerdings sollte ich darauf hinweisen, daß die hier auf einer z-transformierten, standardisierten Skala sehr eindrucksvoll wirkenden Unterschiede ziemlich klein sind, wenn man sie auf einer Rohwerteskala abbildet. Tatsächlich finden wir in beiden Gruppen jeweils eine erkennbare Bandbreite, die zuweilen sogar noch größer ist als die Gruppenunterschiede. Dies verweist auf einen Aspekt, der nicht überrascht, aber dennoch wichtig ist: Analytiker unterscheiden sich in ihren Auffassungen, und dies gilt auch für Psychotherapeuten. Dies ist vermutlich einer der entscheidenden Gründe, warum wir nicht erwarten sollten, eine standardisierte analytische Behandlung oder eine standardisierte psychotherapeutische Behandlung zu finden. Es lohnt sich, die Bandbreite jetzt noch genauer unter die Lupe zu nehmen. Wir untersuchten daher die verschiedenen Profile der therapeutischen Milieus *innerhalb* der Gruppen *und in der Gesamtstichprobe*. Dabei fanden wir in der nationalen Stichprobe vier Cluster, wobei die Therapeuten und Analytiker innerhalb eines Clusters in den zehn Dimensionen jeweils mehr Übereinstimmung zeigten als mit irgendeinem Therapeuten aus einem anderen Cluster. Jeden Einzelfall überprüften wir daraufhin, wie nahe dieser einem der Cluster aus der nationalen Stichprobe kam.

Bei Analytikern und (psychodynamisch bzw. analytisch orientierten) Psychotherapeuten lag *nicht ein einziges Mal* das kognitiv-behaviorale Cluster vor, das wir in der nationalen Stichprobe gefunden hatten, mit den entsprechenden hohen Ausprägungen in den Dimensionen Anpassung, Unterstützung, Freundlichkeit und Offenheit und den niedrigen Ausprägungen bei Einsicht und Neutralität.

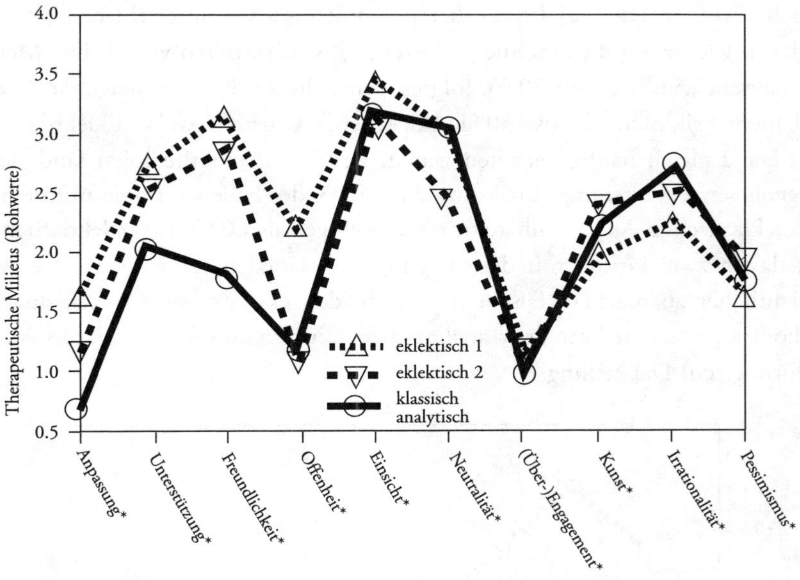

Abb. 3: Cluster therapeutischer Milieus: eklektisch 1, eklektisch 2, klassisch analytisch

Andererseits entdeckten wir erneut ein komplementäres Cluster mit niedrigen Ausprägungen in jenen Dimensionen, auf denen die kognitiv-behavioralen Therapeuten hoch rangierten, und hohen Ausprägungen dort, wo diese niedrige Werte erreicht hatten – d. h. wenig Anpassung, Unterstützung, Freundlichkeit oder Offenheit, dafür aber viel Neutralität und Einsicht. Wir nennen es das Cluster der klassischen Analytiker.

Auch zwei weiteren Clustern begegneten wir wieder, die wir als die der Eklektiker bezeichnen, weil bei ihnen alle Dimensionen hohe Ausprägungen zeigen, sowohl die kognitiv-behavioralen, wenn man das so sagen darf, als auch die klassisch analytischen. Sie unterschieden sich lediglich in der Dimension Offenheit. Eklektiker 2 haben darin so niedrige Werte wie das Cluster der klassischen Analytiker, während Eklektiker 1 dort so hohe Werte aufweisen wie das Cluster der kognitiv-behavioralen Therapeuten.

Hervorheben muß man hier, daß alle drei Cluster gleichermaßen Therapeuten erfaßten, die auch in unserer Stichprobe von Analytikern und (psychodynamisch bzw. analytisch orientierten) Psychotherapeuten enthalten sind. Demnach gab es Analysen, die hinsichtlich des therapeutischen Milieus dem Cluster der Eklektiker 1 oder Eklektiker 2 folgten, und umgekehrt Psychotherapien, die dem klassischen analytischen Cluster entsprachen. Die beiden Modalitäten – Analyse einerseits, (psychodynamische bzw. analytische) Psychotherapie andererseits – unterschieden sich allenfalls darin, wie häufig die einzelnen Cluster in ihnen vertreten waren. Die Mehrheit der Analysen, nämlich etwa 70 %, folgten dem Cluster der klassischen Analyse und der kleinere Teil, nämlich etwa 30 %, eklektischen Clustern, wobei Eklektiker 1 und Eklektiker 2 gleich häufig vertreten waren. Bei den Psychotherapien fand sich die entgegengesetzte Verteilung: Etwas mehr als 40 % der Fälle stimmten mit dem Cluster der klassischen Analyse überein, etwas weniger als 60 % mit eklektischen Clustern, davon zwei Drittel mit dem kognitiv-behavioralen. Um diese Unterschiede übersichtlicher zu machen, faßten wir die beiden eklektischen Cluster zusammen und kontrastierten sie mit dem analytischen Cluster in einer standardisierten (z-transformierten) Darstellung.

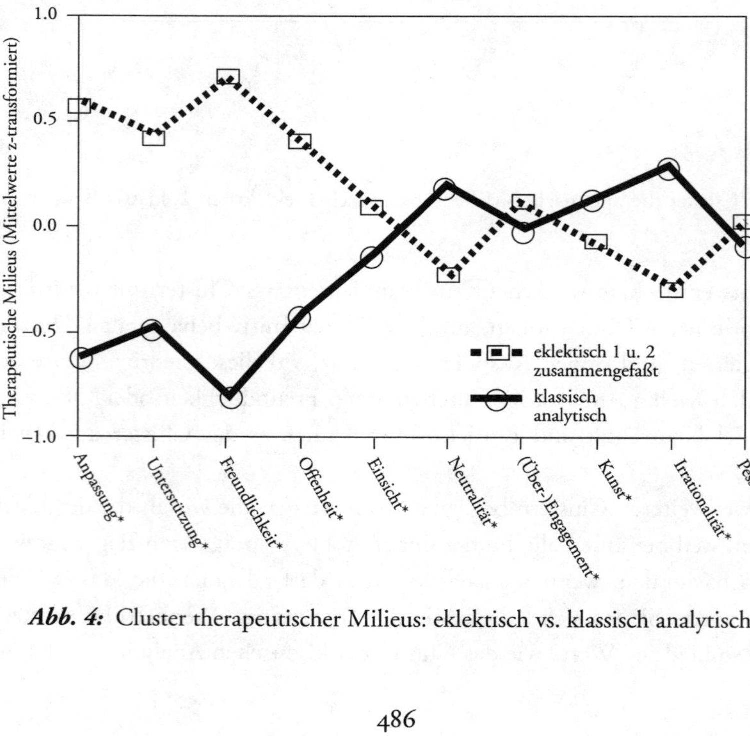

Abb. 4: Cluster therapeutischer Milieus: eklektisch vs. klassisch analytisch

Ich möchte folgendes der größeren Deutlichkeit halber wiederholen: Was wir bei sog. psychodynamisch bzw. analytisch orientierten Psychotherapien ziemlich häufig und bei Analysen nicht selten fanden, ist eine Konstellation von Haltungen der Therapeuten, die eigentlich für kognitive und kognitiv-behaviorale Therapeuten charakteristisch ist. Man kann sie im Hinblick auf den Kontakt zum Patienten als sozialer, vielleicht sogar als menschlicher bezeichnen; mit der zurückhaltenden, neutralen Mhm-mhm-Haltung klassischer Analytiker, wie man sie nicht nur aus den Cartoons im *New Yorker* kennt, hat sie nichts gemein. Dieser Unterschied ist daher keine Bedingung für das jeweils eine oder andere, er normiert eine Behandlung nicht, aber er ist auch nicht spekulativ. Er ist ganz simpel eine Beschreibung dessen, was in sog. psychodynamischen bzw. analytischen Psychotherapien einerseits und Analysen andererseits tatsächlich der Fall ist.

Wozu das Ganze?

Nachdem wir die genannten Cluster gefunden hatten, wollten wir sie natürlich unbedingt mit den Behandlungsergebnissen abgleichen. Dafür konstruierten wir Verlaufskurven für jedes Cluster und stellten zu unserer großen Überraschung fest, daß Therapeuten, die das klassisch analytische Cluster bevorzugten, signifikant *schlechtere* Ergebnisse hatten als Therapeuten mit einem der eklektischen Cluster. Wie konnte das sein, wo es doch in krassem Gegensatz zu dem Ergebnis stand, daß Analysepatienten insgesamt bessere Ergebnisse aufwiesen als Psychotherapiepatienten? Der Widerspruch klärte sich auf, nachdem wir Psychotherapie- und Analysepatienten unterschieden und jeden Einzelfall entweder der Gruppe mit eklektischem oder aber mit orthodox-analytischem therapeutischem Milieu zugeordnet hatten. Abbildung 5 zeigt die Ergebnisse.

Psychotherapiepatienten haben offensichtlich ein ganz unterschiedliches Ergebnis, je nachdem, bei welchem Therapeutentyp sie behandelt werden. Bei Psychotherapeuten mit einem orthodox-analytischen Milieu sind die Ergebnisse signifikant schlechter als bei solchen mit einem eklektischen Milieu; ihre durchschnittlichen Veränderungen unterschieden sich praktisch nicht von 0. In der Gruppe der Analysepatienten fand sich dagegen tatsächlich ein Unterschied, wenn auch kein signifikanter. Was demnach in der Psychotherapie einen *großen* Unterschied ausmacht, scheint sich bei Analysen nicht auszuwirken. Daraus ergibt sich für mich die klare Folgerung: Psychotherapien sollten nicht im klassisch analytischen Stil durchgeführt werden. Ich glaube, daß es zwischen Psychotherapie und Analyse große und wichtige Unterschiede gibt, und ich frage mich, was eigentlich gemeint sein soll, wenn man analytische Psychotherapie als eigenständiges Verfahren davon unterscheiden will.

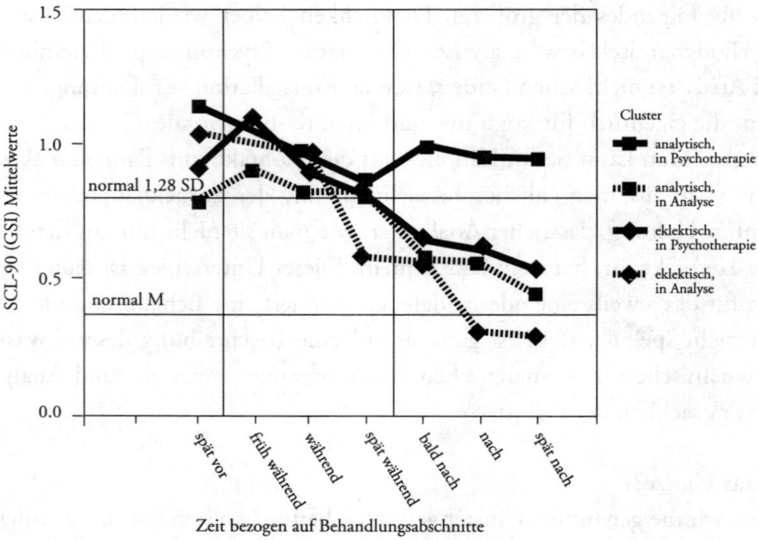

Abb. 5: SCL-90-Werte im Behandlungsverlauf bezogen auf Therapieart (analytisch vs. psychotherapeutisch) sowie auf Cluster therapeutischer Milieus (analytisch vs. eklektisch)

Schlußbemerkung

Ungeachtet Kernbergs (a. a. O.) gegenteiliger Behauptung scheint es einen Trend zur Verwischung der Grenzen zwischen Analyse und (psychodynamisch bzw. analytisch orientierten) Psychotherapien zu geben. Wir glauben allerdings, daß unsere Daten tatsächlich wichtige Unterschiede zwischen den beiden Modalitäten belegen und daß es sich sowohl aus wissenschaftlichen als auch aus politischen und nicht zuletzt aus klinischen Gründen lohnt, diese Unterschiede noch weiter zu untersuchen. Aus meiner Sicht ist das wichtigste Ergebnis, daß es eine Art von Psychotherapie gibt, die ich als Als-ob-Psychoanalyse bezeichnen möchte und die, glaubt man unseren Daten, ganz offensichtlich kontraproduktiv ist. In einem niederfrequenteren Setting ist eine klassisch analytische Haltung dysfunktional. Ich bin überzeugt davon, daß sich daraus Folgerungen sowohl für die klinische Praxis als auch für die Ausbildung ergeben.

Übersetzung aus dem Englischen von Friedemann Pfäfflin (Ulm)

Literatur

Alexander, F. (1954): Psychoanalysis and psychotherapy. J. Amer. Psa. Ass., 11, 722–733.
Bachrach, H.M. et al. (1991): On the efficacy of psychoanalysis. J. Amer. Psa. Ass., 39, 871–916.

Bibring, E. (1954): Psychoanalysis and the dynamic psychotherapies. J. Amer. Psa. Ass., 2, 745–770.

Blomberg, J. et al. (1997): Stability of effects after psychotherapy and psychoanalysis in terms of relapse-rate in the STOPP-study. Paper presented at Societies for Psychotherapy Research. 28th International Conference. Geilo, Norwegen.

Carlsson, A.-M. (1991): Privat psykoterapi finansierad med socialbidrag och bidrag från landstinget: En kartläggning inom Stockholms läns landsting. (Psychotherapy in private practice financed with social security or subsidy from the County Council: Mapping within the Stockholm County Council.) Enheten för Psykosocial Forskning och Utveckling, Rapport 1991, 2, Nacka.

– (1993): Psykoterapi finansierad med offentliga medel inom Stockholms läns landsting. Kartläggning av organisationen och en utvärdering. (Psychotherapy financed with public subsidy within Stockholm County Council. The organisation and an evaluation of the outcome.) Enheten för Psykosocial Forskning och Utveckling, Rapport 1993, 2, Nacka.

Doidge, N. (1997): Empirical evidence for the efficacy of psychoanalytic psychotherapies and psychoanalysis: An overview. Psa. Inq., Supplement 17, 102–150.

– et al. (1994): Characteristics of psychoanalytic patients under a nationalized health plan: DSM-III-R diagnoses, previous treatment, and childhood trauma. Amer. J. Psychiat., 151, 586–590.

Dossman, R. et al. (1997): The long-term benefits of intensive psychotherapy: A view from Germany. Psa. Inq., Supplement 17, 74–86.

Fisher, S. u. R.P. Greenberg (1996): Freud Scientifically Reappraised. Testing the Theories and Therapy. New York (Wiley).

Fosshage, J. L. (1997): Psychoanalysis and psychoanalytic psychotherapy: is there a meaningful distinction in the process? Psychoanal. Psychol., 14, 409–25.

Fromm-Reichmann, F. (1954): Psychoanalytic and general dynamic conception of theory and therapy. Differences and similarities. J. Amer. Psa. Ass., 11, 711–721.

Garfield, S.L. (1994): Research on client variables in psychotherapy. In: Bergin, A.E. u. S.L. Garfield (Hrsg.): Handbook of Psychotherapy and Behavior Change. 4. Aufl. New York (Wiley).

Gill, M.M. (1954): Psychoanalysis and exploratory frames of psychotherapy. J. Amer. Psa. Ass., 2, 771–797.

Kadushin, C. (1969): Why Do People Go to Psychiatrists? New York (Atherton).

Kantrowitz, J.L. (1997): A brief review of psychoanalytic outcome research. Psa. Inq., Supplement 17, 87–101.

Kernberg, O.F. (1999): Psychoanalysis, psychoanalytic psychotherapy and supportive psychotherapy: Contemporary controversies. Int. J. Psycho-Anal., 30, 1075–1091.

Olfson, M. u. H.A. Pincus (1994a): Psychotherapy in the United States, II: Patterns of utilization. Amer. J. Psychiat., 149, 1289–1294.

– (1994b): Psychotherapy in the United States, I: Volume, costs, and user characteristics. Amer. J. Psychiat., 149, 1645–1653.

Schubert, J. u. J. Blomberg (1994): Psykoterapipatienter i offentlig vård: En socialdemograafisk och diagnostisk undersökning (Rapporter från PI, nr 7), Stockholm (Psykoterapiinstitutet).

Vessey, J. u. K. Howard (1993): Who seeks psychotherapy? Psychotherapy, 30, 546–553.

Wallerstein, R.S. (1986): Forty-two lives in treatment. A study of psychoanalysis and psychotherapy. The Report of the Psychotherapy Research Project of the Menninger Foundation, 1954–1982. New York (Guilford).

Weber, J. et al. (1985): Characteristics of psychoanalytic clinic patients: Report of the Columbia Psychoanalytic Centre research project (I). Int. Rev. Psycho-Anal., 12, 13–26.

Paul L. Janssen

Zur aktuellen Situation der Anwendungen der Psychoanalyse in der Psychotherapie

Einleitung

Meine Position, mit der ich das Thema der Anwendungen der Psychoanalyse in der Psychotherapie angehe, ist die, daß ich die psychoanalytisch begründeten Psychotherapien, die im Laufe der letzten Jahrzehnte entwickelt worden sind, von der Psychoanalyse abgrenzen möchte. Meiner Meinung nach ist Psychoanalyse nicht mit Psychotherapie gleichzusetzen, sie ist auch nicht nur eine Form der Psychotherapie. Sie ist in ihrer Theorie und Praxis Grundlagenwissenschaft für analytisch begründete Psychotherapien, die auch psychodynamische Psychotherapie genannt werden.

Mir scheint es in der aktuellen Situation aus zwei Gründen notwendig, zu klareren Definitionen dessen zu kommen, was als psychoanalytisch begründete oder psychodynamische Psychotherapie zu verstehen ist und was nicht. Äußerungen wie die, daß, was ein Psychoanalytiker mache, Psychoanalyse, und was ein Psychotherapeut mache, Psychotherapie sei, sind mir zu unscharf. Mir kommt es auf eine Verfahrensdefinition bis hin zur möglichen Standardisierung von Verfahren in der Psychotherapie an. Die zur Zeit bestehenden Mängel der Standardisierung (s. auch Sandell in diesem Band) scheinen mir aus zwei Gründen problematisch:

Der erste Grund liegt in der Legaldefinition von Psychotherapie im Psychotherapeutengesetz begründet. Danach ist Psychotherapie Heilkunde und Krankenbehandlung. Sie basiert auf der Grundlage unterschiedlicher Fachwissenschaften, z. B. der medizinischen und psychologischen. Schon in dem Bundesverwaltungsgerichtsurteil 1983 wurde festgestellt: „Psychotherapie ist Ausübung der Heilkunde im Sinne des § 1,2 HPG". Der § 1 heißt: „Ausübung der Heilkunde ist im Sinne dieses Gesetzes jede berufs- oder erwerbsmäßig vorgenommene Tätigkeit zur Feststellung, Heilung oder Linderung von Krankheiten, Leiden oder Körperschäden bei Menschen, auch wenn sie im Dienste von anderen ausgeführt wird". Diese Definition der Heilkunde ist auch für die Psychotherapie verbindlich. Neu ist, daß im Psychotherapeutengesetz die „psychotherapeutische Behandlung" in der heilkundlichen Tätigkeit der „ärztlichen Behandlung" gleichgestellt wird. Nach dieser Legaldefinition ist die psychotherapeutische Behandlung wie die ärztliche ein rechtlich geschützter Begriff, den wir inhaltlich füllen müssen.

Der zweite Grund liegt in der rechtlich verbindlichen Einführung von Qualitätssicherungsmaßnahmen, bei der Leitlinien für Verfahren, die von den wissenschaftlichen Gesellschaften entwickelt werden, eine große Rolle spielen. Auch unsere Fachgesellschaften fördern die Entwicklung von Leitlinien, z. B. für psychoanalytisch begründete Psychotherapien, was bedeutet, den aktuellen Stand der Forschung zu den Verfahren darzulegen und Regeln für ihre Durchführung aufzustellen. Wenn wir nicht ganz auf Beliebigkeit setzen wollen, muß dies auch für die psychoanalytisch begründete Psychotherapie geschehen. Dies bedeutet auch, Abgrenzungen und Definitionen vorzunehmen.

Ohne eine Erklärung dessen, was die Grundprinzipien der psychoanalytischen Behandlungsmethode bzw. Behandlungstechnik sind, können die Anwendungen nicht definiert werden. Darum möchte ich zunächst kurz auf die Essentials der psychoanalytischen Behandlungsmethode eingehen, dann eine Systematik der psychoanalytisch begründeten Psychotherapien sowie Modelle der psychoanalytischen Psychotherapie im Zweipersonen- und im Mehrpersonen-Setting darstellen und schließlich das Verhältnis von Psychoanalyse und Psychotherapie zur evidenzbasierten Medizin beleuchten.

Die Essentials der psychoanalytischen Behandlungsmethode

Die hundertjährige Geschichte der Psychoanalyse ist einerseits von einer kontinuierlichen Weiterentwicklung psychoanalytischen Denkens und Therapierens, aber auch von heftigen Konflikten, Sprüngen, Brüchen und von Abweichungen gekennzeichnet. Eine einheitliche Theorie und Behandlungstechnik gibt es meiner Auffassung nach nicht. Zu diesen Theorien rechne ich die Konflikt- und Strukturlehre, die Ich-Psychologie, die Objektbeziehungstheorie, die Narzißmustheorie bzw. die Selbstpsychologie. Sie haben für die divergierende Behandlungspraxis erhebliche Bedeutung (vgl. Pine, 1990).

Kernberg (1993, 1999), der Divergenzen und Konvergenzen in der gegenwärtigen psychoanalytischen Behandlungstechnik untersucht, sieht diesbezüglich Annäherungen zwischen der Ich-Psychologie, der Kleinianischen Objektbeziehungstheorie, den Konzepten der englischen und der französischen Psychoanalyse. Diese Richtungen könnten sich am ehesten auf eine gemeinsame Behandlungstechnik einigen. Sie bestehe in der Fokussierung auf die regressive Entwicklung einer Übertragungsneurose und deren Auflösung durch Deutungen, die Analyse der Charakterstruktur bzw. der pathologischen Organisationen, in einer Fokussierung auf die unbewußten Bedeutungen im Hier und Jetzt und in einer Betonung der Gegenübertragungsanalyse (vgl.

Gill, 1954). Des weiteren sei für die meisten Psychoanalytiker die Neutralität unverzichtbar. Die zentralen Kennzeichen der psychoanalytischen Behandlungsmethode sind – auch nach meiner Auffassung – die Übertragungs-/Gegenübertragungsanalyse, die Neutralität und die Anwendung von Deutungen einschließlich Klarifikationen und Konfrontationen.

Neuere psychoanalytische Auffassungen, die in der Behandlungstechnik die Intersubjektivität bzw. die Interpersonalität betonen, aber auch die Psychoanalyse der Selbst-Objekt-Übertragungen (Selbst-Psychologie) weichen nach Kernberg (1999) teilweise von diesen Prinzipien ab, z. B. dem Prinzip der Neutralität. Sie arbeiteten viel stärker mit den Realitätsaspekten der Übertragungs-/Gegenübertragungsbeziehung. Die daraus sich ergebenden Behandlungstechniken seien wenig geeignet, die der Psychoanalyse von der Psychotherapie abzugrenzen.

Das Verständnis von Übertragung ist daher essentiell für die Definition dessen, was Psychoanalyse ist. Aber auch die Definition der Übertragung ist einem Wandel unterworfen. Freud sprach von der „Unangemessenheit" der vom Patienten auf den Analytiker gerichteten negativen oder positiven Gefühle, Vorstellungen und Wünsche, von der „Neuauflage" infantilen Erlebens im Übertragungsprozeß. Die Arbeit an der im Rahmen des psychoanalytischen Prozesses sich entwickelnden Übertragungsneurose – die Wiederholung der infantilen Neurose in der therapeutischen Beziehung – ist das Kernstück der klassischen psychoanalytischen Behandlungstechnik. Greenson (1967) definierte in diesem Sinne Übertragung als „Wiederdurchleben der Vergangenheit, ein Mißverstehen der Gegenwart gemäß der Vergangenheit". Die Auflösung der Übertragungsneurose bedeutet auch die Auflösung der infantilen Neurose. Diese Definition von Übertragung ist am Konfliktmodell und an der Ich-Psychologie orientiert.

Neben dieser Form der Übertragung hat Freud schon eine zweite Übertragungsform beschrieben, die „unanstößige" Übertragung. Sie ist ein Aspekt in der psychoanalytischen Beziehung, der sich nicht aus Konflikten ableitet, und meint das Vertrauen des Patienten, sich auf Beziehungen einzulassen (vgl. Thomä und Kächele, 1985). Modell (1990) nennt diese Hintergrundübertragung eine abhängige Containing-Übertragung. Treurniet (1995) bezeichnet in Anlehnung an Bollas (1986) diesen Aspekt der psychoanalytischen Beziehung als „primäre Beziehung", vergleichbar der Beziehung zur „Umwelt-Mutter" bei Winnicott (1965) und dem ‚transformational object' von Bollas (a. a. O.). Dieser Aspekt der Beziehung soll das Gesamt der analytischen Situation, das Erleben von Hoffnung, Vertrauen, Wohlbefinden, die Holding-Situation – der regelmäßige Kontakt und die Präsentation eines empfangenden und empathischen Objektes –, charakterisieren, die Erfahrungen am „neuen Objekt" ermöglichen. Schon Balint (1968) schrieb der „Heilkraft der Objektbeziehung" die entscheidende Wirkung zu und nicht der Deutung, die in der klassischen Psychoanalyse im Vordergrund steht.

Treurniet (a. a. O.) faßt diese behandlungstechnische Position folgendermaßen zusammen:

> „Der postklassische Analytiker hat es als ‚new object' zugleich schwerer und leichter als sein klassischer Vorfahre. Er muß die primäre Beziehung handhaben, die Projektionen ‚containen', überleben und ‚entgiften', die Regression empfangen und auffangen, anwesend sein als jemand, der Zeit und Milieu zur Verfügung stellt, aber nicht als Person; er muß den Prozeß von Desillusionierung und Trennung liebevoll fördern, aber auch deuten und dabei immer entschlossen, aber flexibel die Grenzen des analytischen Raumes handhaben und auch noch dafür sorgen, daß dieser Raum nicht zu einem Vakuum verkommt, in dem der Patient grenzenlos davonfließen kann" (S. 127).

Diese Definition ist ein Beispiel für die Entwicklung in den Auffassungen darüber, was Psychoanalyse ist, im Verständnis der Übertragungs-/Gegenübertragungsbeziehung und der Neutralität.

Die Diskussion um die psychoanalytische Behandlungstechnik wurde 1999 in der *Psyche* (Heft 9/10) aufgegriffen. Einleitend schreibt Bohleber (1999), daß es sich nach den neueren, postklassischen Auffassungen nicht um den Prozeß zwischen einem erkennenden Analytiker und einem Patienten handele, der Objekt der Erkenntnis sei, sondern es begegneten sich zwei Subjektivitäten. Analytiker und Patient seien „Ko-Autoren" des analytischen Prozesses und der schöpferischen Konstruktion von Bedeutungen. Thomä (1999), der einerseits eine subjektivistische Position vertritt, warnt andererseits vor einem übersteigerten Subjektivismus und einer Absolutsetzung der Gegenübertragung.

Für die Frage der Anwendungen der Psychoanalyse in der Psychotherapie bedeutet dieser Wandel in der Auffassung der Essentials der psychoanalytischen Behandlungstechnik eine Destabilisierung der theoretischen und behandlungstechnischen Positionen, denn bisher gehen die psychoanalytisch begründeten Psychotherapien im Prinzip von einem erkennenden Psychotherapeuten und einer einsichtsfördernden Behandlungstechnik aus. Die Anwendungen der Psychoanalyse in der Psychotherapie sind also am ehesten aus der klassischen Psychoanalyse, weniger aus deren neueren Auffassungen abzuleiten.

Systematik der psychoanalytisch begründeten Psychotherapien

Zur Anwendung der Psychoanalyse in der Psychotherapie läßt sich kaum eine gliedernde Systematik finden. In der amerikanischen Psychoanalyse wird lange Zeit die

Diskussion hinsichtlich der Differenzierung zwischen Psychoanalyse und Psychotherapie durch die Frage bestimmt, wie viele supportive Elemente das jeweilige Verfahren enthält. Wallerstein (1990) weist nach, daß selbst in der klassischen Psychoanalyse supportive Anteile vorhanden seien und ein Kontinuum von der Psychoanalyse über die psychoanalytische Psychotherapie bis zur supportiven Psychotherapie bestehe. Kernberg (1999) hingegen grenzt strikt die klassische Psychoanalyse von der psychoanalytischen Psychotherapie und der psychoanalytisch fundierten supportiven Psychotherapie ab und differenziert nach Therapieziel, Strategie, Praktiken und Techniken in der Behandlung, wobei der Umgang mit Übertragung, Gegenübertragung und Deutungen – im Sinne von Klärung, Konfrontation und Interpretation – Unterscheidungsmerkmal ist, wie auch die Aufrechterhaltung von Neutralität und freier Assoziation.

Nach Kernberg (a. a. O.) hat die Psychoanalyse die Strukturveränderung und die Integration verdrängter und dissoziierter, unbewußter Konflikte in das bewußte Ich, die psychoanalytische Psychotherapie dagegen die Reorganisation der psychischen Struktur und die symptomatische Besserung, die supportive Psychotherapie schließlich die symptomatische Besserung durch Verbesserung der adaptiven Abwehrmechanismen und der Anpassung als Behandlungsziel. Die Behandlungsstrategie der Psychoanalyse ziele auf Auflösung der Übertragungsneurose; die der psychoanalytischen Psychotherapie bei schweren Persönlichkeitsstörungen auf die Aufhebung der Identitätsdiffusion; die der supportiven Psychotherapie auf die Darstellung der interpersonellen Schwierigkeiten, der neurotischen Symptome, die Ausdruck unbewußter Konflikte sind, des weiteren auf Stärkung der Abwehr. Die Behandlungstechniken seien in der Psychoanalyse und psychoanalytischen Psychotherapie identisch: freie Assoziationen, Analyse der Übertragung mit Modifikationen bei schweren Persönlichkeitsstörungen sowie Deutung der Übertragungsvorgänge. In der supportiven Psychotherapie hingegen gebe es keine Deutung, Übertragung werde nur zu edukativen Zwecken benutzt. Beratungen und Eingriffe in die Lebensrealität veränderten die technische Neutralität.

Andere Psychoanalytiker benutzen für das, was Psychoanalyse *nicht* ist, den Begriff „psychodynamische Psychotherapie“. So unterscheiden Roth und Fonagy (1996) die psychodynamische Psychotherapie von der Verhaltenstherapie, der interpersonellen, der systemischen, der supportiven und der Gruppentherapie. Eine weitere Differenzierung der psychodynamischen Psychotherapien wird nicht durchgeführt. Hollender und Ford (1990) sprechen in ihrer Einführung in die dynamische Psychotherapie von einer „einsichtsorientierten Psychotherapie“, um damit den Bezug zur Psychoanalyse herzustellen, und fassen darunter eine Reihe von Techniken von der Bearbeitung der Übertragung bis zum „Management“ des Patienten.

In Deutschland ist die Diskussion durch die Unterscheidung von Grundorientierungen in der Psychotherapie geprägt. Diese Unterscheidung wurde im Forschungsgutachten zum Psychotherapeutengesetz (vgl. Meyer et al., 1991) getroffen. Die zwei Grundorientierungen sind die psychoanalytische und die verhaltenstherapeutische. In der Richtlinien-Psychotherapie werden die beiden Verfahrensrichtungen – Verhaltenstherapie und psychoanalytisch begründete Psychotherapie – genannt. In letzterer wird die analytische von der tiefenpsychologisch fundierten Psychotherapie unterschieden und diese in ihre Untergruppen Kurztherapie, Fokaltherapie, dynamische Psychotherapie, niederfrequente Therapie in einer Halt gewährenden therapeutischen Beziehung. Die analytische Psychotherapie wird dabei definiert als Technik der Behandlung der neurotischen Konflikte und der zugrundeliegenden neurotischen Struktur *mit Hilfe* der Übertragungs-/Gegenübertragungs- und Widerstandsanalyse unter Nutzung regressiver Prozesse, die tiefenpsychologisch fundierte Psychotherapie als Arbeit an den aktuell wirksamen unbewußten Konflikten *unter Beachtung* von Übertragung, Gegenübertragung und Widerstand (vgl. Faber u. Haarstrick, 1994).

Jüngst hat Hoffmann (2000) dafür plädiert, die tiefenpsychologisch fundierte Psychotherapie in psychodynamische Therapie umzubenennen und den Bezug zur Psychoanalyse zu erhalten. Er definiert:

> „Die Psychodynamische Therapie bzw. die Psychodynamischen Verfahren stellen Ableitungen von oder Modifikationen der Psychoanalytischen Therapie dar. Die Konzepte des dynamischen Unbewußten, der Abwehr, der Übertragung und der Gegenübertragung sind auch bei ihnen begründend, kommen aber in der Therapie in unterschiedlicher Weise zum Tragen. Die unterscheidbaren Therapietechniken sind stärker symptomorientiert, intendieren einen Gewinn an Zeit oder an Sitzungsaufwand, enthalten übende und supportive Elemente und fördern regressive Prozesse nur ausnahmsweise. Eine psychodynamische Therapie gelangt auch in jenen Fällen zur Anwendung, in denen eine längerfristige therapeutische Beziehung erforderlich ist“ (S. 54).

Auch wenn Hoffmanns Umbenennung eine Verbesserung darstellt, wird damit doch das Grundproblem in der Systematik der tiefenpsychologisch fundierten Psychotherapie nicht gelöst. Sie enthält unbestimmte Elemente, wie zum Beispiel „Übertragung [...] kommt in unterschiedlicher Weise zum Tragen“ oder „[...] enthält übende und supportive Elemente“, die nur schwer in einem Manual zu fassen sind. Hier können wir festhalten, daß per definitionem tiefenpsychologische und psychodynamische Psychotherapie in unterschiedlicher Weise die Übertragung und Gegenübertragung nutzen und damit als psychoanalytisch zu bezeichnen sind.

Meine Systematisierung psychoanalytisch begründeter Psychotherapie geht über die bisher genannte Einteilung noch hinaus und bezieht auch andere Settingformen ein, in denen Übertragung und Gegenübertragung genutzt werden und die ebenfalls durch die psychoanalytische Theorie zu begründen sind.

Aus der Psychoanalyse abgeleitete Psychotherapien
- Analytische Psychotherapie
- Psychoanalytische Psychotherapie
- Tiefenpsychologisch fundierte (psychodynamische) Psychotherapie
- Psychoanalytische Kurztherapie
- Psychoanalytisch begründete supportive Psychotherapie

Zweipersonen-Setting
- Psychoanalytische Gruppenpsychotherapie
- Psychoanalytische Ehe- und Familientherapie
- Stationäre psychoanalytische Therapie

Mehrpersonen-Setting
- Psychoanalytische Kunst- und Musiktherapie
- Psychoanalytische Körpertherapien

Nonverbale Verfahren
- Psychodynamisch begründetes Management und Beratung von Patienten

Abb. 1

Modelle der psychoanalytisch begründeten Psychotherapien

Zweipersonen-Setting

Im Zweipersonen-Setting kann man fünf definierte Verfahren unterscheiden: Der Psychoanalyse am nächsten sind die analytische und die psychoanalytische Psychotherapie, am weitesten entfernt die psychoanalytisch begründete supportive Therapie. Eine Mittelstellung nehmen die tiefenpsychologisch fundierte (psychodynamische) Psychotherapie und die Kurztherapie ein, wobei je nach Konzept und Verfahren die Nähe oder Ferne zur Psychoanalyse sehr variiert.

Die analytische Psychotherapie wurde 1967 in die Richtlinien-Psychotherapie eingeführt. Ihre Definition (s. o.) legt eine große Ähnlichkeit zur Psychoanalyse nahe. Die Bearbeitung von Übertragung, Gegenübertragung und Widerstand unter Nutzung regressiver Prozesse ist an den Zielen der klassischen Psychoanalyse orientiert. Der einzige Unterschied ist, daß der Prozeß durch das Stundenkontingent von maximal 300 Stunden terminiert ist und auch die Frequenz nicht, wie in der Psychoanalyse, bei vier bis fünf Stunden in der Woche liegt, sondern in der Regel drei Stunden pro Woche nicht überschreiten soll. Die therapeutische Zielsetzung verändert in der analytischen Psychotherapie den Umgang mit Übertragung und Gegenübertragung. Deswegen unterscheidet sie sich von der Psychoanalyse, wobei genauere Unterscheidungsmerkmale bisher nicht ausgearbeitet wurden.

Kernberg (1975, 1984; Kernberg et al., 1989) hat für die Behandlung von Persönlichkeitsstörungen die psychoanalytische Psychotherapie konzeptualisiert. Sie ist ein Verfahren, das an den psychoanalytischen Behandlungsprinzipien (s. o.) festhält, aber dennoch seine methodische Spezifität und seine eigene therapeutische Zielsetzung hat. Zu diesem Verfahren ist das erste Manual aus psychoanalytischer Richtung verfaßt worden (vgl. Clarkin et al., 1999). Auch wurde über erste Ergebnisse dazu von Therapeuten, die nach diesem Manual trainiert wurden, berichtet (vgl. Kernberg, 2000).

Ziel der psychoanalytischen Psychotherapie ist die Aufhebung der Identitätsdiffusion, ein zentrales psychodynamisches Merkmal schwerer Persönlichkeitsstörungen. Wie in der Psychoanalyse wird die freie Assoziation eingesetzt, die Sitzungsfrequenzen sind zwei bis drei Stunde pro Woche. „Reine" Interpretationen gibt es kaum, dafür mehr Klarifikationen und Konfrontationen. Die Übertragungsinterpretationen sollen in Verbindung mit der externen Realität gebracht werden, da dadurch Spaltungen aufgehoben werden können, die Neutralität wird verlassen, wenn schweres Agieren droht und das Leben des Patienten gefährdet ist. Diese Aufhebung der Neutralität wird im nachhinein im Hinblick auf Übertragungsimplikationen analysiert. Mehr als in der Psychoanalyse richtet sich das Augenmerk auf die Lebenssituation des Patienten.

Die Abgrenzung dieses Verfahrens von der psychoanalytisch begründeten supportiven Psychotherapie besteht darin, daß letztere nur Klarifikationen, keine Interpretationen kennt und mehr einen direkten Umgang mit dem Patienten – Rat geben, informieren, stützen – pflegt.

Sehr verbreitete Anwendungen und Modifikationen sind die tiefenpsychologischen bzw. psychodynamischen Psychotherapieverfahren, die der Psychoanalyse teils näher, teils ferner stehen. Hier finden sich Konzepte, die sich zwar von der Psychoanalyse ableiten, die aber der Übertragungs-/Gegenübertragungsanalyse keinen Stellenwert in der Behandlung einräumen. Beispielhaft sei dies an dem Lehrbuch, das jüngst von Reimer und Rüger (2000) zur psychodynamischen Psychotherapie erschienen ist, dargestellt:

Die Behandlungsmethoden beruhen noch auf den zentralen Grundannahmen der psychoanalytischen Krankheits- und Persönlichkeitslehre, aber in der Behandlungsstrategie gibt es starke Abwandlungen. So verbinden sie psychoanalytisch orientierte Techniken mit lerntheoretisch und transaktional begründeten. Sie knüpfen zwar an die Definition der tiefenpsychologisch fundierten Psychotherapie (s. o.) an, rechnen jedoch auch andere Methoden, die bisher nicht anerkannt waren, wie katathymes Bilderleben, Gestalttherapie, Psychodrama, Transaktionsanalyse, Musik- und Körpertherapie zu den psychodynamischen Verfahren. Die Absicht, ein eigenständiges, von der Psychoanalyse abgegrenztes Verfahren zu entwickeln, kommt in der Formulierung zum Ausdruck, eine „Gegenüberstellung zur Psychoanalyse“ anzustreben!

Gegenstand dieser psychodynamischen Psychotherapie sind nicht intrapsychische, sondern *psychosoziale* Konflikte. Im Mittelpunkt steht die Bearbeitung des Zusammenhangs von Symptomen, interpersoneller Konstellation und sozialem Umfeld. Ziel ist ebenfalls, wie in der psychoanalytischen Kurztherapie (s. u.), eine Fokussierung, aber nicht auf unbewußte Konflikte, sondern auf repetitive Beziehungsmuster. Deutungen spielen eine geringe Rolle, im wesentlichen handelt es sich um Klarifikationen und Fokussierungen. Die Behandlungsphilosophie dieser Verfahren ist also nicht die Bearbeitung unbewußter Konflikte und Objektbeziehungen in der Übertragung, sondern die Arbeit an der aktuellen Lebensrealität und den aktuellen interpersonellen Konstellationen, in denen sich die unbewußten Konflikte wiederfinden. Zu diesen Verfahren rechnen die Autoren die tiefenpsychologisch fundierte Psychotherapie nach Heigl-Evers et al. (1997), die dynamische Psychotherapie nach Dührssen (1995), die psychoanalytisch-interaktionelle Methode nach Heigl-Evers und Ott (1994), aber auch manche Formen der Kurzzeittherapie (s. o.).

Diese psychodynamischen Psychotherapien sind nicht Modifikationen der Psychoanalyse, da sie deren Essentials, wie die Arbeit an der Übertragungs-/Gegenübertragungskonstellation, aufgeben und sich auf die bewußten und unbewußten Konflikte in der äußeren Beziehungswelt konzentrieren. Sie sind in Deutschland sehr verbreitet, effizient und effektiv, auch ökonomisch, soweit wir dies bisher wissen.

Seit Beginn der Psychoanalyse sind Vorstellungen entwickelt worden, eine Zeitbegrenzung in die Therapie einzuführen. Beutel (2000) gibt in einer Übersichtsarbeit sechzehn verschiedene Kurztherapiekonzepte an, die unterschiedlich mit der Psychoanalyse verbunden sind. In den frühen Jahren waren es die triebdynamischen Ansätze, z. B. von Balint et al. (1972), Malan (1976) und Davanloo (1978). Im Laufe der Entwicklung kamen mehr interpersonelle Ansätze wie die von Luborsky (1984) und Strupp und Binder (1984) hinzu. In Deutschland ist eine Kurztherapie, auf der interpersonellen Theorie von Tress et al. (1996) und Junkert-Tress et al. (1999) gründend, nach dem Konzept des zyklisch-maladaptiven Beziehungsmusters entwickelt worden.

Gemeinsam ist allen Kurztherapien die Zeitbegrenzung sowie die frühzeitige und konsequente Fokussierung. Die Zeitdauer beträgt in der Regel 12 bis 25 Stunden (vgl. Beutel, a. a. O.). In der Fokussierung werden von Beginn an Konflikte bearbei-

1. Pionierarbeiten	
S. Freud	Frühe Behandlungen
S. Ferenczi, O. Rank (1925)	Aktive Technik
F. Alexander, T.M. French (1946)	Korrigierende emotionale Erfahrung
2. Triebdynamische Ansätze	
M. Balint, P. Ornstein, E. Balint (1973)	Fokaltherapie
D. Malan (1976)	Kurze intensive Psychotherapie
P. Sifneos (1979)	Angstprovozierende Kurztherapie (STAPP)
H. Davanloo (1978)	Intensive psychodynamische Kurztherapie
J. Mann (1973)	Zeitbegrenzte Psychotherapie (TLP)
3. Interpersonelle Ansätze	
L. Luborsky (1984)	Zentrales Beziehungskonfliktthema (ZBKT)
H. Strupp, J. Binder (1984)	Zeitbegrenzte Dynamische Psychotherapie (TLDP)
M.J. Horowitz et al. (1984)	Kurzpsychotherapie von Trauerreaktionen
J. Weiss, J. Sampson (1986)	Control Mastery Theory
4. Eklektische Ansätze	
L. Bellak, L. Small (1965)	Kurz- und Notfallpsychotherapie
S.L. Garfield (1989)	Kurzpsychotherapie
J.P. Gustafson (1984)	Dynamische Kurztherapie
L. McCullough Vaillant (1997)	Kurzzeit-Angstregulierende Psychotherapie zur Umstrukturierung von Abwehr, Affekten und Bindung

Abb. 2: Ausgewählte psychodynamische Kurztherapien (nach Beutel, 2000, S. 204)

tet, insbesondere bestimmte aktuelle Konflikte mit symptomatischer Auswirkung unter Vernachlässigung anderer. Die Fokusformulierung ist umstritten und auch heterogen. Entweder werden unbewußte Konflikte als Fokus gesehen oder maladaptive Beziehungsmuster. Klüwer (1971, 2000) spricht davon, eine „prägnante Gestalt" des unbewußten Konflikts herauszuarbeiten. Nach Leuzinger-Bohleber (1988) soll der Fokus stets eine aktuelle Problemsituation, eine Übertragungsmanifestation und frühe infantile Konfliktsituationen enthalten. Damit werden hohe Ansprüche an die psychoanalytische Kompetenz des Therapeuten gestellt, wenn er schon zu Beginn prägnante Konflikte herausarbeiten soll.

Die stärker am interpersonellen Modell orientierten Kurztherapien stellen den zentralen Beziehungskonflikt und die Förderung der therapeutischen Beziehung in den Vordergrund, die Luborsky (a. a. O.) „hilfreiche therapeutische Beziehung" nennt. Die Verbindung zur Psychoanalyse und damit zur Übertragung stellt er über das Konzept des zentralen Beziehungskonfliktes her, ein Konflikt, der sich sowohl in den interpersonellen Konstellationen, der therapeutischen Beziehung (Übertragung) wie den infantilen Beziehungen findet. Zur Aufrechterhaltung und Förderung der therapeutischen Beziehung, die nachweislich hohe Effektivität hat, werden supportive Strategien eingesetzt wie Unterstützung des Patienten, Vermittlung der Zuversicht, das Ziel zu erreichen, Anerkennung von Fortschritten usw. Mit Übertragungsdeutungen wird sehr vorsichtig umgegangen, da sie nachweislich schlechtere Behandlungsergebnisse bringen (vgl. Piper et al., 1991). Übertragungen sind in der Kurztherapie Fehlinterpretationen von interpersonellen Ereignissen, zu denen Patient und Therapeut beigetragen haben.

Indikation, Kontraindikation, Therapiedauer und andere Parameter und deren Einfluß auf den Behandlungserfolg sind teilweise umstritten. Sicher ist, daß die Effizienz mittels Metaanalysen nachgewiesen wurde (vgl. Anderson u. Lambert, 1995), jedoch können differenziertere Aussagen zur Indikation und zur Begrenzung der Wirksamkeit der Verfahren noch nicht gemacht werden. Wie in der Psychoanalyse sind die Intensität der affektiven Beziehung des Patienten zum Therapeuten, dessen empathisches Verständnis und die Übereinstimmung zwischen Patient und Therapeut im Hinblick auf die Behandlungsziele den Behandlungserfolg fördernde Faktoren (vgl. Koss u. Shiang, 1994). Die Grenzen der Kurztherapien liegen offensichtlich bei den schwereren und chronischen Störungen, aber auch bei der Depressionsbehandlung (vgl. Elkin, 1994). Offen ist auch die Frage, ob Kurztherapien nur eine zeitbegrenzte Wirkung haben und nach einiger Zeit erneute psychotherapeutische Interventionen notwendig werden.

Psychoanalytisch begründete Psychotherapie im Mehrpersonen-Setting

Die von der Psychoanalyse abgeleiteten Psychotherapien in einem Mehrpersonen-Setting möchte ich nicht unerwähnt lassen, da sie für die psychotherapeutische Versorgung eine große Bedeutung haben. Besonders die psychoanalytische Gruppentherapie wie auch die stationäre psychoanalytische Therapie haben eine lange Tradition. Es liegen umfassende und auch evaluierte Behandlungserfahrungen in der Gruppen- (vgl. Tschuschke, 2001) und in der stationären Psychotherapie (vgl. Franz et al., 2000; Bassler, 2000) vor. Beide können als eigenständiges, psychoanalytisch begründetes Verfahren verstanden werden, mit dem Kernkriterium der Inszenierung pathologischer Objektbeziehungen in Übertragung und Gegenübertragung in einer Mehrpersonen-Beziehung. Nach meiner Auffassung (Janssen, 1987; Janssen et al., 1999) fördert das multipersonale Beziehungsangebot in der Gruppe wie in stationären Psychotherapien die multidimensionalen Übertragungsentfaltungen und die Externalisierung und Reinszenierung von Konflikten und pathologischen Objektbeziehungen.

Es ermöglicht darüber hinaus eine Diskrepanzerfahrung zur Welt der anderen in der Klinik oder in der Gruppe.

Aber auch in der Gruppen- wie in der stationären Psychotherapie ist es häufig schwierig, psychoanalytische von nichtpsychoanalytischen Verfahren abzugrenzen. In der Gruppentherapie z. B. ist eine starke Tendenz erkennbar, mehr zu einem eigenständigen therapeutischen Verfahren, gründend auf der interpersonellen Theorie, zu kommen. Die interpersonelle Perspektive soll eine eigenständige Grundorientierung sein (vgl. Tschuschke, a. a. O.).

Paar- und Familientherapien arbeiten nach der Grundannahme, daß dysfunktionelle interpersonelle Beziehungen in Paar- und Familienkonstellationen zur Entstehung oder auch zur Aufrechterhaltung von individuellen Symptomen beitragen, wobei die psychoanalytischen Ansätze die unbewußten und vorbewußten interpersonellen Konflikte, Beziehungsmuster und Abwehrstrukturen in die Betrachtung integrieren. In der psychoanalytisch begründeten Paar- und Familientherapie wird, wie in der Standardanalyse, die interpretative Bearbeitung von Inszenierung, Verhaltens- und Beziehungsmuster einbezogen (vgl. Stierlin, 1978; Willi, 1975; Bauriedl, 1994; Cierpka, 1996). Zahlreiche Paar- und Familientherapeuten haben jedoch eine eher systemische Terminologie übernommen, so daß sie sich in der Theorie wie in der Behandlungstechnik von den psychoanalytischen Grundlagen entfernen.

Die Grundlagen der Psychoanalyse beizubehalten ist das Anliegen Fürstenaus (1992) in der psychoanalytisch-systemischen Psychotherapie. Er entwirft eine differenzierte Behandlungstheorie für Einzel-, Paar-, Familien- und Gruppentherapie auf dem Boden der Systemtheorie *und* der Psychoanalyse. Dies führt schließlich auch zu einer neuen Behandlungstheorie.

Abänderungen des therapeutischen Vorgehens finden sich auch in den Verfahren, die nicht interpretative und konfrontative Techniken einsetzen, sondern insbesondere andere Ausdrucksformen wie bildnerische Produkte bzw. musikalische Interaktionen (vgl. Janssen, 1982). Meist verstehen sie sich heute als eigenständige Verfahren, wie z. B. Kunsttherapie oder Musiktherapie, oder als Verfahren im Rahmen einer psychodynamischen Psychotherapie (s. o.).

Nach diesem holzschnittartigen Überblick über die Methoden der psychoanalytisch begründeten Psychotherapien möchte ich folgendes festhalten:

1. Die Psychoanalytiker sind in der Entwicklung neuer Behandlungskonzepte sehr kreativ. Es ist nicht zutreffend, wie vielfach behauptet wird, daß die Psychoanalyse relativ monoman nur ein Verfahren kenne. In der Praxis hat sich die psychoanalytische Behandlung sowohl ambulant wie stationär durchgesetzt. Das ergibt sich auch aus den Zahlen: In der Richtlinien-Psychotherapie sind überwiegend tiefen-

psychologisch-analytisch orientierte Psychotherapeuten tätig. Die tiefenpsychologisch fundierte Psychotherapie ist bei Ärzten wie Psychologen die meist angewandte Psychotherapie. In der stationären Psychotherapie überwiegen ebenfalls die tiefenpsychologisch fundierten und analytischen Ausrichtungen (vgl. Janssen et al., a. a. O.).

2. Die Anwendungen psychoanalytischen Denkens und Handelns in der Psychotherapie haben zu einer Herausforderung geführt. Es haben sich psychodynamische Verfahren entwickelt, die ihre Eigenständigkeit gegenüber der Psychoanalyse behaupten und neue Theorien wie die interpersonelle und die systemische integrieren. Die Psychoanalytiker ihrerseits sind nun aufgerufen, die Psychotherapien zu definieren, zu lehren und zu erforschen, die psychoanalytisch begründet sind, d. h. einen Bezug zu den psychoanalytischen Behandlungsprinzipien erhalten haben. Eine Verleugnung dieser Herausforderung würde sich m. E. rächen, d. h., es gilt nicht nur, die Effizienz und die Effektivität der Psychoanalyse zu belegen, sondern ebenso die der psychoanalytisch begründeten Psychotherapie, insbesondere auch unter wirtschaftlichen Gesichtspunkten.

Psychoanalyse, psychoanalytisch begründete Psychotherapie und die evidenzbasierte Medizin

Die neue Forderung, die aus Medizin und Gesellschaft stammt, ist die nach evidenzbasierter Psychotherapie und nach Qualitätssicherung, insbesondere die Forderung nach der Entwicklung von Leitlinien zur Diagnostik und Therapie. Bei der Vielfalt der Methoden lautet die Frage, welche Verfahren nun die meisten Evidenzen haben. Da die Psychotherapieforschung sich aus Praktikabilitätsgründen insbesondere auf die Kurztherapie bezieht (s. o.), ist die Langzeitpsychotherapie vernachlässigt worden, so daß weniger Evidenzen vorliegen.

Evidenzbasierte Medizin (EBM) ist eine regulative Idee. Aus eigenen Erfahrungen und dem eigenen Können erwächst eine interne Evidenz. Sie soll durch überprüfbare Belege, d. h. durch empirische Psychotherapieforschung, zur externen Evidenz werden, die die diagnostischen und therapeutischen Interventionen rechtfertigt (vgl. Henningsen u. Rudolf, 2000). Es ist heute sicher nicht mehr die Frage, ob wir als Psychotherapeuten uns überhaupt auf eine evidenzbasierte Medizin einlassen, sondern nur, wie die Prinzipien der EBM in der Psychotherapie umsetzbar sind. Die Dritten, die Kostenträger, werden langfristig Psychotherapien nur mit nachgewiesener Wirksamkeit finanzieren, ob wir dies wollen oder nicht. Damit stellt sich natürlich die Frage, wieweit die Psychotherapieforschung und die Forschung in der Psychoanalyse uns objektive Kriterien liefern, damit wir unsere Verfahren begründen können. Die Frage nach der Angemessenheit von Bewertungskriterien ist eine implizit wissenschaftliche, und damit sind wir mitten in der Streitfrage, ob wir uns dem positivistischen, naturwissenschaftlichen Modell anschließen oder ob wir dies bei unserem Gegenstand nicht für angemessen halten. Die fremdmotivierte Rechtfertigungsstrategie des Behandelns stellt den analytisch arbeitenden Psychotherapeuten vor ein Identitätsproblem. Psychotherapien sind, insbesondere die psychodynamischen, weniger störungs- als personalorientiert, sie sind kaum manualisiert und setzen auf die Wirkung der Persönlichkeit des Therapeuten, die nachweisbar bedeutsame Effekte hat (vgl. Crits-Christoph u. Mintz, 1991).

Die Psychotherapieforschung hat alle diese Schwierigkeiten für die psychodynamische Psychotherapie untersucht und stellt uns Begründungen für unsere Verfahren zur Verfügung (vgl. Henry et al., 1994). Auch bei den Psychoanalytikern ist die Aversion gegen die Psychotherapieforschung zurückgetreten. Dies zeigen die Diskussionen um die Ergebnisse der Metaanalyse von Grawe et al. (1994) und die Forschungsbemühungen in den letzten Jahren (vgl. Leuzinger-Bohleber u. Stuhr, 1997). Auch die neueren Publikationen in der amerikanischen Psychoanalyse begründen den Einsatz von empirischen Forschungsmethoden zur Messung der besseren Effektivität. Vaughan et al. (2000) legen die ersten Ergebnisse einer Studie an der Columbia University mit Methoden der experimentellen Psychotherapieforschung bei psychodynamischer Psychotherapie einschließlich Psychoanalyse vor und kommen zu dem Ergebnis, daß auch eingreifende Methoden einsetzbar sind. Freedman et al. (1999) können bessere Effekte bei höherer Frequenz (zwei bis drei Stunden) und bei längerer Dauer der Therapie bezüglich der Langzeitwirkung feststellen. In der Consumer-Reports-Studie von Seligman (1995) zeigen sich Patienten nach langen Therapien zufriedener als nach kurzen Behandlungen. Die Internationale Psychoanalytische Vereinigung gab einer Forschungsgruppe den Auftrag, sämtliche Studien zur Wirksamkeit der psychoanalytischen Behandlung zusammenzustellen. Daraus entstand eine hervorragende Übersicht über fünfzig Studien, naturalistische, Ergebnis-, experimentelle und Prozeßstudien (vgl. Fonagy et al., 1999).

Alles in allem glaube ich festhalten zu können, daß die generelle Wirksamkeit hinreichend belegt ist, die psychoanalytisch begründeten Psychotherapien aber ein so breites Methodenspektrum haben, daß diese generelle Auffassung auch wieder relativiert wird.

Wir sind mitten in einem Prozeß, den wir zur Zeit noch mit beeinflussen können. Ein Rückzug auf die „wahre Psychoanalyse" wäre ein Verhängnis. Wir brauchen die Psychoanalyse als Grundlagenwissenschaft *und* die Anwendungen in der Psychotherapie. Wir können definieren, was psychoanalytisch begründete Psychotherapie ist und was nicht. Wir müssen Effizienz und Effektivität *beider* nachweisen und nicht Langzeit- versus Kurzzeitverfahren oder Kurzzeit- versus Langzeitverfahren stellen.

Literatur

Anderson, E.M. u. M.J. Lambert (1995): Short-term dynamically oriented psychotherapy: A review and meta-analysis. Clin. Psychol. Rev., 15, 503–514.

Balint, M. (1968): Therapeutische Aspekte der Regression. Die Theorie der Grundstörung. Stuttgart (Klett) 1970.

– et al. (1972): Fokaltherapie. Ein Beispiel angewandter Psychoanalyse. Frankfurt a.M. (Suhrkamp) 1973.

Bassler, M. (Hrsg.) (2000): Wirkfaktoren von stationärer Psychotherapie. Gießen (Psychosozial).

Bauriedl, T. (1994): Auch ohne Couch. Psychoanalyse als Beziehungstheorie und ihre Anwendungen. Stuttgart (Verl. Internat. Psychoanal.) 1994.

Beutel, M. (2000): Psychodynamische Kurztherapie. Psychotherapeut, 45, 203–213.

Bohleber, W. (1999): Editorial zum therapeutischen Prozeß als schöpferische Beziehung, Übertragung, Gegenübertragung, Intersubjektivität. Psyche, 53, 815–819.

Bollas, C. (1986): The transformational object. In: Kohon, G. (Hrsg.): The British School of Psychoanalysis. The Independent Tradition. London (Free Assoc. Books), 83–100.

Cierpka, M. (Hrsg.) (1996): Handbuch der Familiendiagnostik. Heidelberg (Springer).

Clarkin, J.F. et al. (1999): Psychotherapy for Borderline Personality. New York (Wiley).

Crits-Christoph, P. u. J. Mintz (1991): Implications of therapist effects for the design and analysis of comparative studies of psychotherapies. J. Consult. Clin. Psychol., 59, 20–26.

Davanloo, H. (1978): Basic Principles and Techniques in Short-Term Dynamic Psychotherapy. New York, (Spectrum Publ.).

Dührssen, A. (1995): Dynamische Psychotherapie. Göttingen (Vandenhoeck & Ruprecht).

Elkin, I. (1994): The NIMH Treatment of Depression Collaborative Research Program: Where we began and where we are. In: Bergin A.E. u. S.L. Garfield (Hrsg.): Handbook of Psychotherapy and Behaviour Change. 4. Aufl. New York, Chichester, Brisbane (Wiley), 114–142.

Faber, F.R. u. R. Haarstrick (1994): Kommentar: Psychotherapie-Richtlinien. 3. Aufl. Neckarsulm-Stuttgart (Jungjohann).

Fonagy, P. et al. (Hrsg.) (1999): An open door review of outcome. Studies in Psychoanalysis. Int. Psychoanalytic Association.

Franz, M. et al. (2000): Effekte stationärer psychoanalytisch orientierter Psychotherapie – eine Multizenterstudie. Zschr. Psychosom. Med., 46, 242–258.

Freedman, N. et al. (1999): The effectiveness of psychoanalytic psychotherapy: The role of treatment duration, frequency of sessions, and the therapeutic relationship. J. Amer. Psa. Ass., 47, 741–772.

Fürstenau, P. (1992): Entwicklungsförderung durch Therapie – Grundlagen psychoanalytisch-systemischer Psychotherapie. Minden (Pfeiffer).

Gill, H.M. (1954): Psychoanalysis and exploratory psychotherapy. J. Amer. Psa. Ass., 2, 771–797.

Grawe, K. et al. (1994): Psychotherapie im Wandel – von der Konfession zur Profession. Göttingen (Hogrefe).

Greenson, R.R. (1967): Technik und Praxis der Psychoanalyse. Bd 1. Stuttgart (Klett) 1973.

Heigl-Evers, A. u. J. Ott (1994): Die psychoanalytisch-interaktionelle Methode. Theorie und Praxis. Göttingen (Vandenhoeck & Ruprecht).

– et al. (1997): Lehrbuch der Psychotherapie. 3. Aufl. Lübeck, Stuttgart (Fischer).

Henningsen, P. u. G. Rudolf (2000): Zur Bedeutung der Evidence-Based Medicine für die Psychotherapeutische Medizin. Psychother. Psychosom. Med. Psychol., 50, 366–375.

Henry, W.P. et al. (1994): Psychodynamic approaches. In: Bergin A.E. u. S.L. Garfield (Hrsg.): Handbook of Psychotherapy and Behaviour Change. 4. Aufl. New York, Chichester, Brisbane (Wiley), 467–508.

Hoffmann, S.O. (2000): Psychodynamische Therapie und Psychodynamische Verfahren. Psychotherapeut, 45, 52–54.

Hollender, M.H. u. Ch.V. Ford (1990): Dynamic Psychotherapy. London (Am. Psychiatric Pr.).

Janssen, P.L. (1982): Psychoanalytisch orientierte Mal- und Musiktherapie im Rahmen stationärer Therapie. Psyche, 36, 541–570.

– (1987): Psychoanalytische Therapie in der Klinik. Stuttgart (Klett-Cotta).

– et al. (1999): Psychotherapeutische Medizin. Stuttgart (Schattauer).

Junkert-Tress, B. et al. (1999): Das Düsseldorfer Kurzzeitpsychotherapie-Projekt (DKZP). Psychother. Psychosom. Med. Psychol., 49, 142–152.

Kernberg, O.F. (1975): Borderline-Störungen und pathologischer Narzißmus. Frankfurt a.M. (Suhrkamp) 1979.

– (1984): Schwere Persönlichkeitsstörungen. Stuttgart (Klett-Cotta) 1988.

– (1993): Convergences and divergences in contemporary psychoanalytic technique. Int. J. Psychoanal., 74, 659–73.

– (1999): Psychoanalyse, psychoanalytische Psychotherapie und supportive Psychotherapie: Aktuelle Kontroversen. Psychother. Psychosom. Med. Psychol., 49, 90–99.

– (2000): Psychoanalytische Behandlung der Borderline-Störungen. Vortrag, 8. DGPM-Kongreß, 7.10.2000, Dortmund.

– et al. (1989): Psychodynamische Therapie bei Borderline-Patienten. Bern, Göttingen (Huber) 1993.

Klüwer, R. (1971): Erfahrungen mit der psychoanalytischen Fokaltherapie. Psyche, 25, 932–947.

– (2000): Fokus – Fokaltherapie – Fokalkonferenz. Psyche, 54, 299–321.

Koss, M.P. u. J. Shiang (1994): Research on brief psychotherapy. In: Bergin, A.E. u. S.L. Garfield (Hrsg.): Handbook of Psychotherapy and Behaviour Change. 4. Aufl. New York, Chichester, Brisbane (Wiley), 664–700.

Leuzinger-Bohleber, M. (1988): Psychoanalytische Fokaltherapie. Prax. Psychother. Psychosom., 33, 59–69.

– u. U. Stuhr (Hrsg.) (1997): Psychoanalysen im Rückblick. Gießen (Psychosozial).

Luborsky, L. (1984): Erfahrung in der analytischen Psychotherapie. Berlin, Heidelberg, New York (Springer) 1988.

Malan, D. (1976): The Frontier of Brief Psychotherapy. New York (Plenum).

Meyer, A.E. et al. (1991): Forschungsgutachten zu Fragen eines Psychotherapeutengesetzes. Gesundheitsministerium Bonn.

Modell, A.H. (1990): Other Times, Other Realities, Toward a „Theory of Psychoanalytic Treatment". Cambridge, MA/London (Harvard Univ. Pr.).

Pine, F. (1990): Die vier Psychologien der Psychoanalyse und ihre Bedeutung für die Praxis. Forum Psychoanal., 6, 232–249.

Piper, W.E. et al. (1991): Transference interpretations, therapeutic alliance, and outcome in short-term individual psychotherapy. Arch. Gen. Psychiatry, 48, 946–953.

Reimer, C. u. U. Rüger (2000): Psychodynamische Psychotherapien. Berlin, Heidelberg, New York (Springer).

Roth, A. u. P. Fonagy (1996): What Works for Whom? A Critical Review of Psychotherapy Research. New York (Guilford Pr.).

Seligman, M.E.P. (1995): The effectiveness of psychotherapy. Amer. Psychologist, 50, 965–974.

Stierlin, H. (1978): Delegation und Familie. Frankfurt a.M. (Suhrkamp).

Strupp H. u. J. Binder (1984): Kurzpsychotherapie. Stuttgart (Klett-Cotta) 1991.

Thomä, H. (1999): Zur Theorie und Praxis von Übertragung und Gegenübertragung im psychoanalytischen Pluralismus. Psyche, 53, 820–872.

– u. H. Kächele (1985): Lehrbuch der psychoanalytischen Therapie. Bd. 1. Grundlagen. Berlin, Heidelberg, New York, Tokio (Springer).

Tress, W. et al. (1996): Das Modell des zyklisch-maladaptiven Beziehungsmusters und der strukturalen Analyse sozialen Verhaltens (CMP/SASB). Psychotherapeut, 41, 215–224.

Treurniet, N. (1995): Was ist Psychoanalyse heute? Psyche, 49, 111–140.

Tschuschke, V. (Hrsg.) (2001): Praxis der Gruppenpsychotherapie. Stuttgart (Thieme).

Vaughan, S.C. et al. (2000): Can we do psychoanalytic outcome research? A feasibility study. Int. J. Psycho-Anal., 81, 513–527.

Wallerstein, R.S. (1990): Zum Verhältnis von Psychoanalyse und Psychotherapie. Psyche, 44, 967–994.

Willi, J. (1975): Die Zweierbeziehung. Hamburg (Rowohlt).

Winnicott, D.W. (1965): Die Frage des Mitteilens und des Nicht-Mitteilens führt zur Untersuchung gewisser Gegensätze. In: Ders.: Reifungsprozesse und fördernde Umwelt. München (Kindler) 1974, 101–110.

Zur Psychoanalyse von Kindern und Jugendlichen
Triadische Kompetenz: Ressource für die psychische Entwicklung

Eva Berberich

Probleme der negativen Gegenübertragung in einer Kinderanalyse

Als die Eltern mir ihren gerade sechs Jahre alt gewordenen Sohn James vorstellten und von seinen Schwierigkeiten berichteten, die sie bewogen hatten, ihn trotz intellektueller Reife von der Einschulung zurückzustellen, ahnte ich noch nicht, in welch ungewohnt heftiger Weise mich dieses Kind in sein inneres Szenario hineinziehen und entsprechend intensive Gegenübertragungsreaktionen in mir hervorrufen würde. Die Intensität meiner Gefühle erschien mir lange Zeit unangemessen und zunächst so unverständlich, daß mir nichts anderes übrigblieb, als mitzuagieren bzw. zu reagieren. Erst sehr viel später, mit wachsendem Verständnis für James' Konflikte und unbewußte Phantasien sollte mir bewußt werden, daß sich in dieser „Übertragungs-/Gegenübertragungsverknotung" (Bégoin-Guignard u. Houzel, 1989, S. 28) eine Verdichtung von Projektionen, Manipulationen und Provokationen des Patienten mit Konflikten der Analytikerin und deren inneren Objekten manifestierte. Es galt, sowohl die gemeinsame Bedeutung zu finden als auch das Ganze zu differenzieren, etwas, das sowohl zu einem besseren Verständnis des Unbewußten des Patienten als auch zur Aufdeckung bis dahin unbewußter eigener Aspekte führte. Zunächst einmal jedoch übernahm ich, wie bereits erwähnt, die in diesem komplizierten Beziehungssystem mir aufgezwungene Rolle, die ich erst verstand, nachdem ich sie agiert hatte. Sandler hat das einmal so ausgedrückt, daß der Analytiker „dazu tendieren [wird], die von ihm verlangte Rolle auszufüllen [. . .], daß er sich dessen nur bewußt wird, indem er sein eigenes Verhalten, seine Reaktionen und Einstellungen beobachtet, nachdem sie in Handeln umgesetzt worden sind" (1974, S. 304). Aufgrund der Symptomatik, wie sie mir die Eltern mitgeteilt hatten, war ich auf Provokationen, Manipulationen und extreme Egozentrizität von James eingestellt und auch darauf, zunächst mehr als Objekt einer narzißtischen Übertragung dienen zu müssen. Ich hatte erfahren, daß er im Kindergarten von allen Kindern wegen seines ausgeprägten Bedürfnisses zu dominieren gemieden wurde. Er mußte immer allein spielen, obwohl er dies phantasievoll konnte. Die Kinder ertrugen auf Dauer sein Verhalten nicht. Er wurde ein Außenseiter, und diese Rolle hatte er auch in der Familie inne, in der er durch seine „eiskalten" Provokationen alle gegen sich aufbrachte und die Familienharmonie erheblich störte (er hatte zwei jüngere Geschwister). Er war nur selten in der Lage, Wünsche nach Nähe und Zärtlichkeit zu äußern, sondern hielt sich abwartend im Hintergrund, wenn die Geschwister spontan sich die Zuwendung holten, die sie gerade brauchten. James hatte auch Probleme, an Beziehungen festzuhalten, und vergaß oftmals die Namen der Kinder, mit denen er noch am Tage vorher zusammengewesen war und die er seit längerem kannte.

Ich hatte die Eltern zunächst allein gesprochen und fühlte mich vor allem von der Einsamkeit des Kindes berührt, die neben dem als hochfahrend beschriebenen Abwehrverhalten für mich spürbar wurde. Ich rechnete aber damit, daß er seine Wünsche nach Nähe und seine Einsamkeitsgefühle vor mir zunächst genauso geheimhalten mußte wie vor seiner Umwelt. Ich dachte, daß ich zunächst versuchen mußte, mich diesem Bedürfnis nach Dominanz anzupassen. Tatsächlich versuchte James bereits von Anfang an mir zu vermitteln, daß er davon ausging, daß hier nur einer zu bestimmen hatte, nämlich er. Gleich zu Beginn der ersten Sitzung erklärte er mir, daß er hier sei, um zu spielen, und er mir sagen werde, was ich zu tun habe. Es fiel mir nicht schwer, mich darauf einzustellen, nicht nur weil er nett und ansprechend anzusehen war mit seiner zierlichen Figur, dem zarten Gesicht mit den pfiffigen blauen Augen unter dem blonden Haarschopf, sondern auch, weil es ihm gelang, in den beiden Erstgesprächen nicht nur seine dominierende Seite darzustellen, sondern auch Gefühle des Alleinseins, des Sich-abgewertet-Fühlens und Ausgesperrtseins in eindringlicher Weise, wenn auch nur indirekt auszudrücken. So z. B., wenn er erzählte:

J.: „Ich hatte mal ein schreckliches Erlebnis. Es wurde einmal einer ins Gefängnis geworfen, ganz tief hinunter, da war alles voller Blut, und der mußte da unten bleiben. Lange, ich glaube zwei Jahre mindestens, dann konnte er wieder heraus."
A.: „Das muß aber schlimm gewesen sein, so allein, da hat man doch Angst. Manchmal fühlen sich Kinder ja auch zu Hause so allein."
J.: „Ja, wenn sie eingesperrt werden, aber mir ist das nicht passiert, ich hab' auch keine Angst, nur mein Bruder. Die Eltern haben ja den Schlüssel, die lassen einen dann wieder heraus."

Ich hatte den Eindruck, dies könnte einer realen Erfahrung entsprechen, seine Antwort warnte mich jedoch davor, allzu rasch Gefühle aufzugreifen, die er als Zugeständnis einer Schwäche ansehen mochte, obwohl er selber doch von einem „schrecklichen Erlebnis“ gesprochen hatte.

In den drei Monate lang nur einmal pro Woche stattfindenden Sitzungen brachte James zum Ausdruck, daß er bei mir eine Sonderstellung einnehmen wollte: „Ich mache etwas, was hier noch kein Kind gemacht hat“ (er wollte einen „Nachthimmel“ malen). Er formulierte auch recht bestimmt seine Ansicht, daß Kinder besser bei Männern aufgehoben seien und man Mütter nicht brauche. Das stimmte mich sehr nachdenklich. In Verbindung mit gewissen Angaben der Mutter, die ich aus Diskretionsgründen nicht weiter ausführen möchte, hätte mich diese Bemerkung aufmerken lassen müssen und vielleicht sogar auf meine späteren, für mich zunächst unerklärlichen und fast unerträglichen negativen Gefühlsreaktionen vorbereiten können.

Mit Beginn der Analyse wurde James' Verhalten rasch diktatorischer. Er ließ mir kaum noch Raum, weder zum Nachdenken geschweige denn zur Äußerung von Überlegungen. Ich hatte das Gefühl, daß er mich dauernd beschäftigen mußte. Erst erhebliche Zeit später sollte ich verstehen, daß James vor allem und um jeden Preis verhindern wollte, daß ich mich innerlich von ihm entfernte, daß er befürchtete, ich könnte meinen eigenen Gedanken nachgehen. In unserer Beziehung wirkte das zunächst so, als müsse er mich unbedingt kontrollieren, und ich verspürte oftmals deutlich Ärger. Im späteren Verlauf der Analyse wurde mir aus sich ständig wiederholenden Übertragungsbewegungen klar, wie groß seine Befürchtung war, er könne von mir nichts bekommen. Je größer diese Angst wurde, um so angestrengter forderte er, er gab nie auf.

Zum jetzigen Zeitpunkt, also dem Beginn der Analyse, hatte er jedoch das Geschehen voll in der Hand. Er spielte nicht *mit* mir, sondern gab mir eine Aufgabe, die ich in irgendeiner Ecke für mich allein ausführen sollte, während er sich in einer anderen ebenfalls allein mit „seinen Leuten“ beschäftigte. Auf eine entsprechende Bemerkung von mir sagte er: „Du kannst ja ruhig kommen, wenn du willst, aber du wirst eigentlich nicht gebraucht.“ Ich hatte den Eindruck, daß dies der Umkehr seiner Erfahrungen mit anderen Kindern entsprach, die ihn häufig auch nicht in ihre Gruppe aufnahmen. Ich hatte jedoch das Gefühl, dies zu diesem Zeitpunkt nicht aufgreifen zu dürfen.

Er wurde auf durchaus freundliche Weise recht verletzend. Er pflegte mich anfangs „Brich“ zu nennen, später wurde ich „der Richard“. „Du, Brich, in deinem Kopf ist aber etwas nicht richtig“, sagte er, wenn ich zum Beispiel eine Erklärung von ihm nicht rasch genug verstand. Wenn ich nicht unmittelbar tat, was er mich geheißen hatte, sprach er manchmal fast eine ganze Stunde nicht mit mir. Als er endlich auf meine unermüdlichen Kommentare dazu einging, sagte er, erstens könne er nicht reden, wenn er male, denn dann könne er sich nicht konzentrieren, und zum anderen müsse er bald wegfahren, um einen Vortrag zu halten (zu dieser Zeit hatte der Vater mehrfach öffentliche Verpflichtungen).

Zugleich ließ er mich wissen, wie intensiv seine Wünsche nach Annäherung waren. So malte er z. B. ein Schiff, auf dem er sich als Kapitän darstellte. Ich mußte mich dazumalen, wobei er energisch darauf bestand, daß meine Figur genauso groß wurde wie seine und unser beider Haarfarbe der natürlichen Farbe entsprach. „Wir gehen zusammen auf Reisen." Etwas später: „Bau dir ein Haus!" Er bezeichnete genau den Ort, wo es zu stehen habe, nämlich unmittelbar neben dem von ihm gebauten Flugplatz, auf dem er seine Kunststücke aufführen wollte. Leicht errötend sagte er auf einmal: „Du hast dir aber ein schönes Haus gebaut." Meine Antwort, „Du hättest Lust, auch dort bei mir zu wohnen", verstand er sogleich als Einladung und zog ganz rasch in den ersten Stock meines Hauses ein. Um diese Episode herum sollte es dann später zu Konflikten kommen. Er wies mir die Aufgabe zu, als Psychologin, Psychogin, sagte er, in die Klinik zu gehen, um den Leuten, die traurig sind, zuzuhören. Dann brannte ein Bauernhof in der Nachbarschaft, und er kam mit seinen Flugzeugen, um alles zu löschen. Ich mußte aus dem Fenster schauen und ihm zusehen. Er war einverstanden, als ich anfügte, daß wir beide eine wichtige Aufgabe hätten. In seiner Bemerkung, ich hätte aber ein schönes Haus, war implizit die Frage enthalten, ob ich bereit sei, ihm etwas von dem Schönen abzugeben, was aber nur durch sein ganz zartes Erröten zum Ausdruck kam. Ob er sich selbst auch zu den Leuten zählte, die traurig waren, blieb offen. Jedenfalls hatte er nicht so recht die Vorstellung, daß ich über das Zuhören hinaus noch etwas geben könne, sich selbst jedoch schien er als jemanden anzusehen, der retten kann und dem daher eine größere Bedeutung zukommt.

Nach der ersten längeren Ferienunterbrechung von drei Wochen nahm sein provozierendes Verhalten weiter zu. Er knallte seine Schuhe, die er bereits auf der Treppe ausgezogen hatte, auf den Boden, warf Gegenstände durch das Zimmer und „befahl" mir, sie aufzuheben. Er attackierte mich physisch, indem er z. B. meine Kleidung mit Filzstiften anzumalen versuchte, und wollte offensichtlich eine Reaktion hervorrufen. Ganz unvermittelt stieß er mit einem Stift in Richtung meiner Augen, so daß ich zurückwich. Bevor ich etwas sagen konnte, denn das Ganze hatte überfallartigen Charakter, fragte er triumphierend: „Wovor hast du Angst? Hast du Angst, daß deinem Busen etwas passiert? Der ist doch ganz schlapp und hängt sicher schon herunter, da ist doch nichts mehr drin." Ich fühlte mich unmittelbar sehr verletzt, und das auf mehreren Ebenen. Es war zum einen, wie wenn er in seinem Triumph mich an mein Alter erinnert hätte, auch physisch. Zum anderen stellte er in Frage, ob ich als Analytikerin noch in der Lage war, etwas für ihn zur Verfügung zu stellen, oder ob die Quelle nicht schon längst versiegt war und ich meine Arbeit nicht mehr ausüben könnte. Statt, wie es besser gewesen wäre, zu antworten, daß er wohl befürchte, ich könne ihn nicht genügend versorgen, konnte ich nur etwas kläglich fragen: „Woher weißt du das?“ Er: „Von meiner Mutter, ich sehe sie beim Duschen, da hängen die Brüste auch ganz schlapp herunter. Die sind nur vollgepumpt, wenn man ein Kind gekriegt hat, später hängen sie herunter.“ War er der Meinung, daß es das Kind ist, das die Mutter auffüllt, fragte ich mich, oder gab es für Kinder nur so lange „Nahrung“, solange sie ein Baby waren, denn nur dann fanden sie die Brust der Mutter gefüllt vor. Das würde heißen, man muß um den Erhalt der Brust kämpfen, um den Erhalt der Beziehung, muß das Gegenüber ständig an sich binden, koste es, was es wolle, sonst versiegt die Quelle. Ich hielt beide Überlegungen für möglich und richtig und wollte den weiteren Verlauf abwarten.

In das Schweigen hinein nahm er plötzlich meine Hand, so als hätte er doch gemerkt, daß er zu weit gegangen war, und sagte ganz locker: „Komm, wir bauen wieder ein Dorf und ein Haus, wo wir dann zusammen wohnen können.“ Er warf alle Teile des Dorfbaukastens auf den Boden und sagte mit einem Lächeln: „Ahnst du schon, wer hinterher wieder aufräumen wird?“ Ich schwieg eine Weile, wiederholte aber im Gegensatz zu vorher meine Einladung nicht, sondern sagte, ich wisse nicht, ob ich wieder mit ihm zusammen wohnen wolle, da ich hinterher ja doch alles alleine aufräumen müsse. James fiel sichtlich in sich zusammen, bekam ein ganz angespanntes, weißes Gesicht, sagte dann leise, am Ende der Stunde müsse er ja immer so schnell gehen, da bleibe keine Zeit zum Aufräumen.

Auch wenn ich, während ich die von ihm natürlich als Zurückweisung erlebten Worte sprach, noch das Gefühl hatte, er müsse endlich begreifen, daß man auf diese Weise Freunde verliert (was wohl der Auffassung der Mutter entsprach), merkte ich an der Veränderung seiner Körperhaltung sofort, was ich ihm angetan hatte: ich hatte mich gerächt. Wir waren beide ganz still. James baute dann, immer noch schweigend, geschickt und sorgfältig mehrere Häuser auf und eine sehr schöne Tankstelle(!) dazu und fragte dann in die Stille hinein: „In welchem Haus möchtest du wohnen?“ Verblüfft und mit schlechtem Gewissen zeigte ich auf das kleinste und bescheidenste Haus. Er war aber nicht damit einverstanden, sondern wies mir ein Haus mit Balkon zu. Für sich selbst baute er dann schnell und schweigend ein Haus, wie ich es das letzte Mal für mich gebaut und das er „so gemütlich“ gefunden hatte. Damit brachte er vielleicht zum Ausdruck, er kann es sich auch allein gemütlich machen und braucht mich nicht dazu. Andererseits mochten die Tankstelle und der mir zugewiesene Balkon auch meine vorherige Vermutung bestätigen, nämlich, daß er es war, der mich wieder auffüllen mußte. Er gab mir dann eine kleine blaue Holzfigur und meinte, ich könne doch auf den Balkon gehen. Er selbst fuhr dann auffallend langsam an meinem Haus vorbei, so langsam, daß klar war, er möchte angesprochen werden. Ich sagte also, und dieses Mal mit dem ausdrücklichen Wunsch nach Wiedergutmachung: „Ach, da ist James, der könnte mich doch besuchen.“ Als hätte er nur darauf gewartet, kam er im Spiel zu mir auf den Balkon, nachdem er mich noch korrigiert hatte und mit dem Namen seines Vaters gerufen werden wollte. Es dauerte nach dem Ende der Stunde noch eine Weile, bis ich in der Lage war, mir den Stundenablauf noch einmal zu vergegenwärtigen. Er hatte zu Beginn der Stunde, was ich nicht erwähnt hatte, einen Gegenstand mitgebracht, den ich für ein Maßband hielt. Er hatte die Aufschrift mit Filzstift durchzustreichen versucht und den Gegenstand hinterher zurückgelassen. Erst jetzt merkte ich, daß es nicht ein Maßband war, sondern die Hülle eines Nabelbandes, mit dem man die Nabelschnur von Neugeborenen abbindet, ein mir eigentlich wohlvertrauter Gegenstand. Es wirkte auf mich jetzt fast so, als wollte James dartun, daß die Verbindung zwischen uns abgebrochen sei, weil ich zu lange weggewesen war. Daran hatte sich die Episode mit den leeren Brüsten angeschlossen, die seinem Vorwurf, seiner Wut und Enttäuschung entsprungen sein mochte, daß die Quelle für ihn versiegt war. In meiner Verletztheit hatte ich das nicht schnell genug verstanden und ihn im folgenden, als er, als sei nichts gewesen, das Spiel vom Vortag wiederaufnehmen wollte, zurückgewiesen, war selbst zum Aggressor geworden. Auch auf seine Wiedergutmachungsversuche hatte ich nur insofern reagieren können, als ich seinen Wünschen Folge geleistet hatte, weil ich nicht rasch genug mein schlechtes Gewissen überwinden konnte. Ich hatte mich allerdings auch über die Heftigkeit meiner Schuldgefühle gewundert und erlebte es so, als hätte ich mit meiner Gegenattacke einen nicht wieder zu korrigierenden Fehler begangen. Ich hatte mich innerlich zurückgezogen und ihm zu verstehen gegeben, ich will dich nicht bei mir haben.

Auf meine Versuche, in der folgenden Stunde auf das Gewesene zurückzukommen, reagierte James kühl und nonchalant, wunderte sich geradezu, wie ich auf den Gedanken kommen könne, ich habe etwas nicht richtig verstanden. Es habe ihm im Gegenteil gut gefallen, was ich gesagt hätte. Ich hatte eigentlich auch nicht erwartet, daß er eingestehen konnte, daß ich ihn sehr verletzt hatte, dennoch traf mich seine kühle Abfuhr, die jegliche Bedeutung unserer Beziehung leugnete. Diese Reaktion bestätigte einen Eindruck, der sich schon zuvor abgezeichnet hatte, nämlich, daß James außerordentlich empfindsam und fragil war und um keinen Preis seine Abhängigkeitsbedürfnisse zugeben mochte, daß es ihm schwerfiel, statt zu kommandieren, Wünsche zu äußern.

In den gut elf Monaten bis zu den Sommerferien änderte sich das Klima zwischen uns insofern, als James unverdrossen um meine Aufmerksamkeit kämpfte und mit großer Verbissenheit in einer Weise meine Nähe suchte, die für mich zunehmend so unangenehm wurde, daß ich nur noch mit meinen ablehnenden Gefühlen ihm gegenüber zu kämpfen hatte. Was ich bewußt spürte, war, daß ich im Gegensatz zum Beginn der Behandlung ihm nicht mehr zugewandt war und ihn nicht mehr akzeptieren konnte. Ich erlebte mich wie die Kindergärtnerin, von der gesagt wurde, daß sie ihn nur noch loszuwerden versuche. In einem Ausmaß, das weit über die anfänglich geschilderten Interaktionen hinausging, bestimmte James, was sich in den Stunden abzuspielen hatte. Wir malten z. B. grundsätzlich nur noch zusammen an ein und demselben Bild, wobei James mir körperlich immer näher rückte, zuletzt buchstäblich mit seinen Füßen auf meinen stand. Ich durfte nur noch genau das malen, was er malte, wobei mir noch nicht einmal die Ausführung der von ihm vorgegebenen Gegenstände überlassen wurde. Selbst wenn ich nach den Sitzungen durchaus verstand, daß sein Verhalten seiner Angst entsprach, ich könne mich von ihm abwenden, ihn verlassen, gelang es mir nicht recht, in den Stunden zu einer Interpretation zu finden. Das alles beherrschende Gefühl war, daß ich ihn nicht mehr wollte, daß ich ihn am liebsten zurückgestoßen hätte, rein physisch schon auf Abstand bringen wollte.

Kurz vor den Sommerferien, den letzten vor seiner Einschulung – James kam jetzt seit einem Jahr zu mir –, erklärte er plötzlich: „Heute feiern wir Abschied. Ich mache dir ein Abschiedsgeschenk." Unmittelbar und für mich völlig überraschend, spürte ich einen heftigen Schmerz. „Nehmen wir denn Abschied?" „Ja, im September komme ich doch in die Schule, und dann komme ich nicht mehr hierher." „Ich hatte eigentlich nicht gedacht, daß wir dann Abschied nehmen müssen", sagte ich etwas hilflos. Ich blieb in Gedanken, während James locker und ungerührt seine Pläne für mein Abschiedsgeschenk entwickelte. Er wollte ein Zelt basteln, mit einem See zum Fischen, einem Grill, um die Fische zu braten, usw. In belehrendem Ton, so als sei er bereits mit einem Schullehrer identifiziert, erklärte er mir, wie man so eine Bastelarbeit anfertigt. Gleichzeitig erfuhr ich, daß er selbst gegen Ende der Ferien mit dem Vater zum Zelten fahren werde. Als dann wieder vom Abschiednehmen die Rede war, hatte ich mich gefaßt und erklärte, daß für mich die Einschulung kein Grund sei, unsere Stunden aufzugeben. Er wiederum erklärte sachlich: „Das geht doch nicht, ich kann nicht herkommen, wenn ich gleichzeitig in die Schule gehe." „Das geht schon, wenn man die Termine ändert, und im übrigen fände ich es schon traurig, wenn du so einfach wegbleiben würdest." James, ganz kühl: „Daran kann man ja nun nichts ändern. Außerdem ist es nur ein Abschied für die Ferien. Ich mache dir ein Zelt, damit du es auch schön hast."

Er schlug vor, daß wir uns beide zeichnen und dann ausschneiden sollten, und bestimmte wiederum, daß wir beide dieselbe Haarfarbe haben sollten. Meine Zeichnung wurde etwas komisch, wie James meinte, seine aber auch. „Na gut, dann bist du nicht so alleine", fügte er hinzu. Unvermittelt fragte er: „Sag mal, hast du einen Mann?" „Du überlegst, ob du in Frage kommst?" Er, verlegen: „Dann muß ich mir aber einen Bart machen, Kinder kann man nicht heiraten." Er malte sich sorgfältig einen kleinen blonden Bart und fuhr fort: „Aber wenn du Kinder hast, das geht ja nicht, du bist ja immer am Nachmittag hier, da müssen sich deine Kinder immer verabreden, weil du nicht da bist und keine Zeit hast." Beim Abschied winkte er mir wie ein Verliebter zu.

Ich habe oben bereits erwähnt, wie überrascht ich war, als ich entgegen meinen sonstigen bewußten Gefühlen der Ablehnung auf einmal bei dem Gedanken, James könne nicht mehr kommen, spürte, wie sehr ich ihn vermissen würde. Woher mochten die ebenso intensiven Impulse zur Zurückweisung des Kindes kommen? Ein Teil mochte eine unbewußte Provokation von James sein, der mit mir, aufgrund eines Kontrollverlustes meinerseits sowie einer mangelnden Einfühlung und nachfolgenden Zurückweisung, bestimmte Erfahrungen mit seinen Primärobjekten wiederholte. Die Heftigkeit und Unangemessenheit meiner gefühlsmäßigen „Gegen-Reaktion" (Sandler, a. a. O.) ließ mich jetzt vermuten, daß ich die Ursache für diese Gegenreaktion auch in mir selbst, in meiner eigenen Vorgeschichte, zu suchen hatte, daß wir also beide unseren Beitrag geleistet hatten. Die endgültige Ausformung dieser gemeinsamen Schöpfung führte ich allerdings auf mich zurück. Inwieweit es unvermeidlich gewesen war, daß ich, anstatt zu interpretieren, ihm oftmals nur den Vorwurf machen konnte, er rücke mir zu nahe und lasse mir keinen Platz, konnte ich für mich im nachhinein klären.

> „Die meisten Analytiker würden darin übereinstimmen, daß der Patient manchmal innerhalb der analytischen Beziehung ein inneres Szenario aktualisiert, das darin gipfelt, daß der Analytiker in eine Rolle hineingezogen wird, wie sie die innere Welt des Patienten vorgeschrieben hat. Das genaue Ausmaß dieser Rolle jedoch wird gefärbt durch die Subjektivität des Analytikers und das gute Zusammenpassen der vom Patienten projizierten Inhalte und der inneren Repräsentanzen des Analytikers" (Gabbard, 1995, S. 482; Übers. v. E. B.).

Mein intensiver Trennungsschmerz betraf jedoch uns beide, nur daß James mich erleben und dann auch aussprechen ließ, wie traurig es sei, daß wir uns einfach so trennen müßten. Er hatte nicht gewagt zu fragen, ob es eine Möglichkeit der Stundenverschiebung geben könne. Er machte mich also zu derjenigen, die die Stunden mit ihm brauchte, und ich erlebte es auch ganz real so, nämlich daß ich ihn nicht aufgeben wollte, obzwar dies zuvor lange Zeit mein intensiver Wunsch gewesen war. Er selbst wollte nicht zugeben, ja nicht einmal spüren, daß es ihm etwas ausmachte, einfach so zu gehen und nicht mehr wiederzukommen. Er verhielt sich so, wie alle Welt ihn einschätzte, nämlich als jemand, der keine gefühlsmäßigen Bindungen anerkannte und brauchte.

Nachdem ich meine zu Beginn der Behandlung positive Einstellung James gegenüber zurückgewonnen und unsere Beziehung sich gewandelt und vertieft hatte, konnte ich ihm vermitteln, daß ich seine Angst, ich könne ihm verlorengehen oder mich nicht mehr für ihn interessieren, verstand. Ich wagte nicht, etwas auszusprechen, was er möglicherweise ahnte, nämlich, daß er eigentlich um die Beziehung zu seiner Mutter kämpfte, um deren ablehnende Gefühle ihm gegenüber er wußte. Meine Interpretation, die nur auf unsere Beziehung gerichtet war, nahm er kommentarlos hin, hörte aber auf, mich so zu bedrängen, und ließ mich auch öfter selbst entscheiden.

In seinem neuen Spiel war es in der Folgezeit immer er, der alle Reichtümer dieser Welt (hauptsächlich Nahrungsmittel) zur Verfügung hatte, während ich mittellos blieb und in den Zeiten der Hungersnot, die uns im Spiel bevorstanden, mich von ihm versorgen lassen mußte. Auch die vielen Hasengroßfamilien, die er zeichnete, waren mit riesigen Vorratslagern ausgestattet, die er mit außerordentlich zierlich gezeichneten Kohlköpfen und Karotten anfüllte. Hier kam aber auch seine große Sehnsucht nach Integration in eine Gruppe zum Ausdruck, deren Mitglieder sich alle gut verstanden und mit unterschiedlichen Aufgaben betraut waren. Als ich einmal spontan einen blauen Hasen zeichnete, reklamierte James, daß das nicht ginge. „Der ist dann ganz alleine“, sagte er, „wenn es doch sonst keinen blauen mehr gibt“. Er fügte rasch eine ebenfalls blaue Hasenmama und einen blauen Hasenpapa hinzu.

Ich habe mich in meiner Darstellung allein auf das Übertragungs-/Gegenübertragungsgeschehen beschränkt, wie es sich zwischen James und mir entfaltet hat. Natürlich ist klar, daß in der Kinderanalyse auch die Eltern in das psychologische Interaktionsfeld zwischen Kind und Kinderanalytiker einbezogen sind und somit auch in den Bereich der Gegenübertragung. Aus Diskretionsgründen habe ich jedoch das Beobachtungsfeld in dieser Weise einschränken müssen.

Jedem, der mit Kindern arbeitet, ist die besondere Heftigkeit und Komplexität der Projektionen und entsprechend auch die Intensität der Gegenübertragungsreaktionen bekannt. Inhalt und Ausdrucksweise des von den Kindern produzierten Materials erfordern eine anhaltende Anstrengung seitens des Analytikers. Bereits 1962 hat Esther Bick in ungewöhnlicher Prägnanz und Klarheit in ihrem Artikel „Child analysis today“ die speziellen Gegenübertragungsprobleme des Kinderanalytikers beschrieben:

> „Die Intensität der Abhängigkeit des Kindes, seiner positiven und negativen Übertragung, die primitive Natur seiner Phantasien rufen beim Analytiker unbewußte Ängste hervor. Die heftigen und konkreten Projektionen des Kindes sind schwer zu ertragen. Auch ruft das Leiden des Kindes elterliche Gefühle beim Analytiker hervor, die er kontrollieren muß, um seiner eigentlichen analytischen Rolle gerecht zu werden. All diese Probleme verschleiern das Verstehen des Analytikers und verstärken seine Ängste und Schuldgefühle in bezug auf seine Arbeit [. . .] Dem Kinderanalytiker wird eine größere Abhängigkeit von seinem eigenen Unbewußten abverlangt, um Fingerzeige zu erhalten für die Bedeutung des Spiels des Kindes und seiner nonverbalen Kommunikation" (1962, S. 330; Übers. v. E. B.).

In das Konzept der Gegenübertragung, das sich im Laufe der Jahre erheblich erweitert hat, sind verschiedene Bedeutungen eingegangen, so daß der derzeitige Gebrauch mehrere Elemente umfaßt, die ich aber nicht alle aufzählen möchte (vgl. Sandler et al. 1996; Gabbard, a. a. O.; Jacobs, 1993). Ein vernünftiger Gebrauch, der weder den Begriff zu sehr einschränkt (nur auf die Übertragung des Analytikers auf den Patienten abzielend) noch ihn zu weit faßt (alle bewußten und unbewußten Haltungen des Analytikers einschließlich seiner charakterlichen Eigenarten), könnte sich *„auf die speziellen emotionalen Antworten des Analytikers, die durch spezielle Eigenschaften des Patienten hervorgerufen werden"* (Sandler et al., a. a. O., S. 96; Übers. v. E. B.), beziehen. Wenn ich mich an Rackers Ausführungen über konkordante und komplementäre Gegenübertragung (1957) anlehne – beides Konsequenzen von Externalisierung und projektiver Identifizierung von seiten des Patienten –, so würde ich sagen, daß ich im ersten Abschnitt der Behandlung mit James' Impulsen und der Abwehr identifiziert war, seine Wünsche nicht zurückweisen mußte, sondern akzeptieren konnte, was mir zu Empathie und einer positiven Gegenübertragung verhalf (konkordante Gegenübertragung). Als das Ausmaß der Nähewünsche von James nach der ersten längeren Unterbrechung extrem zunahm, weil auch seine Ängste vor Verlust zunahmen, wurde ich in der Übertragung für ihn zum zurückweisenden mütterlichen Objekt (komplementäre Gegenübertragung), da ich dem Ausmaß meiner Gegenübertragungsreaktion, deren Ursache mir jedoch zunächst unbewußt blieb, nicht mehr genügend Objektivität entgegensetzen konnte, um die Übertragung des Patienten zu analysieren. Mit anderen Worten, ich hatte vorübergehend die Fähigkeit verloren, meine Gegenübertragung und Subjektivität zum Gegenstand einer kontinuierlichen Beobachtung und Selbstanalyse zu machen. Die Übertragungsprädisposition des Patienten und meine eigene Gegenübertragungsdisposition fanden innerhalb der analytischen Beziehung eine spezifische Ausprägung.

Ich hatte bei James die Intensität seiner Wünsche nach ausschließlicher Nähe und körperlichem Kontakt abgelehnt und rückte in seinem Erleben dadurch in die Nähe der Mutter. Meine Identifizierung mit dem ablehnenden inneren Objekt des Patienten erfuhr eine Steigerung solchen Ausmaßes, daß ich, wie bereits gesagt, vorübergehend meine analytische Haltung und Fähigkeit zur Selbstbeobachtung verlor.

Ich möchte noch einige Gedanken zum Thema „Fähigkeit zur Triade", dem Thema dieser Sitzung, anfügen. Könnte es sein, so überlegte ich, daß James sich in der Spielszene, in der er langsam an meinem Haus vorbeifuhr, von mir gerufen und mit dem Namen seines Vaters angesprochen werden wollte, um sich dann auf meinem Balkon zu mir zu gesellen, als sein Vater mit mir als seiner Frau phantasierte und wir uns beide um unser Kind, James, kümmern und es großziehen sollten? In der Übertragung hatte er sich anfangs zu mir als einer Vaterfigur, dann als Mutterfigur in Beziehung gesetzt, um sich letztendlich, so jedenfalls schien es mir denkbar, selbst als Vater zu phantasieren, der sich gemeinsam mit mir um sein Kind, nämlich ihn selbst, kümmert. Er kann in Identifizierung mit dem Vater sich um das Kind in ihm kümmern, im Einvernehmen und mit Hilfe einer Mutter. Man könnte es eine umgekehrte Triangulierung nennen.

Mit dieser Vorstellung war die Idee von Zeit und von Zukunft verknüpft, denn James war im weiteren Verlauf in der Lage, sich in seine Zukunft als ein Erwachsener zu phantasieren, der Schule und Ausbildung hinter sich hat und einen Beruf ausübt, „den ich mir selber ausgesucht habe".

Literatur

Bégoin-Guignard, F. u. D. Houzel (1989): Technique et contre-transfert en psychanalyse d'enfant. Journal de la psychanalyse d'enfant, Nr. 6, 9–45.

Bick, E. (1962): Child analysis today. Int. J. Psycho-Anal., 43, 328–332.

Gabbard, G. (1995): Countertransference: the emerging ground. Int. J. Psycho-Anal., 76, 475–485.

Jacobs, T. (1993): Countertransference past and present: a review of the concept. Int. J. Psycho-Anal., 80, 575–594.

Racker, H. (1957): Übertragung und Gegenübertragung. München, Basel (Reinhardt) 1978.

Sandler, J. (1974): Gegenübertragung und die Bereitschaft zur Rollenübernahme. Psyche, 30, 1976, 297–305.

– et al. (1996): Die Grundbegriffe der psychoanalytischen Therapie. 7. erw. u. überarb. Aufl. Stuttgart (Klett-Cotta).

Dieter Bürgin und Kai von Klitzing

Zur Psychoanalyse von Kindern und Jugendlichen

Triadische Kompetenz: Ressource für die psychische Entwicklung. Aus der Forschung über die Entwicklung der Eltern-Kind-Triade

Innenwelt läßt sich nicht ohne Außenwelt denken. Bei der Ausgestaltung der inneren Welt eines Säuglings bilden sich, in Anlehnung an die perzipierten äußeren Raumstrukturen, auch innere Räume aus. Übergangsbereiche verbinden das Innere mit dem Äußeren. In der Fötalzeit und in der frühen postnatalen Entwicklungsperiode kann die Struktur der inneren Welt höchstens aus averbalen Signalen und dem Verhalten erschlossen werden, da verbale Antworten fehlen. Die (experimentelle) Interaktion kann helfen, „Fenster" zu finden, mittels welcher Theorien und Konstrukte über die innere Welt des Fötus oder Säuglings überprüft werden können. Je hilfreicher die Konstrukte für die Klinik und je umfassender sie für die Kohärenz einer Theoriebildung sind, desto mehr besteht ein Bedürfnis, sie zu verfeinern.

Wann nimmt die Psyche ihren Anfang, und wann entwickelt sich eine Beziehungsfähigkeit? Zur angeborenen strukturellen Ausstattung des Zentralnervensystems, das zu seiner Entwicklung einer entsprechenden fördernden Umwelt bedarf, gehören Triebe, Regulationsmechanismen, Gliederungsfähigkeit von Wahrnehmungen, Rhythmizität und ein Stimuli suchendes oder vermeidendes Verhalten, das auf ein Gegenüber ausgerichtet ist.

Man muß wohl davon ausgehen, daß es pränatale unbewußte Ich-Kerne gibt. Werden pränatale Wahrnehmungen repräsentiert und gespeichert? Die Annahme ist berechtigt, daß die Ich-Kerne wahrnehmungs- und wirkfähig sind, insbesondere, da Frühgeburten ja zwei bis drei Monate vor dem Termin schon lebensfähig sind und über die zur Anpassung an die äußere Welt notwendigen Voraussetzungen verfügen. Die Geburt nötigt das Ich, den Bezug zu sensorisch wahrgenommenen äußeren Objekten herzustellen. Perzeptions- und Reifungsvorgänge sind intrapsychisch genau so weit entwickelt und organisiert, daß sie für eine Beziehungsaufnahme zur Außenwelt bereit sind.

Triebe als Konstrukte, die uns ermöglichen, bestimmte Zusammenhänge emotionaler und kognitiver Art zu denken, sind gegensätzlich ausgerichtet. Sie sind Vektoren, einsinnig gerichtete Kräfte, die entweder nach innen (Todes- und Selbsterhaltungstrieb mit biogenen Zonen) oder nach außen (Sexualtrieb, Lebenstriebe mit erogenen Zonen) wirken. Mit ihrer Rhythmizität bewirken sie ein Oszillieren zwischen Synthese und Auflösung.

Auch Regulationsprinzipien (insbesondere die Abwehr- und Anpassungsmechanismen des Ichs) gehören zur Grundausstattung der Psyche. Sie „werden durch den Vorgang der Besetzung von eintreffenden Triebenergien aktiviert und aktivieren ihrerseits Triebe zum Zwecke der homöostatischen Regulation“ (Schmidt-Hellerau, 2000). Zu ihren Grundprinzipien gehören z. B. das Lust-Unlust- und später das Realitätsprinzip. Beides, Triebe und Regulationsprinzipien, sind basale Organisatoren des psychischen Apparates.

Das postnatale Ich ist genötigt und drängt auch triebhaft danach, sich den Erfahrungen mit der Außenwelt, dem kognitiv-affektiven Erleben beim Umgang mit dinglichen und lebendigen Objekten, zuzuwenden. Innere Räumlichkeit wird durch äußere ergänzt. Das physische Hauptmerkmal des äußeren Objektes ist seine Dreidimensionalität und eine zeitliche Sequenz von Abläufen, die in viel ausgeprägterem Maße als pränatal auftreten. Die inneren Objekthülsen vermögen postnatal die ursprünglichen Befriedigungsvoraussetzungen nicht länger zu erfüllen. Das postnatale Ich wird dadurch dissoziiert in einen Teil, der weiterhin innere Vorgänge und Objekte wahrnimmt, und einen anderen Teil, der sich den Kontakten mit den äußeren Objekten zuwendet. Es bilden sich zwei Wahrnehmungswirklichkeiten. Projektion und Introjektion sind die Bezeichnungen für den Versand und den Empfang von Informationspaketen aus dem inneren Bereich in den äußeren und umgekehrt.

Metaphern erster Innenweltlichkeit

Pränatal skizziert, bildet sich postnatal in der Innenwelt des Subjekts eine Zweieinheit (Doppelgänger, Schutzengel, imaginärer Begleiter, Schatten) mit einer Art Hülle aus. Sloterdjik (1998) nennt diese Gebilde „Sphären“ oder „Blasen“, Grunberger (1988, S. 109) verwendet den nicht so glücklichen Ausdruck „Monade“. Das Gegenüber ist vor allem *mit* dem Säugling, *bei* ihm, eine Präsenz. Dieses Gebilde, eine Gestaltkapsel, die eine anobjektale, stabile Bezogenheitsstruktur enthält und aus Inhalt und Behältnis besteht, birgt ein größeres Sortiment von Ausfüllungen in Form von bi- und tripolaren Nähemodellen in sich. Es hat bei jedem Individuum eine Geschichte, eine spezifische Entwicklung und stellt einen Ort intensivsten Austausches dar. Der Säugling ist ein Wesen, das auf eine Innenweltteilung hin angelegt ist. Es handelt sich um das „Zusammensein von Etwas mit Etwas“ (Sloterdjik, a. a. O.,

S. 552). Triebaktivitäten bewirken eine Selbstzerstörung der reinen, primär-sphärisch-monadischen, narzißtischen Bezogenheit, eine Auflösung der virtuellen Membran, die, als uterine Disposition der Vollständigkeit, das Ganze umhüllt hält.

Die früheste Bezogenheit und nicht der physikalische Ort stiftet den Raum, in welchem die beteiligten Protagonisten in lebendigem Austausch stehen, schafft Sphären von Ko-Subjektivität und von Ko-Existenz. Solche lebenspendenden Nähefelder beleben und motivieren, schaffen Übergangsräume, in denen Ersetzungen möglich sind. Diese Humanräume können als eine Verschränkung „mehrerer Innenräumlichkeiten" beschrieben werden (Sloterdijk, a. a. O., S. 87). In ihnen bestehen Fließverhältnisse, die sich gegenseitig enthalten und zugleich ausgrenzen. Durch die vielfältigen Austauschabläufe wird dieses räumliche Netz zu einem pluripolaren, innig verfugten, gemeinsamen Erlebnis- und Erfahrungsraum. Dieses primäre existentielle Bezogenheitsfeld mit seiner eigenartigen Membrancharakteristik, das minimal triadisch und in regressiver Bewegung oft dyadisch ausgestaltet ist, bildet sich an der Absenzstelle, dem Ort des psychischen Nabels. Eine reale Betreuungsperson ist bereits „die dritte Person" innerhalb dieses Feldes, das durch eine archaische Selbstrepräsentanz und ein das plazentare Etwas ersetzendes, urbegleitendes Gegenüber, so etwas wie die Hülse einer Objektrepräsentanz oder wie die „Enveloppe" einer pränarrativen Erfahrung (Stern, 1993), gekennzeichnet ist.

Der zentrifugale Triebwunsch des Subjekts schafft gleichsam die Objekte. Verlangen oder Begehren erfüllt sich durch andere. Begegnen sich die Wünsche des Säuglings und die Präsenz einer sich um den Säugling kümmernden Person, so schneiden sich gleichsam zwei aus entgegengesetzten Richtungen stammende Linien, und es entsteht ein Augenblick der Illusion der Art, als hätte das Bedürfnis die reale bedürfnisstillende Person herangezaubert (vgl. Winnicott, 1971, 1975). Es wird beschworen, was tatsächlich verfügbar ist. Das bereits vorhandene Gegenüber wird wie geschaffen, gefunden und schließlich libidinös besetzt.

Die Repräsentanz entsteht aus dem Fehlen des realen Triebobjekts, sie steht an der Stelle des bedeutungsvollen Gegenübers. Die reaktive Antwort des realen äußeren Gegenübers, das sich erst fast vollständig, dann zunehmend weniger an die Bedürfnisse des Säuglings anpaßt (sorgfältige Desillusionierung), vermittelt diesem den transformativen Unterschied zwischen dem, was von ihm selbst triebhaft und emotional ausgeht, und dem, was – etwas umgewandelt und bereichert – vom Gegenüber zurückkommt. Das Wahrgenommenwerden durch das Gegenüber legt den Grundstein für die Selbstwahrnehmung. Habe ich Spuren beim anderen hinterlassen, so bin ich.

Die Entstehung der ersten Repräsentanzen

Eine „pränarrative Enveloppe" (p.E.) ist ein mentales Konstrukt, das als Folge einer subjektiven Erfahrung des Babys mit der realen Außenwelt aufgebaut worden ist. Sie tritt vor der Entwicklung der Sprache auf und bildet so etwas wie eine hypothetische Grundeinheit der psychischen Realität des Säuglings und Kleinkindes. Sie entspricht einem erlebten Ereignisschema, hat eine narrative Struktur, umfaßt immer eine Handlungslinie und setzt sich aus den dramaturgischen Einheiten eines Akteurs, der Handlung, des Ziels, des Objektes und des Kontextes als Basiselementen zusammen. Ihre Konturveränderungen, d. h. die Abläufe innerhalb der Zeit, beschreiben Spannungsabläufe.

Der psychische Apparat kann nicht aufhören zu denken. Wir unterliegen immer einem Triebdruck. Denken ist keine sekundär abgeleitete Funktion, sondern eine unabhängige Eigenschaft des Gehirns, ist das, was das Gehirn tut. P.E.s sind auftauchende, entstehende Eigenschaften des Denkens, die verschiedene Erfahrungsanteile zu einem ganzen, sinnhaften und zielgerichteten Ablauf zusammenfassen. Sie entstehen immer aus repetitiven Erfahrungen und basieren auf den Trieben, weil diese die repetitiven rhythmischen Aktivitäten gestalten. Die angeborenen großen Programme des Triebgeschehens kommen mittels rhythmisch-repetitiver Muster zum Ausdruck. Die genetische Struktur garantiert somit den repetitiven Austausch mit der Außenwelt. Der Säugling definiert eine Erfahrungseinheit durch die Konstellation ihrer invarianten Elemente, d. h. wiederholter Erfahrungen, die dasselbe, allgemeine Muster erkennen lassen. Die p.E. ist also nicht der direkte Ausdruck einer Speicherung objektiver Realität, sondern es handelt sich um eine konstruierte Erfahrung. Jeder aus vielen Einzelerfahrungen abstrahierte Prototyp ist eine Fiktion, entspricht nicht direkt der realen Erfahrung. Hierbei ist die Tatsache behilflich, daß bereits der Säugling die Fähigkeit besitzt, Informationsqualitäten und -quantitäten supramodal zu erkennen und zu verschieben. P.E.s sind also mentale Einheiten, die alle Formen subjektiv erlebter Erfahrung in einer Selbst-Objekt-Beziehung umfassen. Da ein Säugling nie allein stärkere Emotionen erlebt, umschließt eine p.E. notwendigerweise so etwas wie ein Selbst-Objekt, einen objektalen Mitregulator, und bleibt zumeist unbewußt.

Zwischen dem Subjekt und dem Objekt – und nachfolgend auch in der Innenwelt des Kleinkindes – werden in der üblichen Entwicklung virtuelle Übergangsräume (vgl. Winnicott, 1976) etabliert, gleichsam ein von beiden geteiltes Drittes, das fluktuierenden Charakter hat und beiden Beziehungspartnern zugehörig ist. In diesen manifestieren sich Phänomene wie die „Imitation" (mit ihrer wichtigen Funktion der sozialen Kontaktaufnahme und der Wiedererkennung des Gegenübers), die Affektabgleichung (‚affect attunement'), die einem emotionalen Echo gleicht, das identisch und doch anders als das Primärsignal ist, das ‚pointing' (gemeinsames Betrachten eines Geschehnisses, auf das gezeigt wird), die ersten Formen der Erkundung im Sozialbezug („social referencing'), die erlauben, vom Gegenüber emotionale und die Beziehung betreffende Informationen abzurufen, wenn das Subjekt unsicher geworden ist, und auch das „Als-ob-Spiel" mit der entsprechenden Symbolik.

In diesen Interaktionsformen zeigt sich das Vermögen eines Säuglings oder Kleinkindes, zu mehreren bedeutungsvollen Anderen Beziehungen aufzunehmen (triadische Kapazität), d. h., diese in wechselseitigem Dialog und ohne Ausschluß des Dritten auszubalancieren. Triadische Beziehungsfähigkeit ist vom Anfang des extrauterinen Lebens an potentiell vorhanden. Zweier-, Dreier- und Vielheitsbeziehungen und ihre Repräsentanzen werden aber erst im Kontakt mit den Realpersonen spezifisch ausgefüllt.

Wir gehen also davon aus, daß der Säugling von Anfang an zu triadischen oder polyadischen Beziehungen befähigt ist. Die Bevorzugung der dyadischen Beziehungsform ergibt sich aus deren verhältnismäßig einfacher Struktur. Tri- oder polyadische Formen zerfallen leicht in mehrere dyadische, da sie viel schwieriger zu stabilisieren sind.

Es ist höchst wahrscheinlich, daß die frühen Interaktionssequenzen im Vergleich zu späteren eine sehr einfache Struktur aufweisen. Interaktionsrepräsentanzen sind – durch Abstraktions- und Kondensationsvorgänge, durch anhaltende Reorganisationen und aufgrund von Mitregulationen durch die Realobjekte – Abstraktionen, die nie genau so abgelaufen sind, wie sie erinnert werden.

Der triadische Gesichtspunkt läßt sich auch bei einer Präsenz von nur zwei Personen (z. B. Mutter und Kind oder Analytiker und Analysand) vertreten, insbesondere, wenn das Kind Symbolspiele macht, entsprechende Geschichten erzählt, aber auch beim verbalen Erwähnen von Dritten. Obwohl das Konzept der Triangulation im psychoanalytischen Sinne vor allem mit den Strukturen der Innenwelt arbeitet, kann man es durchaus mit den beobachtbaren Phänomenen vergleichen.

Gemeinsames subjektives Erleben schafft Intersubjektivität und Intermediärräume geteilter Bedeutungen, obwohl gleichzeitig auch Gewißheit besteht, daß die Gefühle und Absichten der anderen Personen von den eigenen unterschieden sind.

Bei der primären Intersubjektivität gibt es ein Mit-Teilen, aber noch keine Kommunikation über ein Drittes. Bei der sekundären Intersubjektivität werden von beiden oder mehreren Beziehungspersonen Informationen über etwas Drittes ausgetauscht, es entsteht eine Metakommunikation. Erst wenn das reale Gegenüber mit einer Innenwelt von der gleichen Art wie die eigene ausgestattet werden kann (Voraussetzung: Ausbildung einer ‚theory of mind' und entsprechender Mentalisierungsprozesse), vermag sich das Kleinkind vorzustellen, daß auch der Andere Beziehungen zu verschiedenen Objekten haben kann und diese auch untereinander solche unterhalten.

Je nach den momentan vorliegenden libidinösen und aggressiven Besetzungen werden unterschiedliche dyadische Beziehungskonfigurationen hervorgehoben oder treten wieder in den Hintergrund. Je nach affektiver Nähe oder Distanz gestalten sich die Beziehungsdrei- oder -vielecke symmetrisch-ausgeglichen oder asymmetrisch-unausgeglichen. Den Realobjekten kommt bei diesen Vorgängen eine sehr große Bedeutung zu, da sie anhaltend mitregulieren und damit gleichsam direkt in die innere Beziehungswelt des Kleinkindes eingreifen. Auch in einer dyadischen Beziehung existiert stets eine virtuelle dritte Person in der Innenwelt des Gegenübers.

Man könnte also sagen, daß von Anfang an eine triadische Beziehung besteht, die allerdings asymmetrisch entwickelt wird. Die symbiotische Welt umfaßt zwar paradoxerweise drei, ist aber vom Erleben des Kindes her gesehen unifokal, denn Selbst- und Objektrepräsentanzen sind noch nicht voneinander getrennt.

Werdende Eltern werden durch das Baby stimuliert, ihre inneren triadischen Repräsentanzen in bezug auf ihre Herkunftsfamilie und als Paar, das sich zu einer Kleinfamilie entwickelt, umzubauen. Das imaginäre, aus dem Triebwunsch entstandene und das phantasmatische, aus der prägenitalen, ödipalen und adoleszenten Bearbeitung hervorgegangene Phantasiekind in den Köpfen der Eltern, der Großeltern und weiteren Familienmitglieder wird im Verlauf der Schwangerschaft, mehr oder weniger bewußt, in Abgleichung oder Konfrontation mit dem realen Kind gebracht, das eine spezifische genetische Ausstattung besitzt. Die triadischen Kapazitäten der Großeltern, der beiden Elternteile und des Säuglings treten postnatal in eine konzertante Interaktion. Insbesondere diejenigen der werdenden Eltern können pränatal aber bereits eingeschätzt und zu Voraussagen eingesetzt werden.

Die triadische Beziehung zwischen Kind, Mutter und Vater ist somit von Anfang an potentiell vorhanden und wird nur noch ausgefüllt und belebt. Das Anderssein des Vaters im Vergleich zur Mutter ist interessant, insbesondere auch im analen Kampf um Autonomie, in dem er oft als die weniger ambivalent besetzte Alternative zur ihr erscheint, denn er lebt eine eigenständige Beziehung zur Mutter vor, befindet sich nicht in derselben Abhängigkeit wie das Kleinkind. Da „der Vater" so oder so in der inneren Welt der Mutter sowohl als Muttervater wie auch als Zeuger des Babys existiert, ist er als Teil der mütterlichen Beziehung zum Kind immer präsent. Die Vater-Kind-Beziehung ist somit unausweichlich mit der Mutter-Kind-Beziehung verbunden. In der Sprache von Melanie Klein könnte man sagen, daß der frühe Vater das Äquivalent der Repräsentanz eines Teilobjektes von der Mutter im Kind darstellt. Die Bedeutung, die der Vater für das Kind hat, steht also mit der Bedeutung, welche die Mutter ihm zuspricht, in Verbindung, – und wahrscheinlich auch umgekehrt.

Während eines Spiels kann man feststellen, daß Säuglinge und Kleinkinder bereits über „triadische Fähigkeiten", über die Ressource verfügen, zu mindestens zwei, aber wahrscheinlich auch mehreren Personen in unterschiedlicher Art und Weise Beziehungen aufzunehmen, d. h., triadische Beziehungen aufzubauen und sie aufrechtzuerhalten. Wir stellen uns allerdings vor, daß es für einen Säugling müheloser ist, sich primär in Zweierbeziehungen als in Dreierbeziehungen einzuklinken. Spielsituationen zu dritt werden von einem Säugling gut fünf bis zehn Minuten, vom Kleinkind etwa doppelt so lange durchgehalten. Es ist anstrengend, zu zwei Personen mit verschiedenartiger Emotionalität und Handlungsweise gleichzeitig in Beziehung zu stehen. Säuglinge oder Kleinkinder werden dabei rasch müde. Dies zeigt sich z. B. darin, daß sie ihre Aufmerksamkeit zurückziehen. Allerdings sind auch Situationen zu beobachten, in denen der Säugling im dyadischen Kontakt ermüdet und in der Dreisamkeit wach wird, weil die dritte Person mithilft, die Beziehungen zu regulieren.

Die Fähigkeit, einem Erleben eine persönliche Bedeutung zuzusprechen, zeigt sich im Auftreten von Symbolen, die von einer spezifischen Subjektivität getragen werden. Ein intersubjektiv vermitteltes Drittes entsteht in der Erfahrung einer Zweier- oder Dreierbeziehung und ist möglicherweise nicht bei beiden Beziehungspartnern dasselbe, da jedes ein eigenes Subjekt bleibt, das in einer dialektischen Spannung zum anderen steht. Das gemeinsame, intersubjektive Dritte ist der Stoff, aus dem sich zunehmend das Kohärenz- und Kontinuitätsgefühl bildet.

Die Entwicklung der Fähigkeit zur Symbolbildung, zum Gewahrwerden, daß etwas für etwas anderes zu stehen und mindestens zwei heterogene Teile des anderen zu repräsentieren vermag, ist von besonderer Bedeutung. Anhand des Als-ob-Spiels, das regelmäßig bei rund achtzehn Monaten alten Kleinkindern stattfindet, wird sie direkt beobachtbar. Durch die Symbolentwicklung wird eine Türe für das Dritte geöffnet. Es existiert dann *ein Drittes* neben der *dritten Person*. Das und der/die Dritte ist beileibe nicht dasselbe. *Das Dritte* ist eine Wahrnehmung, eine Idee, ein Affekt oder sonst etwas Erlebtes und besitzt keine Eigenaktivität oder -dynamik. Oft gibt ein gemeinsam geteiltes Drittes den Protagonisten Anlaß zu weiterführenden Bewegungen. *Die dritte Person* ist selbst ein Ort aktiven Handelns und Einwirkens, und die Beziehung zu ihr ist manchmal konflikthaft, manchmal weiterführend.

Ein virtueller Innenraum verliert seine Existenz, wenn eines der oben genannten drei Elemente, d. h. das interpretierende Subjekt, das Symbolisierte oder das Symbol, seine Differenzierung verliert. Anders formuliert: Differenzierung schafft die Voraussetzung für eine intrapsychische Triangulation, die mit einem virtuellen Raum verknüpft ist und das Auftauchen kreativer Abläufe erlaubt. Zweisamkeit stellt, unter diesem Aspekt betrachtet, eine Folge eingeschränkter oder zusammengebrochener Dreisamkeit dar. Das Entstehen eines Subjektes und einer Subjektivität ist untrennbar mit der Differenzierung von Symbol, Symbolisiertem und interpretierendem Subjekt verbunden, die zusammen es einer Person möglich machen, einen Wunsch zu empfinden.

Studie zur triadischen Kompetenz

In einer seit fünf Jahren laufenden Studie an unserer Klinik untersuchen wir bei 39 werdenden Elternpaaren, die ihr erstes Kind erwartet und an einem Vorbereitungskurs für werdende Eltern teilgenommen hatten, die Entwicklung ihrer triadischen Kapazität sowie später die ihres Kindes. Dazu gehören auch die Übergänge von Dyaden zu Triaden und umgekehrt. Die Studie begann während der Schwangerschaft und erstreckte sich bisher bis ins vierte Lebensjahr der Kinder. (Durchschnittsalter: rund 30 Jahre; durchschnittliche Dauer der Partnerschaft: 5,7 Jahre [3 Monate bis 15 Jahre]; verschiedenste soziale Schichten vertreten, Paare aus der gehobenen Mittelschicht aber überproportional stark). An dieser Forschungsarbeit sind ein Kernteam (PD Dr. K. von Klitzing, Kinder- und Jugendpsychiater/Psychoanalytiker, H. Simoni/F. Amsler, Psychologin und Psychologe, D. Bürgin, Kinder- und Jugendpsychiater/Psychoanalytiker) sowie eine große Zahl von Lizentianten, Dissertanten und Ratern beteiligt.

Ein semistrukturiertes, ca. zweistündiges, auf Video aufgenommenes Interview mit beiden Elternteilen wird, inklusive der Videoskopie, nach fünf Dimensionen, entsprechend einem Rating-Glossar, von mehreren Ratern ausgewertet. Aus diesen *vor der Geburt* vorgenommenen Beurteilungen wird von unabhängigen Ratern die „triadische Kapazität der Eltern“ (früher von uns als „Prognose Elternschaft bzw. *nach der Geburt* als „Qualität Elternschaft“ bezeichnet) eingeschätzt.

Bei der Beurteilung der Triangularität auf der Vorstellungsebene, und somit der triadischen Kapazität, ist man darauf angewiesen, vorhandene Ausschlußtendenzen in der Phantasiewelt zu erfassen. Die Übereinstimmung der Einschätzer verbessert sich postnatal, wenn schon erste Aspekte der realen Dreierbeziehung sichtbar werden. Die Einschätzung der Beziehungen zu den inneren Beziehungspartnern wird also verläßlicher, wenn sie sich auf sichtbare Beziehungen zu realen Anderen abstützen kann.

Es ist vielfach schwierig, bereits pränatal eine flexibel-ausbalancierbare trianguläre Beziehungskonfiguration zu erreichen, bei der auf der Ebene der Imagination und des Phantasmas die dritte Person nicht schon so weit weggeschoben worden ist, daß es praktisch einem Ausschluß gleichkommt. Eine von beiden Elternteilen pränatal schlecht ausbalancierte trianguläre Struktur dürfte die Ausgestaltung der realen postnatalen triangulären Beziehung beeinträchtigen. Die Bedeutsamkeit der imaginierten und/oder realen triangulären Beziehungskonfigurationen der Eltern zu ihren eigenen Eltern ist offensichtlich, sowohl was deren Ausbalancierung als auch was deren Qualität angeht, denn es können trianguläre Muster frühkindlicher, präödipaler, ödipaler oder adoleszenter Art reaktiviert werden. Diese sind meist teleskopartig ineinandergeschoben, kondensiert und manifestieren sich in ihrer jeweiligen Art nur unter spezifischen situativen Bedingungen.

Im *vierten Monat* findet neben dem Interview eine Interaktionsbeobachtung, das Spiel zu dritt, statt (vgl. Fivaz-Depeursinge, 1991; Corboz-Warnery et al., 1993), das von den erwähnten Autorinnen unter ethologischen Gesichtspunkten elaboriert und im Auswertungsmodus von unserer Gruppe weitgehend modifiziert worden ist und bei welchem die interaktionale Dreisamkeit in drei 2+1-Konfigurationen und einer 3er-Konfigurierung erfaßt wird. Zu diesem Untersuchungszeitpunkt halten wir die gleichen Dimensionen fest wie im sechsten Schwangerschaftsmonat und am Ende des ersten postpartalen Monats, um diese miteinander vergleichen zu können.

Die Interaktionsbeobachtung im Spiel zu dritt im *vierten Monat* wurde von zwei Raterinnen ausgewertet, die gegenüber den anderen aus der Schwangerschaft und dem ersten Monat stammenden Daten „blind" waren. Sie schätzten die jeweilige „Trilogfähigkeit" der Mutter, des Vaters, des Kindes und der „Familie als ganzer" ein. Diese enthält die Aussagen darüber, wie intensiv und aufeinander bezogen die Interaktionspartner im „Spiel" miteinander sind, wie flexibel, wechselseitig aktiv und innerlich beteiligt jede Person dabei ist und wie sehr es jedem gelingt, in seiner Interaktion mit den anderen Spielpartnern diese einzubeziehen. Bei der Einschätzung der *Trilogfähigkeit des Kindes im vierten Monat* liegt eine besonders hohe Beurteilerübereinstimmung vor. Sie erlaubt es, Aussagen darüber zu machen, mit welcher Intensität und Bezogenheit das Kind abwechselnd mit beiden Elternteilen während der beobachteten standardisierten Spielinteraktion (Lausanne Triadic Play, LTP) mit beiden Eltern Kontakt aufnehmen wird.

Mittels der beschriebenen Methodik, nämlich des Vergleichs zwischen erstens den vorgeburtlichen Beziehungsvorstellungen (aus den Herkunftsfamilien, der gegenwärtigen Paarbeziehung und den Bildern über die zu erwartende Dreierbeziehung mit dem realen Kind) und zweitens den im ersten Lebensmonat im Interview erhobenen Daten und Verhaltensbeobachtungen im vierten Lebensmonat, untersuchten wir diejenigen Parameter, die für die *imaginär* repräsentierten intrapsychischen triangulären und die *realen* interpersonalen triadischen Beziehungsstrukturen dynamisch bedeutsam sein könnten. Es kann eine beachtliche Parallelität zwischen diesen beiden Ebenen festgestellt werden. Insbesondere scheint uns die pränatal im intrapsychischen Bereich der Eltern wie auch die postnatal im interpersonalen Bereich von Eltern und

Kind erfaßte Dimension der Flexibilität der Besetzungen für die Entwicklung ausbalancierter triangulärer Beziehungsstrukturen relevant zu sein.

Es besteht ein signifikant positiver Zusammenhang zwischen den prä- und postnatal bei den Eltern ermittelten triadischen Beziehungsqualitäten (triadische Kapazität) und der beobachtbaren und einschätzbaren Interaktion beim Spiel zu dritt (LTP). (Details hierzu finden sich bei von Klitzing et al., 1999a und b.) Dieses Ergebnis ist mittlerweile in einer zweiten Studie an achtzig Familien repliziert worden.

Trennungsstreß- und Wiedervereinigungssituationen zwischen Mutter und Kind wurden innerhalb der Bindungsforschung mit der *Ainsworth Strange Situation* erfaßt. Wir benutzten dieses Setting am Ende des ersten Lebensjahres, allerdings in modifizierter Form, d. h. mit beiden Elternteilen, und erhoben, mit einem neuen, gegenüber den ersten Untersuchungen „blinden" Rater-Team einerseits die regulatorische Kompetenz des Kindes und andererseits wiederum die beobachtbare und einschätzbare Qualität der dyadischen und triadischen Interaktionen.

Zwischen der regulatorischen Kompetenz des einjährigen Kindes und der pränatal oder im Spiel zu dritt mit vier Monaten eingeschätzten triadischen Kompetenz der Eltern bestanden keine signifikanten Korrelationen. Hingegen war ein signifikanter Zusammenhang innerhalb dieses Settings zwischen der regulatorischen Kompetenz des Kindes und der Qualität des Triloges in der Familie (vor allem in der Wiedervereinigungsphase) nachzuweisen. Je besser das einjährige Kind also in einer solchen Belastungssituation durch Trennung seine emotionale Homöostase zu regulieren vermag, desto leichter gelingt es der Familie als ganzer, eine gute Qualität triadischer Interaktion bei der Wiedervereinigung zu erreichen (vgl. von Klitzing et al., 1999a).

Das vorgeburtlich erfaßte Ausmaß an Triangularität in der Innenwelt der Eltern korreliert also hoch mit der Qualität triadischer Interaktionen im standardisierten Spiel mit vier Monaten und mit der Qualität dyadischer Interaktionen bei Trennungs-Streß-Situationen (modifizierte Ainsworth Strange Situation) mit zwölf Monaten. Die pränatal und unmittelbar postnatal bei den Eltern ermittelten Beziehungsqualitäten erlauben eine gute Voraussage darüber, wie die Qualität der Eltern-Kind-Interaktion im Alter von vier Monaten sein wird. Die bereits pränatal und unmittelbar postnatal sichtbare Repräsentanzenwelt der Eltern im Sinne einer triadischen Kapazität hat demnach eine hohe organisierende Bedeutung für die spätere Interaktion zu dritt. Die Zusammenhänge zwischen den pränatal erhobenen triangulären Beziehungsqualitäten der Eltern und den postnatal beobachteten triadischen Interaktionen sind somit als stark ausgeprägt zu bezeichnen.

Pränatal sind es vor allem die von den Eltern im Interview dargestellten inneren Repräsentanzen ihrer eigenen Eltern, d. h. ihre Beziehung zu den Herkunftsfamilien und die Integration der eigenen Herkunftsgeschichte, die hoch mit der im vierten postpartalen Monat beobachteten Trilogfähigkeit korrelieren und eine Vorhersage über ihre eigenen späteren Interaktionen mit ihrem Kind erlauben. Als geschlechtsspezifische Abweichung zeigte sich, daß die Zusammenhänge bei den männlichen Säuglingen sehr hoch, bei den weiblichen niedriger sind. Die Eltern von Jungen scheinen in ihrer Trilogfähigkeit und -bereitschaft mehr von ihren inneren Repräsentanzen abzuhängen als die Eltern von Mädchen. Die Fähigkeit der Kinder, mit den Eltern in einen flexiblen wechselseitigen Kontakt einzutreten, dürfte davon allerdings nicht berührt sein. Ebenso wiesen Kinder von Eltern mit hoher triadischer Kapazität weniger Verhaltensauffälligkeiten auf als Kinder von Eltern mit niedriger triadischer Kapazität.

Erste Ergebnisse einer weiteren Untersuchung im vierten Lebensjahr der Kinder zeigen nämlich interessante und signifikante Korrelationen zwischen der Fähigkeit der Kinder, im Geschichten-Ergänzungs-Versuch („story stems') eine stabile Kohärenz bei affektiven Themen aufzubauen sowie die in den Geschichten vorkommenden Konflikte positiv zu lösen, und der pränatal erfaßten triadischen Kapazität der Eltern.

Betrachten wir nun unter triangulären und triadischen Gesichtspunkten, d. h. im Hinblick auf die triadische Kapazität des Kindes und der Familie, eine wichtige Entwicklungsphase des Kindes, nämlich die Zeit um die Mitte des zweiten Lebensjahres, in der sich neben dem Spracherwerb auch die von Spitz beschriebene Fähigkeit zum „Nein" und vor allem das Als-ob-Spiel (vgl. Wellman u. Hickling, 1993) mit der dazugehörigen Fähigkeit zu symbolisieren ausbilden. Das Kind verwendet das Als-ob-Spiel zu Beginn, um etwas nicht Vorhandenes zu bezeichnen (vgl. Piaget, 1951). Vielfach wird diese Spielform als eine bestimmte Art der Symbolik betrachtet. Das Symbol verweist auf etwas Bezeichnetes (das Symbolisierte), das nicht anwesend ist. Das Als-ob-Spiel ist Teil einer breit angelegten semiotischen Funktion, die im Verlauf des zweiten Lebensjahres auftritt. Es gibt gute Gründe dafür, das Als-ob-Spiel als eine andere Art der Symbolik zu verstehen als die Sprache. Reelle Ereignisse im Leben des Kindes wie auch vorgetäuschte werden in direkter oder verdrehter Form im Als-ob-Spiel reinszeniert. Das Kind nimmt gemeinsam mit seiner Umgebung an der Konstruktion einer Als-ob-Welt teil. Das frühe Engagement in Als-ob-Aktivitäten signalisiert ein frühes Verständnis der eigenen Innenwelt und auch der von bedeutungsvollen Anderen. Das Als-ob-Spiel vermittelt dem Kind eine besondere Information über die Einstellung der bedeutungsvollen Personen seines Umfeldes bezüglich des Realen und des Vorgeblichen.

Das Als-ob-Spiel findet sich bei normaler Entwicklung regelmäßig um den 18. Lebensmonat herum. Es weist auf zwei Arten von Realität hin, eine spielerische, wunscherfüllende, magisch-omnipotente, „weiche" Als-ob-Realität und eine durch den Wunsch nur wenig beeinflußbare, widerständige, „harte" Alltagsrealität. Beide können vom Kind mit den primären Betreuungspersonen geteilt werden. Wie Emde (1999) und Emde et al. (1997) mit Recht betonten, haben gesunde Kinder keinerlei Schwierigkeit, flexibel zwischen diesen beiden Erlebnisbereichen zu oszillieren, und geraten dadurch in keinerlei Konfusion. Das Als-ob-Spiel hat eine wichtige Funktion sowohl für die Regulation und Entwicklung von Emotionen als auch für die Ausbildung einer spezifischen Symbolik, denn der imaginierten Als-ob-Realität liegt eine symbolische Funktion zugrunde, die davon ausgeht, daß etwas bedeutungsmäßig für etwas anderes stehen kann. In einem intersubjektiven Bedeutungsbereich kann eine konstante Überarbeitung intentionaler Bedeutungseinheiten stattfinden. Das Als-ob-Spiel – wie auch der Umgang mit der harten Alltagsrealität – ist nicht nur in dyadischen, sondern auch in triadischen Beziehungskonstellationen möglich und beobachtbar.

In einer auf Video aufgezeichneten Spielsequenz aus unserem zweiten Forschungsprojekt zu triadischen Beziehungsformen und affektivem Austausch mit achtzig jungen Eltern sollen zuerst der eine, dann der andere Elternteil und schließlich beide zusammen mit dem siebzehn Monate alten Kind spielen und danach sich aus dem Spiel zurückziehen und miteinander reden. Es handelt sich um sehr engagierte, dem Kind zugewandte Eltern. Die Mutter ist im sechsten Monat wieder schwanger.

a) Mutter und Kind spielen liebevoll miteinander am Boden (Helikopter, verschiedene Becher und ein Löffelchen). Das Kind tut, als würde es aus dem Becherchen trinken (Als-ob-Spiel auf Initiative des Kindes). Die Mutter animiert das Kind, die Becher ineinanderzustecken, was das Kind gerne tut (Imitation). Erneut gibt das Kind vor, es würde aus dem Becherchen trinken. Die Mutter geht auf das Als-ob-Spiel des Kindes ein, imitiert es, geht aber einen Schritt weiter, indem sie eine Kanne nimmt und so tut, als würde sie Flüssigkeit ins Becherchen einschenken. Das Kind bezieht den Vater, der auf einem Stuhl in der Nähe sitzt, durch Aufnahme von Blickkontakt, der von ihm sofort erwidert wird, in sein Spiel mit der Mutter ein (‚social referencing'). Er trinkt real ein Glas Wasser. Die Mutter produziert mit dem Heli Fluglärm, was dem Kind sehr gefällt, was es zu imitieren versucht und was es veranlaßt, „mehr" davon zu wollen. Nun gibt die Mutter dem Vater ein Signal, er sei jetzt dran (‚turn taking'). Dieser winkt lachend ab, es sei zu früh; er ist emotional aber stark am Spiel von Mutter und Sohn beteiligt (Trilog). Das Kind spielt nun selbst Als-ob-Einschenken und Trinken, wendet sich an den Vater, sagt „trinken", begleitet dies mit einer Als-ob-Gebärde und macht dem Vater deutlich – als ob es ihn noch davon überzeugen müßte –, daß im Becher nichts drin ist.

b) Nun beginnt der Vater mit dem Kind zu spielen, und die Mutter setzt sich auf ihren Fauteuil. Nach einigen Sekunden etwas unwirschen Zögerns interessiert sich das Kind sofort für die vom Vater eingeführten Spiele (Lastwagen, Klötze). Schnell bezieht es durch Blickkontakt die Mutter ein (‚social referencing') und nimmt das Becherspiel wieder auf. Der Vater zeigt, daß man die Becher auch wie Schalltrichter oder Trompeten vor den Mund halten und damit lustige Töne produzieren kann. Das Kind nimmt den Becher zwar vor den Mund wie beim Als-ob-Trinken, produziert aber keine Töne. Der Vater tut so, als würde er seine eigene Mutter anrufen, was das Kind gerne imitiert. Danach spielen beide mit einem Auto und dem Heli, der beim Vater aber mit anderen Geräuschen (‚affect attunement') fliegt als bei der Mutter. Nun beginnt der Vater Spielfigürchen in dem Becherchen zu verstecken. Das Kind holt sie, sehr aktiviert, wieder hervor. Dann steht es auf, umkreist mit eiligen Schritten den Vater und bewegt sich damit mehrfach zwischen Vater und Mutter hindurch. Es benennt einen Stuhl, was von beiden Eltern wiederholt wird. Der Vater fordert es auf, seine Schuhe binden zu lassen, es nimmt gerne an, schaut dabei wie triumphierend zur Mutter (‚social referencing') und dreht dann erneut Runden um den am Boden sitzenden Vater. Jetzt beginnt der Vater mit Klötzen einen Turm zu bauen. Das Kind beteiligt sich, baut aber nicht weiter auf, sondern wirft seine Klötze in der Mitte in die Turmöffnung hinein. Auch die Mutter genehmigt sich einige Schlucke realer Flüssigkeit, bevor sie sich zu Vater und Kind auf den Boden setzt.

c) Beide Elternteile imitieren auf je eigene Weise einen Laut des Erstaunens von seiten des Kindes. Der Vater spielt mit einem Hund, die Mutter mit einem Auto. Beide sind sehr aufeinander und auf das Kind zugleich bezogen und tauschen belustigte Blicke aus (‚social referencing' zwischen den Eltern). Erneut imitieren sie Vokalisierungen des Kindes, erneut spielt der Vater das Versteck-Such-Spiel, indem er nun Figürchen in die Einschenkkanne hineinplaziert. Das Kind ist erst erstaunt über diese neue Variante und holt die Figürchen hoch interessiert wieder heraus. Der Vater steigert allmählich das Tempo, tut sie etwas rascher hinein, als das Kind sie herausholen kann. Das Kind zeigt eine sehr lustvolle, fast erotisierte Erregung, strahlt den Vater zweimal sehr gewinnend an, worauf beide Elternteile lachen. Der Vater gibt ein Zeichen zur Beendigung und beginnt die Spielsachen aufzuräumen. Die Mutter hingegen fängt in diesem Moment noch ein neues Spiel mit einer Puppe an. Mit dem Kind zusammen werden deren Haare genau betrachtet, wird deren Kappe aus- und angezogen. Das Kind übergibt danach die Puppe dem Vater, der sagt, dies sei eine „liebe Puppe". Das Kind schüttelt ernst-beunruhigt den Kopf, bezeichnet dann die Puppe als „Mamapapa" und hält sie dem Vater erneut hin, mit der Aufforderung, sie hier zu lassen.

d) Die Eltern setzen sich nun zurück auf ihre Fauteuils. Das Kind protestiert, versucht sie verbal und durch Ziehen an den Kleidern ins soeben beendete Spiel zurückzubringen (es versucht offensichtlich, die erlebte symbolische Kastration rückgängig zu machen). Der Vater bietet dem Kind real zu trinken an, was dieses ablehnt. Dann schlägt er vor, es solle mit dem Telephon spielen, und die Mutter macht darauf aufmerksam, wie viele Spielsachen dem Kind doch zur Verfügung stünden. Das Kind kann diese Vorschläge nicht aufnehmen, beginnt fast zu weinen, ist deutlich ärgerlich, schmollt, läuft zur Wand und wieder zu den Eltern zurück. Es imitiert die Laute der Eltern beim Spiel mit dem Helikopter und dem Auto, um sie zu animieren, ins Spiel zurückzukommen. Die Eltern machen weitere Vorschläge, wie das Kind sich beschäftigen könne. Es beharrt aber auf seinem Wunsch und verlangt nach „Mamapapa". Die Eltern erklären, es solle doch alleine spielen, was es ganz klar nicht möchte. Beim Vater stehend, verlangt es weiterhin, protestierend und fast vor dem Verlust der Eigenkontrolle, immer wieder nach „Mamapapa". Mehrfach zieht es den Vater an seinen Kleidern in Richtung Spielteppich. Er gibt schließlich kurz nach, setzt sich zum Kind auf den Boden, spielt Auto, und das Kind beruhigt sich. Als er nach einigen Minuten wieder aufsteht und sich in den Fauteuil setzt, protestiert das Kind erneut sehr heftig und verlangt, Mutter und Vater sollten sich *auch* auf den Spielteppich setzen. Da die Eltern seinem Wunsch nicht nachkommen, wendet es sich frustriert ab, kickt die Wand, kommt zu den Eltern zurück, schüttelt den Kopf im Sinne eines Neins (nun offenbar identifiziert mit dem Frustrator) und beginnt schließlich, nach rund vier Minuten andauernder Aktivierungsversuche gegenüber den Eltern, allein zu spielen. Es nimmt das vom Vater zuvor vorgeschlagene, jedoch vom Kind abgelehnte Becherspiel auf und produziert nun, mit dem Becher am Mund, Töne. Schließlich setzt es die Kanne an den Mund und tut dergleichen, als würde es trinken.

Die triadische Kapazität dieses Knaben, aber auch der Eltern, ist offensichtlich. Im Spiel mit der Mutter bezieht er – durch ‚social referencing' – den Vater ein und im Spiel mit dem Vater die Mutter. In der Dreisamkeit ist der emotionale Austausch frei und von allen Seiten erwünscht. Niemand wird ausgeschlossen, nur die Puppe soll wegbleiben. In der 2+1-Situation der Schluß-Sequenz kämpft der Knabe um die Wiederherstellung der Spielsituation, ist emotional aber nicht ausgeschlossen. Sein Spielverhalten, als er sich nach hartnäckigen Versuchen auf sich selbst zurückzieht, indiziert die Weiterführung des triadischen Spiels in der triangulären Innenwelt, denn er spielt die Spiele, die er mit der Mutter und dem Vater gespielt hatte, nun so, als wären sie auch äußerlich ins Spiel einbezogen.

Literatur

Corboz-Warnery, A. et al. (1993): Systemic analysis of father-mother-baby interactions. The Lausanne Triadic Play. Int. J. Ment. Health, 14, 298–316.

Emde, R. (1999): Integrating influences of affective processes. Int. J. Psycho-Anal., 80, 317–339.

– et al. (1997): Imaginative Realität in der Entwicklung frühkindlicher Sprache. Psyche, 53, 1999, 249–279.

Fivaz-Depeursinge, E. (1991): Documenting a time bound, circular view of hierarchies: a microanalysis of parent-infant dyadic interaction. Family Process, 30, 101–120.

Grunberger, B. (1988): Narziß und Anubis. Bd. II. München (Verl. Int. Psychoanal.).

Piaget, J. (1951): Play, Dream and Imitation. London (Heinemann).

Schmidt-Hellerau, C. (2000): Zur Metapsychologie der Aggression. Unveröff. Manuskript.

Sloterdjik, P. (1998): Sphären. Bd. I. Frankfurt a.M. (Suhrkamp).

Stern, D. (1993): L'enveloppe prénarrative. J. de la psychanalyse de l'enfant, 14, 13–65.

Klitzing K. v. et al. (1999a): Child development and early triadic relationships. Int. J. Psycho-Anal., 80, 71–89.

– (1999b): The role of the father in early family interactions. Infant Mental Health J., 20, 222–237.

Wellman, H.M. u. A.K. Hickling (1993): Young children's understanding of pretense. Child Development, 58, 1–107.

Winnicott, D.W. (1971): Vom Spiel zur Kreativität. Stuttgart (Klett) 1993.

– (1975): Von der Kinderheilkunde zur Psychoanalyse. München (Kindler) 1976.

Peter Riedesser

Der rettende Dritte bei Übertragungs-/ Gegenübertragungskatastrophen in der stationären Jugendlichen-Psychotherapie

Theoretische Vorbemerkungen

Als Freud das Psychoanalysieren zusammen mit dem Erziehen und Regieren zu den unmöglichen Berufen zählte, mag ihm auch vorgeschwebt haben, daß er mit der Konstellation einer dyadischen therapeutischen Beziehung, in der die Beziehung von den Partnern selbst thematisiert wird, in eine Problematik geraten war, die in der Philosophiegeschichte, besonders der Geschichte der Logik und der Erkenntnistheorie, sowie in der Mathematik zu starken Kontroversen geführt hatte und noch führen würde.

Diese Diskussion, die im 20. Jahrhundert anhand der Bilder von Mauritz Cornelis Escher, einem flämischen Graphiker, auch in der Kunst geführt wurde, ist auf brillante Art in dem Buch des amerikanischen Wissenschaftstheoretikers Douglas R. Hofstadter dargestellt, das 1985 unter dem Titel *Gödel, Escher, Bach – Ein Endloses Geflochtenes Band* auf deutsch erschienen ist. Hofstadter untersuchte in immer neuen Anläufen das Problem der „Selbstbezüglichkeit" und den, wie er es nennt, Wirrwarr, der entsteht, wenn Systeme auf sich selbst zurückgreifen, z. B., wenn die Wissenschaft die Wissenschaft erforscht, die Sprache sich mit Hilfe der Sprache untersucht und schließlich Menschen über ihren eigenen Geist nachdenken – wir würden ergänzen: wenn Dyaden über die dyadische Beziehung, deren Teil sie sind, zu kommunizieren versuchen. Solche logischen Spannungszustände sind als Aporien und Paradoxien beschrieben worden, und wenn man diese selbstbezüglichen Schleifen systematisch durchdenkt, gerät man schnell in einen kognitiven Schwindelzustand, der auf Eschers bekannter Lithographie „Zeichnen" von 1948 nachvollzogen werden kann.

Der Ausweg aus dieser Situation, in der eine dyadische, selbstreferentielle, zirkuläre, „schwindelverursachende" Verschränkung besteht, ist eine dritte Position, ein Außenstandpunkt auf einer Meta-Ebene, einer höheren erkenntnistheoretischen Warte, von der aus die Aporie auf der unteren Hierarchie-Ebene thematisiert werden kann.

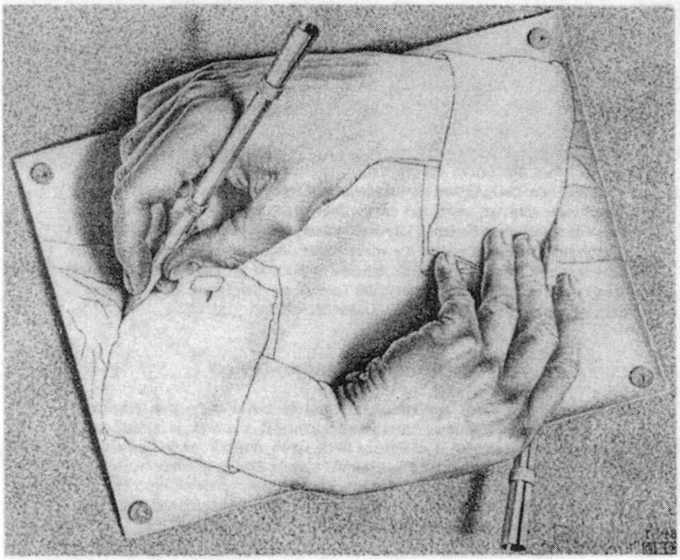

M. C. Eschers „Drawing Hands" © 2001 Cordon Art B. V. – Baarn – Holland. All rights reserved.

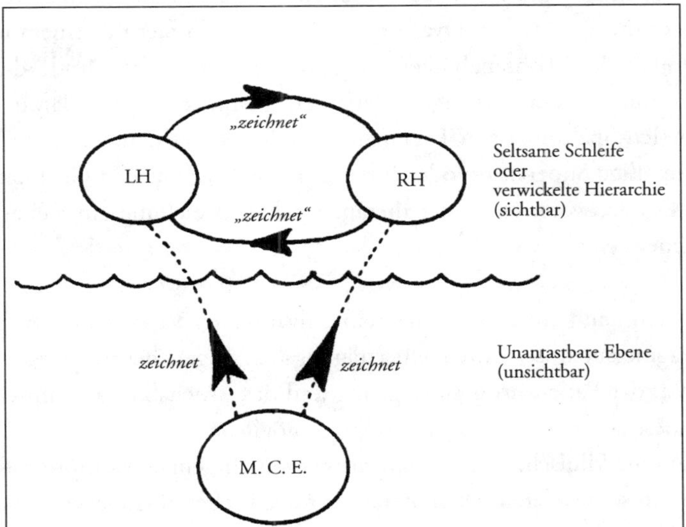

Abstraktes Diagramm von M. C. Eschers „Zeichnen". Oben eine scheinbare Paradoxie, unten die Auflösung (vgl. Hofstadter, 1991, S. 734).

Analoge erkenntnislogische Triangulierungen sind von Bateson und Mitarbeitern als Ausweg aus einer dyadischen Beziehungsfalle, einer Double-bind-Situation, durch die Fähigkeit zur Meta-Kommunikation über diese Falle beschrieben worden (Bateson et al., 1963).

Es ist auch aus philosophischer Perspektive außerordentlich interessant, jetzt, über hundert Jahre nach der Entstehung der Psychoanalyse, nachzuzeichnen, wie Freud versucht hat, aus dieser Aporie, die einer solchen dyadischen Beziehung droht, wenn die Beziehungspartner über ihre Beziehung sprechen, herauszukommen, indem er systematisch triadische Elemente einführte, von denen im folgenden einige dargestellt werden sollen:

1. die therapeutische Ich-Spaltung beim Analytiker, in der das erlebende Ich des Therapeuten, das dyadisch mit dem Ich des Patienten kommuniziert, durch das beobachtende Ich des Therapeuten reflektiert wird. Spiegelbildlich soll dasselbe, d. h. die therapeutische Ich-Spaltung in einen erlebenden und einen beobachtenden Teil, auch beim Patienten stattfinden, was nur möglich ist, wenn ein hinreichend gutes Arbeitsbündnis diesem das Experiment der reflektierenden Selbsttranszendierung der dyadischen Beziehung zum Therapeuten, d. h. das Sprechen in der Dyade über die Dyade, erlaubt;
2. die Selbsterfahrung des Therapeuten, die für Freud eine Möglichkeit der Triangulierung der therapeutischen Dyade darstellt, weil auch hier mit einem realen Dritten, nämlich dem Lehranalytiker, über die therapeutische Dyade des Lehranalysanden mit seinem jeweiligen Patienten gesprochen und damit die therapeutische Ich-Spaltung beim Therapeuten verfeinert werden kann;
3. die regelmäßige Supervision oder Intervision als Weg aus den Gefahren einer zirkulären Dyade, wodurch in der therapeutischen Beziehung ein weiteres trianguläres Element etabliert wird.

Beim Patienten kann ein Ausweg aus seiner dyadischen Verstrickung, z. B. in Form der Übertragungsneurose, durch Übertragungsdeutungen des Analytikers erfolgen, vorausgesetzt, der Patient ist gesund genug und das Arbeitsbündnis hinreichend etabliert, um diese „Quadratur des Kreises“ zu ermöglichen.

Freud hat eine klinische und erkenntnistheoretisch geniale Kompromißlösung gefunden, um im selbstreferentiellen System der dyadischen therapeutischen Beziehung genügend Triangulierungsmöglichkeiten zu etablieren.

Was aber geschieht, wenn dieses hochkomplexe dyadische System, das für „normalneurotische“ Patienten hinreichend handhabbar ist, unter bestimmten Bedingungen entgleist, die therapeutische Ich-Spaltung beim Patienten hinweggespült und der therapeutische Raum zerstört wird? Was passiert, wenn das Deutungsinstrument nicht mehr funktioniert, weil es kein Arbeitsbündnis als archimedischen Punkt mehr gibt, von dem aus der Therapeut z. B. durch Übertragungsdeutungen intervenieren und das pathogene Schema dekonstruieren kann?

Solche malignen Zirkulärprozesse zwischen Therapeut und Patient sind jedem, der längere Zeit im therapeutischen Feld gearbeitet hat, sowohl aus eigener Erfahrung als auch aus Erzählungen von Patienten und Kollegen bekannt. Dazu gehören „festgefahrene" Therapien, die nach oft langer maligner Verstrickung zum Abbruch führen, manchmal mit lautem Knall, manchmal in stiller Verbitterung und Resignation. Eine Dekonstruktion inadäquater pathologischer Denk- und Fühlschemata ist nicht mehr möglich, die Beziehung ist entgleist, beide Beziehungspartner stecken in einer ausweglosen Situation, im Clinch, im Sumpf, in Verstrickung und in feindseliger Abhängigkeit. Was könnte jetzt noch helfen, wenn die systeminternen Triangulierungsmöglichkeiten der Dyade blockiert oder zerstört sind? Gibt es eine Chance für einen von außen kommenden „rettenden Dritten", einen befreienden Perspektivenwechsel beim Patienten zu ermöglichen?

Dazu sollen im folgenden zwei Fallvignetten aus der Behandlung Jugendlicher vorgestellt werden.

Kasuistischer Teil

Der 17jährige Patient war mit einer massiven destruktiven und autodestruktiven Problematik auf die Jugendstation aufgenommen worden. Anfangs fand die Psychotherapie mit einer Therapeutin auf der Basis eines guten Arbeitsbündnisses statt. Nach mehreren Wochen kam es jedoch zum Wetterumschwung: negative Übertragungselemente summierten sich, die Therapeutin wurde in den Augen des Patienten immer mehr zur bösen, frühen, versagenden, desinteressierten, ja geradezu verfolgenden Mutter. Er begann mit verbalen Attacken, die sich zu massiven Bedrohungen der Therapeutin steigerten, so daß diese sich zunehmend auch auf der Realebene bedroht fühlte. Dies war durchaus keine bloße Phantasie, weil der Patient in seiner vorstationären Zeit mehrere aggressive Durchbrüche realisiert hatte.

Jetzt stellte sich die Frage, ob er, auch zum Schutz der Therapeutin, entlassen werden sollte. Dies hätte nicht nur eine schlimme Behandlungsruine für den Patienten bedeutet, sondern auch kein definitives Ende der Bedrohung gebracht, weil der Patient der Therapeutin auch für die Zeit nach einer Entlassung Racheaktionen angedroht hatte.

Ich hatte den Jugendlichen zu Beginn seines stationären Aufenthaltes zu einem meiner auf der Jugendstation üblichen einstündigen Interviews gesehen, in dem er sich als sehr verletzlich und sensibel beschrieben und über eine gute Beziehung zu seiner Therapeutin berichtet hatte. Ich hatte ihn ermutigt, diese sensible Seite mit seiner

Therapeutin weiter zu besprechen und mit ihr herauszufinden, was ihn im Laufe seiner Kindheit so furchtbar wütend gemacht habe.

Vor dem Hintergrund der Bedrohung der Therapeutin und des einige Wochen zurückliegenden guten Gesprächs mit dem Jugendlichen entschloß ich mich zu einer Intervention jenseits einer Fallsupervision aus der Distanz, indem ich mit beiden vereinbarte, daß ich gern eine Stunde mit ihnen zusammen sprechen wolle. Sie waren einverstanden.

Ich begann das Gespräch damit, daß ich sagte, ich hätte von beiden gehört, daß sie ursprünglich eine gute und vertrauensvolle Gesprächssituation miteinander gehabt hätten und daß ich jetzt gern verstehen wolle, warum die Beziehung sich so negativ entwickelt habe. Der Patient brachte eine Reihe von Vorwürfen, deren verzerrender Übertragungscharakter deutlich war. Als die Therapeutin im Anschluß ihre Perspektive dagegenstellte, wurde dies vom Patienten nur als zusätzliche Unverschämtheit gewertet und zurückgewiesen. Daraufhin versuchte ich, in diesem Dreiergespräch herauszuarbeiten, daß der Patient wohl durch verschiedene Ereignisse, z. B. Stundenverschiebungen der Therapeutin etc., deswegen so auf die Palme gebracht worden sei, weil ihn dies an frühere Erlebnisse aus der Kindheit erinnere, und daß er auf gewisse Dinge, auch wenn diese gar nicht so gemeint seien, extrem allergisch reagiere. Er habe jetzt deswegen eine solche Riesenwut auf die Therapeutin entwickelt, weil sie ihn in manchen Aspekten an seine Mutter erinnere, in den Gesprächen mit ihr also die ganze Wut auf seine Mutter hochgekommen sei. Nach einem langen Ringen waren wir am Ende so weit gekommen, daß für seine Rage wieder ein lebensgeschichtlich verstehbarer Kontext formulierbar geworden war, wodurch der Übertragungshaß nachließ und die Rachedrohungen verschwanden. Der Patient war durch den von außen kommenden Dritten wieder zur „Dezentrierung“ fähig geworden.

Der zweite Fall ist ein 17jähriges Mädchen mit einer schweren Anorexie, verbunden mit selbstverletzendem Verhalten und immer wieder geäußertem massivem Selbsthaß. Sie sagte, sie sei „Scheiße“, sie sei nicht vom Teufel besessen, sondern sie sei sogar der Teufel selbst. Der Hintergrund war eine schwere Neurodermitis-Erkrankung in den ersten Lebensjahren, die zu fürchterlicher Verzweiflung, Wut gegen die Mutter, die ihr nicht helfen konnte, Haß auf den eigenen Körper und Verlassenheitsängsten geführt hatte.

In der stationären Psychotherapie, die sich anfangs gut zu entfalten schien, setzte das Mädchen die Therapeutin zunehmend durch Mißtrauen, abwertende Äußerungen und Schweigen schachmatt. Die Therapeutin empfand die Stunden nur noch als Quälerei und schwankte zwischen Gefühlen der Ohnmacht, tiefem Selbstzweifel und hilfloser Wut. Die Patientin wollte die Therapie abbrechen und den stationären Rahmen verlassen.

Ich verabredete mit der Therapeutin, der Patientin und deren Familie, daß ich nach der jetzt gewünschten und realisierten Entlassung ambulant versuchen wolle, die Gründe für das Scheitern der stationären Therapie herauszufinden, um dann zu überlegen, ob eine Wiederaufnahme auf die Station und Fortsetzung der Behandlung durch dieselbe Kollegin möglich sein könnten.

In regelmäßigen ambulanten Sitzungen konzentrierte ich mich ausschließlich auf den Fokus der Entwicklung dieser massiven negativen Übertragung und versuchte herauszufinden, ob es Vorläufer dieses abgrundtiefen Mißtrauens, das sich jetzt gegen die Therapeutin gerichtet hatte, in der Lebensgeschichte geben könnte. Es wurde bald deutlich, daß die Patientin ihrer Mutter, die zwischendurch idealisiert worden war, eigentlich nie getraut hatte, da sie ihr in ihren schlimmen Neurodermitis-Nächten nicht nur nicht ausreichend geholfen, sondern manchmal verbal und averbal signalisiert hatte, daß ihr alles zuviel werde. Außerdem hatte die Patientin die Vorstellung entwickelt, sie sei so böse, daß sie eh keine Hilfe verdient habe; so konnte sie auch nicht glauben, daß sich die Therapeutin um ihre Gesundung bemühen würde.

Nach etwa zwei Monaten ambulanter Klärung der Entwicklung der negativen Übertragung aus der Lebensgeschichte der Patientin kamen wir zu dem Punkt, an dem sie sagte, ab jetzt könne sie sich die Wiederaufnahme der Psychotherapie durch die vorherige Therapeutin vorstellen, weil sie diese wohl falsch wahrgenommen habe. Die Therapeutin, immer noch verschreckt durch die extrem negative Übertragung während des stationären Aufenthaltes, zögerte, ob sie sich nochmals auf die Therapie einlassen sollte. Wir besprachen daraufhin zu dritt (Therapeutin, Patientin und ich) das ambulant mit mir erarbeitete Verständnis für die Entwicklung der negativen Übertragung aus der Lebensgeschichte. Dadurch war es auch der Therapeutin möglich, wieder einen therapeutischen Rahmen mit einem ausreichenden Arbeitsbündnis zu definieren und eine stationäre Wiederaufnahme und Fortsetzung der Psychotherapie zu wagen.

Schlußfolgerungen

Diese Fallvignetten zeigen, daß bei entgleisenden therapeutischen Beziehungen, in denen ein ursprünglich vorhandenes Arbeitsbündnis hinweggespült und der therapeutische Raum zerstört worden ist, die reale Intervention eines signifikanten Dritten, in gewissem Sinne eines nichtkontaminierten Therapeuten, den Patienten veranlassen kann, eine „Dezentrierung" von einer generalisierenden negativen Übertragung vorzunehmen, eine Dekonstruktion (vgl. Fischer, 1989), so daß Arbeitsbündnis und therapeutischer Raum wiederhergestellt werden können. Selbst wenn es bei entgleisten Dyaden trotzdem nicht mehr zur Fortsetzung der therapeutischen Arbeit kommen sollte, ist ein solches Gespräch als Abschlußintervention dennoch nützlich, damit keine unnötigen therapeutischen Trümmerfelder zurückbleiben, sondern ein fairer, in gewissem Sinne versöhnender Abschluß gefunden werden kann.

Frederick Wyatt hat in seinen Seminaren immer wieder betont, daß die letzte Aufgabe beim Scheitern einer therapeutischen Beziehung darin bestehe, dem Patienten die Möglichkeit zu erleichtern, mit einer anderen Person einen erneuten therapeutischen Prozeß zu wagen.

Diese Art der „realen" Triangulierung in schweren therapeutischen Beziehungskrisen wird meines Erachtens viel zu wenig gewählt. Immer dann, wenn eine irreversible Entgleisung der dyadischen therapeutischen Beziehung, die durch Interpretationen des Therapeuten nicht mehr eingeholt werden kann, entstanden ist oder sich ankündigt, ist eine reale Triangulierung durch einen nichtkontaminierten Dritten zu empfehlen. Dies kann z. B. dadurch geschehen, daß ein Therapeut dem Patienten empfiehlt, die jetzige dyadische therapeutische Beziehung für eine gewisse Zeit zu unterbrechen, ein „therapeutisches Moratorium" einzulegen, damit der Patient in der Zwischenzeit einige Gespräche mit einer nichtkontaminierten dritten therapeutischen Person führen kann. Eine solche offensiv vom Therapeuten angebotene Triangulierung, in der Organmedizin inzwischen als Einholung einer ‚second opinion' selbstverständlich geworden, kann die letzte Chance für den Patienten und den Therapeuten sein, eine Fortsetzung der therapeutischen Mesalliance oder einen Abbruch zu verhindern; denn beides ist sowohl für den Patienten als auch für den Therapeuten immer sehr belastend.

Literatur

Bateson, G. et al. (1963): A note on the double bind – 1962. Family Process, 2, 154–161.

Fischer, G. (1989): Dialektik der Veränderung. Modell, Theorie und systematische Fallstudie. Heidelberg (Asanger).

Hofstadter, D.R. (1991): Gödel, Escher, Bach – Ein Endloses Geflochtenes Band. München (dtv).

Teil V

Psychoanalyse im Gesundheitswesen

Psychoanalytische Langzeitbehandlungen als Herausforderung an die Evaluationsforschung

Horst Kächele

Einleitung: Psychoanalytische Langzeitbehandlungen

Gegenwärtig ist die psychoanalytische Therapieforschung in der BRD nicht mehr ernsthaft umstritten. Ein historischer Rückgriff auf den Rechenschaftsbericht des Berliner Psychoanalytischen Instituts aus dem Jahre 1930 erlaubt eine Kontinuität zu sehen:

> „Denn wer je zusammenrechnen könnte, was die Krankenkassen unnütz an Geld für Verordnungen verschwenden, gegen all die sog. ‚Psychopathien', d. h. in Wirklichkeit gegen Neurosen"; und „wer zusammenrechnen könnte, welche großen pekuniären Leistungen die Kassen aufzubringen haben für die Kranken, die immer wieder rückfällig werden müssen, weil ihre eigentlichen neurotischen Störungen nicht diagnostiziert wurden …"; und „wer nachrechnen könnte, wieviel Rentenneurosen dadurch entstehen, daß psychische Unfallfolgen nicht schon im Keim psychoanalytisch behandelt und beseitigt werden; wer dieses und noch anderes mehr zahlenmäßig erfassen könnte, der würde den Kassen beweisen können, wieviel sie sparen, bezw. in sozialhygienischer Beziehung zweckmäßiger verwenden würden, wenn sie die psychoanalytische Behandlung ihren Krankenkassenmitgliedern zugänglich machten" (Simmel, 1930, S. 9; s. a. Senf, 1990).

Mit diesem Hinweis darf ich die Mitteilung über zwei von Psychoanalytikern durchgeführte Evaluationsstudien einleiten, die im Umfeld der Diskussion der letzten Jahre über Wert oder Unwert psychoanalytischer Behandlungen entstanden sind. Wieviel mehr an psychoanalytischen Ergebnisstudien verfügbar sind, wird aus der vom Komitee für Forschung der Internationalen Psychoanalytischen Vereinigung kompilierten Übersicht deutlich (vgl. Fonagy et al., 1999). Gewiß ist noch nicht genug getan, um der starken Überzeugung der Psychoanalytiker und der sie aufsuchenden Patienten auch empirische Fundierung zu geben. Aber die Zeit ist vorbei, da wir uns nur auf die Menninger-Studie (1956) stützen konnten.

Der frühere Präsident der IPV, Robert Wallerstein, gehört seit vielen Jahren zu den engagierten Vertretern einer empirischen Evaluationsforschung, der sowohl in Topeka bei der Menninger-Foundation als auch in San Francisco am Langley Porter Institute eine Arbeitsgruppe aufgebaut hat, die seit Jahren von Mardi Horowitz intensiviert wird. Auf dem IPV-Kongreß in Helsinki 1983 wurde erstmals eine Arbeitsgruppe zum Thema „Psychoanalytische Therapieforschung" eingerichtet und 1985 die damals schon traditionelle Ulmer Werkstatt für empirische Forschung in der Psychoanalyse ins Vorfeld des Hamburger Kongresses verlegt. Die positive Resonanz dieses Treffens, von Merton Gill und Lester Luborsky sowie Mitarbeitern von Otto Kernberg ins IPV-Programmkomitee transportiert, ebnete den Weg für weitere Berichte zur Therapieforschung auf den IPV-Kongressen in Montreal 1987 und Rom 1989. Zwanzig Jahre nach Wallerstein und Sampsons (1971) umfassender Übersicht zu den Problemen der Therapieforschung im *International Journal of Psycho-Analysis* wurde eine erste offizielle eigenständige Konferenz unter der Schirmherrschaft der IPV zu diesem Thema in London im April 1991 abgehalten, die inzwischen seit zehn Jahren regelmäßig Kliniker und Forscher zusammenführt (vgl. Kächele, 1992). Der lange Marsch am Rande der institutionalisierten Psychoanalyse hat nun zur Anerkennung durch die Institution IPV geführt.

Es ist unerläßlich, das Feld der psychoanalytischen Therapieforschung mit jener Forschung abzustimmen, die ich als klinische Forschung bezeichne. Damit meine ich jenes „Studium des menschlichen Innenlebens" (Kohut), das auf dem Mutterboden der psychoanalytischen Theoriebildung, der psychoanalytischen Situation, stattfindet. Freuds Hinweis in der 34. Vorlesung bleibt jedoch bedenkenswert, wenn man therapeutische und wissenschaftliche Psychoanalyse glaubt differenzieren zu können:

> „Sie wissen, die Psychoanalyse ist als Therapie entstanden, sie ist weit darüber hinausgewachsen, hat aber ihren Mutterboden nicht aufgegeben und ist für ihre Vertiefung und Weiterentwicklung immer noch an den Umgang mit Kranken gebunden. Die gehäuften Eindrücke, aus denen wir unsere Theorien entwickeln, können auf andere Weise nicht gewonnen werden" (Freud, 1933a, S. 163).

Klinische Forschung kann und muß zur systematisierten empirischen Forschung weiterentwickelt werden, wenn man das Problem der „gehäuften Eindrücke" ernst nimmt. Von der dyadenspezifischen Wahrheit bis zur nomothetischen Aussage ist es ein weiter Weg (vgl. Galatzer-Levy et al., 2000). Diese aber wird von der kritischen Öffentlichkeit zu Recht gefordert.

Literatur

Fonagy, P. et al. (1999): An open door review of outcome studies in psychoanalysis. IPA: http://www.ipa.org.uk, London.

Freud, S. (1933a): Neue Folge der Vorlesungen zur Einführung in die Psychoanalyse. GW 15.

Galatzer-Levy, R.M. et al. (2000): Does Psychoanalysis Work? New Haven, London (Yale Univ. Pr.).

Kächele, H. (1992): Psychoanalytische Therapieforschung 1930–1990. Psyche, 46, 259–285.

Senf, W. (1990): Sind psychoanalytische Behandlungen effektiv? In: Streeck, U. (Hrsg.): Herausforderungen für die Psychoanalyse. Diskurse und Perspektiven. München (Pfeiffer), 339–358.

Simmel, E. (1930): Zur Geschichte und sozialen Bedeutung des Berliner Psychoanalytischen Instituts. In: Deutsche Psychoanalytische Gesellschaft (Hrsg): Zehn Jahre Berliner Psychoanalytisches Institut. Poliklinik und Lehranstalt. Wien (Int. Psa. Verl.), 7–12.

Wallerstein, R.S. u. H. Sampson (1971): Issues in research in the psychoanalytic process. Int. J. Psycho-Anal., 52, 11–50.

– et al. (1956): The psychotherapy research project of the Menninger Foundation. Bull. Menninger Clinic, 20, 221–278.

Gerd Rudolf

Wie können strukturelle Veränderungen in analytischen Langzeitpsychotherapien empirisch erfasst werden?*

Einführung

In dem Band *Clinical and Observational Psychoanalytic Research* von Sandler et al. (2000) können wir lesen, wie heikel das Verhältnis zwischen Forschung und Psychoanalyse ist. Wie alle sozialen Gruppierungen mit starker Kohärenz und wechselseitiger Kontrolle ist auch die Gruppe der Psychoanalytiker durch ausgeprägte kollektive Idealbildungen gekennzeichnet. Solche Idealbildungen sind immer defensiv orientiert, d. h., kritische und speziell selbstkritische Reflexionen eines Mitglieds werden leicht als Versuch verstanden, die eigenen hohen Werte zu demontieren und statt dessen andere, für die Gruppe bedrohliche Werte zu installieren. Kritik von außen erscheint demgegenüber verhältnismäßig ungefährlich, ja geradezu bestätigend für die eigene besondere Position und förderlich für die Kohäsion. So läßt es sich verstehen, daß Forscher, die als Psychoanalytiker selbstkritische Fragen aufwerfen, zunächst als zwar Bemühte, aber doch im Grundsatz Irrende angesehen werden, ehe die terminalen Argumente angeführt werden: Das, *was* sie untersuchen, sei gar nicht psychoanalytisch, *wie* sie es untersuchen, erst recht nicht, und schließlich seien die Forscher, welche die Untersuchung durchführten, keine richtigen Psychoanalytiker mehr, sondern bereits zu den psychoanalysefeindlichen Gruppierungen übergelaufen; im übrigen seien die Ergebnisse für die Psychoanalyse ohne Belang.

So sind die Rollen verteilt und die Argumente einer seit langem geführten Diskussion vorhersehbar. Die Protagonisten der einen und der anderen Richtung sind bekannt und spielen ihre zugewiesene Rolle immer wieder mit Elan. André Green z. B. wird gerne als Vertreter forschungsfeindlicher Positionen bemüht, und so kann er in der obengenannten Veröffentlichung einer 1997 in London geführten Debatte darauf hinweisen, daß er das gleiche Streitgespräch mit Daniel Stern und anderen research-orientierten Kollegen bereits in Genf, Neapel und anderswo geführt habe. Er

* Unter Mitarbeit von T. Grande, R. Dilg, Th. Jakobsen, W. Keller, C. Oberbracht, C. Pauli-Magnus, S. Stehle und St. Wilke.

wundert sich nur über das Wohlwollen, das die anderen seinem Werk immer noch entgegenbringen, während er unverdrossen nachzuweisen versucht, daß Sterns Säuglings- und Kinderbeobachtung für die Psychoanalyse ohne jede Bedeutung seien oder Psychoanalyseforscher wie Wallerstein und Fonagy sich grundsätzlich im Irrtum befänden. Diese wiederum betonen unermüdlich die Notwendigkeit von Forschung und sammeln deren Ergebnisse (vgl. Fonagy, 1999; Wallerstein, 1999). Kernberg (in diesem Band) betont, daß Psychoanalyse als Wissenschaft nur im Kontakt und Austausch mit anderen Wissenschaften werde bestehen können; alles andere sei selbstmörderisch, da werde das Todestriebkonzept der Psychoanalyse geradezu auf sie selbst angewendet (Kernberg in einer Diskussionsbemerkung, 1999).

Zu erforschende Fragen gibt es mehr als genug: Was geschieht in Psychoanalysen; was verändert sich nachhaltig im Patienten; welche Einflüsse haben Setting, Behandlungstechnik und theoretischer Hintergrund des Analytikers; welche Dauer benötigt eine Psychoanalyse; was nutzt und was schadet sie, was kostet sie im Vergleich zu ihrem Nutzen usw.?

Hierzulande sind es die Arbeitsgruppen von Leuzinger-Bohleber, Stuhr und Beutel, von Huber und Klug, von Kächele oder unsere Gruppe, die Forschungsinteressen in der Psychoanalyse vertreten. Unter den auswärtigen Forschungsprojekten hat die Arbeitsgruppe von Sandell (Sandell et al., 1999) besonders interessante Daten zu Langzeitverläufen psychoanalytischer Behandlungen bei großen Patientenzahlen vorgelegt. Sie alle ernten damit bei Forschern teils freundliches Interesse, teils scharfe Methodenkritik, bei den Psychoanalytikern teils Anerkennung für ihren Fleiß und teils grundsätzliche Skepsis.

Unter dem Druck berufspolitischer Diskussionen um die Frage, was Psychotherapien allgemein und Psychoanalyse speziell zu leisten vermögen, wurde die Akzeptanz von Forschungsvorhaben generell etwas größer. In unserem Falle wurde sie bei den Verantwortlichen der DGPT sogar so groß, daß sie beschlossen, ein Projekt durchführen zu lassen, „das nach Möglichkeit sowohl Daten liefern sollte für die Diskussion mit politischen Institutionen und mit Kostenträgern, das darüber hinaus aber Materialien für die weitere fachinterne Diskussion zu Fragen der Indikation und Differentialindikation bereitstellt“ (DGPT, 1994). So kam es, daß der Entwurf unserer Arbeitsgruppe durch ein unabhängiges Gutachtergremium unter mehreren Mitbewerbern ausgewählt und nach einer Reihe von Probeläufen schließlich ab 1997 finanziell gefördert wurde, und zwar aus den Beiträgen der Psychoanalytiker in der DGPT. Diese hat sich bis an die Grenzen des Möglichen belastet, aber eine Studie zur Langzeitpsychoanalyse bringt es eben mit sich, daß die verfügbaren Mittel über viele Jahre verteilt werden müssen, so daß dann letztlich pro Zentrum eine bescheidene Teilstelle plus Hilfskräfte verfügbar ist. Auf der Grundlage dieser Anschubfinanzierungen bemühen wir uns um DFG-Projekte, Doktorandenstipendien, Stiftungen und die kostenlose Mitarbeit unserer Klinikangehörigen (vgl. Grande et al., 1997).

Unsere Arbeitsgruppe setzt sich zusammen aus unserer Heidelberger Gruppe, die schon in der Berliner Psychotherapiestudie Erfahrungen mit analytischen Langzeittherapien sammeln konnte und sich in den letzten Jahren vor allem mit der Weiterentwicklung diagnostischer Systeme (OPD = Operationalisierte Psychodynamische Diagnostik, ein manualisiertes System zur Einschätzung psychodynamisch relevanter Befunde, das inzwischen eine weite Verbreitung gefunden hat und hier als bekannt vorausgesetzt werden kann; Arbeitsgruppe OPD, 1998) beschäftigt hat (vgl. Grande et al., 1998a, 1998b; Rudolf, 1991a, 1991b; Rudolf et al., 1994, 1995, 1996), aus unserem Kooperationspartner in Berlin, der Gruppe um Prof. Studt und Dr. Keller, die sich besonders für den Verlauf der Krankheitskosten interessierte und dazu bereits eine Langzeitstudie an Jungianischen Analysen durchgeführt hat (vgl. Keller et al., 1997), und aus der Schweizerischen C. G. Jung-Gesellschaft, die als dritte kooperierende Gruppe das Design der Studie übernommen hat, so daß wir hier eine weitere interessante Vergleichsgruppe gewinnen konnten.

Auf die Schwierigkeit, Psychoanalytiker für die Mitarbeit an der Studie zu gewinnen, und die Gründe dafür, will ich jetzt nicht eingehen, sie ist erheblich und kostet einen guten Teil der Arbeitskraft der Forschungsmitarbeiter. Forschung, die nicht im Labor, sondern unter Praxisbedingungen realisiert wird, ist von vielen Einflüssen abhängig, auch von der allgemeinen berufspolitischen Wetterlage und der dadurch beeinflußten Gestimmtheit der Niedergelassenen. Mehr als 10–15 % von ihnen lassen sich bei bestem Bemühen nicht für eine aktive Mitarbeit in einer prospektiven Therapiestudie gewinnen.

Praxisstudie Psychoanalytische Langzeittherapie – Fragestellung und Design

Die Art unseres Vorgehens, die Wahl der Untersuchungsmethoden und der verwendeten Instrumente, verfolgt zwei Ziele:

1. Therapeutische Veränderungen und Therapieergebnisse in Psychoanalysen sollen nach den Regeln der empirischen Psychotherapieforschung – d. h. prospektiv, vergleichend, hypothesengeleitet – untersucht werden.
2. Die Beschreibung der Therapieprozesse und Veränderungen soll den psychoanalytischen Annahmen und Vorgehensweisen gerecht werden, im Sinne des von Strupp et al. (1988) beschriebenen PTO-Prinzips der Kongruenz in der psychoanalytischen Beschreibung der Persönlichkeit, der therapeutischen Veränderungsprozesse und der Ergebniseinschätzung.

Die Spannung zwischen beiden Ansätzen liegt darin, daß in der empirischen Psychotherapieforschung Dosis-Wirkungsmodelle vorherrschen: welches Ausmaß und welche Beständigkeit von Symptomveränderungen durch wieviel Therapieaufwand. Dieser Ansatz präferiert Kurztherapien mit ihrem Ziel der raschen Symptomreduzierung und ist für die Untersuchung der Effekte von Langzeitbehandlungen ungeeignet. Unser Ziel ist es daher, uns nicht einzig auf die Symptomveränderung zu beschränken, sondern die aus psychoanalytischer Sicht basalen Veränderungen auf der *persönlichkeitsstrukturellen Ebene* zu erfassen. Zu diesem Zweck haben wir spezielle Vorgehensweisen entwickelt, wie der Fokus der Störung erfaßt und in seinem Veränderungsgeschehen mit Hilfe eines eigens entwickelten Instruments (Heidelberger Umstrukturierungsskala) angemessener beschrieben werden kann, als es bisher möglich war.

Folgende sind unsere Hauptfragestellungen:

- Welches ist die Qualität und die Verlaufsgestalt persönlichkeitsstruktureller Veränderungen in analytischen Psychotherapien?
- Welche Unterschiede in Prozeß- und Ergebnisqualität lassen sich bei hoher und niederer Stundenfrequenz aufzeigen?
- Welche Zusammenhänge bestehen zwischen Symptomveränderungen und Umstrukturierung?
- Wie entwickeln sich Symptomveränderungen, Strukturveränderungen und soziale Integration im therapiefreien Raum nach Abschluß der Behandlung?
- Wie stabil sind die Veränderungen zum Katamnesenzeitpunkt?
- Wie stellen sich Kosten-Nutzen-Aspekte z. B. bezüglich medizinischer Inanspruchnahme dar?

Ziel der Studie ist es, höherfrequente psychoanalytische (3stündige) und niederfrequente (1- bis 2stündige) Therapien in einer *prospektiven* Untersuchung zu vergleichen, und zwar je 30 Therapieverläufe, ergänzt um weitere 30–50 Jungianische Therapien. Sie werden von ausgebildeten und erfahrenen Psychoanalytikern durchgeführt, wobei pro Therapeut je eine höher- und niederfrequente Therapie realisiert werden soll. Die Patienten beider Behandlungsstränge sollen schwer ausgeprägte neurotische, psychosomatische und Persönlichkeitsstörungen aufweisen. Die Vergleichbarkeit beider Stichproben wird durch ein Matching-Verfahren sichergestellt.

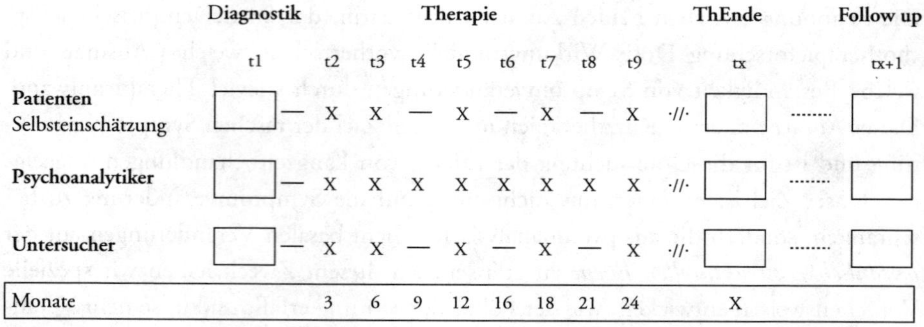

Abb. 1 Perspektiven und Zeitpunkte der Untersuchung

Zu regelmäßigen Untersuchungszeitpunkten (alle Viertel- bzw. alle halbe Jahre) werden die Therapieverläufe untersucht, und zwar aus drei Perspektiven:

a) Perspektive der Patienten (mit einer Reihe bewährter Selbsteinschätzungsinstrumente);
b) Perspektive der Psychoanalytiker (sie beschreiben vierteljährlich in strukturierter, halbstrukturierter und freier Form den Behandlungsverlauf und geben insbesondere Berichte über einzelne von ihnen herausgegriffene Sitzungen);
c) Perspektive der unabhängigen Beobachter (hier werden die Patienten zunächst vierteljährlich, später halbjährlich zu einem Interview in die Forschungsstelle eingeladen; es wird ein Arbeitsinterview durchgeführt, dessen Videoaufzeichnung nach bestimmten Regeln ausgewertet wird).

Die Vielzahl der verwendeten Instrumente zu den unterschiedlichen Zeitpunkten geht aus Abbildung 2 hervor.

Die Fallzahl ist mit 30 Verläufen pro Gruppe relativ gering; wenn Gruppenunterschiede identifiziert werden sollen, es ist aber möglich, diesen Nachteil durch eine Präzisierung der Unterschiedshypothesen auszugleichen. Dafür erlaubt die kleine Fallzahl eine ausführliche, geradezu kasuistisch intensive Untersuchung der einzelnen Fälle. Es fallen pro Verlauf ca. 6–12 Interviews an, deren Auswertung im Schnitt 16,5 Stunden pro Interview erfordert. Ebenso aufwendig sind die Inhaltsanalysen der Texte, die die Analytiker über den Behandlungsverlauf erstellen. So sind neben Gruppenvergleichen auch Einzelfallauswertungen möglich. Ende 2000 waren in Heidelberg und Berlin insgesamt 55 Fälle (+ 35 in Zürich) in die Studie eingebracht und insgesamt etwa 350 Interviews durchgeführt worden. Die Therapien sind in Gang und werden fortlaufend untersucht, so daß wir uns jetzt in der Erhebungsphase

Meßzeitpunkte	***Patienten-Selbsteinschätzungen***	***Beurteilungen der Analytiker***	***Externe Untersucher***		***Krankenkassendaten***
			Interviewer	***OPD-Rater***	
Vorgespräch	**Pat-1:** Sozialdaten, Krankheitsverhalten, SCL-90R, SG-Skala				
Therapiebeginn	**Pat-2:** PSKB-Se, IIP, SASB-Introjekt, ZSU	**Analyt-1:** Initiale Diagnostik, TAB, SGRT	**Unt-1:** Bedeutsame Lebensereignisse, SGRT	**Unt-2:** IIP-fremd, SGRT, OPD, FOKI, UMSTRUK	
3 Monate	**Pat-3:** Krankheitsverhalten, PSKB-Se, IIP, SASB-Introjekt, ZSU	**Analyt-2:** Beschreibung einzelner Stunden **Analyt-3:** Angaben zu: Setting, Symptomatik, Prozeß/ Zusammenarbeit, Inhalte/ Themen, Techniken/ Zielsetzungen. UMSTRUK, TAB, SGRT	**Unt-1:** Bedeutsame Lebensereignisse, SGRT	**Unt-2:** IIP-fremd, SGRT, OPD, FOKI, UMSTRUK	
6 Monate	**Pat-3:** Krankheitsverhalten, PSKB-Se, IIP, SASB-Introjekt, ZSU	**Analyt-2:** Beschreibung einzelner Stunden **Analyt-3:** Angaben zu: Setting, Symptomatik, Prozeß/ Zusammenarbeit, Inhalte/ Themen, Techniken/ Zielsetzungen. UMSTRUK, TAB, SGRT	**Unt-1:** Bedeutsame Lebensereignisse, SGRT	**Unt-2:** IIP-fremd, SGRT, OPD, FOKI, UMSTRUK	
9 Monate		**Analyt-2:** Beschreibung einzelner Stunden **Analyt-3:** Angaben zu: Setting, Symptomatik, Prozeß/ Zusammenarbeit, Inhalte/ Themen, Techniken/ Zielsetzungen. UMSTRUK, TAB, SGRT			
1 Jahr	**Pat-3:** Krankheitsverhalten, PSKB-Se, IIP, SASB-Introjekt, ZSU **Pat-3x:** SCL-90, SG-Skala	**Analyt-2:** Beschreibung einzelner Stunden **Analyt-3:** Angaben zu: Setting, Symptomatik, Prozeß/ Zusammenarbeit, Inhalte/ Themen, Techniken/ Zielsetzungen. UMSTRUK, TAB, SGRT	**Unt-1:** Bedeutsame Lebensereignisse, SGRT	**Unt-2:** IIP-fremd, SGRT, OPD, FOKI, UMSTRUK	

Meßzeitpunkte	***Patienten-Selbsteinschätzungen***	***Beurteilungen der Analytiker***	***Externe Untersucher***		***Krankenkassendaten***
			Interviewer	***OPD-Rater***	
3 Monate		**Analyt-2:** Beschreibung einzelner Stunden **Analyt-3:** Angaben zu: Setting, Symptomatik, Prozeß/Zusammenarbeit, Inhalte/Themen, Techniken/Zielsetzungen. UMSTRUK, TAB, SGRT			
6 Monate	**Pat-3:** Krankheitsverhalten, PSKB-Se, IIP, SASB-Introjekt, ZSU	**Analyt-2:** Beschreibung einzelner Stunden **Analyt-3:** Angaben zu: Setting, Symptomatik, Prozeß/Zusammenarbeit, Inhalte/Themen, Techniken/Zielsetzungen. UMSTRUK, TAB, SGRT	**Unt-1:** Bedeutsame Lebensereignisse, SGRT	**Unt-2:** IIP-fremd, SGRT, OPD, FOKI, UMSTRUK	
Weitere Messungen alle 3 Monate (Analyt-2, Analyt-3) bzw. alle 6 Monate (Pat-3, Unt-1, Unt-2), alle 12 Monate zusätzlich Pat-3x					
Abschluß	**Pat-4:** Sozialdaten, Krankheitsverhalten, SCL-90R, ZSU, PSKB-Se, IIP, SASB-Introjekt, SG-Skala, Globale Veränderungen, VEV, Rückblick auf die Behandlung	**Analyt-4:** Initiale Diagnostik, Abschiedsszene, Globale Veränderungseinschätzungen, freie Bilanzierung **Analyt-4x:** Angaben zu: Setting, Symptomatik, Prozeß/Zusammenarbeit, Inhalte/Themen, Techniken/Zielsetzungen. UMSTRUK, TAB, SGRT	**Unt-1:** Bedeutsame Lebensereignisse, SGRT	**Unt-2:** IIP-fremd, SGRT, OPD, FOKI, UMSTRUK	
1- und 3-Jahres-katamnesen	wie oben	wie oben	wie oben	wie oben	Erhebung f. d. Zeitraum J. nach Beh.

Abb. 2 Meßzeitpunkte und Instrumente

befinden und noch keine zusammenfassenden Ergebnisse mitteilen können. Statt dessen soll das Prinzip des Vorgehens auf den einzelnen Ebenen an Fallbeispielen illustriert und damit eine Antwort auf die Themenfrage dieser Arbeit gegeben werden.

Die Erfassung der therapeutischen Veränderungen aus der Perspektive der beteiligten Patienten und Psychoanalytiker

In der Patientenperspektive bewegen wir uns auf der traditionellen Ebene symptom- und verhaltensbezogener Selbsteinschätzungen. Bei einer durchschnittlichen Therapiedauer von 1,5 Jahren zum gegenwärtigen Zeitpunkt lassen sich auf der Symptomebene erste Ansätze einer Verlaufstypologie (s. Abbildung 3) erkennen.

Der häufigste Verlauf der zweigipfligen Kurve wird später nochmals an einem Fallbeispiel illustriert, das wir bei der Umstrukturierung aufgreifen werden.

Gruppen		n =	% =
A) hoch → tief → kurzes Hoch → tief	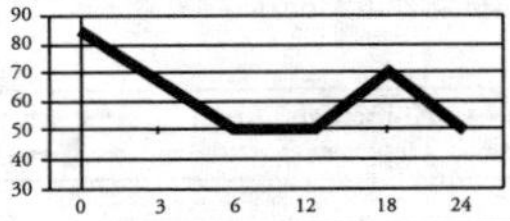	16	36.4%
B1) hoch → längeres Tief	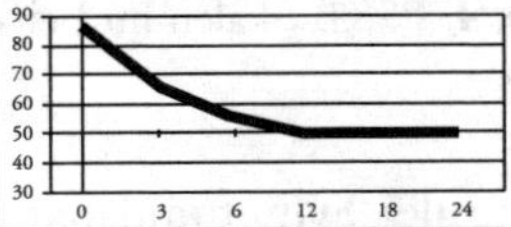	12	27.3%
B2) hoch → kurzes Tief	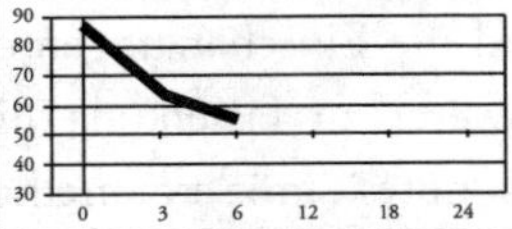	7	15.9%
C) hoch → hoch → hoch	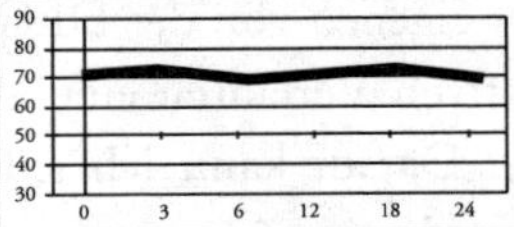	2	4.5%
D) tief → tief → tief	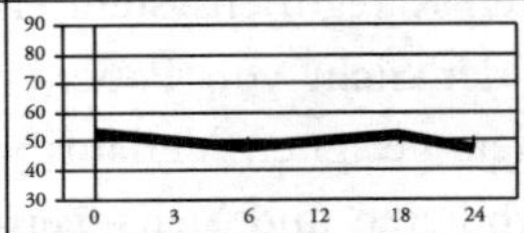	4	9.1%
E) tief → hoch	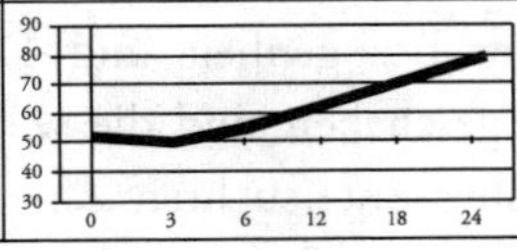	3	6.8%

Abb. 3: Symptom Klassifikation (n = 44 Patienten)
(Erhebungen zu Beginn (0) sowie nach 3, 6, 12, 18 und 24 Monaten)

Unabhängig vom Setting zeigen 80 % (die ersten drei Verlaufstypen zusammengenommen) im ersten Halbjahr einen deutlichen Symptomrückgang bezüglich Angst, Depression und Körperbeschwerden im PSKB-Selbst (vgl. Rudolf, 1991c) und im Inventar interpersoneller Probleme IIP (vgl. Horowitz et al., 1994).

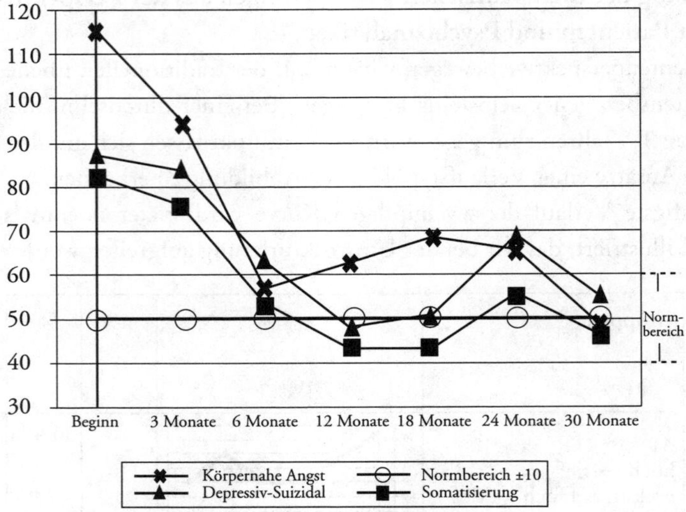

Abb. 4: PSKB-Skalen im Behandlungsverlauf

Während die Aggregierung der Symptomdaten aus der Patientenselbsteinschätzung relativ einfach gelingt, sind die Einschätzungen des zweiten Beteiligten, des Psychoanalytikers, sehr viel schwerer zu fassen, da hier die textanalytische Auswertung der schriftlichen ‚process notes' größere methodische Probleme aufwirft. Inzwischen konnte aber in einer eigenen von der DFG geförderten Studie von Wilke und Pauli-Magnus mit qualitativen Verfahren eine Verlaufstypologie entwickelt werden (Wilke et al., im Druck). Darauf kann ich jedoch an dieser Stelle nur kurz eingehen. In dem entwickelten Kategoriensystem erwiesen sich drei Kategorien (therapeutische Beziehung aus der Sicht von Patient und Therapeut und Involviertheit des Patienten) als besonders geeignet, Verlaufstypen zu bilden. Die Bewegung des Patienten zwischen Kontrollieren und Sichanvertrauen, die Einstellung des Analytikers zwischen emotionaler Bezogenheit und Distanz und die Involviertheit des Patienten in das Therapiegeschehen sind die wichtigen Kriterien des Behandlungsverlaufs in den ersten bisher untersuchten Therapieabschnitten. Die folgende Abbildung zeigt einen Analyseverlauf im ersten Behandlungsjahr im Spektrum möglicher Verlaufstypen:

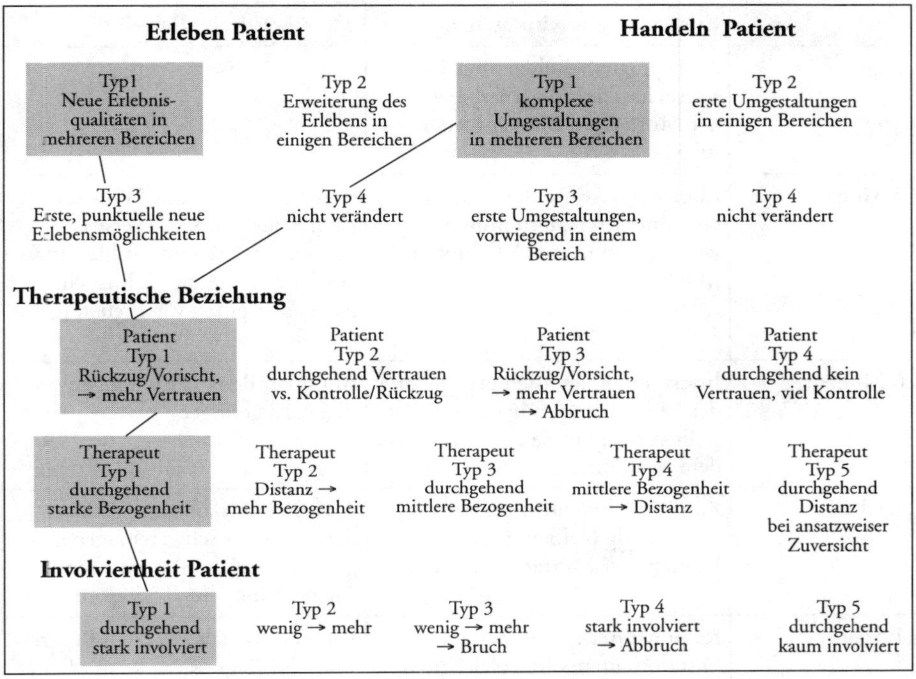

Abb. 5

In der Abbildung 5 sind dunkel unterlegt die Analytikerbeschreibungen des schon genannten Analysefalles eines jungen Mannes mit schweren Ängsten, einer insgesamt sehr positiv eingeschätzten Behandlung (mit durchgehend involviertem Patienten und engagiertem Therapeuten und wachsenden Erlebnisqualitäten und Handlungsmöglichkeiten auf seiten des Patienten). Was damit nun inhaltlich gemeint ist, läßt sich den Kommentaren des Analytikers in der folgenden Abbildung 6 entnehmen.

Die Einschätzung der Umstrukturierung durch Außenbeobachter

Diese Untersuchungsebene ist für Psychoanalysen ungewöhnlich und wird daher in ihren Auswirkungen von Psychoanalytikern und Forschern besonders beachtet. Das Fazit vorwegnehmend, läßt sich allerdings sagen, daß Analytiker und Patienten keine negativen Folgen dieser Öffnung der Situation beschreiben. Natürlich bedeutet es für erstere eine Herausforderung, die übliche Abgeschlossenheit ihrer Tätigkeit auf diese Weise transparent werden zu lassen. Allerdings hat das mit den Patienten durchgeführte Arbeitsinterview nicht die Entwicklung in der Analyse zum Gegen-

	Erleben in Beziehungen	Therapeutische Beziehung
Beginn	Ausgeprägte Schuldgefühle bei Versuchen der Abgrenzung von der Mutter, begleitet von einer suizidalen Krise	
3 Monate	Abgrenzungsversuche gegenüber der Mutter scheitern immer wieder; beginnende Wut auf die Mutter	Plötzlich auftretende Wut- und Abgrenzungsimpulse versus Schuld- und Schamgefühle; Angst vor Überwältigung; Sehnsucht nach einer guten väterlichen Gestalt
6 Monate	Inzestuöse Phantasien gegenüber der Mutter werden bewußter; Pat. zieht von zu Hause aus in eine andere Wohnung	Angst vor dem Verschlungenwerden wird geringer
1 Jahr	Kann zunehmend abgegrenzt und unabhängig bleiben, ohne den Kontakt zur Mutter abzubrechen	Trennungsgedanken angesichts der Angst vor schwerer eigener Aggression; gleichzeitig wachsende Anerkennung des Therapeuten
1,5 Jahre	Kann Mutter immer besser auf Distanz halten, ohne gleichzeitig mit ihr zu brechen; neu: Trauer über die schwierige Beziehung zur Mutter	Pat. bewegt sich zwischen Progression und Regression; kann offener über Gefühle sprechen; hat weniger Angst, sich anzuvertrauen, will aber gleichzeitig nicht zu sehr regredieren
2 Jahre	Pat. hat ein Stipendium beantragt, um finanziell von der Mutter unabhängiger zu werden	Hin- und hergerissen zwischen Abgrenzungsbedürfnis und Sehnsucht nach Liebe; kaum mehr Ängste in der therapeutischen Beziehung

Abb. 6: Qualitative Auswertung der Analytikerkommentare (Kurzzusammenfassung)

stand, sondern die Erfahrungen des Patienten ganz allgemein, wie sie sich z. B. in einem Beziehungsepisodeninterview (vgl. Dahlbender et al., 1993) oder einem OPD-Interview (Schauenburg et al., 1998) darstellen lassen.

Die Untersuchung der Umstrukturierung, die wir hier in den Mittelpunkt stellen wollen, erfolgt in vier Schritten:

1. Schritt: Durchführung des Interviews zu den dafür vorgesehenen Zeitpunkten (anfangs vierteljährlich, später halbjährlich sowie zur Ein- und Dreijahreskatamnese).

2. Schritt: Zwei Rater nehmen auf der Grundlage der Videoaufzeichnung die Einschätzung des OPD-Befundes auf den Achsen Beziehung, Konflikt und Struktur vor. Unsere Gruppe war an der Entwicklung des Systems wesentlich mit beteiligt und hat inzwischen eine Reihe von Arbeitsinstrumenten (Struktur-Checkliste: Rudolf et al., 1995; Konflikt-Checkliste: Grande u. Oberbracht, 2000) vorgelegt.

3. Schritt: Aus dem OPD-Befund wird ein diagnostischer Fokus ausgewählt. Es handelt sich um die fünf wichtigsten Themen, die an der aktuellen Störung des Patienten beteiligt sind und, so die Hypothese, therapeutisch verändert werden müssen, damit es dem Patienten besser geht. Die Auswahl der fünf Fokusse erfolgt aus einer Fokusliste, die in jedem Fall den dysfunktionalen Beziehungsaspekt, einen oder mehrere der acht Konflikte und einen oder mehrere von 21 Strukturgesichtspunkten beinhaltet. Auch der Fokus wird von zwei Ratern formuliert und nach einer Konsensusdiskussion abschließend in eine Formulierung gebracht, die das Erleben und Verhalten des Patienten beschreibt und damit die Beobachtung von Veränderungen im Behandlungsverlauf erleichtert. Der behandelnde Psychoanalytiker erfährt nichts von dieser Fokusformulierung, nimmt jedoch eine vergleichbare Einschätzung vor, so daß auch hier ein Perspektivenvergleich möglich wird.

4. Schritt: Die Einschätzung der Umstrukturierung im Fokus. Eine vorausgegangene Studie an dreimonatigen Therapieverläufen in stationärem Rahmen hatte erkennen lassen, daß das OPD-System selbst wenig veränderungssensitiv ist in dem Sinne, daß es entfallene Konflikte oder behobene strukturelle Defizite abbildet. Es ließ sich jedoch in Therapieverläufen beobachten, daß und wie an den zentralen Themen gearbeitet wird und wichtige Einstellungen zu ihnen sich ändern. Wir haben daraus ein Modell der therapeutischen Umstrukturierung für Psychoanalysen und analytische Psychotherapien entwickelt. Die Stufen der Entwicklung wurden formal an das System APES von Stiles et al. (1992) angelehnt und inhaltlich auf psychoanalytische Prozeßschritte bezogen. So entstand die Heidelberger Umstrukturierungsskala (Rudolf et al., 2000). Für die Erfassung des OPD-Befundes, die Fokusauswahl und die Einschätzung der Umstrukturierung wurden jeweils befriedigende Interrater-Reliabilitätswerte erzielt.

Abbildung 7 beschreibt in den Punkten 1 und 2 die Abwehr und Vermeidung des Fokusthemas, in den Stufen 3 und 4 das zunehmende Bewußtwerden des Themas, die Auseinandersetzung damit und die Verantwortungsübernahme mit der Möglichkeit, neue Bewältigungsstrategien zu entwickeln. Die Stufe 5 zeigt das inhaltliche Eintauchen in die eigene Problematik im Rahmen einer intensiven therapeutischen

Abb. 7: Heidelberger Umstrukturierungsskala

Beziehung, und die Stufen 6 und 7 geben über die Neustrukturierung und Integration der Fokusthemen Auskunft. Dieser fortschreitenden Umstrukturierung von den Stufen 1 bis 7 ist eine Entwicklung zur Seite gestellt, die den Transfer der therapeutischen Erfahrung in die soziale Außenrealität abbildet (Einlösungsskala: s. Abbildung 8 horizontale Achsen).

Für jeden Patienten wird bei Therapiebeginn eine Ausgangslage auf der Umstrukturierungsskala definiert (viele stationäre Patienten beginnen bei Stufe 1 oder 2, manche ambulante Patienten beginnen bei 3 oder 4). Für jeden einzelnen der fünf Fokusse wird zu jedem Untersuchungszeitpunkt eine Einschätzung des Umstrukturierungsgrades ermittelt. Dafür nun ein Fallbeispiel:

Wir nehmen nochmals den anfangs erwähnten Fall der Psychoanalyse eines jungen Mannes mit ausgeprägter Angstsymptomatik bei männlicher Identitätsunsicherheit und einer ausgeprägten Mutterproblematik. Daran lassen sich in dem ödipal-sexuellen Konfliktbereich und in dem strukturellen Defizit bezüglich der Fähigkeit zur Loslösung im Verlaufe von 24 Monaten Umstrukturierungsschritte von der Stufe 2 bis zur Stufe 5 beobachten. (Ähnliche Entwicklungen lassen sich für die übrigen Fokusse darstellen.)

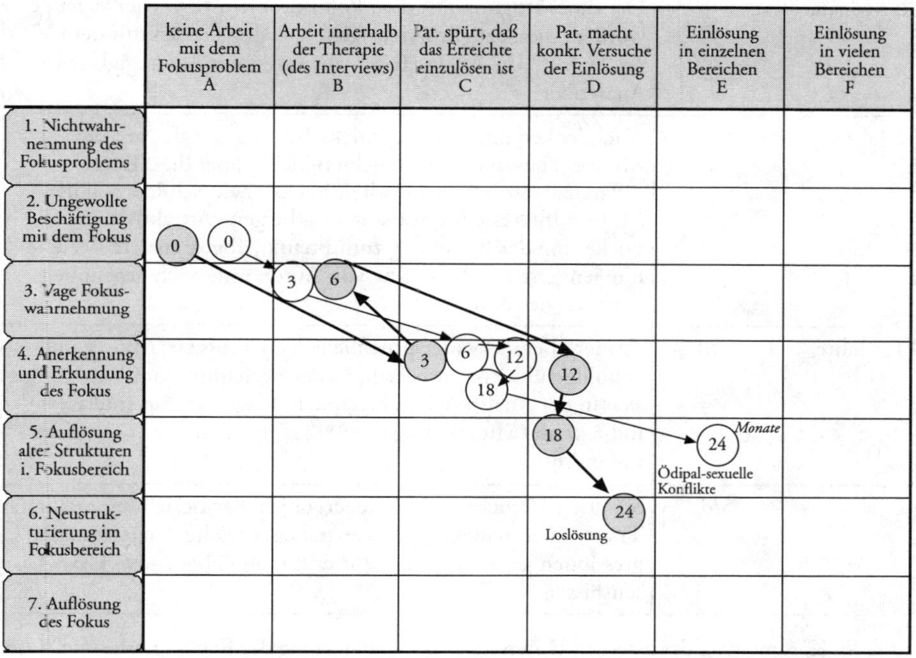

Abb. 8

Der strukturelle Veränderungsprozeß läßt zwei Richtungen erkennen: die zunehmende Anerkennung und Umstrukturierung der fokalen Problematik (vertikale Ebene) und die zunehmende Einlösung und Umsetzung der neuen Lösungsversuche im Lebensalltag (horizontale Einlösungsmatrix).

Wenn wir den verdichteten Text des externen Untersuchers heranziehen, so schildert dieser den Verlauf im Fokus „Loslösung“ zu den fünf Untersuchungszeitpunkten wie folgt:

	UE-Wert	Umgang des Patienten mit dem Fokus
Beginn	2+/a	Verzweiflung, Depression und Suizidgedanken nach der Trennung von der Freundin; Unfähigkeit, eigenständig zu leben; Verantwortung dafür wird der Mutter zugeschoben
3 Monate	4-/c	Erster Keil in der Einheit mit der Mutter durch die Erkenntnis, daß die Mutter irgendwann sterben wird; Anerkennung eines eigenen Anteils an der Abhängigkeit; Kauf einer eigenen Waschmaschine; zwillingsartige Beziehung zu einem Freund
6 Monate	3-/b	Die Beschäftigung mit dem Fokusproblem ist wieder vager geworden, diesbezüglich viel Agieren; erstes Treffen mit dem Vater; begrüßt die Analyseferien aus Angst vor Abhängigkeit vom Analytiker
1 Jahr	4/d	Nachdenken über seine „Schicksalsgemeinschaft" mit der Mutter; Haß und versöhnliche Berichte über die Mutter, differenziertere und mehr dreidimensionale Schilderung der Mutter; Interesse für Sexualität und eigene Attraktivität; Lockerung der Beziehung zum Freund, abgegrenztere Beziehungen; erstmals Betonung von Autonomie auch gegenüber der Interviewerin
1,5 Jahre	5-/d	Trauer über das widersprüchliche Verhältnis zur Mutter und Schuldgefühle; ist enttäuscht in der Beziehung zum Vater; fühlt sich in der Analyse falsch behandelt; klagt auch im Interview indirekt an (Mundtrockenheit!); äußert Sehnsucht nach einer Freundin
2 Jahre	5/d	Schildert Verliebtheit mit neuer, objektaler Beziehungsqualität; Trauer über mangelndes Urvertrauen; gezielte Abgrenzungsaggressionen gegenüber der Mutter mit anschließenden Gewissensbissen

Abb. 9: Kommentare der externen Untersucher zur Entwicklung des Fokus „Loslösung" (verdichtet)

Der Fallverlauf läßt sich folgendermaßen zusammenfassen: Im Laufe des ersten Jahres entwickelt sich beim Patienten die eher ungewollte Beschäftigung mit seinen Konfliktthemen zu einer aktiven Anerkennung und Erkundung seines Problems, dabei klingen die körpernahen psychischen und interpersonellen Probleme zunächst weitgehend ab. Mit Erreichen der Umstrukturierungsstufe 5 nach einem Jahr Analyse wird eine neue Qualität erkennbar: Der Patient erlebt seine Problematik intensiver und vermag sich ihr auf dem Boden einer sicheren therapeutischen Beziehung gewissermaßen auszuliefern. Auf der Symptomebene ist damit ein leichter Wiederanstieg der Beschwerden, speziell im Erleben der interpersonellen Probleme, verbunden. Es hat nun eine Phase intensiven analytischen Durcharbeitens begonnen, an deren Ende die Symptomatik wieder abgeklungen ist.

In diesem Fall sehen wir, daß Patientenselbsteinschätzung, Analytikerbeschreibung und Untersuchereinschätzung weitgehend parallel laufen, was die Qualität der Veränderung, aber auch die wichtigen Inhalte der Umstrukturierung betrifft. Es gibt unterschiedliche Verläufe, eine systematische Analyse dieser Zusammenhänge ist angesichts der unvollständigen Datenlage jedoch noch nicht möglich. Anhand von zwei weiteren Beispielen sollen unterschiedliche Verlaufsgestalten der Umstrukturierung veranschaulicht werden.

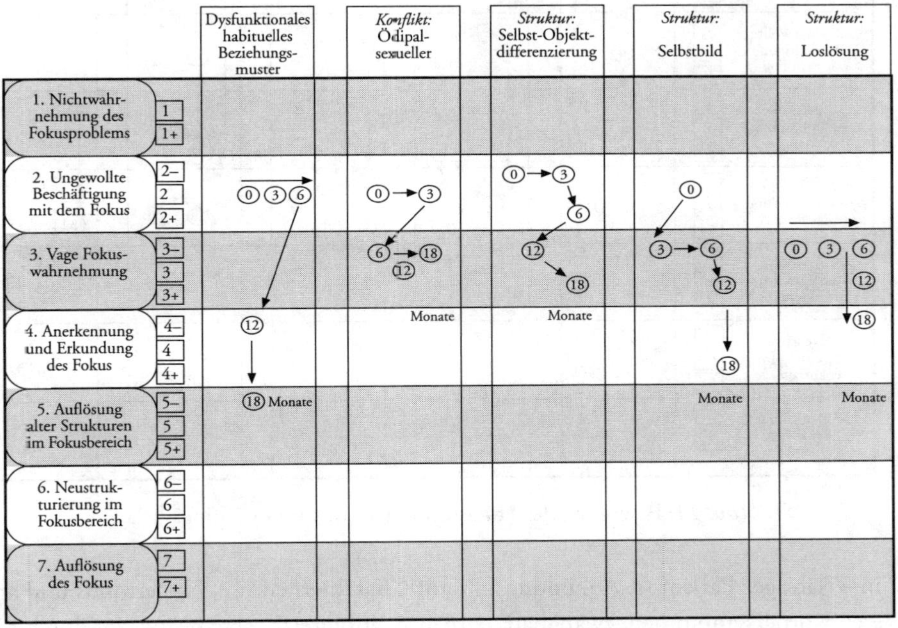

Abb. 10: Bewegung der Fokusse auf der Umstrukturierungsskala

Als nächstes eine 35jährige Borderline-Patientin mit Angstsymptomen, Kontaktstörungen, Selbstverletzung, Bulimie; der bisherige Behandlungsverlauf erstreckt sich über achtzehn Monate. Die Abbildung 10 zeigt, wie lange die Patientin sich mit ihren Fokusthemen auf Stufe 2 und 3 bewegt, d. h. sich ihres fokalen Problems nicht bewußt ist, sich stark agierend und rasch gekränkt verhält und sich von allen, auch der Analytikerin, im Stich gelassen, ausweglos leidend erlebt. Nach zwölf Monaten kann sie ihr schwieriges Beziehungsverhalten als etwas Eigenes erkennen und verantworten und es fortan auch in der therapeutischen Beziehung bearbeiten (Stufe 5 erreicht). Nach achtzehn Monaten wird ihr die Haßliebe und ambivalente Anklammerung an ihre Mutter bewußt, zum gleichen Zeitpunkt beginnt eine verstärkte selbstreflexive Auseinandersetzung mit dem Bild der eigenen Identität (auch hier Stufe 5 erreicht).

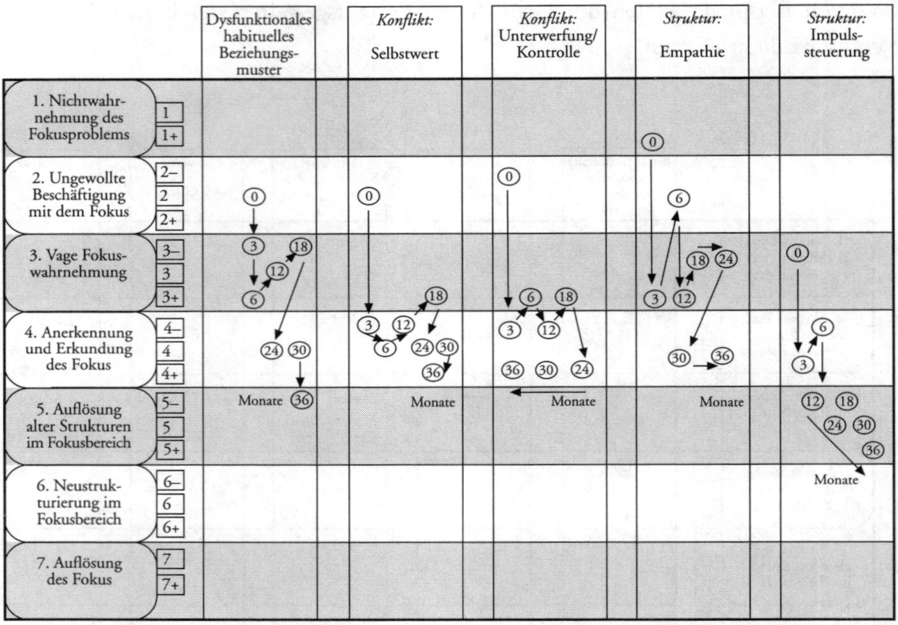

Abb. 11: Bewegung der Fokusse auf der Umstrukturierungsskala

Ein 47jähriger Patient (s. Abbildung 11) mit Charakterneurose, Hypertonus und anderen Körpersymptomen, zwanghaft, ehrgeizig, erfolgreich, aber geängstigt durch bedrohliche Impulsdurchbrüche. Letztere sind bereits nach einem Jahr Gegenstand intensiver therapeutischer Auseinandersetzung und Umstrukturierung (Impulssteuerung auf Stufe 5). Hingegen werden die meisten anderen Fokusthemen fast drei Jahre lang auf dem gleichen Niveau (Stufe 4 mit bewußter Bemühtheit um Lösungsansätze und Bewältigungsmöglichkeiten) bearbeitet.

Wie der Patient sich mit dem Fokusthema der beeinträchtigten Impulssteuerung auseinandersetzt, wird im folgenden aus der Sicht des Außenbeobachters in einigen stichwortartig verkürzten Formulierungen wiedergegeben (Umstrukturierungswerte in Klammern):

Therapiebeginn (3-c): Der Patient leidet darunter, daß ihn plötzlicher Jähzorn überfällt, den er nicht mehr bremsen kann. Er fühlt sich an seinen prügelnden Vater erinnert, seine Frau droht ihn zu verlassen, wenn es weiterhin zu körperlichen Auseinandersetzungen kommt.
3 Monate (4-d): Auf die Scheidungsklage der Frau reagiert der Patient mit Erhöhung der Betablocker, mit Übersteuerung kämpft er gegen Impulsdurchbrüche an.
6 Monate (3-b): Der Patient konnte seine Frau zum Einlenken bewegen, was ihn glücklich macht. Er berichtet über biographische Kränkungserfahrungen, ohne einen Zusammenhang zu seinem Jähzorn herzustellen.
12 Monate (5-e): Der Patient wirkt weniger angespannt, die Kontrollzwänge haben nachgelassen, die berufliche Karriere geht weiter. Er überredet seine Frau, die Arbeit aufzugeben, und genießt die Vorstellung von Nestwärme.
18 Monate (5-c): Das aggressive Verhalten des Vaters ist für den Patienten innerlich virulent, er fühlt sich gequält, läßt das Gefühl der Qual nicht zum Tragen kommen, sondern kämpft. Er verwandelt Aggression im Beruf in Humor, er gibt vier von zwölf Ehrenämtern auf.
2 Jahre (5-d): Nachdem anhaltend keine Impulsdurchbrüche mehr erfolgt sind, lockert er seine Übersteuerung. Er äußert Trauer über einen früher verstorbenen Angehörigen, er kann über persönliche Schwächen berichten und mit der Interviewerin lachen.
30 Monate (5-d): Er kann seine angemessenen Affekte adäquat nutzen und Ziele erreichen. Er erlebt Ärger über Hindernisse und Stolz über Erfolge (beruflichen Aufstieg).
36 Monate (5-d): Er kommt mit Angst und Existenznot in Berührung, berichtet über körperliche Schmerzen und Blutdrucksteigerung und löst erstmals bei der Interviewerin stärkere persönliche Berührtheit aus.

Der Patient, der zu fünf Zeitpunkten auf dem gleichen Niveau der Umstrukturierung verbleibt, tritt offenbar keineswegs auf der Stelle, sondern befindet sich in einer produktiven Phase des Durcharbeitens, in der ganz unterschiedliche Facetten seiner Impulsivität/Aggressivität und im Zusammenhang damit sehr verschiedenartige Emotionen in den Vordergrund treten.

Die 4. Perspektive (neben der des Patienten, des Analytikers und des Außenbeobachters) ist diejenige der Krankenkassen bzw. der Inanspruchnahme des Gesundheitssystems durch Klinikaufenthalte und Krankschreibungen. Da diese Daten für den Zeitabschnitt vor und nach der Therapie verglichen werden, liegen jetzt noch keine Befunde vor.

Fazit

Vergleiche mit stationären Psychotherapien – die im Grunde Kurzzeittherapien sind – zeigen, daß diese Patienten in der Regel Stufe 4 erreichen können: sie haben ihr Problem akzeptiert und versuchen, neue Bewältigungsstrategien zu entwickeln. Die analytische Langzeitpsychotherapie scheint dagegen die Möglichkeit zu beinhalten, nach einer primär willentlichen Problemanerkennung und Suche nach Lösungen eine nochmalige intensivere Auseinandersetzung im Rahmen der therapeutischen Beziehung zu riskieren, sich ihr gewissermaßen auszuliefern und sie zu erleiden. Hier beginnt die Umstrukturierung im eigentlichen Sinne.

Gerade in Psychoanalysen scheint der Kampf um dieses Sicheinlassen eine große Bedeutung zu haben und oft auch viel Zeit und Kraft in Anspruch zu nehmen. Von besonderem Interesse wird es für uns sein, die Entwicklung nach einer therapiefreien Zeit zu untersuchen und hier die Nachhaltigkeit psychoanalytischer Erfahrungen katamnestisch zu überprüfen. Wenige Verläufe, bei denen bereits Katamnesen durchgeführt wurden, lassen Gegenbewegungen zum Befund bei Therapieende erkennen. Die Einflüsse des Settings (höher- versus niederfrequent) und die Einflüsse von Prädiktoren in der Patientenpersönlichkeit oder der Therapeuteneinstellung werden weitere Schwerpunkte bilden.

Abschließend möchten wir auf zwei Nebeneffekte der Studie hinweisen, die möglicherweise langfristig ähnlich wichtig werden können wie die Beantwortung der Hauptfragestellung. Es ist zum einen die Anregung, im Bereich der Psychoanalyse Forschung und die hier inzwischen erfolgte Vernetzung der Forschungsinteressierten im nationalen und internationalen Bereich zu betreiben. Eine Reihe von Forschungskonferenzen hat über die Grenzen von Fachverbänden hinweg zahlreiche Forschergruppen zusammengeführt (es sind mehr als anfangs vermutet), und diese haben begonnen, die großen Methodenprobleme einer praxisnahen Langzeittherapieforschung gemeinsam anzugehen. Zum zweiten wurde deutlich, daß die in der Forschung entwickelten Modelle und Instrumente für den Bereich der Qualitätssicherung genutzt werden können. Ein aus der hier beschriebenen Studie abgeleitetes Qualitätssicherungsprogramm wurde inzwischen von einzelnen Instituten und von Analytikergruppen übernommen und in Modellprojekten erprobt. Die Praxisstudie Analytische Langzeitpsychotherapie mit ihrem prospektiven Akzent und ihrer Berücksichtigung der Patientenselbsteinschätzung zusätzlich zur Einschätzung des Therapeuten und die Katamnesestudie der DPV mit ihrem Akzent auf den katamnestischen Interviews stellen bezüglich der Qualitätssicherung keine Alternativen dar, sondern ergänzen sich in wichtigen Punkten.

Als wir während der Vorbereitung der Studie mit Gruppen von niedergelassenen Analytikern diskutierten, äußerte einer von ihnen die Überlegung, „ob wir das, was bei dieser Studie als Ergebnis herauskommen kann, wirklich wissen wollen". Die Neugier, „es wissen zu wollen", und der Mut, sich mit dem Ergebnis auseinanderzusetzen, bilden zweifellos wichtige Voraussetzungen für die Beschäftigung mit Forschung. So werden wir auf der Grundlage dieser Studie in einiger Zeit besser verstehen, wie sich therapeutische Prozesse in Langzeittherapien entwickeln und zu welchem Ergebnis sie führen. Möglicherweise werden wir dann besser wissen, wo psychoanalytische Langzeittherapien ihre besonderen Chancen haben, aber auch, welche Risiken mit ihnen verknüpft sind.

Literatur

Arbeitsgruppe OPD (Hrsg.) (1998): Operationalisierte Psychodynamische Diagnostik. Grundlagen und Manual. Bern (Huber).

Dahlbender, R.W. et al. (1993): Die Praxis des Beziehungsepisoden-Interviews. Z. Psychosom. Med., 39, 51–62.

Deutsche Gesellschaft für Psychoanalyse, Psychotherapie, Psychosomatik und Tiefenpsychologie (DGPT) (1994): Ausschreibung eines Forschungsprojektes zur Effektivität und Effizienz höherfrequenter analytischer Langzeitpsychotherapie. Öffentliche Ausschreibung.

Fonagy, P. (Hrsg.) (1999): An Open Door Review of Outcome Studies in Psychoanalysis. http://www.ipa.org.uk/research/dl.htm.

Grande, T. u. C. Oberbracht (2000): Die Konflikt-Checkliste: Ein anwenderfreundliches Hilfsmittel für Konfliktdiagnostik nach OPD. In: Schneider, W. u. H.J. Freyberger (Hrsg.): Was leistet die OPD? Empirische Befunde und klinische Erfahrungen mit der Operationalisierten Psychodynamischen Diagnostik. Bern (Huber), 74–104.

– et al. (1997): Die Praxisstudie analytische Langzeittherapie. Ein Projekt zur prospektiven Untersuchung struktureller Veränderungen in Psychoanalysen. In: Leuzinger-Bohleber, M. u. U. Stuhr (Hrsg.): Psychoanalysen im Rückblick. Methoden, Ergebnisse und Perspektiven der neueren Katamneseforschung. Gießen (Psychosozial), 415–431.

– et al. (1998a): Einige empirische Zusammenhänge zwischen den Achsen „Beziehung", „Konflikt" und „Struktur". In: Schauenburg, H. et al. (Hrsg.): OPD in der Praxis. Konzepte, Anwendungen, Ergebnisse der Operationalisierten Psychodynamischen Diagnostik. Bern (Huber), 121–138.

– et al. (1998b): Die Strukturachse der Operationalisierten Psychodynamischen Diagnostik (OPD): Forschungsergebnisse zum Konzept und zur klinischen Anwendung. Persönlichkeitsstörungen. PTT, 2, 173–182.

Horowitz, L.M. et al. (1994): IIPD. Inventar zur Erfassung interpersonaler Probleme. Weinheim (Beltz Test).

Keller, W. et al. (1997): Zur Wirksamkeit ambulanter Jungianischer Psychoanalysen und Psychotherapien – Eine katamnestische Studie. In: Leuzinger-Bohleber, M. u. U. Stuhr (Hrsg.): Psychoanalysen im Rückblick. Methoden, Ergebnisse und Perspektiven der neueren Katamneseforschung. Gießen (Psychosozial), 433–453.

Rudolf, G. (1991a): Die therapeutische Arbeitsbeziehung. Untersuchungen zum Zustandekommen, Verlauf und Ergebnis analytischer Psychotherapien. Unter Mitarbeit von T. Grande u. U. Porsch. Heidelberg (Springer).

– (1991b): Free University of Berlin: Berlin Psychotherapy Study. In: Beutler, L.E. u. M. Crago (Hrsg.): Psychotherapy Research. An International Review of Programmatic Studies. American Psychol. Assoc. Washington, D.C., 185–193.

– (1991c): PSKB-Se – ein psychoanalytisch fundiertes Instrument zur Patienten-Selbsteinschätzung. Z. Psychosom. Med., 37, 350–360.

– (1998): Die Struktur-Checkliste. Ein anwenderfreundliches Hilfsmittel für die Strukturdiagnostik nach OPD. In: Schauenburg, H. et al. (Hrsg.): OPD in der Praxis. Konzepte, Anwendungen, Ergebnisse der Operationalisierten Psychodynamischen Diagnostik. Bern (Huber), 167–181.

– et al. (1994): Ergebnisse psychoanalytischer Therapien. Z. Psychosom. Med., 40, 25–40.

– et al. (1995): Struktur und strukturelle Störung. Z. Psychosom. Med., 41, 197–212.

– et al. (1996): Erste empirische Untersuchungen zu einem neuen diagnostischen System: Die Operationalisierte Psychodynamische Diagnostik (OPD). Z. Psychosom. Med., 4, 343–357.

– et al. (2000): Die Heidelberger Umstrukturierungsskala. Ein Modell der Veränderung in psychoanalytischen Therapien und seine Operationalisierung in einer Schätzskala. Psychotherapeut, 45, 237–246.

Sandell, R. et al. (1999): Wiederholte Langzeitkatamnesen von Langzeitpsychotherapien und Psychoanalysen. Z. Psychosom. Med., 45, 43–56.

Sandler, J. et al. (2000): Clinical and Observational Psychoanalytic Research: Roots of a Controversy. London, New York (Karnac).

Schauenburg, H. et al. (1998): Interviewführung in der OPD. In: Schauenburg, H. et al. (Hrsg.): OPD in der Praxis. Konzepte, Anwendungen und Ergebnisse der Operationalisierten Psychodynamischen Diagnostik. Bern (Huber), 139–158.

Stiles, W.B. et al. (1992): Assimilation of problematic experiences: The case of John Jones. Psychotherapy Research, 2, 81–101.

Strupp, H.H. et al. (1988): Problem-treatment-outcome congruence. A principle whose time has come. In: Dahl, H. et al. (Hrsg.): Psychoanalytic Process Research Strategies. Berlin, Heidelberg (Springer), 1–14.

Wallerstein, R.S. (1999): The generations of psychotherapy research: An overview (unveröff. Vortrag vor der Rappaport-Klein-Study-Group in Stockbridge/Mass.).

Wilke, St. et al. (im Druck): Psychoanalytiker kommentieren ihre Behandlungen. Ein Beitrag zur qualitativen Psychotherapieprozeßforschung. Psychotherapie und Sozialwissenschaft.

Marianne Leuzinger-Bohleber, Ulrich Stuhr,
Bernhard Rüger, Manfred Beutel

Langzeitwirkungen von Psychoanalysen und Psychotherapien

Eine multiperspektivische, repräsentative Katamnesestudie

Einleitung und Ziele

Die Frage, wie erfolgreich psychoanalytische Behandlungen sind, ist so alt wie die Psychoanalyse selbst und wird immer wieder von einer kritischen Fachöffentlichkeit oder anderen Therapieschulen an unsere Berufsgruppe herangetragen. Daher haben sich Psychoanalytiker seit langem darum bemüht, die Wirksamkeit ihrer Therapien auch für Außenstehende zu belegen. Einige der renommiertesten Studien der Psychotherapieforschung wurden von Psychoanalytikern durchgeführt, z. B. die Menninger-Studie, das Columbia Research Project, die Boston Psychoanalytic Institute Prediction Study, Studien des New York Institute sowie die zahlreichen Studien im deutschsprachigen Raum (vgl. auch Dührssen u. Jorswieck, 1965; Dahl et al., 1988; Leuzinger-Bohleber u. Stuhr, 1997; Wallerstein, 2001). Doch in Zeiten des „Freud bashing" (Lear, 1995) und der knapper werdenden Ressourcen im Gesundheitswesen entsteht erneut die Notwendigkeit, die Langzeitwirkungen von Psychoanalysen und psychoanalytischen Therapien aufgrund dieser schon durchgeführten Studien und des klinischen Erfahrungswissens zu belegen und in weiteren Studien bereits vorhandene Erkenntnisse zu vertiefen und zu erweitern.

Daher entschloß sich die Forschungskommission der Deutschen Psychoanalytischen Vereinigung (DPV) nach langen und grundsätzlichen Diskussionen, eine eigene Katamnesestudie durchzuführen, die wir als eine kritische empirische Annäherung an komplexe psychoanalytische Prozesse und deren Ergebnisse verstehen. Obwohl wir dabei auch die aktuelle gesundheitspolitische Situation im Auge hatten, waren wir uns einig, daß es für uns und unsere Kolleginnen und Kollegen als Motivation nicht genügt, durch eine aufwendige Studie „nur" unsere klinische Tätigkeit und deren Erfolge erneut zu legitimieren, sondern daß für das Durchführen einer solchen Untersuchung genuine Forschungsmotivation erforderlich ist, die die Neugier und das Interesse einschließt, wirklich neue, noch unbekannte, für unsere klinisch-psychoanalytische Praxis relevante Erkenntnisse zu gewinnen – auch zu negativen therapeutischen Erfahrungen unserer Patienten und deren Erklärungen. Zudem versuchten wir in dieser Studie die vielen Fragen, die mit dem Nachweis des Erfolgs von Psychotherapien verbunden sind, nicht zu übergehen, sondern sie kritisch im Blick zu behalten. Es sind Fragen wie:

Sind Ergebnisse von Psychotherapien überhaupt meßbar, besonders wenn es, wie in psychoanalytischen Behandlungen, um Aufdeckung und Veränderung *unbewußter* Konflikte und Phantasien geht, die per definitionem nicht direkt zu beobachten sind, seelische Gesundheit oder Krankheit aber u. U. wesentlich determinieren? Wer bestimmt, was eine „erfolgreiche" Behandlung ist? Der Patient, seine Familie, sein Therapeut, medizinische Experten, „objektive" Zahlen auf bestimmten Fragebögen, die Krankenkassen? Oder anders ausgedrückt: Wem gehören eigentlich die Ergebnisse einer Psychotherapie? Und welches methodische Vorgehen ist in der Psychotherapieforschung überhaupt ethisch vertretbar? Ist ein Design adäquat, praktikabel und ethisch zu rechtfertigen, das der Placeboforschung der Pharmazie („Doppelblindversuch") entstammt und die Wirksamkeit von Therapien mit jener von Medikamenten gleichsetzt, wobei dann therapiebedürftige Menschen nach dem Zufallsprinzip bestimmten Therapieverfahren bzw. einer Wartegruppe zugewiesen würden?

Angesichts dieser Fragen entschieden wir uns

a) zur Durchführung einer *naturalistischen Katamnesestudie*, d. h. zu einer Untersuchung von Behandlungen, die unter „natürlichen" Bedingungen stattgefunden haben und zu Recht als psychoanalytische Langzeitbehandlungen gelten können. Zudem weisen, trotz aller Nachteile, Katamnesestudien aus methodischen und ethischen Gründen den großen Vorteil auf, daß sie keinen Einfluß auf die laufenden Therapien ausüben, sondern diese erst nachträglich untersuchen;

b) zu einer *multiperspektivischen* Annäherung an den Therapieerfolg: In unserer Studie gilt die subjektive Sicht des ehemaligen Patienten auf die Ergebnisse seiner Therapie als die entscheidende Perspektive: Ähnlich wie in der Consumer-Reports-Studie von Seligman (1995) betrachten wir den Patienten selbst als wichtigsten Experten für die Erfolgsbeurteilung der Therapie: Er ist in diesem Sinne vor allem das Subjekt, nicht (nur) das Objekt der Forschung. So scheint uns bezüglich der Erfolgsbeurteilung von Langzeittherapien entscheidend, wie der ehemalige Patient – im Rückblick – beurteilt, zu welchen Veränderungen die Therapie bei ihm langfristig und dauerhaft geführt hat, ob sich diese seit Abschluß der Behandlung gehalten oder sogar vertieft haben, ob sich der therapeutische Prozeß allein fortsetzen ließ, ob ihn die Veränderungen zu einer autonomen Bewältigung neuer Lebenskrisen ohne Rückgriff auf psychopathologische Symptome befähigten etc. – oder eben nicht.[1] Es geht uns dabei weniger um die genaue „historische Wahrheit" in den Erinnerungen an ihre zurückliegenden Psychotherapien, sondern darum, wie Patienten deren Langzeitauswirkungen auf ihre psychische Gesundheit, ihre Symptome, ihre Fähigkeit, „zu lieben, zu arbeiten und das Leben zu genießen", einschätzen. Uns scheint dies ein wichtiges Erfolgskriterium, sind sie doch mindestens so zuverlässige Experten in der Beurteilung ihrer durch Therapien eventuell (wieder)gewonnenen seelischen Gesundheit und besseren „Lebensqualität" wie „objektive" Außenbeobachter. Diesem patientenspezifischen Erfolgskriterium stellen wir – im Sinne einer multiperspektivischen Annäherung an den Therapieerfolg – weitere Kriterien kritisch gegenüber. Zur Objektivierung der Therapiebeurteilung erfassen wir zusätzlich und unabhängig vom Patientenurteil auch die Einschätzungen des behandelnden Analytikers, von psychoanalytischen und nichtpsychoanalytischen Experten, objektive Daten zur psychischen, psychosozialen und sozioökonomischen Situation des Patienten sowie zu Kosten für die Krankenkasse vor und nach der Behandlung;

c) zu einer *kritischen Gegenüberstellung* von psychoanalytischen und nichtpsychoanalytischen, qualitativen und quantitativen Methoden: Die Psychoanalyse hat in ihrer nun hundertjährigen Geschichte eine elaborierte, spezifische Forschungsmethode zur Aufdeckung und Interpretation unbewußter Prozesse entwickelt, die nur im Setting der psychoanalytischen Situation zur Anwendung kommen kann. Die klinische Forschung der Psychoanalyse ist daher an die Anwendung dieser spezifischen Forschungsmethode *in* der psychoanalytischen Situation gebunden. Sie hat zu einem Reichtum an Erkenntnissen über unbewußte Determinanten psychopathologischer Symptombildung und deren Behandlung geführt. Daher halten wir es für unverzichtbar, in Wirksamkeitsstudien psychoanalytischer Behandlungen ein Design zu entwerfen, das die systematische Erfassung *unbewußter* Phänomene mit einschließt und die Ergebnisse dieser psychoanalytischen Forschungsstrategie mit denen aus der nichtpsychoanalytischen Psychotherapieforschung kritisch vergleicht. Aus diesem Grunde stellten wir *psychoanalytische* Katamneseinterviews ins Zentrum unserer Studie, in denen erfahrene Psychoanalytiker ihre professionellen Instrumente zum Wahrnehmen und Erkennen unbewußter Prozesse in der Interaktion im Katamnesegespräch anwenden. Wir entsprechen mit diesem Vorgehen dem Stand aktueller wissenschaftstheoretischer Überlegungen, die von einem einheitswissenschaftlichen Verständnis von „wissenschaftlicher Methodik und Wahrheitsüberprüfung" im Sinne des logischen Empirismus weit abgerückt sind und die Spezifität verschiedener Forschungsmethoden und Prüfkriterien in den unterschiedlichen wissenschaftlichen Disziplinen ins Zentrum der kritischen Reflexionen stellen (vgl. Leuzinger-Bohleber et al., 2000; Hampe, 2000). Aufgrund dieser wissenschaftstheoretischen und methodischen Überlegungen werden in der Katamnesestudie systematisch *psychoanalytische* und *nichtpsychoanalytische, qualitative* und *quantitative* Methoden und deren Ergebnisse einander gegenübergestellt und kritisch miteinander verglichen.

Die folgende Fragestellung stand im Zentrum der Studie:

- Wie sehen ehemalige Patienten nach mindestens vier Jahren die Ergebnisse ihrer Behandlungen?
- Entsprechen ihre Beurteilungen jenen ihrer ehemaligen Analytiker?
- Entsprechen sie denen hinzugezogener psychoanalytischer und nichtpsychoanalytischer Experten?
- Stimmen sie mit den Ergebnissen von Fragebogen und Tests zur Erfolgsmessung von Therapien überein?
- Führen die untersuchten Behandlungen zur Reduktion der Gesundheitskosten?

Bevor im folgenden unser Design, das methodische Vorgehen und einige der bisherigen Ergebnisse zusammengefaßt werden, möchten wir betonen, daß die Planung und Durchführung dieser Studie auf vielen Schultern ruht. Die drei Projektleiter, PD Dr. phil. Ulrich Stuhr (Univ.-Krankenhaus Eppendorf, Hamburg), Prof. Dr. med. Manfred Beutel (Universität Gießen) und Prof. Dr. phil. Marianne Leuzinger-Bohleber (Gesamthochschule Kassel), werden von zwei Consultants, dem Psychotherapieforscher Prof. Dr. Horst Kächele (Universität Ulm) und dem Professor für Statistik Dr. Bernhard Rüger (Universität München), unterstützt. Das Projekt wurde durch 20 Mitglieder der Forschungskommission (Leitung Prof. Heinz Henseler) und die damaligen Vorsitzenden der DPV (Dr. med. Joachim F. Danckwardt und Dr. phil. Ekkehard Gattig) auf den Weg gebracht. 62 Kolleginnen und Kollegen aus der ganzen Bundesrepublik arbeiteten aktiv in der Studie mit, eine Voraussetzung dafür, daß wir 401 ehemalige Patienten intensiv untersuchen konnten.

Basiserhebung und statistische Repräsentativitätskontrolle

Dank der breiten Unterstützung unserer Kolleginnen und Kollegen ist es gelungen, eine *repräsentative* Stichprobe aller ehemaligen Patienten, die bei DPV-Analytikern zwischen 1990 und 1993 ihre Behandlungen beendet haben, zu erheben und katamnestisch zu untersuchen. Unser Vorgehen kann hier nur kurz skizziert werden. Prof. Rüger, der die Repräsentativitätskontrolle und das statistische Design entworfen und durchgeführt hat, hat in verschiedenen Publikationen detaillierte Informationen dazu gegeben (vgl. Rüger, 2001; Leuzinger-Bohleber et al., 2001).

Basiserhebung

Anfang 1997 wurde an alle 751 Analytiker (774 abzüglich 23 unerreichbare), die damals Mitglied der DPV waren, ein zweiseitiger Fragebogen verschickt mit Fragen zu ihrer Person, ihrer Einstellung zur Studie, ihrer Bereitschaft zur Mitarbeit an der Studie, nach der Anzahl ihrer bisherigen Behandlungsfälle, nach der Anzahl und Therapieform ihrer jetzigen Patienten und jener, die zwischen 1990 und 1993 ihre Behandlungen beendet hatten, sowie nach einer globalen Einschätzung von psychischer Störung und Therapieerfolg dieser damaligen Patienten (Frage 9, Fragebogen s. Anhang). Die Ergebnisse der Basiserhebung dienten vor allem der Planung der Stichprobe und Kontrolle ihrer Repräsentativität.

Entscheidend für die Kontrolle der Repräsentativität war die hohe Rücklaufquote der Basiserhebung: 521 Analytiker haben den Fragebogen zurückgeschickt (Rücklaufquote: 69,4 %), weitere 161 Analytiker haben in einer Nacherfassung einen verkürzten Fragebogen (Antwortkarte, ohne Frage 9) eingereicht (zusätzliche Rücklaufquote: 21,4 %). Insgesamt wurde eine Rücklaufquote von knapp 91 % erreicht.

Repräsentativitätskontrolle

Grundlage für die Repräsentativitätsuntersuchung bilden vor allem die Frage 7, in der auch nach den Gründen für eine eventuelle Nichtmitarbeit geforscht wird, und die Frage 9, hier besonders die Einschätzung des Therapieresultats. Frage 7 wurde von fast 92 % des Gesamtrücklaufs beantwortet. Von den insgesamt 751 Analytikern konnten bzw. wollten 303 Analytiker aktiv an der Studie mitarbeiten. Unter den nicht zur Mitarbeit bereiten Analytikern[2] lassen die Antworten auf die Frage 7 nur in knapp 5 % aller Fälle einen Bias (Verzerrung) bezüglich des Therapieerfolgs vermuten. Dieses Ergebnis läßt darauf schließen, daß die zur Mitarbeit bereiten Analytiker keine einseitige Auswahl von Therapeuten mit besonders erfolgreichen Analysen oder Therapien darstellen. Dieses für die Repräsentativität sehr positive Resultat wird durch die Auswertung von Frage 9 bestätigt: Die sehr gute Übereinstimmung der Häufigkeitsverteilungen in Tabelle 1 beweist, daß unter den zur Mitarbeit bereiten Analytikern keine Verschiebung zugunsten der „besseren" Fälle zu erkennen ist, eher sogar eine leichte (nicht signifikante) Verschiebung auf die „schlechteren" Fälle.

Einschätzung	Alle 321 Analytiker mit Angaben zu Frage 9		darunter die 207 zur Mitarbeit bereiten		darunter die 114 nicht zur Mitarbeit bereiten	
schlecht	184	8.4 %	127	9.2 %	57	7.2 %
mittel	705	32.4 %	446	32.2 %	259	32.6 %
gut	981	45.0 %	620	44.8 %	361	45.4 %
sehr gut	309	14.2 %	191	13.8 %	118	14.8 %
Summe	2179		1384		795	

Abb. 1: Spontane globale Einschätzung des Therapieerfolgs durch die Analytiker (Frage 9 der Basiserhebung) nach Anzahl der Fälle (absolut und in %) und nach Mitarbeitsbereitschaft

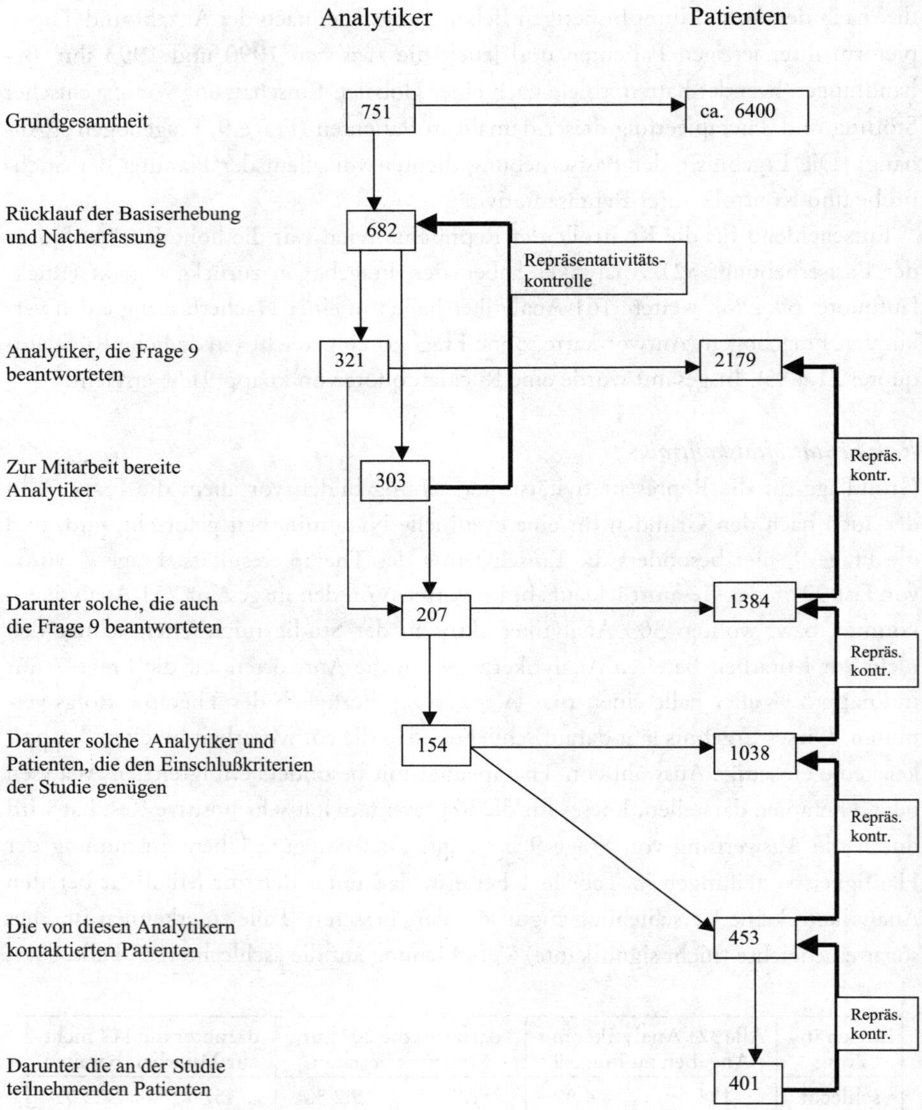

Abb. 2: Schematischer Ablauf der Erhebung von Analytikern und ihren ehemaligen Patienten (Ende der Therapie 1990–1993); zur Durchführung der katamnestischen Untersuchungen werden die 401 Patienten zufällig in vier Teilstichproben aufgeteilt.

Aufgrund dieser sehr gut ausgefallenen Repräsentativitätskontrolle hat sich die Projektgruppe entschieden, (nur) die 207 zur Mitarbeit bereiten Analytiker, die den zweiseitigen Fragebogen einschließlich der Frage 9 beantwortet hatten, als Basis für die Patientenauswahl festzulegen und die übrigen zur Mitarbeit bereiten Analytiker, für die keine Angaben zu Frage 9 vorlagen, nicht mit einzubeziehen. Durch diese Einschränkung wird es möglich, und das ist entscheidend, auch die Repräsentativität der später realisierten Patientenstichproben abzusichern. Abbildung 2 zeigt, daß jeder Schritt der Reduktion auf schließlich 154 Analytiker, die 401 ehemalige Patienten in die Untersuchung einbrachten, einer sorgfältigen Repräsentativitätskontrolle unterzogen werden konnte, wie die Pfeile in dieser Abbildung illustrieren. Es ist uns wichtig, darauf hinzuweisen, daß jeder Schritt der Repräsentativitätskontrolle hätte zeigen können, ob eine selektive Auswahl von ehemaligen Patienten in unserer Stichprobe enthalten ist, die sich z. B. durch ein günstigeres Therapieergebnis auszeichnen. Daß dies aber nicht der Fall war, hat Rüger an anderer Stelle ausführlich diskutiert (vgl. dazu Rüger, a. a. O.).

Methodischer Untersuchungsrahmen und Design

Durch die Wahl der Einschlußkriterien, das Vorgehen bei der Erhebung und die Wahl der Meßverfahren haben wir uns bemüht, einige Beschränkungen der bisherigen Studien zu vermeiden (fragliche Repräsentativität, keine „echten" Patienten und Therapeuten, Überwiegen von Ausbildungskandidaten als Therapeuten, Ergebnisbeurteilungen ausschließlich durch die behandelnden Analytiker; vgl. Bachrach et al., 1991; Leuzinger-Bohleber u. Stuhr, a. a. O.).

Die *Einschlußkriterien* wurden so definiert, daß Langzeitbehandlungen erfahrener Analytiker erfaßt wurden:

- Behandlung durch einen Analytiker der DPV,
- mindestens ein Jahr Behandlungsdauer,
- Beendigung der Behandlung zwischen Januar 1990 und Dezember 1993,
- Ausschluß von Ausbildungsfällen und Lehranalysen.
- Alle ehemaligen *Patienten*, die sich zur Teilnahme an der Studie bereit erklärten, erhielten eine Reihe standardisierter Fragebogen zur derzeitigen Symptombelastung (SCL-90R; Franke, 1995), zum Kohärenzgefühl (SOC, Sense of Coherence; Antonovsky, 1988) und Fragen zur Lebenszufriedenheit (IRES; Gerdes u. Jäckel, 1995). Es wurden ferner *Befinden, Inanspruchnahme medizinischer Leistungen* vor, während und nach der Behandlung und *Behandlungszufriedenheit* erfragt.
- Die behandelnden *Analytiker* wurden außer zu Diagnose und Schweregrad der Störung auch zu Behandlungssetting (Frequenz, Dauer, eventuelle Änderungen etc.), Behandlungsverlauf und -zufriedenheit (in Anlehnung an die Fragen der

ehemaligen Patienten) befragt. Sie wurden überdies gebeten, auch ihre *Kassenanträge* mitzusenden, die sie vor Beginn der Behandlung bei den Kostenträgern eingereicht hatten.

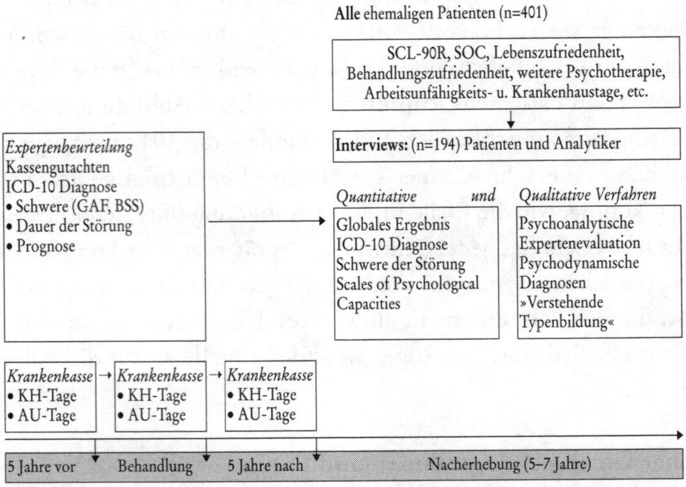

Abb. 3: Studiendesign und Meßverfahren: DPV-Katamnesestudie

– Mit dem schriftlichen Einverständnis der ehemaligen Patienten haben wir ihre *Krankenkassen* angeschrieben und um Mitteilung der Arbeitsunfähigkeitstage (einschließlich Diagnosen), der Krankenhausaufenthalte und Krankenhaustage während der Behandlung, fünf Jahre vor Beginn und im Katamnesezeitraum gebeten.

Die Einbeziehung von Krankenkassendaten erschien uns nicht nur für die Kosten-Wirksamkeitsbetrachtung wichtig, sondern gibt uns auch den Zugang zu Daten, die bereits *vor* der Behandlung gesammelt wurden und damit von den möglichen Verzerrungen der retrospektiven Angaben der Patienten zu ihrem früheren Krankheitszustand unbeeinflußt sind.

Wir hatten nicht zu hoffen gewagt, daß über 400 ehemalige Patienten und über 300 unserer Kolleginnen und Kollegen sich bereit erklären würden, sich an unserer Studie zu beteiligen, so daß es schließlich möglich wurde, diese umfangreiche Studie durchzuführen. So wie von den 300 Analytikern aus Kapazitätsgründen nur 207 in die Studie einbezogen werden konnten, konnten wir ebenfalls aus Kapazitätsgründen leider nicht alle zur Mitarbeit bereiten ehemaligen Patienten interviewen, sondern mußten nochmals eine Zufallsstichprobe ziehen („Interviewstichprobe").

Die Interviews wiederum werden mit vielfältigen quantitativen (Ergebnisbeurteilung, Rating des Schweregrads der Störung, Scales of Psychological Capacities, Inhaltsanalysen etc.) und qualitativen Verfahren (psychoanalytische Expertenvalidierung, klinische und verstehende Typenbildung etc.) ausgewertet.

Die 207 Patienten, die aus Kapazitätsgründen nicht interviewt werden konnten („Fragebogenstichprobe"), wurden über unsere Gründe eingehend informiert und gebeten, die zugesandten Fragebogen auszufüllen. Allen diesen Patienten wurde auch ein persönliches Gespräch angeboten, das in Einzelfällen auch in Anspruch genommen wurde. Um ihnen Raum für persönliche Schilderungen der Behandlung zu geben, legten wir ihnen *offene Fragen* zu Anlaß, Verlauf der Behandlung, Beziehung zum Analytiker u. a. vor, angelehnt an die Fragen, die im Interview gestellt wurden.

Ergebnisse der Fragebogenstichprobe

Wir müssen uns hier auf einige Befunde zur Ergebnisbeurteilung beschränken und auf unlängst erschienene erste zusammenfassende Darstellungen der Studie (vgl. Stuhr et al., 2001; Leuzinger-Bohleber et al., 2001) verweisen.

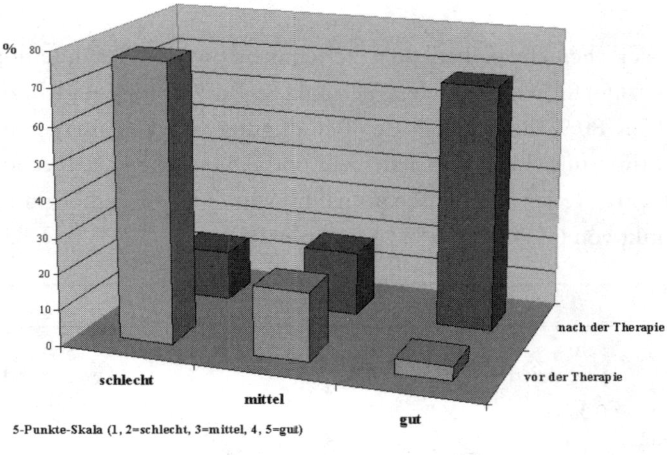

Abb. 4: Befinden vor und nach der Therapie, Teilnehmer der Katamnesestudie (n = 154)

Wie Abbildung 4 zeigt, gaben 75 % der ehemaligen Patienten durchschnittlich 6,5 Jahre nach Abschluß der Behandlung an, daß ihr Gesamtbefinden vor der Therapie schlecht war; zum Katamnesezeitpunkt hingegen bezeichnen 65 % ihr Befinden als gut. Immerhin 66 % berichteten, ihr Befinden sei vom Ende der Therapie bis zum Katamnesezeitpunkt stabil geblieben. Vergleichbare Zahlenrelationen fanden wir auch für körperliche und psychische Beschwerden, Beeinträchtigung von Beziehungen, Beruf etc. aus der Sicht von ehemaligen Patienten und ihren Analytikern.

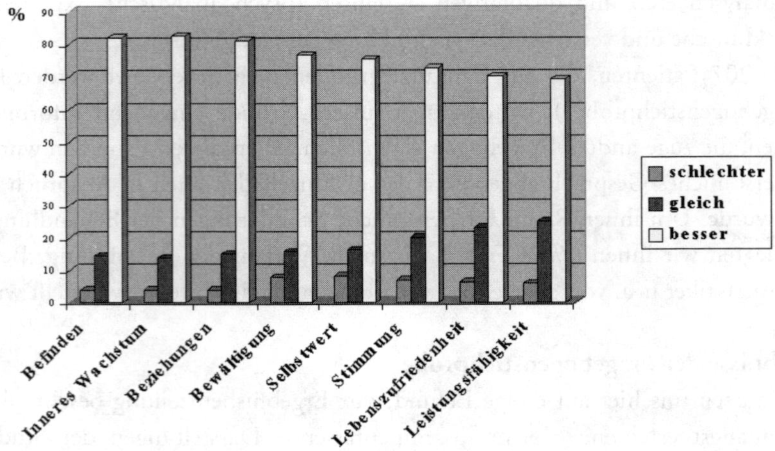

Abb. 5: Veränderungen während der Therapie aus der Sicht der Patienten (n = 154)

Etwa 80 % der ehemaligen Patienten berichteten positive Veränderungen (Abbildung 5) in bezug auf Wohlbefinden, persönliche Entwicklung und Beziehungen zu anderen, 70 bis 80 % hinsichtlich der Bewältigung von Lebensereignissen, Selbstwertgefühl, Stimmung, Lebenszufriedenheit und Arbeitsfähigkeit. Der Anteil der Patienten mit einer festen Partnerschaft nahm von Behandlungsbeginn zum Katamnesezeitpunkt von 67 % auf 76 % zu (χ^2, $p < .05$).

		Analytiker					
		sehr unzufrieden	unzufrieden	weder noch	zufrieden	sehr zufrieden	
Patient	sehr unzufrieden	0 %	1,4 %	2,1 %	1,4 %	0,7 %	5,7 %
Patient	unzufrieden	0 %	2,1 %	2,1 %	4,3 %	0,7 %	9,2 %
Patient	weder noch	1,4 %	1,4 %	1,4 %	5,0 %	0 %	9,2 %
Patient	zufrieden	0,7 %	3,5 %	5,7 %	15,6 %	5,7 %	31,2 %
Patient	sehr zufrieden	2,8 %	2,8 %	7,1 %	15,6 %	16,3 %	44,7 %
		5,0 %	11,3 %	18,4 %	41,8 %	23,4 %	100 %

Abb. 6: Behandlungszufriedenheit in der Einschätzung von Patient und Analytiker (n = 141)

Abbildung 6 vergleicht die Behandlungszufriedenheit von Patient und Analytiker bezüglich der Behandlungsergebnisse. Die Patienten waren zu 76 % mit der Behandlung zufrieden (11 % waren unzufrieden, 5 % sehr unzufrieden), die Analytiker waren mit 64 % deutlich kritischer. Insgesamt war die Übereinstimmung gut; lediglich bei 26 % unterschied sich die Bewertung um mehr als einen Punkt (auf einer 5-Punkte-Skala von „sehr unzufrieden" bis „sehr zufrieden").

Die Lebenszufriedenheit (IRES) war in den verschiedenen erfragten Bereichen (Gesundheit, familiäre Situation, Sexualität, Freunde, Arbeit, Freizeit etc.) insgesamt hoch, entsprechend einer nach Alter und Geschlecht parallelisierten Normgruppe des Verfahrens (vgl. Beutel u. Rasting, 2001).

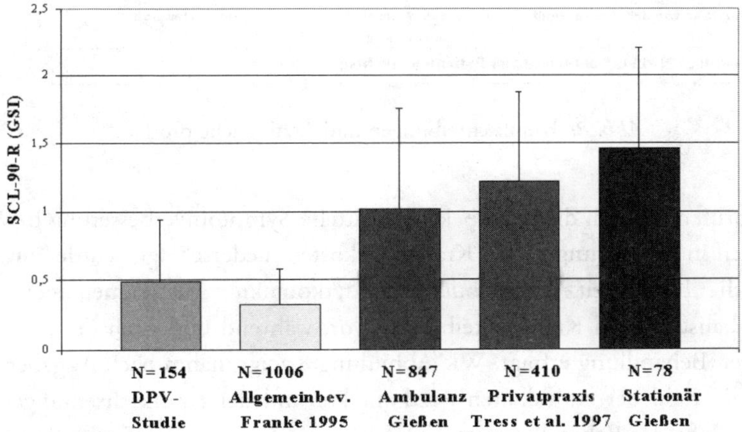

Abb. 7: Gegenwärtige Symptombelastung (GSI): Teilnehmer der Katamnesestudie (DPV) im Vergleich mit anderen Stichproben

Für die Symptombelastung wurde der Gesamtwert der SCL-90R (GSI) zugrunde gelegt. Wie aus Abbildung 7 hervorgeht, waren die ehemaligen Patienten unserer Studie etwas höher belastet als die Normstichprobe (vgl. Franke, a. a. O.), im Mittel aber weniger belastet als Personen im klinischen Bereich (90 %-Perzentile der Gemeindestichprobe) und weit weniger belastet als unausgelesene psychosomatische Ambulanzpatienten, Patienten aus der psychoanalytischen Praxis und psychosomatische Patienten.

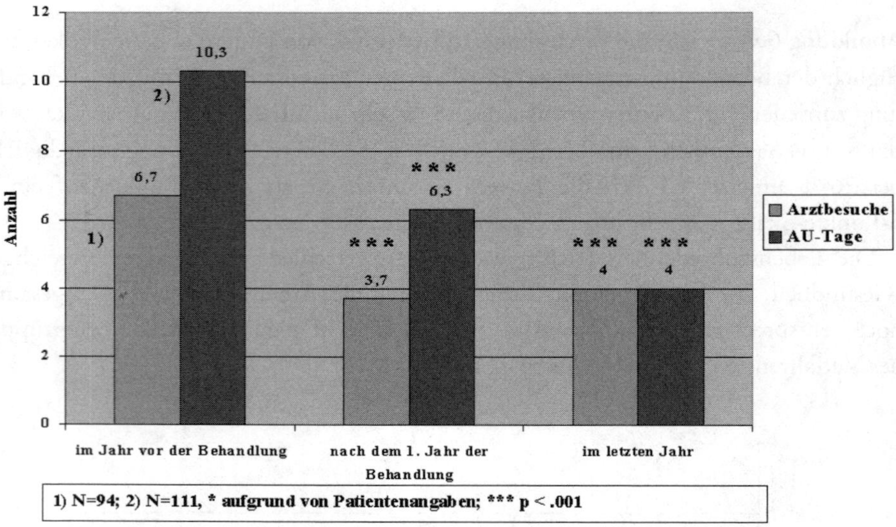

Abb. 8: Krankschreibungen und Arztbesuche pro Jahr*

Um zu prüfen, ob sich die retrospektiv ermittelte Symptomverbesserung bzw. -behebung auch in Einsparungen von Krankheitskosten niederschlägt, wurde von den Patienten die Häufigkeit der ambulanten Arztkontakte, Medikamenteneinnahmen, Krankenhaustage und Krankschreibungen vor, während und nach der psychotherapeutischen Behandlung erfragt. Wie Abbildung 8 zeigt, nahm nach Angaben der Patienten die Zahl der ambulanten Arztkontakte und der Krankschreibungen bereits im ersten Jahr der Behandlung im Vergleich zum Jahr vor der Behandlung *hoch signifikant ab.* Diese Reduktionen galten auch für die Krankenhaustage und die Medikamenteneinnahme, und dies bis zum Jahr vor der Katamneseerhebung.

Da die Patientenangaben subjektiver Natur sind und erst nach einem langen Zeitraum retrospektiv erhoben wurden, sind, wie bereits erwähnt, unabhängig und mit Einverständnis der Patienten auch die Krankenkassen kontaktiert worden mit der Bitte um Übermittlung der Daten zu Krankenhaus- und Arbeitsunfähigkeitstagen. Die aufwendigen Auswertungen sind noch nicht abgeschlossen, doch zeigen Pilotauswertungen bei der Teilstichprobe der Interviewpatienten ähnliche Trends bei den Kassendaten wie bei den Patientenangaben (erste Vergleiche bestätigen eine statistisch signifikante Übereinstimmung).

Vorgehen und Ergebnisse der Interviewstichprobe

62 Kolleginnen und Kollegen beteiligten sich an der Durchführung und Evaluation der katamnestischen Interviews in Frankfurt (zwei Gruppen), Hamburg, Gießen, Tübingen, Freiburg, München, Kassel und Köln. Aus Diskretionsgründen erwies es sich als unbedingt notwendig, daß Interviewer z. B. aus Frankfurt nach Berlin, Köln oder Freiburg reisten, um zu vermeiden, daß sie den behandelnden Analytiker des interviewten Patienten erkennen. Alle Interviews der ehemaligen Patienten und – unabhängig davon – des jeweiligen Analytikers wurden in den lokalen Forschungsgruppen evaluiert (Tonbandaufzeichnungen), wobei wiederum psychoanalytische und nichtpsychoanalytische, qualitative und quantitative Verfahren zur Anwendung gelangten. Wir können in diesem Rahmen nicht genauer auf das Procedere eingehen und müssen daher auf die erwähnten Publikationen verweisen. Statt dessen möchten wir einige weitere Ergebnisse zusammenfassen:

Inzwischen haben wir 256 Katamneseinterviews mit 128 ehemaligen Patienten durchgeführt. Unser Vorgehen ermöglichte uns einen differenzierten Einblick in verschiedenste Therapieverläufe und damit verbundene unverwechselbare Lebens- und Leidensgeschichten. Damit wenigstens ein fragmentarischer Eindruck der untersuchten ehemaligen Patienten vermittelt werden kann, möchten wir einige der klinisch relevanten Ergebnisse am Beispiel einer kurz zusammengefaßten Katamnese[3] präsentieren:

Frau A. hatte sich nach mehreren Therapieversuchen aufgrund einer Informationssendung im Fernsehen gezielt zu einer Psychoanalyse entschlossen. Sie schildert in den Katamneseinterviews, daß es in der Behandlung gelungen sei, die schwere Depression zu bearbeiten, die ihr jahrelang das Gefühl vermittelt hatte, „wie hinter einer Glasscheibe zu leben". Die psychosomatischen Symptome (Eß- und Schlafstörungen, Zwangsonanie, Hauterkrankungen) sind weitgehend verschwunden. Sie ist dankbar für die neue Lebensqualität und ihre Freude am Leben, die es ihr ermöglicht, auch schwere Belastungen, wie die Arbeitslosigkeit ihres Mannes oder den Tod ihres Vaters, durchzustehen, ohne erneut depressiv zu werden. Sie ist stolz, daß sie dank der Behandlung eine Ausbildung zur Physiotherapeutin abgeschlossen hat und nun erfolgreich in diesem Beruf arbeitet.

In der Behandlung habe sie schließlich verstehen können, in welcher Weise ihre Depressionen, ihre jahrelange ernsthafte Suizidalität und ihre psychosomatischen Symptome mit frühen Traumatisierungen in Zusammenhang standen: der Vernachlässigung durch die beiden depressiven Eltern (die Mutter war chronisch überfordert und depressiv), der Armut und Not (sie hatte vermutlich heimlich zwei Abtreibungen der Mutter in der Küche beobachtet), den schweren organischen Erkrankungen im Kindergartenalter sowie einer Vergewaltigung als Zehnjährige durch einen ehemaligen SS-Kollegen ihres Vaters.

Entscheidend für sie ist, daß sie ihre eigenen Kinder aus der transgenerativen Verwicklung in die depressive Familiengeschichte entlassen konnte und mit ihrem Mann, trotz aller realen Schwierigkeiten, ein für sie befriedigendes Leben führen kann.

Zwar schildert Frau A., daß sie unter „Restsymptomen" leide, z. B. immer noch panische Ängste vor dem dunklen Keller habe. Doch weit weniger als ihre Analytikerin ist sie damit beschäftigt, ob diese Restsymptome auf Grenzen der analytischen Arbeit verweisen: Sie vermutet darin eher Spuren, die zum Trauma der sexuellen Vergewaltigung zurückführen, was sie psychisch akzeptieren kann. „Es schränkt mich ja auch nicht zu sehr ein – mein Mann kann mich begleiten, wenn ich in den Keller runtersteigen muß."

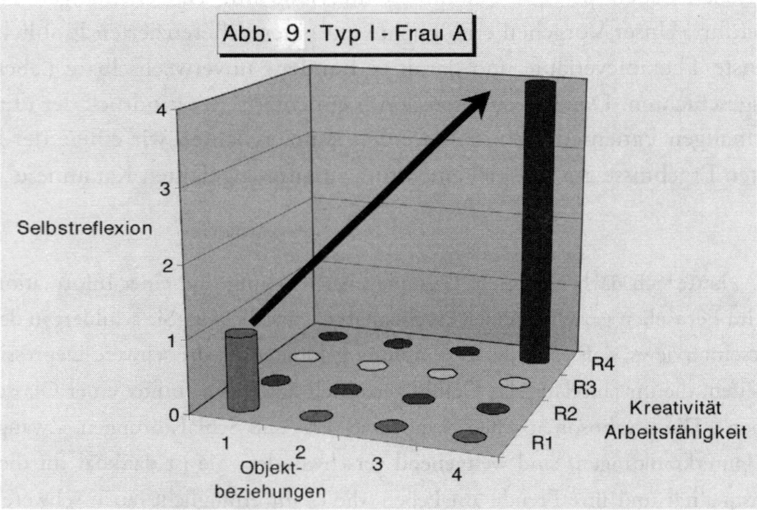

Abb. 9: Darstellung der Ratingergebnisse zum „globalen Therapieerfolg" von Frau A. in drei Dimensionen (der Pfeil verbindet die Einschätzungen zum Anfangszustand mit jenen zum Zeitpunkt der Katamnese; R1 . . . R4 = von „schwach" bis „stark ausgeprägt")

Wie erwähnt, beeindrucken die Katamnesen durch ihre Einmaligkeit (vgl. Abbildung 12). Gleichwohl haben wir anschließend durch ein Bottom-up-Verfahren, ein Ratingverfahren, die Beobachtungen dieser Einzelfälle mit allen 128 Katamnesen verglichen und können daher die Einschätzungen zu den individuellen Psychoanalysen und Therapien in der repräsentativen Stichprobe gemeinsam darstellen.

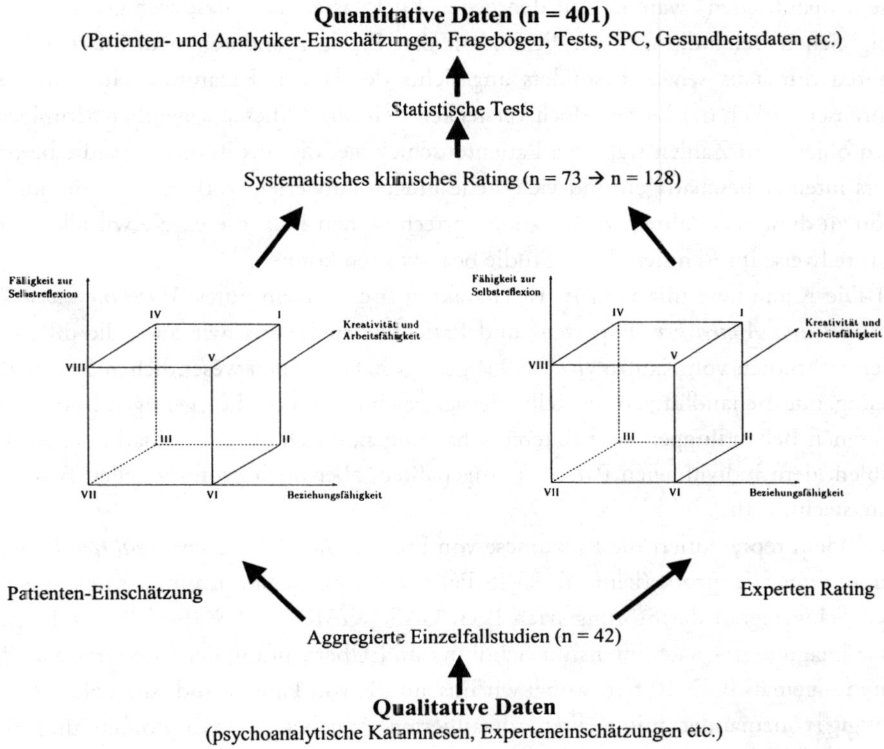

Abb. 10: Übersicht über das Bottom-up-Vorgehen bei der Verbindung der qualitativen und quantitativen Daten der Interviewstichprobe

So haben wir die Katamnese von Frau A. als Beispiel ausgewählt, weil sie
a) charakteristisch für etwa 80 % der untersuchten ehemaligen Patienten ist, die über *dauerhafte positive Veränderungen* dank der Therapie berichtet haben: Wie Frau A. stimmte die Mehrzahl der ehemaligen Patienten hinsichtlich der globalen Einschätzung des Behandlungsergebnisses (gut, mittel, schlecht) mit ihrem Analytiker bzw. ihrer Analytikerin überein. Bei einer noch differenzierteren Aufschlüsselung (sehr gut, gut, mittel, schlecht, sehr schlecht) zeigte sich allerdings, daß sie etwas milder urteilten als die Analytiker und die psychoanalytischen Experten. Viele Analytiker sehen die Grenzen ihrer analytischen Arbeit klar und scheinen noch Jahre nach Abschluß der Behandlungen damit beschäftigt, ob und wie sie durch behandlungstechnische Unzulänglichkeiten oder gar Fehler zu diesen Grenzen beigetragen haben könnten. Dies ist verständlicherweise besonders bei jenen 11 % der Patienten der Fall, die mit dem Behandlungsergebnis „unzufrieden", und jenen 5 %, die sogar

„sehr unzufrieden" waren.[4] Auf den ersten Blick lassen sich diese wenigen nicht erfolgreichen Behandlungen verglichen mit den Erfolgen anderer medizinischer Verfahren durchaus sehen, besonders angesichts des langen Katamnesezeitraums von durchschnittlich 6,5 Jahren, doch verstecken sich hinter diesen scheinbar beruhigenden objektiven Zahlen tragische Patientenschicksale, die uns in dieser Studie besonders intensiv beschäftigen und viele neue Fragen aufwerfen, z. B. zur Kontraindikation zu diesen Verfahren, zu behandlungstechnischen Fragen etc., die wir allerdings nur teilweise im Rahmen dieser Studie beantworten können.

b) Die Katamnese mit Frau A. ist charakteristisch für ein gutes *Matching zwischen Patient und Analytiker* (Experten- und Patientenurteil), was, wie auch die differenzierten Studien von Kantrowitz (1995) gezeigt haben, einen wesentlichen Faktor für gelingende Behandlungen darstellt. Ferner zeichneten sich die „genügend gut" verlaufenen Behandlungen, laut Ratereinschätzungen, durch die Kombination einer flexiblen, dem individuellen Patienten angepaßten, aber hoch professionellen Behandlungstechnik aus.

c) Zudem repräsentiert die Katamnese von Frau A. die *vielen schwer gestörten* Patienten unserer Stichprobe (keine YARVIS-Patienten). Wir schätzen zur Zeit retrospektiv den Schweregrad der Störung nach BSS, GAS,[5] GARF und SOFAS ein und legen ihre Diagnosen – nach intensiver Schulung und Überprüfung der Interraterreliabilitäten – gemäß ICD-10 fest, wobei wir uns auf die von Patient und Analytiker unabhängig voneinander mitgeteilten, detaillierten Angaben zu Symptomen und Beschwerden beziehen und nur jene Symptome berücksichtigen, die von beiden genannt werden. Aufgrund methodischer Überlegungen war nicht geplant, retrospektiv die ICD-10-Diagnosen zu bestimmen. Als sich jedoch herausstellte, wie präzise die ehemaligen Patienten und ihre Analytiker unabhängig voneinander die Anfangssymptome schilderten, konnten die ICD-10-Diagnosen von zwei unabhängigen Ratern mit guten Interraterreliabilitäten eingeschätzt werden (vgl. dazu Leuzinger-Bohleber et al., 2001). Da wir in diesem Rahmen nur eine grobe Übersicht geben können, beschränken wir uns dabei auf die prozentualen Häufigkeiten der Hauptdiagnosen und lassen die Nebendiagnosen unerwähnt. Diese Auswertungen erlauben uns übrigens eine kritische Reflexion der ICD-10-Diagnostik, verglichen mit psychodynamischen Diagnosen.

Nach den bisherigen Einschätzungen der Hauptdiagnosen sind 50,1 % Persönlichkeitsstörungen in unserer Stichprobe enthalten (F 60), davon 28,7 % narzißtische Persönlichkeitsstörungen (F 69,8), 9,3 % Borderlinestörungen (F 60,31) und 12 % weitere Persönlichkeitsstörungen (F 60,3; F 60,30/31; F 60,7; F 60,9; F 62,0; F 62,8). Als zweithäufigste Hauptdiagnose finden wir 26,9 % Depressionen (F 32; F 33); darauf folgen 8,5 % psychosomatische Störungen (F 45, inklusive Eßstörun-

gen F 50 und Sexualstörungen F 52), 6,2 % Psychosen (F 2/3), 5,4 % Phobien (F 40) und Angststörungen (F 41) sowie 1,6 % Zwangsstörungen und 0,8 % Anpassungsstörungen (F 43). Berücksichtigen wir zudem die Nebendiagnosen, dann fällt auf, daß in der Stichprobe vor allem multiple Störungsbilder enthalten sind (z. B. werden psychosomatische Symptome, Angststörungen, Zwangsgedanken und -handlungen und Sexualstörungen oft in diesen Nebendiagnosen benannt). Es ist erwähnenswert, daß wir bei den Behandlungen mit gutem Erfolg das ganze Spektrum von Diagnosen (auch Eßstörungen, Drogenmißbrauch, Zwangssymptome etc.) vorfinden, wenn auch mit unterschiedlicher Häufigkeit. Daher scheinen die Ergebnisse unserer Studie eher für eine patientenspezifische als eine störungsspezifische Indikationsstellung zu sprechen.
d) Frau A. steht zudem für die vielen *schwer traumatisierten* ehemaligen Patienten unserer Stichprobe, die mit gutem Erfolg behandelt wurden. Die Häufung schwer traumatisierter Patienten hatten wir nicht erwartet: 81 der bisher 124 dazu genauer untersuchten Patienten hatten in ihrer Kindheit schwere Realtraumatisierungen (Krankheiten, Verlust oder lange Trennungen von den Primärobjekten, Kriegstraumatisierungen etc.) erlebt. Bei 76 dieser 81 Patienten war es, wie bei Frau A., möglich gewesen, das Trauma in der Übertragung selbst wiederzubeleben und dadurch – mindestens partiell – therapeutisch zu bearbeiten. 5 dieser 81 traumatisierten Patienten schienen dagegen die traumatische Erfahrung außerhalb der analytischen Beziehung im Sinne eines Enactments zu reinszenieren und die therapeutische Beziehung als ‚holding function' für die Bearbeitung des Traumas „in der Welt draußen" intuitiv zu schützen – eine unerwartete Beobachtung, die wir zusammen mit unseren DPV-Kolleginnen und -Kollegen noch weiter reflektieren werden. Erwähnen möchten wir, daß – wie bei Frau A. – auch die weniger gut verlaufenen Behandlungen ein wichtiges Ergebnis bringen, nämlich daß die unbewußte Weitergabe der Traumatisierungen an die nächste Generation unterbrochen werden kann.
e) Ferner zeigt die Katamnese von Frau A. die enorme Bedeutung der *postanalytischen Phase*, deren Verlauf wesentlich über einen dauerhaften Therapieerfolg entscheidet.
f) Frau A. war, wie 62 der bisher 118 dazu genauer untersuchten ehemaligen Patienten, mit der *Dauer der Behandlung* zufrieden. Dagegen beklagten sich 43 über eine zu kurze, 11 über eine zu lange Behandlung.

Diese Beispiele mögen ausreichend illustrieren, daß unsere Ergebnisse für uns auch neu und für die klinische Praxis relevant sind. Zudem hoffen wir zu vermitteln, in welcher Weise wir versuchen, Einzelbeobachtungen in der gesamten Stichprobe zu lokalisieren, was wir übrigens zur Zeit durch einen Vergleich mit den Fragebogendaten der gesamten Stichprobe vertiefen. Zusammen mit Prof. Rüger haben wir zudem anhand von drei Dimensionen, auf die wir nach der Aggregation der 128 Katamnesen gestoßen sind, den katamnestischen Erfolg der gesamten Population auch graphisch dargestellt. Das Ergebnis zeigen die folgenden Abbildungen:

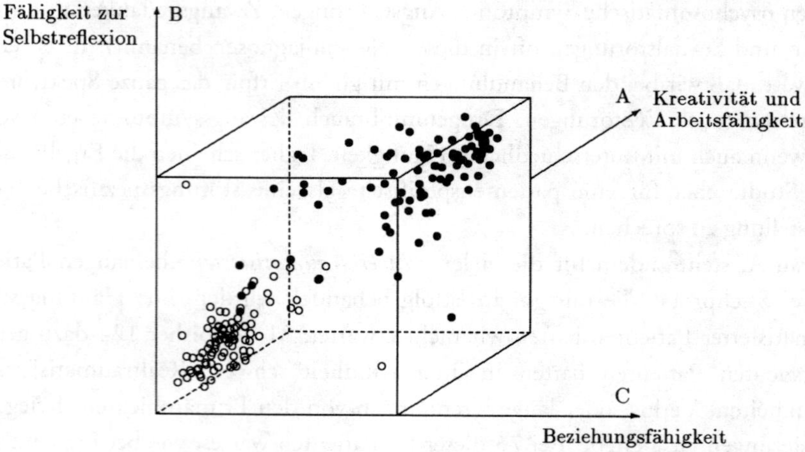

Abb. 11: Ehemalige Psychoanalyse-Patienten, eingeschätzt nach Beziehungsfähigkeit, Fähigkeit zur Selbstreflexion sowie Kreativität und Arbeitsfähigkeit (n = 91; Skalenfestlegung: 0 bis 50). Dabei bedeutet ›o‹ die Einschätzung des Zustandes vor der Behandlung und ›•‹ die Einschätzung des heutigen Zustandes.

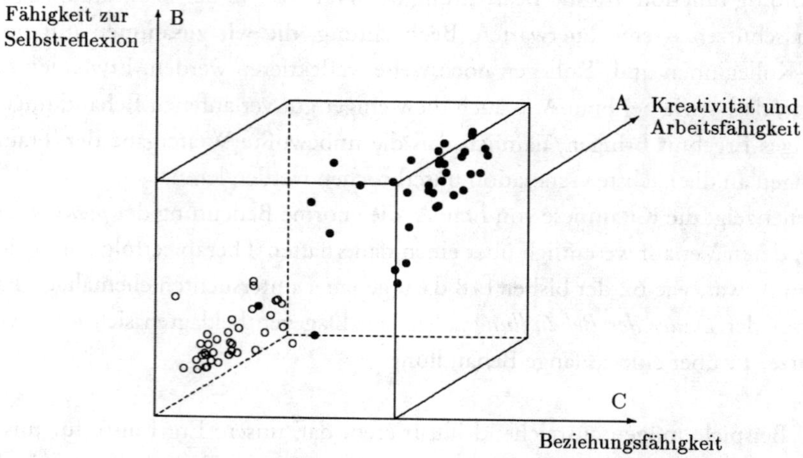

Abb. 12: Ehemalige psychoanalytische Therapie-Patienten, eingeschätzt nach Beziehungsfähigkeit, Fähigkeit zur Selbstreflexion sowie Kreativität und Arbeitsfähigkeit (n = 37; Skalenfestlegung: 0 bis 50). Dabei bedeutet ›o‹ die Einschätzung des Zustandes vor der Behandlung und ›•‹ die Einschätzung des heutigen Zustandes.

Abschließende Bemerkungen

Wir hoffen, daß wir einen Eindruck vom Ziel, dem methodischen Vorgehen und den bisherigen Ergebnissen unserer Studie vermitteln konnten, die wir als eine kritische, empirische Annäherung an psychoanalytische Prozesse und deren Langzeitwirkungen verstehen. Wir hatten nicht erwartet, daß eine psychoanalytische Vereinigung sich dazu bereit erklären würde, eine Untersuchung durchzuführen, die die Ergebnisse der therapeutischen Arbeit ihrer Mitglieder auf den wissenschaftlichen Prüfstein legt. Die große Akzeptanz der Studie verdanken wir vielen Faktoren, u. a. der intensiven Diskussion der damit verbundenen wissenschaftstheoretischen und methodischen Fragen, dem statistischen und inhaltlichen Design und dem Vorteil katamnestischer Untersuchungen, keinen (störenden) Einfluß auf laufende Behandlungen zu nehmen. Wir versuchten zu illustrieren, daß es mit dem gewählten multiperspektivischen Vorgehen durchaus möglich war, die Langzeitwirkungen von Psychoanalysen und Langzeittherapien zu untersuchen. Etwa 80 % der ehemaligen Patienten zeigten auch noch durchschnittlich 6,5 Jahre nach Beendigung der Therapie stabile positive Veränderungen. Allerdings werden uns jene 11 % bzw. 5 % der Patienten, die mit dem Behandlungsergebnis nicht zufrieden waren, besonders intensiv beschäftigen, da wir immer aus den negativ verlaufenen Therapien am meisten für zukünftige Behandlungen lernen. Erste Ergebnisse unserer Studie zeigen darüber hinaus, wie auch die Untersuchungen von Dührssen und Jorswieck (a. a. O.) sowie Keller et al. (2001), daß Langzeittherapien die Krankheitskosten bei diesen ursprünglich schwer gestörten Patienten langfristig deutlich senken.

Zu den Nachteilen unseres Vorgehens gehört u. a. die Schwierigkeit, die Komplexität unserer Beobachtungen adäquat zusammenzufassen und auf eine Weise zu kommunizieren, daß darin sowohl die Idiosynkrasie als auch die Repräsentativität der Ergebnisse erhalten bleiben. Zudem konnten in unserem Design (mit nur einem Untersuchungszeitpunkt) viele Fragen zwar aufgeworfen, aber noch nicht mit genügender Sicherheit beantwortet werden. Doch hoffen wir, daß einige weiterführende Untersuchungen diese Fragen aufnehmen und vertiefend verfolgen werden. Es wäre z. B. interessant, eine „naturalistische Vergleichsstudie" mit einer repräsentativen Stichprobe ehemaliger Patienten anderer Therapien, z. B. von Verhaltenstherapien, nach ebenfalls 6,5 Jahren Katamnesezeitraum und mit Untersuchungsmethoden analog den unseren durchzuführen, um die Langzeitwirkungen dieser Behandlungen miteinander zu vergleichen.

So steht auch diese Studie in einem charakteristischen Spannungsfeld zwischen der klinischen Feldforschung in der psychoanalytischen Situation und dem Versuch einer triangulierenden, empirischen Annäherung an psychoanalytische Prozesse. Psychoanalytische Forschung erscheint uns dabei immer wieder wie eine Gratwanderung zwischen dem Rückzug in den ausschließlich innerpsychoanalytischen Dialog innerhalb des fachlichen Elfenbeinturms auf der einen Seite und einer drohenden Überanpassung an ein der Psychoanalyse fremdes Methoden- und Wissenschaftsverständnis auf der anderen Seite. Wir versuchten daher, die damit verbundenen konkreten Forschungsfragen offenzulegen, da provokative oder unerwartete Fragen relevante klinische und empirische Forschung oft besser charakterisieren als „definitive" Antworten. Wir wünschen uns, daß unsere Untersuchung dazu beiträgt, die Kluft zwischen Forschern und Klinikern in der Psychoanalyse zu verringern.

Anmerkungen

[1] Wie wir andernorts ausführlich diskutiert haben, läßt sich die Relevanz der retrospektiven Sicht des ehemaligen Patienten für die Erfolgsbeurteilung seiner Therapie u. a. aufgrund der neueren Gedächtnisforschung theoretisch begründen: Es ist entscheidend, ob es in einer Therapie gelungen ist, pathologische Rekategorisierungsprozesse von traumatischen Erfahrungen, die unerkannt das Denken, Handeln und Fühlen von Patienten bestimmen, zu erkennen und dadurch diesen Rekategorisierungsprozessen zu einer besseren Adaptation an neue Situationen zu verhelfen. Gedächtnisprozesse werden in der neueren, biologisch orientierten Forschung als ständiger Rekategorisierungsprozeß („ein ständiges Umschreiben der eigenen Geschichte") verstanden, der sich aber durch eine mehr oder weniger gelingende Adaptationsfähigkeit an neue Situationen auszeichnet. In den mit solchen Gedächtnisleistungen verbundenen „narrativen Prozessen" (während oder nach der Therapie) ist durchaus eine kontinuierliche Annäherung an „historische Wahrheiten" enthalten (vgl. dazu Leuzinger-Bohleber u. Pfeifer, 1998, 2001).

[2] Viele Kollegen entsprachen nicht den Einschlußkriterien der Studie, d. h., sie hatten keine Patienten, die im vorgegebenen Zeitraum 1990–1993 ihre Analyse abgeschlossen hatten (vgl. Kap. „Methodischer Untersuchungsrahmen und Design").

[3] Eine ausführlichere Zusammenfassung dieser Katamnese wird mit Einwilligung der ehemaligen Patientin im Anhang des *Psyche*-Artikels (Leuzinger-Bohleber et al., 2001) publiziert.

[4] Wie wir an anderer Stelle ausführlich diskutieren, ist auffallend, daß alle diese 5 % ehemaliger Patienten als Borderline-Patienten eingestuft wurden, wobei uns gleichzeitig beschäftigt, daß wir auch sieben Borderline-Patienten in der Interviewstichprobe haben, die mit gutem und nachhaltigem Erfolg behandelt wurden.

[5] Nach ersten Ratings erzielen die Patienten der Interviewstichprobe auf der Global Assessment Scale (GAS) einen Durchschnittswert von 52 vor der Behandlung, einen Durchschnittswert von 78 nach der Behandlung (Werte unter 50 kennzeichnen psychiatrisch kranke Patienten).

Anhang

Fragebogen an die Analytiker/innen der DPV zur Planung der Katamnesestudie psychoanalytischer Langzeittherapien

1) Wie alt sind Sie ? ☐ Jahre

2) Geschlecht weibl/männl ☐☐

3) Vor wieviel Jahren haben Sie Ihre psychoanalytische Ausbildung abgeschlossen? ☐ Jahre

4) Wieviele Behandlungen (ohne Lehranalysen) führen Sie *zur Zeit* durch? ☐ Anzahl
   Darunter
   a) 1 bis 2-stündige Langzeittherapien ☐ Anzahl
   b) 3-stündige Langzeittherapien ☐ Anzahl
   c) 4- und mehrstündige Langzeittherapien ☐ Anzahl
   d) Beratungen, Kriseninterventionen, Kurztherapien (bis zu 30 Sitzungen) ☐ Anzahl

5) Wieviele abgeschlossene Behandlungen (sämtliche, ohne Lehranalysen) haben Sie bisher durchgeführt ? (Schätzung) ☐ Anzahl

6) Befürworten Sie die Durchführung der geplanten Katamnesestudie Ja/Nein ☐☐

7) Sind Sie zur Mitarbeit an der Studie bereit ? Ja/Nein ☐☐
   Falls nein: aus welchen Gründen ?
   a) Prinzipielle Einwände gegen empirische Forschungsstudien ☐
   b) Zeitmangel ☐
   c) Krankheits- oder Altersbedingt ☐
   d) Keine unter 8) zu nennenden Patienten vorhanden ☐
   e) Kein Interesse an der Studie ☐
   f) Teilnahme an anderen Evaluationen ☐
   g) Weitere Gründe (bitte angeben) ________________

8) Wieviele Behandlungen (ohne Lehranalysen) wurden zwischen 1. Jan. 90 u. 31. Dez. 93 beendet? ☐ Anzahl
   Darunter
   a) 1 bis 2-stündige Langzeittherapien ☐ Anzahl
   b) 3-stündige Langzeittherapien ☐ Anzahl
   c) 4- und mehrstündige Langzeittherapien ☐ Anzahl

9) Geben Sie bitte zu den unter 8) genannten Therapien die folgenden Informationen:

	Angabe zum Patient				Angaben zur Therapie								
						Spontane globale Einschätzung der psychischen Störung bei Behandlungsbeginn				Spontane globale Einschätzung des Therapieerfolgs			
Nr	Behandlungsart (a/b/c)	Geschl. m/w	Alter bei Beginn der Therapie in Jahren	Art* der berufl. Tätigkeit	Dauer in Monaten	sehr stark	stark	mittel	leicht	schlecht	mittel	gut	sehr gut
1													
2													
3													
4													
5													
6													
7													
8													
9													
10													
11													
12													

* 1 = Arbeiter, 2 = Angestellter, 3 = Beamter, 4 = Selbständiger, 5 = In Ausbildung, 6 = Sonstige

Literatur

Antonovsky, A. (1988): Unraveling the Mystery of Health. How People Manage Stress and Stay Well. San Francisco (Jossey-Bass).

Bachrach, H.M. et al. (1991): On the efficacy of psychoanalysis. J. Amer. Psa. Ass., 39, 871–916.

Beutel, M. u. M. Rasting (2001): Langzeittherapien aus der Rückschau ehemaliger Patienten. In: Stuhr, U. et al. (Hrsg.): Langzeit-Psychotherapie. Perspektiven für Therapeuten und Wissenschaftler. Stuttgart (Kohlhammer), 187–200.

Dahl, H. et al. (Hrsg.) (1988): Psychoanalytic Process Research Strategies. New York (Springer).

Dührssen, A. v. u. E. Jorswieck (1965): Eine empirisch-statistische Untersuchung zur Leistungsfähigkeit psychoanalytischer Behandlung. Der Nervenarzt, 36, 166–169.

Franke, G. (1995): SCL-90-R: Die Symptom-Checkliste von Derogatis – Deutsche Version – Manual. Göttingen (Beltz).

Gerdes, N. u. W.H. Jäckel (1995): Der IRES-Fragebogen für Klinik und Forschung. Rehabilitation, 34, 13–24.

Hampe, M. (2000): Pluralismus der Erfahrung und die Einheit der Vernunft. In: Hampe, M. u. M. Lotter (Hrsg.): „Die Erfahrungen, die wir machen, sprechen gegen die Erfahrungen, die wir haben". Über Formen der Erfahrung in den Wissenschaften. Berlin (Duncker u. Humblot), 27–41.

Kantrowitz, J.L. (1995): The beneficial aspects of the patient-analyst match. Int. J. Psycho-Anal., 76, 299–313.

Keller, W. et al. (2001): Wirksamkeit und Kosten-Nutzen-Aspekte ambulanter (jungianischer) Psychoanalysen und Psychotherapien. Eine katamnestische Studie. In: Stuhr, U. et al. (Hrsg.): Psychoanalytische Langzeittherapie. Perspektiven für Therapeuten und Wissenschaftler. Stuttgart (Kohlhammer), 343–355.

Lear, J. (1995): The shrink is in. In: Leuzinger-Bohleber, M. u. U. Stuhr (Hrsg.): Psychoanalysen im Rückblick. Methoden, Ergebnisse und Perspektiven der neueren Katamneseforschung. Gießen (Psychosozial), 92–106.

Leuzinger-Bohleber, M. u. R. Pfeifer (1998): Erinnern in der Übertragung – Vergangenheit in der Gegenwart? Psychoanalyse und Embodied Cognitive Science im Dialog. Psyche, 52, 884–919.

– u. R. Pfeifer (2001): Remembering a depressive primary object? Memory in the dialogue between psychoanalysis and cognitive science. Eingereicht beim Int. J. Psycho-Anal.

– u. U. Stuhr (Hrsg.) (1997): Psychoanalysen im Rückblick. Methoden, Ergebnisse und Perspektiven der neueren Katamneseforschung. Gießen (Psychosozial).

– et al. (2000): How to study the quality of psychoanalytic treatments? A combination of qualitative and quantitative approaches in a representative follow-up study. Paper presented at the Joseph Sandler Research Conference, London, March 4, 2000.

– et al. (2001): Langzeitwirkungen von Psychoanalysen und Psychotherapien: Eine multiperspektivische, repräsentative Katamnesestudie. Psyche, 55, 193–276.

Rüger, B. (2001): Statistisches Design und Repräsentativität der Psychoanalytischen Katamnese-Studie (DPV). In: Stuhr, U. et al. (Hrsg.): Langzeit-Psychotherapie. Perspektiven für Therapeuten und Wissenschaftler. Stuttgart (Kohlhammer), 149–159.

Seligman, M.E.P. (1995): The effectiveness of psychotherapy: The Consumer Reports Study. American Psychologist, 50, 965–974.

Stuhr, U. et al. (Hrsg.) (2001): Langzeit-Psychotherapie. Perspektiven für Therapeuten und Wissenschaftler. Stuttgart (Kohlhammer).

Wallerstein, R.S. (2001): Die Generationen der Psychotherapieforschung – Ein Überblick. In: Stuhr, U. et al. (Hrsg.): Langzeit-Psychotherapie, Perspektiven für Therapeuten und Wissenschaftler. Stuttgart (Kohlhammer), 38–60.

Umfangreichere Literatur zum Gesamtprojekt in *Psyche*, 2001, 55, 3, 193–276.

Dietmar Schulte

Mut zu scheitern

Kommentare zur DPV-Katamnese-Studie und zur Praxisstudie analytischer Langzeittherapie

Ich bin gebeten worden, zu den beiden Studien zur psychoanalytischen Langzeittherapie von Leuzinger-Bohleber et al. und Rudolf (in diesem Band) Stellung zu nehmen als jemand, der von außen schaut, der nicht das Überzeugungssystem der Psychoanalyse teilt, zumindest insoweit nicht, als es nicht empirisch-wissenschaftlich bestätigt ist. Was ich damit meine, wird im folgenden vermutlich etwas deutlicher werden.

Was ist das Anliegen der Studien?

1. Schon die Historie der beiden Untersuchungen macht deutlich, daß sie ein wesentliches Anliegen haben: die Überprüfung des Erfolgs analytischer Langzeittherapien. Dies ist eine klare Fragestellung, und die Forschungsmethodologie zur Erfolgsforschung von Psychotherapie ist seit Jahren gut ausgearbeitet, vielfach erprobt und international unstrittig.
2. Bei dem Erfolgsnachweis der psychoanalytischen Langzeittherapie kann es allerdings nicht nur um die Frage gehen, ob diese Therapie tatsächlich erfolgreich ist, sondern notwendigerweise auch darum, ob sich eine vergleichsweise recht lange Behandlungsdauer und ein so großer Behandlungsumfang „auszahlen".
3. Beide Studien verfolgen jedoch noch ein weiteres Anliegen. Sie möchten Auskunft über zentrale Wirkfaktoren der analytischen Langzeittherapie geben. Insoweit soll Prozeß- mit Outcome-Forschung verbunden werden. Da diese Langzeittherapien ein aufwendiges Geschehen sind, ist die Kopplung beider Fragestellungen sicherlich sinnvoll.

Mein Eindruck – gewonnen aus der Lektüre früherer und der beiden oben erwähnten Untersuchungen – ist jedoch, daß die Prozeßfragestellungen dominieren und die Gefahr besteht, daß die an sich einfache Outcome-Fragestellung in den Hintergrund gerückt wird und vielleicht auch nicht mehr die notwendige methodische Aufmerksamkeit erfährt. Ich werde mich im folgenden auf die Outcome-Fragestellungen beschränken.

Empirische Forschung will auf den ersten Blick Hypothesen überprüfen und bestätigen, in unserem Fall die Hypothese, daß psychoanalytische Langzeittherapie zu einem stabilen Therapieerfolg führt. Finden sich Ergebnisse, die mit dieser Hypothese im Einklang stehen, so werden alle diejenigen, die von vornherein von dieser Hypothese überzeugt waren, zufrieden sein und sich freuen.

Doch was ist mit denjenigen, die dieser Hypothese zunächst skeptisch gegenüberstehen? Sie werden die Frage stellen, ob die Ergebnisse nicht eventuell auch anders erklärt werden können. Sie wären erst dann überzeugt, wenn alternative Erklärungsmodelle aufgrund der Resultate ausgeschlossen werden können.

Vor genau dieser Aufgabe steht die Psychoanalyse genauso wie andere Therapierichtungen: Sie muß nicht nur die eigenen Anhänger überzeugen, sondern die Anhänger anderer Therapien und vor allem potentielle Geldgeber: Krankenkassen, andere Arztgruppen, die um den Honorartopf streiten, Gesundheitspolitiker und zunehmend auch die Öffentlichkeit. Solange diese Personen die erzielten Ergebnisse als Artefakte oder als Resultat anderer Prozesse als der unterstellten interpretieren können, werden sie kaum überzeugt sein.

Die DPV-Katamnese-Studie

Ich beginne mit der Studie von Marianne Leuzinger-Bohleber et al. 400 Patienten, die vor Jahren eine psychoanalytische Langzeittherapie bei unterschiedlichen Therapeuten unter praktischen Alltagsbedingungen abgeschlossen haben, wurden nachträglich untersucht. Es stellt sich nun die Frage: Inwieweit kann diese Studie mögliche Kritiker überzeugen, daß die psychoanalytische Langzeittherapie tatsächlich zu einem dauerhaften Therapieerfolg führt?

Ein erstes wichtiges Ergebnis ist, daß die Gruppe der untersuchten Patienten nach den Werten des SCL-90-R nicht mehr Symptome aufweist als die Durchschnittsbevölkerung. Wenn wir einmal unterstellen, daß diese Werte vor Therapiebeginn deutlich höher waren, so können wir von einer Verbesserung sprechen.

Eine zweite Frage drängt in diesem Zusammenhang sich auf: Ist diese Verbesserung das Ergebnis der psychotherapeutischen Behandlung? Dies könnte sein, muß es aber nicht. Hier gibt es durchaus plausible Alternativerklärungen, die durch die Studie nicht ausgeschlossen werden können. Nicht nur Eysenck hat in den fünfziger Jahren nachgewiesen, daß es Spontanremissionen ohne Behandlung gibt. Gerade bei einem so langen Zeitraum zwischen Behandlungsbeginn und Datenerhebung ist eine Spontanremission nicht auszuschließen. Oder aber das Ergebnis könnte auf unspezifische, also allen Therapieverfahren gemeinsame Wirkvariablen zurückzuführen sein. Die Effektstärken solcher Placebo-Kontrollgruppen liegen immerhin zwischen .40 und .60.

Die Methodik, die anzuwenden ist, um solche Alternativerklärungen auszuschließen, ist seit über dreißig Jahren bekannt: eine Kontrollgruppe, die nicht oder anders behandelt wurde. Sicherlich ist bei der vorliegenden Studie die Bildung einer Kontrollgruppe schwer, aber nicht unmöglich. Man hätte etwa Patienten nehmen können, die sich gemeldet hatten, dann aber die Therapie nicht aufgenommen oder bereits zu Beginn wieder abgebrochen haben. Wenn es den behandelten Patienten heute besser ginge als den Patienten, die damals die Therapie nicht aufgenommen haben, so wäre das ein deutlicher, wenn auch noch nicht endgültiger Hinweis für die Effektivität der Behandlung.

Die Autoren wählen einen anderen Weg, um zu überprüfen, ob die Besserung auf die Therapie zurückzuführen ist: Sie befragen dazu die Patienten (und Therapeuten). Doch dies ist keine überzeugende Lösung, da sich bei diesem Vorgehen viele, äußerst plausible Alternativerklärungen anbieten:

Die Patienten haben einen langjährigen, viele Stunden umfassenden Lern- und Überzeugungsprozeß in analytischem Denken durchlaufen. Von daher ist es nicht verwunderlich, wenn sie nun diesem Überzeugungssystem entsprechend antworten. Oder: Die Patienten haben viel Zeit und vielfach auch viel Geld für die Therapie aufgewandt. Aus sozialpsychologischen Untersuchungen wissen wir, daß Menschen dazu tendieren, persönlichen Aufwand zu rechtfertigen, und Erklärungsmuster wählen, die dies unterstützen.

Erhärtet werden diese Alternativinterpretationen dadurch, daß der Rekrutierungsprozeß der Patientenstichprobe relativ unklar ist: Es handelt sich vermutlich um Patienten, die von den behandelnden Therapeuten benannt worden sind (und nicht nach Zufall aus einer Kartei ausgesucht wurden) und die sich außerdem für eine nachträgliche Befragung zur Verfügung gestellt haben. Beide Selektionsmechanismen würden einseitig solche Patienten bevorzugt in die Studie bringen, deren Therapie erfolgreich verlaufen ist und die außerdem die Therapie für die Veränderungen verantwortlich machen.

Resümee: Wir müssen also feststellen daß es den untersuchten Patienten heute recht gut geht, aber ein Beleg dafür, daß dies Folge der analytischen Behandlung ist, fehlt.

Die Praxisstudie analytischer Langzeittherapien

Ich komme nun zur zweiten Studie, der Praxisstudie analytischer Langzeittherapien, die von Gerd Rudolf beschrieben wurde. Dabei wird psychoanalytische Langzeittherapie im Vergleich mit tiefenpsychologisch fundierter Psychotherapie unter naturalistischen Bedingungen einer Überprüfung unterzogen. Mit großer Sorgfalt ist das Design geplant, und Daten werden auf den verschiedensten Ebenen erhoben, um miteinander in Beziehung gesetzt werden zu können. Insoweit macht diese Studie einen guten Eindruck.

Auch hier geht es um den Nachweis der Effektivität und Effizienz höherfrequenter analytischer Langzeittherapie im Vergleich mit einer Kontrollgruppe. Als solche wurde von den Autoren eine Gruppe gewählt, die mit tiefenpsychologisch fundierter Therapie behandelt wurde. Als Ergebnis kann daher bestenfalls herauskommen, daß die Langzeittherapie gleich gut oder besser ist als die tiefenpsychologisch fundierte.

Für Personen außerhalb der Gruppe der analytischen und tiefenpsychologisch orientierten Psychotherapeuten wird dieses Ergebnis noch nicht sehr überzeugend sein. Denn die Effektivität der tiefenpsychologisch fundierten Therapie ist im Vergleich zu anderen Therapieformen nicht unbedingt die beste. Wir müssen feststellen, daß die Autoren – wenn ich das einmal so ausdrücken darf – nicht sehr großen Mut, scheitern zu können, gezeigt haben, indem sie lediglich diese Kontrollgruppe gewählt haben.

Hinzu kommt ein weiteres Problem: Die Langzeittherapie würde sich aufgrund des hohen Aufwandes an Zeit und Geld letztlich nur rechtfertigen, wenn der Therapieerfolg deutlich besser wäre als der durch andere Behandlungsformen zu erreichende. Dies bringt uns zur Frage: Was heißt „besser“?

Die Autoren gehen – soweit erkennbar – selber nicht davon aus, daß durch die Langzeittherapie die Symptomatik und das Leiden der Patienten in einem höheren Ausmaß reduziert werden können als in der Vergleichsgruppe, sondern daß die Veränderungen aufgrund anderer Mechanismen eintreten: aufgrund struktureller Veränderungen, Persönlichkeitsveränderungen (Umstrukturierungen). Unterstellt werden drei Modi der therapeutischen Veränderung: Verhaltensänderungen, Bewältigung und Umstrukturierung.

Sicherlich ist es eine spannende Frage, die nicht nur Analytiker interessiert, ob sich diese drei postulierten Modi tatsächlich nachweisen lassen. Ist eine Symptomveränderung aufgrund struktureller Persönlichkeitsveränderungen tatsächlich etwas anderes als eine sogenannte Verhaltensänderung? Und sind Verhaltensänderungen relativ oberflächlich und damit weniger wertvoll?

Für jemanden, der die psychoanalytischen Überzeugungen teilt, wird die Antwort auf diese Frage selbstverständlich ein klares „Ja“ sein. Doch andere, die das nicht tun, werden diese Unterscheidung nicht so ohne weiteres mitmachen und zunächst einmal fordern, daß abgesicherte wissenschaftliche Belege präsentiert werden, die diese Unterscheidung rechtfertigen.

Es ist selbstverständlich möglich, Persönlichkeitsveränderung als Therapieziel zu formulieren und den Erfolg der Behandlung daran zu messen, inwieweit dieses Ziel erreicht wurde. Allerdings gilt innerhalb unseres Gesundheitssystems ein anderes Ziel für Psychotherapie: Heilung oder Linderung von Störungen mit Krankheitswert (Psychotherapeutengesetz § 1). Sofern Psychotherapie als Krankenbehandlung verstanden werden und die Krankenkasse dafür aufkommen soll, ist Persönlichkeitsveränderung kein akzeptiertes Ziel – genausowenig wie Reifung oder Selbstverwirklichung. Um für den Bereich der Gesundheitsversorgung Relevanz zu erlangen, müßte nachgewiesen werden, daß Veränderungen aufgrund eines angeblich grundlegenderen Prozesses der Persönlichkeitsveränderung weiterreichende Konsequenzen für die Heilung oder Linderung von Störungen mit Krankheitswert haben, etwa daß die erzielten Veränderungen umfassender sind, also auf mehrere Störungs- oder Lebensbereiche generalisierbar, daß sie stabiler ausfallen, also seltener Rückschläge oder Rückfälle beobachten lassen, daß es im Gegensatz zu anderen Behandlungsformen nicht zu Symptomverschiebungen kommt, also nicht zu andersartigen Erkrankungen, so daß letztendlich Kosteneinsparungen bezüglich dieser Patienten zu erzielen sind – trotz der langen und damit teuren Behandlung.

Leider sind Generalisierung, Stabilität und Symptomverschiebung nicht als Erfolgskriterien ausgewählt worden. Lediglich der Kostenfaktor soll mit erhoben werden. Dies ist sicherlich ein hartes Kriterium. Wenn tatsächlich nachgewiesen werden kann, daß letztendlich durch die lange und teure Langzeittherapie im Vergleich zur tiefenpsychologisch fundierten Therapie mehr Kosten eingespart werden können, wäre das ein überzeugendes Argument.

Allerdings wird ein solcher Beleg schwer zu erbringen sein. Neumer und Margraf (1996) haben beispielsweise nachgewiesen, daß durch eine 15 Sitzungen umfassende Verhaltenstherapie von Panikpatienten im Sinne des DSM IV die Krankenkassen in den zwei Jahren nach dieser Behandlung 81 % der Kosten gegenüber den Kosten zwei Jahre vor der Behandlung einsparen konnten, das waren genau DM 8.124,-. Nach Abzug der Behandlungskosten von DM 1.458,- blieb eine Netto-Ersparnis von DM 6.666,- DM. Die Kosten für 200 Stunden analytische Langzeitbehandlung (bei gleichem Stundensatz) wären mit DM 19.440,- hingegen teurer als die Unkosten, die die Kasse zwei Jahre lang ohne Behandlung haben würde; der Netto-Verlust betrüge DM 11.316,-.

Fazit

Es ist offenkundig und positiv hervorzuheben, daß sich die Autoren beider Studien um ein methodisch gut begründetes und gewissenhaftes Vorgehen bemühen. Dies betrifft in erster Linie die Entwicklung von Forschungsinstrumenten und Forschungsstrategien, um die Prozeßfragen beantworten zu können. Doch diese methodische Akribie und Gewissenhaftigkeit macht aus den Studien noch keine überzeugenden Effektivitätsstudien.

Wie bereits erwähnt, soll ich zu diesen Studien einen Kommentar „von außen“ geben. Nach dem, was ich geschildert habe, könnte man festhalten, daß genau dies, die Berücksichtigung einer externen Perspektive, von großer Bedeutung ist. Vermutlich wäre es sinnvoll, diese Außenperspektive bereits in der Planungsphase von Studien vermehrt und radikal einzuholen. Denn es kann in der heutigen Situation nicht darum gehen, lediglich die eigenen Anhänger zu bestätigen. Forschung ist nur dann ernstzunehmende wissenschaftliche Forschung, wenn sie alternative Konzepte und Interpretationen ausschließen kann. Es hilft auch nicht, auf ein eigenes Wissenschaftsverständnis zu verweisen. Denn für die Grundforderungen, die ich versucht habe deutlich zu machen, bedarf es keiner sophistizierten wissenschaftstheoretischen Begründungen. Gute Forschung zeichnet sich dadurch aus, daß sie den Mut hat zu scheitern. Nur durch den Nachweis, daß alternative Erklärungen möglich wären, aber nicht zutreffend sind, kann Forschung überzeugen.

Ausblick

Ich werde mit einem etwas allgemeineren Blick auf die Forschungssituation in der Psychotherapielandschaft schließen.

Man kann Forschung wie die im vorausgehenden betrachtete zusammenfassend durch das Bemühen kennzeichnen, nachzuweisen, daß die eigene Therapierichtung zu Recht existiert und Kritiker in ihre Schranken verwiesen werden können. Solche Forschungsanliegen gibt es im übrigen auch bei anderen Therapieschulen und hat es auch bei der Verhaltenstherapie gegeben, vor allem in der Anfangszeit, als sie sich vehement der Kritik durch Psychoanalyse und Psychiatrie erwehren mußte. In den letzten zwanzig Jahren ist jedoch in der Psychotherapieforschung in zunehmendem Maße eine Entwicklung festzustellen, bei der es nicht mehr um den Nachweis geht, daß einzelne Therapieansätze richtig und ihre therapeutischen Methoden effektiv sind. An die Stelle einer paradigmenorientierten Forschung ist eine domänenorientierte Forschung getreten. Forscher und Forschergruppen durchaus unterschiedlicher Orientierung arbeiten in dem Bemühen zusammen, besser zu verstehen, was bei einzelnen Störungen passiert, wie sie entstehen und aufrechterhalten werden und wie diese spezifischen Bedingungen modifiziert werden können. In deren Folge haben wir inzwischen für eine Vielzahl von psychischen Störungen störungsspezifische Behandlungsmethoden, die sich im empirischen Vergleich allen allgemeinen Behandlungsansätzen, auch verhaltenstherapeutischen Standardmethoden, gegenüber als überlegen erwiesen haben.

Der wesentliche Unterschied liegt in der grundsätzlichen Orientierung: Es geht nicht mehr darum, seine eigene Therapieschule zu rechtfertigen oder zu verteidigen oder ihre Überlegenheit nachzuweisen. Es geht vielmehr darum, Behandlungsmöglichkeiten etwa für Zwangspatienten, für Panikpatienten oder für schizophrene Patienten zu optimieren. Dazu wird auf therapeutische Ideen, Methoden und Erklärungsansätze verschiedener Therapieschulen und auf wissenschaftliche Fortschritte der Grundlagenforschung, vor allem der Psychologie und der Neurowissenschaften, zurückgegriffen.

Vor diesem Hintergrund möchte ich fragen, wozu wir eigentlich noch die traditionelle vergleichende Effektivitätsforschung brauchen. Ich glaube, daß Forscher einen wichtigen Beitrag zur Überwindung des Schuldenkens leisten können, indem sie nämlich ihre Forschung nicht mehr in den Dienst der Schulen stellen, sondern in den Dienst der Patienten, also der Zielsetzung, die Behandlungsmöglichkeiten für die Patienten zu optimieren, selbst wenn dabei liebgewordene Überzeugungen über den Haufen geworfen werden müssen. Mut zu scheitern ist die Tugend der Forschung.

Literatur

Neumer, S. u. J. Margraf (1996): Kosten-Effektivitäts- und Kosten-Nutzen-Analyse. In: Margraf, J. (Hrsg.): Lehrbuch der Verhaltenstherapie, Bd. 1. Heidelberg (Springer), 543–551.

Sven Olaf Hoffmann

Könnten klassische Psychoanalysen auch ineffektiv, unökonomisch oder gar schädlich sein?

Kritische Anmerkungen zu den Studien der DPV und der DGPT* zur Wirksamkeit psychoanalytischer Langzeittherapie

Eine Therapie ist ineffektiv, wenn sie die erwarteten Wirkungen nicht in ausreichendem Maße zeigt, sie ist ineffizient, wenn zur Erzielung dieser Wirkungen ein Mißverhältnis von Aufwand und Leistung besteht, und sie ist unökonomisch, wenn innerhalb des Gesundheitssystems der Aufwand für diese Therapie so ausfällt, daß mit den gleichen Kosten bei vergleichbaren Störungsbildern mehr Menschen zu helfen wäre. Wenn ich es recht sehe, geht es bei beiden Studien ausschließlich oder zumindest vorrangig um die Frage, ob Psychoanalysen effektiv sind. Ob sie effizient oder gar in einem übergeordneten Sinne ökonomisch sind, steht nicht zur Disposition. Ich hielte aber gerade dies für die entscheidende Frage. Daß nämlich Psychoanalysen überhaupt wirksam sind, halte ich persönlich für ausreichend belegt, obwohl die kommunizierbare Datenlage ziemlich dünn ist.

Etwas weiteres steht auch nicht zur Disposition, nämlich die Frage nach den Nebenwirkungen und möglichen Schäden von Psychoanalysen. Eine hochwirksame Therapie, die nur Gutes bewirkt, dürfte es kaum geben. Dennoch hat diese Frage Psychoanalytiker noch niemals ernsthaft beschäftigt. Ich zähle einmal aus der Alltagserfahrung solche Schäden und Nebenwirkungen auf, man muß tatsächlich auf den klinischen Alltag zurückgreifen, die Fachliteratur sagt dazu kein Wort. Aber wer kennt sie nicht, diese Patienten, die nach der Behandlung ein einziges Lebensinteresse haben, nämlich die Psychoanalyse selbst: Sie haben Bibliotheken von Fachliteratur zusammengekauft, reden und denken nur noch psychoanalytisch und können nie wieder unbefangen in eine Ausstellung, ein Theaterstück oder einen Film gehen. Am ärgerlichsten sind ihre nicht angeforderten Übernahmen der Therapeutenrolle für

* Deutsche Gesellschaft für Psychoanalyse, Psychotherapie, Psychosomatik und Tiefenpsychologie e. V.

andere. Nur ein Problem des Patienten und nicht des Verfahrens? Hat das Verfahren auch nichts zu tun mit den manchmal kaum auflösbaren Abhängigkeiten vom Therapeuten, wo doch die personale Autonomie das eigentliche Ziel der Strukturveränderung darstellt? Auch nichts zu tun mit dem erschreckend unsozialen Verhalten, das manche Patienten erlernen, weil sie sich nun endlich einmal „etwas gönnen"? Hat diese Haltung auch nichts zu tun mit dem Verhalten der Psychoanalytiker selbst, deren Stärke der soziale Einsatz für die Interessen anderer zu keinem Zeitpunkt war, wenn nicht sogar das soziale Engagement anderer als Reaktionsbildung, Masochismus oder Schlimmeres diffamiert wurde? Alles nur zufällige Beobachtungen, die mit dem Verfahren überhaupt nichts zu tun haben und, wenn überhaupt, immer nur dem Patienten anzulasten sind? Ich breche die Aufzählung solcher doch wohl unerwünschter Nebenwirkungen der Psychoanalyse hier einmal ab.

Einem Mißverständnis sei aber gleich vorgebeugt: Die Lösung kann nicht darin liegen, daß alle unerwünschten Erscheinungen als Zeichen „mißglückter Psychoanalysen", also die erfolgreichen Behandlungen gleicher Provenienz gar nicht betreffend, rubriziert werden. Wenn wir Psychotherapie wissenschaftlich untersuchen, muß das gleiche Verfahren für alle Erfolge und alle Mißerfolge zuständig sein. Darüber kann nicht diskutiert werden. Inkompetente Therapeuten und ungeeignete Patienten behindern die Erfolgsaussichten *aller* Psychotherapieformen in vergleichbarer Weise. Sollte dies in der Psychoanalyse wirklich anders aussehen als bei anderen Verfahren, dann steht ausschließlich das Verfahren in Frage und sonst nichts.

Und wenn jedes Medikament, das seelische Leiden lindern soll, vor seiner Zulassung sorgfältigste Analysen seiner Schädlichkeit absolvieren muß, warum eigentlich nicht die Psychotherapien, unter ihnen hier die Psychoanalyse? Ich habe in unseren beiden Studien auch nur den Gedanken an solche Schädlichkeiten vermißt. Sie fragen korrekt danach, ob Symptome gemildert oder verschwunden sind, sie versuchen Strukturänderungen zu erfassen und das Behandlungsziel vielfältig zu beschreiben. Natürlich taucht die Frage nach möglichen neu aufgetretenen Symptomen auf, die vor Behandlungsbeginn nicht bestanden, und auch die Verschlechterung vorhandener Symptome wird dokumentiert – dies allerdings sehr viel oberflächlicher als die positiven Effekte der Therapie. Das wäre aber schon alles zu meinem Einwand.

Es gibt aber gegen beide Studien schwerwiegendere Einwände als diesen. Was ist eigentlich der Anlaß des Aufwands? Letztlich doch wohl das Buch von Klaus Grawe (et al., 1994) und seine Folgen. Allein dieses Forschungsinteresse in der deutschen Psychoanalyse angestoßen zu haben, worum sich über Jahrzehnte andere vergeblich bemühten, müßte für Grawe am Ende zu einem Gefühl reichen, nicht umsonst gelebt zu haben. Er hat sich tatsächlich Verdienste um die Psychoanalyse erworben, von der diese nichts weiß. Wenn heute ernsthafte Schritte unternommen werden, sich den Auffassungen von Wissenschaft, wie sie innerhalb der Scientific Community bestehen, anzunähern, dann ist dies kaum zu überschätzen. Bis dato galt, daß die Psychoanalyse selbst definiert, was Wissenschaft ist – und das gilt ja in den Köpfen vieler noch weiter. In diesem Sinne haben beide Studien ihre Verdienste. Bevor ich in meiner Kritik fortfahre, weil es viel zu kritisieren gibt, möchte ich den Versuch einer Annäherung an internationale Standards der Psychotherapieforschung nachdrücklich anerkennen. Ohne Frage ist dies ein Schritt vorwärts.

Was ist so ein internationaler Standard in der Psychotherapieforschung? Ich will jetzt nicht über Methoden sprechen, sondern über die relevanten Fragestellungen und die Studienziele. Eine Psychotherapiestudie gilt dann als gut, wenn sie so angelegt ist, daß die Hypothesen die gleiche Chance haben, bestätigt wie falsifiziert zu werden. Das hieße konkret, daß unsere beiden Studien, um als gut anerkannt zu werden, der Aussage, „Psychoanalysen sind als Mittel der Therapie effektiv und effizient“, die gleiche Verifizierungschance einräumten wie der gegensätzlichen Aussage, „Psychoanalysen sind als Mittel der Therapie ineffektiv und ineffizient“. Tun die beiden Studien dies? Natürlich hat man als Forscher ein Anliegen, will etwas beweisen, ist gewiß nicht bis in die Tiefe der Seele offen für jedes beliebige Ergebnis, aber die Anlage des Prüfdesigns, der Wirksamkeitsüberprüfung, muß im Prinzip immer so sein, daß auch das Unerwünschte herauskommen kann. Dührssens Studie von 1965 (Dührssen und Jorswieck, 1965) mit der Prüfung von Psychotherapie unter Praxisbedingungen und dem Außenkriterium der im Allgemeinkrankenhaus verbrachten Behandlungstage war eine solche Studie, die in jeder Hinsicht ergebnisoffen war – es hätte auch das Gegenteil herauskommen können von dem, was sie eigentlich wollte. Daß dies nicht der Fall war, überzeugte die Krankenkassen so, daß sie 1968 die Finanzierung von Psychotherapie in Deutschland übernahmen. (Es ist kaum bekannt, daß Dührssen sechzehn Jahre später diese Studie wiederholte und die gleichen beeindruckenden Ergebnisse wieder einbrachte; vgl. Bodenstein, 1985). Um zum Punkt zu kommen: Ich habe Zweifel, ob bei den beiden Studien, der der DGPT und der der DPV, das Gegenteil des zu Beweisenden eine gleich große Chance hat, ich finde in beiden einen deutlichen Bias zugunsten des erfolgreichen Wirksamkeitsnachweises – in der DPV-Studie noch mehr als in der der DGPT. Der persönliche Aufwand für die DPV-Studie ist in jeder Hinsicht bemerkenswert und ganz ungewöhnlich. Das kann natürlich nur eine Anerkennung unter Forschern und keine Rechtfertigung des Vorgehens sein. Vielleicht ist es gerade bei so hohem Engagement gar nicht mehr möglich, einfach neugierig zu sein, was herauskommt, sondern die Fron ist eigentlich nur auszuhalten, wenn sie auch das erhoffte Ergebnis bringt. Das ist wohlgemerkt eine Unterstellung, bei der ich meine eigene Psychoökonomie als Maßstab nehme. Daß die Verfasser der Studie ihre Forschungsneugier nachhaltig unterstreichen, habe ich wohl gelesen. Nachstehend gehe ich kurz auf die beiden Studien ein.

Die DGPT-Studie

Die Studie von Rudolf et al. versucht erfolgreich viele der tradierten Fehler psychoanalytischer Psychotherapieforschung zu vermeiden. Andere schleift sie allerdings unbeirrt mit. Wenn Rudolf schreibt, daß die Dosis-Wirkungs-Modelle (vgl. Howard et al., 1986) für die „spezifische Wirkung psychoanalytischer Behandlungen [...] offenbar ungeeignet" seien, weil sich „eindrucksvolle Veränderungen nur in der therapeutischen Anfangsphase, jedoch kaum nennenswerte weitere Effekte im weiteren Therapieverlauf" belegen ließen, dann verschlägt es mir die Sprache. Zumal der Verweis auf Kurztherapien dann noch als „kurzschlüssig" gegeißelt wird. Also, so ist der Schluß der Autoren, müßten hintergründigere Instrumente gefunden werden, die sich auf „aus psychoanalytischer Sicht basalere Veränderungen auf persönlichkeitsstruktureller Ebene" beziehen. Diese Argumentation kann man einfach umdrehen, was ich hiermit tue: Wenn die Veränderungen im Bereich der Symptomatik, derentwegen der Patient in Behandlung geht – und nur von solchen Personen möchte ich hier sprechen –, bereits so rasch erfolgen, ginge es vor allem darum zu begründen, warum man die Therapie trotz dieser erfreulichen Ergebnisse fortsetzt. Die zusätzlich eingeführten Instrumente dienten möglicherweise dann vor allem dazu, die weitere Behandlung zu rechtfertigen, um zu belegen, daß immer noch „etwas Therapeutisches passiert". Was nach Kurztherapien passiert, nach denen die Therapie nach den raschen Symptomrückbildungen nur noch sehr begrenzt weitergeführt wird (und dann wiederum bedarfsabhängig wie bei der „Dynamischen Psychotherapie"; vgl. Dührssen u. Jorswieck, a. a. O.), ist bekannt: In den vielen Studien bleiben die Ergebnisse (Symptomreduzierungen) stabil und verbessern sich teilweise noch in der Katamnese. Die eigentlich herausfordernde Frage gilt doch der Situation nach der Symptomrückbildung: *Wieviel weiteren Aufwands bedarf es, um die Symptomreduzierung stabil zu halten?* Das ist doch die vorrangige Frage, die für vom Gesundheitssystem finanzierte Behandlungen von Relevanz sein sollte. Wenn es dafür tatsächlich des Aufwands der Psychoanalyse bedarf, gut, die Beweislage auf dem Forschungssektor macht aber gerade diese Annahme eher unwahrscheinlich. Kurz- und mittelfristige Behandlungen scheinen für einfach strukturierte neurotische Symptomkonstellationen völlig ausreichend.

Meine Voraussage lautet dementsprechend: Die Außenkriterien (Krankenkassendaten) werden kaum Unterschiede zwischen Therapien und Psychoanalysen zeigen, die OPD-Daten und die auf der Heidelberger Umstrukturierungsskala sehr wohl. Ich habe keinen Zweifel, daß in langen und intensiven Psychoanalysen viel passiert, was sich innerhalb beschreibbarer Prozeßvariablen belegen läßt – mich interessiert aber viel mehr, ob diese durch die neuen Entwicklungen jetzt besser dokumentierbaren Bewegungen für den Outcome der eigentlichen Therapie irgendwelche Relevanz haben. Ist der Patient, der sich im Heidelberger Umstrukturierungsinstrument nach oben bewegt, wirklich gesünder, oder hat er nur gelernt, sich dem anzupassen, was man von ihm an Fortschritt erwartet? Zeit genug dazu hat er ja. Wenn es ihm nach kürzerer Therapie stabil besser geht, warum muß er dann noch länger liegen?

Ein Letztes: Auf den ersten Blick überzeugt das Argument, daß die gleichen Therapeuten die oberflächlicheren und die intensiveren Behandlungen durchführen. Das kontrolliert die Therapeutenvariable in der Tat. Es schwächt aber den Beweis der Möglichkeiten kürzerer Therapien, denn alle diese Therapeuten haben eine unverrückbare Vorstellung im Kopf, daß lang und dicht im Setting besser sei als kürzer und lockerer. (Wie ein solcher Bias zu Ungunsten dynamischer Psychotherapie perseveriert, macht die Stockholmer Psychotherapiestudie gerade eindrucksvoll vor; vgl. Sandell et al., 1999.) Mit der erfolgreichen Kontrolle der Therapeutenvariable für den Vergleich der Verfahren haben sich die Verfasser einen systematischen Bias zuungunsten der kürzeren Therapien eingehandelt. Sie haben mich freundlicherweise nicht gefragt, aber ich hätte dringend ein Pferderennen empfohlen, in dem sich die Jockeys die Pferde heraussuchen dürfen, auf denen sie sich am wohlsten fühlen und denen sie am meisten zutrauen. Es ist völlig klar, daß ich selbst mir eines herausgesucht hätte, das kürzere und mittlere Distanzen mag und mit ein- bis zweimal Futter in der Woche prima auskommt, in der langen Auslaufphase, die mein Pferd für besonders trainingseffektiv hält, braucht es gar nur noch einmal im Monat eine Kalorienauffrischung oder noch weniger. So wiederholt die Studie die Fehler, die A.-E. Meyer (vgl. Stuhr u. Meyer, 1991) für seine genauso sorgfältige Hamburger Studie später eingeräumt hat.

Die DPV-Studie

Die Studie von Leuzinger-Bohleber et al. beeindruckt in gleicher Weise durch die Ernsthaftigkeit der Fragestellung, den Aufwand bei der Durchführung und die Mengen an ungelösten methodischen Problemen. Hätte man mich auch hier vorher gefragt, ich hätte dringend von diesem Design abgeraten. Ebenfalls freundlicherweise wurde ich nicht gefragt, wofür ich dankbar bin.

Die Studie ist eine Katamnesestudie. Nach allem, was ich heute von der biologischen Struktur des Gedächtnisses weiß, verließe ich mich in einer wissenschaftlichen Untersuchung sehr wenig darauf. Die Skepsis hätte auch Freud nähren können, der von der Zuverlässigkeit der menschlichen Erinnerung bekanntlich nicht allzu viel hielt. Die Studie stellt jedoch programmatisch die Erinnerung des Patienten an seine Beschwerden vor der Behandlung, an den Verlauf der Behandlung und der durchschnittlich 6,5jährigen Katamnese in den Mittelpunkt, also Erinnerungsprozesse, die bis zu fünfzehn Jahre überspannen. Diese Zentrierung auf Erinnerungen muß nach meiner Einschätzung bei Patienten, die so lange in Psychoanalysen waren, zu einer mehrheitlich positiven Beurteilung der Behandlung führen. Wer will denn nach so langer Zeit „alle Mühe für umsonst" wissen? Wirklich nur 5 bzw. 11 %? Ich zitiere einmal nicht Freud, sondern Nietzsche: „‚Das habe ich getan', sagt mein Gedächtnis. ‚Das kann ich nicht getan haben', sagt mein Stolz und bleibt unerbittlich. Endlich – gibt das Gedächtnis nach" (1886, Aph. No. 68). Das halte ich für das Hauptproblem der Studie, das man sich bewußt aufgehalst hat, zusätzlich zu allen Problemen, die katamnestische Untersuchungen ohnehin haben, in erster Linie das der fehlenden Basisline-Daten.

Demgegenüber ist das Reservoir objektiver Daten etwa von Krankenkassen ausgesprochen dünn, und es wird selbst bei energischer Nachsuche nur mehr oder minder im Ausmaß der Unvollständigkeit differieren. Die Krankenkassen haben noch vor wenigen Jahren solche Daten nur sehr kurzfristig gespeichert, und das Ausmaß der Aufbewahrungsfristen sowie der Vollständigkeit der Daten schwankt von Krankenkasse zu Krankenkasse massiv, wie ich aus leidvoller Erfahrung weiß.

Ich fürchte für die Akzeptanz der Studie aber weitere Unbill. Die Frage der Repräsentativität der Stichprobe steht zentral. Ich habe bereits jetzt von einem renommierten Psychotherapieforscher aufgrund der Vorstellung der Studie in Chicago (SPR Meeting 2000) massive Kritik an der Vorgehensweise vernommen, und diese Stimme wird kaum die einzige bleiben. Die Autoren haben ohne Frage diesem Problem große Aufmerksamkeit gewidmet und sich für ihr Vorgehen kompetenter statistischer Unterstützung versichert. Persönlich kann ich mir allerdings nur sehr schwer vorstellen, daß die vielfältigen Selektionsprozesse tatsächlich ohne jeden Einfluß auf die Repräsentativität geblieben sein sollen. Dabei scheint mir in der Untersuchungsstichprobe die Repräsentativität der Behandler gesicherter als die der Behandelten, für die ich einen möglichen Bias im Sinne des „Überlebens der Erfolgreichen" unterstelle. Ich bezweifle ernsthaft, daß von allen beteiligten Praxen ausnahmslos alle Behandlungsabbrüche gemeldet wurden. Bei diesem Zweifel belasse ich es, da dies eine methodische Fachfrage ist, die man offensichtlich unterschiedlich beurteilen kann. Dennoch wird die Methodenkritik wohl kaum an diesem Punkt vorbeigehen.

Weiter: Die Verfasser der Studie halten es für „unverzichtbar, in Wirksamkeitsstudien psychoanalytischer Behandlungen ein Design zu entwerfen, das die systematische Überprüfung *unbewußter* Phänomene mit einschließt und die Ergebnisse dieser psychoanalytischen Forschungsstrategie mit denen aus der nichtpsychoanalytischen

Psychotherapieforschung kritisch vergleicht". Warum eigentlich? Unbewußte Vorgänge sind typische Prozeßvariablen, deren Bedeutung kein Psychoanalytiker bestreiten wird. Was haben diese aber mit dem Outcome zu tun? Um den Erfolg einer Behandlung zu überprüfen, braucht man wenige einfache Dinge. Ausgangsdaten, die nachvollziehbar machen, warum dieser Mensch zum „Fall" wurde, und Enddaten, die die Veränderung durch die Therapie dokumentieren. Dazu sind sorgfältige Beschreibungen seiner Symptomatik, seiner Persönlichkeitsstörung, des Ausmaßes seiner Belastung und des Ausmaßes der Störung seines sozialen Funktionierens völlig ausreichend – was allerdings schon eine ganze Menge ist, wenn man es sorgfältig dokumentiert. Bei Psychoanalytikern ist das jedoch so gut wie nie der Fall, weil sie es weder gelernt haben noch etwas davon halten. Das Unbewußte und seine Schicksale sind für dieses Ziel völlig entbehrlich. Es bringt für die Frage der Prüfung von Therapieeffizienz und -effektivität keinen Erkenntnisvorteil, und seine Operationalisierung ist unglaublich aufwendig.

Diese psychoanalytische Nonchalance im Umgang mit Operationalisierungen ist mir selbst aus der Entwicklung der OPD noch mit Unbehagen in Erinnerung. (Ich fürchte auch, daß dieses schöne Instrument durch die gleiche Nonchalance in seiner Anwendung entwertet werden wird.) Der Umgang mit der ICD-10 in der Studie scheint mir ein Beispiel dafür. Dieses Diagnoseinstrument ist ein klinisches und nur in der Form der Forschungskriterien wissenschaftlich akzeptabel. Es ist eher ungeeignet, durch retrospektive Codierung zu validen Diagnosen zu verhelfen, weil ja eine sorgfältige Symptomerfassung, auf der das Instrument beruht, zu keinem Zeitpunkt der jeweiligen Behandlungsprozesse geleistet wurde. Die Mißachtung der Symptomebene ist doch psychoanalytischer Standard. Ich habe vernommen (Leuzinger-Bohleber in der Diskussion), daß auch für diese Problematik fachlicher Rat eingeholt wurde. Dennoch meine ich unverändert, daß eine Bestimmung der Morbidität und Comorbidität nach retrospektiv gewonnenen Diagnosen so gut wie keine Chance auf Validität hat. Diese können auch bei sorgfältigster Codierung nicht besser werden, als die Qualität der zugrundeliegenden (sicher unzureichenden) Symptombeschreibung durch die Psychoanalytiker es überhaupt zuläßt. Im methodischen Jargon wird dies Problem als GIGO („Garbage in, garbage out") bezeichnet. Problematisch bleiben damit auch die Aussagen, die von diesen Diagnosen abhängen. Nach meiner Einschätzung ist die Frage der *Differentialindikation* für Psychoanalysen eine Überlebensfrage für dieses Verfahren im Rahmen der Versorgungspraxis. Ich fürchte, daß diese so aufwendige Studie aufgrund der genannten Schwächen zur Klärung dieser Frage außerordentlich wenig wird beisteuern können. Ich wünsche sehr, daß ich mich irre.

Literatur

Bodenstein, D. (1985): Zur Wirksamkeit der durchgeführten Therapien. In: Institut für psychogene Erkrankungen. Festschrift für Annemarie Dührssen. AOK, Berlin, 38–40.

Dührssen, A. u. E. Jorswieck (1965): Eine empirisch-statistische Untersuchung zur Leistungsfähigkeit psychoanalytischer Behandlung. Nervenarzt, 36, 166–169.

Grawe, K. et al. (1994): Psychotherapie im Wandel: von der Konfession zur Profession. Göttingen (Hogrefe).

Howard, G.S. et al. (1986): Adaptive counseling and therapy: an integrative, eclectic model. Counsel. Psychol., 14, 363–442.

Nietzsche, F. (1886): Jenseits von Gut und Böse. In: Schlechta, K. (Hrsg.): Friedrich Nietzsche. Werke. Bd. II. München (Hanser) 1966, 625.

Sandell, R. et al. (1999): Wiederholte Katamnesen von Langzeitpsychotherapien und Psychoanalysen. Erste Ergebnisse des Stockholmer „Outcome of Psychotherapy Project (STOP)". PPmP, 45, 43–56.

Stuhr, U. u. A.-E. Meyer (1991): Hamburg short-term psychotherapy comparison study. In: Beutler, L.E. u. M. Crago (Hrsg.): Psychotherapy Research: An International Review of Programmatic Studies. Washington, DC (Amer. Psychol. Ass.), 212–218.

Autoren und Herausgeber

Beland, Hermann: Studium der Theologie, Psychoanalytiker in freier Praxis in Berlin, Lehr- und Kontrollanalytiker der DPV*, Vorsitzender der DPV 1988–1990, Leiter des Zentralen Ausbildungsausschusses 1976–1980

Benjamin, Jessica: Ph.D., Psychoanalytikerin in freier Praxis in New York City, Supervisor und Faculty Member des New York University Postdoctoral Program in Psychotherapy und Psychoanalysis

Berberich, Eva: Dr. med., Ärztin für Kinderheilkunde, Psychoanalytikerin in freier Praxis für Erwachsene, Kinder und Jugendliche in Heidelberg, Lehr- und Kontrollanalytikerin der DPV

Beutel, Manfred E.: Prof. Dr. med., Dipl.-Psych., Psychoanalytiker (DPG*), Stellvertretender Direktor der Klinik für Psychosomatik und Psychotherapie, Justus-Liebig-Universität Gießen

Bohleber, Werner: Dr. phil., Diplom-Psychologe, Vorsitzender der DPV, Herausgeber der Zeitschrift „Psyche“, Psychoanalytiker in freier Praxis in Frankfurt am Main, Lehr- und Kontrollanalytiker der DPV

Bürgin, Dieter: Prof. Dr. med., Ordinarius für Kinder- und Jugendpsychiatrie an der Universität Basel, Chefarzt der Kinder- und jugendpsychiatrischen Universitätsklinik und Poliklinik Basel, Ausbildungsanalytiker der Schweizerischen Gesellschaft für Psychoanalyse

Cooper, Arnold M.: M.D., Tobin Cooper-Professor emeritus des Medical College der Cornell University, Past Vice-President der International Psychoanalytic Association, Past President der American Psychoanalytic Association, Lehr- und Kontrollanalytiker am Psychoanalytischen Zentrum der Columbia-Universität, Herausgeber des „International Journal of Psycho-Analysis“ für Nordamerika, Mitherausgeber von „The American Journal of Psychiatry“

Danckwardt, Joachim F.: Dr. med., Psychoanalytiker und Arzt für Psychiatrie, als Psychotherapeut in der kassenärztlichen Versorgung in Tübingen tätig, Lehr- und Kontrollanalytiker der DPV, Lehrtätigkeit in der ärztlichen und psychologischen

---

* DPV = Deutsche Psychoanalytische Vereinigung

* DGP = Deutsche Psychoanalytische Gesellschaft

Weiterbildung. Berufspolitische Tätigkeit zur Sicherstellung der Psychoanalyse, Vorsitzender der DPV 1994–1996

Dews, Peter: Prof. Dr. phil., Professor für Philosophie an der Universität Essex, England, derzeit Head of the Philosophy Department der Universität Essex

Drews, Sibylle: Diplom-Psychologin, 1975–1992 wiss. Mitarbeiterin am Sigmund-Freud-Institut, Mit-Herausgeberin der „Zeitschrift für psychoanalytische Theorie und Praxis", Vorsitzende der Sigmund Freud-Stiftung, Psychoanalytikerin in freier Praxis in Frankfurt am Main, Lehr- und Kontrollanalytikerin der DPV

Erlich, H. Shmuel: Ph.D., Sigmund Freud-Professor für Psychoanalyse und Direktor des Sigmund Freud Center der Hebrew University in Jerusalem, Präsident und Lehranalytiker der Israel Psychoanalytic Society, Gründer und Vorstands-Mitglied der OFEK (The Israel Association for the Study of Group and Organizational Processes), im Lehrkörper des Program in Organizational Consultation and Development – A Systems-Psychoanalytic Perspective, Israel

Faimberg, Haydée: M.D., Psychoanalytikerin in Paris, Lehr- und Kontrollanalytikerin der Société Psychanalytique de Paris, ehemalige Vize-Präsidentin der International Psychoanalytic Association

Fischer, Gottfried: Prof. Dr. phil., Direktor des Instituts für Klinische Psychologie und Psychotherapie an der Universität Köln, Psychologischer Psychotherapeut (DGPT*, Deutscher Psychotherapeutenverband), Psychoanalytiker (DPV), Gründungsmitglied und Forschungsleiter des Deutschen Instituts für Psychotraumatologie in Köln, Herausgeber der Online-Zeitschrift „Psychotraumatologie"

Fonagy, Peter: Ph.D., FBA, Klinischer Psychologe, Freud Memorial Professor für Psychoanalyse und Direktor des Sub-Department of Clinical Health Psychology am University College London, Direktor des Menninger Clinical Outcome Research and Effectiveness Centre und des Child and Family Center der Menninger Foundation Kansas, Direktor der Forschung am Anna Freud Centre London, Lehr- und Kontrollanalytiker der British Psycho-Analytical Society

Gattig, Ekkehard: Dr. phil., Diplom-Psychologe, Psychoanalytiker in freier Praxis in Bremen, Lehr- und Kontrollanalytiker der DPV, Vorsitzender der DPV von 1996–1998

* DGPT = Deutsche Gesellschaft für Psychoanalyse, Psychotherapie, Psychosomatik und Tiefenpsychologie e. V.

Grossmann, Klaus E.: Prof. Dr. phil., Diplom-Psychologe, Lehrstuhl für Psychologie (Schwerpunkt Entwicklungspsychologie) am Institut für Psychologie der Universität Regensburg

Hardtmann, Gertrud: Prof. Dr. med., Fachärztin für Neurologie und Psychiatrie, 1977–1998 Professorin für Sozialpädagogik/Sozialtherapie an der Technischen Universität Berlin, Psychoanalytikerin in freier Praxis in Berlin

Hermanns, Ludger M.: Arzt, Psychoanalytiker (DPV) in freier Praxis in Berlin, Sekretär des „Archivs zur Geschichte der Psychoanalyse", Herausgeber der Zeitschrift „Luzifer-Amor"

Hoffmann, Sven Olaf: Prof. Dr. med., Diplom-Psychologe, Direktor der Klinik für Psychosomatische Medizin und Psychotherapie der Universität Mainz

Honneth, Axel: Prof. Dr. phil., Studium der Philosophie, Soziologie und Germanistik, Professor für Sozialphilosophie an der Johann Wolfgang Goethe-Universität Frankfurt am Main

Huber, Michael: Priv.-Doz., Dr. med., Facharzt für Neurologie, Facharzt für Psychiatrie und Psychotherapie, Facharzt für Psychotherapeutische Medizin, Oberarzt am Institut für Psychosomatische Medizin und Psychotherapie der Universität Köln, Mitarbeiter am Max-Planck-Institut für Neurologische Forschung in Köln, Psychoanalytiker (DPV)

Janssen, Paul L.: Prof. Dr. med., Leitender Fachvertretender für Psychosomatische Medizin und Psychotherapie an der Ruhr-Universität Bochum, Leiter der Abt. für Psychosomatik und Psychotherapeutische Medizin an der Universitätsklinik Bochum, Leitender Arzt des Westfälischen Zentrums für Psychiatrie, Psychotherapie und Psychosomatik Dortmund, Vorsitzender der Deutschen Gesellschaft für Psychotherapeutische Medizin, Lehr- und Kontrollanalytiker der DPV

Kächele, Horst: Prof. Dr. med., Ärztlicher Direktor der Abteilung Psychotherapie und Psychosomatische Medizin an der Universität Ulm, Leiter der Forschungsstelle für Psychotherapie Stuttgart, Lehr- und Kontrollanalytiker der DPV, Vorsitzender der Psychoanalytischen Arbeitsgemeinschaft Ulm

Kernberg, Otto F.: M.D., F.A.P.A., Direktor des „Personality Disorders Institute" im Presbyterian Hospital, New York, Professor für Psychiatrie am Medical College der Cornell University, Präsident der International Psychoanalytical Association, Lehr- und Kontrollanalytiker am Columbia University Center for Psychoanalytic Training and Research

Klitzing, Kai von: Prof. Dr. med., Kinder- und Jugendpsychiater, Psychoanalytiker, Mitglied der Schweizerischen Gesellschaft für Psychoanalyse, Leitender Arzt an der Kinder- und Jugendpsychiatrischen Universitätsklinik und -poliklinik, Basel, Forschungsschwerpunkte: Frühe Kindesentwicklung und Familienbeziehung, Narrative Kindesentwicklung und Familienbeziehungen, frühe Triangulierung, Narrative im Kindesalter.

Klüwer, Rolf: Prof. Dr. phil., 1965–1989 im Sigmund-Freud-Institut Frankfurt tätig, seit 1989 Psychoanalytiker in freier Praxis in Frankfurt am Main, Lehr- und Kontrollanalytiker der DPV, Leiter des ZAA 1984–1986

Knigge, Volkhard: Dr. phil., Historiker, Germanist und Erziehungswissenschaftler, Direktor der Stiftung Gedenkstätten Buchenwald und Mittelbau-Dora

Krejci, Erika: Dr. med., Fachärztin für Psychiatrie und Neurologie, Fachärztin für Psychotherapeutische Medizin, Psychoanalytikerin in freier Praxis in Freiburg, Lehr- und Kontrollanalytikerin der DPV

Krystal, Henry: M.D., Professor emeritus der Psychiatrie an der Michigan State University, Lehrtätigkeit am Michigan Psychoanalytic Institute und am Michigan Psychoanalytic Council, Psychoanalytiker in freier Praxis, Mitglied der American Psychoanalytic Association/International Psychoanalytic Association. Life Fellow der American Psychiatric Association, der American Medical Association, des American College of Psychiatrists und des American College of Psychoanalysts

Leuzinger-Bohleber, Marianne: Prof. Dr. phil., Professorin für Psychoanalytische Psychologie an der Universität Gesamthochschule Kassel, Psychoanalytikerin (DPV) in freier Praxis in Frankfurt am Main, leitend in der „Psychoanalytischen Katamnese-Studie (DPV)" tätig

Mentzos, Stavros: Prof. Dr. med., 1971–1995 Leiter der Abt. für Psychotherapie und Psychosomatik im Zentrum der Psychiatrie der Universität Frankfurt am Main, Psychiater und Psychoanalytiker, Lehr- und Kontrollanalytiker der DPV, Herausgeber des „Forum der Psychoanalytischen Psychosentherapie"

Oliner, Marion M.: Dr. phil., Psychoanalytikerin in freier Praxis in New York, Lehr- und Kontrollanalytikerin an der New York Freudian Society/International Psychoanalytic Association

Reiche, Reimut: Priv.-Doz., Dr. phil., Diplom-Soziologe, Psychoanalytiker in freier Praxis in Frankfurt am Main, Lehr- und Kontrollanalytiker der DPV

Riedesser, Peter: Prof. Dr. med., Direktor der Abteilung für Psychiatrie und Psychotherapie des Kindes- und Jugendalters des Universitätsklinikums Hamburg, Psychoanalytiker (DPV), Mitarbeit im Vorstand der Stiftung „Children for Tomorrow"

Rudolf, Gerd: Prof. Dr. med., Nervenarzt, Facharzt für Psychotherapeutische Medizin, Ärztlicher Direktor der Psychosomatischen Universitätsklinik Heidelberg, Mitbegründer der OPD (Operationalisierte Psychodynamische Diagnostik), Psychoanalytiker (DPG, DGPT)

Rüger, Bernhard: Professor für Statistik an der Universität München. Arbeitsgebiete: Grundlagen statistischer Interferenz, Statistische Methoden in der technischen Forschung

Rüsen, Jörn: Prof. Dr. phil., 1974–1989 Professor für Neuere Geschichte an der Ruhr-Universität Bochum, 1989–1997 Professor für Allgemeine Geschichte an der Universität Bielefeld, 1994–1997 geschäftsführender Direktor des Zentrums für interdisziplinäre Forschung an der Universität Bielefeld. Seit 1997 Präsident des Kulturwissenschaftlichen Instituts im Wissenschaftszentrum Nordrhein-Westfalen und Professor für Allgemeine Geschichte und Geschichtskultur an der Universität Witten-Herdecke

Sandell, Rolf: Prof. Dr. phil., Professor für Klinische Psychologie und Co-Chairman der Abteilung für Behavioural Sciences an der Universität Linköping, ehemaliger Forschungsdirektor des County Council Institute of Psychotherapy in Stockholm, Direktor des Stockholm Outcome of Psychoanalysis and Psychotherapy Project (STOPP), Psychoanalytiker in freier Praxis in Stockholm, Mitglied der Swedish Psychoanalytical Society

Schade, Jochen: Dr. med., Psychiater und Psychoanalytiker (DGPT, DPV) in freier Praxis in Leipzig, Vorsitzender des Sächsischen Instituts für Psychoanalyse und Psychotherapie e. V., Leiter der Kommission West-Ost der DPV

Scheidt, Carl E.: Dr. med., Arzt für Psychiatrie, Facharzt für Psychotherapeutische Medizin, Psychoanalytiker (DPV), Leitender Oberarzt an der Abt. für Psychosomatik und Psychotherapeutische Medizin an der Universitätsklinik Freiburg

Schulte, Dietmar: Prof. Dr. phil., seit 1974 Lehrstuhl für Klinische Psychologie und Psychotherapie der Fakultät für Psychologie der Ruhr-Universität Bochum, Leiter des Zentrums für Psychotherapie, poliklinische Forschungs- und Ausbildungsambulanz der Fakultät für Psychologie, Leitung des weiterbildenden Studiengangs Psychotherapie (für psychologische Psychotherapeuten)

Šebek, Michael: Ph.D., Klinischer Psychologe, Assistant Professor für Medizinische Psychologie und Medizinische Ethik an der Karls-Universität Prag, Psychoanalytiker in freier Praxis in Prag, Präsident und Lehr- und Kontrollanalytiker der Tschechischen (provisional) Psychoanalytic Society, Berater des Osteuropa-Komitees der International Psychoanalytic Association

Sigusch, Volkmar: Prof. Dr. med., Direktor des Instituts für Sexualwissenschaften im Klinikum der Universität Frankfurt am Main, Professor für Spezielle Soziologie an der Universität Frankfurt am Main, Mitherausgeber der „Zeitschrift für Sexualforschung", Erster Vorsitzender der Deutschen Gesellschaft für Sexualforschung

Sodre, Ignes: Klinische Psychologin, Psychoanalytikerin in freier Praxis in London, Lehr- und Kontrollanalytikerin der British Psycho-Analytical Society

Stuhr, Ulrich: Priv.-Doz., Dr. phil, Dipl.-Psych., wiss. Mitarbeiter an der Abteilung für Psychosomatik und Psychotherapie der Inneren Medizin des Universitätsklinikums Hamburg-Eppendorf

Thomä, Helmut: Prof. Dr. med., emeritierter Ordinarius für Psychotherapie der Universität Ulm, Vorsitzender der DPV von 1968–1972, Lehr- und Kontrollanalytiker der DPV

Vogt, Rolf: Prof. Dr. phil., Diplom-Psychologe, Professor für Psychologie mit dem Schwerpunkt Psychoanalyse am Institut für Psychologie und Sozialforschung der Universität Bremen, Lehr- und Kontrollanalytiker der DPV

Volz-Boers, Ursula: Dr. med., Fachärztin für Psychotherapeutische Medizin, Psychoanalytikerin (DPV) in freier Praxis in Kamp-Lintfort, Lehr- und Kontrollanalytikerin der DPV

Warsitz, Rolf-Peter: Dr. med., Dr. phil., Psychoanalytiker (DPV), Psychiater und Psychotherapeut in freier Praxis in Kassel, Professor für Sozialmedizin an der Fachhochschule Bielefeld